미국에 대해 알아야 할 모든 것, 미국사
EVERYTHING YOU NEED TO KNOW ABOUT AMERICAN HISTORY

EVERYTHING YOU NEED TO KNOW ABOUT AMERICAN HISTORY

미국에 대해 알아야 할 모든 것, 미국사

케네스 데이비스 지음 | 이순호 옮김

cum libro
책과함께

머리말

1990년에 처음 발간된 *Don't Know Much About History*는 미국의 역사에 새롭게 접근하려는 의도에서 쓴 책이었다. 실화와 유머를 곁들여 실존 인물에 대해 설명하여 그들에 대한 신화를 불식시키고자 했으며 고등학교나 대학의 지루하고 따분했던 역사 교과서를 대체하려고 했다. 그 책이 《뉴욕 타임스》 베스트셀러 부분에 35주 동안이나 머물러 있었고, '대안 교과서'로 여겨져 무려 130만 부나 팔려나갔을 때 누구보다 놀란 사람은 바로 나였다. 이러한 사실에 더해 이 보잘것없는 책으로 입증된 것이 있다면 미국인들이 역사를 싫어하지 않는다는 점이었다. 그들은 단지 학교에서 배운 무미건조한 역사를 싫어했던 것이다.

Don't Know Much About History 개정증보판 역시 원작과 마찬가지로 질문에 대한 답변 형식으로 구성돼 있다. 시대적으로는 빌 클린턴 대통령의 탄핵 사건과 기묘하기 이를 데 없던 2000년 대통령 선거까지를 포함하고 있다. 제퍼슨-헤밍스 사건, 히스-로젠버그 사건, 이란-콘트라 사건과 같은 해묵은 논쟁거리를 다룬 글들도 그동안 새롭게 드러난 사실이나 폭로 그리고 역사학계의 성과를 취합하여 보다 상세한 설명을 곁들여 놓았다. 지난 수년간 독자들로부터 받은 질문도 다수 추가했다.

역사에 열광하시는 분이나 역사를 탐구하시는 분, 이 책을 오랫동안 사랑해주신 독자들이나 미국의 역사가 아직 멀게만 느껴지는 새로운 독자 여러분 모두에게 이 책은 '미국사에 대해 알아야 할 모든 것' 그 이상을 선사해줄 것이다!

2002년 8월
케네스 데이비스

2 독립혁명을 원한다고 말하라 __91

3 국가의 성장 : 헌법 제정에서 '명백한 운명'까지 _141

4 그리고 격변 : 남북전쟁과 재건 _221

5 팽창하는 제국 : 서부 개척 시대에서 제1차 세계대전까지

6 붐에서 파산으로, 파산에서 다시 붐으로

9 악의 제국에서 악의 축으로 __581

읽기전에

정치적 온당성을 따지는 시대에 살다보니, 콜럼버스가 아메리카 대륙을 발견하고 원주민에게 실수로 갖다 붙인 명칭까지도 시비의 대상이 되는 상황이 되었다. '최초의 미국인' '본토 미국인' '미국계 인디언'을 쓰더니 이제는 '토착 미국인'을 쓰는 사람까지 생겨났다. 나는 디 브라운과 같은 저명한 역사가의 예를 따라 '인디언'이란 명칭을 쓰기로 했다. 디 브라운은 '미국 서부의 인디언 역사'라는 부제가 붙은 독창적인 작품 《운디드니에 나를 묻어주오》의 저자이다.

'니그로'의 대용어인 '흑인black'도 비슷한 경우이다. 일부 작가들이 '아프리카계 미국인'을 쓰기 시작하면서 비난을 받게 된 것이다. 물론 다양한 배경과 색깔을 지닌 사람들을 부르는 명칭으로 '흑인'이나 '아프리카계 미국인' 어느 것도 완벽한 용어는 될 수 없다. 나는 폭넓은 합의를 이끌어내고 있는 '흑인'을 사용하기로 했다. 별다른 뜻은 없으니 불쾌하게 받아들이지 않기를 바란다. __케네스 데이비스

일러두기

1. 이 책은 케네스 데이비스의 Don't Know Much About History: Everything You Need to Know about American History but Never Learned(HarperCollins, 2003)를 번역한 것이다.
2. 케네스 데이비스의 Don't Know Much About History 초판은 1992년 한국에서 《교과서에서 배우지 못한 미국의 역사》라는 제목으로 출간되었다. 이 책은 2003년에 나온 저자의 개정증보판을 번역한 것이다.
3. 원서에서 '독립혁명의 이정표', '멕시코 전쟁의 이정표', '남북전쟁의 이정표', '베트남 전쟁의 이정표', '워터게이트 사건 일지'는 자세하게 소개되어 있으나 이 책에서는 축약하여 실었다.
4. 이 책에서는 도량형 표기를 인치, 마일로 하였다. 1인치 2.54센티미터, 1마일은 1.61킬로미터 정도이다.
5. 이 책에서 *표시가 붙은 설명은 옮긴이가 붙인 주석이다.

들어가며

내가 자라던 1960년대 초만 해도 미국에서는 〈델라웨어 강을 건널 때 워싱턴은 무슨 말을 했더라〉라는 제목의 싱겁기 짝이 없는 노래가 불리고 있었다. 이탈리아식 결혼식에서 연주되는 타란텔라 곡에 맞춰 그 노래의 답변 형식으로 만들어진 노래는 〈마사여, 마사여 오늘밤엔 피자가 없다네〉였다.

물론 그 가사는 말도 안 되는 대답이었다. 워싱턴이 체리파이만 먹었다는 것은 온 미국이 다 아는 사실이다.

1776년 12월 델라웨어 강을 건너던 날 밤, 워싱턴은 어쩌면 뉴저지 주의 트랜튼 적군 진지 공격을 앞두고 공격 성공을 마음속으로 빌었는지도 모른다. 아니면 영국군에 의해 교수형을 당하기 직전에 최후의 식사를 주문했을지도 모른다. 워싱턴 장군이 몸은 지쳐 있고 발은 꽁꽁 언 병사들을 데리고 델라웨어 강을 건널 때 한 말은 상상력이 기발한 노래 가사보다 훨씬 재미있다. 워싱턴은 접근하기 힘든 근엄한 존재가 아니라 개척 시대의 소박한 군인답게 배에 올라타고는 127킬로그램의 거구를 자랑하는 헨리 '황소' 녹스를 장화 끝으로 툭 치며 이렇게 말했다. "해리Harry, 그 비곗덩어리 엉덩이 좀 돌려놓게나. 하지만 천천히 돌려야 해. 잘못하면 배가 가라앉을 수도 있으니까."

A. J. 랭거스가 쓴 미국 독립혁명사 《애국자들Patriots》을 보면, 이 말은 독립전쟁 후에 녹스 자신이 직접 한 것으로 되어 있다. 델라웨어 강을 건널 때의 이런 에피소드를 나는 학생 시절에 들어본 적이

없다. 이런 에피소드가 있지도 않은 벚나무와 포지 계곡에서의 철야 기도와 같은 진부한 이야기보다 워싱턴의 진솔한 성품을 훨씬 잘 드러낸다는 점을 생각하면 유감이 아닐 수 없다. 이 책의 핵심은 바로 여기에 있다. 미국 역사에 대해 알고 있는 많은 부분이 잘못되었거나 조작되었다는 것, 그것이 우리의 실상이다.

미국사개론 시간 내내 꾸벅꾸벅 졸기만 한 지나치게 많은 모든 미국인들에게 메이플라워 서약서는 한 대의 소형차와 다를 바 없다. 미국의 재건은 실리콘 이식 수술과 비슷한 면이 있다. 루이지애나 매입 역시 케이준 레스토랑에서 음식을 다 먹어치우는 것과 다를 바 없다. 12년 전, 이 책의 초판이 나왔을 때 미국에서는 역사에 무지한 미국인들을 질타하는 내용의 책들이 나와 대단한 인기를 누리고 있었다. 《문화적 소양Cultural Literacy》이라든가 《미국적 정신의 종말The Closing of the American Mind》과 같은 책에서 미국인은 무지한 사람으로 그려졌다.

아무리 그래도 미국인이 책에 그려진 정도로 멍청할까. 하지만 유감스럽게도 그렇다. 역사에 관한 한 미국인들은 무지하다. 이 책의 초판을 집필할 당시 미국에서는 미국인의 '형편없는 역사적 소양'을 보여주는 통계가 발표되었다. 1987년에 고등학교 3학년 학생들을 대상으로 한 조사였다. 미국사에 대해 열일곱 살 학생들이 알고 있는 지식과 역사적 사실 사이에는 엄청난 괴리가 존재한다는 것이 밝혀진 것이다. 조사 대상 학생의 3분의 1이 독립선언서가 영국으로부터 13개 주의 정식 분리를 명시한 문서라는 것을 알지 못했다. 남북전쟁이 19세기 후반에 일어났다는 사실을 명확히 알고 있는 학생도 32퍼센트에 불과했다.

유감스럽지만 나는 15년 전이나 20년 전에 비해 별반 나아진 것이 없다는 점을 말하지 않을 수 없다. 나아진 것이 있더라도 아주 미미하다. 몇 년에 한 번씩 나오는 통계 결과는 역사에 무지한 미국 학생들을 질타하는 내용뿐이었다. 어쩌면 성적이 부진했던 1987년의 그 학생들이 지금 교단에 서 있기 때문에 그러한 결과가 반복되는지도 모른다.

그렇더라도 학생들이 왜 모든 덤터기를 뒤집어써야 하는가. 미국 학생들의 교육에 나타나는 이 같이 엄청난 괴리에 대한 경고가 끊임없이 제기되는 가운데 다른 한편에서는 더 큰 문제가 불거졌다. 학생들의 부모와 형과 누나는 학생들보다 나을까? 모르면 몰라도 서른일곱 살이나 마흔일곱 살의 어른 대부분은 역사와 관련된 즉석 퀴즈 하나 제대로 풀지 못할 것이다. 그 점은 제이 레노가 진행하는 〈투나잇쇼〉의 '제이워크' 코너에서도 정기적으로 입증되고 있다. 이 코너에 나오는 어른들은 간단한 질문에도 대답을 못 한다. 빌 클린턴 대통령조차 노르망디 작전을 기념하는 행사에 참석하러 가면서 그곳에서 무슨 일이 벌어졌는지에 대해 사전 교습을 받아야 할 정도였다. 그러니 제발 엄청난 괴리의 주인공이 누구인지는 묻지 말자.

역사 지식이 이처럼 빈약해진 이유는 간단하다. 우리들 대다수에게 역사는 따분한 것이었다. 대개의 미국인들이 하루를 때우기 위한 방편으로 역사 과목을 수강한 축구 코치에게서 역사를 배웠기 때문이다. 그뿐만이 아니다. 역사를 마치 할리우드 시대극처럼 다루는 교과서에도 일부 책임이 있다. 미국의 초기 교과서에는 건국의 아버지들 코에 난 사마귀까지도 깨끗이 손질이 돼 있었다. 노예 제도도 그럴듯하게 윤색이 돼 있었다. 교과서에서 노예 제도는 북부의 '진보주의자들'이 깨우쳐주기 전의 반항적인 남부인들이 행한 잘못된 관습이었을 뿐이다. 아메리칸 인디언들도 할리우드 서부 영화에 등장하는 모습으로 교과서에 묘사돼 있다. 그리고 여성들은 역사에서 거의 도외시되었다. 가공의 베스티 로스*라든가 백악관의 자기를 폐기 처분되는 것에서 구해낸 사랑스런 돌리 매디슨** 같

* 최초의 미국 국기를 수놓은 인물로 알려져 있으나 이는 사실이 아니다.
** 미국의 제4대 대통령 제임스 매디슨의 부인.

17

은 여성이 예외였을 뿐이다.

진실의 겉모습은 그렇게 완벽하지 않다. 우리의 역사 인식은 흔히 신화와 오해로 왜곡되거나 상처를 받거나 절단이 나버리곤 한다. 이러한 미국적 신화들을 만들어낸 책임은 주로 역사를 단순한 이미지로 깔끔하게 포장해놓은 학교들에 있다. 미국에는 늘 정신 질환을 앓는 이모 사진을 가족 앨범에서 떼어내려는, 요컨대 과거의 어두운 부분은 지우려는 경향이 있었다.

우리의 역사적 소양은 대중 문화에서 만들어낸 이미지들 때문에 더욱 불균형하게 된 측면이 있다. 불행히도 수백만 미국인의 가슴을 울리는 것은 철저한 고증을 거쳐 역사적으로는 정확해도 재미는 지독하게 없는 다큐멘터리가 아니라 올리버 스톤의 〈JFK〉라든가 디즈니사의 〈포카혼타스〉 같은 지극히 허구적인 영화들이다. 물론 극소수의 교과서나 교사들이 가르치는 방식으로 역사에 대한 흥미를 일깨워주는 영화들도 있기는 하다. 〈영광의 깃발〉, 〈라이언 일병 구하기〉 같은 영화가 그런 예에 속한다. 그밖에 이 책이 처음 나온 이후의 특징으로 히스토리 채널, 디스커버리 채널, 교육 방송과 같은 케이블 텔레비전 프로그램의 폭발적인 증가세를 들 수 있다. 이들 모두 우수한 다큐멘터리를 제공해주는 채널들이다. 하지만 주류 영화와 공영 텔레비전은 여전히 과장된 신화나 개조된 역사물을 보여주고 있다. 중요한 것은, 이들 신화의 이면에 뜻 깊은 사실이 숨어 있다는 것이다. 사실은 개조된 역사에 비해 몇 배나 더 흥미롭다. 그리고 진실은 늘 선전propaganda보다 흥미롭다.

혹자는 이 책을 읽으면서 "그래서 뭐 어쨌다는 거야?"라고 말할지도 모르겠다.

역사에 왜 관심을 가져야 하지? 우리 아이들이 독립선언서의 의미를 알든 모르든 그게 왜 중요하지? 워터게이트 사건을 해묵은 뉴스라고 한들 그게 뭐 어쨌다는 거지?

질문들에 대한 대답은 간단하다. 역사는 크든 작든 우리 행위의 결과이기 때문이다. 2001년 9월 11일에 일어난 테러 공격의 여파보다 그것을 더 극명하게 드러낸 사례도 없을 것이다. 나는 그 끔찍한 사건이 일어난 뒤부터 이 책의 개정판을 쓰기 시작했다. 그 테러 공격으로 크게 변한 것이 없다고 해도 최소한 과거에 대한 미국인들의 인식은 변했으며 현재와 과거가 연관되어 있다는 생각을 갖게 한 것은 분명하다.

하지만 그보다 더 중요한 것은 역사가 우리의 현주소를 말해줄 수도 있다는 사실일 것이다. 과거에서 현재까지의 점들을 연결해보면 이를 알 수 있다. 베르사이유 조약을 예로 들어보자. 듣기만 해도 지겹다고? 안다. 그래도 조금만 참아달라. '베르사이유'와 '조약'이라는 단어를 보자마자 무겁게 내려앉는 눈꺼풀이 눈에 선하다. 제1차 세계대전을 종결지은 것으로 여겨지는 1919년의 그 조약이 실제로 한 일은 무엇이었을까. 분명한 사실 한 가지는 이 조약이 20년 뒤에 일어날 또 다른 세계대전의 단초가 되었다는 사실이다.

이후의 상황을 보면 이 점이 분명해진다. 현대의 중동(팔레스타인과 이스라엘), 이란, 이라크, 발칸 반도의 여러 나라들 그리고 베트남의 직접적 모태가 된 것이 바로 이 베르사이유 조약이다. 최근 수십 년 동안 분쟁의 소용돌이에 휘말린 이 모든 지역들은 베르사이유 조약의 산물이다. 다시 말해, 유럽 국가들이 그들 마음대로 지배할 수 있을 것으로 믿고 세계를 식민지로 난도질한 결과 만들어진 나라들이다.

아이젠하워 재임 시절이던 1953년 미중앙정보부(CIA)가 이란 정부를 전복시켰을 때, 25년 후에 이 일이 어떤 의미를 지닐 것인지에 대해 생각하는 사람은 아무도 없었다. 당시 미국인들은 소련과 석유회사를 걱정하기에 급급했다. 이란인들이 그 당시에 품었을 생각이 왜 그토록 중요한 것일까? 미국에 적대적인 정부를 전복시키고 그 자리에 국왕을 다시 앉힌 일은 얼핏 보기에 멋들어져 보였다. 미국과 생각이 달랐던 이란인들이 이슬람 혁명의 기치를 들고 역사를 변화시키기 시작한 1979년까지는 말이다.

1953년의 일보다 더 대담했던 일은 지금은 거의 잊혀지다시피 한 코인텔프로COINTELPRO*였다. 개인에 대한 불법 도청, 야비한 책략과 중상이 주요 업무였던 FBI의 이 프로그램은 처음에는 공산주의자 혐의가 있는 사람들만을 목표로 했으나 시간이 가면서 점차 반전 운동가와 민권 운동가로 그 범위가 확대되었다. 코인텔프로와 같은 FBI 활동 그리고 과거 미국의 정보 기관들이 행한 각종 폐해들을 다시금 곱씹어보는 것은, 미국 정보 기관의 앞날과 내국인을 상대로 한 감시 활동에 대한 논의가 활발히 이루어지고 있는 오늘날에는 특히 중요하다. 미국 정부 관계자들 중에서 몇몇은 아주 지독한 의도를 가지고 단기적인 목적을 위해 개인의 인권을 유린하고 삶을 파괴해왔다. 미국의 외교관으로 냉전 '봉쇄' 정책의 입안자였던 조지 케넌은 언젠가 이런 말을 한 적이 있다. "우리가 공산주의자들이 야기할 수 있는 최악의 사태와 행위에서 가장 두려워하는 점은, 우리도 그들처럼 되지 않을까 하는 것이다." 이것이 바로 역사가 주는 교훈의 핵심이다. 역사를 이해하는 우리의 방식에 엄청난 괴리가 있다면 우리는 역사에서 어떤 교훈을 이끌어낼 수 있을까?

미국사에 관련된 기본적인 의문들에 쉽게 이해할 수 있는 간단명료한 답변을 제시하여, 우리 역사 지식의 괴리를 메우는 것이 이 책의 목적이다. 물론 이 한 권의 책이 미국사의 백과사전은 될 수 없다. 문답식 방법을 택한 까닭도 간단명료하게 이야기하기 위해서이다. 각각의 질문에는 말 그대로 책꽂이 하나 분량의 내용이 담겨 있다 해도 과언이 아니다. 아리송한 기억을 되살리고, 케케묵은 신화를 제거하고, 이해하기 쉬운 답변들로 잘못된 생각을 바로잡는 것이 나의 의도이다. 좀더 상세한 답변에 이를 수 있도록 방향을 제시하려는 의도도 있다. 나는 이 책이 '미국에 대해 알아야 할 모든 것, 미국사'에 대한 마지막 해답이기보다는 첫 번째 해답이 되기를 원한다.

그럼 개정증보판에서는 뭐가 달라졌을까? 우선 새로운 장이 하나 추가되었다는 점을 말하고 싶다. 추가된 장에는 미국 역사에서 가장 두드러진 몇몇 사건을 비롯하여 이 책의 초판이 나온 1990년 이후 새로 발생한 사건들이 포함돼 있다. 책의 구성은 초판과 마찬가지로 유럽에 의한 미국의 '발견'에서 시작하여 걸프전, 냉전의 종식 그리고 국가적 대재앙을 초래한 최근의 9 · 11사건까지가 연대순으로 구성돼 있다. 이 글을 쓰고 있는 지금 이 순간까지도 9 · 11사건의 진상은 규명되지 않고 있다. 사건이 터지기 전에 미국은 대관절 무엇을 알고 있었고, 무엇을 했고, 무엇을 하지 않았는지가 여전히 오리무중인 것이다. 그런 의문들에 대한 해답은 여전히 안개 속에 가려져 있기 때문에 역사가가 그것에 대해 왈가왈부하는 것은 아직 시기상조이다. 그렇기는 해도 우리가 어떻게 그런 끔찍한 역사의 순간에 도달하게 되었는지는 생각해볼 수 있을 것이다.

1980년대 후반 이후의 사건을 추가한 것 외에도 초판에는 없는 새로운 질문을 각 장에 다수 포함시켰다. 고고학 발굴을 통해 드러난 버지니아 주 제임스타운의 최초 요새와 같이 최근 몇 년 사이에 발견된 자료에서 자극을 받아 추가한 질문도 있고, 지난 12년 동안 독자들에게서 받은 질문에 대한 답변도 있다. 라디오에 출연하거나 강연을 할 때면 초판에 없는 질문을 종종 받는데 이때 받았던 '청중 참여' 질문의 일부도 개정판에 포함시켰다. 청중 참여 질문에서 나온 내용은 이런 것들이다. "콜럼버스 부하들이 정말 유럽에 매독을 전파시켰나요?" "베네딕트 아놀드(1741~1801)의 장화 동상은 왜 있는 거지요?" "남부연합 헌법과 연방 헌법의 차이는 무엇이었나요?"

새로운 질문과 신화는 언론에서도 만들어졌다. 뜻밖에 드러난 역
사적 사실이 잠시 뉴스의 초점이 될 때가 바로 그런 경우인데, 그럴
때의 진상은 종종 규명이 안 된 채 넘어가기 일쑤이다. 가령 많은
사람들이 FBI의 터줏대감이었던 에드거 후버를 신문 머리기사에
크로스드레서*라고 보도되었다는 이유만으로 그렇게 알고 있는데,
사실 그 보도는 단 한 명의 목격자의 진술에 근거한 것이었고 목격
자는 돈을 받고 그 이야기를 판 것이었다. 어떤 소식통도 그 사실을
확인하거나 입증하지 못했다. 그런데도 그 같은 미묘한 사실은 일
반 뉴스 매체의 천박한 보도 속에 매몰되고 말았다. 에드거 후버에
얽힌 이야기와 그가 FBI를 반세기 동안이나 개인 봉토처럼 다스린
방식에 대해서는 우리도 알 만큼은 알고 있다. 그리고 그가 섹시한
하이힐을 신었고 안 신었고보다 몇 배나 더 중요한 문제는 그가 권
력을 남용했다는 사실이다. 사안을 지나치게 간과한 또 다른 예는
토머스 제퍼슨에 관한 무성한 추측에서도 찾아볼 수 있다. 제퍼슨
이 샐리 헤밍스라는 노예 여성에게서 자식을 두었다는 설이 그것
이다. 신문의 머리기사들은 DNA 테스트 결과 그것이 사실로 입증
되었다고 요란하게 떠들었지만 후속 기사는 내보내지 않았다.
DNA 테스트 결과는 제퍼슨뿐만 아니라 제퍼슨가의 다른 남자들도
그 아이들의 아버지가 될 수 있다는 것이었다. 하지만 그런 복잡한
내막은 멋진 머리기사를 갈구하는 타블로이드판 신문들의 열망 속
에 묻혀버렸다. 다른 사람일 가능성에 대한 정황 증거와 구술 역사
는 허다하게 널려 있으며, 제퍼슨과 그의 노예들에 얽힌 이야기도
충분히 매혹적이다. 따라서 그런 문제에 대해서는 공정하고 정확하
게 보도를 하는 것이 마땅하다.

청중 참여 질문들을 검토하면서 나는 또 종교, 총기 규제 그밖의
다른 쟁점들에 관련된 문제에도 사람들이 관심이 높다는 사실을

알게 되었다. 이러한 내용들은 이 책에서 다음과 같은 형식으로 다루어졌다. "헌법에는 없는 세 글자로 된 낱말은?"(힌트. 'G'로 시작해서 'd'로 끝나는 단어.)

나는 이 책의 초판을 집필하면서 일반인들이 가질 법한 의문들에 초점을 맞추었고 중요하다는 것은 알면서도 중요한 이유는 잘 생각나지 않는 인물, 지역, 사건 들을 강조하려고 노력했다. 나는 친숙한 이야기에서 이러한 것들과 관련된 역사를 이야기하려 했다. 독자 여러분은 이 책을 이야기책으로 처음부터 끝까지 죽 읽어갈 수도 있고, 특정 의문 사항이나 시기에 대한 짤막한 참고서로 이용할 수도 있다. 또한 책의 곳곳에 산재해 있는 'American Voice' 코너를 통해 각각의 시대상을 반영하는 편지, 서적, 연설문, 법원 판결문의 문구를 접할 수도 있다. 그 문구들은 미국 저명 인사들과 관련된 것도 있고 이름은 낯설지만 반드시 알아두어야 할 생소한 인물들과 관련된 것도 있다.

지난 몇 년 동안 여러 훌륭한 역사서가 주요 베스트셀러 목록에 오르며 성공을 거두었는데 그것은 알고 보면 미국인들은 역사를 무척 재미있어 하고, 고등학교 시절보다는 좀더 재미있는 역사를 배우고 싶어한다는 사실을 보여주는 고무적인 징표의 하나라고 할 수 있다. 제2차 세계대전을 다룬 스티븐 엠브로즈의 작품들, 데이비드 맥클루의 걸작 《존 애덤스John Adams》 같은 책이 그러한 예에 속한다. 나는 각 장에서 내가 참고한 자료를 소개하면서 이런 종류의 책들을 강조하려고 노력했다. 이 책에 소개된 참고문헌들은 대중의 호응도가 높은 정평 있는 작품이거나, 새로운 관점을 제시 혹은 기존의 연구를 새롭게 보강한 최신 작품들이거나 둘 중의 하나이다. 좋은 서평을 받은 작품도 포함시키려고 노력했으나 그 경우에는 전문가용 서적이 아닌 대중용 서적에 한정시켰다. 남북전쟁을 다룬 제임스 M. 맥퍼슨의 걸작 《자유의 함성Batter Cry of Freedom》,

PBS의 미국 독립혁명 관련 프로그램의 자매편이라 할 수 있는 토머스 플래밍의 〈리버티Liberty〉 같은 작품이 그런 경우이다.

내가 자료로 이용한 책들 중에는 저자 특유의 독특한 정치관을 담고 있는 작품도 있다. 광범위한 동의를 얻지 못하는 그러한 작품들의 경우 다양하게 제시는 하지만 특정한 입장을 취하는 일은 피하려고 했다. 그럼에도 불구하고 내 작품이 과거에 종종 '진보적인 liberal' 것으로 분류된 것은 참으로 흥미로운 일이 아닐 수 없다. 초판에서도 그랬거니와 개정증보판에서도 내가 한결같이 추구한 것은 진실과 정확성이다. 민주주의자이건 공화주의자이건 진보주의자이건 보수주의자이건 그 원칙은 어김없이 적용된다. 만일 나에게 조금이라도 편견이 있다면, 역사 교과서나 주류 언론이 때로 간과하는 말들을 한다는 의미에서의 편견일 것이다. 더불어 '진보적인' 것이 독립선언서와 헌법에 명시된 미국의 이념——"모든 사람은 평등하게 태어났다"거나 "우리, 국민은" "보다 완전한 화합"과 같은 (무슨 말인지 아시겠죠?) ——에 대한 나의 신념을 뜻하는 것이라면 진보적이라는 비난도 달게 받아들이겠다. 하지만 나는 양쪽 정치인들의 실책 모두를 비판하려고 애쓰는 공평한 비판자라고 생각하고 싶다.

이 책의 초판에 대해 가끔씩 들려오는 또 다른 비난은 '반反기업적'이라는 것이었다. 물론 미국의 역사 전체를 통해 자행된 거대 기업의 부정과 범죄에 대해서는 상당 부분 논의가 이루어졌고 지금도 계속되고 있다. 하지만 그 논의는 범죄와 부정에 국한된 것이었다. 엔론사만 해도 애플파이만큼이나 미국적인 기업이다. 나도 한때는 '부유층을 공격했지만, 정치인 매수만큼 효과적인 방법은 없다고 생각하는' 기업인들에 대한 미국인들의 비난에 전적으로 동조한다. 그런 자들은 가장 악질적인 범죄자일뿐 아니라 거대한 부를 지닌 범법자들이다. 엔론사, 티코사, 글로벌크로싱사, 월드콤사 같

은 기업들이 아직 생기기도 전인 먼 옛날에 그런 말을 한 사람은
바로 열정적인 진보주의자 대통령 시어도어 루즈벨트였다. 재미있
게도 공화당의 루스벨트는 "우리는 신이 살아 있다는 것을 믿는다
In God We Trust"라는 문구를 미국 화폐에서 지워버리려고 노력한
장본인이기도 하다. (그는 그것을 위헌이라 생각했고, 독실한 기독교인의
입장에서 신성모독으로까지 여겼다.)

 '국민의, 국민을 위한, 국민에 의한 정부'로 지지된다고 생각되는
나라에 립서비스를 하는 것은 멋진 일이다. 하지만 미국의 역사 전
체를 통해 그리고 기업 후원으로 유지되는 현행 민주주의 제도 아
래에서는 특히, 미국이 특정 권익의, 특정 권익을 위한, 특정 권익
에 의한 정부였고 지금도 여전히 그렇다는 것을 보여주는 좋은 사
례도 있다. 바로 19세기 말의 진보주의 운동, 1930년대의 뉴딜 개
혁, 1980년대의 로스 페로의 개혁당Reform Party 운동, 존 매케인 상
원의원의 대선 운동이 그러한 사례일 것이다. 이 중 로스 페로와
존 매케인은 진보주의와는 거리가 먼 사람들이었다. 이 같은 사례
의 저변에 어떤 본질적인 주제가 깔려 있다면 그것은 역사의 핵심
은 권력 쟁취를 위한 영원한 투쟁이라는 것이다. 그렇다. 권력을
가진 자(돈 있는 자, 교회의 힘있는 자, 땅 가진 자, 표심을 얻은 자)와 권
력을 갖지 못한 자(가난한 자, 약한 자, 공민권을 박탈당한 자, 반항적인
자) 사이의 투쟁은 미국 역사를 구성하는 중요한 요소의 하나이다.

 그와 더불어, 미국 역사에서 사회 운동과 같은 중요한 발전들은
위로부터 이루어진 예가 드물다는 사실도 알아둘 필요가 있다. 우
리는 선거로 뽑힌 공직자들을 지도자로 생각하기 쉽지만, 알고 보
면 그들은 나라가 나아가는 방향으로 그냥 이끌려가는 사람들인
경우가 많다. 노예 제도 폐지 운동으로부터 금주 운동, 참정권 운
동, 민권 운동에 이르기까지 미국 역사상의 커다란 개혁 운동은 거
의 모두 일반 민중으로부터 비롯되었다. 정치인들은 그저 그들과

보조를 맞추기 위해 마지못해 이따금씩 끌려 나왔을 뿐이다. 이 점역시 우리 역사책이 너무도 빈번하게 간과하고 있는 사실이다. 따라서 그것은 역사를 공부하는 또 다른 이유가 되기도 한다. 너무 많은 사람들이 스스로를 힘없는 사람이라고 여기는데 이것은 대단히 위험한 발상이다. 때로는 한 사람의 힘이 강력한 변화의 동력이 되기도 한다.

이 책과, 그 밖의 다른 '알아야 할 모든 것' 책들을 관통하고 있는 두 번째 요소는 위대한 개인의 영향력이다. 불행히도 우리의 학교와 교과서들은 이 내용을 간과하고 있다. 미국 역사의 수많은 전환기에 있었던 사건들에서 결정적인 역할을 한 것은, 어떤 사상이나 운동의 힘이라기보다는 오히려 우뚝 선 개인—몇 명만 거론해도 워싱턴, 링컨, 프레드릭 더글러스, 시어도어 루스벨트, 프랭클린 루스벨트, 수잔 B. 앤서니 등이 있다—의 힘이었다. 위대한 이상과 숭고한 목적은 투사의 부재로 시들어갔다. 강력한 인물의 부재로 역효과가 난 시대도 있었다. 남북전쟁을 예로 들어보자. 전쟁이 발발하기 전에 여러 시시한 대통령들 대신 한 사람의 탁월한 대통령이 등장했다면 링컨은 애당초 등장하지도 않았을 테고 치명적인 전쟁도 피해갈 수 있었을 것이다.

초등학교 6학년 시절에 나는 반 아이들 앞에서 당시에 벌어지고 있던 뉴욕 시 선거를 주제로 발표를 한 적이 있다. 그때 무슨 말을 했는지는 잘 생각나지 않지만 발표가 끝나자마자 담임선생님에게 창피를 당한 기억은 지금도 생생하다. 무슨 말을 했는지는 모르겠는데 여하튼 그 여선생님은 반 아이들이 보는 앞에서 나에게 마구야단을 쳤다. 중요한 뉴스거리를 주제로 골라놓고, 그것을 지루하고 하찮게 만들었다는 것이 그녀의 말이었다. 그녀가 왜 나를 괴롭히는지는 알 수 없었지만 그로 인해 나는 창피해서 얼굴을 들 수가 없었다.

그날 나는 두 가지 중요한 교훈을 얻었다. 그리고 잊지 않으려고 무진 노력했다. 첫째, 선생님은 다른 학생들이 보는 앞에서 아이에게 절대 창피를 주어서는 안 된다는 것이다. 둘째는? 아마도 그녀가 옳았을 것이다. 중요한 뉴스거리는 재미있게 이야기해야 한다는 것이다.

이 두 가지가《미국에 대해 알아야 할 모든 것, 미국사》에서 내가 하려는 것이다. 나는 역사와 정치를 흥미롭게 하려면 진정한 사람들이 행하는 진정한 일들에 대한 이야기를 해야 한다는 신념을 가지고 있다. 라디오 프로그램, 서점, 강연장, 교실 등에서 미국인들을 만나본 바에 의하면 역사에 대한 그들의 압도적인 반응은 한마디로 '지겹다!'는 것이다. 몇 년 동안 우리는 아이들을 학교에 보내면서 가장 인간적인 이 과목에서 생명감을 모조리 앗아가버린, 그야말로 더 이상 지루할 수 없는 교과서들 ── 자기들끼리 읽어 마땅한, 교수들이 집필한 지독하게 따분한 책들 ── 로 아이들을 괴롭혀왔다.

역사 이야기에는 보통, 이면적인 것 혹은 적어도 인간적인 면이 있게 마련이다. 오랜 시간 우리는, 우리가 숭배하는 영웅들이 순수하고 오점 없는 인간이기를 바라는 마음을 가지고 있었다. 하지만 미국 역사의 가장 위대한 영웅들도 알고 보면 똑같은 인간이고, 때로는 모순으로 가득 찬 결점투성이의 인간일 수도 있다. 미국 역사에서 영웅으로 미화되는 워싱턴, 링컨, 루스벨트 같은 인물들만 간단히 살펴보아도 이는 사실이다. 그들은 모든 면에서 다 완벽할 수는 없었던 것이다. 미국의 이야기는 그렇게 단순하지 않다. 미국의 역사에는 냉소와 역겨움을 자아내게 하는 순간들이 있었다. 긍지와 찬탄을 불러일으키는 순간들도 있었다. 이러한 여러 순간들에도 불구하고 나는 이들의 인간애와 모순과 결점을 지닌 이들이 위대한 업적을 이뤄냈다는 사실 때문에 이들에게 매혹된다.

일반적으로 말해 미국인들은 미국에 대한 자긍심이 대단한 사람들이 떠드는 것보다 훨씬 나쁘게 행동했다. 미국은 '인종 청소'를 하지는 않았지만 몇몇 끔찍한 사건들에 기여는 했다. 그것은 이 책이, 하고많은 사건 중에서도 유독 눈물의 행렬, 운디드니, 미라이 촌 학살과 같은 사건들에 초점을 맞춘 이유이기도 하다. 다른 한편으로 미국인들은 최악의 혹평가들이 헐뜯는 것보다는 좀더 바르게 행동할 수 있는 능력을 보여주기도 했다. 미국인만이 미덕이나 악덕에 대한 소유권을 독점하는 것은 아니다. 모든 국가들은 잊고 싶거나 지워버리고 싶은 악몽 같은 순간들을 가지고 있다. 이런 불쾌한 기억들을 잊지 않도록 하는 것이 바로 역사가의 할 일인 것이다.

20세기의 테크노 혁명으로 미디어, 여행, 통신에 변화가 일어나면서 역사의 속도도 급격히 빨라졌다. 하지만 역사라는 넓은 범주로 보면 200년이 조금 넘는 역사를 지닌 미국은 아직까지는 혈기왕성한 나라이다. (이 책을 처음 쓸 때만 해도 대부분의 미국인들—나를 포함해서!—은 팩스, 휴대전화, 인터넷을 거의 모르고 있었다는 사실을 믿을 수 있겠는가.) 이 나라의 역사가 반드시 완벽한 공화국을 향해 매끄럽게 나아가야 한다는 법은 없는 것이다. 좀더 정확히 말하면 역사는, 왔다갔다 하면서 넓은 진폭의 변화를 만들어내는 시계의 진자와 같다고 말할 수 있다. 미국은 아직도 인종 사이의 괴리와 빈부 격차가 엄청나게 벌어져 있는 나라이다. 그 괴리에 낙담하여 비관하는 사람도 있으리라. 하지만 낙관적인 사람들은 비교적 짧은 시간 내에 미국이 이룩한 성과를 지적한다. 물론 이러한 낙관은 늘 불리한 입장에 서게 되는 사람에게는 작은 위안도 되지 못한다.

그보다 더 중요한 것은 어쩌면 진정한 아메리칸 드림에 대한 올바른 정립일 것이다. 아메리칸 드림은 앞마당에 승용차 두 대의 공간, 뒷마당에 바비큐 터가 있는 집을 소유하는 것을 의미하지 않는다. 아메리칸 드림은 지금으로부터 200년도 더 전에 토머스 제퍼슨이 말한 꿈을 의미한다. "모든 인간은 평등하게 태어났다"는 제퍼슨의 말이 현대의 우리들에게는 조금 다른 뜻으로 해석된다 해도 그것은 여전히 가장 숭고한 꿈이며 위대한 염원이다. 지금까지 우리는 그 꿈을 성취하기 위해 길고도 이상한 여정을 계속하고 있다. 그리고 그것은 결코 끝나지 않을 것이다.

1

위대한 신세계

미국의 역사에서 아메리카 대륙의 발견과 정착에 해당하는 긴긴 세월보다 더 신화적이고 불가사의한 시대는
없었다. 콜럼버스의 배들이 육지에 닿을 때는 취재원이 동행하지 않았다. 때문에 역사가들은 신대륙
탐험자들이 한 말에 전적으로 의존할 수밖에 없었다. 이 장에서는 수천 년 역사가 진행되는 중에
있었던 사건들 중에서 몇몇 사건들을 다룰 것이다. 이야기의 초점은 특히 미합중국의 형성 과정에
맞추어질 것이며 최초의 13개 주 성립과 함께 장이 끝나게 된다.

미국의 역사에서 아메리카 대륙의 발견과 정착에 해당하는 긴 긴 세월보다 더 신화적이고 불가사의한 시대는 없었다. 아마도 그 숱한 사건들을 때맞춰 기록해줄 만한 객관적 관찰자가 드물었기 때문일 것이다. 최초의 사람들이 아시아에서 육로 다리*를 건너 미래의 알래스카로 들어올 때는 '11시의 영화film at eleven'**라는 것이 없었다. 콜럼버스의 배들이 육지에 닿을 때도 취재원이 동행하지 않았다. 때문에 역사가들도 좋게 말하면 편견을 가진 목격자들, 그러니까 신대륙 탐험자들이 한 말에 전적으로 의존할 수밖에 없었다. 포카혼타스***이야기에 이르면 이제, 오랜 세월 배우고 익혀온 내용 대부분이 존 스미스 선장의 현란한 자서전에 토대를 둔 것임을 알게 된다. 요즘의 상황은 더 나쁘다. 역사 선생님들은 디즈니사가 창조한 새로운 신화인 〈포카혼타스〉를 보고 역사를 배운 사춘기 이전의 미국 어린이들과 싸움을 벌여야 하는 상황이다. 이 영화에서 풍만한 가슴을 가진 관능적인 인디언 처녀는, 멜 깁슨이 목소리 연기를 한 서핑 선수처럼 생긴 존 스미스 선장에게 광적인 사랑을 느끼는 것으로 묘사되어 있다. 아이고 맙소사.

이 장에서는 수천 년 역사가 진행되는 중에 있었던 사건들 중에서 몇몇 사건을 다룰 것이다. 이야기의 초점은 특히 미합중국의 형성 과정에 맞추어질 것이며, 최초의 13개 주 성립과 함께 장이 끝난다.

누가 정말 아메리카 대륙을 발견했을까?

'1492년 콜럼버스는 푸른 바다를 항해했다.' 이것을 모르는 사람은 아무도 없다. 하지만 콜럼버스는 정말 아메리카 대륙을 발견했을까? 최선의 답은 '꼭 발견했다고는 할 수 없지만, 발견 비슷한 것

* 시베리아와 알래스카 사이에 놓인 베링 해협을 말한다.
** 미국에서 텔레비전 뉴스가 처음 방영되던 시절, 아주 중요한 어떤 것을 의미하는 일종의 캐치프레이즈였다. 촬영팀이 특종 현장으로 달려가 영화처럼 찍은 뒤 스튜디오로 재빨리 돌아와 현상을 해서 독점으로 내보내는 방식이었는데, 라이벌 방송사에 선수를 빼앗기지 않으려고 무척 노력했다고 한다. 위성에 의한 생방송이 활성화되기 전 전화선이 이용되던 시절의 이야기이다.
*** 인디언 추장 포와탄의 딸로, 제임스타운의 영국인들과 친밀하게 지내며 존 스미스 선장의 생명을 구해주었다고 알려진 인디언 소녀(1595~1617).

콜럼버스 일행이 아메리카 대륙을 처음 본 것은 1492년 10월 12일 새벽 2시, 에스파냐의 팔로스 항을 떠난 지 두 달만이었다. 아메리카 대륙에 도착하는 콜럼버스 일행을 그린 에드워드 모런Edward Moran의 1892년 그림.

을 했다고는 할 수 있다'이다. 크리스토퍼 콜럼버스를 용감한 탐험가 혹은 신과 같은 존재(그의 이름 크리스토퍼는 '그리스도를 지닌 자'라는 뜻이다)로 만든 것은, 미국의 국경일과 2세기에 걸친 교과서들이었다. 콜럼버스는 지구가 평평하다고는 생각하지 않았지만 평평한 지구에 도달하여 아메리카 대륙을 최초로 밟은 사람이었다. 이탈리아계 미국인들은 이 탐험가를 자기들 민족이라 여기며 콜럼버스데이*를 특별한 기념일로 삼고 있다. 미국에 사는 라틴아메리카인들도 이와 마찬가지로 엘 디아 델 라 라사El Dia de la Raza(디아는 날, 라사는 인종 혹은 뿌리, 근원의 뜻을 가진 낱말이므로 인종 혹은 뿌리의 날 정도로 번역할 수 있다)를 라틴아메리카 대륙의 발견일로 기념하고 있다. 그를 좋아하고 싫어하고에 상관없이(최근 수정주의자들 관점에 따라 콜럼버스에 대한 사람들의 태도도 많이 바뀌었다) 콜럼버스 항해의 중요성이나 그가 이룩한 놀라운 영웅적 행위 그리고 불굴의 정신을

* 10월의 두 번째 월요일.

무시할 수는 없다. 달 탐험을 하는 우주인들조차 앞으로 전개될 일에 대해 아주 훌륭한 생각을 갖고 있을 정도였다. 〈스타트랙〉에서 콜럼버스는 '인간이 밟아본 적이 없는 곳'을 항해하고 있었던 것이다.

하지만 콜럼버스의 이야기를 다른 각도에서 볼 수 있는 몇 가지 다른 사실들도 있다.

콜럼버스는 포르투갈, 영국, 프랑스 왕에게 자신의 계획을 팔 생각이었다. 하지만 그것이 여의치 않자 이미 한번 퇴짜를 맞았음에도 그에 굴하지 않고 에스파냐의 두 군주 이사벨과 페르디난도를 끈질기게 설득했다. 두 군주는 위험 부담도 적고 돌아올 이득도 엄청날 것이라는 한 재상의 말과, 황금에 대한 욕심 그리고 탐험에서 앞서 나가고 있는 이웃 나라 포르투갈에 대한 두려움 때문에 결국 콜럼버스에게 설득당했다. 이사벨 여왕이 콜럼버스 항해의 재원을 마련하려고 왕실의 보물을 저당 잡혔다는 이야기는 허구에 지나지 않는다.

1492년 8월 3일, 콜럼버스는 니냐호, 핀타호, 산타마리아호를 타고 에스파냐의 팔로스 항을 떠나 탐험길에 올랐다. 기함旗艦은 산타마리아호였다. 콜럼버스(세례명은 크리스토포로 콜롬보)는, 탐험에서 얻는 이득의 10퍼센트, 새로 발견될 지역의 총독직 그리고 바다의 제독이라는 어마어마한 직책을 약속 받았다. 10월 12일 새벽 2시, 선원들이 폭동을 일으키며 에스파냐로 돌아가자고 콜럼버스를 막 위협하려는 찰나, 핀타호에 타고 있던 선원 로드리고 데 트리아나의 시야에 절벽 같기도 하고 모래 같기도 한 곳에 달빛이 어른거리는 것이 보였다. 콜럼버스는 육지를 처음 발견하는 자에게 큰 상금을 내리겠다는 약속을 했지만 그 달빛은 전날 밤에 자기가 본 것이라고 우기며 상금을 착복했다. 콜럼버스는 원주민들이 과나하니로 부르는 그 육지를 산살바도르로 명명했다. 콜럼버스의 그 산살바도르는 오랫동안 바하마의 워틀링 섬이라고 알려져 있으나,

콜럼버스에게 설득당한 에스파냐의 두 군주 페르디난도와 이사벨이 콜럼버스의 항해를 지원하고 나섰다.

American Voice

크리스토퍼 콜럼버스

1492년 10월 12일, 아라와크족을 처음 접하고 쓴 콜럼버스의 일지에서. 바르톨로메 데 라스카사스의 글에서 재인용

그들은 착하고, 내 말을 무척 빨리 따라하는 것으로 보아 머리도 아주 좋은 종들인 것 같다. 그리고 확언하건대 파벌 같은 것도 없어 보이기 때문에 기독교도가 되는 것은 시간 문제로 보인다. 우리 주님을 위해 나는 그들 중에서 여섯 명을 골라 말하는 법을 한번 가르쳐 볼 작정이다. 여왕 폐하께 드리려고 잡아온 일곱 명을 보면 알겠지만 그들은 무기에 대해서는 전혀 아는 것이 없다. 남자 쉰 명은 모두 노예로 만들어 필요한 곳에 써야겠다.

컴퓨터의 도움으로 최근에 밝혀진 바로는 사마나 섬이다. 그 첫 항해가 있은 뒤 콜럼버스는 쿠바와 또 하나의 커다란 섬에 도착하여 그곳을 에스파뇰라(현재의 아이티와 도미니카공화국)라 불렀다.

콜럼버스는 소수의 벌거벗은 원주민들만 발견했을 뿐 그토록 염원하던 황금은 인디언들이 걸고 있던 귀걸이에서밖에 찾아볼 수 없었다. 그는 자신이 이른바 인도 제도諸島 혹은 인도네시아 군도에 닿은 것으로 착각하여 원주민들에게 '인디오'라는 기독교식 이름을 붙여주었다. 향료의 발견은 '토바코'라 불리는 토착 식물의 발견으로 대체되었다. 그곳의 아라와크족은 그 식물을 엽궐련으로 만들어 피웠다. 오래지 않아 유럽 전역은 그 사악한 식물을 파이프에 가득 채운 담배의 맛을 즐기게 될 터였다. 1555년에는 에스파냐에 최초로 담배가 유입되었다. 3년 뒤에는 포르투갈인들이 코담배를 유럽에 소개했다. 담배의 경제적 중요성을 말하지 않고 초기 미국사를 이야기할 수는 없다. 사람들은 보통 서류와 결정의 중요성만을 언급하지만 사실 신세계에서 영국 식민지를 유지시켜준 것은 담배였다. 담배는 환금 작물이었고 그것은 말 그대로 이주민들의 생명줄이나 다름없었다. 이것을 고려하면 담배업자들의 강력한 로비도 전혀 생소할 것이 없다. 유럽인들이 최초로 정착한 이래 그들 곁에는 늘 막강한 정부가 있었던 것이다.

그때까지도 콜럼버스는 여전히 중국 주변의 섬들에 도달했다고 믿고 있었다. 때문에 지원자 일부를 부서진 산타마리아호의 목재로 지은 에스파뇰라의 나티비다드라는 요새에 남겨놓고 에스파냐로

돌아왔다. 콜럼버스는 이후에도 세 번의 항해를 더 했지만 여전히 현재의 미합중국 본토에는 닿지 못했다. 하지만 그의 카리브 해 도착은 아메리카 대륙의 발견, 정복, 식민지화로 이어지는 세계사에서 유례없는 놀라운 시대를 여는 계기가 되었다. 콜럼버스가 불굴의 용기, 끈기, 항해술로 역사의 한자리를 차지하고 있는 것은 당연한 일이다. 하지만 교과서들은 그의 다른 면들을 보여주는 사실에 대해서는 적당히 얼버무린다. 콜럼버스의 카리브 해 도착은 놀라운 업적이었던 것만큼이나 인류 역사상 가장 무자비한 사건들의 출발점이기도 했던 것이다.

콜럼버스는 황금을 찾으려는 열망에 사로잡혀 원주민들을 재빨리 노예화했다. 콜럼버스를 비롯한 에스파냐의 모험가들, 그 이후엔 유럽 식민주의자들이 주도한 바야흐로 학살의 시대가 개막된 것이다. 이후 아메리카 대륙 원주민들은 전쟁, 강제 노역, 가혹한 형벌, 유럽에서 온 질병 들로 황폐화되었다. 그리고 원주민들은 유럽에서 온 질병들에 대한 면역이 없었다.

콜럼버스가 바하마 제도에 관심이 없었다면 그는 무엇을 찾고 있었을까?

앞에 소개한 세 척의 배가 카리브 해에 닿은 것은 아마도 세계 역사상 가장 운이 좋은 대실수였을 것이다. 콜럼버스가 찾고 있었던 것은 사실 신세계가 아닌, 중국과 인도 제도로 통하는 직항로였다. 마르코 폴로가 향료, 금 그리고 신비하고 환상적인 동양의 이야기들을 가득 싣고 동방으로부터 돌아온 이래 유럽인들은 줄곧 마르코 폴로의 카타이Cathay(중국)가 지닌 풍요에 군침을 흘리고 있었다. 유럽인의 이 욕심은 십자군의 귀환과 함께 유럽과 동방의 육상

* 지금의 인도네시아 술라웨시 섬.

교역로가 열리면서 더욱 커졌다. 하지만 1453년 콘스탄티노플이 투르크족에게 함락되자 지중해 유럽의 경제적 생명줄이었던 향료 루트가 막히게 되었다.

중세의 미몽에서 깨어난 유럽은 농촌과 교환 경제 사회에서 자본주의 사회로 재빨리 탈바꿈했다. 자본주의 사회에서 금은 곧 돈이었다. 중세의 여피들(유럽의 젊은 귀공자들)은 금이나 귀금속 같은 값비싼 재물을 수집하는 취미를 갖게 되었고, 향료 덕분에 새로운 미각에도 눈을 떴다. 그 결과 향료는 금에 버금가는 가치를 지니게 되었다. 몇 세기 동안 집에서 조리한 사슴고기만 먹던 이들은 동방의 새로운 향료가 첨가된 음식 맛을 보고 정신을 차릴 수 없었다. 실론산 계피, 인도와 인도네시아 산 후추, 셀레베스*의 육두구, 몰루카 제도의 정향丁香이 그들이 맛본 새로운 향료들이었다. 그외에도 새로운 상인 공자들은 일본산 비단, 인도산 면직물과 염료 그리고 보석에 대한 취향도 개발시켰다.

'항해의 왕자' 엔리케. 포르투갈의 왕자였던 엔리케는 왕위에 오르지는 못했으나 포르투갈을 당대 최고의 항해국으로 만들었다. 그는 얼마나 많은 배를 갖고 있느냐가 중요한 것이 아니라 얼마나 멀리 가는 배를 갖고 있느냐가 중요하다고 말했다.

아프리카 탐험과 인도 항로 개척은, 포르투갈 해안에 거대한 항해연구소를 건립한 '항해의 왕자' 엔리케(1394~1460) 주도로 바르톨로뮤 디아스(1488년 남아프리카의 희망봉 발견), 바스코 다가마(1495년 인도 항로 일주에 성공)와 같은 포르투갈 항해자들이 주도권을 잡고 있었다. 콜럼버스도 동방으로 가는 쉽고 빠른 서쪽 직항로는 분명히 있다고 믿었다는 점에서 당대의 다른 탐험가들과 다를 바 없었다. 콜럼버스의 홍보 요원들이 나중에 무슨 말을 했든, 그가 항해를 할 즈음에는 지구가 평평하다는 생각은 이미 낡은 관념이었다. 지구가 둥글다는 설은, 까마득한 저 고대 그리스인들도 받아들인 생각이었다. 콜럼버스가 항해를 시작하던 해에 뉘른베르크의 한 지리학자가 최초의 지구의를 만들었다. 지구가 둥글다는 사실은, 마젤란의 탐험대원 266명 중에서 살아 남은 열여덟 명이 1522년에 지구 일주를 끝마침으로써 입증되었다.

콜럼버스는 북위 28도를 따라 정서 쪽으로 가면 마르코 폴로의 그 전설적인 지판구Cipangu(일본)가 나타날 것으로 믿었다. 미치지 않은 다음에야 3천 마일이 넘는 항해의 전주錢主를 자청하고 나설 사람이 없을 것이라는 점을 잘 알고 있던 콜럼버스는 고대 그리스의 이론에, 마르코 폴로의 귀항 뒤에 만들어진 지극히 부정확한 지도 몇 장을 내밀며, 거기다 자신이 날조한 숫자까지 적당히 보태 2천400마일이라는 편리한 숫자를 만들어냈다.

하지만 콜럼버스가 2천400마일로 알고 있던 항로는 비행기로 1만600마일이었다!

콜럼버스 부하들이 정말 유럽에 매독을 전파시켰을까?

모르면 몰라도 미국의 고등학교 역사책에는 콜럼버스를 둘러싼 가장 끈덕진 전설 하나가 빠져 있을 것이다. 콜럼버스 부하들이 유럽에 매독을 전파시킨 장본인이라는 전설이 그것이다. 유럽인들의 이 생각은 콜럼버스와 그의 부하들이 귀환한 시기와 유럽에서 매독이 크게 성행한 시기가 우연히 일치한 데서 비롯되었다. 매독이 전염병의 규모로 처음 나타나기 시작한 것은 1494년 나폴리 전투 때였다. 프랑스 왕 샤를 8세의 군대가 나폴리에서 철수하자마자 유럽 전역에 매독이 퍼지기 시작한 것이다. 그후 이 질병은 탐험의 시대에 포르투갈 선원들에 의해 아프리카, 인도, 아시아로 전파되었다. 그 지역 사람들에게 이것은 난생 처음 보는 질병이 분명했다. 1539년경에 윌리엄 H. 맥닐은 이렇게 썼다. "당대인들은 이 병을

아메리카 원주민과 만난 콜럼버스를 묘사한 동판화. 콜럼버스가 원주민들에게 갖다준 것은 혹독한 정복 사업으로 인한 강제 노동과 죽음이었다.

유라시아인들에게는 면역 체계가 확립되지 않은 새로운 질병으로 생각했다. 유럽에서 매독이 처음 발병한 시기와 장소는, 귀환중인 콜럼버스 선원들이 아메리카에서 매독을 들여왔다고 여겼던 사람들의 생각과 그대로 일치하는 듯했다. 이 설은…… 아주 최근까지…… 널리 받아들여졌다."

몇 세기를 거치며 이 '도시의 전설'은, 콜럼버스와 유럽인들의 출현이 전해준 고통에 대한 일종의 '복수'로 생각되었다. 인도인들이 암암리에 퍼트린 신비주의적인 어떤 것으로 생각되었다. 인간에게 매독이 있었다는 징후를 보여주는 초기 기록의 하나는 2천여 년 전 북아메리카의 유적에서 발견되었다.

천형인 매독과 관련해서 비난을 받은 것은 비단 콜럼버스의 부하들만은 아니었다. 다른 범죄자들도 그에 대한 책임을 뒤집어썼다. 매독이라는 말은 1530년 이탈리아인 의사 지롤라모 프라카스토로가 처음 썼다. 그는 '시필리스, 혹은 프랑스병'으로 번역될 수 있는

'Syphilis, sive Morbus Gallicus'라는 시를 발표했던 것이다. 이 시에서 시필루스Syphilus라는 이름의 목동은 매독의 최초 희생자로 설정돼 있는데, 15세기에 매독은 오늘날 우리가 알고 있는 매독과는 비교가 안 될 정도로 치명적인 질병이었다. 물론 항생제가 나오기 전의 옛날 이야기이다. 시필루스라는 인물이 등장한 배경은 불분명하지만, 어쩌면 오비디우스의 시에서 나왔을 가능성도 있다. 그렇다면 이탈리아인들은 매독의 책임을 프랑스인들에게 뒤집어 씌웠다는 말이 된다. 한편 에스파냐인들은 1492년——그 잊을 수 없는 해에——에스파냐에서 강제 추방된 유태인들에게 그 책임을 돌리고 있다.

맥닐에 따르면 현대의 연구가들 대부분은 소위 콜럼버스의 매독 전파설을 받아들이지 않는 추세라고 한다. 콜럼버스 이전에도 구세계에 매독이 있었다는 증거는 얼마든지 있다는 것이다. 최근 영국에서 발굴된 콜럼버스 이전의 유골만 봐도 매독의 흔적이 뚜렷이 나타나고 있다. 비너스의 천형이 어디서 비롯되었는지는 여전히 오리무중이지만 아메리칸 인디언들이 유럽에 매독을 전파시킨 장본인이라는 설은 과거보다 한층 설득력이 떨어지고 있다.

콜럼버스가 아메리카 대륙을 발견한 것이 아니라면 진짜 발견자는?

콜럼버스 이전에 아메리카 대륙을 밟은 사람이 누구인가에 대한 논의도 콜럼버스의 항해 시대로까지 거슬러 올라간다는 점에서 매독에 대한 주장과 별반 다르지 않다. 콜럼버스 이전의 신대륙 '발견'에 대한 책은 작은 도서관 하나는 족히 채우고도 남을 만큼 많이 쓰여졌다. 콜럼버스가 바하마 제도에 닿기 훨씬 전에 우연이든 아

해상 진출이 활발했던 노르웨이 인들이 콜럼버스보다 먼저 아메리카에 도착했을 가능성은 매우 크다. 노르웨이는 인류 역사상 일찍부터 사람이 살았던 곳이다. 사진은 6000년 전~2500년 전의 것으로 추정되는 노르웨이의 선사 시대 암각화.

니든 아메리카 대륙에 닿았을 가능성이 있는 다수의 항해자들을 위해 제기된 주장들을 뒷받침해줄 만한 증거도 허다하게 많다.

이러한 주장들 중에서 최고의 영예는 고고학적으로 입증된 라이프 에릭손Lief Eriksson의 노르웨이 탐험대에게 주어졌다. 에릭손은 북아메리카에 닿았을 뿐 아니라 콜럼버스보다 500년이나 앞선 서기 1000년경에 현재의 뉴펀들랜드에 식민지까지 건설한 사람이었다. 현재의 세인트 앤서니 인근 란세오 메도스L'anse aux Meadows에서 발견된 노르웨이 부락터는, 유네스코에 의해 최초의 세계 유산으로 지정되었다. 이렇게 몇 가지 의문은 고고학으로 풀렸으나 아메리카 대륙에서의 노르웨이인 체류에 대한 그밖의 사항들은 여전히 숙제로 남아 있다.

북아메리카에 노르웨이 식민지가 있었을 것이라는 추측은 거의 대부분 《빈랜드 사가The Vinland Sagas》라는 두 편의 아이슬랜드 서사시에서 비롯된 것이다. 노르웨이인들이 찾은 곳은 대략 래브라도의 황폐한 해안으로 짐작되는 스톤랜드, 메인으로 추측되는 우드랜드 그리고 빈랜드 세 곳이었을 것이다. 행운아 에릭손이 도로와 축제에 자신의 이름을 남긴 역사적 인물이라면, 또 다른 노르웨이인 비온 헤리욜프손Bjarni Herjolfsson은 985년 아니면 986년에 북아메리카를 최초로 발견한 유럽인이었다. 하지만 그린란드로 돌아가기 전에 몇 채의 오두막을 짓고 야생 포도가 자라던 이 땅—이곳에서는 포도가 나지 않기 때문에 딸기 종류였을 가능성이 크다—에서 한겨울을 난 것은 아마도 라이프였던 것 같다. 그 후 몇 년 뒤 또 다른 그린란드인 토르핀 칼세피니Thorfinn Karlsefni가 에릭손이 세왔던 부락터에 거주지를 정하고 2년을 살았다. 살면서 그들은 여러 문제에 직면했다. 원주민들의 우호적이지 않은 태도도 그 중의 하나였다. 노르웨이인들은 원주민들을 '스크렐링skrelings'('비열한 놈' 혹은 '난쟁이'로 해석될 수 있는 경멸조의 말)이라 불렀다. 언젠가는 원주민들이 공격해오자, 노르웨이의 한 임산부가 벌거벗은 젖가슴으로 칼을 받아쳐 '스크렐링'을 혼비백산하게 한 일도 있었다. 이 모습에 놀란 '스크렐링'은 해안가의 배로 도망쳐 갔다.

마크 쿨란스키Mark Kurlansky는 매혹적인 저서 《대구Cod》에서 이렇게 쓰고 있다. "아이슬란드 서사시에는 노르웨이인들이 986년에서 1011년 사이에 아메리카 대륙을 다섯 번 탐험한 것으로 되어 있는데, 그 다섯 번의 탐험 기간 동안 노르웨이인들은 과연 무엇을 먹고 살았을까? 바로 대구였다. 그들은 추운 겨울 날씨 속에 무게가 5분의 1로 바짝 줄어 마치 질긴 나무껍질처럼 될 때까지 대구를 말려 보존하는 법을 터득하고 있었던 것이다. 그런 방법으로 그들은 이 머나먼 불모의 지역을 여행할 수 있었다. 그들은 말린 대구 조각을 찢어 씹고 다녔던 것이다.……"

그런가 하면 이보다 이른 발견을 주장하는 사람도 있다. 세인트 브렌던St. Brendan이라는 신화적 인물이 이끄는 아일랜드 탐험대가 9세기 혹은 10세기에 커럭스curraghs라는 작은 배를 타고 항해를 하다 아메리카 대륙에 닿았을 거라는 설이 그것이다. 하지만 이를 뒷받침할 만한 고고학적 증거는 물론 다른 증거도 없다. 모독이라 불리는 웨일스인에 관련된 신화가 있다. 그가 식민지를 하나 건설하여 현지 인디언들에게 웨일스의 말을 가르쳤다는 것인데, 이 이야기는 아무런 근거없는 낭설에 불과하다. 최근에는 '유럽인들의 아시아 탐험' 주장을 비트는 흥미로운 주장이 제기되기도 했다. 고대 중국 지도를 연구한 영국의 한 항해 전문가가 중국의 어떤 제독이 지구를 일주하던 중에 콜럼버스보다 100년 앞서 아메리카 대륙에

항해를 떠나는 지오반니 카보토 (존 캐벗). 이탈리아인이었던 그는 영국을 위해 일했다. 1496년 영국 왕 헨리 7세로부터 새로운 교역로를 열어달라는 부탁을 받고 아메리카 대륙에 도착한 그는 자신이 도착한 곳을 뉴펀들랜드라고 이름지었다. 뉴펀들랜드는 영국이 아메리카에 확고한 발판을 마련하는 초석이 되었다.

닿았을 거라는 설을 제기한 것이다. 이 주장을 뒷받침할 만한 증거가 제시된다면 굉장한 수정주의 이론이 되겠지만 아직까지는 숲속에서 넘어지는 현자의 나무에 불과할 뿐이다. 설사 그 중국인이 최초로 아메리카 대륙에 닿았다 해도 '들은' 사람이 없다면 그것을 누가 믿겠는가?

콜럼버스와 같은 나라 사람으로 영국을 위해 항해한 지오반니 카보토Giovanni Caboto(존 캐벗John Cabot)도 신대륙 발견과 관련된 주요 인물이다. 1496년 캐벗(과 아들 세바스찬)은 영국 왕 헨리 7세로부터 아시아로 통하는 새로운 교역로를 발견해달라는 제의를 받았다. 그는 매튜호를 타고 브리스톨 항을 출발하여 항해하다가 대구가 지천으로 널린 바다 근처의 거대한 바위투성이 해안가에 닿았다. 캐벗은 그곳을 뉴펀들랜드로 명명하고 그곳의 풍요로움에 대해 보고를 한 뒤 그 땅을 헨리 7세 땅이라고 주장했다. 캐벗의 이 소유권 주장을 근거로 훗날 영국은 신세계에 확고한 발판을 마련할 수 있었다. 1498년 다섯 척의 배로 시작한 두 번째 항해에서는 좋지 않은 일기 때문에 배 한 척만 아일랜드 항구로 귀환했을 뿐 캐벗은 나머지 네 척의 배와 함께 실종되었다.

그렇다고 캐벗을 비롯한 탐험가들이 완전한 미지의 바다를 항해한 것은 아니었다. 대구잡이 어부들도 수년 동안 북아메리카 연안에 자주 출몰했다. 바스크족 어선들도 자주 나타났다. 하지만 분명한 것은, 그들이 북아메리카 연안을 고기잡이 장소로는 적합하다고 여겼지만 영원히 머물 곳은 아니라고 판단했다는 것이다. 고기잡이를 하던 연안이 아시아가 아니라는 사실도 한참 지나서야 알게 되었다. 마크 쿨란스키의 《대구》에 따르면, 16세기까지도 뉴펀들랜드는 중국 연안의 섬으로 표기되어 있었다고 한다.

그러니 설사 대구잡이 어부들이 '아메리카 대륙'을 발견한 최초의 유럽인들이었다 해도, 그들은 좋은 자리는 혼자만 차지하려 하는 낚시꾼들처럼 자신들의 어장을 비밀로 남겨두고 싶었을 것이고 따라서 장래의 미국 땅이 될 곳에 처음 발을 디딘 최초의 유럽인이라는 영예는 자연히 푸에르토리코를 정복한 에스파냐의 탐험가 후안 폰세 데 레온에게 돌아가게 되었다. 폰세 데 레온은 쿠바 북쪽의 커다란 섬에 얽힌 소문, 즉 젊음과 원기를 준다는 '청춘의 샘'에 대한 소문을 듣고 그곳을 찾아가다가 1513년에 플로리다를 발견하고 그곳을 플로리다로 이름 붙였다. 멕시코도 이 항해 중에 '발견'한 것이다.

끝으로 또 다른 이탈리아인 지오반니 데 베라자노의 항해에 얽힌 이야기가 있다. 그는 1524년 프랑스 군주에게 고용되어 아시아와의 교역을 간절히 원하던 비단 상인의 재정적 후원을 받아 항해에 나섰다. 베라자노는 동방이 있는 서쪽으로 통하는 신세계 해협을 찾고 있었다. 그래서 지금의 노스캐롤라이나에 있는 케이프피어에 상륙하여 대서양 해안을 끼고 위쪽으로 더 올라가다가 뉴펀들랜드에 닿은 뒤에 프랑스로 되돌아갔다. 체서피크 만이나 델라웨어 만

* 3천99만 8천800에이커,
평수로는 대략 300억 평.

에는 들르지 못했다. 하지만 뉴욕 만(그곳에서 그는 겨우 내로우 해협
과 교량터까지만 가보았다. 두 곳에는 현재 그의 이름이 새겨져 있다)과 내
러갠싯 만 그리고 이탈리아의 한 장군을 기려 그가 팔라비시노라
이름 붙인 팔 모양을 한 굴곡진 땅에는 도달할 수 있었다. 베라자노
는 동방으로 향하는 길을 찾지 못한 절망감을 안고 프랑스로 돌아
와서는 자신이 발견한 '7천 리그의 해안선'*을 신세계의 구성에 포
함시켜줄 것을 요구했다. 그 7년 뒤, 바르톨로뮤 고스놀드라는 영
국인도 아시아로 통하는 항로를 계속 찾았지만 역시 실패했다. 대
신 그는 얕은 물 속에 떼 지어 있는 엄청난 양의 대구를 발견하고
베라자노가 팔라비시노로 명명한 그곳을 1602년에 케이프코드로
개명했다. 하지만 그 지역(메인 주의 브리스톨 근처)에 정주를 시도한
영국 선원들에게 이 신세계는 '너무 추웠다.'

아시아를 찾아 헤맨 유럽의 대구잡이 어부들이나 실종된 선원들
은 따지고 보면 모두 아메리카 대륙에 닿은 늦깎이인 셈이다. 아메
리카는 이들이 항해하기 훨씬 이전에 '발견'되었다. 아메리카 대륙
의 진정한 '발견자들'은, 유럽이 아직 암흑 속에서 헤매고 있을 때
이곳에서 사회 · 문화적 토대를 닦고 있던 이른바 인디언들이다. 좀
이상하게 들리겠지만 이들은 아시아에서 신세계까지 걸어서 왔다.

맞다, 아메리카 대륙을 발견한 것은 인디언이다.
그들은 어떻게 아메리카 대륙에 도달했을까?

꽤 최근까지도 아메리카 대륙에 인간이 최초로 살기 시작한 것은
대략 1만2천 년 전이라고 알려져 있었다. 그들은 아시아에서 이곳
까지 걸어서 왔다. 하지만 새로 발견된 증거에 따르면, 후일 인디언
으로 불리는 사람들이 아메리카 대륙에 도착한 것은 약 3만 년에서

4만 년 전이었을 가능성이 있다고 추정되고 있다. 칠레 남부에서 발견된 숯을 방사성탄소연대측정법으로 측정한 연대와 1997년 현재 지금의 워싱턴 주에서 발견된 유골은 지금까지 널리 받아들여진 것보다 훨씬 이전부터 이곳에 사람들이 살았다는 설을 뒷받침하고 있다. 뿐만 아니라 발견된 그 증거들은 살았던 사람들이 누구였고 이곳에 어떻게 도달했는지에 대한 기존의 이론까지 뒤흔들어 놓았다.

고고학적 증거와 방사성탄소연대측정법의 측정으로 받아들여진 일반적 정설과 오랫동안 지지돼온 설에 따르면, 아메리카 대륙에 살았던 선사 시대 사람들은 거대한 털북숭이 매머드 떼를 쫓는 사냥꾼이었다. 이들 초기 정착자들은 빙하 속에 물이 너무 많이 차 있어 해수면이 현격히 낮았던 빙하기에 시베리아에서 육로 다리를 건너 현재의 알래스카로 걸어 들어왔다. '육로 다리'가 바다 사이의 좁은 해협을 가리키는 것이라면 그 '다리'의 길이는 아마 1천 마일은 족히 되었을 것이다. 이들은 알래스카에 도달한 후에 매머드 사냥을 하며 따뜻한 곳을 찾아 남쪽으로 이동했다. 그러다가 빙하가 녹아 해수면이 올라갔고 육로 다리가 바다에 잠기게 되어 알래스카와 러시아를 잇는 오늘날의 베링 해협이 만들어진 것이다. 뉴멕시코 주의 클로비스에서 발견된, 이들이 남겨놓은 것으로 알려진 최초의 유물은 1만 1천500년 전의 것으로 추정되고 있다.

하지만 다른 증거들이 속속 발견되면서 그보다 더 복잡하고 놀라운 가능성들이 제기되고 있다. 다음의 예가 그런 가능성들이다.

태평양 연안 항로 이 가설의 지지자들은, 북아시아 사람들이 베링 육로 다리가 존재하기 전 가죽으로 감싼 배를 타거나 걸어서 아메리카 서해안을 따라 이주했을 것으로 보고 있다. 이 가설은 페루와 칠레 해안가에서 발견된 1만 2천500년 전의 것으로 추정되는 공예품에 근거

* 노르웨이의 해양학자 겸 고고학자. 1497년 동료 다섯 명과 함께 콘티키호를 타고 페루에서 폴리네시아까지 항해했다.

하고 있다. 이 공예품은 또 아메리카 대륙의 바닷가에 사람이 살았다는 증거가 되기도 한다. 칠레의 몬테 베르데에서 발견된 유물 가운데에는 목재 도구, 동물의 뼈, 인간의 발자국이 있었다.

이 항로에 대한 문제는 워싱턴 주에서 이른바 케네위크인이 발견되면서 더욱 복잡해졌다. 8천 년 전에서 9천300년 전 사이의 것으로 보이는 케네위크인의 유골은 아메리카 대륙의 최초 거주자가 과연 아시아에서 넘어온 것일까에 대한 의문을 야기했다.

북대서양 항로 북아메리카 동쪽 해안에서 발견된 몇몇 유적은 아주 다른 해상로를 보여주고 있다. 현재의 펜실베이니아 주, 버지니아 주, 사우스캐롤라이나 주의 유적에서 발굴된 유물은 클로비스 유물보다 시기가 앞서는 1만 년에서 1만 6천 년 전 사이의 것으로 추정되고 있다. 이 가설의 지지자들은 초기 유럽인들이 배를 타고 아이슬란드와 그린란드를 둘러싸고 있던 빙하를 따라오다가 북아메리카까지 내려왔을 것으로 보고 있다.

콜럼버스가 도착하기 훨씬 전부터 아메리카 대륙에는 찬란한 문명이 존재하고 있었다. 사진은 중앙아메리카의 마야 문명 유적으로, 8세기 마야 왕의 모습을 새긴 조각이다.

오스트레일리아 항로 이 가설은 고故 토르 헤예르달*이 그의 저서 《콘티키Kon Tiki》에서 제기한 설을 수정한 것으로, 다른 설에 비해 논란이 많고 상대적으로 인정을 못 받는 가설이다. 헤예르달은, 아메리카 대륙에 정주한 사람들이 태평양을 건너 남아메리카로 들어온 동남아시아인일 것 같다는 주장을 폈다. 대부분의 과학자들은 이 생각을 터무니없는 것으로 보고 있지만, 브라질에서 유골이 발견되자 이 가설은 약간의 지

지를 받기도 했다. 하지만 일부 과학자들은 브라질에서 발견된 유골이 아시아 해안을 따라 북쪽으로 올라가다가 베링 해협을 건넌 동남아시아인의 어떤 분파에 속할 가능성이 크다고 보고 있다.

물론 이 모든 가설 또는 어느 한 가설이 맞을 가능성이 있고, 앞서 열거한 민족 중 하나 이상의 그룹이 신세계로 이주했을 가능성도 있다. 개중에는 종족이 소멸하여 후일 다른 민족으로 대체된 경우도 있을 것이고, 아메리카 대륙에 닿은 이후 수천 년을 거치는 동안 심각한 신체상의 변화가 일어났을 가능성도 있다.

하지만 그보다 더 확실한 것은, 콜럼버스가 당도할 무렵에는 이미 최초의 아메리카인 혹은 아메리칸 인디언으로 부를 수 있는 수천만 명의 사람들이 남북 아메리카 대륙을 다 점유하고 있었다는 사실이다. 이들은 수백 개의 부족 사회로 나누어져 있었다. 가장 진보된 부족 사회가 마야족이었고 그 후에는 멕시코의 아스텍족과

멕시코의 아스텍 문명이 남긴 유적. 거대한 피라미드와 5킬로미터에 걸쳐 뻗어 있는 큰 길이 아스텍 문명의 위용을 자랑한다. 아스텍 문명은 1521년 에스파냐인 코르테스에 의해 멸망당했으며, 아스텍 문명과 쌍벽을 이룬 남아메리카 안데스 산맥의 잉카 문명도 1533년 에스파냐인 피사로에 의해 멸망당했다.

페루의 잉카 사회였다. 하지만 이들 모두 공포 정치를 편 신대륙 정복자 에스파냐인들의 먹이가 되었다. 많은 역사책들이 한때는 이들 아메리칸 인디언들을 야만적 문명의 집합체로 묘사했다. 최근에는 자연과 조화를 이루며 살았던 일부 종족을 소개하는 보다 낭만적인 가설도 새롭게 선보이고 있다. 하지만 이러한 관점의 어느 것도 사실이 아니다.

그것은 무엇보다 남북 대륙 사이에는 북쪽의 에스키모, 이뉴잇 사회로부터 남쪽의 진보된 멕시코, 남아메리카 사회에 이르기까지 남아메리카 전역에 걸쳐 수많은 문화가 퍼져 있었다는 사실로 알 수 있다. 이들 문화의 어느 것도 유럽식의 발전 모형을 보이지 않았다. 그런 반면 농업, 건축, 수학 분야에서는 현저한 발전이 이루어졌다. 발달이 전혀 이루어지지 않은 것들도 있다. 이들 사회 중에서 문자를 고안한 부족은 아주 극소수에 불과했다. 일부 부족이 야만 상태를 벗어나지 못한 것 또한 사실이었다. 테노치티틀란(현재의 멕시코시티 인근)에서 많게는 하루 1천 명을 산 제물로 바친 아스텍 문화나 아주 세련되고 끔찍한 예술의 경지에 이른 기술로 고문을 자행한 이로쿼이족의 관습을 보면 그렇게 말을 할 수가 있다.

콜럼버스가 신대륙에 닿았을 당시의 인디언 인구수에 대해서도 지난 20년 동안 엄청난 수정이 가해졌다. 그 논쟁은 특히 1992년 콜럼버스 항해 500주년 기념식에 참석한 소장파 학자들 사이에서 뜨겁게 일어났다. 인디언 인구수는 남북 아메리카 대륙을 합쳐 800만에서 1천600만 정도로 추정되었다. 그러던 것이 이제는 1억 혹은 그 이상으로까지 수치가 급격히 올라간 것이다.

유럽 거주 유태인들에 대한 히틀러의 학살이 조직적이고 계획적으로 이루어졌다면, 원주민 인구의 90퍼센트를 학살한 것으로 보이는 유럽인들의 인디언 근절 계획 역시 철저한 계획 아래서 이루어졌다. 그 모든 근절 행위는 진보, 문명, 기독교의 이름으로 자행되었다.

유럽인들이 원주민보다 여러 면에서 기술적으로 앞서 있었던 것은 사실이다. 하지만 이들이 신대륙을 정복할 수 있었던 것은 군사적 힘이라든가 문화의 우수성 때문이 아니었다. 아메리카 대륙 원주민이 파괴된 가장 큰 요인은 선천적으로 면역 체계가 결핍돼 있던 전염병이 유입되었기 때문이다.

아메리고 베스푸치(1457~1512). 아메리카라는 이름은 이탈리아 탐험가 아메리고 베스푸치를 기념한 것이다. 그는 브라질 일대를 탐험했다.

콜럼버스가 그토록 중요했다면 왜 콜럼버스합중국이 아닌 미합중국이 되었을까?

아메리카라는 호칭은 역사가 만들어낸 잔인한 속임수의 하나이고 인디언을 '인디언'이라고 부르는 것만큼이나 정확하다. 아메리고 베스푸치는 에스파냐로 길을 찾아 나선 또 다른 이탈리아인이었다. 또한 선박의 잡화상인이었던 그는 콜럼버스 선박의 의장을 꾸미는 데도 실제적인 도움을 제공해주었다. 1499년 그는 콜럼버스의 선장들 중의 한 사람인 알론소 데 오헤다와 함께 남아메리카 항해길에 올라 아마존 강 입구에 도달했다. 거기서 다시 브라질 해안을 끼고 세 번의 항해를 더 감행했다. 베스푸치가 1504년에 쓴 것으로 보이는 편지들이 이탈리아에서 발견되었다. 이들 편지에서 베스푸치는 자신이 네 번의 항해에서 선장이었음을 주장하면서 발견된 땅에 'Mundus Novus,' 즉 신세계라는 이름을 부여했다고 쓰고 있다. 베스푸치의 항해는 당대에 콜럼버스의 항해보다 더욱 유명했다. 몇 년 뒤, 프톨레마이오스의 최신판《지리학》에 이 새로운 땅은 베스푸치를 기념해 아메리카America로 표기되었다. 그때까지도 그곳은 여전히 아시아에 속하는 것으로 여겨지고 있었다.

콜럼버스는 어떻게 되었을까?

콜럼버스는 첫 항해를 마치고 어수선한 귀로 여행 끝에 1493년 3월 에스파냐에 도착했다. 볼품없는 장신구 몇 점과 에스파냐까지의 항해에서 살아남은 타이노족 인디언들을 제외하면 변변한 물건 하나 내놓을 것이 없었는데도 페르디난도와 이사벨은 그를 성대히 맞아주었다. 두 사람에게도 생각이 있었던 것이다. 에스파냐 군주들은 교황을 압박하기로 작정하고, 기독교 신앙을 전파한다는 그럴 듯한 구실 아래 새로 발견한 땅의 소유권을 자신들 앞으로 해줄 것을 교황에게 간청한 것이다. 교황도 그들의 말에 동의했다. 그러자 포르투갈이 즉각 반발했고 두 나라 사이에는 신세계를 둘러싼 이권 협상이 시작되었다. 이 협상에서 브라질이 포르투갈에 편입되었는데 오늘날 브라질이 포르투갈어를 쓰고, 멕시코를 비롯한 그외의 라틴아메리카 국가들이 에스파냐어를 쓰는 까닭은 거기에 있다.

콜럼버스는 다시 두 번째 항해를 위해 배 열입곱 척과 선원 1천 500명을 제공받았다. 그 선원들은 요행을 바라고 지원한 자들이었다. 콜럼버스가 에스파놀라에 돌아와 보니 요새에 남겨두었던 부하들은 사라지고 없었다. 타이노족 인디언들에게 살해당한 모양이었다. 콜럼버스는 두 번째 요새를 건설했다. 하지만 그곳은 에스파냐인들이 기대한 부와 황금의 땅이 아닌 것만은 분명했다. 콜럼버스는 그런 생각으로 아시아 본토를 향해 가고 있다는 믿음을 여전히

가지고 쿠바 쪽을 향해 항해를 계속하다가
자메이카에 상륙했다. 그러고는 다시 에스파
뇰라로 돌아와 타이노족 인디언들을 금 찾는
부역 작업에 동원했다. 그는 무리한 할당량
을 정해놓고 그것을 채우지 못하면 가혹한
형벌에 처했다. 팔 하나를 잃으면 운이 좋은
편이었고 운이 나쁘면 열세 명씩 한줄로 세
워져 십자가형에 처해졌다. 한 명은 예수, 나
머지 열두 명은 예수의 제자를 의미했다.

콜럼버스가 도착한 지 얼마 되지 않아 인
디언들은 콜럼버스와 에스파냐인들이 들여
온 전염병에 걸려 쓰러지기 시작했다. 식민
지의 이런 파국적인 상황은 본국에도 보고

크리스토퍼 콜럼버스(1451~
1506). 널리 알려져 있는 이 초
상화는 콜럼버스가 죽은 뒤 화
가 세바스티아노 델 피옴보
Sebastiano del Piombo가 그
린 것이다. 콜럼버스 생전에 그
려진 초상화는 없다. 이탈리아
제노바에서 태어난 콜럼버스는
포르투갈의 리스본으로 가서 지
도 파는 가게를 운영하며 항해
의 꿈을 키웠다. 아시아로 가는
항로를 찾아 나섰던 그는 죽을
때까지 자신이 도착한 곳이 아
시아라고 믿었다.

되어, 콜럼버스는 에스파냐로 돌아가 자신을 변호해야 하는 입장에
놓였다. 그의 평판은 추락했다. 그럼에도 불구하고 세 번째 항해 기
회가 또 다시 주어져 그는 1498년 5월 30일 배 여섯 척과 그다지
열의도 없는 풋내기 선원들을 데리고 에스파냐를 출발했다. 부족한
선원은 사면된 죄수들로 보충했다. 콜럼버스는 남쪽으로 항해하여
현재의 베네수엘라 해안에 닿았다.

에스파뇰라의 반란에 뒤이어 콜럼버스에 대한 선원들의 불만은
극에 달해 있었다. 그들은 콜럼버스를 족쇄에 채워 에스파냐로 보
내버렸다. 에스파냐로 송환된 콜럼버스는 국왕과 여왕의 명령으로
석방되었으나 조건부 석방이었다. 그에 따라 기존의 직책은 거의
박탈당하고, 식민지 섬들의 총독직도 상실했다. 하지만 그는 마지
막으로 한 번의 항해 기회를 얻었다. 콜럼버스는 이 항해를 고귀한
항해라 불렀다.

1502년, 그는 배 네 척과 열네 살 된 아들 페르디난도를 데리고

에스파냐를 떠나 항해길에 올랐다. 앞으로 항해 일지를 기록하는 사람이 바로 이 아들이다. 콜럼버스는 파나마 지협에 닿은 뒤, 며칠만 더 항해하면 거대한 바다(태평양)가 눈앞에 펼쳐질 것이라는 말을 듣고도 항해를 계속할 수 없었다. 지친데다 말라리아에까지 걸렸기 때문이다. 일이 이렇게 되자 그는 아시아 찾는 일을 단념하고 자메이카로 향했다. 굶주리고 병까지 든 콜럼버스는 자메이카 현지인들에게 월식을 예언하는 재주를 보여주고 식량을 얻었던 모양이다. 콜럼버스는 그렇게 1년을 빈둥거리며 보낸 뒤 자메이카를 떠나 1504년 11월 에스파냐에 도착했다. 돌아와 보니 이사벨 여왕은 이미 죽었고 페르디난도는 그에게 은퇴를 종용했다. 그는 바야돌리드의 조촐한 집에서 말년을 보내다가 1506년 5월 20일 사망했다. 전해지는 말과는 달리 임종 시 그의 상황은 궁핍하지 않았다. 그의 유해는 처음에는 세비야, 나중에는 산토도밍고(현재의 도미니카공화국)로 옮겨졌다. 그의 유해가 산토도밍고에서 다시 쿠바로 옮겨졌다고 이야기하는 사람들도 있고, 산토도밍고가 그의 최후의 안식처라고 여기는 사람들도 있다. (과학자들은 현재 콜럼버스 유골에 대한 DNA 검사를 허가 받으려고 노력 중이다.)

신세계에서 유럽인들의 첫 정착지는?

미국인들은 청교도 조상과 제임스타운이 중요한 것처럼 떠들고 있지만, 알고 보면 영국인들이 도착했을 때 이미 아메리카 대륙의 상당 부분은 에스파냐인들이 휘젓고 다닌 뒤였다. 사실 엘리자베스 여왕의 영국을 혼내주러 나간 에스파냐의 무적함대가 1588년 폭풍과 영국의 '해적들'에게 결딴만 나지 않았어도 이 나라는 로스 에스다도스 유니도스*가 되었을지 모르고, 투우장에서 타코를 먹고 있

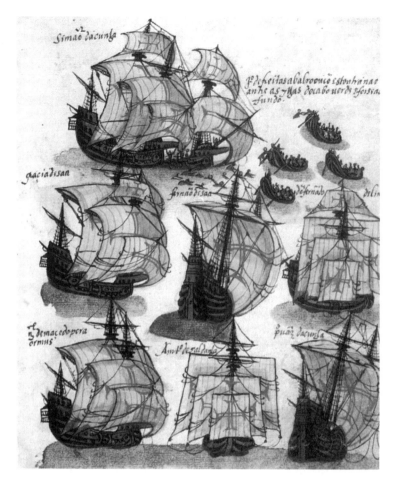

포르투갈 배를 그린 16세기의 수채화. 에스파냐는 콜럼버스가 개척한 서쪽 항로를 독점했다. 그러자 에스파냐의 경쟁자 포르투갈은 아프리카 남단을 도는 남쪽 항로로 눈을 돌렸고, 결국 에스파냐보다 먼저 아시아에 도착했다.

었을지 모른다.

　콜럼버스가 시작한 대담한 탐험에 뒤이어 에스파냐인들(그보다는 정도가 좀 약하지만 포르투갈인도)은 자국의 군주에게 더 많은 황금을 갖다 바치기 위해 1세기에 걸친 탐험, 식민지화, 정복 사업에 뛰어들었다. 이들 탐험가들과 정복자들은 자신들과 에스파냐 군주를 위해 어마어마한 부를 축적했다. 이 과정에서 많은 원주민들이 학살당했으며 탐험가들과 정복자들도 교전 중에 인디언들에게 살해되거나 황금과 권력에 눈이 먼 동료 에스파냐인들에게 살해되었다.

아메리카 대륙에 처음 발을 디딘 것은 에스파냐 인인데 왜 제임스타운이 중요하지?

　역사는 승자의 전유물이다. 영국인이 제임스타운에 정착하기 거의 1세기 전에 에스파냐인이 신세계를 지배했다고는 해도, 결과적으로 에스파냐인은 북아메리카에서 밀려났고, 영국이 신세계를 지배하는 새로운 시대가 열렸다. 현대 미국의 삶이 전세계적인 맥락 속에서 결정되는 것처럼 당시 북아메리카의 삶도 국제 정세에 크게 좌우되었다. 16세기가 되자 에스파냐는 부패와 무기력에 빠져들었다. 국왕이 아메리카 대륙의 금광에서 나오는 이권만 바라보고 국내 산업은 돌보지 않은 결과였다. 금이 쏟아져 들어오는 상황이었으니 상업이나 발명에 박차를 가해야 할 자극이나 동기가 생겨나지 않았던 것이다.

　하지만 부패와 무기력에 빠져들게 된 더 심각한 이유는 아마 이른바 프로테스탄트 종교 개혁으로 알려진 혁명 때문이었을 것이다. 열렬한 가톨릭 교도였던 에스파냐의 국왕 펠리페 2세가 보기에 영국의 신교도 여왕 엘리자베스 1세는 정치·군사적 라이벌이었을 뿐만 아니라 이교도이기도 했다. 로마 가톨릭을 수호하고자 하는 그의 열망은 그의 정책에서도 여실히 드러났다. 그는 엘리자베스 여왕에 적대적이며 가톨릭 교도인 스코틀랜드의 메리 여왕을 옹호하고 나선 것이다. 엘리자베스는 엘리자베스대로 그 종교 분쟁을 이용했다. 에스파냐를 희생시켜 영국의 힘을 증강시킬 수 있는 기회로 본 것이다. 그런 계산으로 그녀는 한편으로는 에스파냐와 교전 중인 네덜란드를 도왔고, 다른 한편으로는 자신의 악명 높은 '해적sea dogs,' 즉 신사 해적들이 에스파냐 보물선을 약탈하는 것을 보고도 그냥 내버려두었다. 이 시기에 네덜란드는 유럽 최대의 상선 함대를 구축하고 있었다.

1588년에 영국이 함대의 힘보다는 오히려 폭풍우의 도움을 받아 에스파냐의 무적함대를 격파했을 때 재앙의 조짐은 이미 나타나고 있었다. 에스파냐는 이때 받은 타격에서 영영 회복하지 못했다. 영국은 이 승리를 계기로 세계적인 해상 강국으로 부상할 수 있었다. 이때부터 보잘것없는 작은 섬나라에 불과했던 영국은 보다 적극적으로 식민지를 만들어가며 제국주의의 길로 들어서게 된다.

엘리자베스 1세(1533~1603). 에스파냐의 무적함대를 격파한 영국은 작은 섬나라에서 해상강국으로 부상했다. 영국 여왕 엘리자베스 1세는 에스파냐의 펠리페 2세와 매사에 라이벌이었으나 최후의 승자는 그녀였다.

북서항로란?

이 질문에 '앨프리드 히치콕의 영화'라고 대답하신 분은(캐리 그랜트가 농약 살포 비행기로 추격을 당하는 유명한 장면이 나오는 앨프리드 히치콕의 스릴러 〈북북서로 진로를 돌려라〉를 생각하고 대답하셨을 겁니다), 실격이니까 나가주세요.

콜럼버스가 첫 항해를 한 지 100년이 지난 뒤에도 유럽인들은 여전히 중국으로 가는 더 빠른 항로는 아직 찾지 못했고 신세계는 단지 우회로인 성가신 장애물——에스파냐에 의해 돈벌이 좋은 곳으로 입증이 됐는데도——일 뿐이라고 믿고 있었다. 개중에는 러시아의 위쪽을 돌아가는 '북서항로Northwest Passage'를 통해 중국으로 가는 길을 찾으려는 사람도 있었다. 세바스티안 캐벗도 그런 시도를 한 사람 중 하나로, 그는 1553년에 북서항로를 찾기 위해 탐험대를 조직했다. 1509년에는 그 반대편 항로도 시도해보았으나 선원들이 폭동을 일으켜 항해는 실패로 돌아갔다.

1576년 험프리Humphrey(Humfrey로도 쓴다) 길버트는, 북아메리카를 도는 항로에 '북서항로'라는 명칭을 최초로 붙인 후에 중국으로 가는 항로를 계속 찾았다. 옥스퍼드 출신의 군인이었고 궁정인이었으며 사업가이기도 했던 길버트는 영국의 식민지 사업 초기에 일익을 담당한 사람이기도 했다. 1578년에는 또 다른 영국인 마틴 프로비셔가 전설적인 중국항로를 찾아 나선 끝에 캐나다 북서 해안에 도달하여 배핀 섬을 탐험했다.

유럽에서 북극 해를 거쳐 아시아로 가는 항로를 찾아 나선 사람 중에는 네덜란드를 위해 항해한 영국인 헨리 허드슨도 있었다. 그는 1609년 하프문호를 타고 북아메리카를 향해 가다가 현재의 허드슨 만과 강을 발견했다. 허드슨이라는 명칭은 그의 이름에서 유래한 것이다. 허드슨은 현재의 올버니까지 북쪽으로 계속 올라가다가 델라웨어족 인디언과 모히칸족 인디언들을 알게 되었다. 그리고 아마 거기서 꿈에도 잊지 못할 파티를 열어 인디언 추장들을 잔뜩 취하게 했던 모양이다. 하지만 허드슨은 그것이 중국으로 가는 항로가 아니라는 것을 알아차렸다.

다른 유명한 탐험가들과 마찬가지로 허드슨도 후세에 자신의 이름을 남겼다. 하지만 그의 삶은 행복과는 거리가 멀었다. 1610년 영국 상인 몇몇이 회사를 설립하여 허드슨에게 디스커버리라는 이름의 배 한 척을 제공했다. 디스커버리호가 허드슨 만으로 흘러 들어가는 격랑과 마주쳤을 때 허드슨은 자기가 마침내 태평양에 닿았다고 생각했다. 그곳은 후일 허드슨 해협으로 명명되었다. 그는 거대한 얼음 덩어리를 뚫는 악전고투를 벌이며 현재의 제임스 만이 있는 곳을 향해 남쪽으로 항해를 계속했다. 하지만 길을 잃어 낙담한 상태에서 추위에 떨던 허드슨과 선원들은 이 허드슨 만의 남쪽 끝에서 출구를 찾는 데 실패했다. 상황이 이렇게 되자 그들 — 상쾌한 남태평양을 약속 받은 — 은 북극 가까운 육지에 배를 대고 겨울을 날 수밖에 없었다. 거기서 추위와 굶주림과 질병으로 극심한 고통을 당하던 선원들은 드디어 1611년 봄 더 이상 참지 못하고 폭동을 일으켜, 허드슨과 그의 아들 존 그리고 충직한 선원 일곱 명을 작은 보트에 태워 강에 떠내려보냈다. 그러고는 영국으로 돌아

와 항해에 대한 보고를 했다. 이 보고로 영국은 허드슨 만과 태평양 사이에는 분명히 항로가 있을 것이라는 희망을 계속 갖게 되었다. 하지만 그것은 허드슨의 고용주들이 구조대를 파견할 정도의 희망은 아니었다. 영국은 허드슨의 이 마지막 항해를 근거로 허드슨 만 일대의 거대한 지역에 대한 소유권을 주장했다. 허드슨베이사는 곧 모피 무역을 시작하여, 아시아로 통하는 항로가 뚫렸다면 얻었을 부를 이 지역에서 차지했다. 작은 보트에 태워진 허드슨과 동료 선원들은 끝내 발견되지 않았다. 인디언 전설에는 지금도 보트를 타고 다니는 백인들에 대한 이야기가 전해지고 있다.

동방으로 통하는 북서항로는 분명히 있다. 1년 대부분 빙하로 뒤덮여 있는 북해를 지나는 항로가 바로 그것이다. 하지만 많은 과학자들이 우려하듯이 그 빙하는 지구 온난화의 영향으로 변할 가능성이 있다.

허드슨 강을 그린 그림. 허드슨 만이란 이름은 탐험가 헨리 허드슨에게서 나온 것이다. 영국인 허드슨은 유럽에서 북극해를 거쳐 아시아로 가는 항로를 찾다가 북아메리카의 허드슨 강과 허드슨 만, 허드슨 해협을 발견했다.

잃어버린 식민지는 어디?

험프리 길버트는 1578년과 1583년 두 차례에 걸쳐 일단의 식민주의자들과 함께 엘리자베스 여왕의 축복을 받으며 항해길에 나섰다. 첫 항해길에서는 이렇다 할 성과를 내지 못한 험프리는 두 번째 항해에서 뉴펀들랜드에 닿은 뒤 폭풍에 휩쓸려 배와 함께 실종되었다.

그러자 험프리 길버트의 이복동생으로 엘리자베스 여왕의 총애를 받고 있던 서른한 살의 월터 롤리Raleigh(Ralegh로 표기하는 역사가들도 있다)가 국왕 특허권을 계승하여 그가 못다 한 탐험을 계속했다. 월터 롤리는 북아메리카를 탐험하여 '처녀 왕' 엘리자베스를 기리는 뜻에서 그곳을 버지니아로 명명했다. 월터 롤리는 1585년에는 현재의 노스캐롤라이나 아우터뱅크스에 있는 로어노크에 식민지를 건설하려는 때늦은 시도를 하기도 했다. 1586년 프랜시스 드레이크 경은 로어노크 이주민들이 굶주림에 지쳐 영국으로 돌아오길 원한다는 사실을 알게 되었다. 그 이듬해 월터 롤리는 성인 남녀와 아이들로 구성된 107명을 또 다시 로어노크 섬으로 보냈다. 그것은 무분별한 계획이었고 불운한 탐험이었다. 로어노크는 습지여서 황량하기 이를 데 없었고 현지 인디언들도 그지없이 야박했다. 1588년에 도착했어야 할 영국의 식량 공급선은 에스파냐 무적함대의 공격을 받고 발이 묶였기 때문에 제때에 도착하지 못했다. 마침내 식량 공급선이 1590년 로어노크에 도착했을 때는 롤리가 보낸 개척자들은 흔적도 없이 사라진 뒤였다.

남아 있는 것이라곤 녹슨 배의 파편과 나무에 새겨져 있는 '크로아토안croatoan'이라는 글자가 전부였다. 그 글자는, 하테라스 곶이 있는 인근 섬을 인디언들이 부르는 이름이었다. 이른바 그 잃어버린 식민지에서 무슨 일이 일어났는지에 대해서는 오랫동안 추측만

난무할 뿐 그들의 정확한 운명은 미스터리로
남아 있다. 그 불운한 이주자들은 굶주림과 인
디언의 습격 때문에 대부분 죽었을지 모르며
살아남은 자들은 인디언들에게 입양되었을지
도 모른다. 그 인디언 자손들은 월터 롤리의
이주자들을 여전히 자신들의 조상이라고 주장
하고 있다. 역사가 데이비드 비어스 퀸은《로
어노크 섬에 대한 가능성Set Fair for Roanoke》
에서 좀더 흥미로운 역사적 사실을 제시하고
있다. 사라진 이주자들은 사라진 것이 아니라
북쪽의 버지니아로 가서 인디언들 속에 평화

월터 롤리(1552?~1618). 영국
인 월터 롤리는 북아메리카를 탐
험하고 자신이 탐험한 곳을 처녀
왕 엘리자베스 1세를 기리는 뜻
에서 버지니아라고 이름 붙였다.
엘리자베스 1세는 그를 몹시 총
애했으며 아일랜드 반란을 진압
한 공로로 작위를 주었다.

롭게 정착한 뒤 제임스타운이 건설되는 시점까지 생존해 있다가
포와탄에 의한 학살 때에 살해되었다는 것이다. 포와탄은 제임스타
운 연대기에 아주 유명한 인물로 묘사되는 인디언 추장이다.

제임스타운은 언제, 어떻게 시작되었을까?

영국은 로어노크에서 재난을 겪은 후 15년 뒤에야 비로소 새로운
군주 아래 식민지 사업을 재개할 수 있었다. 하지만 상황이 이미 많
이 달라져 있었다. 민간 기업이 전면에 등장하기 시작한 것이다. 식
민지 경영 비용은 설사 국왕이라 해도 개인이 감당하기에는 부담이
너무 컸다. 1605년 두 자본가 그룹이 소액 주주들로부터 투자액을
모아 합작회사를 설립한 뒤, 국왕 제임스 1세에게 버지니아 식민지
사업권을 신청했다. 그 중 한 회사인 런던의 버지니아사는 남부 버
지니아의 사업권을, 다른 한 회사인 플리머스사는 북부 버지니아의
사업권을 인가 받았다. 당시의 버지니아는 바다 끝에서 끝, 즉 북아

NOVA BRITANNIA.

OFFERING MOST

Excellent fruites by Planting in
VIRGINIA.

Exciting all such as be well affected
to further the same.

LONDON
Printed for SAMVEL MACHAM, and are to besold at
his Shop in Pauls Church-yard, at the
Signe of the Bul-head.
1609.

신세계로 가는 길을 재촉하는 1609년의 광고 전단. 신세계 아메리카 대륙은 영국인들에게 꿈과 도전의 상징이었다.

메리카 대륙 전체에 걸쳐 있었다. 국왕의 특허장은 겉으로는 그럴듯하게 기독교 전파를 말하고 있었으나 금과 은을 찾는 것이 실질적인 목적이었기 때문에 특허장에는 "광산 채굴권 및 모든 형태의 금, 은, 동 광산 탐사권"으로 적혀 있었다.

1606년 12월 20일 성인 남자와 소년으로 구성된 이주민들이 존 뉴포트 선장의 지휘 아래 수잔콘스탄트호, 굿스피드호, 디스커버리호 배 세 척에 승선하여 항구를 출발했다. 그들의 항해 도중에 돈도 떨어지고 식량도 바닥을 드러냈다. 너무 고생스런 항해길에 십수 명이 죽어나갔다. 1607년 5월, 그들은 체서피크 만에 도착하여 한 달만에 삼각형 모양의 나무 요새를 짓고 제임스포트라 명명했다——제임스타운은 나중에 붙여진 이름이다. 제임스포트는 신세계에 지어진 최초의 영국인 영구 정착지였다. 1996년에 중요한 고고학 유적지의 하나인 제임스포트가 발견되었다.

제임스타운은 신세계에 용감히 맞선 영웅적인 이주민들의 거류지, 즉 '미국의 탄생지'로 오랫동안 기념되었다. 하지만 제임스타운의 적나라한 실상은 교과서에 소개된 제임스타운 이주민들의 멋진 모습을 여지없이 일그러뜨린다. 이로쿼이족 인디언들의 공격, 질병의 만연 등과 같은 제임스타운 최초 이주민들이 직면한 어려움들은 사실이었다. 하지만 내부적인 정치 균열을 비롯한 여러 문제들은 그들 스스로 자초한 것이었다. 입지 선정도 문제의 하나였다. 그것은 나쁜 선택이었다. 제임스타운은 말라리아가 창궐하는 소택지 한가운데 있었고, 늦게 도착하여 곡물을 심을 수도 없었다. 게다가 이주민들의 대부분은 노동을 해본 적이 없는 신사들이거나, 식민지 개척을 위해 필요한 중노동에는 그들 못지않게 부적합한 신사의 하인들이었다. 몇 달 새에 이주민 중에서 쉰한 명이 죽었다. 생존자 일부는, 자신들이 공격하여 땅을 빼앗은 그 인디언들에게 다시 몸을 의탁했다. 1609~1610년의 '기아 연도'에는 상황이 더욱 궁핍해졌다. 질병과 가뭄으로 인한 기근과 인디언들의 공격이 한꺼번에 밀어닥쳤다. 배가 고파 눈이 뒤집힌 일부 이주민들은 식인종으로 전락했다. 당대의 한 문헌에는 "도저히 허기를 참을 수 없어" 영국인의 무덤이건 인디언의 무덤이건 가릴 것 없이 무덤으로 가서 "자연이 혐오하는 그런 것들을 먹을 수밖에 없었던" 사람들에 대한 이야기가 기록돼 있다. 극단적인 경우에는 남편이 잠든 아내를 죽여 "머리를 뺀 나머지 부분이 말끔히 사라질 때까지 식량으로 삼았다"는 이야기도 전해진다.

포카혼타스는 정말 스미스 선장을 구했을까?

디즈니의 사은품인 포카혼타스 도시락가방을 들고 총총 걸음으로 학교에 가는 미국의 신세대 학생들은 멜 깁슨이 목소리를 연기한 건장한 남자 존 스미스와 사랑에 빠지는 풍만한 가슴의 인디언 처녀 포카혼타스를 생물학적으로 전혀 문제가 없다고 생각한다.

이 학생들보다 나이가 많은 사람들은 학교에서 아마 이런 식으로 배웠을 것이다. 제임스타운 식민지의 용감한 지도자 존 스미스 선장은 포와탄의 인디언들에게 생포되었다. 포와탄의 본명은 와훈소나콕이었으나, 현재의 버지니아 주 리치먼드 인근에 있는 그가 제일 좋아하는 부락 이름을 따서 포와탄으로 이름을 바꾸었다. 인디언들이 스미스의 머리를 돌덩이 위에 얹어놓고 몽둥이로 내려치려는 찰나 포와탄 추장의 딸인 열한 살짜리 포카혼타스('까불이' 정도로 번역될 수 있는 별명인데 본 이름은 마토와카이다)가 "팔로 그의 머리

위. 포카혼타스. 인디언 추장의 딸로 존 스미스를 구해준 것으로 알려져 있다. 1615년 영국으로 건너갔을 때 그린 초상화다. 아래. 존 스미스. 스물여섯 살에 제임스타운에 도착하여 식민지 건설 사업의 중심 인물로 활약했다.

를 감싸며" 스미스의 목숨을 구해달라고 간청했다. 전설 같은 이 이야기는 스미스가 만든 것으로 그는 자서전에서 이 이야기를 3인칭 방식으로 서술했다. 그가 역사를 사실대로 기록했다고 보기는 힘들다. 데이비드 비어스 퀸은 다음과 같은 주장을 했다. 포와탄이 실종된 이주민들을 학살했다는 말을 전해 듣고도 스미스는 인디언들과의 평화를 유지하기 위해 학살 사실을 비밀에 붙이기로 약속했다는 것이다. 그 '처형'은 스미스가 인디언 사회로 들어가는 입문 의식이었다는 것이다.

실제보다 훨씬 과장된 상상의 위업을 이룩한 인물들 중의 하나인 존 스미스 선장은, 제임스타운에 오기 전부터 이미 독특한 삶을 산 영국의 모험가였다. 그는 신성로마제국과 투르크족이 벌였던 전쟁에서 모험 군인으로 대령까지 진급했으나 투르크족 파샤*에게 잡혀 젊고 매력적인 한 여성에게 노예로 팔려갔던 모양이다. 그는 거기서 탈출한 뒤 무공훈장을 수여 받고 '젠틀맨'으로 서임되었다. 이후에는 지중해의 민간 나포선 선장**이 되었다가, 1605년 런던으로 돌아와 바르톨로뮤 고스놀드의 버지니아 개척 사업에 뛰어들었다.

스미스의 다채로운 인생 행로(거의가 신빙성 없는 스미스의 기록에 근거하고 있다)에 대해서는 의문의 여지가 많지만, 한 가지 분명한 사실은 그의 도움으로 제임스타운이 조기 소멸될 위기에서 살아남았다는 것이다. 제임스타운에 힘든 시기가 찾아오자 그는 사실상 군사 독재자가 되어 계엄령을 선포했고 그것이 결과적으로 식민지를 구한 요인이 되었다. 뿐만 아니라 그는 전문적인 마초 약탈자였고 성공적인 인디언 교역자이기도 했다. 포와탄 인디언들과의 그런 협력은 제임스타운에는 필수적이었다. 그들은 영국인에게 식량을 나눠주었고, 옥수수와 고구마 재배법을 알려주었으며, 숲의 풍습도 소개해주었다. 이러한 도움이 없었다면 제임스타운은 아마 소멸했을 것이다. 하지만 시간이 가면서 이주민들은 인디언들에게 등을 돌렸고 그에 따라 두 집단은 빈번하게 맹렬한 싸움을 벌이기 시작했다. 백인들이 인디언을 대하는 그와 같은 태도는 앞으로 다른 지역에서도 반복된다. 한때 존경의 대상이던 스미스는 이제 인디언들에게 공포의 대상이 되었다. 스미스는 제임스타운에 겨우 2년을 머문 뒤 또 다시 탐험길에 올랐다. 그 탐험으로 북버지니아라 불리는 '지나치게 추운' 북쪽 땅까지, 미국 해안의 값진 지도들을 만드는 성과를 올렸다. 1614년에 그는 고래를 잡거나 황금을 발견하여 부자가 되려는 열망을 품고 북쪽으로 다시 항해를 시작했다. 하지만 고래도 잡지 못하고 황금도 발견하지 못하자 선원들에게 물고기 ── 이번에도 역시 그

American Voice

포와탄
1607년, 존 스미스에게

호의적이고 평화롭게 얻을 수 있는 것을 왜 구태여 무력으로 뺏으려는 거요? 당신들에게 식량을 지원해준 우리를 왜 파멸시키려는 거요? 전쟁으로 얻을 수 있는 것이 대체 뭐란 말이요?…… 전쟁이 벌어지면 내 부하들은 틀림없이 앉아서 바라보기만 할 것이요. 해서 말인데 만일 나뭇가지 하나라도 부러지게 되면 그들 모두는 "스미스 선장의 공격이다!"라고 고함을 치며 달려들 것이요. 그렇게 되면 나 역시 비참한 인생을 끝마치게 되겠지요. 우리 시기심의 근원인 대포와 칼을 거두어주시오. 그렇지 않으면 당신들도 같은 방식으로 죽게 될 것이오.

American Voice

존 스미스
1608년, 자신을 3인칭으로 서술한 유명한 자서전에서

그들은 가장 야만적인 방식으로 잔치를 벌인 뒤 긴 회의를 열었다. 커다란 돌덩이 두 개를 포와탄 앞에 대령하라는 것이 회의의 결론이었다. 수많은 손이 그(스미스)를 덮치더니, 돌덩이 앞으로 끌고 갔다. 그러고는 그의 머리를 돌덩이 위에 얹어놓고 몽둥이로 내려치려 했다. 바로 그 순간, 어떤 애원도 통하지 않을 그 순간에 추장의 귀여운 딸 포카혼타스가 그의 머리를 가슴에 안고는 자신의 머리를 그의 머리 위에 포개 그를 죽음으로부터 구해주었다. 추장이 그 모습에 만족하여 그는 살 수 있었다.…… 그로부터 이틀 뒤 이 세상에서 가장 끔찍한 모습으로 변장한 포와탄이 그 선장을 숲속의 커다란 집으로 불러 불 옆의 멍석 위에 앉게 했다. 잠시 후 더할 수 없이 구슬픈 소리가 집과 분리돼 있던 멍석 뒤에서 흘러나왔다. 이윽고 인간이라기보다는 차라리 악마에 가까운 포와탄이 그와 마찬가지로 새까만 200여 명의 사람들과 함께 그에게로 다가와 우리는 친구라고 말하는 것이었다.……

흔해빠진 대구 ── 를 잡게 했다. 그는 또, 체서피크 만의 둘레를 탐험한 뒤 메인 주에서 케이프코드에 이르는 해안선의 지도를 만들어, 그 지역을 뉴잉글랜드라고 명명했다. 또한 원주민 스물일곱 명을 꾀어 배에 태운 뒤 유럽으로 데려가 에스파냐에서 노예로 팔아먹었다.

그는 식민지에 지울 수 없는 흔적을 남긴 인물이다. 미국 역사의 영웅? 맞는 말이다. 하지만 영웅이라면 으레 그렇듯 그 역시 결점이 없지 않은 영웅이었다.

스미스가 떠나간 뒤에도 그의 구세주로 알려진 포카혼타스는 식민지인들의 삶에서 계속 일익을 담당했다. 열일곱 살이 된 그녀는 이따금씩 벌어지는 이주민과 인디언 사이의 전투 과정에서 납치되어 이주민의 인질로 잡혀 있게 되었다. 인질로 잡혀 있는 동안 이주민 존 롤프의 눈에 띄어 그와 결혼을 했다. 누군가는 그것을 인디언과의 잠정적인 평화를 굳건히 하는 '영원한 식민을 위한' 일이라고 표현했다. 1615년에 롤프는 그 인디언 왕녀와 그녀의 아들을 런던으로 데려갔다. 런던에서 그녀는 일약 센세이션을 일으키며 국왕 알현의 기회까지 얻었다. 죽은 것으로 알고 있던 존 스미스도 만났다. 이후 그녀는 기독교 세례를 받고 레이디 레베카로서 영국에서 천연두로 사망했다.

이 유명한 결혼 외에도 롤프는 제임스타운의 진정한 구세주가 되어 미국 역사의 방향을 바꿔놓은 사건에서도 뚜렷한 족적을 남겼다. 1612년 버지니아의 토착 담배에 그보다 순한 자메이카 종자를 교배시켜 버지니아가 최초로 환금 작물을 생산하게 만든 것이다. 그후 오래지 않아 런던 사람들은 담배 없이는 못 살 지경이 되었다. 아주 단기간에 버지니아의 경작 가능한 모든 땅에는 담배가 심어졌다.

하우스 오브 버지시스란?

담배에서 나오는 소득에도 불구하고 제임스타운은 소멸 일보직전까지 갔다. 담배 사업은 런던에서 독점으로 운영했다. 런던에서 벌어지는 정치적 음모에 의해 식민지 운명이 바뀌고 있는 동안에도 제임스타운 이주민들의 하루하루는 여전히 생존을 위한 투쟁이었다. 버지니아사 주주들은 자신들의 투자는 결국 물거품이 되었다고 길길이 날뛰며, 그 책임을 식민지에 독점으로 물자 공급을 해온 버지니아사의 자회사인 '매거진'에 돌렸다. 매거진이 이익을 빼돌렸다는 것이었다. 그에 따라 일련의 개혁이 단행되었다. 개혁의 가장 중요한 내용은, 이제 이주민들도 단순히 회사를 위해 일하는 것을 넘어 자신들의 땅을 갖게 되었다는 것이다. 총독의 독단적인 통치도 영국의 관습법으로 대체되었다.

1619년 버지니아사에는 새로운 경영진이 들어섰다. 이에 버지니아 총독 이어들리가 선거로 뽑힌 하원 ── 하우스 오브 버지시스 House of Burgesses ── 을 소집하여 같은 해 제임스타운에서는 이들의 회합이 이루어졌다. (버지시스란 시민으로서의 권리를 지닌 사람을 말하며, 프랑스어 부르주아지와 똑같은 어원적 뿌리를 가지고 있다.) 그 회합(하원)에는 총독과 총독이 지명한 주 의원 여섯 명과, 개별 사유지에서 뽑힌 대표 두 명, 그리고 회사의 영지 네 곳과 지역에서 뽑힌 대표 두 명이 포함되었다.(땅을 소유한 열일곱 살 이상의 남자들에게 투표권이 주어졌다.) 그들의 첫 회합은 말라리아 창궐과 7월의 무더위 때문에 기간이 단축되었다. 그리고 거기서 내려진 모든 결정은 런던 본사의 승인을 받아야 했지만 그럼에도 불구하고 그것은 미국 의회 정치가 싹틀 수 있는 한 알의 밀알이었다.

말라리아가 창궐하고 있을 때 열린 최초의 여름 회합으로부터 시작된 그 하찮은 의회는 출발부터 삐그덕거렸다. 그렇게 된 이유는 하우스 오브 버지시스가 제임스타운 이주민들이 안고 있던 심각한 문제들에 대해 즉각적인 효력을 발휘할 수 없었기 때문이다. 수년에 걸친 이주에도 불구하고 제임스타운 인구는 처음 몇 년 동안 엄청나게 감소했다. 토지를 소유하게 해주겠다는 꾐에 빠져 1624년까지 버지니아로 이주해온 정착민 수만도 6천여 명에 이르렀다. 하지만 그해의 인구 통계를 보면 6천여 명 중에서 1천277명만이 생존한 것으로 되어 있다. 본국의 왕실 회의는 이런 질문을 던졌다. "실종된 여왕 폐하의 5천 명 백성들에게는 대체 무슨 일이 일어난 것인가?"

그들 대부분은 굶주림으로 죽어갔다. 나머지 사람들은 인디언과의 치열한 전투 과정에서 사망했다. 그 중 350명은 자신들의 땅이 사라질까봐 겁을 먹은 인디언들이 거의 체서피크 만까지 이주민들을 몰아낸 1622년의 학살 사건에서 죽었다. 국왕은 제임스타운에서 일어난 재난과 식민지 부실 경영에 대한 책임을 물어 1624년에 버지니아사에 내린 특허장을 취소했다. 그에 따라 버지니아는 왕실의 직할 식민지가 되었다. 왕실 직할 식민지가 되기는 했지만 하우스 오브 버지시스는 신임 총독 토머스 와이엇 아래 법의 테두리 밖에 잔존하며 향후 수년간 식민지에 상당한 영향력을 행사하게 된다.

당시의 하우스 오브 버지시스 하원은 어떻게 뽑혔을까가 또 하나의 의문이다. 여성에게 투표권이 없었던 것은 확실하다. 1619년 이전만 해도 제임스타운에는 여자가 아주 드물었다. 해서 배 한 척에 탈 수 있는 '처녀 아흔 명'이 그해에 이주민의 아내가 되기 위해 제임스타운에 도착했다. 당시 신부 한 명을 얻는 데 드는 비용은 담배 120파운드를 사는 비용, 즉 영국에서 제임스타운까지의 수송 비용과 같았다.

아이러니컬하게도 미국의 의회 정치가 뿌리내린 그해에 사람들을 가득 실은 불길한 느낌을 주는 화물선 한 척이 제임스타운 항구에 도착했다. 이 새로운 이주자들도 여성들처럼 투표권이 없었고, 여성들처럼 팔려온 자들이었다. 이들이 바로 미국 식민지에 팔려온 최초의 아프리카 흑인들이었다.

노예 무역의 창시자는?

아메리카 대륙 발견에는 너도나도 한자리를 차지하려고 하지만 노예 무역의 창시자를 자처하는 사람은 아무도 없다. 그 언짢은 영광은 아마도 콜럼버스가 항해를 시작하기 50여 년 전에 아프리카 흑인 열 명을 잡아두었던 포르투갈인들에게 돌아가야 할 것 같다. 하지만 포르투갈이 노예 무역의 독점권을 쥐고 있었던 것은 아니다. 에스파냐도 재빨리 이 값싼 노동력을 아메리카 대륙으로 실어 나르기 시작했다. 1563년에는 영국인 선원 존 호킨스가 기니와 서인도 제도를 오가며 직접적인 노예 무역을 시작했다. 1600년에는 네덜란드와 프랑스까지 '사람 장사traffick in men'에 뛰어들었다. 그리하여 아프리카인 스무 명이 최초로 제임스타운에 닿았을 때는, 100만 명 이상의 흑인 노예들이 이미 카리브 해와 남아메리카의 에스파냐 식민지와 포르투갈 식민지에 운반돼 있었다.

아프리카 가나에 있는 노예 상인들의 요새. 1482년에 포르투갈인이 이곳에서 금을 발견하고 쌓은 성채였다. 수많은 흑인들이 여기서 노예로 팔려나갔다.

필그림은 누구이고 그들이 원한 것은?

하우스 오브 버지시스가 최초로 열린 그 다음해에 영국을 출발한 메이플라워호의 필그림들Pilgrims이 아메리카 대륙 제2의 영구 정착민이 되기 위해 도착했다. 그들의 1620년 도착에 대해 역사는 늘 운이 좋은 사건의 하나로 소개한다. 정말 그럴까?

메이플라워호의 선장 크리스토퍼 존스가 예정대로 배를 몰아가기만 했어도 배에 탄 소수의 사람들은 아마 미래의 뉴욕 주가 될 허드슨 강의 입구, 그러니까 버지니아사 특허장의 권한이 미치는 구역에 정착했을 것이다. 하지만 그 배는 계획과는 달리 서쪽 항로를 따라 항해를 계속했고——런던에서 떠돌던 소문대로 선장에게 뇌

* 청교도Puritans는 정화하다
의 뜻을 지닌 'purify'에서 나
온 말이다.

물을 먹인 결과이다──그러다 1620년 11월 케이프코드 만에서 안
전한 항구를 발견, 현재의 프로빈스타운이 있는 해안가에 닿은 것
이다. 그 작은 배에 타고 있던 성인 남녀와 아이들 102명 중에서 쉰
명이 소위 말하는 필그림들이다. 그들은 스스로를 '성인Saint' 혹은
'선착자First Comers'라 불렀다.

엘리자베스 여왕 시대처럼 이번에도 역시 프로테스탄트 종교 개
혁이 여러 사건들에서 중요한 역할을 했다. 로마 가톨릭과의 갈등
으로 영국 국교회를 탄생시킨 영국에서는 늘 종교 개혁이 뜨거운
쟁점이었다. 영국인들의 대다수는 여전히 가톨릭 교도였다. 그런가
하면 일각에서는 영국 국교회가 지나치게 '가톨릭적'이라며──가
톨릭적 요소를 '정화하기purify' 위해──로마 교회와의 단절을 더욱
거세게 밀어붙였다. 청교도Puritans*라는 말은 그렇게 해서 생겨났
다. 하지만 청교도들 사이에서도 의견 차이가 컸고, 그들 중에는 영
국 국교회가 너무 부패했다고 보는 사람도 있었다. 그들은 회합의
권리를 요구하며 영국 국교회로부터의 분리를 원했다. 그러다 결국
도를 지나쳐 당국의 심기를 건드리게 되었고(당대인들은 우리가 오늘
날 극단적인 종파를 바라보는 시각으로 이들을 바라보았다) 그렇게 되자
이들 분리파는 지하로 숨거나 영국을 떠날 수밖에 없는 상황이 되
었다.

그렇게 해서 지금은 필그림으로 불리는 이들 분리파 집단은 자신
들의 개혁적인 생각이 받아들여지는 네덜란드의 라이덴으로 갔다.
하지만 타국에서 영국의 전통과 단절되자 이들은 다시 아메리카
대륙의 영국 땅에서 새로운 삶을 시작하기로 마음을 바꿔먹었다.
그리하여 1620년에 버지니아사의 허가를 받고, 상당한 이자를 조
건으로 돈을 빌려준 런던 상인들의 후원을 받아 플리머스 항을 떠
나 항해를 시작한 것이다. 이들 중에는 윌리엄 브르스터, 존 카버,
에드워드 윈슬로, 윌리엄 브래드포드와 같은 필그림 가문 사람들도

있었다. '이방인' 혹은 필그림이 아닌 항해자들(영국 국교회 교도들이면서 신세계에서 땅을 얻으려는 욕심으로 항해에 나선 사람들) 중에는 배에서 술장수를 한 존 올댄과 육군 대위 마일스 스탠디쉬도 있었다.

메이플라워 서약은?

넨터켓 섬 주위에서 풍랑을 만난 배가 케이프코드 쪽으로 밀리면서 선객들은 버지니아사 권한 밖에 있는 육지로 상륙할 것을 결정했다. 그리고 이 '이방인들'은 이제 필그림 지도자들의 명령을 받지 않겠다고 선언했다. 필그림 지도자들은 이 폭동의 위협에 신속히 대처하면서 성인 남자 대부분의 동의를 받아 짧막한 자치 정부 선언문을 만들었다.

이것이 이른바 북아메리카 최초의 성문 헌법으로 간주되는 메이플라워 서약이다. 메이플라워 서약이 만들어진 경위와 그와 똑같은 문제를 가졌던 하우스 오브 버지시스에 대해 세월이 흐른 지금 냉소적인 태도를 갖기는 어려운 일이 아니다. 그렇다. 숭고한 정신을 지닌 이들 개척자들은 인디언들을 무자비하게 죽였고, 하인과 노예를 부렸으며, 여자들을 소처럼 취급했다. 그들은 불완전한 인간들이었다. 하지만 그들의 결함은, 유럽 어디에도 없는 곳을 아메리카 대륙에 창조하려고 한 노력의 연장선상에서 이해되지 않으면 안 된다. 역사가 새뮤얼 엘리엇 모리슨은 《옥스포드판 미국인의 역사The Oxford History of the American People》에서 이렇게

메이플라워 서약
1620년 12월에 서명된 서약에서

아래에 이름이 명기된 우리는…… 본 증서를 통해 우리 자신의 보다 바람직한 질서 수립과 보존 그리고 전술한 목적을 추진하기 위해 신과 서로의 면전에서 상호간에 엄숙히 서약을 하고 시민적 정치 통일체로 결속한다. 그리고 이를 바탕으로 식민지의 일반 선을 위해 가장 적절하다고 여겨지는 정의롭고 공평한 법률, 법령, 조례, 헌법, 관직을 수시로 제정, 구성, 조직하기로 하며 이에 대해 정중히 서약하는 바이다.……

회의를 주재하는 칼뱅을 그린 그림. 메이플라워호에 탄 사람들은 칼뱅의 교리를 따르는 청교도들이었다. 가운데 서 있는 사람이 칼뱅이다.

말하고 있다. "이 서약은 자치 정부에 대한 그 시대 영국인들의 능력을 보여준 사뭇 놀라운 사건이 아닐 수 없다. 게다가 그것은 식민지에서 법의 통치 아래 살고자 한 영국인의 결연함을 보여준 두 번째 사례이기도 했다."

여러 결함에도 불구하고 이들 초기 이주민들은 어설프게나마 자치 정부로 가는 첫걸음을 내딛어 세계의 다른 식민지들과는 뚜렷하게 구별되었다. 다른 식민지들에서 법은 단지 왕이나 교회의 의지를 뜻할 뿐이었다.

필그림은 정말 플리머스록에 상륙했을까?

메이플라워호 선객들은 케이프코드를 잠시 둘러본 뒤 항해를 계속하여 존 스미스 선장이 그린 지도에 플리모스plimoth(플리머스 plymouth)라고 표기된 넓고 둥그스름한 항구에 닿았다. 인디언들이 파투섹트라 부르는 곳이었다. 10월 16일, 메이플라워호 선객들은 새로운 안식처에 도착했다. 1620년이라는 연도가 새겨진 바위, 현재의 플리머스에 남아 있는 바위인 플리머스록은 역사책에 전혀 언급되어 있지 않다. 필그림들이 그 바위 인근에 상륙하여 바위에 연도를 새겼다는 이야기는 그들이 도착한 후 최소한 100년 뒤에 생겨난 것이다. 아마 최초의 플리머스 상공회의소 회원 중에 제법 머리가 좋은 사람이 있었던 모양이다.

제임스타운의 첫 이주민들처럼 필그림과 '이방인들'도 작물 재배를 하기엔 매우 부적합한 시기에 플리머스에 도착했다. 그 결과 이듬해 봄까지 폐렴과 혹한으로 인한 굶주림으로 쓰러져간 이주민 수는 전체 102명 중에서 쉰두 명에 이르렀다. 하지만 3월이 되자 구세주가 나타났다. 이번에도 그 구세주는 버지니아 때와 마찬가지로 인디언이었다. 인디언 중에는 영어를 할 줄 아는 스콴토라는 사람도 있었다. 스콴토가 어떤 사람이며 어떻게 영어를 말하게 되었는지는 역사의 풀리지 않는 수수께끼 중의 하나이다. 그와 관련된 주장의 하나는, 스콴토가 1615년 영국인 노예업자에게 붙잡힌 티스콴텀이라는 이름의 인디언이라는 것이다. 그 다음에는, 1605년 영국에 붙잡혀 온 티스콴텀이라는 인디언이라는 설도 있다. 누구 말이 맞든 그는 플리머스 식민지 총독인 윌리엄 브래드포드의 집으로 옮겨 와 1622년 열병으로 죽을 때까지 필그림의 삶에 없어서는 안 될 존재가 되어주었다. 필그림 조상들에게 값진 존재가 되어준 또 다른 인디언으로 사모셋이 있다. 그 지역 인디언 추장이었던 그는 스콴토처럼 영어를 말했고 왐파노아그족의 대추장인 와사메긴에게 이주민들을 소개시켜주었다. 와사메긴은 마사소이트라는 이름으로 더 잘 알려진 인물이다. 마사소이트 통치 아래서 인디언들은 필그림들의 충실한 친구가 되었다. 필그림들이 첫 수확을 기념하여 벌인 10월의 잔치에 초대된 손님들도 마사소이트의 전사들이었다. 인디언과 동맹자인 이주민은 칠면조고기와 사슴고기, 호박과 옥수수 요리로 사흘 동안 흥겹게 잔치를 벌였다. 그것이 최초의 추

첫 번째 추수감사절 파티를 묘
사한 20세기의 화가 브라운스
컴Brownscombe의 그림. 필
그림들이 맞은 첫 번째 추수감
사절은 인디언들과 함께 하는
축제였다. 인디언들은 필그림들
이 추위와 굶주림으로 죽어갈
때 구조의 손을 내밀어준 친구
였다.

수감사절이었다. (추수감사절은 1864년 에이브러햄 링컨 대통령 재임 시
절에 공식적인 명절로 처음 기려졌다. 이후 국경일이 되었고 프랭클린 D. 루
스벨트 대통령 때에 11월로 날짜가 변경되었다.)

　그 첫해 이후 물론 삶이 요술처럼 갑자기 바뀐 것은 아니다. 하지
만 필그림들은 착실하게 생활을 꾸려가며 인디언들과도 교류를 하
여 런던의 채권자들에게 진 빚도 갚고 런던 상인이 소유하고 있던
주식까지 사들였다. 이들의 성공에 자극 받아 후일 청교도의 대이
주로 불리는 뉴잉글랜드로의 이주가 시작되었다. 1629년에서 1642
년까지 영국을 떠나 서인도 제도와 뉴잉글랜드로 이주한 사람 수
만도 1만 4천 명에서 2만 명에 이르렀고, 이들 대부분은 매사추세
츠베이사라는 신생 회사 소속으로 온 영국 국교회의 청교도들이었
다. 청교도들이 영국을 떠난 까닭은 찰스 1세 치하에서의 삶이 갈
수록 힘들어졌기 때문이다. 정착 초기에 이들은 교회 문제로 티격
태격하기는 했지만 이러한 다툼들이 결국 초기 뉴잉글랜드의 정착

과 발전으로 이어졌다.

런던 출신의 목회자 로저 윌리엄스(1603?~1683)는 종교와 정치의 자유를 강력하게 옹호한 사람으로, 정부의 의지에 따라 거부될 수도 있는 단순한 종교적 관용이 아닌 완전한 종교적 자유를 가져야 된다는 신념을 가지고 있었다.

윌리엄스는 케임브리지대학에서 1627년에 학사학위를 받았다. 비국교도였던 그는 나라의 공식 종교인 영국 국교회 교칙에 반대했다. 당시 영국에서는 찰스 1세와 런던 주교 윌리엄 로드가 비국교도들을 박해하고 있었기 때문에 윌리엄스는 뉴잉글랜드에 정착하길 원하는 비국교도들과의 제휴를 도모했다.

1631년 윌리엄스는 아내와 함께 매사추세츠 만의 식민지에 도착했다. 그는 영국 국교회와의 제휴에 반대했기 때문에 보스턴의 교회에서 제의한 목사직을 거부하고 인근 세일럼에 있는 교회의 목사가 되었다. 세일럼 사람들은 대부분 영국 국교회와 식민지 정부로부터 교회를 독립시키려는 윌리엄스의 열망에 호의적이었다. 하지만 그가, 국왕의 특허장을 받았다고 해서 인디언의 땅을 탈취하는 것까지 정당화되는 것은 아니라고 주장하면서 종교가 다르다는 이유로 인간을 처벌해서는 안 된다고 선언을 하자 사람들은 그에게 문제아라는 낙인을 찍었다. 당국의 위협에 직면한 그는 1636년 황야로 도주했다. 황야를 떠도는 그에게 내러갠싯족 인디언들은 매사추세츠 주 경계 너머의 땅을 제공해주었다. 그는 그곳에 후일 로드아일랜드의 수도가 되는 프로비던스를 건설했다.

윌리엄스는 이주민들의 동의하에 종교의 자유를 기반으로 한 프로비던스 정부를 수립했다. 1643년 아메리카 식민지 이주민들은 프로비던스를 비롯하여 로드아일랜드 지역의 이주민들을 배제하고 뉴잉글랜드연합을 결성했다. 프로비던스 정부 제도 그리고 종교의 자유에 대한 의견이 달랐기 때문이다.

나다니엘 모튼

1634년, 로저 윌리엄스가 매사추세츠베이사를 상대로 종교의 자유를 요구하는 것을 보고

이에 (윌리엄스는) 반기독교인으로서 그들과의 결별을 선언하며 교회 모임에 더 이상 나가지 않았을 뿐더러 그 교회에서 성찬식을 갖는 여하한 사람이 주최하는 다른 사적인 성찬식도 모두 거부했다. 그에 따라 기도를 하지 않는 것은 물론, 아내를 비롯한 가족 누구와의 식사에서도 감사 기도를 드리지 않는 상황에 이르렀다. 그들이 교회 모임에 나간다는 것이 그 이유였다.

신중한 치안 판사들은 온갖 수단을 다 써보아도 분열과 혼란 국면으로 치달을 뿐 해결 방법이 없다는 판단을 내리고 교회와 매사추세츠베이사 양쪽에 치안방해죄를 물어 그에게 매사추세츠 식민지로부터의 추방형을 선고했다. 그후 윌리엄스는 프로비던스라는 곳에 정착했으며…… 세일럼 교회 교우들도 대부분 그를 따라 그곳으로 갔다. 윌리엄스의 열렬한 숭배자였던 그들은 모든 사람은 자신의 양심에 따라 하느님을 경배할 자유가 있다는 하나의 원칙을 고수하며 윌리엄스에 대한 종교적 박해에 맞서나갔다.

윌리엄스는 유명한 저서 《잔혹한 박해교리The Bloudy Tenent of Persecution》(1644)에서 정교분리를 강하게 주장했다. 매사추세츠베이사의 식민지 청교도 지도자 존 코튼과 기나긴 논쟁을 벌인 후 저술한 이 책에서 윌리엄스는 교회는 부패하고 타락한 인간들이 내세를 준비할 수 있도록 영적으로 순수해야 하며, 정부는 오직 세속적인 일에만 관여해야 한다는 자신의 신념을 토로했다. 윌리엄스는 1654년에서 1657년까지 로드아일랜드의 총독을 지냈다. 1657년에는 다른 식민지에서 추방된 퀘이커 교도들에게 피난처를 제공해주기 위한 '로드아일랜드 결의'를 이끌어내는 데 견인차 역할을 하기도 했다. 하지만 그가 퀘이커의 종교 교리에 찬성한 것은 아니었다. 윌리엄스는 농업과 인디언들과의 교역으로 생계를 꾸려나갔다. 또한 인디언들을 상대로 선교 활동을 계속하면서 인디언어 사전을 편찬하기도 했다. 그는 인디언들과 늘 친밀한 관계를 유지하면서도 프로비던스 민병대 대장이기도 하여 필립 왕 전투(2장 참조) 때에는 인디언들과 전투를 벌이기도 했다. 그는 1683년에 사망했다.

뉴욕을 시작한 것은 누구?

영국인들은 캐롤라이나에서 뉴잉글랜드까지 대서양 연안을 빠르게 점유해갔지만 이들이 신대륙에 대한 독점권을 가지고 있었던 것은 아니다. 프랑스와 네덜란드 탐험가들도 분주하게 움직이며 나름대로 북아메리카에서 독자적인 지역을 확보해가고 있었다. 네덜란드인들은 1609년 헨리 허드슨이 탐험한 지역에 대한 소유권을 주장하며, 현재의 뉴욕 주에 속하는 허드슨 계곡에 뉴네덜란드를 건설했다.

영국인이었던 허드슨은 아시아 북부 해안을 따라 중국으로 가는 북동항로를 찾기로 하고 네덜란드의 한 회사에 고용된 사람이었다. 1609년에 그는 '하프문호'를 타고 항해를 시작했으나 북동항로가 아닌 북서항로를 찾아 나섰다. 그는 대서양 연안을 따라 내려가다가 체서피크 만으로 들어간 뒤, 거기서 다시 유턴을 하여 기수를 북쪽으로 돌리고 허드슨 강을 따라 가다가 강 상류의 올버니까지 거슬러 올라갔다. 허드슨은 그곳에 조수潮水의 차이가 없다는 사실에 주목하고 자신이 가고 있는 항로가 태평양으로 가는 길이 아니라는 정확한 추정을 했다. (이미 언급했듯이, 안 그래도 불운한 허드슨에게 더 최악의 불운이 닥쳤다. 북서항로를 찾아 나선 1611년의 또 다른 항해에서 허드슨 선원들이 폭동을 일으켜 갑판도 없는 쪽배에 그를 태워 허드슨 만에 띄워 보낸 것이다.)

1600년대 초 영국은 국제 무대에서 새로운 힘을 과시했다. 하지만 세계 최대의 상선 함대를 조직하여 바다의 진정한 패자임을 과시한 것은 네덜란드였다. 그때까지 알려진 세계에서 네덜란드의 손길이 미치지 않은 곳은 단 한 곳도 없었다. 암스테르담은 유럽에서 가장 분주하고 풍요로운 도시가 되었다. 1621년에는 유럽과 신세계 사이의 교역을 독점하려는 목적으로 서인도회사를 설립하였다.

그후 얼마 지나지 않아 네덜란드는 수지맞는 상품인 노예와 설탕 무역권을 포르투갈로부터 빼앗았다. 1624년에는 현재의 올버니 터에 있던 포트오렌지를 모피 무역의 중심지로 확고히 다졌다. 2년 뒤에는 허드슨 강 어귀에 뉴암스테르담 교역지를 개설했다. 뉴암스테르담은 후일 뉴욕으로 개명된다. 네덜란드의 서인도회사는 교역을 넘어 식민지까지 건설했다. 1628년 네덜란드의 해군 제독 피트 헤인은 에스파냐 국적의 보물선을 나포하여 어마어마한 양의 은을 약탈한 다음 회사 주주들에게 배당금의 75퍼센트를 지급했다.

인디언들은 정말 맨해튼을 단돈 24달러에 넘겼을까?

전체 길이가 12마일에 불과한 맨해튼의 좁다란 섬에 도착한 네덜란드의 최초 이주민들은, 자신들이 정착지로 택한 땅의 지대를 인디언들에게 지불하지 않았다. 1624년에 그곳에 도착한 피터 미누이트가 맨해튼의 이주민 대표로 뽑혔다. 그는 재빨리 인디언 추장들을 만났다. 그러고는 맨해튼 섬 전체를 60길더 상당의 물품 2상자 ─ 아마도 전투용 도끼, 옷, 금속 냄비류, 투명 구슬 들이었을 게다 ─ 에 양도한다는 내용의 매매계약서를 작성하여 추장들에게 제시했다. 당시 60길더는 영국 화폐 2천400센트와 맞먹는 액수였다. 그것이 미국 역사에서 그 유명한 24달러가 된 것이다.

네덜란드의 뉴암스테르담 사람들은 애초부터 청교도적인 뉴잉글랜드 사람들과는 비교가 안 될 만큼 난폭하고 신앙심도 부족했다. 그리고 교역지였기 때문에 각양각색의 이주민들이 모여들었고, 그 결과 뉴암스테르담은 보스턴과 달리 교회보다는 술집 수가 빠르게 증가했다. 서인도회사 역시, 임금이 낮은 자사 농장에 네덜란드 이

주민들이 취직을 하려들지 않자 국적에 관계없이 모든 인종을 받아들였다. 그 결과 1640년 뉴욕에서는 최소한 18개 언어가 통용되었다. 그러한 언어 전통이 오늘날까지 이어져 뉴욕 시의 역사를 만든 것이다.

* 바워리 가. 싸구려 술집과 여관이 밀집해 있는 뉴욕의 부랑자 구역.
** 고용주, 주인, 옹호자 등의 뜻을 가진 네덜란드어이다.

뉴암스테르담이 뉴욕이 된 내력은?

　네덜란드인들은 뉴욕을 헐값에 사들였다. 영국인들은 그런 네덜란드인들보다 한 수 위였다. 한푼도 내지 않고 뉴욕을 공짜로 차지한 것이다. 훔칠 수 있는 것을 구태여 돈 내고 사는 바보가 어디 있겠는가?

　네덜란드의 아메리카 대륙 지배는 오래가지 못했다. 이러한 사실은 장차 뉴욕의 특징이 될 것들에 커다란 영향을 미쳤다. 인디언들에 대한 일종의 보호막으로 맨해튼 남단에 월Wall을 세운 것도 네덜란드인이었다. 월가Wall Street라는 이름은 거기서 유래된 것이다. 깨끗한 바워리bouweries 혹은 농장, 즉 본국의 설계도면에 따라 산뜻하게 구획된 농장이 아닌 현재의 바워리 가*를 본 네덜란드인들은 과연 무슨 생각을 했을까? 맨해튼 섬의 정착지 외에도 네덜란드인들은 브룩클린과 할렘 같은 부락들도 건설했다. 네덜란드와 왈론Walloon(벨기에의 신교도) 이주민 중에는 루스벨트가의 조상도 있었다.

　뉴암스테르담은 영국 식민지와는 전혀 다른 양상으로 발전했다. 해서 일부 이주민은 최소한 토지소유권을 보장받을 수 있었다. 소수의 부유한 네덜란드 지주, 즉 파트론들patroons**은 식민지 정부에 농장 노동자 쉰 명 이상을 조달하겠다는 약속을 하여 중세 유럽의 봉건 제도와 다를 바 없는 방식으로 허드슨 강 유역의 거대 지

17세기 중엽의 뉴암스테르담. 17세기 들어 바다의 패자가 된 네덜란드는 곧 신세계에 뿌리를 내렸고 뉴암스테르담은 그 중심이었으나 영국의 손에 넘어가 뉴욕으로 이름이 바뀌었다.

역을 확보했다. 이러한 제도는 독립전쟁 이후까지도 계속되어 귀족(독립전쟁 때는 왕당파(영국파)에 속했다)의 본거지라는 뉴욕의 명성에 일조를 하게 된다.

뉴암스테르담이 뉴욕이 된 내력은 독특하다. 미국 역사에서 유일무이하게 무혈입성한 곳이기 때문이다. 17세기 초 유럽의 경쟁국이었던 영국과 네덜란드는 이따금 전쟁을 벌였다. 그런 상태에서 올리버 크롬웰의 호국경 시대가 끝나자 찰스 2세는 1661년에 권좌에 복귀하여 북아메리카에 대한 영국의 권리를 주장했다. 그러고는 영국 군주의 하사품으로는 가장 크고 풍요로운 영토를 동생인 요크 공작에게 하사했다. 거기에는 현재의 뉴욕 전체와 코네티컷 주에서 델라웨어 강에 이르는 지역 전체, 롱아일랜드, 넌터켓 섬, 마샤스빈야드 그리고 현재의 메인 주가 포함되었다. 1664년 병사 1천명을 태운 영국의 프리깃함 네 척이 뉴욕 항에 입항했다. 그러자 서인도회사 경영에 불만을 느끼고 있던 네덜란드 및 다른 나라의 이주민들은 저항을 선동하는 피터 스타이브샌트의 거친 요구에도 불구하고 영국의 조건을 기꺼이 수용했다. 그렇게 해서 뉴암스테르담은 총격전 한 번 없이 뉴욕이 되었다.

뉴욕이 영국 손에 들어오자 요크 공작은 큰 아량을 베풀어 새로운 식민지를 하나 건설했다. 커다란 땅을 두 구역으로 나누어 자신의 친구들인 조지 카틀렛과 존 버클리 경에게 각각 나누어준 것이다. 그곳은 후일 뉴저지가 되는 지역이다. 영토 병합은 거기서 끝나지 않았다. 뉴스웨덴으로 알려진 정착지도 병합했다. 1638년 피터 미누이트(뉴암스테르담 총독 자리에서는 일찌감치 물러나 그때에는 스웨덴에 고용돼 있었다)가 건설하여 현재의 델라웨어 주 윌밍턴에 본거지를 두고 있던 뉴스웨덴은 1655년에 스타이브샌트의 네덜란드인들에게 함락되었다. (이 스웨덴 식민지가 미국사에 미친 영향은 지극히 미미하지만, 그럼에도 불구하고 한 가지 커다란 기여를 한 것이 있다. 18세기 확대일로를 걷고 있던 서부 변경지 개척자들의 주요 가옥 형태가 되는 그 통나무집의 건축 양식을 들여온 것이다.)

영국인들은 놀랍게도 뉴암스테르담 지역을 관대한 무간섭 정책으로 통치했다. 그 결과 뉴암스테르담 지역에서는 네덜란드인 치하에서와 같은 삶이 수년간 계속되었다.

폭포처럼 쏟아져내리는 통나무들. 통나무는 식민지가 자랑하는 상품이었다. 특히 식민지에서 나는 소나무로 만든 돛대는 유럽인들에게 인기가 높았다.

프랑스인은 언제 신세계에 닿았을까?

신세계의 부를 나눠 가지려는 프랑스인들의 시도는 1534년 자크 카르티에의 항해와 함께 본격적으로 시작되었다. 이 역시 중국항로를 찾고 있던 또 하나의 탐험대였다. 카르티에는 40여년 전 캐벗이 발견했던 뉴펀들랜드와 그 위쪽의 세인트로렌스 만에 닿은 뒤, 거기서 항해를 다시 시작하여 저 멀리 스타다코나(현재의 퀘벡)와 호첼라가(몬트리올)의 휴런족 인디언 거주지까지 올라갔다. 1541년 식민지 건설 계획이 실패로 돌아가자 그는 다시 프랑스로 돌아갔다. 하지만 프랑스의 대구잡이 어부들은 영국, 포르투갈 어부들과 함께 뉴펀들랜드 일대에 남아 임시 정착촌을 만들었고, 그와 동시에 인디언들과의 모피 교역도 시작했다. 이것이 프랑스가 식민지를 개척하는 실질적인 경제적 원동력이 되었다. 1600년 프랑스인 교역지 타두삭Tadoussac이 세인트로렌스에 건설되었다.

자크 카르티에

프랑스 탐험가 자크 카르티에(1491~1557)가 휴런족에 대해 한 말

그 종족은 어떤 곳에도 다다르게 하는 신에 대한 믿음이 없다. 그들은 이른바 쿠도와그니라는 신을 믿고 있으며, 그 신이 자신들과 종종 소통을 하면서 일기 예보를 해준다는 주장을 한다. 또한 인간에게 화가 나면 눈에 티끌을 던진다는 주장도 한다. 더 나아가 그들은 자신들이 죽으면 별나라로 올라가 마치 별들이 그러하듯 지평선으로 내려온다는 믿음을 가지고 있다.…… 우리는 이런 말을 듣고 그들의 그릇된 믿음에 대해 지적했다. 쿠도와그니는 그들을 현혹시키는 사악한 신령이고, 이 세상에는 오직 하늘에 계시고 우리가 필요로 하는 모든 것을 주시며 만물의 창조자이신 한 분의 신만이 계실 뿐이며 우리는 그분만을 믿어야 한다고 이야기했다. 또한 반드시 세례를 받아야 하며 그렇지 않으면 죽은 뒤에 지옥에 간다는 말도 해주었다.……

프랑스의 탐험 시대를 이끈 주요 인물은 사뮈엘 드 샹플랭이었다. 그는 제임스타운 정착촌이 건설된 이듬해인 1608년에 퀘벡을 건설했다. 샹플랭은 인근에 살고 있던 알곤킨족과 휴런족 인디언들과 친분을 맺고 그들과 모피 교역도 시작했다. 그 두 인디언 부족은, 그들의 주적인 강력한 이로쿼이족 인디언들과 싸울 때도 프랑스의 도움을 필요로 했다. 1609년 샹플랭과 다른 두 명의 프랑스인 모피업자들은 인디언 친구들을 도와 이로쿼이족을 격파해주었다. 이 전투 후 이로쿼이족은 프랑스인들의 적이 되었다. 휴런족은 프랑스인들이 휴로니아Huronia라 부른 지역에서 살고 있었다. 샹플랭은 휴런족을 설득하여 로마 가톨릭 선교사들을 이곳에 들어오게 하여 휴런족에게 기독교를 소개했다. 그 선교사들, 특히 제수이트 교단 선교사들은 현재의 온타리오 남부 지역 대부분을 탐험했다.

뉴프랑스를 시작한 프랑스 탐험가들은 뉴암스테르담의 네덜란드인들처럼 교역에 가장 큰 관심을 두어 농장 개발 및 영구 정착지

인디언과 모피 교역을 하는 프랑스인. 비버 모피로 만든 모자는 유럽인에게 큰 인기를 끌었다. 프랑스인들은 교역과 탐험에서 단연 두각을 나타냈다.

개발에 열심이던 뉴잉글랜드와 버지니아의 영국 이주민들과는 좋은 대조를 이루었다.

이미 유럽에서 강대국의 위치를 차지하고 있던 영국과 프랑스의 신세계 지배권을 둘러싼 필연적인 대결 상황은 식민지 시대가 시작될 무렵부터 마련되고 있었다. 먼저, 스코틀랜드의 한 탐험대가 아카디아의 프랑스 교역지를 탈취하여 노바스코샤Nova Scotia(뉴스코틀랜드)로 개명했다. 1629년에는 영국의 한 해적선이 퀘벡을 점령했다. 뉴잉글랜드를 비롯한 영국 식민지에는 17세기 중반의 대이주 시기에 새로운 정착민 수천 명이 쏟아져 들어왔다. 그에 반해 프랑스인들의 식민지 건설은 더디게 진행되었다. 뉴프랑스로의 이주민 도착도 더디기는 마찬가지였다. 프랑스인들에게는 영국의 공격보다 이로쿼이족 인디언의 위협이 더 문제였다. 이로쿼이족은 뉴욕의 다섯 개 인디언 부족이 만든 강력한 동맹으로, 그 당시 북아메리카에서 가장 조직적이고 막강한 세력을 형성하고 있었다. 이러한 이로쿼이족이 프랑스인들의 교역 파트너인 휴런족과 알곤킨족의 불구대천의 원수가 된 것이다. 이 때문에 프랑스인들은 초기 식민지 시대의 대부분을 이로쿼이족과 지리하고 파괴적인 전쟁을 치르느라 다른 곳에는 신경을 쓸 겨를이 없었다.

하지만 프랑스인들은 식민지 건설자로는 낙제생이었는지 몰라도 탐험가로는 우등생이었다. 프랑스인들은, 자국의 젊은 사냥꾼과 교역인들, 즉 '숲속을 달리는 사람들coureurs de bois'의 안내를 받으며 북아메리카의 핵심 지역으로 탐험 영역을 넓혀갔다. 이들 중의 한 사람인 메다르 슈아르는 슈피리어 호수에서 허드슨 만까지의 지도를 만들어 영국인들에게 팔았고 영국인들은 지도에서 얻은 정보를 바탕으로 허드슨베이사를 창설했다. 1673년에는 그보다 더 놀라운 탐험이 이루어졌다. 미시간 호수를 출발한 루이 졸리에와 제수이트 교단의 신부 자크 마르케트가 어찌어찌 가다가 미시시피 강에 이르렀는데, 거기서 다시 강의 흐름에 몸을 맡긴 결과 저 아래 아칸소 강이 있는 미국 남부에까지 이르게 된 것이다. 프랑스인들은 이 탐험을 근거로 1671년 태양왕 루이 14세의 이름으로 북아메리카 서쪽 지역 전체에 대한 소유권을 주장했다. 1682년 프랑스의 젊은 귀족 라살은 이 소유권을 재확인하면서 국왕 루이를 기리는 뜻으로 그곳을 루이지애나로 명명했다. 처음부터 영국은 프랑스의 이 소유권 주장을 못마땅하게 생각했다. 이제 아주 커다란 횡재, 즉 북아메리카 전체가 걸린 웅대한 결투의 장이 마련된 것이다. 라살은 영광스런 패배자로 역사에 기록되었다는 점에서는 허드슨과 다를 바 없었다. 1684년 라살은 또 다른 탐험대의 대장을 맡아 항해를 하다 텍사스의 마타고다 만 어귀를 미시시피 강 어귀로 착각하는 실수를 저질렀다. 그는 2년이나 그 거대한 강(미시시피 강)을 찾아 헤맸으나 결국 찾지 못했다. 그러자 그의 부하들은 그동안 참았던 울분을 폭발시키며 1687년에 폭동을 일으켜 그를 살해했다.

자크 마르케트(1637~1675)는 북아메리카를 탐험한 프랑스 탐험가이자 로마 가톨릭 선교사였다. 그와 프랑스계 캐나다인 루이 졸리에가 미시시피 강을 남하할 때 그 두 사람은 아마 미시시피 강 상류와 일리노이 그리고 위스콘신 일부 지역을 탐험한 최초의 백인이었을 것이다. 인디언들은 종종 미시시피라 불리는 커다란 강에 대한 말을 하곤 했는데, 미시시피는 인디언 말로 '큰 강'을 뜻한다. 그 당시에는 북아메리카에 대해 거의 알려진 것이 없었으므로 마르케트도 아마 미시시피 강이 태평양으로 흘러 들어간다고 생각했을 것이다.

1673년 5월 마르케트, 졸리에 그리고 다른 다섯 사람이 카누 두 척에 몸을 싣고 항해길에 올라 미시시피 강에 닿았다. 그리고 곧 그 강이 남쪽으로 흐른다는 사실을 알게 되었다. 이들은 그 강이 태평양이 아닌 멕시코 만으로 흘러갈 것이라 추정했다. 이들은 가는 도중 우호적인 여러 인디언들과 마주쳤다. 하지만 아칸소 강 입구에서 만난 인디언들은 적대적이었다. 그 중 친절한 인디언 한 명이 강의 남쪽에 백인들이 살고 있다는 말을 마르케트에게 해주었다. 탐험가들은 이들 인디언이 말한 백인들이 멕시코 만 연안에 정주한 에스파냐인이라고 단정지었다. 마르케트와 졸리에는 인디언과 에스파냐인들의 공격이 두려웠다. 그래서 미리 알고 있던 강의 흐름을 따라 방향을 돌려 미시시피 강 상류로 거슬러 올라갔다. 이들은 먼저 일리노이 강에 다다른 뒤 항해를 계속하여 캥커키 강에 도달했다. 캥커키 강부터는 육로를 이용하여 시카고 강까지 와서, 거기서 내

American Voice

자크 마르케트 신부
1673년 6월 17일, 미시시피 강으로의 여정을 기록하며

우리를 보라. 나는 이 유명한 강의 특성에 대해 면밀하게 조사를 했다. 미시시피 강의 발원지는 북쪽에 있는 여러 호수들이다. 이 강은 메스콘신(위스콘신) 어귀의 아주 좁은 수로를 지나 남쪽으로 흐르다가 매우 높은 언덕들에 이르러 방향을 바꾼다. 흐름은 강의 수심 때문에 더딘 편이다.…… 강을 내려가다보면 집채만한 물고기들이 종종 나타나는데 카누를 후려치는 힘이 어찌나 센지 처음에는 아름드리 통나무가 배를 내려치는 것으로 생각했다. 괴물같이 생긴 물고기도 만났다. 이 물고기의 대가리는 호랑이 같고 코는 뾰족하여 들고양이를 연상시켰다. 수염은 길고, 귀는 쫑긋 섰으며, 머리는 재색이고, 목은 검었다. 이것이 한동안 우리를 빤히 쳐다보았다. 하지만 우리가 가까이 다가가자 배의 노를 보고는 놀라 도망쳤다.…… 우리는, 에스파냐인들의 손에 잡히는 날에는 이 항해에서 얻어질 이익도 우리나라에는 아무 쓸모가 없게 된다는 점을 생각했다. 그들에게 잡히는 날에는 죽음이나 노예밖에 기대할 것이 없기 때문이다.

* 캐나다의 수도 오타와가 아
니다.
** 펜실베이니아, 즉 펜의 숲
이 있는 곳이라는 뜻.
*** 이때는 주州의 개념이 정
립되지 않았기 때문에 주도라
는 말을 사용하지 않았다.

쳐 미시간 호수까지 갔다. 이 여행에 소요된 시간은 다섯 달 남짓이
었다.

1674년 마르케트는, 현재의 위스콘신 주 그린베이 인근을 떠나
일리노이 주 오타와* 인근에서 생활하던 카스카스키아 인디언들에
대한 선교 사업을 시작했다. 그는 1675년 봄에 병으로 사망했다.

펜실베이니아는 어떻게 퀘이커의 주가 되었을까?

프랑스인들이 소유권 주장을 하는 동안 영국인들도 나름대로
1682년 또 하나의 식민지 영토를 개척하여 장차 최초의 13개 주가
될 지역의 터전을 마련했다. 그것은 미국 초기 역사에서 가장 매혹
적인 인물 중의 하나인 윌리엄 펜이 행한 '거룩한 실험'이기도 했
다. 창건자의 이름으로 불리던** 식민지와 그곳의 중심 도시***
필라델피아(우애 있는 도시라는 뜻)는 빠른 시간 내에 상업과 문화의
중심지로 자리잡았다. 그 지역은 원래 친우회Society of Friends, 즉
퀘이커 교도들에게 예배 장소를 마련해주고 모든 이들에게 종교적
관용을 베풀어주려는 의도에서 건설된 곳이었다.

1650년 무렵 영국의 조지 폭스에 의해 지극히 개인주의적인 좌
파 프로테스탄트 조직으로 결성된 친우회는, 겉으로 드러난 숫자에
비해 아메리카 대륙에 끼친 영향이 대단했다. 하지만 그들의 삶은
영국에서나 식민지 땅에서나 결코 순탄하지 않았다. 폭스는 예배
보는 데 구태여 목사나 사제가 필요하지는 않으며 하느님의 말씀
도 성서가 아닌 인간의 영혼에 있다고 믿고 교회 건물과 형식적인
예배를 포함한 조직화된 종교의 모든 흔적을 거의 다 거부했다. 친
우회 회원들의 예배 방식은 신과의 직접적인 영적 교신, 즉 '내적인
빛'을 받고 몸이 부들부들 떨릴 때까지 고요히 앉아 묵상하는 것이

었다. 퀘이커Quaker*라는 명칭도 이러한 예배 방식에서 유래했다. 폭스는 또, 성서의 계명 '살인하지 말라'를 원뜻 그대로 취해 퀘이커 평화주의의 기나긴 전통으로 만들었다.

* 퀘이커는 '떨리다'라는 뜻을 가진 동사 quake에서 나온 말이다.

이러한 생각이 교회나 정부 당국과 마찰을 일으키는 것은 불을 보듯 뻔했다. 때문에 퀘이커 교도들은 시작부터 박해에 시달렸다. 영국에서는 찰스 2세 치세에 퀘이커 교도 3천 명이 투옥되었다. 많은 사람들이 예배의 자유를 찾아 이주한 아메리카 대륙에서도 사정은 크게 다르지 않았다. 로저 윌리엄스의 로드아일랜드를 제외한 모든 식민지가 떠들썩하게 반퀘이커법률을 통과시켰던 것이다. 그 중에서도 최악의 사태가 벌어진 곳은 추방되었다가 보스턴으로 돌아온 퀘이커 교도들을 교수형시킨 청교도의 본거지 매사추세츠였다. 영국에서는 명망 있는 해군 제독의 아들 윌리엄 펜이 1667년 폭스의 열렬한 추종자가 되었다. 그는 《모래 위의 흔들리는 토대 The Sandy Foundation Shaken》라는 팸플릿에서 퀘이커에 대해 헌신적인 태도를 보였다는 이유로 런던탑에 수감되었다. 이후 부친의 영향력으로 감옥에서 풀려난 그는 서부 (뉴)저지의 퀘이커회 수탁자가 되었다. 나중에는 상속 재산과 요크 공작으로부터 받은 토지 양도증서(펜의 부친에게 진 빚의 변제 형식으로)로 장차 펜실베이니아가 될 영토도 차지했다.

누군가가 소유하고 있었던 여느 다른 식민지 영토와 다를 바 없이 펜실베이니아도 이미 다른 사람들, 즉 인디언들의 땅이었다. 하지만 이전의 식민주의자들과는 달리 펜은 인디언들의 권리를 인정해주었고, 해서 1682년 아메리카 대륙으로 건너와 펜실베이니아를 놓고 인디언들과 가격 협상을 벌였다. 하지만 식민지 시대에 벌어진 일들이 으레 그렇듯 펜이 인디언들과 협상한 방식 역시 베일에 싸여 있다. 어느 유명한 그림에는 셰카멕슨의 느릅나무 밑에서 인디언들과 있지도 않았던 협정을 맺는 펜의 모습이 묘사돼 있다. 가

퀘이커 교도인 윌리엄 펜이 커다란 느릅나무 밑에서 인디언들과 협정을 맺는 장면을 그린 에드워드 힉스Edward Hicks의 그림. 그러나 실제로는 이러한 협정은 존재하지 않았다.

격 협상은 부분적으로 워킹퍼체이스Walking Purchase라고 알려진 방식으로 맺어졌다. 펜이, 남자 한 명이 사흘 동안 걸을 수 있는 크기의 땅을 갖기로 인디언들과 약속한 것이다. 펜은 한가롭게 천천히 걸었다. (펜의 상속자들은 그다지 관대하지 않았다. 그의 아들은 달리기 선수 세 명을 고용하여 상당한 속도로 걷게 했고 그 결과 인디언들은 제법 많은 사냥터를 포기해야 했다.)

새로운 식민지는 제1세대 정착자들이 겪은 굶주림의 고통을 거의 겪지 않았다. 그 까닭은 무엇보다 뉴스웨덴을 건설한 스웨덴인들이 이미 그곳에 정착해 있었고 식량도 풍족했기 때문이다. 더구나 새로운 식민지에는 영국의 퀘이커 교도들 외에도 네덜란드와 독일의 퀘이커 교도 그리고 다른 교파의 기독교인들도 많이 모여들었다. 그들은 종교적 관용과 식민지의 광대한 땅을 매입할 수 있게 해준다고 약속한 펜의 관대한 조건에 이끌려 온 사람들이었다. 1683년 그곳에 독일 정착촌을 세운 라인란트 출신의 메노파 신도들Mennonites[*]이 그 좋은 예이다. 1685년에는 식민지 인구가 거의 9천 명을 헤아리게 되었다.

종교에 대한 펜의 진보적인 견해는 정치적 신념에서도 그대로 드러났다. 그는 식민지 연방을 결성했을 뿐 아니라, 그가 만든 정부 조직은 투표에 의한 총독 선출(초대 총독은 펜)을 비롯하여 놀라울 정도로 진보적인 식민지 헌법을 채택하고 있었다. 1700년에는 필라델피아가 아메리카 대륙의 문화 중심지가 되어 오직 보스턴에만 뒤질 정도였다. 필라델피아는 식민지 중에서 두 번째로 인쇄소를 소유했으며, 식민지 중에서 세 번째로 신문을 발행했고, 펜차터스쿨을 세웠으며, 식민지 최고의 병원과 자선 단체를 운영했다. 이 모두가 펜의 퀘이커 교도 양심이 빚어낸 결과였다.

그러나 펜의 개인적인 삶은 아주 험난했다. 정치적 분쟁에 휘말려 윌리엄과 메리^{**}로부터 반역죄를 뒤집어썼는가 하면, 한때는 식민지 소유권을 잃기도 했다. 그는 1694년에 소유권을 되찾았다. 그뿐만이 아니었다. 금전적인 문제로 채무자 감옥에 갇히는 수모를 겪었으며 중풍을 맞아 반신불수가 되기도 했다. 하지만 그가 남긴 현실적 이상주의는 그를 아메리카 초기 영웅의 반열에 올려놓았다. 또한 그가 수립한 비폭력, 사회 정의의 퀘이커 전통은 노예 제도 폐지, 금주법, 보통선거권, 평화주의와 같은 운동의 선두에 퀘이커 교도들을 서게 하면서 미국사에 지워지지 않는 흔적을 남겼다.

최초의 13개 주는?

17세기 말, 장차 주가 될 13개 식민지 중 12개가 이미 있었다. 그

* 기독교 개신교의 일파.
** 명예혁명으로 공동 즉위한 오렌지공 윌리엄과 메리. 1688년 영국 의회는 제임스 2세를 몰아내고 신교도인 윌리엄과 제임스 2세의 딸이자 윌리엄의 아내인 메리를 추대했다. 이 사건을 피 한방울 흘리지 않고 이룬 혁명이라 하여 명예혁명이라 부른다.

성립 순서는 다음과 같다.

1607년 버지니아(제임스타운)

1620년 매사추세츠(플리머스 및 매사추세츠 만 식민지)

1626년 뉴욕(원래는 뉴암스테르담. 영국에 병합)

1633년 메릴랜드

1636년 로드아일랜드

1636년 코네티컷

1638년 델라웨어(원래는 뉴스웨덴. 네덜란드에 병합되었다가
다시 영국에 병합)

1638년 뉴햄프셔

1653년 노스캐롤라이나

1663년 사우스캐롤라이나

1664년 뉴저지

1682년 펜실베이니아

1732년 조지아

조지아의 설립자는 제임스 오글소프James Oglethorpe이다. 그는 영국의 '채권자의 감옥'에 있는 사람들을 꺼내어 이주시키는 일에 관심을 기울인 인도주의자였다. 조지아 역시 박해 받는 개신교도들의 피난처였으며, 특히 사우스캐롤라이나와 이웃한 지리적 특성 때문에 스페인 소유의 플로리다와 프랑스 소유의 루이지애나의 공격을 막는 완충 지대로서 전략적 중요성을 갖고 있었다.

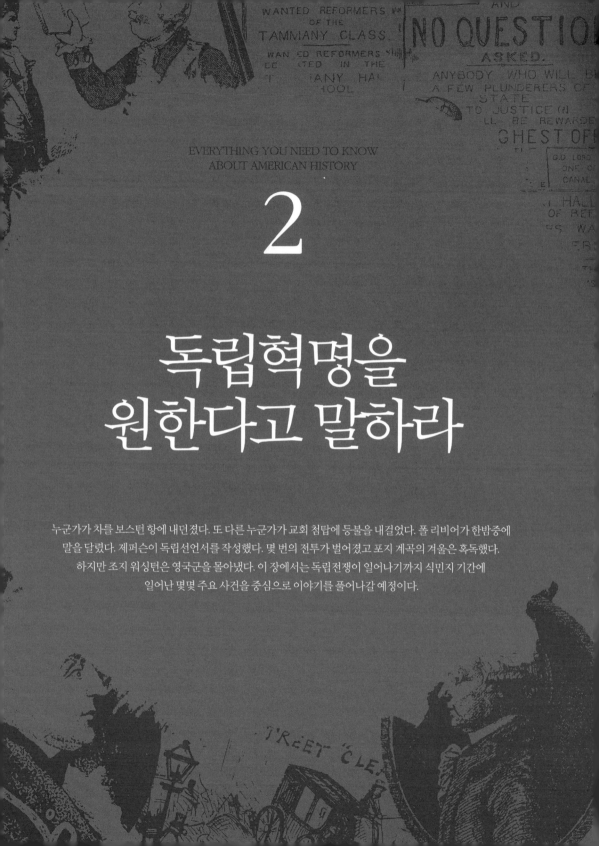

2

독립혁명을
원한다고 말하라

누군가가 차를 보스턴 항에 내던졌다. 또 다른 누군가가 교회 첨탑에 등불을 내걸었다. 폴 리비어가 한밤중에
말을 달렸다. 제퍼슨이 독립선언서를 작성했다. 몇 번의 전투가 벌어졌고 포지 계곡의 겨울은 혹독했다.
하지만 조지 워싱턴은 영국군을 몰아냈다. 이 장에서는 독립전쟁이 일어나기까지 식민지 기간에
일어난 몇몇 주요 사건을 중심으로 이야기를 풀어나갈 예정이다.

누군가가 소량의 차를 보스턴 항에 내던졌다. 또 다른 누군가가 교회 첨탑에 등불을 내걸었다. 폴 리비어가 한밤중에 말을 달렸다. 제퍼슨이 독립선언서를 작성했다. 몇 번의 전투가 벌어졌고 포지 계곡의 겨울은 혹독했다. 하지만 조지 워싱턴은 영국군을 몰아냈다.

이것이 미국 독립전쟁에 대한 일반적인 인상이다. 하지만 그것은 말처럼 그리 간단하지도 쉽지도 않았다.

이 장에서는 독립전쟁이 일어나기까지 식민지 기간에 일어난 몇몇 주요 사건을 중심으로 이야기를 풀어갈 예정이다.

필립 왕의 전쟁이란?

미국인들은 초기 '기아 연도' 이후의 식민지 시대를 다소 평화로운 기간으로 간주하려는 경향이 있다. 이 기간에 양키의 수완과 청교도의 직업 윤리가 대두하여 미국의 성격이 새롭게 형성되었고, 그것이 결국 1776년에 국민성으로 폭발돼 나왔다고 믿는 것이다.

하지만 이러한 견해에는 필그림 시조를 비롯한 다른 식민주의자들이 인디언들을 학살한 행위가 간과돼 있다. 영국인, 프랑스인, 네덜란드인은 극악한 정복자가 행할 수 있는 온갖 무자비한 짓을 다 저질렀다. 1643년에 네덜란드인 농부 한 명이 살해된 일을 계기로 뉴암스테르담 총독이 와핑거족에 대한 학살을 명령한 것이 그 좋은 예이다. 와핑거족은 피난처를 찾아 그들을 찾아온 우호적인 종족이었다. 여든 명의 인디언들이 자다가 머리가 잘려나가는 봉변을 당했으며, 잘려나간 머리는 장대에 꽂혀 맨해튼에 전시되었다. 어떤 네덜란드 여인은 그 머리들을 발로 차 땅바닥에 떨어뜨렸다. 포로로 잡힌 어떤 인디언은 거세가 된 뒤 산 채로 가죽이 벗겨졌으며,

인디언들을 학살하고 마을을 불
태우는 유럽인들. 아메리카 대
륙 곳곳에서 이와 같은 인디언
학살이 수없이 일어났다.

네덜란드인 총독이 낄낄대며 보는 앞에서 자신의 살점을 먹도록 강요당했다.

뉴잉글랜드에서는 두 번의 인디언 전쟁이 벌어졌다. 그 첫 번째가 피쿼트족과의 전쟁이었다. 피쿼트족은 영국인들이 두려워한 강력한 모히칸족의 일파였다. 1637년 뉴잉글랜드의 청교도들은 보스턴 목회자들의 부추김과 날조된 살인 사건을 핑계로 피쿼트족과의 전면전을 선포했다.

그것은 기사도에 입각한 유럽식 전쟁이 아니었다. 청교도들은 야밤에 인디언 마을을 약탈하고 불살랐다. 식민지판 토벌대는 충직한 내러갠싯족과 모히칸족 군대의 도움을 받아 미스틱리버 인근에서 방책을 치고 살던 피쿼트족 부락에 난입하여 주민 600명을 살해하고 마을을 불태웠다. 맞닥뜨려 벌인 단 한 번의 전투에서는 피쿼트족 일부를 속여 함정에 빠뜨렸다. 그리고 피쿼트

윌리엄 브래드포드
피쿼트족 인디언과 벌인 전투 기록인 《플리머스 식민지사History of the Plymouth Plantation》에서

그들이 불에 타는 광경은 보기에 끔찍했고, 그들의 피가 내를 이루는 광경 또한 참혹했으며, 거기서 뿜어나오는 냄새 또한 너무도 고약했다. 그런 희생을 치르고서도 승리는 달콤한 모양이어서 청교도들은 자신들을 위해 그토록 멋진 일을 행해주신 신께 감사의 기도를 올렸다.……

족 남자들은 살해하고 소년들은 노예 상인에게 팔았으며 여자들은 청교도의 노예로 만들었다. 이 전투로 사실상 피쿼트족은 소멸되었다.

영국인들은 옛 맹우인 마사소이트의 왐파노아그족(필그림들의 구세주)과 카노니쿠스 추장(보스턴에서 추방당한 로저 윌리엄스에게 은신처를 제공해준 사람)이 이끄는 내러갠싯족의 도움으로 40여 년 동안 평화를 유지했다. 하지만 영국인들은 두 추장이 죽자 기다렸다는 듯이 뉴잉글랜드 인디언들에 대한 완전 정복 채비에 돌입했다. 그런 영국인들을 마사소이트의 아들 메타콤이 되받아쳤다. 영국인들은 유럽식 복장과 관습을 받아들였다 하여 그를 필립 왕이라고 불렀다.

전투는 1676년 여름에 벌어졌다. 하지만 이번 전투는 피쿼트족과의 전투처럼 그리 만만하지가 않았다. 그것은 뉴잉글랜드 역사상 가장 치열한 전투였고, 독립전쟁 중에 치러진 전투와는 비교가 안 될 만큼 유혈이 낭자한 전투였다. 메타콤은 공격적인 지휘관이었고 그의 부하들은 교역을 통해 사들인 총과 갑옷으로 무장하고 있었다. 이 전투의 결과, 특히 초반 상황이 어떻게 전개되었는지는 분명하지 않다. 하지만 식민지 군대에는 유리한 점이 너무 많았다. 식민지군은 왐파노아그족과 원수지간이던 모히칸족의 총잡이 500명을

확보하여 수적으로도 우세했고, 민간인 학살로 복수를 하는 등 사용한 전법도 파괴적이었다.

필립 왕은 결국 살해되어 그의 머리는 장대에 꽂혀 전시되었다. 그의 아내와 아들, 즉 필그림들을 구해준 추장의 손자는 서인도회사에 노예로 팔려갔다. 청교도 주요 성직자의 말을 빌면 그것도 자비를 베푼 결과였다.

냇 베이컨의 반란이란?

뉴잉글랜드의 영국인 식민주의자들이 메타콤에게 비싼 대가를 치르고 배운 것에서도 알 수 있듯이, '인디언 문제'는 결코 단순하지 않았다. 전열을 갖춘 전투는 너무 위험했기 때문에 새로운 전법이 등장했다. 식민주의자들은 '머리가죽 상금'에서 효과적인 방법을 찾아냈다. 네덜란드인이 창안한 이 방법은, 인디언의 머리가죽을 벗겨오는 사람에게 돈을 지급하는 것이었다. 언뜻 보기에 이 방법은 가죽 포획자인 인디언들과 관련된 문제로 보였다. 하지만 식민주의자들은 이 방법을 인디언 통제 수단으로 이용했고 나중에는 수지맞는 장사로까지 발전했다. 1703년 베이콜로니에서 개당 12파운드에 팔렸던 머리가죽은 1722년에 100파운드로 가격이 폭등했다. 식민지 중에서 가장 관대하고 진보적이라는 펜실베이니아에서까지 머리가죽은 상당한 가격으로 팔려나갔다. 벤저민 프랭클린은 심지어 산간벽지에서 활동 중이던 팩스턴 보이스의 폭동을 피하기 위해 1763년에 인디언 머리가죽 상금안을 승인해주도록 펜실베이니아 의회에 압력을 넣기까지 했다.

뉴잉글랜드가 여전히 필립 왕과 악전고투를 벌이고 있던 1676년에 버지니아에서는 인디언 문제가 새로운 양상으로 전개되고 있었다. 이른바 냇 베이컨Nat Bacon*의 반란으로 알려진 이 사건은 그동 안 간과되어왔지만 식민주의자들이 인디언들에게 저지른 부당한 행위의 한 유형으로 볼 수 있다. 또한 이 사건은, 아메리카 대륙에 서 혁명 정신의 전조로 불기 시작한 반권위주의 정서를 대변하는 일종의 시위이기도 했다.

* 냇Nat은 나다니엘의 애칭 이다.

과학자 겸 철학자 프랜시스 베이컨 경의 사촌인 나다니엘 베이컨 은 젊은 농장주이자 버지니아의 진취적인 지배 엘리트 계층에 속 하는 사람이었다. 당시 버지니아인들은 조약을 깨뜨린 영국인들 때 문에 서스쿼한녹족Susquehannock과 산발적으로 전투를 벌이고 있 었다. 베이컨은 자신의 농장 관리인이 살해되자, 버클리 버지니아 총독의 인디언 정책에 불만을 표시했다. 버클리의 인디언 정책이 너무 온건하다고 여긴 것이다. 베이컨은 총독의 허락도 받지 않고 500명 규모의 민병대를 조직하여 인디언들에 대한 분노를 폭발시 켰다. 그의 소규모 군대가 온순한 오카니치족(그보다 호전적인 서스 쿼한녹족 대신)을 공격하자 베이컨은 일약 그 지역의 영웅으로 떠올 랐다. 그런 분위기는 인디언을 증오하는 변경의 개척자들 사이에 더욱 강했다. 그들은 베이컨의 군대가 서쪽으로 더 멀리 치고 들어 가기를 원했다. 베이컨은 〈국민의 선언Declaration of the People〉이라 는 글에서 부당한 세금 징수, 측근의 고위직 기용, 서부 농부들을 인디언으로부터 보호해주지 않는 점을 지적하며 버클리의 식민지 경영을 비판했다. 이 글은 또 다른 버지니아인이 또 다른 선언서를 쓰기 정확히 100년 전에 쓰여진 것이다. 버클리 총독은 베이컨을 반역자로 몰아붙이면서도 그가 요구한 개혁안은 일부 수용했다. 베 이컨은 나중에 버클리에게 사과를 한 뒤 사면 받았다.

불같은 성격의 베이컨은 인디언들을 끝까지 추격하려던 자신의 계획이 총독의 저지로 어그러지자 그 분노를 몽땅 식민지 정부에 집중시켰다. 베이컨은 하층 농장주, 하인, 소수의 자유민 흑인과 흑인 노예들을 이끌고 아메리카 대륙 식민지 최초의 민중 반란을 일으켜 식민지 정부를 불태웠다. 총독 버클리는 반란이 본격화되자 줄행랑을 쳤다. 영국은 베이컨을 잡기 위해 소규모 함대를 파견했으나 그들이 도착하기 전에 베이컨은 설사로 사망했다. 그의 벽지 반란군 잔당들은 체포되었고, 그 중 스무 명 가량이 교수대의 이슬로 사라졌다.

냇 베이컨 반란은 식민지 정부에 대한 스무 건 정도의 자잘한 반란 중에서 가장 먼저 일어난 반란이었다. 그 중에는 앞에서 언급한 펜실베이니아의 팩스턴 보이스 반란, 1689년 뉴욕에서 일어난 레슬러 반란, 1771년 사우스캐롤라이나에서 일어난 농민 반란 등이 있다. 이것들은 모두 아메리카 땅의 태반을 소유하고 번영이라는 명목으로 '갖지 못한 자들'을 좌지우지한 식민지의 '가진 자들'에 대한 반란이었다. '갖지 못한 자들'은 대개 벽지인이거나 생존을 위해 몸부림치는 하층 농민들이었다. 독립혁명American Revolution 이전 시기에 일어난 수많은 반란과 노예 폭동에 더하여, 식민지 '기득권층'에 대한 이들 민중들의 한 서린 유혈 폭동까지 일어나자 식민지에서 이른바 상류층을 자처하는 광경은 완전히 사라졌다. 이제 아메리카 대륙에는 산적한 불만들이 쌓여 곧 터질 것 같은 폭풍 전야의 불안한 모습만이 희미하게 놓여 있었다.

세일럼의 마녀들은 누구?

현대의 세일럼Salem은 할로윈의 진짜 이미지를 가볍게 윤색하여 돈벌이에 효과적으로 이용하고 있다. 모르면 몰라도 그곳은 아마 인구당 심령술사의 비율과 타로카드 점쟁이의 비율이 미국에서 가장 높을 것이다. 하지만 스무 명의 사망자를 낸 1692년의 그 사건에는 유머가 끼여들 여지가 거의 없었다. 뉴잉글랜드에서 일어난 대부분의 분란이 그러하듯 세일럼에서의 광란도 처음에는 종교적 내분에서 시작되었다. 뉴잉글랜드는 교회와 정부가 밀착돼 있던 신정 체제, 즉 일종의 청교도 교회 국가였다. 당시에는 청교도주의가 뉴잉글랜드의 정치와 경제 대부분을 장악하고 있었기 때문에 교인들 사이의 그런 내분도 결코 가벼운 일이 아니었다.

세일럼 마을은 1672년 교역 도시로 번영을 누리던 도시 세일럼에 있는 교회에 가지 않고 그들만의 교회에 다니고 싶어한 일군의 농부 가족들이 건설했다. 1689년에는 목사들 문제로 수년간 옥신각신하던 끝에 전직 상인이며 하버드대학 중퇴자인 새뮤얼 패리스를 세일럼 마을에 초빙했다. 하지만 중재에 소질이 없던 패리스는 교구의 분란을 잠재우는 데 실패했고, 그 결과 패리스 부임 2년만에 세일럼 사태는 걷잡을 수 없는 혼란 상태에 빠져들었다. 1692년 1월, 아홉 살 난 목사의 딸 베티와 열한 살 난 목사의 조카 아비게일 그리고 열두 살 난 마을 유지의 딸 앤 푸트남이 이상한 행동을 하기 시작했다. 다른 소녀 다섯 명도 똑같은 행동을 했다. 의사는 그 소녀들이 마법에 걸려 '악마의 손' 안에 놓여 있다고 진단했다. 이런 진단이 나오자 소녀들에게 점쟁이 놀이를 가르쳤던 패리스 가족의 노예인 서부의 인디언 티투바에게 혐의가 돌아갔다.

먼저, 노예 티투바와 마을 여인 사라 굿과 사라 오스번이 1692년 2월 29일에 마녀 혐의로 체포되었다. 일반 법정은 그들을 마법을 부린 혐의로 투옥시켰다. 그런데 이들이 투옥된 후 수많은 사람들이 기소되는 놀라운 일이 벌어졌다. 그리고 이들 세 소녀의 이름이 알려지면서 매사추세츠 식민지 전역은 공포에 휩싸였다. 총독 윌리엄 핍스는 특별 법정을 소집하여 150명 이상의 주민을 정식으로 기소했다.

세일럼 마을의 소녀 세 명이 사건의 주요 목격자였다. 소녀들이 그 일은 모두 자신들이 '재미'로 꾸며낸 일이었다고 말을 했지만 재판은 계속되었다. 마법을 부린 죄는 곧 부락의 분규를 잠재우는 수단으로 이용되었다. 이성이 들어설 자리는 없어 보였으며 법정은 《이상한 나라의 앨리스》 같았다. 겁에 질린 피고들은 어떻게든 교수형만은 모면하려고 빗자루를 타고 다녔다던가 악마와 섹스를 했다는 등 되는 대로 '자백을 했다.' 결백을 주장하거나 재판 절차를 비난하는 일은 곧 범죄였고 이웃의 연루를 부인하는 것 역시 사형선고를 의미했다.

세일럼 마을의 마녀 재판만큼 미국의 독특함을 보여주는 사례도 없을 것이다. 아메리카 대륙은 수세기 동안 몇 배나 더 광란적으로 진행됐던 유럽의 마녀사냥으로부터 상대적으로 자유로웠다. 1300년에서 1700년 사이에 유럽에서는 수천 명이 처형되었고 처형된 사람 대부분은 여성이었다. 세일럼에서는 대개가 여성인 스물여덟명이 마녀 혐의로 유죄 선고를 받는 것으로 끝이 났다. 이 중 다섯명은 죄를 '자백하여' 목숨을 건졌고, 두 명은 도망쳤으며, 임신부한 명은 사면되었다. 하지만 '마녀' 열아홉 명은 결국 교수형에 처해졌다. 그리고 유죄를 인정하지 않은 어떤 마녀의 남편은 돌덩이에 '짓눌려' 질식사했다. 처형된 마녀 중 세 명은 자신들이 실제로 '유해한 행위,' 즉 마법 행위에 가담했다고 말했다. 총독 핍스는 하버드대학 총장 인크리스 마더(1639~1723)와 청교도 목사들의 때늦은 요구를 수용하여 말 그대로 식민지를 갈갈이 찢어놓은 마녀 재판의 중지를 명했다. 핍스는 마녀 죄를 의심 받고 있던 자신의 아내 때문에 이런 결정을 했는지도 모른다.

이 같은 엄청난 사건이 터진 원인은 무엇이었을까? 먼저, 소녀들이 정말 마법에 걸렸다는 가정에서 출발해보자. 악마가 존재한다는 기독교적 믿음은 현대 미국에서도 폭넓게 받아들여진다. 일설에 따르면 교황도 악마를 쫓는 푸닥거리를 한다는 말이 나올 정도이다.

따라서 과학적으로 입증되지는 않았지만 일부 사람들에게는 악마에게 홀리는 일은 얼마든지 있을 수 있는 일인 것이다.

소녀들은 단순히 장난을 쳤던 것일까? 철없는 소녀들이 황당무계한 이야기로 사람들의 관심을 끄는 일에 재미를 붙이다 결국 그것이 통제 불능 상태로 빠져들었다는 것은 의심의 여지없는 사실이다. 특히 안식일에 대한 설교에서는 말할 것도 없고 일상에서 노래의 후렴처럼 매일 듣다시피 하는 말, 즉 악마가 뉴잉글랜드에 들어왔다는 말을 아무렇지도 않게 받아들이는 당시의 세태에서는 얼마든지 일어날 수 있는 일이다.

하지만 그 역시 기록으로도 남아 있고 장난의 도를 넘어 보였던 이상한 행동에 대한 완벽한 설명은 되지 못한다. 어쩌면 소녀들은 이른바 그 '매직 머쉬룸magic mushrooms'*을 우연히 발견했는지도 모른다. 행동심리학자 린다 카포릴은 흥미롭게도 세일럼 소녀들의 행동을 과학적으로 분석하여 해답을 제시해주었다. 소녀들의 행동을 LSD 사용자들의 행동과 연관시킨 것이다. 식민지 매사추세츠에는 물론 LSD가 없었을 것이다. 하지만 호밀에 생기는 것으로 LSD의 천연 원료가 되는 버섯 종류인 맥각곰팡이**는 있었다. 독극물 연구자들에 따르면 맥각곰팡이에 오염된 식품은 경련, 망상, 환각 그리고 세일럼 재판 기록에도 나와 있는 여러 다양한 증상들을 유발한다고 한다. 당시에 호밀은 세일럼의 주산물이었고 '마녀들'은 곰팡이가 번식하기 좋은 습한 목초지에 살고 있었다. 하지만 카포릴의 이론은 정황상 설득력은 있지만 입증될 수 없는 이론이다. 그래도 상당히 흥미로운 것은 사실이다.

세일럼 소녀들의 행동을 의학적으로도 설명할 수 있다. 소녀들이 혹시 정신 질환을 앓았던 것은 아닐까? 프로이드와 같은 정신과 의사들이 후일 히스테리아라고 부른 신경증을 일으켰던 것은 아닐까? 프랜시스 힐Frances Hill은 이렇게 쓰고 있다. "굿윈가 아이들

* 실로시빈이라고도 하며 LSD와 같은 환각제의 원료이다.
** 볏과 식물의 씨방에 기생하며 곡식을 까맣게 만드는 깜부깃병을 유발시킨다고도 한다.

Goodwin children, 엘리자베스 넙을 비롯한 다른 사람들을 괴롭힌 것은…… 임상적으로 히스테리아가 분명하다. 이상한 몸의 자세, 알 수 없는 고통, 귀울림, 언어 장애, 실명, 뜻 모를 재잘거림, 거식증, 타인에 대한 파괴적인 행위와 자기 파괴적인 행위……는 세 소녀 모두에게 똑같이 나타나고 있다. 노출증, 심지어 명백한 체념 상황에서도 발현되는 자제심, 부모의 사랑을 차지하려는 경쟁적인 힘 역시 마찬가지이다.……" 힐에 따르면 히스테리아는 임상적으로 오늘날 다르게 이해되고 있고, 가장 흔한 증상은 사춘기 소녀들에게 주로 나타나는 식이장애, 즉 식욕부진증이라고 한다. 또한 힐은 히스테리아가 교육 수준이 낮은 시골 사람들에게 종종 나타난다는 점도 지적했다.

진정한 원인이 무엇이든 세일럼에서 일어난 사건은 미국사의 형성에 그다지 영속적으로 영향을 미치지는 못했다. 하지만 이 사건으로 뉴잉글랜드 청교도 정신의 편협성과 독실함을 가장한 경직성은 분명히 드러났다. 또한 미국 헌법의 초안자들이 끝까지 막으려고 한 교회 국가의 위험성을 분명하게 확인시켜주었다. 지역 사회 전체가 광기 하나 제대로 막지 못한 일은 미국사에서 뉴잉글랜드나 식민지의 어느 한 시대에만 국한되지 않는 비겁한 도덕성을 드러낸 가슴 아픈 사건이었다. (이 책의 7장에는 세일럼 사건과 너무도 흡사한, 하지만 해악의 정도에서는 비교도 안 될 만큼 엄청났던 1950년대의 또 다른 '마녀사냥' 매카시 선풍이 소개돼 있다. 1953년 매카시 선풍을 보고 쓴 아서 밀러의 희곡 《크루서블The Crucible》은, 세일럼 사건을 드라마틱하게 구성한 수작이다. 위노나 라이더, 다니엘 데이루이스 주연의 영화로도 만들어졌다.)

끝으로, 그리고 아마 가장 중요한 것은 세일럼 사건이 피고들에 대한 보호의 중요성을 강조했다는 것이다. 세일럼 재판이 있은 지 약 100년 후 그 내용은 미국 헌법 그리고 더 나아가 권리장전에 광범위하게 명시되었다. 1691년 만 해도 법에 의한 통치 — 무죄 추정, 대배심원 재판, 변호사 선임권, 그외에 미국인의 생득권과 미국 법률 제도의 기본으로 명시된 다른 보호 장치들 — 는 존재하지 않았다. 만약 있었다면 죄 없는 생명들을 구할 수 있었을 것이다. 그런 면에서 이 사건은, 공포가 휩쓸 때 정부와 국민은 안정의 이름으로 너무 쉽게 포기하려 한다는 점을 잊지 말라는 중요한 교훈이기도 하다.

코튼 마더

1704년, 매사추세츠 디어필드 마을에서 프랑스—인디언 동맹군의 공격을 받고 프랑스군에게 생포된 존 윌리엄스 목사에게 1705년 청교도 지도자 코튼 마더가 쓴 편지

나의 친애하는 교우에게,

귀하가 캐나다인들의 땅으로 이송된 것은 귀하를 위해 잘된 일입니다. 하느님께서 당신의 영광을 높여달라고 귀하를 그 땅으로 부르신 것이지요. 그 엄청난 고통 속에서도 귀하가 보여주는 인내, 지조, 복종은 그 어떤 봉사보다 더 높은 영광을 그분께 드리는 것입니다. 귀하는 기도와 함께 천국을 방문하고 위안과 함께 천국의 방문을 받으며, 우리의 기도는 귀하의 기도와 하나로 맺어져 있습니다. 귀하는 뉴잉글랜드에서 행한 귀하의 기도 속에 늘 소중히 기억되고 있습니다. 귀하 고장의 신도들은 귀하를 공적이든 사적이든 은밀하게든 잊지 않고 있습니다.

윌리엄스는 서부 매사추세츠 디어필드 식민지 마을의 목사였다. 1704년 2월 어느 날, 프랑스—인디언 동맹군의 공격으로 그 마을의 어른과 어린이 마흔여덟 명이 살해되었다. 그 공격의 목적은 윌리엄스를 인질로 잡아 영국군에 의해 보스턴에 억류돼 있던 프랑스인 죄수 한 명과 교환하려는 것이었다. 윌리엄스는 협상을 통해 구조되었다. 하지만 그의 딸 유니스는 인디언들 속에 남게 되었다. 그리고 인디언과 한패가 되어 인디언들이 믿고 있던 가톨릭 신앙을 받아들이는가 하면 모호크족 인디언과 결혼하여 청교도인 그녀 가족을 놀라게 했다. 인디언들을 가톨릭으로 개종시킨 것은 프랑스 제수이트 선교사들이었다.

신앙 부흥 운동이란?

조금은 선의로 보이는 또 다른 종교적 열정이 뉴잉글랜드 중부 식민지에서 폭발했다. 1740년대에는 그 폭발의 여파가 식민지의 나머지 지역까지 확대되었다. 식민지 전체를 근본주의적인 정통 프로테스탄트주의로 물들인 이른바 신앙 부흥 운동은 강력한 카리스마를 지닌 두 명의 복음 전도자에 의해 시작되었다. 당시엔 텔레비전 설교나 종교적 테마파크 같은 것들이 없었을 테니까 이들의 전도 기술은 그런 방법을 좋아하는 팻 로버츠슨, 지미 스와가트, 짐 앤 타미 버거, 오랄 로버츠와 같은 현대 '텔레비전 목사'들보다 많이 뒤떨어졌을 것이다.

아메리카 대륙에서 태어난 조너선 에드워즈는 매사추세츠 주 노
샘프턴에 있는 한 교회의 목사로 불과 유황, 지옥에 대한 설교를 하
여 신도들을 거의 광란의 상태로 몰아가면서 유명해졌다. 에드워즈
의 설교는 아메리카 식민지에서 종교적 열정이 식어가고 있는 것
에 대한 반응에서 비롯되었다. 번영을 구가하게 된 식민지들은 안
식일 준수 같은 것은 신경도 쓰지 않고 부동산, 노예 무역, 럼주 사
업과 같은 세속적이고 수지맞는 장사에만 열을 올렸다. 에드워즈의
설교 중에서 가장 유명한 설교는 죄 지은 신도들을 불꽃 위에 걸린
거미에 비유한 "진노하신 하느님의 손 안에 든 죄인들"이었다. 그
는 인기와 영향력이 떨어진 후에는 인디언을 위한 선교사가 되었
고, 나중에는 프린스턴대학 총장에 임명되었으나 취임도 하기 전에
사망했다.

옥스퍼드대학 출신의 영국 국교회 목사 조지 화이트필드도 에드
워즈의 영향을 받은 사람 중의 하나였다. 전설적인 웅변가였던 그
는 야외 집회를 열어 수천 명의 청중을 모았다. 처음에는 격정적인
말로 신도들을 질타하고 그 다음에 구원을 약속하는 것이 그의 설
교 방식이었다. 독실함과는 거리가 멀었던 벤저민 프랭클린까지 그
의 설교에 감동을 받아 화이트필드가 신도들을 변화시킨 방식에
대해 언급할 정도였다. 에드워즈와 화이트필드의 영향력은 종교의
범위를 넘어섰다. 두 사람의 열렬한 추종자들은 교육을 받지 못했
거나 연줄이 없는 하층민과 중산층이 대부분이었다. 그들과는 달리
아메리카 대륙의 새로운 지배 계층으로 떠오른 부유하고 힘있는
엘리트들은 전통적 예배 형식을 선호했다. 그리고 이들 계층간의
분리는 첨예한 대립으로 나아갈 위험이 있었다. 신앙 부흥 운동은
결국에는 제 갈 길을 찾아갔지만 아메리카 대륙에 상당히 오랫동
안 영향을 미쳤다. 실제적으로는 여러 교파로 갈라지면서 프린스
턴, 브라운, 러트거스, 다트머스와 같은 대학들의 설립으로 이어졌

다. 이 운동이 분열된 결과 관용과 세속주의라는 새로운 정신이 움 트게 되었다. 보수적 청교도들은 이제 교회와 정치 문제에서 완전한 지배권을 갖지 못했다. 그외에도 새로운 종교의 힘은 식민지 전역에서 교회와 정부의 결속을 약화시키는 결과를 초래했다. 이 새로운 세속 정신이 장차 미국 헌법의 기본 요소가 된다.

누가 프렌치 인디언 전쟁을 벌였나?

아니, 이것은 인디언과 프랑스인이 싸운 전쟁에 대한 이야기가 아니다.

17세기 말 북아메리카에서는 유럽 모자업자들이 귀하게 여겼던 비버*와 함께 부동산의 가치가 하늘을 찔렀다. 영국 왕을 비롯한 네덜란드인, 프랑스인, 에스파냐인 들이 소유권을 저마다 주장하고 있었다. 캐나다인과 미국인, 그러니까 북아메리카 대륙의 사람들은 커다란 체스판의 졸과 같았다. 1689년과 독립전쟁이 일어난 1775년 사이, 유럽의 강대국들은 여러 전쟁에 휩쓸렸고 그 대부분이 왕위 계승을 둘러싼 분규에서 시작되었다. 하지만 왕위 계승은 구실이었을 뿐 내막을 알고 보면 그것은 땅과 원자재 그리고 수출품 시장 확보를 위한 식민지 전쟁이었다.

처음 세 번의 전쟁에서는 식민지인들이 보조적인 역할을 담당했다. 전투는 서로 산발적으로 기습 공격을 하는 형태로 치러졌고, 대개 인디언군이 각 나라의 동맹군으로 가세했다. 식민지, 특히 뉴잉글랜드와 캐나다에서의 식민지인들의 피해는 막심했다. 매사추세츠에서는 전쟁 때문에 극심한 인플레가 야기되기도 했다. 그곳에서는 전비 충당을 위해 최초로 지폐가 발행되고 있었다. 앞의 세 전쟁이 막바지로 치달으면서 주전국은 영국과 프랑스로 압축되었다. 영

식민지에서 유럽인들이 벌인 전쟁

기간	유럽에서 부르는 명칭	식민지에서 부르는 명칭
1689~1697	아우구스부르크 동맹 전쟁	윌리엄 왕의 전쟁
1702~1713	에스파냐 왕위 계승 전쟁	앤 여왕의 전쟁
1740~1748	오스트리아 왕위 계승 전쟁	조지 왕의 전쟁
1756~1763	7년 전쟁	프렌치 인디언 전쟁

국은 이미 상당한 규모의 캐나다 땅을 프랑스로부터 획득한 바 있었다. 영국과 프랑스는 북아메리카에 대한 절대적 지배권을 놓고 마지막 전쟁에서 격돌했다. 미국의 운명을 가장 크게 좌우한 것이 바로 이 프렌치 인디언 전쟁이다.

전투는 아메리카 대륙의 영국인들에게는 상당히 불길하게 시작되었다. 1753년 버지니아 총독 딘위디는 청년 한 명을 펜실베이니아 산간벽지의 프랑스인들에게로 보내 프랑스인들이 버지니아 영토를 침범하고 있다는 사실을 알려주게 했다. 그리고 어느 날 저녁, 브랜디를 마시는 프랑스인들을 말똥말똥한 정신으로 지켜보던 그 청년은 프랑스인들이 버지니아 영토를 떠날 생각이 없다는 것을 알게 되었다. 중요한 정보를 얻은 청년은 몇 주간의 힘든 여행 끝에 버지니아로 돌아와 이 사실을 보고했다. 청년은 이 모험담을 《조지 워싱턴 소령의 일지》라는 조그만 책자로 엮었다. 이후 런던인들은 그 청년 작가를 용기와 지력이 넘치는 인물로 인정하게 되었다.

얼마 후, 농장주 아들인 스물두 살의 풋내기 청년은 육군 중령 계급을 달고 요새를 지으라는 명령을 받고 민병대 150명과 함께 다시 펜실베이니아를 찾았다. 하지만 그가 돌아왔을 때는 프랑스인들이 이미 두퀘인이라는 프랑스 이름을 붙인 요새를 점령하고 있었다. 그는 무척 실망했다. 현장을 확인한 청년 장교는 수적인 열세에도 불구하고 소수의 인디언 동맹군과 함께 프랑스군을 공격하여 포로

몇 명을 생포하고 요새를 급조
했다. 그리고 적절하게도 요새
에 네세스티Necessity라는 이름
을 붙였다. 하지만 그는 곧 프
랑스군에게 포위당해 항복을
했다. 프랑스군은 항복한 그를
버지니아로 즉시 쫓아버렸다.
버지니아에서는 영국의 숙적과
대결을 벌인 영웅으로 그를 맞
이했다. 조지 워싱턴은 자기도
모르는 사이에 프렌치 인디언
전쟁의 신호탄을 쏘아 올린 것
이다.

워싱턴이 전쟁이 무엇인가를
처음으로 느끼고 자신의 형 잭
에게 "정말이야, 총탄이 휭하고

American Voice

조지 워싱턴
1748년 3월, 황야에서 보낸 첫 밤을 기록한 일기

나는 저녁 식사를 한 뒤 방안에 등불을 켜고 다른 부대원들처럼 숲
속 일에 밝지 못했기 때문에 아주 단정히 옷을 벗어 놓은 다음 그들
이 말하는 이른바 침대 속으로 들어갔다. 그런데 놀랍게도 그곳엔
시트와 같은 것이 하나도 없고 이, 벼룩 등의 해충으로 무게가 두 배
는 불어난 곰 가죽 담요 밑에 초라한 짚 매트만 깔려 있는 것이었다.
나는 (등불이 꺼지기가 무섭게) 기다렸다는 듯이 자리에서 일어나,
도로 옷을 주워 입고 부대원들처럼 자리에 가 누웠다. 그렇게 피곤
하지 않았다면 우리는 아마 그날밤 잠을 제대로 이루지 못했을 것이
다. 그날 이후에 나는 차라리 야외의 화톳불 앞에서 자면 잤지 그런
곳에서는 자지 않겠다고 결심했다.……

조지 워싱턴이 열일곱 살에 식민지 버지니아의 황량한 블루리지
산맥과 셰넌도어 계곡으로 들어가는 길에 알았듯이 식민지 아메리
카에서 누군가 "벼룩에 물리지 말라"고 했다면 그 말은 사실이었
다. 이 글은, 청년 조지가 느낀 '서부'에서의 삶과 당시 대부분의 아
메리카 대륙 사람들처럼 그 역시 철자와 문법을 제대로 배우지 못
했다는 것을 보여준다.* 당시에는 철자와 문법의 지역간 차이가 무
척 심했다.

* 철자와 문법의 오류는 표시하기 힘들어 나타내지 못했다.

날아가는 소리를 들었어. 그 소리는 매혹적으로 들리던걸"이라는
내용이 포함된 유명한 편지를 쓴 것도 프랑스군과 접전을 벌이고
있던 그 당시였다. 영국의 국왕 조지 2세는 그 이야기를 전해 듣고,
"총소리를 귀가 닳도록 들었다면 아마 그런 소리를 못 했을 거야"
라고 말했다.

프랑스군이 만일 그럴 만한 이유와 기회가 있었을 때 이 풋내기
장교를 죽일 생각을 했다면 역사는 어떻게 달라졌을까? 프랑스군
은 그를 죽이지 않았다. 프랑스군은 22년 뒤에 아메리카 대륙에 다
시 와서 영국과 독립전쟁을 벌이는 조지 워싱턴을 도와주었다.

전쟁이 일어난 초기 몇 년 동안 영국과 식민지 동맹군은 계속 악
화일로를 걸었다. 150만 명에 이르는 영국군에 비하면 9만 명에 불

두퀘인 요새로 진군하는 영국군과 브래드독 장군. 두퀘인에서 브래드독은 전사하고 병사들의 3분의 2가 죽거나 부상당했으며 브래드독의 부관이었던 조지 워싱턴은 겨우 목숨을 건졌다.

과한 아메리카 대륙의 프랑스군은 수적으로는 형편없이 열세였으나 조직과 경험에서는 그들보다 월등했고 인디언 부족도 대부분 프랑스군의 동맹군이었다. 하지만 인디언들의 눈에 두 나라는 똑같은 악마였다. 프랑스가 영국보다는 착한 악마였을 뿐이다. 프랑스인은 인디언을 인디언의 땅에서 쫓아내려는 영국인들과는 달리 숫자도 적고 비버가죽 장사에도 더 많은 관심을 보였기 때문이다. 또한 인디언들은 그 전쟁으로 수년간 당해온 영국의 배신에 복수할 기회도 갖게 되었다. 인디언들은 자신들의 그런 분노를 야만적인 공격으로 폭발시켰다. 영국군도 그에 못지않은 흉포함으로 맞섰다. 머리가죽 수집은 영국군이 즐겨 사용한 전술이었다. 영국군 사령관 에드워드 브래드독 장군은 인디언 동맹군 병사들을 부추겨 프랑스군의 머리가죽을 벗겨오도록 했다. 그는 일반 사병의 머리가죽에는 개당 5파운드, 제수이트 선교사의 머리가죽에는 100파운드, 델라웨어족 추장 신가스의 머리가죽에는 200파운드라는 큰 상금을 내걸었다.

1755년, 브래드독 장군 휘하의 장병 1천400명이 형편없는 작전을 수행하기 위해 두퀘인 요새로 진군하던 중 영국군에 큰 재난이 발생했다. 영국군은 그들보다 훨씬 수가 적은 프랑스군에게 살육당했고, 낙오한 브래드독의 부관 조지 워싱턴은 패잔병 500명을 이끌고 간신히 본대로 귀환했다. 영국군은 뉴욕에서도 그와 비슷한 패배를 당했다.

JOIN, or DIE.

프렌치 인디언 전쟁 때 식민지들이 단결하여 프랑스에 대항할 것을 촉구하는 플래카드. 1754년 벤저민 프랭클린이 만들었다. 이 플래카드는 독립혁명 때는 식민지들이 단결하여 영국에 대항할 것을 촉구하는 의미로 쓰였다.

이 식민지 전쟁은 최초의 진정한 세계대전이라 할 수 있는 1756년의 글로벌 충돌(프렌치 인디언 전쟁)로 이어졌다. 모든 곳에서 상황은 영국측에 불리하게 돌아갔다. 그러한 상황은 런던의 지도층이 바뀌고 1758년 윌리엄 피트*가 전쟁의 지휘권을 잡을 때까지 계속되었다. 피트는, 해전에 병력을 집중시켜 북아메리카를 정복한다는 전략을 세우고 북아메리카 정복을 총체적 승리의 열쇠라고 생각했다. 그는 엄청난 병력을 쏟아부었다. 제임스 울프와 제프리 암허스트라는 유능한 지휘관도 발굴해냈다. 암허스트는 인디언들과 협상을 벌일 때 천연두에 오염된 담요를 주는 색다른 전법을 쓴 것으로 유명하다. 영국은, 1758년에서 1760년 사이에 거둔 일련의 승리로 북아메리카에서의 식민지 지배권을 획득했다. 1760년에는 몬트리올까지 함락시켜 캐나다 전역을 차지했다.

1763년의 파리 조약으로 전쟁이 종결되자 영국은 명실상부한 승전국이 되었다. 이에 따라 영국은 캐나다 전체, 미시시피 계곡과 플로리다에 걸친 아메리카 동부, 카리브 해의 여러 섬을 차지하게 되었다. 프랑스는 프랑스령 서인도 제도의 몇몇 섬을 제외하고는 아메리카 식민지 전체를 잃었고 해외 교역도 영국 해군에 의해 무력화되었다.

* 윌리엄 피트(1708~1778). 1783년 스물네 살에 수상이 된 그의 차남(소 피트)과 구별하기 위해 대 피트로 불리는 영국의 정치가이다. 휘그당원이었던 그는 1746년 이래 정부 요직을 두루 거치며 북아메리카 식민지에서 프랑스의 위협을 제거했으나 아메리카 독립에는 반대했다.

식민지의 사람들은 주요 전쟁을 치르며 전투 경험을 충분히 쌓았다. 그리고 1760년에 즉위한 국왕 조지 3세를 위한 전쟁에서도 승리했다는 사실에 뿌듯함과 기쁨을 느꼈다. 전투에서 적지 않은 공을 세운 조지 워싱턴은 버지니아의 윌리엄스로 돌아가서 군복을 벗었다. 직업 군인이라는 것에 더 이상 흥미를 느끼지 못했기 때문이다.

설탕과 인지는 독립혁명과 어떤 관계가 있을까?

13년이란 짧은 기간 동안 식민지인들이 보여준 능력의 변화는 실로 놀라웠다. 그 기간 동안 식민지인들은 프랑스에 거둔 승리로 사기가 충천해 있던 국왕 조지 3세의 충성스런 백성에서 지구상에서 가장 막강한 나라를 타도할 능력을 지닌 반란군으로 변모했다.

역사 과정은 어느 한 가지 요인만으로는 결코 변하지 않는다. 같은 맥락에서, 미국 혁명의 원인을 규명하려는 역사가들의 시각도 천차만별이다. 독립혁명에 대한 그동안의 관점은, 식민지인들이 영국 시민의 자격으로 이미 자신들의 것이라고 여긴 자유를 위해 싸웠다는 생각이었다. 그보다 좀더 급진적인 관점은 독립혁명을 정치 · 경제적인 측면으로 이해하려는 시각이다. 이 관점에 따르면 독립혁명은 먼 곳에 있는 영국의 엘리트 계층에게서 신대륙의 부를 거머쥐려는 아메리카 대륙의 토착 세력으로 권력이 이동했다는 것이다.

역사는 두 관점을 다 수용할 수 있을 만큼 공간이 넉넉한 배와 같아서 이 두 관점을 종합해보면 진실에 가까운 해답을 얻을 수 있다. 미국이란 나라는 영국의 어설픈 식민지 경영, 경제적 현실, 계몽주의라는 심오한 철학 그리고 역사적 필연성이 모두 합쳐져 탄생한 것이다.

먼저, 영국의 어실픈 식민지 경영부터 살펴보자. 영국은 7년 전쟁이 끝나자 어마어마한 전채戰債를 떠안게 되었다. 상황이 이렇게 되자 런던에서는 매년 부담하는 식민지 경영 비용은 물론 아메리카 대륙 방어 비용의 일부도 식민지인들에게 떠넘기자는 의견이 제기되었다. 그에 대한 해법으로 영국 의회는 1764년 아주 합리적으로 보이는 설탕법Sugar Act을 제정하여 설탕, 커피, 와인, 그밖에 아메리카 대륙으로 들어오는 대부분의 물품에 관세를 부과하기로 했다. 전후 식민지 불황 ── 전시의 무제한적인 소비 뒤에 흔히 이어지는 경제 불황 ── 에 이 같은 법까지 제정되자 식민지의 상인과 소비자의 고통은 극심해졌다. 식민지에서는 설탕법이 제정되자마자 그에 대한 부정적인 반응이 자리잡기 시작했고, 그 같은 경제적 이견은 '대표 없는 곳에 과세 없다'는 정치 슬로건으로 표현되었다. 매사추세츠의 가장 소란스럽고 급진적인 지도자의 한 사람인 제임스 오티스는 모든 사람은 "스스로 원하거나 자신이 뽑은 대표의 동의를 받은 세금을 제외한 모든 세금으로부터" 자유로울 권리가 있다는 글을 썼다.

하지만 대표의 문제는 대중의 저항심을 부추기려는 의도에서 사용된 연막탄이었을 뿐 식민지의 새로운 지도자들이 진정으로 원한 것은 아니었다. 식민지 지도자들은 영국 의회에서 식민지 의석 몇 개 차지하는 것은 정치적으로 아무런 의미가 없다는 것을 충분히 알고 있었다. 식민지에는 해가 갈수록 정치인 수가 늘었고, 이들은 식민지와 모국의 갈등 원인이 무엇인지 정확히 꿰뚫고 있었기 때문에 좀더 커다란 몫을 원했다.

식민지 의회는 설탕법에 대한 저항의 의미로 징병제 반대 시위와 설탕법에 대한 보이콧을 시도했으나 열의가 없었기 때문인지 결국 실패로 돌아갔다. 영국 의회는 눈 하나 깜짝 안 하고 두 번째 세금

신문, 서류, 카드 등 모든 인쇄물에 인지를 붙이게 한 1765년의 인지법은 식민지인들의 분노를 불러일으켜 인지세 보이콧, 영국 상품 불매 운동으로 이어졌다. 인지법은 1766년에 폐지되었다.

을 부과하여 식민지의 목을 더욱 조여왔다. 1765년에 제정된 인지법Stamp Act은, 신문과 법률 서류로부터 카드에 이르기까지 사실상 모든 인쇄물에 엄청난 관세를 부과하는 것이었다. 영국 의회의 한 의원은 인지법에 반대하면서 식민지인들을 '자유의 아들들'이라고 지칭했다. 그 말은 재빨리 모든 식민지인들에게 퍼져나갔다. 설탕법이 교역과 관련된 징세였다면, 인지법은 그와는 성격이 다른 직접세였다. 때문에 식민지의 저항도 더욱 거세고 시끄럽고 폭력적이었다. 그러다 저항은 급기야 폭동이 되었고, 정도가 가장 심한 보스턴에서는 성난 군중들이 총독 토머스 허친슨의 사저를 파괴하는 일까지 벌어졌다. 뉴욕의 인지세 담당 관리의 집도 쑥대밭으로 변했다. 식민지 거의 전 지역이 참여한 인지세 보이콧 운동도 일어났다. 그것은 다시 영국 상품에 대한 전면적인 불매 운동으로 이어졌다. 영국 상인들은 경제 전쟁의 된서리를 맞고는 비명을 질러대기 시작했다. 1766년, 인지법이 폐지되었다.

하지만 그것은 소 잃고 외양간 고친 격이었다. 식민지인의 방식에 무지한 런던의 정치인들이 폼만 잡고 있을 동안 식민지에서는 병력이 집결하고 있었다.

보스턴 학살 사건이란?

영국 의회는 식민지 노새에 한번 걷어차이고서도 인지세 보이콧의 진의를 파악하지 못했다. 1767년 타운센드법이라 불리는 자극적인 세금안을 또 다시 생각해낸 것이다. 이 법으로 영국 의회는 노새 뒷다리에 또 한번 몸을 갖다 댄 꼴이 되었다. 식민지인들은 이번에도 보이콧을 했고 영국의 수출은 절반으로 줄어들었다. 식민지인들이 저항하자 영국은 늘 써왔던 강경한 방식을 다시 들고 나왔다.

군대를 파견한 것이다.

그후 오래지 않아, 인구 1만 6천 명의 도시로 식민지 저항의 근원지였던 보스턴에 영국군 4천 명이 도착했다. 영국군은 가만히 서서 시민들을 감시하는 역할만 하지는 않았다. 안 그래도 일자리가 없어 아우성인 도시에서 영국군 병사들은 부두 노동자들과 일자리 경쟁까지 벌였다. 1770년 3월, 밧줄 제조 노동자들과 영국군 한 부대 사이에 싸움이 벌어졌다. 병사들과 성난 시민들 사이의 충돌은 날이 갈수록 빈번해졌다. 그러다 3월 5일 급기야 술에 취한 한무리의 부두 노동자가 본대에서 이탈한 영국군 아홉 명과 충돌하는 일이 벌어졌다. 돌과 함께 눈, 얼음이 병사들 쪽으로 날아가면서 상황은 험악해졌다. 병사들은 난폭하게 달려드는 시민들 앞에서 점점 불안을 느끼기 시작했다. 군중 속에서 누군가 "불이야"라고 소리지른 것이 폭동의 신호탄이 되었다. 병사들이 총을 발사하자 노동자 다섯 명이 쓰러져 죽었다. 첫 사망자는 노예 출신 크리스퍼스 아턱스였다. 그는 아프리카인 아버지와 매사추세츠 나틱족 인디언 어머니 사이에서 태어나 노예 생활을 모면하기 위해 바다에서 20년을 보낸 사람이었다.

새뮤얼 애덤스가 주동이 된 선동주의자들이 그 기회를 포착하는 데는 오랜 시간이 걸리지 않았다. 이 일은 며칠 후에 보스턴 학살 사건이 되었고 사망자들은 순교자가 되었다. 화가 존 코플리의 이복형제 헨리 펠함은 총격 장면을 조각으로 새겼다. 은세공업자 폴 리비어가 그 조각을 빌려가 학살 사건 판화로 만들자 인쇄업자가 그것을 가져갔고 얼마 지나지 않아 그것은 성화가 되었다. 보스턴 인구 1만 6천 명 중에서 적어도 1만 명이 사망자들의 장례식에서 행진을 했다.

그 사건이 있은 뒤 영국군은 보스턴에서 철수했다. 공교롭게도 학살이 일어난 날 타운센드법이 폐지되어 식민지에는 비교적 평화

학살 사건에 연루된 병사들의 변호를 맡은 변호사 존 애덤스. 그는 반영파였으나 재판의 공정함을 보여주기 위해 변호를 맡았다.

보스턴 학살 광경을 담은 폴 리비어의 판화. 실제로는 영국 병사들이 판화에서처럼 줄지어 서 있지 않았고 지휘관이 칼을 뽑아들지도 않았다. 판화에는 최초의 사망자 크리스퍼스 아턱스가 묘사되어 있지 않다. 어쨌든 이 판화로 인해 사망자들은 순교자가 되었다.

로운 기간이 이어졌다. 사건에 연루된 병사들은 재판——변호는 공정함을 보여주고 싶어한 존 애덤스가 맡았다——에 회부되었지만 대부분 무죄로 방면되었고 이 중 두 명은 불명예 제대했다. 하지만 이것은 불안한 휴전에 불과했다.

보스턴 차 사건이란?

대통령 선거 유세가 한창이던 지난 1988년 조지 부시 후보는 보스턴 항을 문제 삼아 정적 마이클 듀카키스를 곤경에 빠뜨린 적이 있다. 부시는 보스턴 항이 생태적으로 문제가 있다는 사실을 정치적으로 포착하고 그에 대한 직접적 책임을 매사추세츠 주지사 듀카키스에게 돌렸다. 그전에도 보스턴 항은 엉망인 모습으로 역사의 한 장을 차지한 바 있다. 그때의 결과는 사뭇 놀라웠다. 조지 부시가 1988년의 보스턴 항을 엉망으로 생각했다면, 그는 1773년의 상황이 어떠했는지도 분명히 알았어야 했다.

보스턴 학살 이후 찾아온 평화와 영국 물품 수입에 대한 보이콧도 끝남에 따라 아메리카 식민지는 다시 번성하기 시작했다. 런던과의 충돌도 잠시 소강 상태에 접어들었다. 새뮤얼 애덤스와 동료들은 이 같은 평화로 저항의 분위기가 약화되는 것이 두려웠다. 그들은 매사추세츠 의회를 보스턴 밖으로 이전하는 문제와 총독 급여의 지급 주체를 거론하며 식민지인들의 가슴에 다시금 저항의 불길을 당기려 했다. 그것들은 법적으로는 중요한 문제였으나 폭력으로 정부를 전복시켜야 할 정도로 중대한 문제는 아니었다. 그러다 상황은 로드아일랜드의 식민지 애국파가 항구에 정박해 있던 영국 해군 선박 가스피호에 올라 배를 불태우면서 달아오르기 시작했다. 식민지인들은 밀수 방지 업무를 맡고 있던 가스피호에 적대감을 가지고 있었다.

가스피호 방화범들이 체포를 피해 다니는 동안 영국 왕실은 범인이 현지 배심원단에 의해 재판 받을 수 있는 영국의 전통적인 제도를 거부하고, 범인들의 본국 이송을 강압적으로 요구했다. 새뮤얼 애덤스에게는 불길을 좀더 활활 타오르게 할 수 있는 불쏘시개가 필요했다. 버지니아에서는 패트릭 헨리, 토머스 제퍼슨, 리처드 헨

보스턴 차 사건을 묘사한 19세기 석판화. 보스턴 항구에 들어온 동인도회사 배에 가득 실린 차를 인디언 복장을 한 식민지인들이 바다에 내던졌다. 이것이 보스턴 차 사건이다.

리 리가 하우스 오브 버지시스에서 통신위원으로 임명되었다. 1774년에는 식민지 12곳에 위원회가 설치되어 같은 생각을 가진 식민지인들 사이에 원활한 정보 교환이 이루어지게 되었다.

그래도 여전히 새뮤얼 애덤스가 원했던 강렬한—혹은 끓어오르는—문제는 터지지 않았다. 이러한 상황에서 차tea가 애덤스의 눈에 들어왔다. 1773년 영국 의회는 미국으로 가는 차 선적 사업의 독점권을 파산 직전에 이른 동인도회사에 넘겨주었다. 그 같은 모욕으로도 모자라 영국 의회는 선별된 일부 왕당파 상인들에게 차 사업을 몰아주어 식민지인들을 더욱 화나게 했다. 동인도회사와 왕당파 상인들이 차 상권을 독차지함에 따라 식민지의 일반 상인뿐 아니라 밀수꾼을 끼고 장사하는 상인들까지 파산할 지경에 이르렀기 때문이다. 이번에는 차, 다음은 뭐지? 식민지인들은 불안했다.

1773년 차를 실은 배 세 척이 보스턴 항에 도착했다. 새뮤얼 애덤스와 그의 강력한 동조자 존 핸콕을 비롯한 이른바 애국파는 있는 힘을 다해 차 하역을 막겠다고 선언했다. 존 핸콕은 아메리카 대륙 최대 갑부 중 한 사람이었다. 런던이 동인도회사에 인가해준 차 선적 독점권 때문에 최대의 위기를 맞고 있던 사람이었다. 아들들이 차 하역으로 혜택을 볼 것이 뻔한 총독 허친슨은 물론 차를 하역시키려 했다. 양측은 두 달간 옥신각신 승강이를 벌였다. 애국파는 결국 보스턴 항을 찻주전자로 만들기로 결정했다.

1773년 12월 16일 밤, 기술자 상인 할 것 없이 보스턴의 모든 경제 계층이 다 포함된 150여 명의 남자들이 코르크 숯으로 얼굴을 새까맣게 칠하고 모호크족 인디언 같은 복장을 하고는 세 척의 배에 올라탔다. 배에 오른 그들은 짐칸 열쇠만을 요구하여 그것을 넘겨받았다. 그들은 배나 다른 화물에는 관심이 없었고 오직 차만을 원했던 것이다. 열쇠를 받은 그들은 영국 해군과 수많은 군중들이 지켜보는 앞에서 거의 3시간에 걸쳐 손도끼로 차 상자를 열고 차를 보스턴 항 앞바다에 집어던졌다. 그 양이 어찌나 많았던지 차가 물속에 쌓이기 시작했다. 쌓이다 넘친 차가 갑판 위로 밀려들자 삽으로 떠서 다시 물 속에 넣기까지 했다.

이 일은 재빨리 보스턴 차 사건으로 신성화되었다. 그리고 다른 식민지에서도 유사한 차 사건이 터지기 시작했다. 이 일로 식민지와 영국은 더욱 강경하게 맞서게 되었다. 식민지의 애국파는 더욱 대담해졌으며, 영국의 보수파 토리당원들은 더욱 보수적이 되었다. 의회의 태도는 뻣뻣하기만 했다. 자유의 아들들이 어린아이의 장갑으로 런던 어른들의 따귀를 때린 형국이었다. 국왕은 쇠주먹으로 맞섰다. 국왕 조지는 수상 노스 경에게 말했다. "주사위는 던져졌소. 식민지인들은 항복을 하든지 승리를 하든지 하나를 선택해야 할 것이오."

제1차 대륙회의란? 참가자는 누가 뽑았고, 누가 참가했으며 어떤 일을 했을까?

차가 바다에 내던져진 순간부터 혁명에 이르는 길은 순조로웠다. 보스턴 차 사건의 후폭풍 속에서 영국 의회는 이른바 강압적 법령 Coercive Acts이라 불리는 일련의 법률을 통과시켰다. 먼저, 바다에 내던져진 차 값을 보상 받을 때까지 보스턴 항을 폐쇄한다는 내용의 항만폐쇄법이 제정되었다. 재판운영법, 매사추세츠정부법(사실상 식민지 특허장을 무효화하는 법이었다), 퀘벡법이 연이어 제정되었다. 퀘벡법에 의해 캐나다에는 중앙 정부가 수립되었고, 영토의 경계도 남부 오하이오 강까지 확대되었다. 의회는 법령에 힘을 실어주기 위해 토머스 게이지 장군을 신임 총독으로 임명한 후 병력 4천 명과 함께 보스턴에 파견했다. 뿐만 아니라 영국 병사들이 식민지인에게 식량과 숙영지를 요구할 수 있도록 한 할당법Quartering Act의 규정을 강화했다.

식민지인들이 참을 수 없는 법령이라고 부른 이들 강압적 법령에 대항하여 식민지 의회는 모든 식민지가 참여하는 회의를 개최하기로 합의하고 대표자를 선임했다. 1774년 9월 5일부터 10월 26일까지 필라델피아에서 개최된 제1차 대륙회의에는 조지아를 제외한 전 식민지의 대표 쉰여섯 명이 참가했다. 참가한 대표들은 영국과의 유대를 끊지 않는 범위에서 절충안을 모색하자는 중도 보수파(뉴욕의 존 헤이, 펜실베이니아의 조지프 갈로웨이 등)로부터, 맹렬한 급진파(새뮤얼 애덤스, 버지니아의 패트릭 헨리 등. 토머스 제퍼슨은 대표로 뽑히지 않았다)에 이르기까지 식민지의 다양한 의견을 대변하고 있었다. 참가자들이 모이자 존 애덤스는 내심 불안했다. "우리에겐 이 시대에 적합한 인물이 없습니다. 재능, 교육, 여행, 부, 한마디로 모든 것이 부족한 데서 온 결과입니다."

하지만 애덤스의 이런 생각은 회의가 시작되면서 곧 바뀌기 시작했다. 회의 참가자들이 실로 대단하다는 것을 알게 된 것이다. 제1차 대륙회의는 아주 조심스럽게 진행되었으나 결국 강압적 법령에 반대하는 결의안을 채택했다. 더불어 영국 상품 불매 운동을 벌이기 위한 연합도 결성했고, 식민지인들과 식민지 의회의 권리를 명쾌하게 밝힌 10개 항의 결의안도 통과시켰다.

과세와 대표의 문제는 전체 사안 중에서 극히 일부에 불과했다. 시어도어 드레이퍼는《권력을 위한 투쟁A Struggle for Power》에서 이렇게 말했다. "영국 의회로부터 징세권을 빼앗기 위한 투쟁은 식민지에서의 영국 권력의 핵심을 강타했다. 이 투쟁은 다른 모든 것들을 집어삼켰다."

제1차 대륙회의를 그린 그림. 식민지 대표 쉰여섯 명이 참가한 가운데 1774년 필라델피아에서 열렸다. 이 회의는 식민지 독립을 향한 첫걸음이었다.

대륙회의 참가자들은 영국이 문제를 해결해주지 않으면 제2차 회의를 소집한다는 데 합의하고 회의를 마쳤다. 독립을 선언한 것은 아니었지만 제1차 대륙회의가 열렸다는 것은 독립 쪽으로 이미 되돌릴 수 없는 발걸음을 떼어놓은 것이나 마찬가지였다. 진정한 의미에서의 혁명이 시작된 것이다. 이제 필요한 것은 출발을 알리는 신호탄뿐이었다.

'전세계에 울린 총성'은?

매사추세츠 총독이 된 게이지 장군은 폭동이 시작되기 전에 폭동의 싹을 일찌감치 잘라버리려고 했다. 그것을 위한 첫 단계로 게이지는 총기류와 화약을 숨겨둔 애국파 비밀 창고를 점령하고 주모자로 보이는 존 핸콕과 새뮤얼 애덤스를 체포하려고 했다. 자유의 아들들은 이러한 움직임을 이미 예상하고 있었다. 매사추세츠 전역의 애국파들은 머스킷 총으로 전투 연습을 하면서 신호가 떨어지면 즉시 출동할 태세를 갖추고 있었다. 이들은 1분 내에 즉시 출동한다는 의미에서 미니트맨minutemen으로 불렸다.

시간이 갈수록 보스턴은 황폐해졌다. 그런 가운데 은세공업자 겸 의치 제작자인 폴 리비어는, 영국군의 동향을 살피며 때를 기다리고 있었다. 그는 영국군의 움직임을 콩코드에 빨리 전해주기 위해 보스턴의 그리스도교회 교회 지기와 이미 신호 체계까지 만들어두고 있었다. 첨탑에 등불이 하나 켜지면 게이지의 군대가 육로로 들어온다는 뜻이었고, 두 개 켜지면 배를 타고 찰스 강을 건너온다는 의미였다. 1775년 4월 18일의 늦은 밤, 예상대로 첨탑에 두 개의 등불이 켜졌다. 리비어와 빌리 다웨스는 등불을 확인하자마자 렉싱턴으로 말을 달려 핸콕과 애덤스에게 그 사실을 알리고 렉싱턴의 미니트맨에게도 접근 경보를 발령했다. 리비어와 다웨스는 콩코드를 향해 계속 말을 달리다가 청년 애국파 의사인 새뮤얼 프레스코트와 합류했다. 그후 얼마 지나지 않아 세 사람은 영국군 순찰병에게 검문을 당했다. 이 과정에서 리비어와 다웨스가 잠시 붙들려 있는 동안 프레스코트는 용케 탈출하여 콩코드에 영국군 진입 사실을 전했다.

한편 렉싱턴에서는 민병대원 일흔일곱 명이 초원에서 영국군과 마주쳤다. 영국군이 그 보잘것없는 군대를 못 본 척 그냥 지나치려

는 순간, 총알 한 발이 명령 없이 발사되었다. 초원은 곧 아수라장
이 되었고, 영국군은 전열을 흐트러뜨리며 대응 사격을 시작했다.
한바탕 총격전을 치른 자리에는 민병대원 여덟 명의 시신이 널부
러져 있었다.

콩코드 민병대도 프레스코트의 경고 발령에 따라 전투 태세를 갖
추고 있었다. 인근 시골 지역 농부들도 교회 종소리를 듣고 콩코드
쪽으로 흘러들었다. 저항은 점점 조직적인 형태를 띠기 시작했다.
콩코드 미니트맨은 콩코드 쪽 다리를 막고 있는 영국군 부대를 공
격하기도 했다. 나중에는 외양간, 가정집, 돌담, 나무 뒤에서까지
영국군에게 총격을 가했다. 영국군은 등뒤에서 총을 쏘는 비겁한
전술에 익숙하지 않았음에도 기본 대형을 끝까지 유지하고 렉싱턴
으로 돌아와 증원군과 합류했다.

영국군의 피해 규모는 해가
질 무렵에야 집계되었다. 사망
자가 일흔세 명이었다.

1775년 5월 10일 필라델피아
에서 개최된 제2차 대륙회의 역
시 결정적 국면을 맞고 있었다.

패트릭 헨리
하우스 오브 버지시스 의원들에게

쇠사슬과 노예제에 팔아먹고 싶을 만큼 삶이 그토록 소중하단 말이
오? 평화가 그토록 달콤하단 말이오?······ 다른 이들은 어떤지 모르
겠소만, 나는 자유 아니면 죽음뿐이오!

렉싱턴의 유혈 사태는 전쟁을 의미했다. 애국파도 발빠르게 움직여 보스턴의 영국군을 독 안에 든 쥐로 만들어놓았다. 존 애덤스는 남부 식민지 대표들을 설득하여 대륙회의의 결속을 다지는 것이 그 상황에서 가장 필요한 일이라고 생각했다. 그 문제는 남부인을 새로 창설된 대륙군Continental Army 사령관에 임명하는 것으로 해결되었다. 필라델피아 회의에 옛 군복을 입고 나와 사령관에 대한 야망을 확실히 드러낸 버지니아 대표 조지 워싱턴은 1775년 6월 15일 그 임명을 기꺼이 받아들였다.

독립혁명의 이정표

1775년

4월 18일~19일 __ 영국군 700명이 폭도들의 무기고 색출을 목적으로 매사추세츠의 보스턴으로 진입한다. 진입 도중 렉싱턴 들판에서 식민지 민병대인 미니트맨과 만난다. 이때 사격 명령 없이 우발적으로 발사된 한 발의 총탄(전세계에 울린 총성)이 급기야 식민지인 여덟 명을 죽인다. 뒤이어 콩코드에서 그리고 보스턴으로 되돌아가는 길에서 영국군은 식민지 민병대의 끊임없는 공격으로 곤욕을 치르고 심각한 피해를 입는다.

6월 15일 __ 제2차 대륙회의는 대륙군 창설을 결의하고 조지 워싱턴을 사령관으로 임명한다.

1776년

1월 __ 토머스 페인이 식민지 독립의 이유를 설파한 팸플릿《상식》을 펴내 큰 호응을 얻는다.

5월 __ 프랑스 왕 루이 16세, 식민지에 대한 총포와 탄약 지원을 비밀에 승인한다.

7월 4일 __ 대륙회의, 독립선언서 채택.

12월 25일 __ 워싱턴, '크리스마스의 기습'을 감행하여 군대를 이끌고 델라웨어 강을 건너 뉴저지 트랜튼에 진 치고 있던 영국군을 공격하여 승리를 거둔다. 작은 승리지만 식민지군의 사기가 크게 오른다.

1777년

7월 27일 __ 프랑스인 라파예트 후작이 스물두 살의 나이로 독립전쟁에 자원하여 식민지에 도착한다.

9월 26일 __ 하우 장군이 이끄는 영국군이 필라델피아 점령.

10월 7일~17일 __ 새러토가 2차 전투. 영국군이 참패하여 5천700명이 항복한다. 이를 계기로 유럽 각국이 독립전쟁을 지지함으로써 식민지 역사는 전환점을 맞는다. 프랑스는 식민지 독립을 정식으로 승인한다.

1778년

7월 9일 __ 연합규약, 의회 동의를 얻는다.

7월 10일 __ 프랑스 함대 도착. 영국에게 선전포고를 한다.

1779년

6월 16일 __ 에스파냐, 영국에게 선전포고를 하나 식민지와 동맹을 맺지는 않는다.

9월 27일 __ 의회는 영국과 평화 회담을 하기 위해 존 애덤스를 대표로 임명한다.

1781년

10월 10일 __ 영국의 콘월리스 장군이 병력 8천 명을 이끌고 요크타운에서 항복한다. 영국군은 식민지에서 승리의 꿈을 포기한다.

1782년

2월 27일 __ 영국 하원에서 식민지의 독립전쟁 중단 결의안이 통과된다. 영국 정부에게 평화협상권이 부여된다. 3월에 노스 경이 수상직을 사임하고 로킹엄 경이 수상이 되어 식민지와 협상 개시를 모색한다.

11월 30일 __ 파리 조약 서명.

1783년

1월 20일 __ 영국–프랑스 조약 서명. 영국–에스파냐 조약 서명.

2월 4일 __ 영국 정부, 식민지에서의 적대 관계 종식을 공식 선언.

4월 11일 __ 대륙회의, 독립혁명 전쟁 종식 공식 선언.

9월 3일 __ 파리 조약 서명. 전쟁 종결. 이듬해 1월, 의회에서 조약 인준.

《상식》은 어떤 책인가?

1775년 5월에 열린 제2차 대륙회의는 제1차 때와는 사뭇 분위기가 달랐다. 보수파와 중도파가 좌중을 지배하며 조심스럽고 심지어 회의적이기까지 했던 제1차 회의와는 달리 제2차 회의는 급진파가 분위기를 주도하여 벤저민 프랭클린(한때는 신중했으나 이때쯤에는 반항적으로 변해 있었다), 토머스 제퍼슨과 같은 신예들이 새롭게 부상했다. 상황도 빠르게 진행되었다. 렉싱턴과 콩코드의 전투, 티콘데로가 요새에서 거둔 손쉬운 승리, 브리드 언덕에서 영국군에게 가한 치명적인 타격, 1776년 보스턴에서의 영국군 철수 ── 이 모든 것이 휘그당에게 희망을 주는 요소였다. 하지만 일부 사람들에게 영국과의 최종적인 단절(독립)은 여전히 너무 극단적인 일로 보였다. 당시의 미국인들은 식민지 1세대이거나 2세대였다는 사실을 기억해둘 필요가 있다. 그들의 가족적 연대감, 문화적 · 국가적 정체성은 기본적으로 영국적이었다는 말이다. 게다가 많은 사람들이 영국에 친구나 가족을 두고 있었다. 상업적 교류 또한 무시할 수 없는 요소였다.

독립으로 힘을 몰아가기 위해서는 어떤 전기가 필요했고 그것은 여러 방식으로 찾아왔다. 영국은 이번에도 어설픈 실수를 저질러 애국파에게 첫 번째 전기를 마련해주었다. 국왕은 먼저 식민지와의

교역 단절을 선언했다. 그 다음엔 병력을 소집
하려 했으나 여의치 않자 영국군 지휘부는 독일
공국의 제후들이 국왕 조지에게 팔아넘긴 독일
용병들로 모자라는 정규군을 보충하기로 했다.
용병들은 거의 대부분 헤세-카셀 출신이었기
때문에 헤시안Hessian은 이후 용병을 지칭하는
일반명사가 되었다.

이들 헤시안이 식민지에서 전투를 치를 영국
군 병력의 3분의 1 가량을 차지했다. 헤시안에
게 붙은 사나운 전사들이라는 명성(물론 영국군
지휘부에 의해 부풀려진 면도 있다)은, 약탈자와 강
간범이라는 흉악한 이미지와 관련된 것이었다.
(재미있는 것은 이들 중 상당수가 식민지에 그대로 눌
러앉았다는 점이다. 벤저민 프랭클린은 조지 워싱턴에
게 공짜 땅을 약속하는 증서를 만들어주며 그것으로

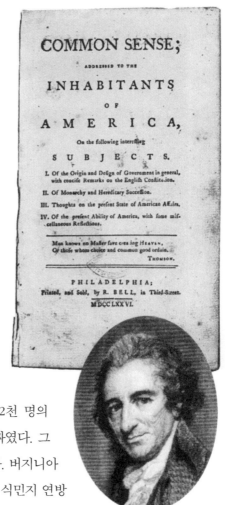

《상식》의 표지와 지은이 토머스
페인. 《상식》은 식민지인들의 독
립 의지를 일깨운 불꽃이었다.

용병을 영국군에서 빼내오도록 했다.) 식민지는 1만 2천 명의
헤시안 군대가 당도한다는 말을 듣고 충격에 휩싸였다. 그
에 따라 영국과의 타협 가능성은 더욱 희박해졌다. 버지니아
는 대표자 회의를 소집해 대륙회의 참석자들에게 식민지 연방
의 자유와 독립을 선언하도록 지시를 내렸다.

독립을 위한 두 번째 전기는 문학적인 면에서 찾아왔다. 1776년
1월 《상식Common Sense》이라는 제목의 작가 미상의 팸플릿이 한
애국파 인쇄소에서 발간되었다. 그것을 쓴 토머스 페인은 다소 멜
로드라마틱한 방식으로, 단순하고 설득력 있고 확실하게 독립의 이
유를 밝혔다. 그는 국왕 세습은 부조리한 것이라고 평가절하하면서
영국 본국과의 화해를 원하는 모든 주장들을 가차없이 공격했다.
그는 또, 독립의 경제적 이득을 주장하면서 식민지 해군 창설에 들

어가는 비용까지 꼼꼼하게 계산하여 제시했다.

토머스 페인은 벤저민 프랭클린의 도움으로 런던에서 식민지로 건너와 필라델피아에서 책 파는 일거리를 얻었다. 그러고는 식민지에 온 지 불과 몇 달만에 프랭클린의 제안으로 간략한 식민지 격변사를 집필했다. 《상식》이 식민지에 미친 영향과 중요성은 실로 대단했다. 페인의 글은 조지 워싱턴을 비롯하여 대륙회의 참가자 전원이 읽었고, 워싱턴은 그것이 부하들에게 미친 영향에 대해 대륙회의 참가자들에게 말해주었다. 무엇보다 중요한 것은 식민지인들 모두가 그의 글을 읽었다는 것이다. 팸플릿은 눈 깜짝할 사이에 15만 부가 팔렸고 수없이 쇄를 거듭하다가 급기야 50만 부를 돌파했다. (노예를 포함하여 당시의 식민지 인구를 대략 300만으로 추산하고 현재의 인구비율로 계산해보면 3천500만 부 이상이 팔린 셈이다!) 식민지에서 최초로 독립 쪽으로 여론이 기울고 있었다.

독립선언서에는 어떤 말이 쓰여 있나? 그리고 대륙회의가 잊은 것은?

1776년 6월 7일, 버지니아 대표 리처드 헨리 리와 버지니아의 명문가 출신 한 인물이 필라델피아 대륙회의 중간에 다음 세 가지 조항을 포함한 결의안을 발의했다. ① 식민지들의 독립을 선언한다. ② 외국과의 동맹을 구축한다. ③ 규약 안을 마련한다. 며칠간의 논의 끝에 대표자들은 타협안을 도출했다. 주요 결정은 다음으로 미루는 대륙회의의 오랜 전통에 따라 각각의 안에 해당하는 소위원회를 만들기로 합의한 것이다.

위원회는 아메리카 대륙은 원래 영국으로부터 독립된 곳임을 선언하는 내용의 문서를 작성한 존 애덤스와 이미 국제적인 명성을 얻고 있던 벤저민 프랭클린을 위원으로 뽑았다. 보수적인 뉴욕 대표 로버트 리빙스턴도 코네티컷의 로저 셔먼과 함께 위원에 선임되었다. 지역적 균형을 위해서는 남부인도 한 명 필요했기 때문에 존 애덤스는 위원 선임을 위해 치열한 로비를 벌여야 했다. 존 애덤스는 토머스 제퍼슨이 무난해 보였다. 제퍼슨은 작가로 이름이 난 사람이었고, 대륙회의에도 《영국령

American Voice

아비게일 애덤스
1776년 3월 31일 대륙회의에 참석 중인 남편 존 애덤스에게 쓴 편지

당신이 만드는 새로운 법률에서는 부디 여성들을 잊지 마시고, 조상들보다는 좀더 관대하고 호의적으로 배려해주시기 바랍니다. 남편들에게 무제한적인 힘을 실어주는 일은 없도록 하세요. 남자란 무릇 기회만 주어지면 폭군이 될 수 있음을 유념하시기 바랍니다. 여성들에게 특별한 배려와 관심이 주어지지 않으면 우리는 기필코 반란을 도모할 것입니다. 우리의 의견이 반영되지 않거나 우리의 대표가 참가하지 않은 상태에서 만들어진 여하한 법률의 구속도 우리는 받지 않을 것입니다.

존 애덤스는 아내로부터 이런 명령을 받고 혼란에 빠졌고 다음과 같이 답장을 썼다. "염려 마시오. 남성 편향적인 제도를 폐기하는 것보다도 더 많은 것을 우리는 알고 있소."

아메리카의 권리에 대한 개관A Summary View of the Rights of British America》이라는 제목의 팸플릿을 제출한 적이 있었다. 둘은 훗날 물러설 수 없는 정적이 된다. 하지만 당시의 애덤스는 스스로도 인정했듯이 제퍼슨의 문장력이 자신보다 열 배는 나았기 때문에 그에게 경의를 표했다.

제퍼슨은 마지못해 위원직을 받아들였다. 몸이 아픈 아내에게 신경이 쏠린 탓도 있었고 필라델피아에서 작성하고 있던 버지니아의 새로운 헌법에 마음이 더 쓰였던 탓도 있었다. 하지만 그는 마음을 고쳐먹고 자신이 직접 고안한 휴대용 책상 위에서 즉시 작업을 시작했다. 그가 초안을 마련해 위원회에 넘기자 위원회는 몇 가지 수정 사항을 첨가하여 대륙회의에 상정했다.

대륙회의 참석자들은 물론 수정을 요구했다. 제퍼슨은 그들이 요구한 수정 사항 모두를 혐오했다. 그 중에서도 특히, 노예 무역의 책임을 국왕에게 돌린 내용이 뜨거운 쟁점으로 떠올랐다. 남부 대표들은, 제퍼슨의 말을 빌리면 "저주 받아 마땅할 이 장사"로 재미

토머스 제퍼슨이 쓴 독립선언서 초안. 여기저기 수정한 흔적이 보인다. 수정된 독립선언서는 1776년 7월 4일 정식으로 채택되었다. 이날이 미국의 독립기념일이다.

를 보았다고 알려진 북부 대표들과 합세하여 그 조항을 삭제했다.

지난 일에 대해 왈가왈부하는 것은 쉬운 일이어서 대륙회의와 특히 토머스 제퍼슨에게 우리가 지금 냉소적인 태도를 갖기는 어렵지 않다. 하지만 곤혹스런 문제는 여전히 남는다. 소위 계몽주의를 구현했다는 인물들——"모든 인간은 평등하게 태어났"고 창조주로부터 자유권을 부여받았노라고 그토록 웅변적으로 글을 썼던 사람들——이 어떻게 흑인 노예를 부릴 수 있었는가 하는 문제다. 제퍼슨(워싱턴을 비롯해 대륙회의의 다른 많은 참가자들도 마찬가지이다)만 해도 여러 명의 노예를 부리고 있었다. 이 문제에 대한 명쾌한 해답은 없다. 그의 인생 초기 법률가와 하우스 오브 버지시스 의원으로 활동하던 시절, 제퍼슨은 비록 성공을 거두지는 못했으나 노예제를 반대하는 주장을 편 적이 있다. 그런 반면 노예를 인간으로 보지 않은 때도 있었을 것이다. 당시에는 그것이 별로 이상한 일이 아니었다. 그리고 그는 그 시대에 속한 사람이었다. 위대하거나 위대하지 않은 세상의 모든 사람들과 똑같이 그도 완벽한 인간은 아니었던 것이다.

1776년 7월 2일, 대륙회의는 헨리 리가 상정한 독립 결의안을 통과시켰다. 7월 4일 저녁에는 독립의 결의를 설명한 독립선언서가 채택되었다. 전하는 바에 따르면 존 핸콕은 독립선언서를 서명하는 자리에서 만장일치를 요구했다고 한다. "이견은 있을 수 없소. 우리는 일치단결해야만 하오."

128

그런 점에서라면 타의 추종을 불허하는 벤저민 프랭클린이 말했다. "맞습니다. 우리는 한꺼번에 교수형 당해야 합니다. 그렇지 않으면 모두 따로따로 교수형 당하게 될 것입니다."*(이 이야기의 진위 여부에 대해 전기작가들은, 프랭클린의 위트와 현명함이 틀림없다는 사실에 대부분 동의한다.)

제퍼슨은 수정된 내용이 자신의 의지에 반하는 것이었기 때문에 다소 회의적이었다. 여하튼 완성된 독립선언서는 식민지인들의 전폭적인 환영을 받았다. 역사가들도 수정된 내용이 원안보다 낫다는 것에 대체로 동의한다. 제퍼슨은 아메리카 대륙의 반항아들이 수년간 억눌러온 분노를 모조리 쏟아놓은 것이다.

* 두 가지 뜻으로 해석될 수 있는 구절인 'hang together'와 'hang separately'는 프랭클린의 위트를 보여주는 표현이다.

베네딕트 아놀드의 장화 동상이 세워진 까닭은?

한때 신뢰와 찬탄의 대상이었던 베네딕트 아놀드(1741~1801)는 미국 역사상 가장 유명한 변절자가 되었고 그의 이름은 변절과 동의어가 되었다. 그래도 뉴욕 주 새러토가에는 미국에서 가장 독특한 기념물로 얘기되는 그의 장화 동상이 서 있다.

코네티컷 주 노리치에서 태어난 아놀드는 약국 경영을 배워 1762년 뉴헤이븐에 책방 겸 약국을 개업했다. 그동안 하고 있던 서인도회사와의 교역도 계속했다. 1774년에는 뉴헤이븐 최고 부자의 반열에 올랐고, 코네티컷 민병대 대장도 맡아보았다. 독립전쟁이 시작된 지 얼마 되지 않아 그는 애국파 군대의 대령으로 임관되었다. 1775년 5월 10일에는 버몬트의 에단 앨런과 함께 뉴욕 주 티콘데로가 요새를 점령했다. 그것은 식민지군이 개전 초기에 거둔 승리 중 가장 중요한 승리에 속하는 것이었다.

그해 말 아놀드는, 다니엘 모건 대령의 잘 훈련된 서부의 소총병

베네딕트 아놀드. 베네딕트 아놀드는 식민지가 자랑하는 용감한 영웅이었다. 그러나 변절하여 영국편에 가담했다.

들을 포함하여 1천100명의 병사를 이끌고 캐나다로 들어갔다. 퀘벡을 공격하려는 것이었다. 하지만 자유를 쟁취하기 위한 식민지들의 투쟁에 캐나다인들을 끌어들이려 한 그 공격은 참담한 실패로 끝을 맺었다. 아놀드는 그 공격에서 심한 부상을 당했지만 공격 과정에서 보여준 용기와 대담함 때문에 명성을 얻게 되었다. 그리고 대담한 것이 지나쳐 무모하다는 비난에도 불구하고 준장으로 진급했다.

그런 그에게 참담한 절망감이 찾아들었다. 1777년 2월 대륙회의에서 결정된 다섯 명의 소장 진급자 명단에서 그가 빠진 것이다. 진급 후보자 중에서 연배가 가장 높았던 아놀드는 군복을 벗을 생각까지 했지만 워싱턴 장군의 만류로 그냥 눌러앉았다. 1777년 5월 대륙회의는 코네티컷에서 영국군을 몰아낸 공훈을 인정하여 그를 소장으로 진급시켰다. 하지만 많은 나이에 늦다리 소장이 된 그는 또 다시 불만이 끓어올랐다. 이번에도 워싱턴의 설득으로 간신히 진정할 수 있었다.

그해 말, 아놀드는 호레이쇼 게이츠 장군의 지휘 아래 존 버고인 장군이 이끄는 영국군과 전투를 벌였다. 1777년 10월 뉴욕 주 북부 새러토가 인근에서 이틀간 벌어진 전투에서 아놀드는 버고인의 영국군에 맞서 용맹스럽게 싸우다가 퀘벡 전투 때에 다친 다리에 또 다시 심한 부상을 입었다. 계속된 전투에서 애국파 군대가 승리를 거둠에 따라 버고인은 며칠 뒤에 새러토가에서 항복을 선언했다. 승리의 공은 게이츠 장군에게 돌아갔다. 하지만 대륙회의는 아놀드를 국가의 영웅으로 결정하고 워싱턴 장군에게 아놀드의 계급을 회복시켜주라는 명령을 내렸다. 미국 역사상 가장 독특한 동상의 하나인 새러토가에 있는 아놀드의 장화 동상은, 전쟁의 흐름은 물론이고 미국의 역사까지 통째로 바꿔놓았다고 해도 좋은 전투에서 보여준 아놀드의 영웅적 행위를 기리기 위해 만들어진 것이다. 아놀드가 다리 부상으로 새러토가 전투에서 사망했다면 그는 아마 미국 독립혁명의 가장 중요한 순교자의 한 사람으로 영원히 이름을 남겼을지 모른다. 새러토가 국립공원에 세워진 또 하나의 높은 오벨리스크 탑에는 필립 슐러 장군, 호레이쇼 게이츠 장군, 다니엘 모건 대령의 공로가 새겨져 있다. 하지만 이 탑의 아놀드 부분에 이르면, 대부분의 사람들이 아놀드의 이름을 들으면서 떠올리는 황량한 인상, 즉 미국 역사상 최대의 변절자였다는 말밖에 들어갈 말이 없다.

1778년 아놀드는 필라델피아 군 지휘관이 되었고 명문가의 마거릿 (페기) 시펜과도 결혼했다. 결혼 후 두 사람은 사치스런 생활을 하다가 빚더미에 앉게 되었다. 아놀드는 지역 관리들과도 사이가 좋지 않았다. 펜실베이니아 행정위원회가 병사들을 사적인 목적에 이용한다며 아놀드를 고발하자 군법회의는 워싱턴 장군에게 아놀드를 견책하라는 명령을 내리면서 그를 풀어주었다. 워싱턴은 마지못해 그 명령을 따랐다. 하지만 아놀드는 그 명령이 군에 기여한 자신의 공로를 인정하지 않은 부당한 처사라고 생각했고 이 무렵부터 영국군 사령관 헨리 클린턴 경과 서신을 주고받기 시작했다. 헨리 클린턴은, 토리적인(친영국적인) 경향이 짙은 펜실베이니아의 부유한 법관, 즉 아놀드의 장인과도 면식이 있는 사람이었다.

그렇게 해서 아놀드는 웨스트포인트의 지휘관인 점을 이용하여 식민지군의 주요 군사 거점이던 그곳을 영국군 사령관에게 넘겨주기 위한 계략을 꾸미기 시작했다. 당시만 해도 웨스트포인트는 허드슨 강을 굽어보고 통제하는 주요 방위 거점이었다. (장차 육군사관학교가 들어설 부지이기도 했다.) 그런데 1780년, 클린턴의 정보 장교 존 앙드레 소령이 식민지 민병대에 체포되었다. 장화 안에 들어 있

* 5천423헥타르, 약 1천640
만 평.

던 음모 관련 서류도 함께 발각되었다. 앙드레가 간첩 죄로 교수형 당할 위기에 처해 있는 동안 아놀드는 뉴욕 시로 도망쳤다. 앙드레는 워싱턴 장군에게 교수형 대신 총살시켜 줄 것을 호소했으나 거절당했다. 앙드레는 자신을 체포한 병사들에게 이렇게 말한 것으로 전해진다. "여러분께 부탁드리고 싶은 것은 오직 하나, 용감한 군인으로 살다갔다는 것을 세상 사람들에게 꼭 증언해달라는 것입니다."

워싱턴 장군은 아놀드의 탈영 뒤 그를 붙잡기 위해 여러 방책을 써보았으나 다 실패로 돌아가 결국 아놀드는 영국군 준장이 되었다. 영국군에 들어간 그는 식민지군을 배신하고 영국군에 간 보상금으로 2만 파운드를 요구했지만 손에 쥔 금액은 고작 6천315파운드였다. 아놀드는 영국군 장교로서 원정대를 이끌며 리치먼드, 버지니아, 뉴런던, 코네티컷을 초토화시켰다. 또한 아메리카 대륙 주둔 영국군 총사령관 헨리 클린턴에게 요크타운의 영국군을 지원해 줄 것을 권고하기도 했다. 클린턴은 그 권고를 무시했다가 결국 영국군의 치명적인 패배를 초래했다.

1782년 영국을 찾은 아놀드를 국왕 조지 3세는 따뜻하게 맞아주었다. 하지만 다른 사람들은 그를 경멸했다. 1797년 영국 정부는 캐나다 땅 1만 3천400에이커*를 그에게 하사했다. 하지만 아놀드에게는 쓸모없는 땅이었다. 그는 남은 여생 대부분을 서인도회사 상인으로 보냈다. 말년에는 빚에 쪼들려 실의에 빠져 지내다 사람들의 눈총을 받으며 1801년 런던에서 숨을 거뒀다.

연합규약이란?

대륙회의는 국기, 군대와 함께 또 하나의 놀라운 장치를 고안해 냈으나 그것의 작동 방법을 도무지 알 수 없었다. 발명에 일가견이 있던 벤저민 프랭클린은, 1754년으로 거슬러 올라가 식민지 동맹의 개념으로 어설프게 하나 엮어보려 했으나 노력은 결국 허사로 돌아갔다. 식민지의 권력 브로커들은 권력이 현상태대로 유지되기를 바랐다. 권력이 어정쩡한 인간들이 아닌 자신들 손에 있기를 원한 것이다. 하지만 이제, 독립이 선포되고 영국 전함들도 떠나고 독립이 실패할 경우 교수형 당할 위험까지 생겨나자 정부라는 조그만 기구가 있는 것도 그리 나쁠 것 같지는 않았다.

8월에 열린 대륙회의는 느슨한 형태의 최초의 연방 정부, 즉 장차 연합규약이 되는 것에 대해 논의를 시작했다. 참석자들의 의견은 대표와 투표권 문제에서 엇갈렸다. 투표권을 인구 비율로 배분할 것인가, 일률적으로 주당 한 표로 할 것인가? 당연히 큰 주들은 인구 비율에 따른 배분을 원했고 작은 주들은 주당 한 표를 원했다. 하지만 참석자들의 더 큰 관심은 전쟁에 쏠렸다. 살아남는 것이 우선이라든가 뭐 그런 문제 때문이었다. 연합규약은 1777년에 비로소 식민지 각 주에 제출되어 1781년에 비준되었다. 그것은 국민의 정부로 가기 위한 토대로서는 다소 불안정한 규약이었다. 연합규약 아래서는 대통령이 아주 강력한 직책이었던 반면 대륙회의에는 과세권도 없었다. 정부가 행사할 권력의 종류가 정해지지 않은 탓에 규약이 제시할 수 있는 것도 거의 전무했다. 하지만 대륙회의는 전쟁 기간 내내 바삐 움직인 결과 좀더 그럴싸한 장치를 만들어낼 수 있었다.

베스티 로스, 국기에 얽힌 진실 게임

1776년 1월 1일, 조지 워싱턴은 보스턴에 있는 그의 요새에 새로운 국기를 게양했다. 하지만 그것은 성조기가 아니었다. 미국 최초의 국기는 성 조지와 성 안드레 십자가가 왼편 위쪽 귀퉁이에 놓여 있고, 13개의 붉은 선과 흰 선이 가로로 번갈아 그어진 모습이었다. 그것들은 영국 왕권을 상징하는 문양들로, 아메리카 대륙과 영국 국왕의 연관성을 계속 이어갈 수 있는 일말의 정치적 타결 가능성에 대한 희망을 내포한 것이었다. 당시 아메리카 대륙의 많은 사람들 — 존 애덤스는 적어도 3분의 1은 된다고 생각했다 — 은 아직 왕당파에 속해 있었다. 그렇지 않은 사람들도 대개는 자신들을 영국인으로 생각하고 있었다. 따라서 이 국기 — 연맹 국기 — 도 그러한 유대감을 반영한 것이었다.

1777년 6월이 되자 그러한 타협은 더 이상 불가능하다고 여기는 분위기가 확산되었다. 그러자 대륙회의도 '붉은 선과 흰 선 13개가 번갈아 그어져 있고, 새로운 별자리를 의미하는 푸른 바탕 위에 연방을 상징하는 별 13개를 넣은' 새로운 국기를 만들기로 결정했다.

국기의 디자인을 누가 결정했는지는 기록에 나와 있지 않다.

하지만 베스티 로스가 아닌 것은 분명하다.

필라델피아에서 재봉일을 하던 엘리자베스 그리스콤 로스는 의자수리공 존 로스와 결혼 생활을 하던 중 1776년에 있었던 폭발 사고로 남편을 잃었다. 엘리자베스 로스는 실내장식업을 계속하면서 대륙회의가 열리고 있던 체스넛 가의 스테이트 하우스에서 그다지 멀지 않은 아치 가에 살고 있었다. 민간에서 전해지는 이야기에 따르면 조지 워싱턴은 군사령관이 되기 전에 로스 집을 자주 찾았고, 베스티 로스는 워싱턴의 셔츠 주름 장식을 달아주었다고 한다. 이후 대륙군의 장군이 된 조지 워싱턴은 아마 대륙회의의 다른 두 대

표와 함께 다시 로스 여사의 집을 찾았던 모양이다. 그 자리에서 세 사람은 자신들이 가져온 스케치를 보여주며 국기를 만들어달라고 요청했다. 그림을 본 로스는 꼭지점이 6개가 아닌 5개로 된 별로 국기를 다시 그려볼 것을 제안했다. (성조기 창조에 얽힌 이 비화는 베스티 로스 손자 중의 한 사람인 윌리엄 J. 캔비가 처음 세상에 알린 것이다. 캔비가 죽은 뒤 1909년 미국에서는 《미국 국기의 발전The Evolution of the American Flag》이라는 책이 출간되었는데, 베스티 로스가 성조기를 만들었다는 그러니까 1870년에 윌리엄 캔비가 했던 주장이 여기서 다시 제기되었다.)

그 이야기가 나온 이래 수년 동안 누구도 캔비의 주장을 입증하지 못했다. 알려진 바로는, 베스티 로스가 만든 것은 펜실베이니아 주의 '선박 깃발'이었고 그녀는 돈을 받고 그 깃발을 만들어주었다

초기의 미국 국기는 오늘날과 같은 성조기가 아니었다. 1788년에 사용된 선전용 깃발에는 당시의 미국 국기가 그려져 있다. 붉은 색과 흰 색이 번갈아 그어진 13개의 선, 푸른 바탕 위에 연방을 상징하는 별 13개가 또렷하다.

는 것이다. 그런 저런 사실을 떠나 베스티 로스 이야기는 그저 그녀 일가가 떠든 가족 신화에 불과할 뿐이다.

전쟁이 끝난 후에는 필라델피아에서 프랜시스 홉킨슨이라는 시인이 국기 문양 제작자로 새롭게 등장했다. 하지만 그가 제작했다는 주장 역시 진지하게 받아들여지지 않았다. 따라서 국기 문양을 제작한 전적인 공로는 여전히 얼굴 없는 대륙회의 위원회에 남아 있게 되었다.

식민지가 독립전쟁에서 승리한 이유는?

세계 최강대국이 소규모 게릴라전에 휘말려 들었다. 이 초강대국은 엄청난 손실을 감내하며 수천 마일 떨어진 곳으로부터 병력을 재충원 받아야 하는 상황이며 국민과 지도층의 분열로 본국에서의 지원마저 불투명한 상황이다. 게다가 반군은 군사 · 정치적으로 초강대국과 대립하고 있는 나라들로부터 재정적 지원과 군사적 지원까지 받고 있다. 전쟁이 장기화되면서 사상자수는 늘어만 가고 지휘관들의 명예도 추락하고 있지만 반군은 밀리는 상황에서도 힘을 잃지 않고 있다. 어디서 많이 들어본 말 같다고?

베트남에서의 미국 얘기 아니냐고? 그럴지도 모른다. 하지만 이것은 아메리카 식민지에서 패배한 영국군 이야기이기도 하다. 두 전쟁은 많은 공통점을 가지고 있다. 현재의 미국은 세계 최강대국이면서도 소모적인 식민지 전쟁에 말려들어 자원만 실컷 남용한 국왕 조지 3세 치하의 영국과 다를 바 없는 것이다. 베트콩은 영국군으로 위장하고 등뒤에서 공격하는 등 생전 듣도 보도 못한 전법을 구사한 조지 워싱턴 장군 휘하의 오합지졸 식민지군과 다를 바 없다. 정규전에만 익숙해 있던 영국 지휘관들은 제2차 세계대전의

탱크전에 숙달된 미국 지휘관들이 베트남의 정글전에서 속수무책이었던 것처럼 식민지전에서 완전히 허를 찔리고 말았다. 외국의 지원 면에서 보면, 독립전쟁에서는 영국의 주적 프랑스(에스파냐와 네덜란드도)가 식민지군을 도왔고, 베트남전에서는 소련(중국도)이 베트콩을 지원했다.

주인을 거부하는 성난 말. 식민지에게 쩔쩔매는 영국 왕을 풍자한 당시의 만화. 세계 최강의 나라였으면서도 자원만 실컷 낭비하고 참패한 영국은 훗날 베트남 전쟁에서 철저히 망신당한 미국과 닮은꼴이었다.

 식민지군이 프랑스의 군대, 돈, 보급품(식민지군이 사용한 화약의 약 90퍼센트는 프랑스에서 제조한 것이었다) 없이는 독립전쟁에서 이길 수 없었다는 것은 분명하다. 그렇다면 왜 프랑스는 식민지군을 도와주었을까? 루이 16세와 그의 매력적인 왕비 마리 앙투와네트가 군주정치를 반대하는 폭도들에게 특별한 애정을 가졌을 리는 만무하다. 사실 친아메리카적 재상 콩트 드 베르젠의 전략에 다름 아니었던 프랑스의 동기는 간단했다. 어떤 방식으로든 영국의 코피를 터뜨리고 말겠다는 것과 7년 전쟁으로 상실한 영토를 일부 되찾을지도 모른다는 가능성을 염두에 둔 것이다. 프랑스의 군주와 귀족들이 몇 년 뒤 바로 자신들의 백성이 미국 혁명에 크게 고무될 것이라는 사실을 내다보는 안목만 지녔더라도 그들의 판단은 달라졌을 것이다. 아메리카 대륙을 잃음으로써 그들은 목숨을 건질 수도 있었다. 하지만 그게 인생인 것을!

영국군 고위 지휘관이 어이없는 실책을 계속한 것 또한 프랑스의 원조 못지않게 식민지군의 승리에 기여했다. 영국군은 마지못해, 그야말로 죽지 못해 전쟁을 치르고 있었다. 프랑스가 전면적으로 개입하기 전인 전쟁 초반에 영국군의 많은 지휘관들이 적극적으로 임하기만 했어도 전투의 어느 시점에서든 전황은 충분히 바뀔 가능성이 있었다.

롱아일랜드 전투나 저먼타운 전투 이후 워싱턴 군대가 궤멸했다면 상황은 어떻게 변했을까?……

만일 대륙회의 대표자들이 영국군에게 포로로 잡혀 본국으로 이송돼 재판을 받았다면, 그리하여 교수형을 당했다면……*

그리고 만일 영국이 '이겼다면' 어떻게 되었을까? 크고, 풍요롭고, 다양하고, 광대하며 본국과는 비교도 안 될 만큼 많은 자원을 가진 거대한 영토 아메리카에서 영국은 과연 통치권을 계속 행사할 수 있었을까? 그랬을 가능성은 희박하다. 아메리카 대륙의 독립은 어떤 식으로 설명하든 필연적이었다. 장차 누구의 시대가 도래할 것이냐의 문제였을 뿐이다. 뒤이어 일어난 유럽의 혁명들에서도 알 수 있듯이 아메리카 대륙은 혼자가 아니었다.

영국은 지배권 유지에 필요한 비용과 지배에서 얻을 이득을 놓고 저울질해야 했다. 그리고 미국이 베트남에서 그랬듯이, 최근에는 소련이 아프가니스탄에서 그랬듯이, 식민지를 지배하기 위한 전비는 한 나라가 감당하기에는 너무 벅차다는 결론에 이르렀을 것이다.

미국의 군사, 정치 지도자들이 미국의 지난 과거에서 아무런 교훈도 얻지 못한 것은 참으로 애석한 일이다. 오만한 힘이 만드는 역설적인 상황을 그리도 많이 보았건만.

식민지는 무엇을 얻었나?

벤저민 프랭클린, 존 애덤스, 존 제이가 아메리카 대륙의 대표로 참여한 파리 (강화) 조약은 1783년 2월 3일 체결되었다. 더불어 영국은 아메리카의 동맹국이던 프랑스, 에스파냐, 네덜란드와도 조약을 체결했다. 이 조약의 핵심 내용은 미합중국United States of America의 독립 승인이었다. 그외에도 이 조약으로 신생 국가의 경계가 확정되었다.

미합중국은 뉴올리언스와 플로리다 만을 제외한 대서양 서쪽에서 미시시피 강에 이르는 전 지역을 포함하게 되었다. 나머지 두 지역은 뉴에스파냐의 일부로 에스파냐에 반환되었다. 그에 따라 에스파냐는 남아메리카 북쪽에서 캘리포니아 연안 그리고 북아메리카 남서부의 많은 지역까지 포함하여 동쪽의 플로리다 반도에 이르는 광대한 제국을 소유하게 되었다. 미합중국의 북쪽 국경은 5대호와 퀘벡, 노바스코셔 지역의 경계선을 따라 그어졌다.

8년에 걸친 독립전쟁에서는, 지상전과 해전을 합쳐 1천300

조지 워싱턴
1786년, 로버트 모리스에게 보낸 편지

(노예제를) 점진적으로 철폐하는 안이 채택되기를 나보다 더 진정으로 원하는 사람은 이 세상 어디에도 없을 것이오.

해리스 박사
독립전쟁에서 싸운 흑인 퇴역병인 해리스 박사가 뉴햄프셔 프랑스타운의 회중교회와 반노예제협회에서 한 연설

나는 독립전쟁 때 워싱턴 장군의 군대에서 싸웠습니다. ······ 탄환이 사방에서 비오듯 쏟아지는 전쟁터에 서 있었지요. 옆에 있던 병사는 바로 내 옆에서 총에 맞았습니다. 내 옷에까지 피가 튈 정도였죠. 그 피 묻은 옷을 나는 여러 날 그대로 입고 있었습니다. 혈관에 흐르는 피를 제외한 나의 모든 피는 자유를 위해 뿌려졌습니다. 내 유일한 형제는 전쟁터에서 총을 맞고 그 자리에서 죽었습니다. 자유는 내 가슴에 소중히 살아 있습니다. 내 나라 사람들이 노예가 된다는 것을 나는 생각조차 할 수 없습니다.

5천여 명의 흑인이 독립전쟁에 참전했다. 자유를 약속 받고 도망친 또 다른 흑인 1천 명은 아마 영국군을 위해 싸웠을 것이다. 하지만 조지 워싱턴은 지휘권을 잡자 아프리칸인 신병을 더 이상 받지 말도록 모병 담당자에게 지시했다. 대륙회의에 참석한 남부 대표들은 노예 폭동을 두려워하여 흑인을 무장시키고 훈련시키는 것 자체를 반대했다. 하지만 병사 수가 줄어들자 워싱턴은 태도를 바꾸어 그 문제를 해결해줄 것을 대륙회의에 요청했다. 하지만 토머스 플레밍이 《독립혁명사》에서 말한 것처럼 "흑백 차별 장벽을 파괴한 일은 결과적으로 대륙군을 미합중국의 그 어느 군대보다 인종차별이 없는 군대로 만들었다. 베트남전과 걸프전에서 싸운 군대만이 오직 예외였을 뿐이다."

번 이상의 전투가 치러졌다. 식민지군의 사망자는 줄잡아 2만 5천 324명으로 추산되었다. 사망자 중에서 교전 중에 사망한 사람은 6천284명에 불과했다. 천연두나 이질 등의 질병으로 1만 명 이상이 사망했고, 8천500명은 영국군의 포로로 잡혀 있는 동안 사망했다.

미합중국은 승리와 함께 상당한 금액의 외채를 떠안게 되었다. 수년 뒤 알렉산더 해밀턴은 대륙회의에서 이 외채의 규모를 1천 171만 379달러(모두 합해 6천500만 달러가 넘었던 국내 빚과 주들의 빚은 여기 포함되지 않았다)로 보고했다. 하지만 이 엄청난 빚은 독립 초기의 몇 년 동안 신생 국가가 감당해야 하는 여러 난제들 중의 하나였을 뿐이다. 미합중국의 각 주는 마치 13개의 독립 국가처럼 행동하면서 아무짝에도 쓸모없는 화폐를 마구 찍어냈다. 뉴욕은 허드슨 강과 뉴저지를 오가는 농부들의 배에 일일이 세금을 부과하기 시작했다.

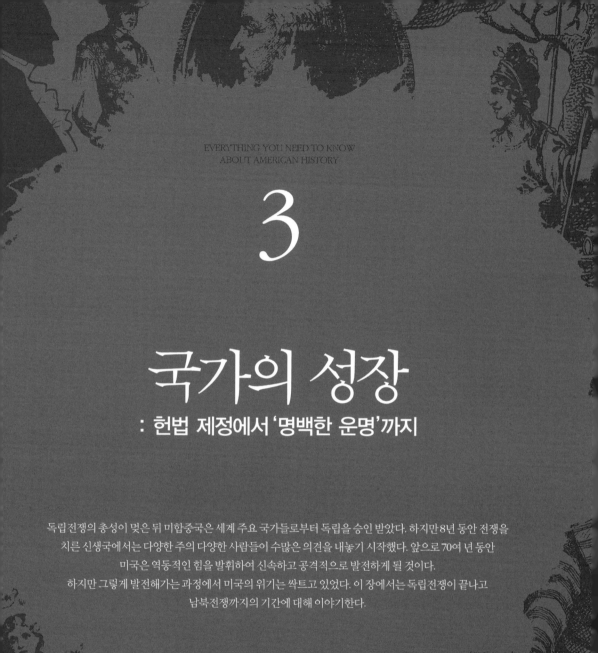

3

국가의 성장

: 헌법 제정에서 '명백한 운명'까지

독립전쟁의 총성이 멎은 뒤 미합중국은 세계 주요 국가들로부터 독립을 승인 받았다. 하지만 8년 동안 전쟁을
치른 신생국에서는 다양한 주의 다양한 사람들이 수많은 의견을 내놓기 시작했다. 앞으로 70여 년 동안
미국은 역동적인 힘을 발휘하여 신속하고 공격적으로 발전하게 될 것이다.
하지만 그렇게 발전해가는 과정에서 미국의 위기는 싹트고 있었다. 이 장에서는 독립전쟁이 끝나고
남북전쟁까지의 기간에 대해 이야기한다.

독립전쟁의 총성이 멎은 뒤 미합중국은 세계 주요 국가들로부터 독립을 승인 받았다. 하지만 이 이색한 신생국은 연합규약으로 느슨하게 맺어진 주들의 집합체로 다른 나라들 틈새에 끼인 못난 오리새끼와 같이 아직 완전한 독립국은 아니었다. 문제는 '다음 단계'였다. 8년 동안 전쟁을 치른 이 신생국은 통치라는 현실에 직면했다. 그리고 이미 예상되었듯이 다양한 주의 다양한 사람들이 수많은 의견을 내놓았다.

향후 70여 년 동안 미국은 역동적인 힘을 발휘하여 신속하고 공격적으로 발전하게 될 것이다. 하지만 그렇게 발전해가는 과정에서 그리고 새로운 국가가 형성되는 방식 속에서 미국이 맞게 될 두 번째 대위기는 이미 싹트고 있었다. 이 장에서는 독립전쟁이 끝나고 남북전쟁까지의 기간, 즉 미국이 발전해간 기간에 이정표가 되었던 사건들을 중심으로 이야기를 전개하고자 한다.

셰이스의 반란이란?

건국의 아버지들이 재빨리 알아챘듯이 폭동은 언제라도 일어날 수 있었다.

독립에 이어 전쟁까지 끝나자 미국 경제는 대혼란에 빠져들었다. 전시의 상황이 으레 그렇듯 미국도 독립전쟁 때는 경기가 좋았다. 사람들에겐 일거리가 있었고 병사들은 돈을 썼으며 공장들은 배와 총을 만들기에 바빴고 군대는 물자를 구입했다. 그것이 전쟁의 긍정적인 측면이다. 요는 전후에 찾아오는 인플레이션과 불황이 문제이다. 미국 독립전쟁 직후도 예외가 아니었다. 미국은 심각한 경제 불황을 겪었다. 기존의 교역 형태는 난맥상을 드러냈다. 연합규약에 따라 대륙회의는 징세권을 갖지 못했다. 미합중국의 요체였던

1768년 매사추세츠의 농부들과 노동자들은 퇴역병 다니엘 셰이스의 지휘 아래 봉기했다. 봉기는 실패로 끝났지만 이들이 내건 요구 사항 일부는 수용되었다.

13개 주에서는 화폐를 남발하여 경제를 아수라장으로 만들었다.

　상황이 나쁘기는 미국의 어느 주나 마찬가지였다. 하지만 매사추세츠에서는 경제적 혼란이 유혈 사태로 분출되었다. 매사추세츠는 애덤스 가문의 고향이자 애국파의 탄생지였다. 토머스 제퍼슨이 이른바 '작은 반란'이라고 부른 이 유혈 사태는 심각한 계급 충돌의 징후를 보여주었다는 점에서 독립전쟁 전의 베이컨 반란, 캐롤라이나의 농민 폭동, 펜실베이니아의 팩스턴 보이스 반란(이 책 96~98쪽 참조)과 다를 바 없었다. 가진 자와 갖지 못한 자 사이의 경제적 긴장은 미국에 늘상 있었다. 한쪽에는 변경의 노동자 계층에 해당하는 농부, 도시 저소득층 노동자, 하인 계층, 소상인, 흑인 자유민과 같이 갖지 못한 자들이 있었으며, 다른 한쪽에는 노예를 소유한 지주 젠트리 계층과 대도시에서 무역을 하는 '가진 자들'이 있었다.

　매사추세츠는 1780년에 주 헌법을 통과시켰다. 그 헌법은 빈곤층과 중산층의 이익을 거의 대변하지 못했다. 게다가 그들 대부분은 약속된 보너스도 아직 받지 못한 대륙군의 퇴역병들이었다. 그들은 선거권은 물론 공직권도 없는 자신들의 처지를 확인했을 때 분명 그동안 자신들이 싸운 것에 대해 심각하게 고민했을 것이다. 경제 상황이 악화되면서 많은 농장들이 빚으로 넘어가기 시작했다. 성난 농부들이 채무 법정을 공격하자 지역 보안관들은 채무 법정을 보호하기 위해 민병대를 조사했고 민병대는 농부들 편에 섰다.

1786년 여름, 퇴역병 다니엘 셰이스가 무대의 전면에 등장했다. 그는 농부와 노동자 700명을 이끌고 스프링필드로 행진하며 도시를 한바퀴 돌았다. 한때는 반항아였으나 이제는 보스턴의 기득권층이 된 새뮤얼 애덤스는 소요단속법Riot Act을 만들어 누구라도 재판 없이 수감할 수 있는 권한을 당국에 부여했다. 군주에 대한 반란과 공화국에 대한 반란은 다른 문제이며, 후자는 사형에 처할 수도 있는 범죄라는 것이 애덤스의 지론이었다.

시위를 벌인 지 얼마 되지 않아 셰이스는 무장한 남자 1천 명을 이끌고 부와 권력의 본거지 보스턴을 향해 행군을 시작했다. 조지 워싱턴 휘하 지휘관 중의 한 사람이던 벤저민 링컨 장군은 보스턴 상인들의 재정 지원을 받는 군대를 데리고 이들을 막아섰다. 총격전이 오가고 양측에 약간의 사상자가 발생하자 셰이스의 군대는 흩어졌다. 링컨 군대는 반란군들을 추격하다가 반란군의 패배가 확실해지자 공격을 멈추었다. 셰이스의 아마추어 군대는 혹한의 날씨로 극심한 타격을 받고 와해되기 시작했다. 일부 반란군은 체포되어 재판을 받은 뒤 교수형에 처해졌다. 일부는 사면되었다. 셰이스는 버몬트로 도주하여 거기서 사면되었으나 1788년 굶주림 속에서 죽었다.

토머스 제퍼슨은 안전한 파리에 머물며 쓴 글에서 그 폭동을 이렇게 진단했다. "자잘한 폭동이 이따금씩 일어나는 것도 그리 나쁘지 않다.…… 20년에 한 번은 그런 폭동이 제발 일어나기를 바란다.…… 애국파와 반란군의 피가 자유의 나무에 쌓인 때를 가끔 벗겨줄 필요가 있다.”

셰이스의 반란은 결집력과 강력한 리더십 부재로 결국 성공하지 못했지만 그들이 내건 몇몇 요구 사항은 수용되어 개혁이 이루어졌다. 주의 직접 징세권 중지, 법정 비용의 경감, 노동자의 연장 구입과 가정 용품 구입에 따른 빚 변제가 그 내용이었다.

헌법제정회의란?

매사추세츠 셰이스의 반란은 미국 전역에 무장 폭동으로 확산되지 않은 비교적 사소한 사건이었지만 그로 인해 미국의 새로운 지배층은 상당한 경각심을 갖게 되었다. 연합규약보다는 좀더 강력한 무엇인가가 필요했다. 미국의 주들은 외국군의 침략(에스파냐와 영국 두 나라 모두 미국에 군대를 주둔시키고 있었기 때문에 침략 위험은 상존해 있었다)은커녕 지방 반란 하나 제대로 막아낼 능력이 없었다. 반란 못지않게 위험했던 것이 서부 변경의 인디언들이었다. 그들은 수적으로도 주방위군을 앞지르고 있었다. 뿐만 아니라 주들은 미국이 직면하고 있던 서로 연관된 두 가지 문제에 대해서도 적절하게 대처하지 못했다. 해외 무역 중단과 전후 재정 및 통화 붕괴가 그것이었다.

1787년 5월 25일, 성원 미달로 열흘이나 연기된 끝에 필라델피아에서는 마침내 새로운 정부 조직안을 만들기 위한 회의가 열렸다. 로드아일랜드를 제외한 미국 모든 주의 대표들이 참석한 이 회의에서 조지 워싱턴이 만장일치로 의장에 선출되었다. 이후 넉 달 동안 그들은 헌법을 제정하게 된다. (워싱턴이 헌법제정회의 의장직을 맡아보았고, 초대 대통령으로 인정되지만 사실 미국에는 그 전에도 몇 명의 대통령이 있었다. 연합규약에 따라 '소집된 의회에서 미국 대통령으로' 선출된 메릴랜드의 존 핸슨도 그중의 하나였다.)

넉 달 동안 쉰다섯 명의 대표들은 현재의 필라델피아 독립기념관에 여러 번 모습을 드러냈다. 하지만 그들 전체가 모인 적은 드물었다. 쉰다섯 명 중에서 마흔다섯 명이 전직 대륙회의 출신이었고, 서른 명이 독립전쟁 참가자였다. 패트릭 헨리 같은 사람들이 보기에 헌법제정회의는 "미국 시민 중에서 가장 위대하고 잘나고 계몽된 사람들"이 모인 곳이었다. 존 애덤스는 거기에 없었다. 역시 대표가 아니었던 토머스 제퍼슨은 파리에서 "반신반인들의 집합체"로 그것을 묘사했다. 제임스 맥그리거 번스는 《자유의 포도원The Vineyard of Liberty》에서 이들을 "가문 좋고 유복하며 박식하고 결혼도 잘한" 사람들이라고 간단히 요약하면서 이들 대부분을 미국의 신귀족층에 편입시켰다. 신귀족층에는 독립혁명의 재

조지 메이슨

버지니아 대표인 조지 메이슨이 1787년 5월 헌법제정회의가 열리기 전날 밤 쓴 글

작은 주들을 제외하면 처음 우려했던 것보다는 만장일치의 비율이 높은 것 같다. 반대 의견이 적으리라는 희망을 갖는 데는 그럴 만한 이유가 있다. 큰 주들에서는 현행 연방 제도를 완전히 바꿔 두 부분으로 이루어진 전국가적인 협의체 또는 의회*와 행정부를 두자는 의견이 가장 우세한 것 같다. 그리고 행정부에는, 연방의 이익에 저촉되는 것으로 여겨지는 모든 법률에 거부권을 행사할 수 있는 권한을 부여해준다는 것이다. 여기서 입법부란 비례대표제의 원리에 토대를 둔 제도, 즉 국회의원 제도를 말한다. 이 같은 거대 규모의 정부를 구성하면서 동시에 주 입법부에도 충분한 권한을 부여하여 각 주 주민들의 번영과 행복을 증진, 보호하는 데는 당연히 상당한 어려움이 뒤따를 것으로 예상된다. 하지만 냉정함, 관대함, 솔직함이라는 자질(아주 드문 자질이지만)만 적당히 갖추고 있다면 못할 것도 없다.

미국 최초의 권리장전(1776년의 버지니아 권리 선언)을 쓴 버지니아의 정치인 조지 메이슨(1725~1792)은 그보다 친숙한 건국의 아버지들과는 일반적으로 다르게 취급된다. 비록 공직 생활을 하지는 않았지만 그는 당대의 가장 중요하고 영향력 있는 인물 중의 하나였다.

독립혁명 전에 그가 행한 가장 중요한 일은 버지니아 권리장전을 만든 것이었다. 토머스 제퍼슨도 권리장전을 참조하여 독립선언서를 마무리했다. 메이슨은 미국 헌법의 초안을 만드는 작업에도 적극 참여했으나 그것의 일부 내용에는 반대하여 미국 헌법의 최종안에는 서명하기를 거부했다.

그는 개인의 자유 보호와 관련된 국민의 기본권이 결여되었다는 것에 가장 큰 불만을 가졌다. 또한 노예를 소유하고 노예제에 불안감을 느끼고 있던 대표들이 노예제와 관련하여 내놓은 절충안에서도 결함을 발견했다. 이러한 문제들이 해결되지 않자 그는 불만을 가진 극소수의 다른 사람들과 함께 헌법 최종안에 서명하기를 거부했다. 비준을 받기 위해 헌법이 각 주로 보내지는 것에도 그는 반대했다. 국민의 기본권이 결여되어 있다는 것이 주된 이유였다.

* 상원과 하원.

헌법제정회의에 참석하는 대표
들. 맨 오른쪽 모자를 든 사람
이 조지 워싱턴, 그 옆이 벤저
민 프랭클린이다. 벤저민 프랭
클린은 여든한 살로 참석자 중
최고령이었다. 헌법제정회의에
서 만든 헌법은 오늘날까지 미
국 헌법으로 지켜지고 있다.

정적 후원자였으며 미국 최고 갑부 중의 한 사람인 펜실베이니아의
로버트 모리스 같은 인물도 들어 있었다. 현대의 역사가들은 이들을
대중의 폭넓은 지지로 선출된 대표가 아닌 부유한 북부 상인이나
노예와 부를 소유한 남부 대농장 소유자들의 대표로 생각한다.

　대표들 중에서 가장 연로하고 아마 가장 유명했던 사람은, 여든
한 살의 벤저민 프랭클린이었다. 최연소자는 스물일곱 살의 뉴저지
대표 조너선 데이턴이었다. 대표들의 평균 연령은 마흔일곱 살이었

다. 이들 중 반 이상(서른한 명)이 대학 졸업자였고, 나머지 반이 변호사를 직업으로 가지고 있었다. "정의를 확립하고…… 우리와 우리의 자손들에게 자유의 은총을 보장해주기 위해"(헌법 전문에 있는 문구이다) 참석한 대표 가운데 열일곱 명은 흑인 노예 수천 명을 소유하고 있었다. 특히, 존 러틀레지(사우스캐롤라이나), 조지 메이슨(버지니아), 조지 워싱턴(버지니아)은 미국에서 가장 많은 노예를 소유한 사람들에 속했다.

그들이 만든 헌법 아래 200여 년을 살아서인지 미국인들은 이제 그 헌법을 입법의 귀재들이 만든 이념과 이상이 완벽하게 구현된 헌법이라고 생각하게 되었다. 혹자는 미국 헌법이 생겨나기 전이나 후나 이 세상 어디에도 미국 헌법 제정자들만큼 정치적 경륜이 있는 인물을 가졌던 신생국은 없다고 말하기도 한다. 그들은 누가 봐도 훌륭한 정치인들이었고, 현대적으로 말하면 특수 이익 집단이면서 지역에도 관심이 많았던 입법부 위원들이었다. 그리고 정치에서 성공의 기술은 예나 지금이나 타협에 있다.

헌법이라고 예외일 수 없었다. 헌법 역시, 정치적 이상과 정치적 편의의 조화를 꾀하며 고도의 협상을 거쳐 어렵게 타협안을 도출해내는 정치의 소산물이었다. 큰 주와 작은 주, 북부와 남부, 노예를 소유한 주와 노예제 철폐를 원하는 주, 충돌은 모든 곳에서 일어났다.

또한 연방 정부가 필요하다는 데는 대부분의 의견이 일치했으나 구성 방법에 대해서는 의견이 엇갈렸다. 헌법의 윤곽은 버지니아 대표, 특히 젊은 제임스 매디슨에 의해 그려졌다. 그에 따라 앞으로 그것은 버지니아 안Virginia Plan으로 알려지게 된다. 버지니아 안은 상하 양원제로 구성되는 입법부, 입법부에 의해 선출되는 행정부, 역시 입법부에 의해 지명되는 사법부를 골자로 하고 있었다. 뉴저지 안New Jersey Plan으로 알려진 또 다른 안은 큰 주보다는 작은 주들의 환영을 받았다. 회의는 무더운 여름 내내 지리하게 계속되었고, 기본적으로 두 가지 문제 때문에 교착 상태에 빠졌다.

첫째는 대표의 문제였다. 의회 대표의 수를 인구 비율에 따를 것인가, 인구에 관계없이 주마다 동일한 수의 대표를 둘 것인가가 문제였다.

둘째 문제는 노예 제도였다. 남부 주들은 꿩도 먹고 알도 먹기를 원했다. 하지만 날이 갈수록 노예제 철폐의 분위기가 거세졌기 때문에 노예제를 옹호하기도 철폐에 찬성하기도 힘든 상황이었다. 그러면서도 남부 주의 대표들은 의회 대표자수를 의식하여 인구수에는 노예를 포함시키고 싶어했다. 그것은 이를테면, '자 여기 있어, 그런데 지금은 없지Now you see'em, now you don't'*와 같은 것이었다.

상황이 교착 상태에 빠져들자 로저 셔먼은 이른바 '코네티컷 타협' 또는 '대타협'이라 불리는 안을 제안했다. 지금 와서 생각하면 타협의 내용은, 상원의원 수는 동일하게 하고 하원의원 수는 비례제로 하는, 요컨대 대표 문제에 대한 지극히 빠른 해결책이었다.

두 개의 타협안이 더 마련되어 노예제와 노예 문제까지 일괄적으로 '타결지었다.' 그렇게 해서 노예제와 노예 문제라는 단어는 이제 헌법 어디에서도 찾아볼 수 없게 되었다. 대신 헌법의 유창한 법률적 표현에 걸맞도록 "고용된 사람 어느 누구도" "다른 모든 사람들"과 같은 듣기 좋은 완곡한 단어들로 대체되었다. 이러한 협약 아래 대표들은 향후 20년간(1808년까지) 의회는 노예제를 통제할 수 있는 여하한 조치도 취할 수 없도록 못박아 놓았다. 그러면서도 이 신사들은 노예 무역에 과세할 수 있다는 점에는 합의를 했다. (노예제 철폐론자들은 아마 이렇게 생각했던 것 같다. '마음에 들지는 않지만 최소한 돈은 좀 벌 수 있겠지.') 비례대표제를 위해 노예들('다른 모든 사람들')을 인구수에 포함시키는 문제는, 그들 전체 인구의 5분의 3을 계산해 넣기로 했다. 지금 생각해보면 그것은 흑인 문제에 있어 보잘것

The Pennfylvania Packet, *and Daily Advertifer.*

[Price Four-Pence.]   WEDNESDAY, September 19, 1787.   [No. 2690.]

WE, the People of the United States, in order to form a more perfect Union, eftablifh Juftice, infure domeftic Tranquility, provide for the common Defence, promote the General Welfare, and fecure the Bleffings of Liberty to Ourfelves and our Pofterity, do ordain and eftablifh this Conftitution for the United States of America.

ARTICLE I.

1787년 9월 19일자 신문. 헌법 전문이 실려 있다.

없기는 하지만 약간 진일보한 것이었다. 아무것도 아닌 존재에서 최소한 5분의 3의 인간이라도 되었으니 말이다. 그로부터 70년만 더 살았어도 완전히 자유인이 되었을 텐데! 그에 뒤이어 남부 주들은 장차 새로 생겨날 주 중에서 최대한 3개 주에서는 노예 제도를 허용한다는 것에 동의했다.

마지막으로 중요한 쟁점의 하나는 행정부와 대통령의 역할에 관계된 것이었다. 대표들은 한 사람 손에 과도한 권력을 쥐어주는 것에 불안감을 느꼈다. 따지고 보면 그들은 군주제 폐지를 위한 기나긴 전쟁을 지금 막 끝낸 참이었다. 버지니아 안은 의회에 의한 대통령 선출을 제의했다. 버지니아의 조지 메이슨은 3명의 대통령을 제안했다. 강력한 연방 정부를 앞장서 반대하던 앨브리지 게리는 주지사들에 의한 대통령 선출을 제의했다. 강력한 연방 정부 지지자인 알렉산더 해밀턴은 종신 대통령을 원했다. 최소한 1만 달러 미만의 재산을 소유한 사람은 대통령이 될 수 없게 하자는 제안도 나왔다. (요즘으로 치면 억만장자만 대통령이 되게 하자는 것이다.) 대통령 선출에 대한 해답은 당시 조지 워싱턴과 같은 집에 살고 있던 뉴욕의 거버너 모리스로부터 나왔다. 그는 국민에 의한 대통령 선출을 원했다. 또한 대통령에게 군통수권도 줄 것을 제안했다. 토머스 플래밍은 《리버티》에서 이렇게 썼다. "거버너 모리스의 말을 들으며 그들은 그것이 혹시 조지 워싱턴의 충고가 아니었을까 하는 생각을 했다. 또한 사우스캐롤라이나의 피어스 버틀러도 지적했듯, 그 자리에는 초대 대통령으로 확실시되던 워싱턴도 함께 있었던 것이다. 그가 폭군이 되지나 않을까 염려할 필요는 없었다."

헌법을 완성한 대표들은 이제 타협의 마지막 단계로, 혹시라도 나중에 내용을 바꿀 것에 대비하여 수정 가능한 형태로 헌법의 틀을 만들었다. 헌법의 수정은 쉽지 않겠지만 그렇다고 불가능하지도 않을 터였다.

미국 역사 어느 한 부분에 국한된 얘기는 아니지만 지난 일에 대해서는 늘 이러쿵저러쿵 말이 많은 법이다. 하지만 비판은 하되 정당한 것은 정당하게 평가해주어야 한다. 헌법을 만든 사람들은 교육 수준이 높았고 심지어 명석하기까지 했다. 그들은 자신들의 역사와 자신들의 법을 알고 있었다. 그들 노력의 산물인 헌법 역시 수천 년에 걸친 정치 발전의 결정체였다. 그들은 그리스 철인들, 로마 공화정, 마그나 카르타의 의회 정치, 1689년의 권리장전에 이르기까지의 영국 민주주의 전통의 발전 과정 등이 담긴 자료와 전거 들에 정통했고 그것들을 십분 활용했다. 무엇보다도 그들은 이성의 힘을 고양시키고 전제군주로부터 자유로운 새로운 정부 형태를 만들려고 노력한 17, 18세기의 고귀한 이상인 계몽주의의 성과를 헌법에 구현해냈던 것이다. 그들이 구현하려고 한 철학은 흄, 로크, 루소, 볼테르 등 당대 거인들의 사상이었다. 헌법 초안 작성자들은 이 모든 철학자들에게 익숙해 있었고, 이 철학자들의 사상은 곧잘 충돌을 일으키는 두 개의 개념인 자유와 민주주의의 계속적인 갈등을 둘러싸고 맹렬한 논쟁을 벌이는 원인이 되었다.

논쟁은 충분했다. 심지어 이미 합의가 끝난 내용에 대해서도 논의를 할 때마다 매번 이견이 속출했다. 헌법의 모든 내용은 600번에 걸친 표결을 거치고서야 결정되었다. 결정된 사항들은 사소한 내용이 아닌, 나라의 진로를 바꿔놓을지 모를 중대한 사안들이었다. 강력한 중앙 정부를 강하게 옹호했고 북부 경제계를 대변하는 우두머리이기도 했던 뉴욕의 알렉산더 해밀턴——뱅크오브뉴욕 창설자의 한 사람이었다——만 해도 종신 대통령과 종신 상원의원을 원했다. 또한 그는 자신도 포함되는 미국의 갑부들, 즉 '1등 계급'에 '정부의 특별 종신직'을 부여해줄 것을 주장하기도 했다.

해밀턴의 제안은 거부되었다. 하지만 하원 선출을 제외하고는 직접 선거 역시 받아들여지지 않았다. 하원에 대한 선거권은 여전히 각 주들이 쥐고 있었다. 재산 소유는 거의 모든 주에서 선거를 할 수 있는 중요한 자격 요건이었다. 그리고 물론 여성, 인디언, 흑인들——자유인이든 노예이든——에게는 선거권이 없었다. 그런 기본적인 사항조차 성차별과 인종차별로 인해 간단히 무시되었다. 하지만 여기서 또 한번 짚고 넘어가야 할 것이 당시의 시대 상황이다. 유럽보다는 정도가 약했다고 해도 계층 구별이 심했던 시대에 누구에게나 다 선거권을 준다는 것은 이들 대표들이 상상하기 힘든 일이었을 것이다. 그들은 민주주의에 참여하기 위해서는 교육과 일정한 정도의 재산이 필요하다는 것을 일종의 신조로 삼고 있었다. 재산이 필요한 이유는, 그래야만 읽고 생각할 여유가 생긴다는 것이었다. 그랬다. 하지만 그들은 그런 생각을 하면서도 인디언, 흑인, 가난한 백인 들이 교육의 기회와 재산 획득의 기회를 갖지 못하게 막는 가능한 모든 일을 다 했다.

뉴욕의 거버너 모리스가 완성한 헌법 최종안은, 1787년 9월 17일 투표에 부쳐졌다. 전체 대표자 중에서 서른아홉 명이 찬성표를, 세 명이 반대표를 던졌다. 나머지 열세 명은 투표에 불참했다. 하지만 불참자 중에서 일곱 명은 최종안에 찬성한 것으로 간주되었다. 투표를 거친 헌법은 의회로 넘겨졌고, 의회는 비준을 위해 그것을 다시 각 주들로 보냈다. 전체 13개 주에서 9개 주만 승인하면 헌법은 통과되는 것이었다.

헌법의 그 모든 결함—그것을 만든 사람들의 결함을 포함해서—에도 불구하고 이것은 과거에도 그랬고 현재에도 여전히 놀라운 업적으로 남아 있다.

레더드 W. 레비는 《본래의 의도와 구성자들의 헌법Original Intent and the Framers' Constitution》에서 다음과 같은 주장을 폈다. "이 헌법에는 독립선언서의 웅변력과 열정은 결여되어 있지만 헌법 전문의 머리글 '우리 미합중국 국민은'에는 민주주의 이념, 즉 국민이 정부에 봉사하는 것이 아닌 정부가 국민에 봉사하기 위해 존재한다는 지금 기준으로 봐도 급진적인 민주주의의 이념이 표출되어 있다. 그것이야말로 헌법 구성자들이 본래 생각한 의도의 본질적인 요소인 것이다. 헌법 구성자들의 의도는 정부는 우리에게 정치, 종교, 예술, 과학, 문학, 혹은 그밖의 다른 모든 것들에 대해 어떻게 생각하라거나 믿으라고 강요할 수 없다는 이념에도 고스란히 드러나 있다."

헌법에는 없는 세 글자로 된 낱말은?

최근 몇 년 동안 열린 미국 민주당 전당대회를 보면 한 편의 정치 드라마를 보는 듯하다. 대개는 기독교 우파와 관련된 보수적 공화당원이기가 십상인 누군가가 하느님에 대한 말을 하지 않는다는 이유로 민주당 연설회장에서 소란을 피웠다고 치자. 이 경우 만일 모든 것이 공식대로 진행된다면 민주당 대변인은 하느님은 미국 헌법에도 명시돼 있지 않다며 반격을 가할 것이다. 이렇게 된다면 민주당은 상황을 정확히 본 것이다.

"천지만물의 하느님" "창조주" "세상의 최고 심판관" "하느님의 섭리"와 같은 표현으로 신의 문제를 에둘러 말하고 있는 독립선언서와는 달리 미국 헌법에는 신의 개입을 수긍하는 듯한 표현이 없다. 대신 헌법은 미국이 국민의 의지로 만들어졌음을 명시하고 있다. 종교의 역할이 끊임없이 논의되고 정치가들도 미국의 '유대 기독교적 유산'과 '우리 아버지들의 신앙'을 일상적으로 말하고 있는 나라의 헌법에 신의 문제가 언급돼 있지 않다는 사실은 적잖은 문제를 야기할 수 있다. 그럼 건국의 아버지들은 대체 무엇을 믿었던 것일까? 아마도 이것만큼 신화와 오해를 많이 불러일으키는 문제도 흔치 않을 것이다.

독립을 축하하는 1796년의 그림. 자유를 먹고 자라는 독수리는 미국의 상징이다.

18세기의 미국은 기독교도가 주류를 이룬 압도적인 프로테스탄트 국가였다. 하지만 그것은 거대한 군중을 덮고 있는 커다란 장막 같은 것이어서 그 안의 사람들은 획일적인 신앙과는 거리가 멀었다. 뉴잉글랜드는 필그림과 청교도 전통에서 유래한 회중會衆교회* 이념에 지배돼 있었고, 일부 주에서는 회중교회가 정부의 지원을 받기도 했다. 하지만 남부 프로테스탄트들은 청교도들이 등을 돌린 바로 그 영국 국교회와 가까운 성공회 쪽으로 기울고 있었다. 버지니아 역시 주정부의 재정적 지원을 받는 쪽은 영국 국교회, 즉 성공회였다. 메릴랜드의 경우는 처음부터 가톨릭 교도들의 피난처로 건설되었기 때문에 로마 가톨릭 교도의 수가 그 어느 주보다 많았다. 하지만 많은 미국인들은 로마 가톨릭 교도, 즉 '교황 신봉자들'을 의심스런 눈초리로 바라보았고 그보다 한층 심한 눈길을 보내는 경우도 있었다. 그럼에도 불구하고 독립선언서에도 서명했고 메릴랜드는 물론 미국 최고의 갑부였을 가능성도 있는 찰스 캐롤은 독실한 로마 가톨릭 교도였다. 캐롤이 후일 토머스 제퍼슨을 경멸한 이유의 하나도 그의 신앙 때문이었다. 1800년에는 제퍼슨이 무신

* 16세기 엘리자베스 여왕 치세의 영국에서 일단의 청교도들이 종교 개혁이 미진하다고 생각하고 철저한 개혁을 주장하는 과정에서 시작된 교회주의이다. 이들은 영국 국교회의 심한 박해에 직면하자 1620년에 메이플라워호를 타고 미국으로 이주했다.

론자라는 비난까지 있었다. 그외에도 감리교, 장로교, 퀘이커교를 비롯하여 개신교의 여러 종파가 있었고, 이들 모두 새로운 미국적 상황에서 비옥한 터전을 일구고 있었다.

요는 이제, 과학과 이성이 교회와 국왕을 압도하는 계몽의 시대였다. 뉴턴을 비롯한 과학자들의 연구가 당대의 믿음에 혼란을 일으키며 정치 속으로 물밀 듯이 흘러 들어왔다. 1600년대 말 아이작 뉴턴 경은 우주가 수학적으로 검증된 자연의 법칙에 지배된다는 사실을 입증했고, 존 로크(1632~1704)와 같은 계몽주의 철학자들은 이 영향으로 과거의 굴레에서 벗어나 새롭게 눈을 뜰 수 있었다. 로크는 이렇게 쓰고 있다. "정부 임의대로 할 권리는 없다. 뉴턴이 밝혀낸 자연의 법칙은 모든 인간에 대한 불변의 법칙이기도 하다." 로크의 이념은 제퍼슨에게도 지대한 영향을 미쳤다.

지적, 정치적, 종교적 대변혁이 일어난 이 같은 놀라운 시대를 맞아 건국의 아버지들——거의가 학식 있고 부유하고 귀족적이었다——은, 영국 국왕의 신성함을 거부한 것처럼 종교의 정통성도 인정하기를 거부했다. 건국의 아버지 대부분이 믿은 것은 이신론이었다. 그에 따라 유대 기독교의 성서적 전통에서 나온 지극히 인격적인 신은 무정형의 힘, 즉 '섭리'로 대체되었다. 조지 워싱턴도 한때 섭리를 '그것it'으로 지칭한 바 있었다. 이들이 무엇을 믿었는가를 정확히 알아보기 위해 영향력이 가장 컸던 건국의 아버지 몇 명을 조사해보는 것도 나쁘지는 않을 것이다.

벤저민 프랭클린 신앙 부흥 운동으로 알려진 식민지의 종교 부흥 기간 동안, 프랭클린은 그 운동의 가장 탁월한 지도자의 한 사람이던 조지 위트필드와 친분을 쌓았다. 하지만 프랭클린은 위트필드가 행하는 좋은 일에는 지원을 아끼지 않았지만 그의 전기작가 H. W. 브랜즈가《최고의 미국인The First American》에서 말하고 있듯 "자신은 개종하지 않을 것"임을 분명히 했다.

토머스 제퍼슨과 더불어 아마도 최고의 계몽된 미국인이었던 프랭클린은 조직화된 종교에 회의적인 생각을 갖고 있었다. 브랜즈는 영혼에 대한 프랭클린의 생각을 이렇게 적고 있다. "이신론자라면 으레 그렇듯 프랭클린도 우주의 거대함을 지구와 지구에 사는 사람들의 하찮음과 대비시키며 '지고의 완전자가 조금이라도 인간과 같은 그런 하찮은 일을 행한다는 생각은 내게 말할 수 없이 깊은 공허감을 불러일으킨다'는 결론을 내렸다. 뿐만 아니라 완전자는 인간의 숭배를 전혀 필요로 하지 않는 존재이기도 했다. 그는 감정과 행위를 초월한 무한한 존재였던 것이다."

벤저민 프랭클린. 그는 피뢰침을 발명한 발명가이기도 하다.

'기독교 국가'로서의 미국을 지지하는 사람과 대중 기도를 찬성하는 사람들은 곧잘 헌법제정회의 모임을 기도로 시작할 것을 간곡히 요청한 프랭클린을 인용하고는 한다. 하지만 그들은 프랭클린의 요청 다음에 일어난 일은 편리하게도 모르는 체 그냥 넘어간다. 알렉산더 해밀턴은 헌법제정회의가 그토록 오랫동안 기도에 호소했다는 것을 알게 되면 사람들은 절망을 느낄 수도 있다는 주장을 폈다. 하지만 해밀턴의 그런 주장에도 불구하고 프랭클린의 행동은 지지를 받았다. 그러자 이번에는 노스캐롤라이나의 휴 윌리엄슨이 헌법제정회의는 목사에게 줄 돈이 없다고 했고 프랭클린의 기도 제안은 묵살되었다. 프랭클린은 후일 이렇게 말했다. "회의 대표자들은 서너 명을 제외하고는 기도를 불필요한 것으로 생각했다."

생애 말년에 프랭클린은 신앙에 대한 현대의 뉴에이지 발언이라 해도 좋을 글을 썼다.

"내 신조는 이런 것이다. 우주의 창조주이신 하나의 신을 믿는다는 것. 신은 자신의 섭리로 우주를 다스린다는 것…… 인간의 영혼은 불멸하며, 이승에서의 행위에 따라 또 다른 생에서 공정하게 다루어질 것이라는 것…… 내가 보기에 나사렛 예수의 도덕적 체계와 종교는…… 과거나 현재나 세계 최고의 것이다. 하지만 우려되는 점은, 그것이 각종 부도덕한 변화를 겪었다는 것이며, 그의 신성에 대해서도…… 약간의 의혹이 없지는 않다는 것이다. 나는 늘 다른 사람들이 나름의 종교성을 지킬 수 있도록 해주었고…… 내 바람은 그들 모두와 더불어 평화롭게 이 세상을 떠나는 것이다."

조지 워싱턴 포지 계곡에서 무릎 꿇고 기도하는 워싱턴의 모습은 미국인들에게는 신성하게 남아 있다. 하지만 이 모습은 워싱턴의 다른 모습들처럼 가공된 것이다. 워싱턴이 규칙적이고 열렬하게 기도한 것은 사실이다. 하지만 눈 내리는 펜실베이니아에서 그가 기도하는 모습을 본 사람은 아무도 없다.

하느님의 외침에 곧잘 의존한 신앙인인 건국의 아버지는 성공회 예배에 규칙적으로 꼬박꼬박 참석했다. 버지니아의 집이거나 필라델피아의 회의석상에서도 예외는 없었다. 대통령이 된 뒤에는 뉴욕에서 예배를 보았다. 하지만 토머스 플래밍도 《결투Duel》에서 지적하고 있듯이 "워싱턴은 기독교 신앙의 중심적인 의식에 대해 조용하지만 노골적으로 불만을 드러내면서 성찬식 전에 보통 자리를 뜨고는 했다."

하지만 워싱턴이 기독교인이었던 것은 분명하다. 1796년의 고별사에서도 그는 종교와 도덕이 "인간 행복의 기둥"이라는 자신의 신념을 밝히면서 이렇게 덧붙였다. "우리 모두, 도덕은 종교 없이도 유지될 수 있다는 생각에 조심스럽게 몰입해봅시다."

아마도 무엇보다 중요한 사실은 명목상으로는 성공회 교인이던 워싱턴이 존 핸콕, 폴 리비어, 프랭클린을 비롯한 다른 건국의 아버지들과 함께 프리메이슨의 단원이었다는 사실일 것이다. (프랭클린은 프랑스에 머물고 있을 때 역시 프리메이슨 단원이던 철학자 볼테르를 만났다.) 그는 또, 1793년에 미국 국회의사당 초석을 까는 행사에서는

눈 쌓인 포지 계곡에서 무릎 꿇고 기도하는 조지 워싱턴. 이 그림은 1928년의 기념우표에 실렸으며 뉴욕의 재무부 빌딩 벽에 구리로 주조되어 있다. 그러나 실제로 이런 일이 있었다는 증거는 없다.

프리메이슨 단원이던 라파예트 후작 부인이 만들어준 프리메이슨 에이프런을 착용했고, 의식을 주관한 것도 현지의 프리메이슨 지부였다. 그리고 워싱턴은 대통령 선서를 할 때도 프리메이슨 성서를 사용했다.

세계에서 가장 오래되고 가장 큰 친목 단체 중의 하나인 프리메이슨은 일종의 반半비밀 단체로 1717년 런던에서 설립된 이래 지금까지 여러 가지 신화를 만들어냈다. 당초에는 일단의 지식인들이 동업자조합을 모체로 하여 결성하였는데 이른바 '점진적인 향상'을 도모하면서 자선, 평등, 도덕성, 신에 대한 봉사를 주목적으로 삼게 되었다. 프리메이슨 단원들은 신을 우주의 위대한 창조자라고 생각했다. 이렇게 결성된 프리메이슨은 유럽의 계몽주의자들 속으로 급속히 퍼져나갔고 볼테르, 프러시아의 프리드리히 2세, 오스트리아 작곡가 볼프강 아마데우스 모차르트 같은 인물을 포함할 정도로 단원들의 면면도 다양했다. (1791년 비엔나에서 초연된 모차르트의 오페라 〈마술피리〉는 프리메이슨의 신앙과 의식을 상징적으로 묘사한 작품이었다.)

발전해가는 프리메이슨은 사람들 눈에 교권에 반대하는 단체로 비쳐졌다. 나중에는 보수적인 미국의 회중교회 교인들까지 프리메이슨을 반종교적인 것으로 생각했다. 19세기에는 반메이슨Anti-Mason 운동이 일어났으며, 반메이슨당Antimasonic Party은 미국 정치사상 최초로 제3당이 되었다. (1831년에 반메이슨당은 대통령과 부통령 후보 지명대회를 연 최초의 정당이 되었고, 후보자로 뽑힌 윌리엄 윌트는 1832년 7표라는 적지 않은 수를 득표했다.) 프리메이슨에 대한 논란은, 이 단체에 불만을 품은 전 단원이 프리메이슨의 비밀 의식을 폭로하겠다고 나서면서 불이 붙었다. 그 단원은 납치된 뒤 실종되었다. 그 사건으로 스물여섯 명의 프리메이슨 단원이 살인죄로 기소되었고, 여섯 명이 재판에 회부되었으며 그 중 네 명은 가벼운 판결을 받았다. 하지만 프리메이슨은 자발적 친목 단체였을 뿐──18세기 판 영적 로터리클럽이라고 보면 된다──흔히 알려진 것처럼 세계 지배를 목표로 한 사악한 집단은 아니었다. 최근의 기독교도 권리 단체의 지도자 팻 로버트슨 목사도 프리메이슨이 사악한 집단이라고 생각한 사람 중의 하나였다.

이 강력한 프리메이슨이 미국 달러 지폐의 상징들에까지 영향을 끼쳤다고 생각하는 사람도 있었다. '프리메이슨 대통령' 프랭클린 델러노 루스벨트가 미국이 프리메이슨에 정복당했음을 보여주기 위해 지폐에 그 상징들을 넣었다는 것이다. (아직도 많은 사람들은 그렇게 믿고 있다.) 달러 지폐에 있는 문제의 그 상징들은 사실, 1700년대 말부터 사용된 미국 국새의 양면을 찍은 것이다. 그리고 그에 대한 공로(혹은 비난)는 흔히 프리메이슨 단원이었던 벤저민 프랭클린에게로 돌아간다. 하지만 이 이야기 역시 허구일 가능성이 있다. 문제의 그 상징들은 하나의 눈과 미완성의 피라미드로 되어 있다. 프리메이슨이 제3의 눈*을 언급한 것은 사실이지만 그 상징의 이면에 숨은 뜻은 성서 시대로까지 올라가는 낡은 개념이다. 미완성의 피라미드도 아직 끝나지 않은 국가 건설을 나타내는 것일 뿐 특별히 프리메이슨을 상징하는 것은 아니다. 지금도 미국 지폐에 쓰이고 있는 피라미드의 눈은 르네상스 시대부터 회화에 등장하기 시작한 전능한 신의 일반적인 상징이다. 다시 말해 프리메이슨이 나중에 그 문양을 자신들의 상징으로 선택했을지 몰라도 그외의 다른 목적은 없었다는 말이다.

토머스 제퍼슨. 독립선언서를 기초한 그는 워싱턴의 재임에 이어 제3대 대통령이 되었다.

한마디 덧붙이자면, 미국 프리메이슨의 계몽 정신은 고작 그 정도였다는 것이다. 자신들이 표방한 이상주의에도 불구하고 미국의 프리메이슨은 인종차별에서도 남녀평등에서도 계몽을 이루지 못했다. 흑인과 여성들은 헌법에서처럼 프리메이슨 모임에서도 배제되었다. 보스턴 인근에 정착한 흑인 자유민으로 감리교 교회 목사가 된 프린스 홀은 1765년에 흑인들을 위한 프리메이슨(후일 그들은 프린스홀메이슨이라고 불리게 된다)을 설립했다. 1775년에는 영국군의 한 단체가, 홀을 비롯하여 아프리카 로지1Africa Lodge1을 결성한 흑인 자유민 열네 명을 회원으로 가입시켰다. 하지만 미국의 백인 프리메이슨은 이들이 요청한 지부 설립을 인가해주지 않았다. 그 결과 이 단체는 우여곡절 끝에 아프리카 로지459라는 이름으로, 1787년 영국의 그랜드로지에게 요청하여 지부로 허가 받았다. 프린스 홀을 비롯한 프리메이슨의 초기 흑인 회원들은 노예제에 항거하며 흑인들의 지위 향상을 위해 노력했다. 후일 프린스홀메이슨에는, 역사가이자 작가이자 전미유색인지위향상협회(NAACP) 창립자인 W. E. B. 두보이스와, 미국 최초의 흑인 대법원 판사 서굿 마셜도 가입했다.

토머스 제퍼슨 프랭클린, 워싱턴보다 한결 과격한 신념을 지니고 있던 제퍼슨은 "인간 정신에 미치는 모든 형태의 전제적 횡포"를 통렬히 비난했다. 여기서 모든 형태의 전제적 횡포란, 조직화된 기독교를

* 프리메이슨의 제3의 눈은 모든 것을 보는 신의 눈이다.

종교의 자유 법령
1786년 버지니아 주의회 제정

우리 버지니아 주의회는 누구에게도 특정 교회에 다니거나 특정 목회자, 특정 예배 장소, 특정 예배 형식과 같은 것을 지지하라고 강요하지 않을 것이며 신체나 소유물에도 강요, 속박, 괴롭힘, 부담을 지우지 않을 것이며, 종교적 의견이나 신념을 이유로 고통을 주지도 않을 것이다. 반면 모든 사람은 누구든 자유롭게 신앙 고백을 할 수 있고, 종교 문제에서 자신의 의견을 주장할 수 있으며, 그와 마찬가지로 시민의 자격을 축소하거나 증대하거나 침범하는 일도 결코 없을 것임을 규정하는 바이다.

1779년에 제퍼슨이 발의한 이 법안은 그가 파리에 있을 때 제임스 매디슨의 협력으로 통과되었다. 독립선언서 작성, 버지니아대학 설립과 더불어 이 법안도 제퍼슨의 업적으로 그의 묘비에 새겨졌다.

말한다. 1782년 버지니아 의회는 제퍼슨이 발의한 종교의 자유 법령Statute for Religious Freedom을 통과시켰다. 이 획기적인 법령으로 버지니아의 모든 시민은 자신이 원하는 교파를 자유로이 선택할 수 있게 되었고, 그에 따라 성공회에 대한 주의 재정 지원도 끊어졌다. 이 법령은 제임스 매디슨의 노고에도 사의謝意를 표명했다.

제퍼슨은 그리스도의 신성이나 기적에 관한 문구는 모두 삭제하고 도덕과 윤리적 가르침만을 강조하여 새로 편집한 복음서(《제퍼슨 바이블The Jefferson Bible》이라는 이름으로 남아 있다)를 발간하기도 했다. 독립선언서 말미에 붙은 하느님에 대한 문구는 독립선언서가 아직 논의 중일 때 대륙회의가 덧붙인 것이다.

아론 버 미국 역사에서 흔히 건달패 중의 하나로 꼽히는 방탕아 아론 버는, 보통 미국의 종교 전통과는 다른 맥락으로 다루어진다. 그는 뉴잉글랜드 교회사의 가장 위대한 인물이자 신앙 부흥 운동(2장 참조)의 지도자이기도 했던 조너선 에드워즈의 손자였다. 버는, 1년 동안 신학 공부를 한 뒤에 믿음이 부족하다는 결론을 내렸다. 역사가 토머스 플래밍의 《결투》에 따르면 버의 그러한 결정은 "미국 전역에서 일어나고 있던 신학적 열정의 전반적인 감소 추세를 보여주는 대표적인 경우였다. 프랑스혁명이 지배 계급의 보루였던 종교에 가한 공격 또한 그러한 경향을 부채질했다. 1796년도 예일대학 졸업생을 대상으로 한 조사에 따르면, 신을 믿는 학생은 단 한 명이었다. 이러한 결과는 토머스 제퍼슨의 이른바 무신론에 대한 연방파들의 공격이 왜 자가당착에 빠졌는가에 대한 설명이 되기도 한다."

결론적으로 말해, 건국의 아버지들이 개인적으로 믿었던 종교는 그다지 중요하지 않다. 그보다 훨씬 중요한 문제는 건국의 아버지들이 열정적으로 받아들인 원대한 개념이다. 종교를 가질 권리 못지않게 종교를 갖지 않을 권리도 있다는 것이다. 국가가 특정 종교를 지원하는 것에 대해서도 그들은 만장일치로 반대 입장을 표했다. 프랭클린은 종교가 정치에 관여하는 것을 무척 싫어했다. 워싱턴도 영적인 횡포를 비난하면서 종교는 정부가 관여할 영역이 아니라 전적으로 사적인 영역에 속하는 것임을 분명히 했다. 그가 볼 때 정부는 국민의 영혼을 구원하기 위해 존재하는 것이 아니라 국민의 권익을 보호하기 위해 존재하는 것이었다.

아론 버. 신앙 부흥 운동의 지도자 조너선 에드워즈의 손자로 이름난 청교도 집안에서 태어나 신학을 공부했으나 종교를 버렸다. 제퍼슨 정부의 부통령까지 지냈지만 정적인 알렉산더 해밀턴과 결투 끝에 해밀턴을 죽게 하여 정치적 생명을 잃었다.

1790년 미국에서 가장 오래된 유태교 회당인 뉴포트 헤브루교회 신자들에게 보낸 한 유명한 서신에서 워싱턴은 이렇게 썼다. "방종에 빠진 사람들이 자신들에게 고유하게 주어진 천부적 권리를 다른 계층 사람들이 누리고 있다고 말하는 것은 이제 더 이상 용납되지 않습니다. 왜냐하면 미국 정부는 편협한 신앙도 허용하지 않고 종교적 박해도 묵과하는 일 없이 미국 정부의 보호 아래 살아가는 사람은 오직 **훌륭한 시민**이 되어달라는 요구만 할 것이기 때문입니다."

제퍼슨은 자기 이웃이 하나의 신을 믿든 스무 개의 신을 믿든 "그로 인해 자기가 소매치기를 당한다거나 다리가 부러지는 일은 없을 것이므로" 전혀 개의치 않는다는 유명한 글을 남겼다. 이 말은 정부는 종교를 강요하거나 조장하거나 혹은 방해하지 말아야 한다는 개념을 밝힌 것으로 수정헌법 1조에 명시되었다.

에 플러리버스 우넘의 뜻은?

에 플러리버스 우넘e pluribus unum은 미국 국새Great seal 표면에 새겨진 라틴어 문구로 '많은 것 중의 하나'를 뜻하는 말이다. 이것의 유래는 호라티우스의 서간들로 거슬러 올라간다. 미국 국새에 새겨진 이 말은 13개 식민지에서 탄생한 하나의 국가, 즉 미국을 뜻한다. 이것은 1776년 초대 국새 선정위원이었던 벤저민 프랭클린, 존 애덤스, 토머스 제퍼슨이 발의한 문구이다. 1873년 이후에는 미국에서 발행하는 모든 주화의 한 면에 이 문구를 넣도록 하는 법이 제정되었다.

1782년 6월 20일에 채택된 미국의 국장國章은 미국이 독립국이 되었음을 보여주는 하나의 징표이다. 유럽 국가들은 이미 오래전부터 이것을 사용해왔고, 신생국 미국도 한 국가로서 고유한 국장을 가짐으로써 유럽 국가들과 동등한 위치에 서게 되었음을 보여준 것이다. 문장 전문가 윌리엄 바튼은 국장 창안 위원회의 자문위원으로 활동하면서 국장 뒷면 문양을 대부분 도안했다. 대륙회의 비서관 찰스 톰슨은 국장 표면에 사용된 상징들을 제안하였고 그것은 오늘날까지 공식 문서에 사용되고 있다. 가슴에 방패 모양의 장식이 달린 독수리, 즉 방패가 그려져 있는 미국 독수리는 자주성을 상징한다. 방패에 그려진 13개의 가로 선은 1777년의 국기에서 나온 것인데 1777년 국기에는 빨간 선이 7개였으나 이 방패에는 흰 선이 7개인 점이 다르다. 독수리 오른쪽 발에 걸린 올리브 이파리 13개와 열매 13개가 달린 나뭇가지는 평화에 대한 염원을 나타내는 것이고, 왼쪽 발의 화살 13개는 평화를 원하지만 필요하면 전쟁을 수행할 수도 있음을 보여주는 것이다. 독수리 부리에는 '에 플러리버스 우넘'이 소용돌이 모양으로 새겨져 있다. 독수리 머리 위에는 1777년의 국기에서 나온 '13개의 새로운 별'이 구름을 뚫고 나온

위. 미국의 국장. 가슴에 방패를 단 독수리가 오른쪽 발에는 평화를 상징하는 올리브 나뭇가지를, 왼쪽 발에는 전쟁을 상징하는 화살을 움켜쥐고 있다. 독수리 부리에는 'e pluribus unum'이라고 씌어 있다. 아래. 1787년에 주조된 미국 최초의 동전. 앞면에는 단결을 뜻하는 13개의 원 안에 'we are one'이라 씌어 있고, 뒷면에는 'mind your business'라고 씌어 있다.

황금빛 광채에 둘러싸여 있다.

국장의 뒤쪽은 1달러 지폐 뒷면에서는 흔히 볼 수 있지만 국장으로는 단 한 번도 사용되지 않았다. 13개의 층으로 이루어진 피라미드는 연방을 의미하는 것으로 정삼각형으로 둘러싸인 섭리(진리)의 눈으로 보호되고 있다. 그 위에 쓰여진 'Annuit coeptis'는 '그 분(신)은 우리가 행한 일을 좋아하셨다'라는 뜻을 가진 말이다. 그 아래에 있는 'Novus ordo seclorum'는 '새로운 시대의 질서'를 뜻하는 말로 피라미드 토대에 쓰여진 1776년부터 사용되기 시작했다.

연방파는 누구였고, 연방주의 문서는 무엇인가?

미국의 헌법은 200년 동안의 잘못된 교육 때문에 신의 영감을 받아 돌판에 새긴 미국판 십계명쯤으로 사람들 뇌리에 박혀 있다. 따라서 헌법의 비준 여부가 불확실했다는 것은 참으로 이해하기 힘든 일이다. 성공 여부가 불투명한 조직 이식 수술과 마찬가지로 미국의 헌법도 국가 체제에 의해 거부될 상황에 처해 있었다. 헌법이 필라델피아를 떠나기 무섭게 헌법이 약속한 강력한 중앙 정부를 찬성하는 이른바 연방파와 중앙 정부의 힘은 약화시키고 각 주에 강력한 권한을 부여하자는 이른바 반연방파로 미국은 사실상 양분되다시피 했다.

충실한 미국인과 완고한 애국파——그 중 많은 사람이 독립전쟁의 지도자였거나 퇴역병이었다——인 반연방파는 선출식이라고 해도 강력한 중앙 정부 아래서는 개인의 자유가 희생되는 신군주제가 될 것이 뻔한 연방파의 주장에 불안감을 드러냈다. 애국파에는 버지니아 주지사 패트릭 헨리, 독립혁명에서 이름을 날린 보스턴의 새뮤얼 애덤스, 뉴욕 주지사를 오랫동안 지낸 조지 클린턴과 같은

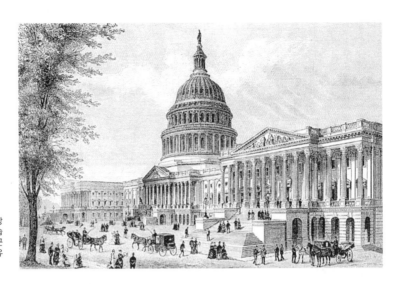

1800년 완공 무렵의 미국 연방 의회 의사당. 현재까지 그 모습을 그대로 간직하고 있다. 둥근 돔 꼭대기에 서 있는 것은 자유의 여신상.

당대의 거물급 인사들이 포진해 있었다. 그들이 헌법을 접하고 느꼈던 모멸감은 토머스 페인의 다음 글에 그대로 집약돼 있다. "정부는 가장 최상의 상태일지라도 하나의 필요악에 불과하다." 반연방파는 알렉산더 해밀턴 같은 인물들이 미국식 군주제를 도입할 것으로 믿고 있었다.

반연방파가 헌법을 반대한 데에는 사적인 이유도 많이 작용했다. 반연방파의 태반은 단지 정적이라는 이유만으로 연방파를 싫어한 것이다. 그것이 가장 극명하게 드러난 곳은 버지니아와 뉴욕이었다. 버지니아에서는 패트릭 헨리가 헌법의 주요 입안자인 제임스 매디슨을 상원에서 계속 미끄러뜨렸고, 뉴욕에서는 주지사인 조지 클린턴이 반연방파의 중심 인물이었다. 사상적으로 라이벌 관계였던 알렉산더 해밀턴과 클린턴은 상대방의 정책 비방에만 그치지 않고 인신공격과 정쟁으로까지 나아갔다. 클린턴과 그의 동조자들에게는 관직 제도의 창안자라는 다소 불명예스런 낙인도 찍혔다. 친구, 가족, 재정 후원자 들에게 선심성 관직을 마구 뿌렸기 때문이다. 1792년 클린턴은 3개 군county의 투표가 무효임을 선언하는 방법으로 해밀턴이 선택한 존 제이 후보로부터 승리를 거의 빼앗다시피 하여 뉴욕 주지사에 선출되었다. (19세기 뉴욕 시의 그 악명 높은 정치 '해결사' 윌리엄 '보스' 트위드는 1871년의 선거 때에 "내가 개표를 하는 것이 껄끄러운 사람 있으면 나와 보라 그래"라는 말을 했다. 이 말은 '상황이 아무리 바뀌어도 모양은 그대로 남아 있게 된다'는 것과 같은 종류의 말이었다.)

강력한 중앙 정부 옹호자들인 알렉산더 해밀턴, 제임스 매디슨, 존 제이(당시 식민지동맹 국무장관으로 있었다)의 연방파는 '퍼블리우스Publius'라는 필명으로 신문에 일련의 논설을 발표하면서 비준안 지지를 이끌어내려 했다. 그 글들은 나중에 연방주의자 논설집으로 묶였는데 이 중 85편은 책으로도 발간되었다. 그 글들은 미국사에서 중요한 정치 기록으로 인식되고 있기는 하지만 독립선언서와 헌법이 제정된 뒤에도 당대의 문제에 전과 다름없이 직접적인 영향을 미쳤는지에 대해서는 회의적이다. 웬만한 사람들은 아마 그 글 없이도 스스로 결정을 내릴 수 있었을 것이다.

결과로 보면, 프랭클린과 워싱턴이라는 미국의 두 걸출한 인물이 헌법 비준에 긍정적인 태도를 보인 것이 그 글보다는 훨씬 더 중요한 역할을 했다. 워싱턴은 특히, 모든 사람이 새로운 헌법 아래 미국의 초대 대통령이 되리라 짐작했던 인물이다. 버지니아의 비준안 투표에 워싱턴이 미친 영향력에 대해 제임스 먼로는 제퍼슨에게 이렇게 말했다. "워싱턴은 그 영향력으로 결국 이 정부를 이끌어가게 될 것이오." 각 주들은 하나둘씩 비준안 찬성 쪽으로 기울기 시작했다. 개중에는 만장일치로 통과된 곳도 있고 매사추세츠처럼 아주 가까스로 통과된 곳도 있었다. '막후 협상' 같은 낡은 정치 방식도 때로는 등장하여 몇몇 주들은 기본권을 포함시켜준다는 조건으로 겨우 통과시키기도 했다. 영토가 작은 델라웨어 주는 대표(하원의원)를 갖게 된다는 사실에 그저 흡족하여 제일 먼저 비준을 해주었다. 뒤이어 펜실베이니아, 뉴저지, 조지아, 코네티컷, 매사추세

제임스 매디슨
1787년 9월 헌법 서명에 대하여

마지막 대표들이 서명을 하는 동안 프랭클린 박사는 공교롭게도 의장석 뒤에 붙어 있는 떠오르는 태양 그림을 바라보며 옆에 앉아 있는 대표들에게, 화가들은 자신들이 그린 그림을 보고도 떠오르는 해와 지는 해를 구별하지 못할 것이라고 말했다. 그러면서 이렇게 말하는 것이었다.

"회의가 진행되는 내내 그리고 헌법에 대한 희망과 우려가 수없이 교차하는 내내, 의장석 뒤에 붙은 그 그림을 바라보며 저것이 지는 해인지 뜨는 해인지 나는 도무지 알 수가 없었다오. 그런데 이제서야 겨우 알겠소. 그것은 지는 해가 아니라 뜨는 해였소."

츠, 메릴랜드, 사우스캐롤라이나, 뉴햄프셔가 차례로 합세하여 비준에 찬성한 주는 9개 주로 늘어났다.

비준에 필요한 9개 주를 얻었지만 결과는 아직 불투명했다. 버지니아와 뉴욕 주가 아직 태도 표명을 하지 않았기 때문이다. 강력하고 부유한 두 주 가운데 하나나 양쪽 모두가 비준을 거부하는 경우 새로운 헌법은 무위로 돌아갈 공산이 컸다. 다른 곳에서도 이미 효과를 보았듯, 버지니아는 이번에도 권리장전 절충안으로 비준에 찬성표를 던졌다. 뉴욕에서는 알렉산더 해밀턴이 적극적이고 끈질기게 연설을 하고 존 제이가 점잖게 설득하여 결국 비준이 결정되었다.

조지 워싱턴을 초대 대통령으로 뽑은 것은 누구?

대통령 선출 문제에 이르러 헌법 구성자들은 하층민에 대해 불안감을 드러낸 것은 물론 분별력과 통찰력까지도 의심하게 만드는 괴상하기 그지없는 장치를 하나 고안해냈다. 선거인단 제도가 그것이다. 선거인단 제도는 말하자면 민주주의의 과도함을 막기 위한 헌법의 필사적인 저항인 셈이었다.

헌법 구성자들은 각 주가 국회의원(상하 의원 모두)과 동일한 수의 선거인단을 뽑게 하려는 생각이었다. 선출 방식은 각 주의 결정에 맡길 생각이었다. 선출된 선거인단은 자신이 속한 주에서 대통령 후보 두 명에 대한 투표를 실시하여 그 중 한 명을 선출한다. 득표수가 많은 사람이 승자가 된다. 헌법 구성자들은 내심 누구도──그러니까 조지 워싱턴은 제외하고──과반수를 얻지 못할 것이라고 생각했다. 그렇게 되면 선거는 한 주가 한 표를 행사하는 하원으로 넘어가게 될 터였다.

초대 대통령으로 뽑힌 조지 워싱턴이 1789년 4월 30일 뉴욕에서 열린 취임식에서 선서를 하고 있다.

　당시에는 정당이라는 것이 없기도 했거니와 그런 것을 갖는 것 자체를 수치로 생각했다. 사람들은 토론을 하면서 이쪽 아니면 저쪽에 지지를 보냈고 그리고선 다시 중립으로 돌아와 다음 문제를 처리했다. 헌법 구성자들은 비준을 위한 논쟁 과정에서 양당제의 시초가 드러나고 있었는데도 그것을 전혀 예견하지 못했다. 알렉산더 해밀턴과 존 애덤스 주도의 연방파가 장차 미국 최초의 정당이 된다.

　미국 최초의 대통령 선거일은 1789년 2월 4일로, 선거인단 투표가 최초로 있었던 날로 보통 알려져 있다. 그전에는 그러니까 1788년 말과 1789년의 첫 몇 달은 누가 선거권을 갖고 무엇에 대해 투표할 것인가에 대한 규칙을 주들이 각각 정한 가운데 중구난방식으로 선거가 치러졌다. 선거권자가 직접 선거인단을 뽑은 주들도 있었고 주의회가 선거인단을 선출하는 경우도 있었다. 선거권은 대개 부동산을 소유한 남자에게만 주어졌으나 경우에 따라서는 아주

조지 워싱턴
대통령 취임 선서

본인은 미합중국의 대통령직을 충실히 수행하며, 힘 닿는 데까지 미합중국의 헌법을 보존, 보호, 방어할 것임을 엄숙히 선서(확약)하는 바이다.

헌법 제2조에 따라 대통령 당선자는 취임식에서 이와 같은 선서 또는 확약을 한다. 1789년에 대통령 선서를 하면서 조지 워싱턴은 예정에도 없는 말을 즉흥적으로 선서 마지막에 덧붙였다. "그러니 신이여 굽어보소서." 이후 이 말은 하나의 관례로 굳어져 모든 대통령이 사용하게 되었다.

마사 커스티스 워싱턴
대통령 부인으로서 뉴욕 시에서 보낸 삶에 대하여

이곳에서의 삶은 지루하기 짝이 없다. 공공 장소에는 나갈 엄두도 내지 못한다. 따지고 보면 나는 국가의 죄수인 셈이다.…… 물론 원하는 것을 할 수도 없다. 나는 고집스럽게 많은 날들을 집에서 보내고 있다.

애매한 규칙이 적용되기도 했다. 가령 뉴저지의 경우에는 최초의 대통령 선거에 여성들도 분명 참여를 했고, 펜실베이니아에서는 세금 납부자는 누구라도 선거권을 가졌다.

과정이 어찌됐든 결과는 같았다. 3월 4일 뉴욕에서는 미국 최초의 국회가 열리기로 되어 있었다. 하지만 4월 1일이 됐는데도 정족수를 채우지 못하다 4월 6일에야 마침내 상원은 투표수를 계산해보고 정족수가 채워졌다고 선언했다. 워싱턴이 만장일치로 대통령에 선출되었다. 존 애덤스도 충분한 표를 얻어 부통령에 선출되었다. 4월 14일에 대통령으로 선출되었다는 공식 통보를 받은 워싱턴은 이틀 뒤에 마운트버넌을 떠나 연도에 늘어선 군중들의 환호를 받으며 여드레 동안 승리의 행진을 벌인 뒤 뉴욕의 페더럴홀에 도착하여 1789년 4월 30일 대통령에 취임했다. 그곳은 향후 1년 반 동안 미 행정부의 중심이 된다.

워싱턴의 연봉은 당시로서는 상당한 액수인 2만 5천 달러였다. 하지만 개인 비용은 스스로 부담해야 했다. 워싱턴은 브로드웨이 39-41번가로 이사한 뒤 마운트버넌에서 데려온 흑인 노예 일곱 명 외에 백인 하인 열네 명을 추가로 고용했다.

제퍼슨은 왜 해밀턴을 싫어했을까?

워싱턴과 새로운 국회가 들어선 이후 미국은 신속하게 정부의 뼈대를 만들어갔다. 유능한 정치인은 넘쳐났고 워싱턴은 그 중에서 적임자를 뽑아 행정부 요직에 임명했다. 때로는 옛 친구나 군대 동기에게도 도움을 청해 헨리 녹스 같은 인물을 육군장관에 앉히기도 했다. 서부 변경 지역의 인디언 문제를 해결하기 위해 1천 명으로 구성된 부대도 새로이 창설했다. 대법원도 설치되었으며 초대 대법원장에는 존 제이가 임명되었다. 하지만 앞으로 몇 년 동안 나라 안의 논쟁과 분리를 주도할 인물은 행정부의 두 거목, 토머스 제퍼슨과 알렉산더 해밀턴이었다. 탁월한 제퍼슨 전기작가인 듀마 말론은 두 사람의 차이를 이렇게 간단히 정의했다. "국가 권력과 혜택 받은 소수의 지배를 해밀턴보다 더 잘 구현한 정치가는 없었고, 민주 정치와 개인의 자유를 제퍼슨보다 더 높이 찬양한 사람은 없었다."

토머스 제퍼슨은 1789년 바스티유 감옥 파괴와 함께 시작된 프랑스혁명 와중에 외교관으로 파리에 머물다가 뉴욕으로 돌아와 국무장관이 되었다. 그는 노예를 소유한 귀족이기는 했으나 군주제를 경멸했고 때문에 선거를 통해 군주제 복귀를 시도한 해밀턴과 그의 동조자들을 '영국파'로 간주했다. 그는 이른바 '머니맨money man'을 경멸했다. 그는 이론상으로는 약한 정부를 원했고, 미국이 장차 농부와 노동자 들의 민주 국가가 되기를 소망했다.

서인도 제도에서 사생아로 태어난 알렉산더 해밀턴은 독립전쟁 때 워싱턴의 심복비서가 되면서 출세가도를 달리기 시작했다. 이후 그는 뉴욕의 변호사를 거쳐 뱅크오브뉴욕 설립자가 되었으며, 헌법을 입안하여 각 주의 비준을 받아내는 과정에서 뉴욕 주에서만이 아니라 미국 전역에서 가장 막강한 인물의 하나로 부상했다. 하지

조지 워싱턴 정부의 핵심 인물들. 왼쪽부터 육군장관 헨리 녹스, 국무장관 토머스 제퍼슨, 재무장관 알렉산더 해밀턴 그리고 대통령 워싱턴. 보스턴의 서적상 출신인 헨리 녹스는 워싱턴과 독립전쟁 때부터의 전우로 틈만 나면 포병술에 대한 책을 읽곤 했다. 토머스 제퍼슨은 워싱턴과 30년간 우정을 나눠온 사이였으며, 알렉산더 해밀턴은 워싱턴과 아버지와 아들 같은 친밀한 관계를 유지했다.

만 해밀턴은 '국민의 사람'은 아니었다. 그는 대중을 '거대한 짐승'이라고 생각했다. 그는 상인과 금융인의 통제를 받는 정부를 원했고 그의 정부는 늘 엘리트층을 최우선으로 생각하는 정책을 쓰게 된다. 해밀턴은 워싱턴 대통령의 그 중요한 수석 보좌관 역할도 돈 문제에 전념하는 것으로 국한했다.

해밀턴이 워싱턴 행정부의 재무장관을 맡는 것은 예정된 일이었다. 나라 경제는 말이 아니었다. 프랑스와 네덜란드 등 외국에 진 빚만이 아니라 국내 부채도 산더미 같았다. 엎친 데 덮친 격으로 국고는 텅 비어 있었다. 정부는 돈이 필요했기 때문에 일련의 국내 소비세법이 제정되었다. 물론 일부 국회의원들의 저항이 없지는 않았다. 그들은 국산품에 대한 세금 면제나, 관세에 의한 수입품 보호를 원했다. 몇 년 전 영국인들이 세금을 부과하여 식민지 폭동의 단초를 제공했던 물품들이 이번에도 상당수 포함되었다.

국가 재정을 살리기 위한 해밀턴의 마스터플랜은 두 가지 중요한 안으로 구성되어 있었다. 첫 번째 안은 '공공 신용에 대한 보고 Report on Public Credit'였다. 이것은 정부의 모든 채권자들은 평가절하된 구 유가증권과 동일한 액면가의 유가증권으로 상환 받을 것을 권고한 것으로, 당연히 격렬한 논쟁을 불러일으켰다. 논쟁이 가열되었던 것은 구 유가증권 대부분이 투기꾼들(거의가 북부인) 손에 있었고, 투기꾼들은 이것을 원래 소유자들(거의가 남부인이었고, 이들 중 많은 사람이 독립전쟁에서 싸운 퇴역병이었다)로부터 거의 헐값에 사들인 것이기 때문이다. 사람들은 해밀턴을 '동부' 투기꾼들과 한통속인 부도덕한 인간으로 몰아세웠다. 상황이 이렇게 되자 해밀턴은 각 주의 부채를 연방 정부가 떠맡기로 하는 추가안을 발표했다. 하지만 추가안 또한 남부 주에서 비아냥을 샀다. 남부 주는 이미 부채를 거의 다 상환한 상태였던지라 해밀턴 안은 '동부' 주에 좋은 일만 시키는 꼴이 될 것이기 때문이었다.

이 문제는 결국 부동산 안으로 해결되었다. 제퍼슨과 하원의장을 맡고 있던 제임스 매디슨은 해밀턴 안에 반대하면서 남부에 새로운 연방 도시 건설을 위한 부지를 조성하기로 합의하고 그 조건으로 남부 주들을 설득해 동의를 받는 데 성공했다. 국가의 수도는 장차 포토맥 강변에 세워질 예정이었다. (그 전까지는 필라델피아가 임시 수도 역할을 할 예정이었다.) 하지만 이러한 타협으로도 해밀턴과 제퍼슨 사이에 패인 골은 메워지지 않았다. 그들은 정치적으로 사사건건 부딪치며 새로운 행정부를 대결 국면으로 몰고 갔다. 그 같은

* 1794년에 맺어졌으며, 1783년의 파리 조약 위반으로 비롯된 문제 해결이 주목적이었고, 통상과 항해 규정을 새로이 마련했다.

정치적 이견은 결국 두 사람의 개인적인 증오감으로 발전했다.

해밀턴 마스터플랜의 두 번째 안은 거둬들인 세금의 회전과 분배 그리고 지폐 발행 등을 통해 연방 정부 자금을 안전하게 관리할 국립은행Bank of the United States을 창설하겠다는 것이었다. 국립은행의 소유권은 정부가 일부 갖되 주식의 80퍼센트는 개인 투자가들에게 매각한다는 것이 그 내용이었다. 제퍼슨은 이번에도 반대를 했다. 제퍼슨은 이 안은 헌법에 위배되는 것이고 정부에게는 그럴 권한이 없다고 주장했다. 그러자 해밀턴은 의회에는 징세권과 상업 규제권이 있기 때문에 국립은행은 합법적이라고 반박했다. 이번에는 타협의 여지가 없었다. 워싱턴 대통령은 해밀턴의 손을 들어주었다.

신생 국가의 재정을 고려하면 해밀턴 안은 눈부신 정책이었다. 토머스 플래밍(《결투》, 5쪽)에 따르면 "해밀턴은 주들과 연방을 합쳐 전채戰債 8천만 달러의 수렁에서 허우적거리는 나라를 떠맡아…… 일련의 획기적인 정부 안으로 의회를 설득하여 침체된 독립혁명의 유산을 국가 자산으로 바꾸어놓았다.…… 새로운 제도를 정상화시키고 나라 경기를 부양시키기 위해 그는 의회를 설득하여 반관반민의 미국 은행을 설립했던 것이다. 그 5년 뒤에 미국은 세계 최고의 신용등급을 받았고 신뢰할 만한 통화 공급으로 보스턴에서 서배너까지 번영의 불꽃이 피어오르게 했다."

제퍼슨과 해밀턴의 이견은 외교 문제로까지 번졌다. 프랑스혁명 와중에 영불 전쟁이 일어나자 해밀턴은 공개적으로 영국을 지지했다. 하지만 제퍼슨은 단두대에서 뿜어나오는 핏줄기는 혐오하면서도 프랑스인과 그들의 혁명은 찬양했다. 미국도 프랑스혁명 사상의 고취에 일조를 했다. 미국의 정책은 제이 조약Jay Treaty과 얼추 비슷하게 선이 그어졌다. 제이 조약은 미국도 참전 위험이 있었던 영불 전쟁의 와중에 영국과 미국이 맺은 조약*이다. 이 조약에 따라 영국군은 미국에 남아 있던 자신들의 마지막 기지에서 철수했으나, 그것을 뺀 나머지 조건들은 영국에 너무 유리한 것으로 여겨져 제퍼슨 지지자들의 공격을 받았다. (1794년 상원은 이 조약을 비준했다.)

분쟁은 거기서 끝나지 않았다. 두 사람은 자신에게 호의적인 신문사들을 등에 업고 나왔다. 그 와중에 떡고물을 챙기는 것은 편집장들이었다. 제퍼슨이 지지하는 《내셔널 가제트National Gazette》와 해밀턴이 지지하는 《합중국 가제트Gazette of the United States》는 서로를 향해 온갖 독설을 퍼부었다. 그것은 가벼운 농담 차원을 떠나 상대방에 대한 인신공격도 마다하지 않는 추한 싸움이었다. 그보다도 두 사람의 싸움은 정당의 발전이라는 전혀 예상하지 못한 결과를 초래했다. 정당은 요즘 개념이고 당대인들은 그것을 파벌이라고 불렀다.

당시만 해도 조직화된 정당은 좋지 않게 생각되었다. 집권당과 야당이 있는 양당 제도에 대한 생각은 찾아볼 수 없었다. 양당 제도는 오랜 시간을 거치며 조금씩 발전해갔고 그 씨앗을 뿌린 것이 바로 제퍼슨과 해밀턴의 분쟁이었다. 제퍼슨과 매디슨은 연방 정부 반대파가 갈수록 늘어나자 반대 의견을 결집하기 위해 파벌을 조성하기 시작했다. 매디슨은 헌법 비준안 논의 때는 연방주의자였으나, 이때쯤에는 제퍼슨 쪽으로 기울어 있었다. 이들은 마침내 1796년에 민주공화당Republican Party이라는 이름을 갖게 되었다. (지금은 공화당으로 줄여 부르고 있다. 하지만 앤드루 잭슨 대통령 재임 때에는 잠시 민주당이 되기도 했다.) 최초의 공화당원들은 개인의 자유를 강력한 중앙집권적 정부 위로 끌어올리는 이른바 민주적 농경 사회를 지지했다. 해밀턴과 그의 일파는, 엘리트와 세력가들의 지지를 받으며 1792년에 강력한 중앙 정부와 상공업의 이익 증진을 목표로 한 연방당Federalist Party을 조직했다. 이 연방파들은 '당파'라면 무조건 혐오했던 워싱턴 밑에서 향후 몇 년 동안 권력을 거의 독식하다시피 했고, 워싱턴 행정부와 애덤스 행정부를 거치며 국회를 좌지우지했다.

이들 두 단체를 현재의 공화당과 민주당의 전신으로 보는 것은 사태를 너무 단순화시키는 것이다. 현재 시행되고 있는 양당 제도는 여러 시행착오를 겪으며 어렵게 도달한 길고도 더딘 여정이었다. 제퍼슨이 지금 살아 있다면 민주당원이 되었을까, 공화당원이 되었을까? 작은 연방 정부를 원했다는 점에서 그의 주장은 연방 관료주의의 분쇄를 원하는 공화당과 맥을 같이 한다고 볼 수 있다. 하지만 시민적 자유를 원하는 그의 관점은 민주당과 밀접한 면이 더 많다. 그럼 해밀턴은? 상업과 금융에 대한 그의 감각은 분명 보수적인 옛 동부의 주류 공화당과 맥이 통할 것이다. 하지만 경제를 이용한 강력한 연방 정부를 지지한 그의 관점은 좀더 보수적이고 자유방임적이며 작은 정부를 원하는 현재의 공화당과는 많이 다르다.

이 같은 정치판 속에서 해밀턴의 사생활은 곧 파열음을 내기 시작했다. 뉴욕 최고의 세력가였던 필립 슐러의 딸과 결혼한 해밀턴은 미국 재무장관과 뉴욕 주의 막후 인물이 되어 권력의 정점에 올라 있었다. 하지만 그도 진부하기 짝이 없는 돈과 섹스 스캔들에 휘말려 파멸할 위기에 처했다.

1791년에 해밀턴은 마리아 레이놀즈라는 필라델피아의 한 여성과 사랑하는 사이가 되었다. (소문에 따르면 그는 처제 안젤리카 슐러 처치와도 관계를 계속 이어갔다고 한다. 하지만 때는 18세기였다. 따라서 그의 부정한 사랑 놀음은 놀랍게도 묵과되었다.) 마리아의 남편 제임스 레이놀즈는 그가 자기 아내에게 접근하고 있다며 해밀턴을 비난하기 시작했다 ─ 레이놀즈는 그것을 갈취 또는 뚜쟁이짓이라고 표현했다. 그리고 나서는, 해밀턴이 정부 채권으로 투기할 수 있도록 자신에게 비밀 정보(요샛말로 '내부자 정보')를 넘겨주고 있다고 떠벌리고 다녔다. 해밀턴은 부정죄로 고발당하자 아내는 속였을지언정 정부는 속이지 않았다는 것을 입증하기 위해 마리아 레이놀즈의 러브레터를 정적들에게 직접 넘겨주기까지 했다. 그리고 1797년 제임스 톰슨 칼렌더(아마 그는 레이놀즈의 편지를 제퍼슨의 동료인 버지니아의 제임스 먼로에게서 받았을 것이다)가 그 편지들을 팸플릿에 죄다 공개했다. 칼렌더는 재무부 정책을 팔아 막대한 투기를 했다며 해밀턴을 공격했다. 해밀턴도 그 일을 공개적으로 자백했다. 그의 정치 생명은 이제 끝나는 듯했다. 하지만 해

조지 워싱턴
1796년, 고별사

나는 나라에서 일어나고 있는 당파의 위험성에 대해 이미 시사한 바 있습니다. 특히 지리적 차이에 근거하여 조성된다는 점을 말씀드렸지요. 이제는 좀더 포괄적인 의미에서 당파심이 미치는 전반적인 폐해에 대해 가장 엄숙하게 경고하려고 합니다.

불행히도 이 당파심은, 인간 정신의 가장 강력한 열정에 근원을 두고 있습니다. 우리의 본성과는 떼려야 뗄 수 없는 관계에 있습니다. 이것은 다소 억제되고 통제되고 억압되어 모든 정부에 다른 모습들로 존재해 있습니다. 이 당파심은 대중적인 형태에서 가장 부패한 모습을 띠고 있기 때문에 정부에게는 최악의 적인 것입니다.

복수심에 불타 한 파벌이 다른 파벌을 지배하는 것은 당파가 야기하는 당연한 일입니다. 시대와 나라만 다를 뿐 여러 곳에서 가장 악독하게 자행돼온 그것은 무서운 독재입니다.…… 현명한 국민이라면 당파심이 빚어내는 그 흔하고 지속적인 해악을 고려하여 당파심을 포기하게 하고 억제시키는 일에 관심을 가져야 합니다. 이것은 국민의 의무이기도 합니다.

밀턴에게는 충직하고 힘있는 친구들이 있었고 무엇보다 그는 '1인자 친구'의 도움을 받을 수 있었다. 조지 워싱턴이 그와의 우정을 공개적으로 표시해준 덕분에 해밀턴은 18세기판 '컴백키드'가 되어 그 위기에서 벗어났다.

1790년 인구 조사

하원의 의석수를 결정하기 위해 만든 인구조사법에 따라 1790년 8월에 시행된 제1회 인구 조사의 결과는 다음과 같다.

총인구: 392만 9천625명
흑인 인구: 노예 69만 7천624명, 자유 흑인 5만 9천557명(매사추

세츠 주 보고에는 노예 없음)

　　대도시 인구: 필라델피아 4만 2천 명, 뉴욕 3만 3천 명
　　인구가 가장 많은 주: 버지니아 82만 명

　인구의 반 정도(48.5퍼센트)가 남부에 살고 나머지는 뉴잉글랜드
와 대륙 중간의 여러 주에 흩어져 살고 있다. 미국은 젊은 나라다.
인구 1천 명 당 490명이 열여섯 살 미만이다.

조지 워싱턴을 죽인 것은 주치의?

　1794년 서부 펜실베이니아 변경에서 일어난 이른바 위스키 폭동
을 진압하기 위해 워싱턴은 마지막으로 또 한번 군대를 이끌었다.
셰이스의 반란과 마찬가지로 이 역시 기득권자에 대한 벽지인들의
폭동이었다. 이번에는 위스키에 부과된 엄청난 소비세가 문제였다.
군복을 입고 알렉산더 해밀턴 재무장관을 대동한 워싱턴은 1만 3
천 명——독립전쟁에서 이끈 병력보다도 많은 수이다——의 병력을
이끌고 나가 손쉽게 폭동을 진압했다.

　1796년 워싱턴은 3선 출마 요청을 거부하며 그동안 여러 번 써왔
던 은퇴 연설문 최종본으로 고별사를 작성했다. 그 내용은 주로, 정
당과 다른 나라들에 대한 '지나친 의존'을 경고하는 것이었다. 이
두 문제는 그가 기본적으로 등한시한 것들이었다.

　은퇴 후에 마운트버넌으로 갈 생각이었던 워싱턴의 계획은 전쟁
발발 직전까지 갔던 프랑스와의 갈등 때문에 잠시 중단되었다. 발
단은 영국과 전쟁 중이던 프랑스가 자국의 부족한 병력을 충당하
기 위해 미국 선원들을 납치하다시피 해서 자국 선박에 태운 일이
었다. 1798년 의회는 워싱턴에게 또 한번 군대를 이끌 것을 요청했

고 워싱턴도 그에 동의했다. 그런데 알렉산더 해밀턴을 부관으로 임명하려던 순간 프랑스와의 문제가 해결되어 워싱턴은 마운트버넌으로 돌아갈 수 있었다.

1799년 12월, 워싱턴은 겨울 승마를 즐기다가 목에 염증이 생겨 몸져누웠다. 당대엔 후두염(현재 우리가 패혈성인두염으로 알고 있는 병일 가능성이 크다)으로 불리던 병이었다. 그는 목이 심하게 부어올라 숨쉬기도 힘들 정도였다. 당시의 의료 관행대로 그는 차와 식초를 섞은 물을 마셨다. 그러고 나서는 '블루 매스'로도 불렸고 일반적으로 지사제로 사용되던 감홍甘汞을 복용했다. 병을 밖으로 발산시키기 위해서였다. 마지막으로 의사는 모두 네 번에 걸쳐 출혈을 시켰고 이 과정에서 체내 혈액의 반이 빠져나갔다. 그 출혈로 워싱턴이 죽은 것은 아니지만 치료에 도움이 되지 않았던 것은 분명하다. "왜 이리 힘이 들까. 하지만 죽는 것은 두렵지 않아." 임종하는 자리에서 그가 한 말이다. 워싱턴은 예순여덟 살 생일을 두 달 남겨놓은 1799년 12월 14일 세상을 떠났다.

워싱턴의 죽음을 그림 1802년 무렵의 그림. 작자는 알 수 없다. 워싱턴을 하늘로 오르는 천사로 묘사하고 있다.

마운트버넌을 찾은 한 영국인 방문객에게 죽음을 앞둔 워싱턴은 이렇게 말했다. "우리 연방의 길(연방을 살릴 수 있는 길)은 오직 노예제의 근절에 있다는 것을 나는 분명히 알아요." 생전에는 애만 태웠지 실제적인 성과를 거두지 못한 문제는 그의 유서에서 다시 거론되었다. 그의 유서에는 공식, 비공식적으로 그가 고심했던 문제인 자기 노예들에 대한 구체적인 상황이 명시돼 있었다. 1775년부터 워싱턴은 수지맞는 장사인 노예 판매를 중지시켰고, 그로 인해 농장의 노예 수는 곱절로 불어났다. 그들 모두 워싱턴의 아내 마사가 죽은 뒤에 자유인이 되었다. (그녀는 죽기 전인 1800년에 남편의 노예들을 풀어주었고 소유하고 있던 재산은 1833년까지 일부 사람들의 연금 유지비로 사용되었다.)

* 1789년 출범 당시에는 자선 단체의 성격을 띠고 있었으나, 1800년 연방파의 존 애덤스와 공화파의 토머스 제퍼슨이 맞붙은 대통령 선거에서 공화파가 뉴욕을 석권하는 데 주도적 역할을 하여 이후 공식적인 정치 기구로 자리잡았다.

1800년 혁명이란?

워싱턴이 은퇴하면서 1796년 미국에서는 최초의 진정한 대통령 선거 유세가 시작되었다. '코커스caucus'에 모인 연방파 국회의원들은 부통령 존 애덤스를 제1후보, 사우스캐롤라이나의 토머스 핑크니를 제2후보로 선출했다. 또 다른 연방파 지도자 알렉산더 해밀턴은 골수 연방파들에게까지 군주제를 옹호하는 완고한 인물로 간주되어 제외되었다. 제퍼슨은 제2후보인 아론 버와 함께 민주공화당의 확실한 공천 후보자였다. 아론 버는 공천에 이용된 최초의 '정치 기구'인 태머니홀Tammany Hall*을 관리한 야심찬 뉴요커였다.

머리 좋고 야망도 컸던 해밀턴은 핑크니를 당선시키면 자신이 막후에서 실력을 행사할 수 있을 것으로 생각했다. 하지만 이 전략은 뉴잉글랜드 연방파들이 해밀턴의 계획을 알아채고 제퍼슨에게 투표함으로써 물거품이 되고 말았다. 애덤스는 가까스로 턱걸이를 하여 대통령에 당선되었다. 제퍼슨은 야당 후보였음에도 두 번째로 많은 선거인단 표를 얻어 부통령이 되었다.

애덤스 대통령의 재임 시절은 두 정당의 증오심이 마구잡이로 분출된 시기로 기억되고 있다. 연방파들은 워싱턴 행정부를 거쳐 애덤스 행정부까지 내내 주도권을 쥐고 있었으나 힘은 점점 약해지고 있었다. 제이 조약은 물론 애덤스의 어느 정책도 광범위한 지지를 받지 못했으며 애덤스는 공화당에 우호적인 언론으로부터도 상당한 비방을 들어야 했다. 그가 거둔 가장 커다란 성과는 곧 일어날 듯하던 프랑스와의 전면전을 용케 피해 간 것이었다. 하지만 그는 외국인규제법과 보안법이라는 일련의 억압 정책을 시행하여 최악의 결과도 초래했다. 두 법은 연방파 행정부에 대한 모든 비판을 잠재우려는 시도이면서 신생국이 외국인에 대해 갖는 불안감을 드러낸 것이기도 했다.

그럼에도 불구하고 1800년의 대통령 선거는 여러모로 백중세였다. 애덤스는 이번에도 연방파의 공천을 받았다. 제2후보에는 찰스 C. 핀크니(토머스 핀크니의 형제)가 뽑혔다. 공화당 역시 제퍼슨과 버가 후보로 나섰다. 양측의 선거전은 욕설과 비방으로 점철되었다. 각 당의 지지 신문들도 애덤스와 제퍼슨의 노골적인 섹스 스캔들로 도배를 하다시피 했다. 연방파는 제퍼슨을 프랑스혁명의 과도한 면들을 미국에 들여올 수 있는 무신론자라고 공격했다.

그런데 막상 뚜껑이 열리자 결과는 공화당의 승리였다. 공화당의 누구? 당시 정·부통령 선거는 따로 실시되지 않았고 제퍼슨과 버는 똑같이 73표를 얻었다. 헌법에 따르면 그 경우 결정권은 하원에 있었다. 그리고 하원은 연방파가 장악하고 있었다.

양단간에 결정을 내려야 할 상황에 이르자 알렉산더 해밀턴은 제퍼슨 편에 서서 그를 위해 로비를 벌였다. 해밀턴은 제퍼슨을 싫어했다. 하지만 버는 싫어하는 정도가 아니라 혐오감까지 느꼈다. 해밀턴에 따르면 자신과 같은 뉴요커인 버는 "가장 부적격하고 위험한 인물"이었다. 버는, 자신을 위해 유세도 하지 않고 그렇다고 사퇴도 하지 않는 어정쩡한 태도를 보였다. 선거에 이기기 위해서는 하원에서 9표를 얻어야 했으나 제퍼슨은 35표 중에서도 그것을 얻지 못했다. 사태는 위기로 치달아갔다. 어떤 역사가들은 가능성만 있었던 것이 아니라 실제로 내전이 일어날 수도 있었다고 생각한다. 일부 공화당 지도부가 대중의 뜻을 실행하기 위해 각자 속한 주에서 민병대를 소집하겠다며 협박까지 하고 나왔던 것이다. 사태는 제퍼슨이 연방파에게 현 상태를 그대로 유지하겠다는 약속을 개인적으로 하면서 겨우 일단락됐다. 1801년 2월 17일 하원은 제퍼슨을 대통령으로 선출했다. 그리고 1801년 3월 4일 새로운 연방 수도 워싱턴에서 제퍼슨은 대통령에 취임했다. (1800년 선거에서 나타난 대통령 선출의 어려움은 정·부통령에 대한 개별 투표를 명시한 1804년의 수정헌법 12조로 보완되었다.)

1800년 선거에서 나타난 위기를 계기로 두 당은 분별심을 갖게
되었다. 앞으로 두 당은 질서 있는 승계와 정부의 연속성을 가장 중
요하게 여기게 된다. 제퍼슨이 '1800년의 혁명'이라고 부른 이 일은
무혈 혁명이었지만 파장은 대단했다. 연방파는 대통령과 의회를 모
두 빼앗겨 붕괴 직전에 이르렀다. 하지만 존 애덤스는 자신의 패배
로 연방파의 영향력까지 사라지는 것은 아님을 분명히 했다.

미국이 루이지애나를 매입한 내력

미국이 1800년의 무혈 혁명을 만끽하는 동안 프랑스에서는 폭력
이 더욱 맹위를 떨치고 있었다. 1799년 나폴레옹 보나파르트는 쿠
데타를 일으켜 혁명 주도 세력을 타도하고 국가 권력을 장악했다.
나폴레옹의 웅대한 계획은 거의 모두 유럽에 집중되었으나 미국도
그 꼬마 상병의 마음 한자리를 차지하고 있었다. 나폴레옹은 먼저
힘없는 에스파냐를 윽박질러 1800년에 루이지애나 준주準州*를 되
찾았다. 나폴레옹의 다음 목표는 카리브 해의 섬 산토도밍고St.
Domingue의 지배권을 회복하는 것이었다. 1793년, 프랑스혁명이
아직 진행 중일 때 그 섬은 독학으로 성공한 천재 투생 루베르튀르
Toussaint L'ourerture 장군이 차지했다. 노예 폭동을 성공적으로 이끈
결과였다. 나폴레옹은 북아메리카 대륙 공격을 위해서는 그 섬이
기지로써 반드시 필요하다고 판단하고 2만 명의 병력을 그 섬에 파
견했다.

미국 뒷마당에서 벌어지는 프랑스의 이 모든 소란스런 움직임이
제퍼슨 대통령을 불안하게 했다. 그는 뉴올리언스를 비롯한 서부지
역이 프랑스 손에 들어가는 날에는 미국에 엄청난 위험이 초래되

리라는 것을 알고 있었다. 제퍼슨은 도박을 하기로 했다. 그는 전쟁 중인 유럽 국가들과는 중립을 유지하기로 했다. 하지만 상황이 상황인지라 프랑스와의 동맹 의사를 영국에 슬쩍 흘려본 결과 수용할 의사가 있음을 알게 되었다. 그와 동시에 로버트 리빙스턴, 제임스 먼로로 하여금 프랑스와 뉴올리언스 및 플로리다에 대한 매각 협상을 벌이도록 했다. 그 매각은, 산토도밍고로 파견된 프랑스군이 그 섬의 지배권을 확보한 뒤 황열로 쓰러져나갈 때까지는 가능성이 희박해 보였다. (프랑스군은 산토도밍고 섬의 동쪽으로 철수했고, 서쪽 절반에서는 투생의 후계자 데살린이 스스로를 황제로 선포하고 아라와크족의 원래 이름인 아이티로 나라 이름을 바꾸었다. 콜럼버스의 에스파뇰라였던 그 섬은 오늘날까지도 아이티와 도미니카공화국 두 나라로 분리돼 있다.)

그 섬을 확보하지 않고 프랑스가 루이지애나를 공격하는 것은 불가능했다. 나폴레옹의 신세계 정복 계획은 새로운 유럽 원정 계획과 함께 무산되었다. 원정을 하기 위해서는 군대와 돈이 필요했다. 그는 거의 즉흥적으로 외무장관 탈레랑에게 지시를 내려 뉴올리언스와 플로리다뿐 아니라 루이지애나 준주 전체를 매각하도록 했다. 리빙스턴과 먼로는 그 와중에도 가격을 놓고 흥정을 벌였다. 그리고 마침내 1803년 5월 루이지애나 준주에 대한 인도 협상이 체결되었다. 나폴레옹이 정확히 무엇을 매각했는지 아는 사람은 아무도 없었다. 하지만 어찌됐든 그 조약으로 미국은 단돈 1천500만 달러 또는 에이커당 4센트 정도에 영토를 두 배로 불리게 되었다. 영토권 문제가 해결되지 않은 땅은 이제 텍사스, 플로리다 서부, 캘리포니아의 에스파냐 정착촌 위쪽의 서해안 지역뿐이었다. 에스파냐도 이 지역에 대해 나름의 속셈을 갖고 있었다. 그런데 재미있는 것은 이 매각이, 제퍼슨이 헌법에 위배된다고 반대한 해밀턴의 국립은행 창설 제의로 발행된 미국 채권으로 이루어졌다는 사실이다.

토머스 제퍼슨과 샐리 헤밍스, 했을까? 안 했을까?

DNA 증거는 있다. 정말 그럴까?

제퍼슨은 1804년 선거에서 압승을 거두었다. 하지만 우리의 뇌리에 그 선거는 추잡한 정쟁이 빚어낸 흥미진진한 가십으로 더욱 생생히 남아 있다. 당시 아메리카 대륙에는 연방파가 주장했다고 알려진 다음과 같은 소문이 널리 퍼져 있었다. 제퍼슨이 파리에 외교관으로 있을 때 샐리 헤밍스라는 젊은 흑인 노예와 관계를 가졌고, 그녀가 제퍼슨의 사생아를 낳았다는 것이었다. 헤밍스 이야기가 더욱 놀라웠던 것은 신문의 표현대로 이른바 그 "거무스름한 샐리"가 제퍼슨의 아내 마사 웨일스 스켈튼 제퍼슨의 이복동생이라는 사실이었다. 마사의 어머니가 죽자 샐리의 어머니는 마사의 아버지 존 웨일스의 정부가 되었고, 그 결과 샐리는 마사의 노예이자 이복동생이 된 것이다. 마사 제퍼슨은 샐리가 아홉 살이던 1782년에 사망했다. 당시 서른아홉 살이던 제퍼슨은 아내를 잃은 슬픔에 거의 자살 직전에까지 이르렀던 모양이다. 어찌됐든 아내를 잃은 후에 제퍼슨은 파리에 체류하게 되었다. 그리고 1787년, 버지니아에 돌고 있던 전염병을 피해 딸 마리아가 파리로 그를 찾아왔다. 당시 열여섯 살 무렵이던 샐리도 마리아와 함께 왔다. 일각에서는 샐리가 이때부터 제퍼슨의 정부가 되어 38년 동안 관계를 지속하면서 그의 아이들을 낳았다고 믿고 있다. (이들의 관계는 이스마엘 머천트 제작, 제임스 아이보리 감독의 영화 〈파리의 제퍼슨 Jefferson in Paris〉에 사랑스럽기는 하지만 허구적으로 묘사돼 있다.)

제퍼슨은 칼렌더의 주장에 침묵을 지켰다. 반면 대중들은 그들의 관계를 분명히 알고 있었으면서도 1804년의 선거 결과에는 별다른 영향을 끼치지 않았다. 그 사건으로 알 수 있는 것은 대통령 선거에서 '상대 후보에 대한 비방 유세'를 하고 추잡한 정쟁을 일삼는 것

LOOK ON THIS PICTURE,　　AND ON THIS.

토머스 제퍼슨이 옹호한 언론의 자유는 언론으로 하여금 그를 맘껏 비판하게도 했다. 사진의 왼쪽은 워싱턴, 오른쪽은 제퍼슨이다. 워싱턴의 머리 위에는 월계관이 그려져 있고 제퍼슨의 머리 위에는 검은 연기 내뿜는 촛불이 그려져 있다.

은 예나 지금이나 같다는 것이다.

　그 문제는 제퍼슨이 건국에 기여한 공로를 인정받아 명사의 반열에 오르고 러시모아 산에 거대한 두상이 세워지고 〈1776〉이라는 브로드웨이 뮤지컬로 찬양되면서 거의 잊혀지는 듯했다. 폰 브로디의 '심리분석적인 전기'《제퍼슨: 상세한 역사Jefferson: An Intimate History》(1974)와 바바라 체이스 리보드의 소설《샐리 헤밍스Sally Hemings》(1979)가 발간되면서 제퍼슨 스캔들은 또 다시 세간의 관심을 끌게 되었다. 이 두 작품은 그들의 관계가 사실이었다고 주장하여 베스트셀러가 되었다. 제퍼슨 옹호자들은, 그가 파리에 있을 때 연애를 한 것은 사실이지만 그 상대는 영국인 화가의 아내 마리아 코스웨이였고, 그 관계가 결실로 맺어졌는지의 여부는 생각하기 나름이라고 반박했다. 작가 버지니어스 다브니 같은 사람은《제퍼슨 스캔들The Jefferson Scandals》(1981)이라는 책을 써서 샐리 헤밍스와 관련된 소문을 반박했다. 헤밍스의 연인은 제퍼슨의 두 조카

였고 헤밍스 아이들의 아버지도 두 조카일 가능성이 있다는 것이었다.

그러고 나자 이번에는 아네트 고든리드의 상당히 진지한 작품 《토머스 제퍼슨과 샐리 헤밍스: 미국의 논란Thomas Jefferson and Sally Hemings: An American Controversy》이 발간되었다. 이 책이 나온 뒤 1998년에는 제퍼슨과 헤밍스 자손에 대한 DNA 검사가 이루어졌다. 미국의 언론들은 이 검사로 두 사람의 관계도 입증되었고 제퍼슨의 뜻에 따라 자유인이 된 에스턴 헤밍스도 제퍼슨의 아들로 입증되었다고 대대적으로 보도했다. 하지만 DNA 검사는 그다지 결정적인 것이 아니었다. 일곱 차례에 걸친 검사에서 당시 버지니아에 살고 있던 제퍼슨의 남자 후손 스물다섯 명과 동일한 DNA 결합 형태를 보인 것은 단 한 명뿐이었다. 제퍼슨 후손 스물다섯 명 중에서 여섯 명이 열네 살에서 스물일곱 살 사이였으니, 이들 중 누구라도 샐리 헤밍스 임신의 원인 제공자가 될 수 있었다. 이 논란은 헤밍스의 후손들이 제퍼슨의 후손이 설립한 몬티첼로협회에 가입하려고 하자 대중의 뜨거운 시선을 받게 되었다. 협회 가입이 허락된다는 것은 제퍼슨 묘역에 매장될 자격을 부여받는 것을 의미했다. 제퍼슨 후손들은 과학적인 입증이 불충분하다는 이유로 그들의 가입을 거부했다. 대신 제퍼슨의 노예 후손들을 위한 별도의 묘역을 마련해주었다.

아이들의 아버지가 제퍼슨이었는지, 그보다 젊은 제퍼슨 인척 중의 한 사람이었는지가 왜 그토록 중요했을까? 이 이야기의 역사적 중요성은 무엇일까? 《피플People》 기사나 대낮 텔레비전 토크쇼의 대담 수준을 벗어나, 이 이야기가 진정 말하고 있는 것은 무엇일까? 제퍼슨과 그의 노예들 이야기는 궁극적으로 미국의 커다란 모순, 특히 제퍼슨에 의해 구현된 모순——"모든 인간은 평등하게 태어났다"와 제퍼슨의 삶과 운명(행운, 부)의 토대가 된 '특수한 제도' 사이의 모순——과 관계가 있다. 그리고 그 모순의 정도는 독립전쟁 중에 열린 영국 의회에서 새뮤얼 존슨(1709~1784)이 "니그로 감독 들로부터 들려오는 이 시끄러운 자유에의 절규는 또 무엇이란 말 인가?"라고 반문했을 정도로 괴리가 큰 것이다.

　노예사 관련 책을 여러 권 쓴 하버드대학 교수 올란도 패터슨은 언젠가 《뉴욕 타임스》에 기고한 글에서 이 문제를 풀어보려고 시도 한 적이 있다. 패터슨은 그 글에서 이렇게 말했다. "제퍼슨은 성인 군자가 아니다. 허나 아프리카계 미국인에 대한 그의 생각은 당대 의 맥락 및 아프리카계 미국 여성들과 제퍼슨의 관계라는 맥락에 서 이해되지 않으면 안 된다." 그 시대 백인들은 거의 모두 아프리 카계 미국인이 인종적으로 열등하다는 것을 거부감 없이 그대로 받아들였다. 노예제 철폐론자들의 생각도 마찬가지였다. 그 문제에 대해 고심한 정도를 보면 제퍼슨이 유별난 존재였다. 그는 오늘날 우리가 인종차별적 견해라고 여길 만한 것에 지나친 관심을 보였 고 자기가 틀릴 가능성에 대해서도 고민을 했다. 그런 면에서 그는 시대를 앞서 간 사람이었다.

강제 징병이란?

　워싱턴처럼 제퍼슨도 재출마를 사양했다. (미 역사상 유일무이하게 1944년에 4선 대통령이 된 프랭클린 델러노 루스벨트 이전까지는 대통령 출 마 횟수에 제한이 없었다. 그러다 1947년, 2회 출마자 혹은 전임자 임기를 2 년 이상 수행한 사람은 1회로 출마를 제한하는 내용의 법률이 수정헌법 22조 로 비준되었다. 로널드 레이건은 1989년에 백악관을 떠나면서 국민은 자신들 이 원하는 후보를 선택할 자유를 가져야 한다는 견해를 피력하며 출마 횟수 제한에 반대를 표명했다.) 인기의 정점에서 재선되긴 했어도 제퍼슨이 떠날 때의 상황은 그리 좋지 않았다. 출항금지법Embargo Act을 제정하여 인기를 잃었기 때문이다.

1807년에 통과된 그 법은, 나폴레옹이 영국 및 영국의 우방들과 싸우며 세계를 전쟁터로 만들어놓은 결과 추락하게 된 미국의 국제적 위상에서 비롯되었다. 제퍼슨은 전쟁에서 미국——쓸 만한 육군도 최소한의 해군도 없었던 한심한 삼류 국가——의 중립을 유지하려 했고, 그에 따라 나폴레옹은 유럽의 지배자가 되었고 영국은 바다의 지배자가 되었다. 따지고 보면 미국은 전쟁 당사국들이 미국 제품과 선박을 열심히 사주었기 때문에 경제적으로는 호황을 누리고 있었다. 하지만 미국의 중립은 영국 전함으로부터 미국의 상선을 지켜주지 못했다. 영국 전함은 미국 상선을 가로막고 영국인이 있으면 무조건 내리게 하여 영국 해군에 '강제 징발'했다. 배에서는 '귀화 시민권' 같은 지위도 아무런 법적 구속력이 없었기 때문에 미국인들도 영국인들과 함께 붙들려갔다.

출항금지법은 영국의 강제 징병 정책에 대한 일종의 경제 보복으로 전쟁에 개입하지 않기 위해 미국으로의 모든 수출을 금지한다는 내용이었다. 이것은 미국 역사상 가장 인기 없고 실패한 법령의 하나였다. 제퍼슨은 임기 마지막 주에 이 법을 폐지하고 대신 통상금지법을 제정했다. 하지만 영국과의 교역만 금지하는 내용의 이 법령은 강제 징발을 더욱 강화하는 결과를 초래했을 뿐이다.

제퍼슨의 다음 후계자는 같은 버지니아 출신이고 오랜 동지이기도 한 국무장관 '제미' 매디슨이었다. 그는 1808년 대통령에 당선되었다. 두 번에 걸친 대통령 당선 중 첫 번째였다. 매디슨이 대통령이 되었을 때 영국 그리고 아마도 프랑스와의 한판은 불가피해 보였다.

테쿰세와 프로핏은 누구?

지금 이야기할 전쟁은 미국 역사상 가장 뛰어난 인디언 지도자의 한 사람이 야기한 것이라고도 볼 수 있다. 테쿰세는 오하이오 강 유역 출신으로 쇼니족의 젊은 추장이었다. 그는 오하이오 강을 인디언 지역과 백인 지역의 경계로 삼아 백인들의 서쪽 진출을 막고 거대한 인디언 동맹을 형성한다는 야심찬 포부를 갖고 있었다. 그와 그의 동생 텐스콰타와, 즉 프로핏은 위스콘신에서 플로리다까지를 두루 여행하고 다니며 인디언 부족들을 규합했다. 프로핏은 인디언 풍습의 부활과 백인 문화 거부를 외친 신비주의자였다. 테쿰세의 눈부신 조직력과 프로핏의 종교적 열정에 힘입어 젊은 전사들이 하나둘씩 모여들어 중서부와 남부 부족을 중심으로 거대한 동맹군이 만들어졌고 그렇게 조직된 인디언 동맹군은 티페카누 강과 워버시 강이 합류하는 지점으로 집결했다.

테쿰세와 대결할 지휘관은 인디애나 준주의 지사(이며 미래의 대통령 그리고 대통령의 조부이기도 한) 윌리엄 헨리 해리슨이었다. 그와 테쿰세는 전에도 두 번 만난 적이 있었다. 해리슨은 테쿰세를 만난 뒤 이렇게 말했다. "테쿰세에게 보이는 부하들의

American Voice

쇼니족의 테쿰세

피쿼트족은 지금 어디 있는가? 내러갠싯, 모히칸, 포카노케스 그외의 수많은 우리 부족들은 다 어디에 있는가? 그들은 여름 햇살에 녹아 내리는 눈처럼, 백인의 탐욕과 억압으로 스러져갔다.
우리도 그들과 같이 우리 집, 신에게서 물려받은 우리 나라, 조상의 무덤, 소중하고 신성한 그 모든 것들을 싸움 한번 못 해보고 포기하려 하는가? 나는 알고 있다. 너희들도 나와 함께 "아니요! 아니요!"를 외치리라는 것을.

복종과 존경심은 실로 놀라웠다. 그것은, 그가 때에 따라서는 기존 체제를 무너뜨리고 혁명을 일으킬 수도 있는, 비범한 천재들 중의 하나라는 것을 보여주는 증거이다."

해리슨은 병사 1천 명을 이끌고 인디언 동맹군과 가까운 진지로 향했다. 모병과 군대 편성을 위해 늘 돌아다니는 테쿰세는 이번에

쇼니족 추장 테쿰세. 프로핏은
그의 동생이다. 프로핏의 인디
언식 이름 텐스콰타와는 '열린
문'이란 뜻이다.

도 자리를 비우고 없었다. 1811년 11월, 테쿰세의 동생 프로핏은
판단 착오를 일으켜 해리슨 군대에 대한 공격을 명령했다. 인디언
들은 해리슨 군대에 심각한 타격을 주긴 했으나, 갈수록 뒤로 밀리
며 분산되었다. 해리슨 군대는 인디언들의 식량 창고와 인디언 부
락을 파괴하고 무적을 자랑하던 프로핏의 마력까지 무너뜨렸다. 프
로핏의 마력이 무너지자 테쿰세 동맹에 대한 인디언들의 믿음과
희망은 완전히 사라졌다.

미국 서부인들에게 테쿰세의 인디언 동맹은 의회에서 반영국 정
서를 조장할 수 있는 절호의 기회로 보였다. 영토 확장 열기에 들떠
있던 서부인들은 테쿰세 동맹을 영국의 계략이라 주장하면서 북아
메리카에서 영국인을 축출해야 한다고 소리 높여 외치며 전쟁을
부추겼다. 전쟁은 캐나다 침범을 의미하는 것이었지만 그들은 아랑
곳하지 않았다.

테쿰세는 1812년의 미영 전쟁 중 온타리오의 테임스 강변에서
영국군과 함께 싸우다 죽었다. 1813년 10월 총에 맞고 전사했다.
전해오는 이야기에 따르면, 켄터키 민병대원들은 그의 가죽을 벗기
고 시체를 난도질했다고 한다. 데이비드 에드먼즈는《북아메리칸
인디언 백과사전Encyclopedia of North American Indians》에서 그가 전
쟁터 인근의 공동묘지에 매장되었다고 기록하였다.

먼로주의란?

미국은 1812년 미영 전쟁에서 치명적인 타격을 입었다. 전쟁을
반대한 연방당의 몰락이 그것이었다. 반면 매디슨과 그의 당은, 영
국과 맺은 강화 조약으로 커다란 정치적 덤을 얻게 되었다. 1816년
연방당은 매디슨이 지명한 제임스 먼로와 싸움다운 싸움 한번 제

대로 하지 못했다. 먼로는 워싱턴으로부터 시작하여 (존) 애덤스 시절에 잠깐 끊어졌다가 제퍼슨과 매디슨으로 이어진 이른바 '버지니아 왕조'의 차기 군주로 등극할 인물이었다.

쉰여덟 살에 대통령이 된 제임스 먼로는 경륜이 풍부한 사람이었다. 독립전쟁 때는 트렌튼 전투에서 싸웠고 버지니아 주지사를 두 번 역임했으며 버지니아 주 상원의원을 지냈다. 외교관 재임 시절에는 루이지애나 매입의 산파역을 맡기도 했다. 또한 전임자였던 제퍼슨이나 매디슨처럼 국무장관을 역임하면서 부통령보다는 오히려 국무장관 자리를 더욱 빛나는 자리로 만들었다.

먼로의 재임 시절은 훗날 호감의 시대로 명명되었다. 골치 아픈 외교 분쟁도 잘 해결되고 국내에서도 일당 지배가 무리 없이 전개된 결과였다. 특히 이 시기는, 북동부에서 조선업 대신 제조업이 주요 산업으로 부상하면서 급속한 경제 성장이 이루어진 시기이기도 했다. 기계의 시대가 열린 것도 이 평화로운 기간이었다. 엘리 휘트니, 시계 제조로 유명한 세스 토머스, 프랜시스 캐벗 로웰 같은 인물들이 등장하면서 미국도 이제는 산업혁명의 초기 단계로 접어들었다. 영국과 맺은 일련의 전후 조약들로 국경도 튼튼해져, 영국과의 전쟁도 더 이상 걱정할 필요가 없게 되었다.

하지만 먼로 행정부가 역사에 남긴 가장 뚜렷한 족적은 뭐니뭐니해도 1823년에 그가 의회에 보낸 교서였다. 그것은 먼로의 작품이기도 했지만 제2대 대통령 아들인 존 퀸시 애덤스 국무장관의 작품이기도 했다. 훗날 이 교서는 먼로주의로 불리게 된다.

먼로는 우선 미국에 대한 유럽 국가들의 간섭을 허용하지 않을 것임을 선언했다. 미국 역시 유럽의 기존 식민지나 정부에 간섭하지 않을 것임을 분명히 했다. 어떤 의미에서 이것은 복잡한 유럽 정치에서 손을 떼려는 고립주의적 행동이었다. 하지만 이것은 변화하는 세계 질서에 대한 인식이기도 했다. 이 같은 새로운 현실은 신세

제5대 대통령 제임스 먼로.

1823년 먼로 대통령은 토머스 제퍼슨에게 자신의 새로운 정책을 지지해달라고 부탁하는 편지를 썼다. 먼로의 이 새로운 정책은 훗날 먼로주의라고 불린다. 먼로는 이렇게 말했다. "우린 부족한 것이 많지만 무엇보다 소중한 것을 갖고 있다. 그건 바로 자유다."

계에서의 에스파냐 제국의 몰락과 남아메리카를 휩쓴 반란에서 뚜렷이 나타났다. 그 결과 남아메리카에서는 시몬 볼리바르, 호세 데 산 마르틴, 베르나르도 오긴스 같은 지도자들 아래 신생 공화국이 탄생하게 되었다. 남아메리카 역사에는 너무도 어울릴 것 같지 않은 베르나르도 오긴스는 아일랜드군 장교의 아들로 에스파냐로부터 독립을 쟁취하여 칠레공화국의 초대 대통령을 지낸 인물이다. 그리하여 1822년이 되자 미국이 독립 공화국으로 인정한 나라는 멕시코, 브라질, 칠레, 아르헨티나, 라플라타(오늘날의 콜롬비아, 에콰도르, 베네수엘라, 파나마)에 이르게 되었다.

긍정적으로 보면 먼로주의는 이른바 미국 독립의 대장정을 완결 지은 것이기도 했다. 그것은 독립전쟁에서 시작하여 독립 후 다른 나라들과의 조약, 루이지애나 매입, 1812년의 미영 전쟁, 전쟁 이후의 협약에까지 이르는 기나긴 여정이었다. 하지만 또 다른 역사적 관점에서 보면 먼로주의는 미국이 중남미 일에 끼여들면서 남아메리카 문제에 대한 미국의 고압적 간섭의 토대를 제공해 준 것이기도 했다. 테디 루스벨트의 도움으로 파나마를 탄생시킨 '혁명' 좀더 최근에 일어난 피델 카스트로와의 기나긴 전쟁, 그리고 니카라과 콘트라 반군에 대한 1980년대의 불법 지원이 그 좋은 예이다.

1821년의 미합중국

다음 표는 미주리 협정 직후의 24개 주를 자유 주와 노예 주로 구분한 것이다. 괄호 안의 연도는 미합중국 가입 연도이지만, 최초의 13개 주의 경우에는 헌법 인준 연도이다. 그 다음 숫자는 가입 순서다.

1821년 미합중국의 자유 주와 노예 주

자유 주	노예 주
코네티컷(1788. 5)	앨라배마(1819. 22)
일리노이(1818. 21)	델라웨어(1787. 1)
인디애나(1816. 19)	조지아(1788. 4)
메인(1820. 23)	켄터키(1792. 15)
매사추세츠(1788. 6)	루이지애나(1812. 18)
뉴햄프셔(1788. 9)	메릴랜드(1788. 7)
뉴저지(1787. 3)	미시시피(1817. 20)
뉴욕(1788. 11)	미주리(1821. 24)
오하이오(1803. 17)	노스캐롤라이나(1789. 12)
펜실베이니아(1787. 2)	사우스캐롤라이나(1788. 8)
로드아일랜드(1790. 13)	테네시(1796. 16)
버몬트(1791. 14)	버지니아(1788. 10)

당시 미국은 1819년에 에스파냐가 양도한 플로리다 준주와 서쪽으로 멕시코 국경선(지금보다 훨씬 북쪽)에 이르는 아칸소 준주, 록키산맥에 이르는 중서부를 포함하는 미시간과 미주리 준주, 영국과 공동 통치하고 있던 오리건 지역 등을 소유하고 있었다.

1820년의 인구 조사 결과 미국의 인구는 963만 8천453명이었다. 도시 인구는 뉴욕이 130만 명으로 으뜸이었고 그 다음이 펜실베이니아로 100만을 약간 넘었다. 북부의 자유 주에 사는 전체 인구는 515만 2천635명, 남부 여러 주에 사는 전체 인구는 448만 5천818명이었다.

미주리 협정이란?

호감의 시대를 입증이라도 하듯 먼로는 1820년 선거에서 232명의 선거인단 중 231명의 표를 얻어 거의 만장일치로 대통령에 재선되었다. 전해지는 이야기로는, 한 명이 먼로를 찍지 않은 이유는 만장일치로 당선된 워싱턴의 기록을 깨지 않기 위해서였다고 한다. 하지만 이 이야기는 사실이 아니다. 그 선거인은 다른 사람들이 누구를 찍을지 몰랐다. 따라서 그가 국무장관 존 퀸시 애덤스를 찍은 이유는 그를 존경했기 때문이다.

먼로의 시대가 호감의 시대였는지는 몰라도 모든 사람들의 기분이 다 흡족했던 것은 아니다. 탐욕스런 서부인들에게 많은 인명을 빼앗기고 구석으로 내몰린 인디언들의 기분은 당연히 좋을 리가 없었다. 담배 대신 목화를 주산물로 경작해야 하는 남부의 노예들도 사정은 마찬가지였다. 먼로 시대에 또 하나의 중요한 이정표였던 1820년의 미주리 협정 ──이 점에 대해 먼로는 별로 할 말이 없을 것이다── 으로 이끌어간 요인 또한 이 노예제 문제였다.

노예제가 앞으로 미국의 두통거리가 되리라는 것은 제퍼슨이 필라델피아 회의를 거쳐 독립선언서를 작성하고 있을 때 이미 분명히 드러났다. 예전에 만들어진 독립선언서와 헌법의 타협안들이 슬슬 문제의 전면으로 부상했다. 헌법의 절충 규정에 따라 1808년에 노예 무역이 법으로 금지되었지만 노예의 불법 거래는 계속되고 있었다. 하지만 당시의 주요 쟁점은 새로운 노예 수입이 아니었다. 새로운 주들의 연방 가입 여부와 가입된 주들에 부여할 지위의 문제, 즉 노예 주로 할 것이냐 비노예 주로 할 것이냐의 문제였다.

노예제 철폐를 요구하는 강력한 운동이 힘을 얻기 시작한 것은 사실이다. 그러나 노예제에 대한 논의는 기본적으로 도덕성과 관련된 것이기보다는 정치와 경제에 관련된 것이었다. 의회의 비례대표 문제를 해결하기 위해 헌법에 명시한 '5분의 3' 절충안*은 자유 주보다는 노예 주에 더 많은 정치 혜택을 부여해주었다. 새로운 주가 하나 더 생긴다는 것은 상원 의석 2개와 인구 비례에 따른 하원 의석을 확보할 수 있다는 것을 의미했다. 그리고 노예 주는 당연히 자신들의 정치력을 유지하기 위해 노예들의 표를 원했다. 물론 거기에는 경제의 중요성도 한몫을 했다. 임금 노동자를 쓰는 북부인들은 노예 노동을 이용하는 남부인과 경쟁을 벌여야 했다. 남부인들에게 부는 곧 토지를 의미했다. 생산성을 엄청나게 향상시킨 엘리 휘트니의 조면기(조면기를 뜻하는 단어 'cotton gin'의 'gin'은 'engine'에서 나온 말이다)와 뉴잉글랜드에 새로 세워진 로웰의 방직공장 덕분에 목화 경기는 호황을 누리고 있었다. 남부의 노예 소유주들은 북동부와 영국 방직공장의 수요를 맞추기 위해 더 많은 목화를 재배할 수 있는 더 넓은 땅을 원했다. 그리고 늘어나는 땅에 비례하여 노예도 그만큼 더 필요했다. 목화 재배를 위한 새로운 땅이 새로운 주를 의미한다면, 노예 소유주들은 그것이 노예 주가 되기를 원했다.

루이지애나 매입을 둘러싼 남북의 균형감에 거대한 부동산 개념이 덧붙여짐으로써 미국의 자유 주/노예 주 문제는 위기로 치달아갔다. 1817년에 주 자격을 신청한 미주리에서 문제는 특히 심각했다. 의회는 헨리 클레이의 주도하에 또 다른 절충안을 내놓았다. 클레이는 미주리를 노예 주로 만들기는 하되, 미주리 경계의 북쪽 지역에는 노예제를 허용하지 않는다는 안을 내놓았다. 하지만 미국의 모든 정치가, 심지어 연로한 토머스 제퍼슨까지도 지방적 경계가 뚜렷이 생겨나는 것을 볼 수 있었고, 미주리 협정으로 노예 문제가 영원히 해결되리라고 믿는 사람도 거의 없었다. 아닌 게 아니라, 그 문제는 곧 폭발한다.

* 노예 전체 인구의 5분의 3을 인구수로 환산한다는 것

왜 더러운 거래인가?

자기 주장을 펴기보다는 상대 후보 공격에 더욱 열을 올리는 대통령 선거전의 문제점은 오늘날에도 많은 사람들의 입에 오르내린다. 그럴 때면 우리는 곧잘, 점잖은 인물들이 중요한 문제를 놓고 정중하게 토론을 벌이던 옛날의 품격을 그리워한다. 1824년의 선거전만 보더라도, 당시 애덤스 후보는 영국인을 아내로 둔 결점 많은 군주제 옹호자였고 클레이는 술주정뱅이에 도박꾼이었으며 잭슨 후보는 살인자였다.

먼로의 호감의 시대가 끝났다는 증거는 1824년의 선거전으로 나타났다. 무자비한 선거전을 통해 자신들의 입장에 따라 갈라진 지리적 영역 또는 지방주의가 정당 옹호파를 어떻게 밀어내는지를 여실히 보여준 뒤, 미국 역사상 두 번째로 대통령 선거는 하원의 선택에 맡겨지게 되었다. 1824년의 대통령 후보 선두 주자는 표면적으로는 모두 같은 당, 즉 민주공화당의 제퍼슨, 매디슨, 먼로였다. 마지막 연방파 대통령이던 존 애덤스의 아들이고 먼로의 국무장관이기도 했던 존 퀸시 애덤스까지도 이제는 민주공화당의 일원이 되어 대권 주자의 선두 그룹을 형성하고 있었다. 그밖의 다른 후보들로는 테네시 주 상원의원 앤드루 잭슨 장군, 켄터키 주 출신 국회의장 헨리 클레이, 조지아 주 출신이며 먼로의 재무장관이던 윌리엄 H. 크로포드, 사우스캐롤라니아 주 출신으로 육군장관을 지내고 있던 존 C. 칼훈이 있었다. 이들 모두 남부나 서부 출신이었다. 이중 칼훈 후보는 상당한 내부 진통 끝에 후보직을 사퇴하고, 차기 대통령 선거를 기약하며 부통령직을 선택했다.

크로포드는 의회의 막후 실력자들이 코커스에서 지명한 후보였다. 하지만 코커스 제도에 대한 대중의 불만이 높았기 때문에 그 지명은 득이 되기보다는 도리어 해가 되었다. 게다가 그는 유세를 하다가 쓰러지기까지 하여 상당한 타격을 입었다. 선거전에서 이슈는 뒷전으로 밀렸다. 토론의 주제는 온통 인신공격이었고, 상대방에 대한 중상모략이 난무했다. 애덤스와 잭슨이 대중의 인기 면에서는 선두를 달렸으나 둘 다 선거인단 과반수 득표에는 이르지 못했다. 그리하여 대통령 선출은 1800년 선거 때와 마찬가지로 하원으로 넘어가게 되었다. 잭슨은 일반 득표율 43.1퍼센트와 선거인단 표 93표를 얻어 대통령직에 대한 합법적 권한을 가지고 있었다. 하지만 역시 막강한 서부인이었던 클레이는 자신의 정적 잭슨을 선거에서 떨어뜨리고 싶었다. 클레이는 애덤스가 정치적 경륜에서 잭슨보다 앞선다는 점도 알았고 애덤스의 승리가 자신의 정치 미래에 더 많은 득이 된다는 점도 분명히 알았을 공산이 크다. 여하튼 클레이가 하원에서 애덤스를 지지하도록 상당한 영향력을 발휘한 덕에 애덤스는 첫 투표에서 승리를 거뒀다. 그러자 애덤스는 클레이를 국무장관에 임명했다. 잭슨 지지자들은 두 사람 사이에 '더러운 거래'가 있었다고 성토했다. 잭슨의 말을 빌면 클레이는 '서부의 유다'였다.

투표 전에 거래가 있었는지의 여부는 중요하지 않았다. 피해는 돌이킬 수 없는 것이었다. 대중들은 의회가 교묘한 계략으로 국민의 선택을 농락했다고 생각했다. 애덤스는 여러 면에서 훌륭했고 의도 역시 좋았으나 정치인으로서는 서툴렀다. 그의 정부는 '더러운 거래'를 둘러싼 정쟁에 휘말려 시작부터 무능력 상태에 빠져들었고 애덤스는 이 정쟁에서 결코 빠져나오지 못했다. 테네시 주의회는 즉각 잭슨을 차기 선거 후보자로 지명했다. 1828년의 대통령 선거는 1825년부터 이미 시작되고 있었다.

잭슨식 민주주의는 무엇이고, 잭슨은 왜 전부 말했을까?

1828년 잭슨은 4년 전보다 더 악랄한 선거전을 치른 끝에 마침내 이전의 패배를 설욕하고 대통령에 당선됐다. 잭슨에게는 또 다시 살인자라는 딱지가 붙었다. 그 딱지는 그가 치른 여러 번의 결투와 군법회의를 유난히 좋아한 그의 명령에 의해 다수의 병사들이 교수형을 당했기 때문에 붙여진 것이었다. 애덤스를 지지하는 어떤 신문은 잭슨의 어머니는 영국 병사들이 미국으로 데려온 매춘부였고, 물라토와 결혼했다는 기사를 싣기도 했다. 어머니의 결혼만이 아니라 잭슨의 결혼도 시비거리가 되었다. 잭슨은 1791년 이혼녀 레이첼 로바즈와 결혼했다. 로바즈는 잭슨과 결혼하면서 전남편과의 혼인 관계를 당연히 정리했어야 했지만 잭슨과 결혼할 때까지도 법적으로 정리가 되어 있지 않았다. 잭슨은 그녀가 정식으로 이혼을 한 뒤에 다시 결혼을 했다. 하지만 애덤스의 지지자들은 이렇게 물었다. "간통녀와 정부情夫도 대통령이 될 수 있는가?" 당대의 한 선거 캠페인송의 가사는 다음과 같은 내용이었다. (잭슨은 특히 아내에 대한 비난을 참지 못했다. 선거가 끝난 직후 로바즈가 병들어 죽었기 때문이다.)

오 앤디! 오 앤디!
평생 몇 명이나 교수형을 시키셨는지요?
몇 번이나 결혼을 하셨는지요?

인신공격으로부터 자유롭지 못하기는 존 퀸시 애덤스도 마찬가지였다. 그가 백악관에 체스판과 당구대를 들여놓자 사람들은 공금으로 '도박 기구'를 설치했다며 그를 비난했다. 선거전에서도 그런 일은 여전했다. 매디슨 행정부 시절인 1809년~1811년까지 러시아 공사로 재직할 때 그가 미국의 젊은 매춘부를 러시아의 황제 알렉산드르 1세에게 알선해주었다는 것이다.

잭슨은 일반 투표에서 크게 앞섰고, 선거인단 투표에서도 83표를 얻은 애덤스를 크게 앞지른 178표를 획득했다. 미국은 짧은 역사상 최초로 버지니아 출신도 아니고 애덤스 가문도 아닌 대통령을 갖게 되었다. (존 퀸시 애덤스는 백악관을 떠난 뒤에 매사추세츠 주 국회의원으로 정치에 복귀하여 전직 대통령으로 국회의원이 되는 최초의 선례를 남겼다. 그는 1848년 사망할 때까지 국회의원을 지내며 관록과 탁월함으로 국회의 반노예제팀을 이끌었다.) 미국에 새로운 시대가 열렸다는 것은 잭슨의 선거 승리와 대통령 취임식으로 분명히 알 수 있었다. 우아함과는 거리가 먼 투박한 서부 개척지 사람들이 대부분인 수많은 올드 히코리* 지지자들이, 북동부의 이른바 귀족 정치인들을 누른 기쁨을 이기지 못해 워싱턴으로 몰려들었다. 잭슨의 취임사가 끝나자마자 지지자 수백 명은 케익, 아이스크림, 펀치 등으로 다과회가 준비된 백악관으로 와르르 몰려갔다. 잭슨은 경호의 문제 때문에 강제로 떠밀리다시피 관저를 빠져나갔다. 그러자 흙투성이 장화를 신은 군중들은 의자를 뒤집어엎으며 행사장을 난장판으로 만들었다. '폭도들의 왕' 지배에 대해 애덤스측이 우려했던 모든 장면이 현실로 드러나는 듯했다.

이것이 소위 잭슨식 민주주의의 출발이었다. 이 새로운 질서는 부분적으로 서부 주들에서 이루어진 투표 방식의 개혁으로 찾아왔다. 서부 주들에서는 이제 더 이상 재산 유무로 투표 자격을 결정하지 않았던 것이다. 제퍼슨이 조심스럽게 표현했던 초기 제퍼슨 민주주의와는 달리 이 새로운 민주주의는 현대의 정치 용어로 말하면 일종의 풀뿌리 민주주의 운동이었다. 잭슨은 정치 이론가도 아니었고 질서 재편 주창자는 더더욱 아니었다. 하지만 잭슨은 그것

제7대 대통령 앤드루 잭슨. 그는 캐롤라이나의 농장에서 태어나 대통령 자리에까지 올랐다. 아버지는 그가 태어나기 전에 세상을 떠났으며, 독립전쟁이 끝나고 고향에 돌아갔을 때는 어머니와 형제들도 모두 죽고 없었다.

* 앤드루 잭슨 대통령의 별명.

의 상징이었다. 고아에, 개척지 출신에, 경마 기수에, 인디언을 무
찌른 전사에, 전쟁 영웅에, 토지 투기꾼에, 그야말로 안 해본 것이
없는 앤드루 잭슨은 새로운 미국 정신의 구현자가 되어 민주주의
자를 자처했던 패기만만하고 애국적인 당대 젊은이들의 우상이 되
었다. 전성기 때의 잭슨 민주주의는 더 많은 사람들에게(흑인, 여성,
인디언 들은 여전히 정치에서 소외된 채 남아 있었지만) 정치 과정에 참여
할 기회를 부여해주는 것을 의미했다. 또한 그것은 호전성, 토지에
의 열광, 노예제의 묵과, 인디언 살해욕을 의미하기도 했다.

　백악관의 다과회장을 쑥대밭으로 만들어놓은 투박한 군중들 대
부분은 일자리를 얻기 위해 워싱턴으로 온 것이었다. 아무래도 잭
슨은 몹시도 싫어했던 애덤스 행정부의 유물들을 다 청산해야 할
것 같았다. 그들(군중)은 전쟁을 승리로 이끈 자들이었기 때문에
잭슨의 백악관에서 대통령의 관직 배분 형태로 그에 합당한 '전리
품'을 찾고 있었다. '관직 배분 제도'는 공화국이 시작된 이래 행정
부가 바뀔 때마다 매번 시행되었던 일로 그다지 새로울 것이 없었

다. 하지만 잭슨의 선거 뒤에 나온 요구는 유난히 시끄럽고 광범위했기 때문에 '이권 배분 제도'를 잭슨과 연관시키게 된 것이다. 하지만 아이러니컬하게도 잭슨 재임 시절에 배분된 새로운 이권은 거의 없었다. 관직의 대부분은 여전히 워싱턴 내막에 밝은 기존 관리들에게로 돌아갔다. 상황이 아무리 바뀌어도 모양은 그대로 남아 있게 된다는 것을 다시 한번 입증한 셈이었다.

눈물의 행렬이란?

콜럼버스가 산살바도르의 모래땅을 밟는 순간부터 원주민과 관련된 유럽의 역사는 온통 피로 얼룩졌다. 콜럼버스로부터 존 스미스에 이르는 신대륙 정복자, 베이콜로니, 프렌치 인디언 전쟁 그리고 1812년 미영 전쟁에 이르기까지 신대륙에서 유럽의 역사는 끝없는 배반, 살육, 깨진 약속의 연속이었다. 뛰어난 무기, 수적인 우세, 변절은 유럽인이 인디언을 다루는 방식이었다. 그런 식으로 자행된 대량 학살의 비극은 인류 역사상 가장 극악한 사건의 하나로 분류되고 있다.

할리우드 영화로 인해 사람들은 인디언 전쟁들이 마치 '카우보이와 인디언'의 시대였던 1800년대 말 올드 웨스트에서 일어난 것으로 알고 있지만 사실 그것은 전쟁이 아니라 인디언 소탕 작전이었다. 그때에는 이미 인디언이 거의 멸종되었고 정복은 완료되었으며

잭슨은 인디언들에게 매우 무자비했다. 잭슨은 인디언들을 미시시피 강 너머로 강제 이주시켰다. 이주 과정에서 수많은 인디언들이 죽어갔으며 저항하는 자는 살육당했다. 인디언들은 이 강제 이주를 '눈물의 행렬'이라 불렀으며 잭슨을 '예리한 칼'이라고 불렀다.

인디언의 수도 크게 줄어든 상태였다. 인디언 살해, 노예화, 토지 강탈이 유럽인의 출현과 함께 시작되었다면 잭슨 대통령이 시행한 연방 정책은 인디언의 운명을 저 밑바닥으로 끌어내리는 계기가 되었다.

　잭슨은 1812년 크리크족과 전쟁을 벌일 때 인디언 소탕자, 특히 무자비한 소탕자로서의 성가를 높인 바 있다. 이 전쟁은 그가 최초로 주목을 받은 사건이기도 했다. 인디언에게 잭슨은 '예리한 칼'이었다. 테네시 민병대 대장 잭슨은 남부에서 크리크족의 집요한 저항을 받자 이미 자신과 정치상의 약조를 해놓은 체로키족을 꼬드겨 크리크족을 배후에서 공격하도록 했다. 그러고는 조약 감독관 자격으로 크리크족 영토의 절반을 차지한 다음 자기 친구들과 함께 유리한 조건으로 사들였다.

1819년에는 플로리다의 세미놀 인디언과 불법으로 전쟁을 벌이기도 했다. 아직 에스파냐의 지배하에 있던 플로리다가 탈출한 노예와 약탈을 일삼는 인디언의 은신처라고 주장하며 침범한 것이었다. 그는 피비린내 나는 전투를 치른 끝에 인디언 부락과 에스파냐 요새 들을 잿더미로 만들어놓았다. 잭슨의 침범은 외교 문제로 비화되었다. 그 결과 에스파냐는 강압에 못 이겨 1819년 미국에 아주 유리한 조건으로 플로리다를 미국에 넘겨주었다. 이번에도 잭슨은 새로 정복한 땅의 지사가 되었다. 땅투기꾼의 안목을 가지고 있던 그는 인디언을 땅에서 몰아내면 자신과 친구들이 상당한 이익을 챙기리라는 것도 놓치지 않았다.

하지만 미국사 초기에 저질러진 대개의 일들이 그렇듯이 장군 잭슨이 인디언을 가혹하게 다룬 방식 역시 나중에 전혀 다른 모습으로 둔갑했다. 둔갑된 것은, 인디언의 일반적인 정서와 산발적인 지역 전투에서 시작하여 잭슨이 주도하고 그의 후임 마틴 밴뷰런이 이어간 공식적인 연방 정책에 이르기까지 참으로 광범위했다. 이 정책에 쓰인 정돈된 용어는 너절한 문제의 위생적 해결을 암시하는 '제거'였다. 요컨대 19세기판 독일 제3제국의 '최종적 해결'*인 셈이었다. 인디언들은 그것을 '눈물의 행렬'이라 불렀다.

남동부 주에서 미시시피 강 너머 황량한 곳으로 인디언들을 대거 이주시킨 잭슨의 행위에 인도적 동기를 부여하는 역사가들도 있다. 살육보다는 그래도 이주를 선택했기 때문에 인도적이라는 것이다. 하지만 살육은 이미 진행되고 있었다. 1831년만 해도, 블랙 호크

추장 밑에 있던 소크족은 일리노이 주에 있는 조상의 땅에서 떠나기를 망설였다. 1천여 명의 인디언들은 그래서 민병대와 정규군에 투항하려 했다. 하지만 백인들은 미시시피 강에 가로막혀 퇴로도 없는 그들을 총검과 소총으로 다 살육하고 150여 명의 인디언들만을 살려두었다.

인디언 제거는 남동부의 이른바 개화된 다섯 부족에 집중되었다. 당시의 일반적 정서와 계속적인 역사의 오판과는 달리 촉토족, 치카소족, 크리크족, 체로키족, 세미놀족은 백인 문화에 버금가며 유럽 문화와도 견줄 수 있을 만큼의 수준 높은 사회를 발전시키고 있었다. 그런데 이 종족들의 땅이 값나가는 목화 재배지가 되면서 문제가 생기기 시작했다. 1831년과 1833년 사이 4천여 명의 촉토족 인디언들은 최초의 '제거' 명령에 따라 미시시피 강 유역으로부터 아칸소 서부 지역으로 강제 이주를 시작했다. 겨울에는 식량과 숙소 부족으로 말못할 고생을 했다. 폐렴이 기승을 부렸고 여름에는 콜레라가 덮쳐 촉토족 수백 명이 목숨을 잃었다. 촉토족에 이어 치카소족, 크리크족, 즉 무스코기족의 이주가 뒤따랐다. 하지만 무스코기족의 이주 과정은 순조롭지 못했다. 그들은 떠나기를 거부했고 1836~1837년의 크리크족 전쟁으로 이어졌다. 그 전쟁이 끝나자 미군 사령관 윈필드 스콧은 1만 4천500명의 크리크족 인디언—그 중 2천500명은 쇠사슬로 결박하여—을 생포하여 오클라호마로 호송해 갔다.

인디언들에 대한 마지막 제거 작업은 조지아 주에 본거지를 두고 있던 체로키족을 목표로 1835년에 시작되었다. 강제 이주를 당한 다른 부족들과 마찬가지로 체로키족은 '미개인'도 백인과 공존할 수 있음을 보여준 '개화된' 종족에 속했다. 제거될 당시의 체로키족은 떠돌이 미개인 수준이 아니었다. 그들은 여성들도 가운을 착용하는 등 유럽식 관습에 상당 부분 동화되어 있었다. 도로, 학교, 교

회 들을 건설했고 대의제 정부 조직을 갖추고 있었으며 농토를 일
구었고 소 목장을 경영했다. 세쿼야라는 전사가 체로키 문자를 완
성하기도 했다. 또한 체로키족은, 대법원에서 제거 법령의 시시비
비를 따졌고 독립 체로키국을 세우는 등 제거에 대해 합법적인 저
항을 시도하기도 했다.

세미놀족의 전투를 묘사한 판
화. 미국 정부의 인디언 제거에
맞서 가장 강력히 저항한 것은
오시올라가 이끄는 세미놀족이
었다. 오시올라가 붙잡혀 죽은
뒤에도 세미놀족의 일부는 끝까
지 저항했다.

　하지만 그들은 거역할 수 없는 역사의 흐름과 싸우고 있었다.
1838년 앤드루 '예리한 칼' 잭슨이 대통령직에서 물러난 뒤 미국 정
부는 1만 5천 명~1만 7천 명의 체로키족을 조지아로부터 (또 다시
조약을 위반하여) 강제 추방시켰다. 그 중 4천 명이 테네시와 켄터키
를 지나 오하이오 강과 미시시피 강을 건너 후일 오클라호마가 되
는 곳에 이르는 행렬 과정에서 죽어갔다. 인디언들의 이 노정과 여
정을 일컬어 눈물의 행렬이라 부른다.

　인디언 제거에 가장 강력하게 저항한 것은 플로리다의 세미놀족
이었다. 미국은 이 전쟁으로 1천500명이 죽고 2천만 달러의 금전적
손실을 입는 값비싼 대가를 치렀다. 세미놀족의 지도자는 오시올라
라는 이름의 젊은 전사였는데, 미국은 휴전을 알리는 깃발을 미끼
로 겨우 그를 사로잡을 수 있었다. 그는 생포된 지 세 달 뒤에 포로
수용소에서 숨을 거뒀다. 오시올라가 죽자 세미놀족의 저항도 급격

히 약화되어 그들 대부분은 인디언 영토로 강제 이주 당했다. 하지만 일부 인디언들은 에버글레이즈에 남아 연방군과 계속 싸움을 벌였다.

토크빌은 왜 미국에 그런 말을 했을까?

인디언들에게 저지른 백인들의 만행을 가장 신랄하게 비판한 사람은 미국의 형법 제도를 연구한 프랑스의 한 젊은 치안 판사였다. 엄동설한에 꽁꽁 얼어붙은 미시시피 강을 건너야 했던 촉토족을 바라보며 그는 이렇게 썼다. "그 모든 광경에는 거역할 수 없는 마지막 이별, 예컨대 파멸의 분위기가 담겨 있었다. 그것은 목이 메어 차마 볼 수 없는 광경이었다." 그는 이렇게 덧붙였다. 인디언들에겐 "이제 더 이상 나라가 없고, 민족으로서의 생명도 곧 다하게 될 것이다."

이 글을 쓴 사람은 1831년 5월 구스타브 드 보몽이라는 친구와 함께 미국에 온 프랑스의 젊은 귀족 알렉시스 드 토크빌(1805~1859)이었다. 프랑스혁명의 여파와 나폴레옹의 시대 정신 속에서 성장한 두 젊은이는 미국에서의 경험이 발전도상에 있는 프랑스와 다른 유럽 지역의 민주주의 정신 형성에 보탬이 되지 않을까 하는 생각으로 미국식 민주주의를 연구하기 위해 온 것이었다. 두 젊은이는 아홉 달에 걸쳐 미 전역을 돌며 자료를 수집하고 여론을 청취했으며 잭슨 대통령으로부터 개척자, 인디언에 이르기까지 다양한 미국인들을 만나 인터뷰도 가졌다. 두 사람은 프랑스로 돌아가서 토크빌은 미국 교도소 제도에 관한 글을 쓰고 보몽은 인종 문제에 대한 소설을 한 편 썼다.

하지만 토크빌이라는 이름이 미국의 사회·정치 사전에 영원히 남게 된 이유는 그가 쓴 《미국 민주주의Democracy in America》라는 * 행정권, 입법권, 사법권을 말한다.
책 때문이다. 르포르타주, 사적인 소견, 철학적 탐구가 결합된 이
작품은 전2권으로 만들어져 1835년에 제1권, 1840년에 제2권이 발
간되었다. 이 책은 나온 지 150년이 지난 지금까지도 미국사와 미
국 정치 이론의 필독서가 되고 있다. 토크빌 역시, 미국의 특성을
예리하게 꿰뚫어보는 안목과 비범한 통찰력으로 지금까지도 여전
히 미국 정치와 민주주의 전반에 대한 중요한 논평가로 대접을 받
고 있다.

토크빌은 미국의 공화제를 찬양했지만 그의 눈에 맹점으로 보이
는 것들에 대해서도 많이 지적했다. 아마도 귀족적이었던 그는 '국
민의 보편적인 평등 조건'을 받아들일 준비가 아직 덜 되어 있었던
것 같다. 미국에도 분명 계급의 차이는 있었다. 하지만 토크빌의 눈
에는 수세기에 걸친 귀족적 전통에서 생겨난 유럽의 계급 차이만
큼 확실하거나 고정된 것으로 보이지 않았다. 또한 그는 비참한 상
황에 있던 가난한 노동자들은 거의 도외시하고 대부분의 시간을
중상류층하고만 지냈다. 당시 노동자 빈민층의 대부분은, 수백만의
가난한 유럽인들이 들어와 방만한 슬럼가와 빈민촌을 형성하고 있
던 뉴욕, 필라델피아를 비롯한 북부 여러 도시들의 흉물스럽게 뻗
어나간 도심에 운집해 있었다. 토크빌은 이러한 '평등 조건' 속에서
사회적 평등을 본 것이었다. 이로 인해 평범, 순응 그의 식으로 말
하면 '다수의 횡포'가 세력을 얻는 결과를 초래할 것으로 보았다.

토크빌의 논평과 관찰력은 놀라울 정도로 정확해서 1831년이 아
니라 지금 적용해도 전혀 손색이 없을 정도이다. 하지만 그의 말이
다 맞는 것은 아니다. 그는 대통령 직책을 허약한 것으로 파악하는
오류를 범했다. 게다가 토크빌이 그 책을 쓰고 있을 때 미국의 대통
령은 앤드루 잭슨이었다. 잭슨은 당시 강력한 대통령상을 정립하여
3권*중의 가장 막강한 지위로 대통령의 모습을 잡아가고 있었다.

대통령의 그 같은 막강한 지위는 링컨, 루즈벨트* 대통령에서 다시 확인된다. 노예 제도에 비판적이었던 토크빌은 민권 투쟁을 예측할 정도로 예리했다. 하지만 그런 지역 분쟁 때문에 연방이 무너지리라는 예측은 지나친 억측이었다.

하지만 오류보다는 정곡을 찌르는 내용이 더 많았다. 그리고 철학보다는 실용에 더욱 치중한다든가, 일편단심 부만 쫓는 미국인들을 꼬집어 지적한 것은 지금 보아도 적확하다. 그는 이렇게 말했다. "돈에 대한 숭배가 인간에 대한 애정을 압도하는 나라를 나는 미국 이외의 어느 곳에서도 본 적이 없다."

토크빌의 예측 중에서 무엇보다 적확했던 것은 미국과 러시아의 경쟁을 내다본 것이었다.

남부인들은 왜 노예 냇 터너를 두려워했을까?

노예를 소유하느냐 마느냐의 문제에서 남부인들의 간담을 가장 서늘하게 한 것은 역시 노예 폭동이었다. 고분고분하고 순종적일 거라는 노예에 대한 일반의 인식과는 달리, 노예들은 그동안 자잘한 폭동과 봉기를 수없이 일으켜왔다. 멀게는 에스파냐가 신세계를 지배하던 시기에 일어났고, 때로는 인디언이나 정부에 불만을 품은 백인들과 합세하여 일으킨 것도 있었다. 이것은 비단 남부에 국한된 문제가 아니었다. 식민지 시대의 코네티컷, 매사추세츠, 뉴욕에서도 끔찍한 봉기들이 일어났다. 그 중에서 가장 피비린내가 났던 것은 1739년 사우스캐롤라이나에서 일어난 봉기였는데 이때 노예들은 제미라는 노예의 지휘 아래 스물다섯 명 정도의 백인들을 살해했다.

짧은 미국의 역사를 치명적으로 위협한 폭동은 카리브 해에서 일어났다. 전직 마차꾼으로 전투에 천부적인 재능이 있었던 투생 루베르튀르는, 미국과 프랑스에서 일어난 혁명에 고무되어 1790년대에 산토도밍고 섬 (현재의 아이티와 도미니카공화국)의 노예들을 이끌고 반란을 일으켜 성공을 거두었다. 반란의 결과 6만여 명이 죽었고 섬에는 해방 노예들의 공화국이 들어섰다. 투생은 뛰어난 군사 지도자였을 뿐 아니라 유능한 행정가이기도 했다. 그는 이러한 능력으로 섬의 소수 민족인 백인들을 다독여 신생 공

노예 해방을 주장한 최초의 출판물 《더 리버레이터The Liberator》. 발행인 윌리엄 로이드 개리슨은 피부색은 달라도 노예 역시 인간이며 재산권의 대상이 될 수 없다고 주장하면서 노예제 폐지를 주장했다.

화국에 그들을 편입시키는 데 성공했다. 1800년 나폴레옹은 그 섬을 재탈환하려는 목적으로 군대를 파견했다. 하지만 성공을 거두지 못하자 휴전을 알리는 깃발로 꾀어 그들을 프랑스군 사령부로 오게 만든 뒤 체포하여 알프스에 구금했다. 투생은 그곳 감옥에서 숨을 거뒀다.

노예 소유주들은 투생의 소식과 그가 일으킨 반란 소식을 노예들이 듣지 못하도록 몇 년 동안 쉬쉬하며 지냈다. 하지만 레로네 베넷이 《메이플라워 이전Before the Mayflower》에서 쓴 것처럼 "그들은 쇠사슬에 살갗이 벗겨질 때마다 이 사람의 이름을 속삭이곤 했다." 1831년, 냇 터너(1800~1831)라는 낯선 인물이 백인들의 지배를 위협하며 세상 사람들의 주의를 끌기 시작했다. 냇 터너의 폭동은 이전에 있었던 두 번의 노예 폭동이 실패로 돌아간 후에 찾아왔다. 첫 번째 폭동은 1800년에 버지니아의 리치먼드에서 노예 수천 명이 가브리엘 프로세의 지휘 아래 일으킨 것이었다. 두 번째 폭동은 카리스마를 지닌 또 다른 노예 덴마크 베시의 주도로 1822년 찰스턴에서

American Voice

윌리엄 로이드 개리슨
1831년, 노예제 폐지론자들의 잡지 《더 리버레이터The Liberator》
창간호에

이 문제와 관련해서 나는 온건하게 생각하지도 말하지도 쓰지도 않을 것이다. 못한다. 그렇게는 못한다! 그것은 불났다는 사실을 조용히 알려주라는 말이며, 강간범에게 아내를 구해달라고 점잖게 타이르는 것이며, 불 속에 떨어진 아이를 천천히 꺼내라고 그 어미에게 말하는 것과 같다. 하지만 내게는 그렇게 말하지 말라. 이런 일에 어떻게 온건할 수 있냐고 질책해달라. 이 말은 진심이다—나는 회색분자는 되지 않을 것이다. 용서하지도 않을 것이다. 한치의 양보도 하지 않을 것이다. 그리고 사람들은 내 말을 들을 것이다.……

일어났으나 배신 때문에 실패했다.

터너의 폭동은 궁극적으로는 실패했지만 이 폭동으로 남부가 변했다는 점에서 다른 폭동과는 달랐다. 1800년생인 터너는 신비주의자이자 설교자로 통찰력과 성서의 권위를 이용하여 열렬한 추종자들을 모았다. 1831년 8월 터너와 70여 명의 부하들이 광적인 행동을 시작했다. 터너는 자신의 주인을 시작으로 단 한 명의 목숨도 살리지 않는 죽음의 행진을 시작했다. 버지니아 주 사우샘프턴 인근의 백인들은 말 그대로 공황 상태에 빠졌고 많은 사람들이 다른 주로 피신했다. 터너의 오합지졸 군대가 잠시 행진을 멈춘 사이 일단의 백인들이 그들을 공격했다. 터너도 반격을 가했으나 곧 압도적인 병력에 밀려 행방을 감추었다. 온나라를 공포에 몰아넣은 이 한 사람을 찾기 위해 병사 수천 명이 동원되어 강도 높은 수색 작업이 진행되었다. 뒤이어 공모한 혐의가 있는 노예 모두를 잡아 죽이는 학살이 이어졌다. 터너는 두 달여 동안 포위망을 교묘히 피해 다니며 남부인들을 두려움에 떨게 했다. 백인이나 노예나 할 것 없이 사람들은 그가 초자연적인 능력을 지녔다고 여겨 터너는 실제보다 과장되었고, 노예 소유주들은 그가 교수형 당한 뒤에도 그가 남긴 영향력을 두려워했다. 이후 미국에는 엄격한 노예법이 새로 제정되었고, 노예제 철폐론자들을 겨냥한 검열법도 앤드루 잭슨의 축복 속에 통과되었다. 하지만 무엇보다 중요한 것은 노예제에 대한 백인들의 전투적 방어가 전혀 새로운 의미를 갖게 되었다는 점일 것이다.

휘그당원들은 누구?

앤드루 잭슨의 민주당은 현대 정당 정치의 모체가 된 엄격한 원칙의 소산이라기보다는 잭슨의 인간성과 개인적 견해가 많이 작용하여 생겨난 결과였다. 잭슨의 대중적 인기 또한 무시할 수 없는 요소일 것이다. 잭슨은 1832년 선거에서 손쉽게 재선에 성공했고(55퍼센트의 일반 득표율과 77표의 선거인단 표를 획득했다), 뉴욕의 정치꾼 마틴 밴뷰런(1782~1862)도 덩달아 신임 부통령이 되었다.

잭슨의 강령은 간단했다. ① 미국은행으로 대표되는 상류층과 대기업들을 믿지 말 것. ② 인디언 제거로 생겨난 땅을 백인들에게 개방하여 백인 영역을 확대하는 등 경제적 기회를 늘릴 것. ③ (최소한 백인 남자에게만이라도) 선거권을 확대할 것. ④ 초기 상류층 위주의 정부가 가로막고 있던 정치의 과정을 중·하류층까지 전면적으로 개방할 것. 잭슨은 점점 고조되고 있던 연방 대對 주들의 권한 문제에는 강력한 연방 지지자임을 표방하면서도 미국은행을 반대하는 데 따르는 표면상의 이유를 들어 주들에 미치는 연방 정부의 권한에는 제동을 걸려는 조심스런 행동을 보였다.

잭슨의 대중적 인기로 반대파들은 거의 질식당할 정도였으나 완전히 죽은 것도 아니었다. 구연방파 잔해에서 해밀턴 후계자들이 튀어나온 것이다. 이들은 경제 문제에서 국가 차원의 접근을 신봉하는 자들이었다. 좀더 극단적인 주권州權 옹호자들과 잭슨을 그냥 싫어하고 검증되지 않은 그의 권력에 우려를 나타내는 사람들도 이들과 뜻을 같이했다. 이런 느슨한 제휴를 바탕으로 다니엘 웹스터(1782~1852), 헨리 클레이(1777~1852)라는 미국 의회 정치의 두 거인과 함께 새로운 정당이 모습을 드러내기 시작했다. 1834년 이들은 당명을 휘그Whigs로 정했다. 휘그는 독립혁명 이전에 영국 국왕파에 충성하는 토리당과 구별하기 위해 애국파가 사용한 이름이

'앤드루 국왕'이라 불린 대통령
앤드루 잭슨. 휘그당의 눈에 잭
슨은 전제군주였다.

라는 점에서 독립혁명 이전 시대에 대한 향수를 불러일으키는 이름이었다. 이 새로운 휘그당 세대가 보기에 전제군주는 외국의 군주가 아닌 바로 '앤드루 국왕'이었다. 앤드루 국왕이라는 호칭은 잭슨의 동지나 적이나 할 것 없이 모두가 사용했다.

휘그당은 1836년에 처음으로 대통령 선거전에 뛰어들었다. 하지만 단일 후보를 내지 못하고 인기 있는 세 명을 후보자로 내보냈다. 전직 장성인 윌리엄 헨리 해리슨은 휴 화이트, 다니엘 웹스터와 함께 최선을 다했으나 이길 가능성은 희박했다. 잭슨이 직접 선택한 후계자였고 미국인으로 태어난 최초의 미국 대통령이 된다는 사실로 다른 후보들과 차별화를 두고 있던 마틴 밴뷰런은 휘그당 후보들을 손쉽게 따돌렸다. 숙달된 정치 모사꾼 밴뷰런은 단체 선거, 즉 '도당 정치'를 일찌감치 마스터한 사람으로 잭슨에게 뉴욕 선거인단 표를 몰아준 전력도 있었다. 하지만 그에게는 대중의 지지를 이끌어내는 잭슨과 같은 능력이 없었다. 그의 재임 중에 불어닥친 혹독한 경제 불황——1837년의 공황——으로 밴뷰런은 재선 기회에 막대한 타격을 입었다. 하지만 그를 쓰러뜨린 결정적 요인은 휘그당의 새로운 전략이었다. 존 퀸시 애덤스와 대결을 벌일 때 애덤스의 조상이 귀족이었다고 몰아붙여 앤드루 잭슨의 형세를 역전시킨 바로 그 전략이기도 했다.

1840년의 '통나무 오두막집' 유세에서 휘그당은 밴뷰런을 살찐 귀족이라 표현하며 마틴 반 루인Ruin*이라는 별명을 붙여주었다. 휘그당은 국민의 정당임을 강조하면서 휘그당의 후보 해리슨 장군(1773~1841)을 통나무 오두막집에 사는 보통 사람으로 부각시켰다. 하지만 그 역시 독립선언서에 서명한 사람의 아들로 명문가 출신이었다. 그는 또, 잭슨의 이미지 속에 티페카누 강 전투에서 테쿰세에 맞서 싸운 전쟁 영웅으로도 남아 있었다. 해리슨은 러닝메이트인 버지니아의 존 타일러(1790~1862)와 함께, 꿈에도 잊지 못할 그 "티페카누와 타일러!"를 유세 슬로건으로 내세웠다. 1840년의 대통령 선거 유세전은 거창한 집회, 놀라운 투표율, 푸지게 넘쳐나는 사과술로 무척이나 소란스러웠다. 신조어도 하나 만들어졌다. 부즈Booze라는 위스키 제조업자가 통나무집 모양의 술통에 위스키를 담은 이야기가 퍼지면서 '부즈booze'가 술을 뜻하는 말로 굳어진 것이다. 'booze'라는 단어는 네덜란드어 'bowse'에서 나온 말이다.

해리슨은 취임식 한 달 뒤 폐렴에 걸려 사망했다. 이에 버지니아 출신이며 열렬한 주권州權 옹호자였던 부통령 존 타일러가 최초로 대통령직을 '승계'했다.

* '루인ruin'은 '파멸'이라는 뜻이 담긴 말로 비아냥거리는 뉘앙스가 있다.

알라모 전투의 주인공은?

잭슨은 나라의 장래와 관련된 문제들을 놓아둔 채로 대통령직에서 물러났다. 남부 정치인들은 그가 떠나기가 무섭게 연방 가입은 자유 의사로 결정된 것이니 연방을 떠나는 것도 자유 의사라는 주장을 들고 나왔다. 관세와 은행 문제도 중요하게 다루어졌으나 진짜 중요한 사안은 노예제였다. 노예 문제와 관련되어 국회에 상정된 모든 사안은 사사건건 국민적 논쟁으로 발전해갔다. 당시에는 멕시코의 일부였던 텍사스의 운명과 관련된 문제도 그 중의 하나였다.

미국인들은 스티븐 F. 오스틴(1793~1836)의 주도 아래 멕시코 당국의 초청을 받고 텍사스에 정착했다. 잭슨 대통령과 전임 애덤스 대통령은 멕시코에 텍사스 매입을 제의했으나 거절당했다. 1830년에 이르자 목화 재배지인 이 비옥한 평원에 2만 명 이상의 미국 백인이 몰려들었고, 노예 2천여 명이 그들과 함께 왔다. 얼마 지나지 않아 텍사스의 미국인 수는 멕시코인 수를 앞지르게 되었다. 1834년에 오스틴은 멕시코 시 당국에 주州가 되기 전의 준비 단계로 텍사스를 멕시코에서 분리해달라고 요청했다. 이들이 그런 요청을 한 이유는 미국인으로 남고 싶다는 것도 있었지만, 그보다 더 중요한 이유는 멕시코가 노예를 금지했기 때문이다. 오스틴은 체포되어 구금당했다. 그리고 1836년 멕시코 대통령 산타 안나는 텍사스를 포함한 멕시코 전체 영토를 포괄하는 헌법을 공포했다.

텍사스의 미국인들은 멕시코에서 탈퇴하기로 결정했다. 그러자 산타 안나는 6천 명의 병력을 이끌고 그의 생각에 대역죄를 저지른 텍사스인을 응징하러 나섰다. 그중 3천 명의 병력을 이끌고 산안토니오로 접근해 갔다. 그곳에서는 윌리엄 B. 트라비스 대령의 지휘 아래 텍사스인 187명이 계속 저항하고 있었다. 수비병들은 알라모라는 이름의 선교본부의 담을 등지고 방어 태세를 갖추고 있었다. 이 소수의 병력이 지금은 전설의

호세 마리아 산체스
1828년 4월 27일, 당시에는 텍사스와 루이지애나의 일부였던 멕시코 국경 원정대의 일원이었던 멕시코인 측량사 산체스의 말

이 부락은 미국 북부의 토박이 스티븐 오스틴이 건설하였다. 현재 이곳 리오 데 로스 브라소스 데 디오스라는 커다란 강 서안에는 40~50채 가량의 목재 가옥이 들어서 있다.…… 인구는 200여 명에 이르는데 이 중 멕시코인은 열 명에 불과하다. 간혹 유럽인이 섞여 있을 뿐 나머지는 모두 북부 출신 미국인이다. 초라하기 그지없는 작은 상점들에서 사람들은 일용품을 구입한다. 어떤 상점은 위스키, 럼, 설탕, 커피를 팔고 어떤 상점은 쌀, 밀가루, 라드, 싸구려 옷가지를 판다.…… 미국인들은…… 소금에 절인 고기, 옥수수 가루로 직접 구운 빵, 커피, 집에서 만든 치즈로 식사를 한다. 여기에다 부락민들 대부분은 독한 술까지 마셔댄다. 내가 보기에 이들은 전반적으로 심술궂은 성격의 나태한 사람들 같다. 작은 농지에서 옥수수를 재배하는 사람들도 있지만 그 일을 검둥이 노예들에게 맡기는 것이 보통이다. 이들은 노예들을 상당히 혹독하게 다룬다.…… 아무래도 우리에게서 텍사스를 빼앗아가는 대재앙의 불길은 이 부락에서 시작될 것 같다.

장소가 된 알라모에서 산타 안나 대군을 맞아 열흘을 버티며 멕시코군에 엄청난 타격을 입혔던 것이다. 하지만 수적인 열세는 어찌할 수 없었다. 멕시코 군악대가 '목 자르기(살인)'를 뜻하는 〈데구엘료Deguello〉를 연주하자 대포가 알라모의 담벼락을 파괴했고 무너진 틈새로 들어온 멕시코군이 트라비스 방어군을 덮쳤다. 마지막 공격에서 살아남은 미국 병사들은 처형된 것이 분명하다. 미군 병사들의 시체는 모두 기름에 적셔서 불에 태워졌다. 전사자 중에는 허리에 긴칼을 차고 다닌 것으로 유명했던 루이지애나의 노예 상인 짐 보위도 있었고, 앤드루 잭슨의 크리크족 전쟁에 참가한 퇴역병이었고 변경 개척자였으며 국회의원이기도 했던 데이비드 크로켓(1786~1836)도 있었다. 알라모 전투에서 살아남은 생존자는 세 사람에 불과했다. 수잔나 디킨슨이라는 병사의 아내와 15개월 된 그녀의 아기, 트라비스의 노예 조. 그들은 산타 안나에 의해 풀려난 뒤 걸어서 텍사스 군사령관 샘 휴스턴(1793~1863)이 있는 곳까지 갔다. 그리고 휴스턴에게 저항하면 맞게 될 운명에 대해 경고해주었다.

알라모 전투에서 살아남은 세 명의 생존자 중의 하나인 수잔나 디킨슨. 멕시코 대통령 산타 안나가 지휘하는 멕시코군이 알라모를 공격했을 때, 그녀는 15개월 된 아기와 함께 목숨을 건졌다.

골리아드 부락에서 자행된 산타 안나 군대의 두 번째 살육으로 텍사스인 수백 명이 목숨을 잃은 가운데 전투의 불길은 더욱 거세게 타올랐다. 산타 안나는 휴스턴 밑에 남아 있던 소수의 텍사스 병력을 계속 압박했다. 1836년 4월 양군은 마침내 산 하신토에서 마주쳤다. 수적으로 턱없이 밀리는 텍사스군은 "알라모를 기억하라!"는 전쟁 구호를 외치며, 자기 과신에 빠진 산타 안나의 허락으로 낮잠을 즐기고 있던 멕시코군의 대열을 급습했다. 전투는 18분만에 끝났다. 텍사스군의 사망자는 단 아홉 명이었고 멕시코군 사망자는 수백 명이었다. 그리고 멕시코군 수백 명이 포로로 붙잡혔다. 산타 안나도 포로 사이에 있었다. 살아남은 멕시코군은 텍사스군에 밀려 맥없이 리오그란데 강 너머로 퇴각했다.

TEXAS!!

Emigrants who are desirious of assist-
ing Texas at this important crisis of her
affairs may have a free passage and equip-
ments, by applying at the
NEW-YORK and PHILADELPHIA
HOTEL,
On the Old Levee, near the Blue Stores.

Now is the time to ensure a fortune in Land:
To all who remain in Texas during the War will
be allowed 1280 Acres.
To all who remain Six Months, 640 Acres.
To all who remain Three Months, 320 Acres.
And as Colonists, 4600 Acres for a family and
1470 Acres for a Single Man.
New Orleans, April 23d, 1836.

텍사스 이주를 선전하는 포스터, 1836년 알라모 전투 이후 텍사스는 멕시코에서 분리되어 독립을 선언했다.

텍사스인들은 곧바로 자신들의 헌법을 제정하고, 산하신토 전투 이후 괴저로 거의 죽어가고 있던 휴스턴을 새로운 공화국의 대통령으로 선출했다. 그런 다음 미국에 병합을 신청했다. 잭슨은 이들에게 아무런 반응도 보이지 않다가 재임 마지막날에야 비로소 텍사스의 독립을 인정했다. 밴뷰런도 망설였다. 두 사람은 멕시코와의 전쟁을 두려워했고, 그보다도 텍사스 편입으로 초미의 중대사인 노예 문제에 기름을 붓게 되는 것을 더 두려워했다. 남부 주들은 노예 주가 늘어나기를 원했다. 북부 주들에게는 텍사스 편입이 미주리 협정(이 협정으로 노예 주 아칸소와 자유 주 미시간이 25번째와 26번째 주로 각각 편입되었다)으로 만들어진 균형이 깨지는 것을 의미했다. 향후 9년간 텍사스 문제는 노예제로 남과 북을 더욱 멀어지게 하고 멕시코와의 관계도 전쟁 일보 직전의 상황으로 몰아가게 된다.

'명백한 운명'이란?

텍사스 병합은 19세기판 로또 열풍처럼 당시 미국 전역을 휩쓸고 있던 대대적인 광란의 한 징후였다. 1845년에는 이 열병에 명백한 운명manifest destiny이라는 이름이 붙었다. 영토 확장론을 옹호한 잡지 《유나이티드 스테이츠 매거진 앤드 데모크라틱 리뷰 United States Magazine and Democratic Review》의 기자 존 L. 오설리반은 "해마다 증가하는 우리 수백만 미국인들이 자유롭게 뻗어나갈 수 있도록, 하느님께서 할당해주신 대륙을 온통 뒤덮기 위한 명백한 운명을 이행하자"는 내용의 기사를 썼다.

종교적 사명처럼 들리고 아주 교묘한 비전을 내포하고 있는 오설리반의 이 문구는, 다른 저널리스트들과 정치인들에게 신속히 전파되었다. 이 비전 뒤에는 이데올로기적 무력감이라는 위협이 숨어 있는 것이 분명했다. 하지만 명백한 운명을 말한 가장 큰 동기는 역시 대서양에서 태평양까지 전대륙을 지배하고자 하는 미국인들의 망상에 가까운 욕심, 즉 탐욕이었다. 미국인들이 세대를 이어오며 문명

American Voice

에드거 앨런 포
〈갈가마귀The Raven〉(1845)에서

그리하여 갈가마귀는 내 침실 문 바로 위 창백한 팰러스 상 위에
날지 않고 그대로, 그대로 앉아 있네.
그의 눈은 어느 모로 보나 꿈꾸는 악마의
눈과 같고
등불이 그의 위로 흐르며 그림자를 바닥에
드리우고 있네.
그리고 내 영혼은 바닥에 너울거리는 그 그림자로부터
떼어낼 수가 없네—다시는 안 되네!*

마약중독자, 알코올중독자, 어린여자중독자, 시간자屍姦者—이 모두 에드거 앨런 포(1809~1849)의 별칭이다. 그리고 이들 대부분은 포가 사망한 다음 그에게 앙심을 품고 있던 유작 관리자가 거짓으로 지어낸 말들이다. 훗날 연구로 이러한 비난의 대부분은 근거 없는 중상모략으로 밝혀졌다. 하지만 포에 관해서는 불가사의한 점이 많이 남아 있고, 그 점은 그의 작품에서도 분명히 나타난다.

포는 보스턴에서 태어나 세 살 때 부모를 잃고 삼촌 밑에서 자랐다. 그는 버지니아대학에 들어갔으나 중퇴하고 나중에 웨스트포인트에 다시 들어갔다. 하지만 거기서도 버티지 못하고 결국 퇴학을 당했다. 이후 신문사 편집일과 집필 생활을 하며 몇 편의 시와 단편소설을 발표했다. 열세 살 난 사촌과 결혼도 했다. 당시에는 요즘의 일반적인 생각과는 달리 어린여자와 결혼하는 것이 별로 괴이한 행동이 아니었다. 1845년 《갈가마귀 외The Raven and Other Poems》라는 제목으로 시집을 펴내면서 포는 즉각 주목을 받기 시작했다. 그리고 잡지 편집인으로서 성공적인 삶을 살아가며 미스터리, 공포, 초자연적인 내용의 단편들을 계속 썼다. 《모르그가의 살인》, 《황금 벌레》, 《어셔가의 몰락》이 많이 알려진 작품들이다. 아내가 죽은 뒤 그는 신경쇠약증에 시달렸다. 그리고 2년 뒤 재혼식장으로 가는 기차 안에서 의문의 죽음을 맞게 된다.

포는 미국의 유명 작가 1세대에 속하는 작가였다. 이 시기를 빛낸 나다니엘 호손, 허먼 멜빌, 랠프 왈도 에머슨, 헨리 데이비드 소로가 1세대에 속하는 작가들이었다. 이들도 포처럼, 19세기 초에 만개한 낭만주의와 미숙함을 벗어던지고 이제 막 피어오르기 시작한 미국 문화의 완숙함을 대변해준 작가들이다.

* 송경원 옮김, 《생각의 즐거움》(하늘연못)에서 번역 일부 인용.

의 저변을 점차 넓혀왔듯이, 이 욕심도 겉으로는 열렬한 종교적 구도의 모습을 띠고 있었다. 수많은 사람들이 서부로 옮겨 갔고, 이들

산타페 트레일. 대서양부터 태
평양까지 아메리카 대륙 전체를
지배하고자 하는 욕망은 많은
서부 개척로를 탄생시켰다. 그
림은 1844년에 간행된 《초원의
상 업 Commerce of the
Prairies》에 실린 삽화.

의 급속한 이동은 저 유명한 서부 개척로의 발달로 더욱 촉진되었
다. 산타페 트레일Santafe Trail은 미주리의 인디펜던스와 로스앤젤
레스로 통하는 이전의 에스파냐 트레일Spanish Trail로 연결되었다.
사냥꾼과 선교사들이 만든 오리건 트레일Oregon Trail은 북서쪽의
오리건까지 뻗어나갔다. 1847년에 개통된 모르몬 트레일Mormon
Trail은 처음에는 종교인들만 이용하다가 나중에는 일리노이 정착
민들도 그 길을 따라 솔트레이크시티까지 갔다. 남서부에서는 미주
리 서부와 캘리포니아를 연결하는 옥스보우 루트가 연방과의 계약
으로 우편물을 운송했다.

　큼지막한 항구들이 있던 캘리포니아는 여전히 멕시코에 속해 있
었고 오리건 역시 영국이 소유권을 주장하고 있었다는 사실은 그
모든 곳들을 지배하고자 하는 탐욕스런 미국의 침략성을 드러내는
것이었다.

모르몬 교도들이 서부로 간 까닭은?

　19세기 미국인들 대부분은 자신들이 신의 뜻으로 서부에 갔다고 믿었다. 다른 한편에서는 종교적 출구를 찾는 사람들이 있었다. 19세기 초반 미국에서는 셰이커교Shakers와 같은 종교 단체들이 생겨나는 등 영적 재각성이 크게 일어났다. 셰이커교는 영국 여성 머더 앤 리가 1774년 뉴욕에서 창설했다. 셰이커교는 수년간 번성하다가 셰이커 교리인 독신주의로 인해 자연스럽게 소멸되었다. 다른 영적 '운동들'도 일어났다. 셰이커교의 독신주의와는 반대로 난교를 장려한 유토피아적 공동체 오나이다와 뉴잉글랜드 초월론자들의 공동체 브룩 농장이 그에 속했다.

위. 모르몬교의 창시자 조지프 스미스. 아래. 모르몬교를 부흥시킨 브리검 영.

　하지만 이 시기에 등장한 종교 단체 중 역사적으로 가장 중요하고 두드러진 것은 뭐니뭐니해도 말일성도예수그리스도교, 즉 모르몬교였다. 모르몬교는 1823년에 조지프 스미스라는 사람이 뉴욕에서 창설했다. 일종의 예언자인 이 사람은 모로나이라는 천사에게서 황금판에 상형문자로 적힌 고대의 성구《모르몬서》를 선물로 받았다고 주장했다. 그러고는 상형문자를 자기가 번역했으며 성령을 받았다고도 말했다. 스미스와 그를 따르는 소그룹은 오하이오로 장소를 옮겨 그곳에서 공동체가 지닌 효율성으로 개종자를 모았다. 하지만 그들이 주장하는 하느님의 계시는 보다 전통적인 기독교인들에게 조롱을 받았고 증오감을 유발시켜 그로 인해 적대감이 생겨나자 모르몬 교도들도 하는 수 없이 본거지를 찾아 황야로의 오디세이를 시작했다. 미주리는 노예제를 반대하는 주였기 때문에 모르몬교의 입장은 현지 주민들과 갈등을 빚기도 했다. 개종자 수가 늘자 스미스는 정치적 영향력을 갖기 시작했다. 하지만 1834년 스미스의 또 다른 환상은 일부다처제를 요구했고 이에 대한 분개는 박해로 이어졌다. 1844년, 폭도들이 일리노이 주에서 스미스와 그의 형하이럼을 살해했다.

모르몬교는 강력한 지도자 브리검 영Brigham Young 아래 재규합되었다. 그는 더 이상의 박해를 받지 않기 위해 서부 지역 끝에서 교회의 장래를 도모해보기로 했다. 1847년 영과 소수의 모르몬 교도가 새로운 약속의 땅인 그레이트솔트레이크 유역으로 발길을 재촉했다. 그들은 그곳에서 공동체 생활을 시작했다. 그곳에서 모르몬교의 확고한 터전을 다진 결과 영은 연방 판사직을 요구하기에 이르렀다. 모르몬교도의 물결이 유타로 통하는 길을 따라 이어지면서 그곳은 서부로 통하는 주요 통로가 되었다. 그에 따라 모르몬 교도들도 캘리포니아와 황금을 찾아 나선 수천 명의 여행객들로부터 상당한 수입을 올릴 수 있었다.

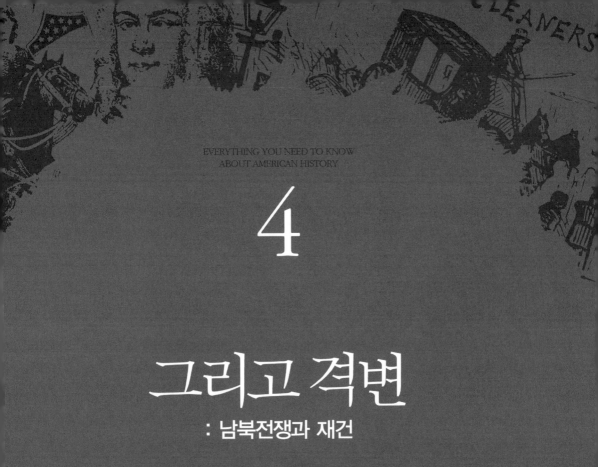

4

그리고 격변

: 남북전쟁과 재건

미국은 이제 두 개의 나라, 두 개의 문화, 두 개의 이데올로기를 가진 충돌할 수밖에 없는 나라가 되었다.
남북전쟁의 원인을 가장 단순하게 생각하면 남부인들은 정치, 노예 그밖의 다른 어떤 문제들에서도 남들이
이러쿵저러쿵 관여하는 것을 원치 않았다. 워싱턴과 링컨 사이의 몇 십 년 동안 지글거리며 타고 있던 감정적
이데올로기의 문제는 국가가 당면한 여러 현실로 하나하나 쪼개지고, 대통령 선거로 분해된 끝에
결국 끔찍한 굉음을 내며 폭발하고 말았다.

미국의 초대 대통령 조지 워싱턴의 취임식이 있은 1789년 4월과 링컨의 취임식이 있은 1861년 3월 사이의 간격은 기나긴 역사의 흐름에서 보면 72년이라는 일순간에 불과하다. 하지만 그 일순간의 역사에는 엄청난 사건들이 담겨 있다. 대서양 연안 몇 백 마일에 불과한 인구 희박한 작은 해안 지대에서 외세와 인디언들의 위협에 시달리며 삼류 공화국으로 출발한 미국은 이제 동서를 가로지르는 대륙 전체를 소유하고 비약적인 발전을 이루어가는 세계의 경제 강국이 된 것이다.

미국은 한창 뻗어나가는 강력한 나라였다. 전국적으로 운하가 건설되어 내륙과 혼잡한 대서양 항구를 연결했다. 최초의 증기선들은 그 운하들을 이용하여, 케이프혼을 돌아 캘리포니아까지 투기꾼들을 실어 날랐다. 미국 최초의 철도도 건설되어 광활한 대륙을 가로지르며 발전도상에 있는 대도시들을 연결했다. 토크빌도 지적했듯이, 미국인의 관심이 실용적인 면으로 쏠리면서 발명의 세대도 새롭게 태어났다. 1834년, 사이러스 매코믹은 말이 끄는 수확기를 발명하여 미국 농업 혁명의 발판을 다졌다. 엘리 휘트니는 초기 조면기를 개량해서 남부의 조면기 — 'engine'의 준말인 그 유명한 'gin' — 왕으로 만들어놓고, 그 다음에는 부품 상호 교환에서 대량 생산의 가능성을 보고 북부에 공장도 하나 건설했다. 그것은 또 총 생산에도 도움을 주어 결과적으로 북부의 연방이 남부연합에 승리를 거두는 데 일조를 했다. 1843년에는 볼티모어에서 워싱턴까지의 전신선 건설에 필요한 지출안이 의회에서 승인되었다. 새뮤얼 모스(1791~1872)는 전신 부호를 발명하여 사용하기 시작했다. 1851년에 이르면 미국의 수많은 발명품들 — 시계와 자물쇠, 콜트식 자동 권총, 재봉틀, 수확기와 철도 — 이 유럽인들에게 화제가 되었다.

유혈 낭자한 프랑스혁명이 한창이던 파리에서 제퍼슨은 한때 '자잘한 반란'은 공화국에 도리어 득이 될 거라는, 경솔하다 싶을 정도의 의견을 말한 적이 있었다. 그 최종적인 반란*이 얼마나 파괴적일지 미리 알기만 했어도 그는 아마 대통령 재임 중에 보다 효과적인 방지책을 마련했을 수도 있다. 역사는 그러한 가정과 회상의 끊임없는 흐름인 것이다.

남북전쟁Civil War은 왜 일어나야만 했는가? 피할 방도는 없었는가? 북부는 남부를 왜 그냥 내버려두지 않았는가? (이러한 질문은 1860년의 일반적인 정서이다.) 남북전쟁 이후 미국인들은 늘 이 문제에 빠져 고민해왔다. 미국 역사상 그토록 많이, 그리고 감성적으로 (다소는 낭만적으로) 다뤄진 시대는 일찍이 없었다. 링컨, 노예제, 남부, 남북전쟁과 그 여파에 대한 책들이 해마다 수없이 쏟아져 나왔다. 미국에서 가장 인기 있는 소설 ── 영화도 마찬가지다 ── 이 남북전쟁을 배경으로 하고 있다는 것도 그리 놀랄 일은 아니다. 역사성이나 문학성은 별개로 치고 마거릿 미첼의 《바람과 함께 사라지다》가 남북전쟁에 관한 미국인들의 열정과 낭만을 대변하고 있다는 ── 어느 정도 낭만화한 책임도 있다 ── 것은 부인할 수 없는 사실이다.

하지만 역사가들과 소설가들이 이미 충분히 밝혔듯이 남북전쟁에는 낭만적이라고 볼 수 있는 요소가 거의 없었다. 그것은, 가족과 친구를 불구대천의 원수로 갈라놓고 남부 주들을 초토화시키며 수십만 명의 목숨을 앗아간 4년간의 사악하고 파괴적인 전쟁이었을 따름이다. 정치적인 실수와 군사적인 실수는 양쪽 모두 저질렀다. 전쟁에서 있을 수 있는 최악의 잔학함도 빠지지 않고 나타났다. 남북전쟁의 이면과 그것이 남긴 상처의 진실을 가리는 문제는 지금까지도 미국의 정치와 사회에서 논쟁거리로 남아 있다.

남북전쟁의 원인을 제대로 파악하기 위해서는 19세기 전반기의 미국을 하나의 나라로 볼 것이 아니라 두 개의 분리된 나라로 생각하는 것이 편리하다. 미국 북부는 도시화와 산업혁명을 겪으며 급속한 현대화 과정을 밟고 있었다. 경제 구조에서 농업이 차지하는 비중이 여전히 높긴 했지만 북부 경제의 틀을 잡아가고 있던 것은 거대 산업—철도, 운하, 증기선, 은행, 호황을 누리던 공장들—이었다. 기아와 정치적 혼란을 피해 유럽의 이주민들이 여러 도시로 몰려들면서 인구수도 부쩍 증가했다. 그들은 무한한 부와 기회의 나라 미국에 대한 신화에 이끌려 온 사람들이었다.

1845년 아일랜드에는 감자잎마름병과 기근이 덮쳤다. 그해부터 수십 년 동안 미국에는 150만여 명의 아일랜드인이 몰려들었다. 1860년에는 3천200만 미국인 중의 8분의 1일이 이민자였고, 그들 대부분은 북부에 정착하여 로드아일랜드, 매사추세츠, 코네티컷, 뉴저지의 공장 지대로 흘러들었다. 새로운 산업 구조의 굶주린 욕구를 채워주며 흉물스럽게 늘어선 도시의 슬럼가와 빈민촌에 정착하여 계몽과는 거리가 먼 공장에 인질로 잡혀 있다시피 한 이들이 바로 이민 노동자였다. 그들은 또 자신들의 대변자를 자처하는 정치 기구에도 착실히 참여하여 남북전쟁의 징집법Conscription Act 아래 소집되었고 전쟁에서 총알받이가 되었다.

반면 남부 주들은 버지니아의 상류층 대농장주들이 건국에 일익을 담당하던 시절인 제퍼슨 시대의 경제 구조, 즉 노예 위주의 농업 경제 구조를 그대로 유지하고 있었다. 당시 남부인들의 부의 기반은 목화—영국과 뉴잉글랜드 섬유 공장들의 원료용으로만 재배했다—와 목화 재배를 담당한 노예, 남부의 주산물이던 담배, 쌀, 옥수수였다. 1807년부터 노예 수입이 법으로 금지되었음에도 남부의 노예 인구는 엄청난 비율로 계속 증가했다. 그리고 노예의 해외 무역은 금지되었지만 남부 주들에서는 노예 장사가 활발하게 이루어졌다. 남부인들은 이러한 논리적 모순—해외가 아닌 국내에서 활발한 교역이 이루어지는 것—을, 북부가 남부에 법률을 부당하게 강요하여 생긴 것이라고 생각했다.

하지만 아프리카 노예 무역이 끊어진 상황에서도 노예 수는 엄청나게 불어났다. 1790년 인구 조사에서 70만여 명이던 노예 수가 1860년에는 350만 명으로 늘었다. 그런 반면, 남부의 전체 인구는 미국으로 몰려드는 이민자들을 북부가 거의 흡수했기 때문에 무척 더디게 증가했다. 미국의 확장을 둘러싼 그 모든 논쟁이 가열된 이유도 목화 재배가 늘고 노예가 늘었기 때문이다. 그로 인해 최소한 한 번의 외국과의 전쟁이 일어났으며, 쿠바를 비롯한 미국 남부 지역의 항복을 남부인들이 떠들게 되었다.

미국은 이제 두 개의 나라, 두 개의 문화, 두 개의 이데올로기를 가진, 충돌할 수밖에 없는 나라가 되었다. 전쟁의 원인을 가장 단순하게 생각하면 남부인들은 정치, 노예 그밖의 다른 어떤 문제들에서도, 요컨대 자신들의 삶의 방식에 남들이 이러쿵저러쿵 관여하는 것을 원치 않았다. 그것은 인간의 본성이기도 하다. 다른 누군가의 통제를 참지 못하는 이러한 기질은 독립혁명 전에 미국인의 특성으로 자리잡아 제퍼슨이 독립선언서를 작성할 때부터 이미 국민적 논쟁의 일부가 되었고, 그 논쟁이 타협으로 이어져 헌법이 탄생한 것이다. 하지만 이 문제는 처음부터, 오랜 시간에 걸쳐 타들어가는 퓨즈 달린 화약통과 같았다. 워싱턴과 링컨 사이의 몇 십 년 동안 지글거리며 타고 있던 감정적 이데올로기의 문제는 국가가 당면한 여러 현실로 하나하나 쪼개지고, 대통령 선거로 분해된 끝에 결국 끔찍한 굉음을 내며 폭발하고 말았다.

(이 장에서는 남북전쟁 상황, 남북전쟁, 그것의 직접적인 영향을 간단히 요약했다. 이 책이 처음 나온 이후 나는 남북전쟁이 미국사에서 가장 중대한 ── 그러면서도 종종 진가를 인정받지 못하는 ── 사건이라고 생각하고 별도로 책을 한 권 구성해야 한다고 느꼈다. 1996년에 나온 《남북전쟁에 대해 알아야 모든 것Don't Know

Much About the Civil War》은 이런 이유에서 출간되었다.)

미국은 왜 멕시코를 공격했나?

　미국은 짧은 역사상 처음으로 독립을 위해서나 다른 나라의 침략 때문에, 혹은 국제 정세가 아닌 문제로 다른 나라와 전쟁을 벌이게 되었다. 멕시코와의 전쟁은 변명의 여지없이 영토 확장을 위한 전쟁이었다. 멕시코 전쟁에 참전한 한 젊은 장교는 훗날 이 전쟁을 "강대국이 약소국에 저지른 가장 부당한 전쟁 중의 하나"라고 말했다. 그는 율리시즈 S. 그랜트 중위였다.

　멕시코 전쟁은, 잭슨과 링컨 사이의 대통령 중에서 가장 노련했던 제임스 녹스 포크 행정부의 중점 사업이었다. 포크는 재임 기간이 짧았던 휘그당의 타일러 대통령 이후 잭슨의 민주당 계열을 백악관에서 계속 이어나가는 것은 물론 아예 영 히코리라는 별칭으로 불렸던 인물이다. 노스캐롤라이나 출신이었던 노예 주 권리 옹호자 포크는 민주당 전당대회에서 밴뷰런을 따돌린 뒤 1844년 대통령 선거에서 가까스로 승리했다. 그의 승리는, 노예제 철폐론자들로 이루어진 소수 정당인 자유당Liberty Party이 휘그당 후보 헨리 클레이의 표를 잠식해주지 않았으면 불가능한 것이었다. 포크가 가까스로 따낸, 특히 뉴욕 주의 몇 천 표만 얻었어도 온건파 클레이를 백악관에 보낼 수 있었을 것이고 그렇게 되었다면 연방 붕괴와 남북전쟁도 막을 수 있었을 것이다.

　그것은 '명백한 운명'의 선거였다. 선거의 이슈는 오리건 준주의 장래에 모아졌다. 포크는 오리건 '재점유'와 텍사스 병합(포크의 말을 빌면 '재병합')을 원했는데, 루이지애나를 매입할 때 텍사스가 포함돼 있었다고 생각했기 때문이다. (하지만 그것은 사실이 아니다.) 포

크의 취임식이 있기도 전에 의회는 포크의 텍사스 병합안을 상하원 합동 결의로 채택했다. 그 조치로 이제 멕시코와의 전쟁은 분명해졌다. 이것은 포크를 비롯한 영토 확장주의자들을 흡족하게 만드는 조치이기도 했다. 멕시코는 1845년 3월 이 소식을 전해 듣고 미국과의 외교를 단절했다.

포크는 텍사스를 아예 미국 땅으로 간주하면서 멕시코인들의 '침입'에 대비해 아직 확정도 안 된 국경을 보호한다는 구실로, 1845년 5월 1천500여 명의 병력과 함께 재커리 테일러 장군을 텍사스에 파견했다. 그러고는 멕시코와 몇 달간 텍사스 매입 협상을 벌인 뒤, 테일러에게 리오그란데 강변으로 병력을 이동시키라는 명령을 내렸다. 이른바 감시군 병력은 1846년 1월 당시 3천500여 명에 이르렀고, 그것은 미군 전체 병력의 약 절반에 이르는 숫자였다. 포크는 멕시코를 더욱 자극하기 위해 테일러에게 리오그란데 강을 건너도록 지시했다. 미국군 병사 한 명이 죽은 채로 발견되고 4월 25일 멕시코군 일부가 미국 경비대를 공격하자 포크는 기다렸다는 듯이 의회에서 "전쟁은 일어났다"고 선포했다. 전쟁에 찬성하는 민주당이 다수를 점하고 있던 상하 양원은 ── 휘그당의 반대 의견이 거의 전무한 가운데 ── 5만 명 추가 파병 결의안을 국회에서 가결시켰다. 노골적인 미국의 영토 확장 전쟁이 시작되는 순간이었다.

멕시코 전쟁의 이정표

1846년

5월 3일 ── 첫번째 전투에서 전쟁의 향방을 점칠 수 있는 결과가 나온다. 팔로 알토 전투에 2천300명의 미군이 참가하여 두 배에 달하는 멕시코군을 물리친 것이다. 뒤이은 레사카 데 라 팔마 전투에서는 1천700명

맞은편. 우드빌Woodville의 그림 〈멕시코 전쟁 뉴스〉.

의 미군이 7천500명의 멕시코군을 물리친다. 테일러 장군은 그가 대동한 휘그당 신문기자들에 의해 일약 국민 영웅으로 만들어져 차기 휘그당 대통령 후보로 나오라는 끈질긴 권유를 받는다. 포크 대통령은 태평양 쪽과 멕시코 만에 있는 멕시코 항구들에 대해 봉쇄령을 내린다.

6월 14일 __ 멕시코 소유의 캘리포니아에 사는 미국인들이 독립을 선언한다. 그해 8월, 캘리포니아는 미국에 병합된다.

1847년

2월 22일~23일 __ 부에나비스타 전투. 테일러 장군은 대개가 신병인 4천800명을 이끌고 대부분 훈련 받지 않은 농민이었던 1만 5천 명의 멕시코군을 격파한다.

3월 9일~29일 __ 베라크루스 전투. 3주에 걸친 포격으로 민간에 막대한 인명 피해를 입힌 끝에 베라크루스를 함락시킨다.

11월 22일 __ 미국 국무부의 니콜라스 트리스트가 멕시코와의 협상을 위해 워싱턴을 떠난다.

12월 22일 __ 보잘것없는 초선 하원의원 한 사람이 멕시코 전쟁에 반대하는 연설을 한다. 에이브러햄 링컨이 하원에서 한 최초의 연설이었다.

1848년

2월~3월 __ 멕시코 전쟁 종식을 알리는 과달루페 이달고 조약의 조인과 상원의 인준이 이루어진다. 조약의 결과, 미국은 멕시코로부터 50만 평방마일 이상의 땅을 받는데, 텍사스는 물론 장래의 캘리포니아 주, 네바다 주, 유타 주, 뉴멕시코와 애리조나의 대부분 및 와이오밍과 콜로라도 일부가 이에 포함된다. 리오그란데 강이 멕시코와 미국의 국경선이 된다. 그 대가로 멕시코는 미국으로부터 1천500만 달러를 받고, 미국 정부는 3천250만 달러에 이르는 멕시코를 상대로 한 미국인들의 청구권을 떠맡는다.

멕시코 전쟁에서 미국이 얻은 것은?

　미국은 멕시코 전쟁에서 비교적 적은 대가를 치르고 신속하게 승리하여 '명백한 운명'의 꿈을 달성했다. 그러고 나자 이번에는 아메리카 대륙 횡단은 신의 뜻이라는 일반적인 통념을 확인시켜주는 듯한 사건이 일어났다. 1848년 1월 24일, 샌프란시스코 동쪽의 아메리칸리버에서 요한 수터를 위해 제재소를 짓고 있던 뉴저지 출신의 기술자 제임스 마셜의 눈에 누렇게 생긴 얼룩덜룩한 물체가 물속에 있는 것이 보였다. 금이었다. 그것을 시작으로 1849년부터 광란의 캘리포니아 골드러시가 촉발되었다. 그리고 1849년 한해에만 수십만 혹은 그 이상의 사람들이 서부로 미친 듯이 내달렸다. 이후 몇 년 동안 캘리포니아 구릉에서는 대략 200만 달러어치의 금이 추출되었다.

　미국은 골드러시가 가져다준 투자 이익과는 별개로, 멕시코 전쟁과 오리건 조약을 통해 골드러시보다는 만족스럽지 못한 다른 것을 얻게 되었다. 하지만 추가된 거대한 땅덩이는 노예제가 장차 더 커다란 문제로 비화되는 것을 의미할 뿐이었다. 다시 말해, 싸움을 벌여야 할 땅이 더 늘어난 셈이었다. 남북전쟁 초기부터 이미 노예제 폐지론자들은 전쟁에 반대한다는 목소리를 냈다. 미국노예제폐지협회의 윌리엄 로이드 개리슨(1805~1879) 같은 열렬한 노예제 폐지론자들은 그 전쟁을 "오직 노예제 확대와 영속을 위한 가증스럽고 끔찍한 목적을" 지닌 것으로 단정했다. 노예제를 반대하는 평화주의자 호레스 그릴리(1811~1872)도 개리슨의 견해에 동감을 표했다. 그릴리는 자신이 일하는 《뉴욕 트리뷴New York Tribune》을 통해 전쟁 초기부터 전쟁 반대를 주장했던 인물이다. 매사추세츠에서는 고집불통인 어떤 사람이 노예제 확대를 불러올 수도 있는 전쟁 지원금으로 쓰이게 될 인두세는 납부할 수 없다고 버티다가 감옥

강에서 사금을 채취하고 있는 사람. 1850년 캘리포니아에서 매클루어가 찍은 사진이다. 골드러시로 수백만 명이 서부로 서부로 몰려들었다.

헨리 데이비드 소로
1849년의 연설 "시민 불복종"

불공정한 법률은 존재한다. 그 법에 따라야 하는가, 바꾸려 노력하면서 성공을 거둘 때까지 참고 기다려야 하는가, 아니면 즉시 반기를 들어야 하는가? 이런 정부 아래에서 일하는 사람들은 일반적으로 사람들을 납득시켜 불공정한 법을 바꿀 수 있을 때까지 기다려야 한다고 생각한다. 저항하면 큰 화를 입게 될 것이라는 생각에서이다. 하지만 큰 화를 입는 것보다 더한 것은 정부가 저지르는 과실이다. 그것이 상황을 더욱 악화시키는 것이다. 왜 좀더 기민하게 대처하여 앞일을 예측하고 개혁을 이루지 못하는가? 어찌하여 정부는 현명한 소수를 다독거리지 못하는가? 다치기도 전에 왜 소리부터 지르고 막으려 하는가?…… 어찌하여 늘 그리스도를 십자가에 못박고 코페르니쿠스와 루터를 파문하면서 워싱턴과 프랭클린의 반란을 말하는가?

개인의 자유와 민주주의 정신에 대한 미국의 이상은, 초월주의자로 알려진 뉴잉글랜드 작가들의 작품에서 최적의 예를 찾아냈다. 그 중의 대표적인 인물 랠프 월도 에머슨(1803~1882)은 미국인들에게 유럽을 더 이상 모방하지 말고 "감각의 세계를 넘어서자"고 촉구했다. 그는 개인과 직관적 영성을 강조하면서 자신의 주위에서 일어나고 있던 산업 사회와는 거리를 유지했다.

에머슨의 제자이며 친구인 헨리 데이비드 소로는 에머슨의 사상을 진일보시켜, 세상을 등지고 매사추세츠 콩코드 인근의 월든 호숫가의 오두막으로 거처를 옮긴 뒤, 그곳 생활을 바탕으로 쓴 걸작 《월든Walden》(1854)을 내놓았다. 소로의 저작들은 마하트마 간디에게도 지대한 영향을 끼쳤다. 간디는 소로의 "시민 불복종" 개념을 인도로 가져가 영국 지배를 타도하는 수단으로 이용했다. 간디의 사상은 계속해서 마틴 루터 킹의 비폭력 저항 운동에 영향을 끼쳤다.

나다니엘 호손(1804~1864)도 평론가 반 위크 브룩스가 말하는 이른바 '뉴잉글랜드의 개화파'에 속했다. 하지만 미국 문학의 고전 《주홍글씨The Scarlet Letter》(1850)와 《일곱 박공의 집The House of the Seven Gables》(1851)을 쓴 호손은 초월주의자들과 에머슨을 거부하면서 그들을 "뭐가 뭔지 모르는 것을 찾아다니는 자들"이라고 지칭했다. 그의 《블라이스데일 로맨스Blithedale Romance》는 초월주의자들의 유토피아적 공동체 브룩 농장을 모델로 하여 쓴 책이다. 이 작품에서 호손은, 죄와 죄의식에 사로잡힌 뉴잉글랜드인들의 망상을 그려 보이며 그 시대를 지배하고 있던 엄격한 청교도주의에 대한 거부감을 보여주었다.

에 투옥되었다. 헨리 데이비드 소로(1817~1862)는 교도소에서 단 하룻밤만을 묵었으나——친척 아주머니가 벌금을 대신 내준 덕분에——그가 "시민 정부에 대한 저항"(나중에는 "시민 불복종"으로 바뀐다)이라는 제목으로 행한 강연은 1849년 《콩코드 강과 메리매크 강에서의 일주일 A Week on the Concord and Merrimack Rivers》이라는 책으로 출간되었다.

아이러니컬하게도 멕시코 전쟁이 남긴 가장 참담한 결과는, 멕시코에서 함께 실전 경험을 쌓은 미국의 젊은 장교들이 15년 뒤 남북전쟁에서 서로에게 총구를 겨누게 되었다는 사실이다. P. T. 보레가드 중위와 조지 매크랠런 중위도 멕시코 전쟁에서 싸운 웨스트포인트 출신의 젊은 장교였다. 두 사람은 스콧 장군 밑에 있었다. 남북전쟁이 터지자 보레가드는 전쟁의 시발점이 된 포트섬터 공격을 지휘했다. 매크랠런은 북부군 지휘관이 되었다. 추루부스코 전투에서 동료로 싸운 제임스 롱스트리트 중위와 윈필드 스콧 행콧 중위는 게티스버그 전투에서 마주쳤다. 로버트 E. 리라는 이름의 젊은 대위는 멕시코 전쟁에서 스콧 부대 공병대원으로 상당한 군사적 재능을 과시했다. 몇 년 뒤 스콧은 그 리를 북부군 지휘관에 임명할 것을 링컨에게 건의했다. 하지만 리는 고향인 버지니아에 남아 충성을 다했다. 몇 년 뒤 애포머톡스 법원에서 우연히 마주쳤을 때, 그랜트는 리에게 멕시코 전쟁에서 그들이 동료로 싸웠다는 사실을 말해주었다.

프레드릭 더글러스가 가장 영향력 있는 흑인이 된 까닭은?

멕시코 전쟁을 가장 노골적으로 비판한 사람 중에 그 전쟁을 "수치스럽고 잔인하고 사악한" 전쟁이라 부른 사람이 있었다. 뉴욕 주 로체스터에서 《노스 스타North Star》를 발행하고 있던 프레드릭 더글러스는, 그 전쟁에 유약하게 대응한 다른 전쟁 반대론자들에게 다음과 같은 비난의 글을 썼다. "노예를 소유한 우리 대통령이 멕시코 전쟁을 수행하려는 결의와 그 전쟁에 필요한 인력과 돈을 국민으로부터 성공적으로 짜낼 수 있는 가능성은 그 어느 때보다 컸다. 대통령에 대한 반대가 너무 희미했기 때문이다.…… 어떤 위험이 닥치더라도 평화를 지키려는 사람은 아무도 없는 것 같다."

그가 누구든, 대중의 지지를 받는 전쟁에 반대하여 그 같이 도전적으로 글을 쓴다는 것은 참으로 대단한 일이다. 하물며 탈주한 노예가 자신이 발행하는 신문에 쓴 글이라면 더욱 놀라지 않을 수 없다.

프레드릭 더글러스(1817~1895)는 노예 여성과 아마도 그의 첫 주인 사이에서 태어난 자식일 가능성이 크다. 글 읽는 법은 그가 섬

프레드릭 더글러스. 그는 1843
년 노예제 폐지 연설을 다니다
가 돌과 몽둥이 세례를 받고 부
상당했다. 이때 다친 손은 끝내
낫지 않았다. "노예에게 글을
가르치는 것은 위험하다는 말을
듣는 순간, 나는 노예에서 벗어
나 자유로와질 수 있는 방법을
깨달았다'고 그는 말했다.

긴 여러 주인 중의 한 사람 부인에게서 배웠고 —— 그녀는 노예에게
글 읽는 법을 가르치는 것은 불법이고 위험하다는 말을 들었으면
서도 개의치 않았다 —— 쓰는 법은 볼티모어 조선소에서 독학으로
익혔다. 1838년 그는 주인집에서 탈출하여 선원으로 가장하고 뉴
욕까지 갔다. 거기서 다시 매사추세츠로 가서 조선업과 고래잡이로
왁자지껄하던 뉴베드포드 항에서 노동자가 되었다. 더글러스가 흑
인뿐 아니라 여성을 위한 자유 운동에 헌신하는 삶을 살기 시작한
것은 매사추세츠 내터켓에서 개최된 노예제폐지대회에서 즉흥 연
설을 하면서부터였다. 그러한 과정을 거치며 그는 흑인과 백인을
막론하고 미국에서 가장 유명한 인물의 하나가 되었다. 연설에 남
다른 재능을 지니고 있던 더글러스는, 윌리엄 로이드 개리슨이 창
설한 노예제폐지협회에서 일을 시작했다. 그는 청중을 웃기다가도
울리는 대단한 수완을 지닌 연설자였다. 야유, 조롱, 욕, 죽음의 위
협을 서슴지 않고 말했고 강연 횟수가 거듭될수록 그의 명성과 영
향력도 함께 커갔다. 1845년 노예제폐지협회는 그의 자서전《프레
드릭 더글러스의 인생 이야기Narrative of the Life of Frederick
Douglass》를 출간했다.

이 자서전은 '흑인 노예제'에 강력한 반감을 불러일으키게 하는,
요컨대 메릴랜드 노예의 삶을 다룬 가장 통렬한 작품으로 남아 있
다. 책이 출간되고 강연자로 유명세를 타게 되면서 탈주자로 붙잡
힐 위험성이 커지자 그는 영국으로 옮겨 가지 않을 수 없었다. 더글
러스는 1847년 미국으로 돌아왔다. 그러고는 로체스터에서《노스
스타》의 창간을 시작으로 노예제 폐지 운동의 최선봉에서 활약했
다. 그와 개리슨은 후일 노예제 폐지 운동에 대한 의견 차이 때문에
사이가 틀어졌다. 하지만 더글러스는 이것과 상관없이 승승장구 발
전을 계속했다. 더글러스는 가장 유명한 연설로 꼽히는 어떤 연설
에서 이렇게 말했다. "자유가 좋다고 말하면서도 그것을 위한 운동

을 비난하는 자는 밭도 갈지 않고 수확만을 바라는 자, 천둥 번개 없이 비가 내리기를 바라는 자, 폭풍우 없이 잠잠한 바다를 바라는 자와 같다."

더글러스는 남북전쟁 중에는 링컨의 조언자가 되어 북부군을 위해 흑인 신병을 모집하는 일을 맡아보았다. 이때 흑인도 백인 병사와 동등한 급여를 받을 수 있도록 로비를 벌여 마지못해서이긴 했지만 승인을 받아내기도 했다. 남북전쟁 뒤에는 여러 차례 정부 관리를 지냈고 나중에는 아이티 대사를 지냈다. 하지만 친구들과 흑인, 백인 지지자들은 그의 첫 아내 안나가 사망한 뒤에 그가 백인 여성과 재혼한 것을 매우 못마땅하게 생각했다. 그는 1884년 대학을 졸업한 여성참정권자이며 자신보다 스무 살 아래인 헬렌 피츠

American Voice

프레드릭 더글러스
탈주 10년이 되는 1848년 9월 8일, 《노스 스타》를 통해 자신의 전 주인에게 보낸 편지

노예제의 섬뜩한 공포가 끔찍한 두려움이 되어 내 앞에 나타나고 있습니다. 수백만의 통곡소리에 내 가슴은 찢어지고 피는 얼어붙습니다. 쇠사슬, 재갈, 피투성이 채찍, 족쇄 채워진 노예의 멍든 마음에 드리운 죽음과도 같은 적막감을 나는 똑똑히 기억하고 있습니다. 처자식과 생이별하고 시장에서 짐승처럼 팔려가야 했던 무섭도록 끔찍한 일도 잊지 않고 있습니다.……
아마도 당신의 가슴은 멍이 들었을 것이고, 감정도 얼어붙었을 것이며, 양심도 돌처럼 단단히 굳어버렸을 것입니다. 그렇지 않다면 벌써 그 지긋지긋한 짐을 벗어던지고 온화한 하느님의 품에 안겨 구원을 찾으셨겠지요. 묻고 싶습니다. 이런 일이 생긴다면 당신은 나를 어떻게 보겠습니까? 어느 깜깜한 밤에 파렴치한 인간들과 함께 당신의 고상한 주거지에 침입하여 사랑스러운 딸 아만다를 유괴하여 당신의 가족, 친구 그리고 젊은 시절에 알았던 그 모든 사랑하는 이들로부터 빼앗아간다면 어떻겠습니까? 그녀를 노예로 만들어 강제로 일을 시키고, 임금은 내가 다 착복하고, 장부책에 그녀를 내 재산으로 올려놓는다면 어떻겠습니까? 아만다의 인권과 읽고 쓰는 법을 배울 수 있는 권리를 빼앗고 그녀가 지닌 그 불멸의 영혼의 힘도 꺾어놓는다면 어떻겠습니까? 헐벗고 굶주리게 만드는가 하면, 때로는 채찍으로 벗은 등짝을 후려치고, 그것으로도 모자라 그녀를 방치하여 악마 같은 감독자들의 야비한 욕망의 비참한 희생물이 되게 만든다면, 그리하여 그들이 그녀의 맑은 영혼을 더럽히고, 시들게 하고, 망쳐놓는다면…… 그런 짓을 한다면 당신은 나를 어떻게 보겠습니까?……
나는 당신을 노예제를 공격하는 무기로 사용할 작정입니다.…… 미국 교회와 성직자들의 인격을 폭로하는 수단으로도 이용할 생각입니다. 또한 당신과 이 죄 많은 나라를 회개시키는 수단으로도 이용하렵니다.……
나는 당신의 노예가 아니며 당신과 똑같은 인간입니다.

프레드릭 더글러스

와 결혼했다. 결혼 후에 피츠는 부모와 의절했고 백인 신문들은 그녀가 돈과 명예를 쫓아 결혼했다며 비난했다. 또한 백인 신문들은 그 결혼으로 흑인의 가장 높은 이상은 백인 아내를 얻는 것임이 입증되었다고 보도했다. 두 사람은 1895년 그녀가 심장마비로 돌연 사망할 때까지 활발하게 사회 활동을 했다.

지하철도가 달린 곳은?

겉으로는 평범해 보이는 이 집이 바로 뉴욕에서 캐나다로 가는 지하철도 역이었다. 뉴욕의 카니스테오에 있었다.

더글러스는 수완과 비범한 능력으로 노예 상태를 벗어났다. 하지만 그는 《프레드릭 더글러스의 인생 이야기》에서 탈주 과정에 받았던 여러 도움들을 의도적으로 모호하게 처리하고 있다. 더글러스는 자신을 도와준 사람들을 위험에 빠뜨리고 싶지 않았거나, 자신의 도주 경로를 추격자에게 노출시켜 다른 노예들의 탈주를 어렵게 만들고 싶지 않았는지도 모른다. 의도가 무엇이든 탈주하는 과정에 몇몇 용기 있는 사람들의 도움을 받았던 것은 사실이다.

지하철도Underground Railroad는, 1840년에서 1861년까지 노예 상태를 거부한 수천 명의 흑인들에게 자유의 길을 열어준 노예제 반대 운동의 비밀 조직에 붙여진 이름으로 그들 대부분은 익명으로 활동했다. 개인들의 느슨한 연합체인 지하철도는 노예 한 명의 해방이 곧 노예제 반대의 표현이라고 굳게 믿었다. 그러한 생각으로 남부 노예 주에서 북쪽을 향해 가며 필라델피아와 뉴욕을 두 거점 역으로 삼아, 캐나다와 북동부의 자유 주로 흑인 노예들을 탈출시켰다. 지하철도가 활동을 시작한 지 몇 년 뒤에는 자유 주로 실려간 노예의 숫자를 크게 부풀린 주장이 제기되기도 했다. 지하철도는 계속 살아남아 위험하고 숭고한 임무를 수행했다.

노예들은 야밤을 틈타 '차장들'의 인도를 받으며 역의 요소요소에 놓인 안전 지대, 즉 '역'에서 '역'으로 살그머니 빠져나갔다. '차장들'은 주로 퀘이커 교도가 간간이 섞인 백인 노예제 폐지론자였고, 탈출한 노예들이 이들과 합세하는 경우도 있었다. 이들은 다른 노예를 탈출시키기 위해 다시 돌아왔다는 점에서 몇 배나 커다란 위험 부담을 안고 있었다. 이들 중 가장 유명한 인물이 헤리엇 터브먼(1820~1913)이었다. 더글러스와 마찬가지로 메릴랜드에서 노예로 태어난 터브먼은 1849년에 북부 주로 탈주했다가 즉시 남부로 돌아와 다른 노예들의 탈주를 도왔다. 그녀는 적어도 19번의 여행을 했고, 혼자서 최소한 300명의 노예를 탈주시켰으며, 때로는 총부리가 겨누어지는 상황에서도 노예들에게 떠나라는 '독려'를 아끼지 않았다. 1857년에는 자신의 부모를 성공적으로 탈주시키기도 했다. 이렇게 날뛰는 그녀를 남부에서 그냥 두고볼 리가 없었다. 그녀의 생포에 4만 달러의 현상금이 나붙기도 했다.

그녀는 비록 문맹이었지만, 천부적인 지도자에 뛰어난 입안자였다. 공교롭게도 그녀는 노예제 폐지론자 존 브라운이 하퍼스 페리 무기고에 자살 공격을 감행할 때 병이 나서 가담하지 못해 목숨을 부지했다. 하지만 남북전쟁 때는 예의 그 전투성을 발휘하여 북부군 조리사로 일하며 남부군의 뒤를 캐는 정탐 활동을 벌이기도 했다. 북부군의 도움을 받아 노예 750명을 탈출시켰다는 이야기도 전해진다.

탈주 노예 출신으로 다른 노예들의 탈주를 도운 헤리엇 터브먼. 그녀에게는 4만 달러의 현상금이 붙었다.

1850년의 타협이란?

1848년의 대통령 선거는 노예제와 연방의 미래를 결정하는 선거라 해도 과언이 아니었다. 하지만 후보자들의 면면만으로는 그런 낌새를 눈치챌 수 없었다. 멕시코 전쟁의 영웅 재커리 테일러는 새로 편입될 주들의 노예제 인정 여부, 즉 당대의 가장 중요한 쟁점을 입에 담는 것은 물론이고 견해조차 갖고 있지 않았는데도 휘그당의 대통령 후보가 되었다. 민주당 후보 루이스 카스는 '국민주권설'을 이야기하면서, 즉 준주들의 정부에 결정을 일임하자고 하면서 그 문제를 살짝 비켜나갔다. 노예제에 대해 단호한 입장을 밝힌 후보

위. 제12대 대통령 재커리 테일러. 아래. 제13대 대통령 밀러드 필모어.

는 오직 연로한 마틴 밴뷰런뿐이었다. 그는 양다리 작전을 일찌감치 포기하고, 민주당에서 떨어져 나온 노예제 폐지론자들의 자유토지당Free Soil Party 후보로 뛰고 있었다. 테일러가 전쟁 영웅으로서의 이미지 부각에 성공하고 제3당 후보 밴뷰런이 민주당의 가스 표를 잠식해준 결과였다.

대통령 테일러에게는 골드러시가 미국 경제에 미치는 영향을 비롯하여 새로 편입될 주들에 대한 대처 방안이나 정책 모두가 결여돼 있었다. 이런 상황에서 1849년 캘리포니아가 자유 주로 편입 신청을 하자 연방의 운명이 걸려 있던 그 문제는 또 한번 국회의 정식 안건으로 채택되었다. 오리건 준주를 자유 주로 받아들인 바 있는 남부 주들은 똑같은 일이 다른 주에서 되풀이되는 것을 원치 않았다. 캘리포니아 정도의 크기와 부를 지닌 주라면 특히 그러했다.

이때 절충안이 제기되어 자칫 분열될 뻔한 연방을 잠시 구해주었다. 그리고 그것은 지금까지의 그 모든 절충안이 그러했듯 노예제 폐지론자에게는 혐오스러운 것이었다. 노회한 헨리 클레이의 아이디어에 다름 아니었던 그 법안이 상원에 제출되자 뜨거운 논쟁이 일기 시작했다. 격론은 특히 의회의 두 거인 다니엘 웹스터—그는 연방 보존 차원에서 제한된 범위 내에서의 노예제는 받아들일 용의가 있었다—와 노예를 이용하는 대농장 경영의 철저한 옹호자인 사우스캐롤라이나의 존 C. 칼훈(1782~1850) 사이에 벌어졌다. 하지만 칼훈은 병이 들어 말하기도 힘든 상태였기 때문에 버지니아 출신 상원의원 제임스 머레이 메이슨이 그를 대신해서 발언했다. 칼훈은 연방을 탈퇴하고 말겠다고 다짐했으나 절충안이 통과되는 것을 보지도 못하고 숨을 거뒀다. 그 싸움에는 신출내기 국회의원들도 가세했다. 뉴욕 출신의 윌리엄 스워드는 노예제 결사 반대를 외치는 연설을 했고 일리노이 주 초선 상원의원 스티븐 더글러스는 절충안을 다섯 개 법안으로 나누어 개별적 지지를 얻는 방법으로 절충안을 밀어붙였다.

그 절충안은 1850년, 재커리 테일러 대통령이 사망한 뒤에야 비로소 국회를 통과했다. 그러다가 1850년 타협으로 만들어진 다섯 개 절충 법령은 테일러의 후임 밀러드 필모어(1800~1874) 대통령이 서명했다. 다섯 개 법령은 다음과 같다.

존 C. 칼훈. 그는 노예제도와 대농장 경영을 옹호하는 사람이었다.

① 캘리포니아는 자유 주의 지위를 획득한다.

② 뉴멕시코와 유타는 노예제에 상관없이 주를 구성한다.

③ 역시 노예제의 구속을 받지 않는 텍사스는 경계를 확정하고 텍사스에서 떨어져나가는 뉴멕시코 지역의 보상금으로 10만 달러를 받는다.

④ 컬럼비아 특별구*에서의 노예 매매(노예제 자체는 아니다)를 금지한다.

⑤ 도망친 노예를 소유주에게 되돌려주기 위해 연방에 사법권을 부여하는 도망노예법Fugitive Slave Act을 신설한다.

이들 다섯 개 법령 중에서 가장 뜨거운 쟁점이었던 것은 마지막 법령이었다. 이 법령으로 노예 소유주들은 도망친 노예를 수배할 때 연방의 도움을 받을 수 있는 막강한 힘을 얻게 되었다. 어떤 흑인(노예)도 이 법령 아래서는 안전할 수 없었다. 노예 소유권을 입증하는 데는 진술서 한 장

American Voice

존 C. 칼훈
1850년 3월 4일, 병석에 있던 사우스캐롤라이나 주 상원의원 칼훈이 상원에 보낸 연설문

상원의원 여러분, 본인은 애초부터 노예제에 반대하는 선동적인 움직임을 사전에 막지 못하면 나라가 분열되리라는 것을 알고 있었습니다. 그렇게 생각했기 때문에 적절한 기회가 있을 때마다 크나큰 재앙이 발생하지 않도록 사전 조치를 취해줄 것을 두 당 모두에게 촉구했던 것입니다. 나라를 둘로 갈라놓고 있는 그 정당들 말이지요. 하지만 아무 소용도 없었습니다. 노예제에 반대하는 선동적 행동은 거의 아무런 제지도 받지 않고 계속되어 연방이 위험에 처한 사실을 더 이상 숨길 수도 부정할 수도 없는 지점에까지 봉착하게 되었지요. 여러분 앞에는 지금 연방을 어떻게 보존해야 하는가라는 초미의 중대사가 놓여 있습니다.…… 연방을 위험에 빠뜨린 것은 무엇일까요?
거기에는 오직 하나의 답변만이 있습니다—그것의 직접적인 원인은 연방의 남부를 구성하고 있는 모든 주들이 대부분 가지고 있는 불만입니다. 그리고 (그 불만은) 노예제에 반대하는 선동 행위로 시작되어 계속 누적돼왔지요.……
여러 원인이 있겠지만 하나만은 분명합니다. 북부가 노예제에 반대하여 벌인 장기간의 선동적 행위와 그러는 동안 남부의 권리를 수없이 침해했기 때문입니다.

* 어느 주에도 속하지 않는 수도 특별구, 즉 워싱턴 D.C.를 말한다

이면 충분했다. 감독관에게도 노예 체포권이라는 엄청난 권한 ——현대적인 관점에서 보면 완전한 위헌이다 —— 이 주어졌다. 심지어 도망친 노예를 붙잡아 원주인에게 되돌려주는 데 드는 비용까지도 연방 정부가 부담했다. 입증 책임은 엄연히 피고인인 도망자들에게 있음에도 그들에게는 배심원 재판이 허용되지 않았기 때문에 그들은 자신을 변호할 방법이 없었다. 도망 노예를 숨겨주거나 도와주거나 구조해준 일반인에게도 무거운 벌금과 금고형이 부과되었다.

북부 도시들에서 수년간 신분을 안전하게 보장 받은 것으로 여겼던 대부분의 자유민 노예들은 졸지에 체포되어 압송될 위기에 처했다. 몇몇 도시에서는 성난 군중이 법령에 반대하여 격렬한 시위를 벌이기도 했다. 노예제 폐지 운동의 본산 보스턴에서는 윌리엄과 엘렌 크래프트 부부를 노예 사냥꾼으로부터 보호하여 은신처까지 제공해주었다. 이 노예 부부는 엘렌이 윌리엄의 남자 주인으로 변장하여 탈출에 성공해서 유명해진 사람들이다. 연방 보안관들이 사드락이라는 도망 노예를 체포했을 때는 성난 흑인 군중이 보안관들을 공격하고 사드락을 몬트리올로 탈출시켰다. 연방법에 공공연하게 도전하는 것에 격분한 필모어 대통령은 보스턴으로 군대를 보내 토머스 심즈라는 이름의 열일곱 살 된 포로 노예를 없애버리도록 명령했다.

다른 지역에서도 저항이 점점 거세졌다. 뉴욕 주 시라큐스에서는 흑백이 뒤섞인 대규모 군중이 교도소로 난입하여 제리로 알려진 윌리엄 매킨리를 간수들로부터 가로채 캐나다로 몰래 도주시켰다. 펜실베이니아 크리스티나에는 도망 노예를 공공연하게 받아들이고 있던 한 부락에서 도망 노예 몇 명이 주인을 총으로 살해하고 캐나다로 도망치자, 병력 소환의 필요성이 다시금 강하게 제기되었다. 필모어 대통령은 해병대로 하여금 이들 노예를 추격하게 했으나 캐나다는 이들의 송환을 거부했다. 남부 주들은 이 같은 행위를 자신들의 재산과 명예에 대한 모욕으로 받아들였다.

《톰 아저씨의 오두막》이 파장을 일으킨 이유는?

도망노예법이 실시되긴 했지만 붙잡혀서 남부로 보내진 흑인 노예 수는 그리 많지 않아 대략 300명 정도에 불과했다. 하지만 이 법령으로 미국에는 의도하지 않은 또 다른 결과가 초래됐다. 어떤 젊은 여성이 도망노예법을 '끔찍한 악몽'이라 말하며 소설을 쓰기로 작정하고 미국과 전세계의 양심을 뒤흔든 작품을 내놓은 것이다.

헤리엇 비처 스토의 《톰 아저씨의 오두막Uncle Tom's Cabin》은 대단한 소설은 아니다. 베스트셀러 소설과도 한참 거리가 먼 작품이다. 그럼에도 불구하고 이 작품은 오랫동안 미국에서 가장 의미 있는 소설이었다.

헤리엇 비처 스토는 프로테스탄트 성직자의 딸이었고 누이였으며 아내였다. 아버지 리만 비처 목사는 칼뱅주의 성직자로 가족과 함께 신시내티에 정착하여 그곳 신학교의 교장이 되었다. 헤리엇이 성서문학 교수였던 칼펀 스토를 만나 결혼한 곳도 신시내티였다. 그 학교는 노예제 폐지의 정서가 아주 강했기 때문에 헤리엇은 인근 켄터키에 가서나 노예제를 잠깐 접할 수 있었다. 1850년 헤리엇의 남편은 메인 주의 보도인대학에 교수로 채용되었다. 그곳에서 스토 부인은 가족의 권유로 밤에 아이들을 재운 뒤 사악한 노예제에 대한 글을 쓰기 시작했다.

《톰 아저씨의 오두막, 또는 하층민 속의 삶Uncle Tom's Cabin, or Life Among the Lowly》은 노예제 폐지론자 잡지인 《내셔널 에라 National Era》에 연재되기 시작했다. 1852년, 보스턴의 한 출판사가 그것을 한 권의 책으로 엮었다. 이 소설은 구성이 단순하고 지나치

135,000 SETS, 270,000 VOLUMES SOLD.

UNCLE TOM'S CABIN

FOR SALE HERE.

AN EDITION FOR THE MILLION, COMPLETE IN 1 Vol. PRICE 37 1-2 CENTS.
"   "   IN GERMAN, IN 1 Vol. PRICE 50 CENTS.
"   "   IN 2 Vols. CLOTH, 6 PLATES, PRICE $1.50.
SUPERB ILLUSTRATED EDITION, IN 1 Vol. WITH 153 ENGRAVINGS.
PRICES FROM $2.50 TO $5.00.

The Greatest Book of the Age.

《톰 아저씨의 오두막》을 파는
상점에서 내건 선전 포스터. 27
만 권이 팔렸으며 '세기의 위대
한 책'이라고 선전하고 있다.

게 멜로드라마적이긴 하지만 진한 감동
이 느껴지는 작품이었다. 구성은 세 명의
주인공 눈을 통해 노예와 노예 소유주들
의 삶을 들여다보는 방식으로 짜여 있다.
첫 번째 주인공은 팔려갈 처지에 놓인 자
식을 어떻게든 구해보려고 지하철도를
찾아가는 노예 엘리자이다. 두 번째 주인
공은 천사처럼 고운 마음씨를 지녔지만
병약한 뉴올리언스 대농장주의 딸 에바
이다. 그리고 세 번째 주인공은 백인들에
게 팔려가 갖은 수모를 당하면서도 가족
과 재회할 날만을 손꼽아 기다리며 자존
심을 지키고 사는 당당한 노예 톰 아저씨
이다. 스토 부인은 켄터키 농장에 있는 톰의 이상적인 오두막에 모
여 사는 그 가족을, 짐승처럼 일만 하는 사람들로 각인돼 있는 노예
에 대한 일반적 인식과는 달리 남편, 아내, 아이들로 구성된 일반
가정으로 묘사하여 노예도 한 사람의 인간임을 보여주었다.

소설의 등장인물 대부분은 철 심장도 녹여 눈물을 뽑아내게 할
만큼 철저한 계산 속에 만들어진 전형적인 인물이다. 그런 반면 작
품 곳곳에는 잊을 수 없는 장면들도 등장한다. 그 중에서 가장 유명
한 장면은 아이를 품에 안은 맨발의 엘리자가 무자비한 노예 상인
을 피해 물에 둥둥 떠다니는 얼음 조각을 폴짝폴짝 뛰어넘으며 극
한의 오하이오 강을 건너 도망치는 모습이다. 애처롭게 죽어가면서
도 모든 이들에게 선을 베풀어주려 애쓰는 귀여운 아이 에바의 모
습도 인상적이다. 마지막으로 톰의 의지와 용기를 꺾으려 하지만
결국은 실패하는 시몬 레그리 ── 이주한 양키로 보인다 ── 와, 레
그리에게 채찍질을 당하면서도 다른 노예들의 감독이 되기를 극구

거부하는 쾌활하고 마치 그리스도와도 같은 덕성을 지닌 소설의 주인공 톰 아저씨가 있다.

이 작품에 대한 사람들의 반응 — 미국의 남부, 북부는 물론 전세계적으로 — 은 폭발적이었다. 《톰 아저씨의 오두막》은 1년 동안 30만 부가 팔렸다. 유럽에서 번역물이 출간되자 판매량은 전세계적으로 150만 부를 넘었다. 단행본이나 대형 서점이 없던 19세기 중반 상황을 감안하면 이 판매량은 천문학적인 숫자였다. 서적 판매뿐만 아니라 세계 곳곳에서 연극으로도 공연되어 스토 부인은 세계에서 가장 유명한 여류 인사의 반열에 올라섰다. 하지만 당시에는 해적판 출판이 일반적이었기 때문에 명성이 부로 직결되지는 않았다. 연극으로 만들어진 후에 〈톰쇼〉라는 악극이 제작되었다. '엉클 톰'이 백인에게 굽실대는 흑인을 다른 흑인이 경멸조로 부르는 말로 굳어진 것은 이 악극에서부터다.

이 작품은, 노예제가 '주권州權' '국민주권설' 등의 법률 용어로나 논의되던 시대에 노예제 폐지를 다룬 허다한 문헌과 의회 논쟁으로도 해결하지 못한 노예 문제의 개인화에 성공했다. 미국 역사상 최초로 수많은 백인들이 노예가 겪는 인간적 고통을 다소나마 느낄 수 있게 되었다. 남부에서는 분노가 하늘을 찔렀다. 하지만 그곳에서도 책은 팔려나갔고, 스토 부인은 거짓말쟁이거나 세상 물정을 모르는 숙맥으로 치부되었다. 언젠가 한번은 복종을 거부한 노예의 잘린 귀가 스토 부인에게 익명의 소포로 배달되기도 했다. 스토 부인은 자신의 작품에 사기라는 오명이 붙자 《톰 아저씨의 오두막에 대한 열쇠》를 써서 그 책에 소개된 사건들은 모두 실화임을 입증하는 자료를 제시했다.

1862년 링컨은 헤리엇 비처 스토를 만나 이렇게 말한 것으로 전해진다. "이렇게 자그마한 여인이 그토록 큰 전쟁이 일어나게 한 책을 썼다는 거요." 그 책의 판매량을 계산하기는 어렵지 않다. 하

《톰 아저씨의 오두막》을 쓴 스
토 부인과 가족. 앞줄 맨 오른
쪽이 스토 부인. 그녀는 서재가
따로 없어 부엌에서 글을 썼다.

지만 그것이 만들어낸 심리적 효과를 측량하기는 불가능하다. 토머스 페인의 《상식》이 아메리카 대륙에 독립에 대한 열정을 불러일으킨 이래 《톰 아저씨의 오두막》만큼 정치적으로 커다란 파장을 불러일으킨 작품은 일찍이 없었다 해도 과언이 아니다.

공화당은 왜 창당되었나?

포크 대통령 이후 미국은 잘해야 보통, 최악의 경우에는 무기력한 대통령들이 이어지는 수난이 계속됐다. 포크 후임으로 백악관에 입성한 재커리 테일러는 전쟁 경험은 풍부했으나 정치 싸움에서는 영 맥을 추지 못했다. 직무에 좀 익숙해질 만하니까 이번에는 또 콜레라에 걸려 사망하는(1850) 바람에, 밀러드 필모어(1800~1874)가 대통령직을 이어받았다. 필모어는 당대를 수놓은 의정상의 거인들 ── 웹스터, 클레이, 칼훈 ── 에 눌려 비록 임기가 짧기는 했지만, 자신의 행정부에 거의 아무런 영향력도 행사하지 못했다. 그가 한 일은 1850년의 타협안 통과와 매튜 C. 페리 제독을 일본에 파견하여 외교 통상 조약을 이끌어낸 것이 전부였다. 일본과의 통상 조약으로 미국은 명백한 운명의 분위기를 캘리포니아 연안 너머 해외로까지 확장시킬 수 있게 되었다.

1852년의 대통령 선거 결과 백악관은 프랭클린 피어스(1804~1869)라는 또 다른 무기력한 대통령을 맞게 되었다. 그의 승리는 미국이 당면한 문제들을 보여주는 징표에 다름 아니었다. 나라의 대표적인 두 정당 휘그당과 민주당은 노예제를 비롯한 지역적인 문제들로 싸우느라 지쳐 있었다. 1850년의 타협안에 반대하는 등 한때 중요한 제3당의 역할을 했던 자유토지당도 지도자를 잃고 표류 중이었다. 휘그당은 전쟁 영웅 전법을 또 다시 사용할 요량으로 멕시코 전쟁의 지휘관 윈필드 스콧을 영입했으나 이번에는 그 전법도 먹혀들지 않았다. 북부 민주당 의원 피어스는 남부의 입장을 지지하여 스콧을 쉽사리 따돌리는 데까지는 성공했으나, 남부 민주당 의원들을 달래려다 북부의 지지도 얻지 못하고 조정자적 위치도 얻지 못하는 어정쩡한 상황에 놓이게 되었다.

위. 제14대 대통령 피어스. 아래 제15대 대통령 뷰캐넌.

선거 결과는 정치적 혼란을 의미했다. 휘그당은 한때 당의 버팀목이었던 의정상의 두 거인 클레이와 웹스터가 더 이상 힘을 쓰지 못하자 낭패감에 빠졌다. 민주당에서는 남부 주의원 수가 북부 주의원 수를 급속히 앞지르며 북부 주의원이 당에서 점점 밀리는 추세에 있었다. 이러한 대혼란 속에 새로운 연합이 모색되었다. 1854년 위스콘신 주 리폰에서 열린 첫 모임을 시작으로 일련의 회합이 이루어진 결과 공화당이라는 새로운 정당이 탄생했다. 1854년 5월 9일 30명으로 구성된 국회의원 모임은 공화당을 정식 당명으로 채택했다. 공화당은 노예제 폐지를 주장하여 이전의 자유토지당 의원들과 노예제에 반대하는 단체들을 끌어들이는 데 성공했다. 그러나 당시에 그어져 있던 경계지 너머로의 노예제 확대에는 반대한다는 당의 입장은 도덕적 부당성을 지적한 것이기보다는 정치, 경제적

이유에서 나온 것이었다. 기본적으로 공화당은 백인 자유 노동자들에게 어필했다. 또한 미국의 서부를 백인 자유 노동자에게 반드시 개방해야 한다는 것을 당의 기본 원칙으로 정했다. 공화당은 서부에서 노예제가 시행되기를 바라지 않는 것은 물론 흑인 노예의 서부 진입 자체를 바라지 않았다. 이것은 우리가 흔히 노예제 폐지 운동과 관련된 것으로 생각하는 도덕적 메시지로는 볼 수 없었다. 그것은 북부의 많은 사람들에게 호소하는 메시지였다. 1854년 공화당은 100석의 의석을 확보했다. 그리고 창당 6년만에 첫 대통령을 백악관에 입성시켰다.

'피'의 캔자스가 된 이유는?

도로시와 토토*는 1854년의 캔자스를 아마 알아보지 못했을 것이다. 자유 주 대對 노예 주 싸움의 두 번째 전쟁터가 된 곳이 바로 캔자스 준주였기 때문이다. 거친 말싸움으로 시작된 그 논쟁은 남북전쟁의 첫 교전이라고도 할 수 있는 유혈 사태로까지 발전했다. 그 적대감의 중심에는 새로운 주로 노예제 확대 여부가 걸린 해묵은 문제가 놓여 있었다. 남부인들은 북부인들이 정치, 경제적으로 자신들을 압도하려 한다고 생각했고 노예 주를 새로 만들려는 것이 바로 그 징표라고 믿었다. 하지만 알고 보면 그 문제 뒤에는 해묵은 탐욕과 정치적 야심이 도사리고 있었다.

1854년과 1850년 타협을 이끌어냈던 일리노이 주 민주당 상원의원 스티븐 더글러스(1813~1861)가 서부의 새로운 영토를 조직하려고 나섰다. 그곳은 장차 캔자스 주와 네브래스카 주가 될 곳이었다. 그의 동기는 간단했다. 그는 일리노이 중앙철도회사의 간부이자 땅 투기꾼이었던 것이다. 새로운 영토는 시카고를 종착역으로 하는 새로운 철도 개발의 가능성을 열어줄 것이었다. 하지만 캔자스는 노예 주 경계선 위에 놓이게 될 것이기 때문에 미주리 협정에 따라 자유 주가 되어야 했다. 캔자스에 대해 자신이 원하는 방향으로 찬성표를 얻어내기 위해 더글러스는 자유 주가 생기는 것에 찬성하지 않을 것이 분명한 남부의 민주당 의원들을 상대로 흥정을 벌이기 시작했다. 더글러스는 1856년에 대선 후보가 될 가능성과 그렇게 될 경우 남부의 지지가 필요하리라는 생각에서 하나의 해결책을 제시했다. 남부인들의 표를 얻을 심산으로 34년 동안 정식 주가 되기 전의 준주들을 관리해온 미주리 협정을 폐지하기로 남부인들과 합의한 것이다. 더글러스와 뜻을 같이 하는 남부 민주당 의원들의 지지로 1854년 5월 캔자스-네브래스카법이 제정되어 미주리 협정은 철회되었다.

일리노이 주 민주당 상원의원 스티븐 더글러스. 그는 남부의 민주당 의원들의 지지를 받아 미주리 협정을 철회시켰다.

미주리 협정의 효력 정지로 북부의 민주당은 그야말로 전멸할 위기에 빠져들었다. 반면 공화당은 캔자스-네브래스카법의 반대를 당의 기본 이념으로 삼아 급속히 팽창하기 시작했다. 또 다른 신당도 더글러스와 남부가 흥정한 덕을 보았다. 이 신당은 미국으로 이민자가 쇄도해 오는 것을 결사적으로 반대하는 과정에서 탄생했기 때문에 토박이당Nativists이라는 이름을 갖게 되었다. 또한 이들이 외국인과 가톨릭 교도에 대해 품고 있는 혐오감 뒤에는 추한 인종주의적 기미가 내포돼 있었다. 당초 이들은 백인 청교도주의와 방어적 민족주의를 이념으로 하는 비밀 단체로 출발했다. 그리고 자신들의 당에 대한 질문을 받을 때마다 철저히 '모른다'로 일관했기 때문에 모르쇠당Know-Nothings Party으로도 불렸다. 토박이당은 1850년대 중반부터 크게 어필하기 시작하여 상당한 수의 국회의원과 주의회 의원들을 모으며 강력한 군소 정당으로 발전했다.

준주들에서 '국민주권설'을 부르짖는 캔자스-네브래스카법이 제정되자 캔자스에는 북부와 남부 양쪽 모두로부터 이주민들이 밀려들기 시작했다. 노예제 확대를 반대하는 북부인들은 캔자스가 노예주가 되지 못하도록 반대표를 던지게 할 요량으로 노예제 폐지론자들을 캔자스로 이주시키려 했다. 뉴잉글랜드 '외국인들'의 이러한 행위에 격분한 이른바 경계지 깡패들은 노예제 찬성에 몰표를 던져주기 위해 미주리인 수천 명을 주 경계지 너머로 유입시켰다. 불법과 부정으로 얼룩진 선거는 결국 노예제 찬성파인 경계지 깡패들의 승리로 끝났다. 하지만 노예제 폐지론자들은 이 결과에 승복하지 않고 토피카에 자유 주 임시정부를 수립했다.

피어스 대통령은 임시정부를 비난하며 노예제 찬성론자들에게 공격의 정당성을 부여해주었다. 그리고 1856년 5월 노예제 찬성론자 군대가 로렌스 부락을 약탈하면서 남북전쟁의 첫 싸움이 시작되었다. 로렌스는 노예제 폐지론자들의 본거지였다. 노예제 찬성론자들의 복수는 사흘 동안 계속되었다. 이 복수가 끝나자 존 브라운이라는 이름의 광적인 노예제 폐지론자가 야밤을 틈타 포타와토미 강가에 위치한 한 노예제 찬성파 부락을 공격하여 이주민 다섯 명을 살해했다. 이 공격으로 캔자스는 아수라장이 되었다. 1856년 10월이 되자 피의 캔자스 전투에서 죽어간 사람은 200여 명에 이르렀고, 피어스 대통령은 이 일에 어설프게 대처하여 지지 기반을 상실했다.

정치적 혼란으로 미국은 제임스 뷰캐넌(1791~1868)이라는 또 하나의 허약한 대통령을 갖게 되었다. 민주당은 무능한 피어스를 버리고 골수 민주당원인 펜실베이니아의 제임스 뷰캐넌을 선택했다. 캔자스 사태가 진행 중일 때 뷰캐넌은 영국 공사로 있었기 때문에 사태에 대한 책임 추궁을 당하지 않으리라는 것이 주요 정치 자산으로 작용한 듯했다. 실제로 그는 유세전에서도 극도로 말을 아껴 그것을 본 공화당의 한 상원의원은 뷰캐넌 같은 사람은 본 적이 없다면서 "파상풍에 걸린 사람"이라고까지 그를 묘사했다.

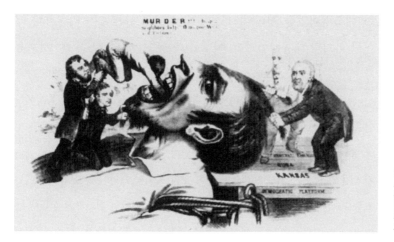

1858년의 노예제 반대 풍자화. 스티븐 더글러스가 노예제 반대론자의 목구멍에 노예를 강제로 밀어넣고 있으며 뷰캐넌 대통령과 피어스 전 대통령이 그를 돕고 있다.

캔자스 유혈 사태로 대중의 지지를 얻게 된 공화당은 케케묵은 휘그당의 각본에서 한 장면을 빌려왔다. 유명한 서부 탐험가이자 '명백한 운명'의 주창자이기도 한 개척자 존 C. 프리몬트를 대통령 후보로 선택한 것이다. 1856년 그는 캘리포니아로 나아가는 기수가 되어 그 길을 선도하였다. 하지만 프리몬트는 의회의 실력자였던 토머스 하트 벤튼 상원의원을 장인으로 두고 있기는 했지만 이전의 휘그당 장군들처럼 정치적 경륜이 없는 군인이었다. 프리몬트의 선거 슬로건은 간단했다. "자유로운 토지, 자유로운 발언, 자유로운 인간 프리몬트."

공화당과 함께 캔자스 유혈 사태의 덕을 본 불가지론당, 즉 토박이당은 전임 대통령 밀러드 필모어를 후보로 내세웠다. 남부의 민주당 계열 사람들은 만일 공화당의 프리몬트가 대통령으로 당선되면 연방이 분리될 것이라고 경고하면서 연방 보존을 선거의 핵심 전략으로 밀어붙였다. 그 경고가 어느 정도 효과를 발휘했다. 선거 결과는 45퍼센트의 일반 득표율밖에 기록하지 못한 뷰캐넌의 승리로 끝났다. 나머지 55퍼센트는 프리몬트 33퍼센트, 필모어 22퍼센트로 분산되었다. 앤드루 잭슨의 마지막 민주당 후계자인 뷰캐넌은 독립전쟁 이전의 대통령까지를 통틀어서 가장 허약하고 가장 무능한 대통령이었을 것이다. 1857년에 취임한 뷰캐넌은 18세기에 태어난 마지막 대통령이었고, 최고령 대통령(1981년 로널드 레이건 대통령 이전까지는)이었으며, 미국 유일의 독신 대통령이기도 했다. (독신이라는 말은 한 세기 반 동안이나 무성한 추측을 불러일으켰다. 동성애자임을 공개적으로 선언한 매사추세츠 주 국회의원 바니 프랭크는 뷰캐넌을 미국 유일의 호모 대통령이라고 한 적이 있다. 뷰캐넌이 독신이었던 탓에 백악관 안주인 노릇은 당시 20대였던 고아 조카 헤이엇 레인이 맡았다. 개중에는 그들 관계에 대해 입방아를 찧는 사람도 있었고, 백악관 건너편에 살았던 유명한 과부 로즈 그린하우 여사의 집을 뷰캐넌이 자주 찾았던 사실도 무성한 추측을 낳았다. 그린하우 여사는 남북전쟁 중에 남부군 스파이 혐의를 받고 체포되었다. 하지만 뷰캐넌의 성적 취향에 대해서는 지금까지 아무것도 밝혀진 것이 없다.) 뷰캐넌은 불간섭과 국민주권설을 약속했지만 때는 이미 공허한 슬로건이 먹혀들 시기가 아니었다.

드래드 스콧과 노새의 차이는?

뷰캐넌은 준주들에서의 노예제 문제와 북부와 남부의 화해 문제를 대법원에서 해결해주기를 원했다. 1857년 3월 4일 거행된 대통령 취임식에서 그는, 대법원이 의회와 자신이 지고 있는 짐을 덜어줄 것이라고 천명했다. 취임 연설에서 뷰캐넌은 이렇게 말했다. 노예제 문제는 "미국 대법원이 해결할 문제이고, 그곳에 지금 계류돼 있으므로 신속하고 완전하게 해결될 것으로 믿고 있습니다." 하지만 뷰캐넌은 낙관적 생각을 버리지 못하는 불치병을 앓고 있었거나 심한 망상에 시달리고 있었던 것이 분명하다. 그 이틀 뒤에 대법원은 노예제 문제와 나라의 장래까지도 뒤바꿔놓았던 것이다.

대법원 판결은 문제를 해결하기는커녕 꺼져가는 불에 기름을 들이붓는 격이었다. 드래드 스콧 판결로 노예제에 대한 사법적, 입법적 해결 가능성은 완전히 사라졌다.

드래드 스콧 사건에서 비롯된 그 판결은, 1834년 존 에머슨 박사가 군의관으로 입대하면서 시작된 법률적 오디세이였다. 직업 군인 에머슨은 일리노이 주, 위스콘신 준주 그리고 자신의 고향이 있는 미주리 주를 포함해 수년 동안 여러 주를 전전하며 군복무를 했다. 이 모든 곳을 옮겨다니는 그의 옆에는 늘 몸종인 노예 드래드 스콧이 있었다. 에머슨은 1846년에 사망했다. 이에 스콧은 동정심 많은 어떤 변호사의 도움을 받아 노예제가 불법인 지역들(일리노이는 서북조례(1787), 위스콘신은 미주리 협정에 따라 각각 노예제가 금지돼 있었다)에서 살았던 점을 근거로 하여 자유를 찾기 위한 소송을 제기했다. 세인트루이스 군법정은 스콧의 입장을 받아들였다. 하지만 미주리 주 대법원은 이 판결을 기각하고 스콧과 그의 처자식을 노예 상태로 되돌려놓았다. 스콧이 상고하여 이 사건은 결국 미국 대법원까지 가게 되었다. 판사장 로저 토니는 여든 살의 고령으로 노예 소유주였고, 주권옹호론자였으며, 앤드루 잭슨 밑에서 연방 검찰총장을 지내다 그에 의해 대법원 판사장이 된 인물이었다. 그의 전임 판사장은 존 마셜이었다.

대법원은 지역과 당파에 따라 분열되었다. 그런 와중에 펜실베이니아의 로버트 그리어 판사는 다수파를 선택했다. 나중에 공개된 문건에 따르면, 그리어의 결정은 지역에 따른 판결을 막으려 한 뷰캐넌 대통령의 요청에 의한 것이었다. 판사들이 각자의 견해를 피력하긴 했어도 다수결 결정은 토니의 판결에 좌우되었다. 몇 군데 오류도 있고 이곳저곳 불합리한 점도 눈에 띄는 토니의 판결은 크

드래드 스콧. 대법원까지 올라간 드래드 스콧의 재판은 커다란 반향을 불러일으켰다. 대법원 판사장 로저 토니는 판결문에서 노예는 노새나 말과 다름없이 주인의 소유물이지 시민이 아니라고 하여 드래드 스콧은 패소했다. 그후 드래드 스콧은 어느 동정심 많은 사람에게 팔려가 곧 자유를 얻었다.

American Voice

로버트 E. 리
아내 메리 커스티스 리에게 보낸 편지

이 같이 문명화된 시대에도 제도로서의 노예제를 도덕적·정치적 죄악으로 보는 나라는 드문 것 같소만 앞으로는 그렇게 될 것이오. 노예제가 나쁘다고 중언부언하는 것은 부질없는 짓이오. 그렇기는 해도 노예제가 흑인에게보다는 백인에게 더 큰 죄악이라는 생각은 갖고 있소. 흑인들은 도덕적, 사회적, 육체적 어느 면으로든 아프리카보다는 이곳에서 훨씬 나은 삶을 살고 있소. **그들이 겪고 있는 고통스런 시련은 하나의 종족으로 교화되기 위해 당연히 거쳐야 될 과정이고 따라서 나도 그들을 좀더 나은 길로 준비시켜 이끌 수 있게 되기를 바라고 있소.**

이 편지는 로버트 E. 리(1807~1870)가 1861년 4월 북버지니아의 남부군 총사령관으로 임명되기 약 4년 전에 쓴 것이다. 당시 리는 웨스트포인트의 미 육군사관학교에서 3년간의 장교 교육을 마치고 텍사스에서 복무 중이었다. 그는 유명한 독립전쟁의 영웅 헨리(경기병대 해리)리의 아들이었다. 또한 그의 어머니는 버지니아 최고 명문가 출신인 앤 카터 리였다. 아내 메리 커스티스 리는 마사 커스티스 워싱턴의 후손이었다. 그들은 말하자면 노예를 소유한 버지니아의 귀족 가문 사람들이었다. 그런 관계로 남북전쟁 때는 버지니아 알링턴에 있는 집과 영지를 연방 정부에 몰수당했다. 그 터는 알링턴 국립묘지가 되었다.

게 세 가지 논점으로 구성돼 있었다. 그리고 그 내용은 모두 노예제 폐지론자들의 희망을 꺾는 내용이었다. 토니의 판결은 자유민, 노예에 상관없이 흑인에게는 시민의 자격이 없다는 것이었다. 이에 따르면 스콧은 법정에 설 자격이 없었다. 토니는 판결문에서 이렇게 썼다. 검둥이들은 "너무 열등하여 백인의 존중을 받을 권리가 없다."

토니의 판결문은 이 정도로 끝나지 않았다. 그는, 스콧은 결코 노예 상태에서 벗어난 적이 없고 따라서 그는 노새나 말과 다름없는 주인의 소유물이지 시민이 아니라고 했다. 이러한 생각은 결국 최종적이고 가장 치명적인 결론으로 이어졌다. 노예는 재산이고, 재산은 권리장전의 수정헌법 5조로 보호되기 때문에 의회는 미국 어디에서도 시민의 재산——노예를 포함하여——을 빼앗을 권리가 없다는 것이었다. 토니의 판결에 따르면 오직 주만이 그 경계지 내에서 노예제를 금할 수 있었다. 토니는 단 한 번의 전격적인 판결로 1787년의 북서조례로부터 1820년의 미주리 협정 그리고 1850년의 타협에 이르기까지 노예제에 제동을 걸어준 그동안의 모든 입법적 타협의 역사를 흔적도 없이 지워버렸다.

토니의 판결로 신명이 난 남부인들은 거기서 한발 더 나아가려고 했다. 그들은 토니의 판결을 무기로 노예 매매 자체를 금지한 1807

년 법률과 노예제를 위법으로
정하고 있는 모든 법률의 합헌
성 여부를 물으려 했다. 북부인
들은 토니의 판결을 나름대로
좋게 해석했다. 대법원이 국민
주권설 이념을 받아들여 노예제
정책을 각 주가 자체적으로 결
정할 수 있게 해준 것으로 파악
했다.

하지만 그 판결은 노예제를
부활시키고 공화당을 파멸시키는 대신 전혀 예상하지 못했던 두
개의 결과를 가져왔다. 민주당이 북부와 남부로 더욱 틈이 벌어진
것과는 달리 공화당은 정치, 도덕적으로 입지가 더욱 강화된 것이
다. 공화당은 노예제 확대에 반대하는 당의 입장에 타격을 받기는
커녕 이전보다 더욱 도전적이 되었다. 북부와 남부 경계 주에 살면
서 노예제를 관망하고 있던 많은 사람들이 공화당 캠프로 몰려들
었다. 사태는 공화당의 주요 의원들이 뷰캐넌 대통령은 대법원의
판결을 사전에 알고 있었고, 뷰캐넌과 토니가 노예제 확대 음모를
꾸민 것이라고 주장하면서 더욱 험악해졌다. 이 음모설로 북부인들
의 민심을 얻게 된 공화당의 대의는 한층 탄력을 받게 되었다. 나중
에 이 음모설은 전부 사실로 밝혀졌다.

링컨과 더글러스의 토론 내용은?

드래드 스콧 대 샌드포드 사건의 판결이 있은 지 1년 후, 그 판결
이 시커먼 먹구름처럼 머리 위를 맴도는 가운데 두 사람이 연단에

섰다. 그 중 한 사람은 자그마하고 날렵한 그러면서도 다부진 체격의 소유자인 작은거인 스티븐 더글러스였다. 더글러스는 일리노이의 여름 햇살을 받으며 미국에서 가장 힘있고 유명한 사람 중의 하나라는 것과, 자신의 정치 생명뿐 아니라 어쩌면 나라의 운명이 걸린 싸움을 하고 있다는 것도 분명 알았을 것이다. 그는 1852년과 1856년의 민주당 대통령 후보 경선에서 낙방하고서도 1860년 선거에 출마할 수 있으리라는 희망을 버리지 않고 있었다. 그는 내심 '국민주권설'을 통한 온건한 형태의 노예제를 받아들이도록 남부를 회유하면 연방을 지킬 수 있으리라고 생각했다. 하지만 대통령 선거에 앞서 그는 먼저 자신의 상원의원 자리*부터 지켜야 했다.

그의 공화당 상대는 평범한 인물로 보였다. 키 193센티미터의 초선 의원 에이브러햄 링컨은 더글러스보다 키는 껑충 컸을지 몰라도 상원의원의 위상과 힘은 없어 보였다. 하지만 더글러스는 링컨의 외모에 속지 않았다. 그것은 더글러스가 친구에게 말한 내용으로도 알 수 있었다. "그는 위트가 넘치고 머리 속에는 온갖 정보와 날짜들이 꽉 들어차 있는 당의 유력자라네. 익살스런 태도와 썰렁한 조크로 사람들을 휘어잡는 서부 최고의 가두 연설가이기도 하지. 날카로운 것 못지않게 정직한 인물이기도 하다네."

링컨은 1809년 켄터키에서 무지한 개척자 농부의 아들로 태어났다. 그가 일곱 살 되던 해에 가족은 인디애나로 옮겨 갔고, 1830년에는 남부 일리노이로 이주했다. 링컨은 가족을 떠나 뉴올리언스로 갔다가 일리노이로 다시 돌아와 뉴세일럼에서 잡화상을 경영했다. 블랙 호크 전쟁 때는 일리노이 주 민병대 부대장을 맡기도 했으나 그가 즐겨하는 말대로 그 전쟁에서 잡은 것이라고는 모기밖에 없었다. 링컨은 스물다섯 살에 변호사 시험 준비를 하던 중 일리노이 주 하원의원이 되었고, 1836년에는 변호사가 되었다. 1846년에는 휘그당 소속으로 연방 하원의원이 되었다. 단임으로 끝난 그의 의

THE POLITICAL QUADRILLE
Music by Dred Scott

정 활동에서 두드러진 일은 포크가 일으킨 '멕시코 전쟁'을 결사 반대한 것이었다. 그는 국회의원직을 잃고 스프링필드로 돌아와 변호사 일을 재개했다. 1856년에는 공화당에 다시 입당하여 첫 전당대회에서 110표를 얻어 부통령 후보에 선출될 만큼 상당한 지명도를 얻었다. 그리고 1858년 스프링필드에서 열린 일리노이 주 공화당 전당대회에서 "분열하는 집안" 연설을 하여 일리노이 주 공화당원들의 만장일치 찬성으로 더글러스의 상대자로 선출되었다.

링컨은 정면 승부가 자신에게 유리하리라는 판단으로 일리노이 주 전역을 돌며 토론을 벌이자고 더글러스에게 도전장을 던졌다. 그 방법으로는 잃을 게 더 많았던 더글러스는 일곱 번의 공개토론을 갖는 데 동의했다. 아닌 게 아니라 미국은 1857년 주식시장이 붕괴된 뒤 온나라가 불황의 늪에 빠져드는 등 다른 주요 현안들이

드래드 스콧 재판은 1860년 대통령 선거에서 중요한 이슈로 떠올랐다. 사진은 각 후보들의 입장을 풍자한 만화. 드래드 스콧이 연주하는 음악에 맞춰 아일랜드 이민자와 춤추는 스티븐 더글러스(왼쪽 아래), 흑인 여성과 춤추는 링컨(오른쪽 위).

산적해 있었다. 그럼에도 불구하고 링컨과 더글러스 대결의 초점은 노예제에 집중될 것이 분명했다.

양측의 전략은 간단했다. 더글러스는 링컨을 광적인 노예제 폐지론자로 밀어붙이는 것이었고, 링컨은 더글러스를 노예제 옹호론자이며 드래드 스콧 판결 지지자로 만드는 것이었다. 따지고 보면 링컨과 더글러스의 견해차는 그다지 심하지 않았다. 다만, 두 사람 다 야망이 컸던 탓에 서로의 차이를 크게 부각시켰던 것이고, 상대방에 대한 공격 강도를 높이다보니 위험 수위까지 도달하게 된 것이다. 더글러스는 링컨을 인종 혼합을 우호적으로 생각하는 급진주의자로 몰아가는 미끼를 과감히 던졌다.

이런 공격을 당하자 링컨은 보수적인 표현을 쓰지 않을 수 없었고, 그 중에는 자신이 전에 말한 내용과 상충되는 부분도 있었다. 링컨은 노예제는 반대하지만 기존 노예 주들에게 권리를 포기하도록 강권하지는 않을 것이라고 말했다. 또한 노예제는 시간이 가면서 점진적으로 사라지겠지만 강압적인 방법을 사용하면 사라지는 데 100년의 세월이 걸릴 수도 있다고 주장했다. 그리고 헌법을 인용하여 "모든 인간은 평등하게 태어났다"고 주장하면서도 흑인들에게 선거권, 배심원 자격, 흑백 결혼, 심지어 시민권을 주는 문제에 있어서는 확답을 못하고 머뭇거렸다. "나는 현재도 그렇거니와 과거에도 백인과 흑인의 사회·정치적 평등에 찬성한다는 의견을 어떤 식으로든 말한 적이 없습니다.…… 니그로에게 배심원 자격이나 선거권을 주는 것도 찬성하지 않으며 찬성해본 적도 없습니다. 그들에게 공직권을 주거나 백인과의 혼인권을 부여해주자고 말한 적도 없습니다. 덧붙여 말하면, 두 인종은 신체적으로 엄연히 다르기 때문에 앞으로 사회·정치적으로 두 인종이 평등하게 사는 일은 영원히 없을 것입니다."

이러한 토론이 지성, 인격, 기지, 담화 능력, 정치적 직관에서 대단한 능력을 지니고 있던 두 사람을 하나로 결합시켰다. 하지만 링컨이 더글러스에게, 주로 승격되기 전 준주의 주민들은 그 지역이 노예 주가 되는 것을 사전에 막을 수도 있는가라는 질문을 하자 드디어 결정적인 순간이 찾아왔다. 이 질문으로 더글러스는 생각지도 못한 값비싼 덤터기를 쓰게 되었다. 그는 최고 재판소의 결정과 관계없이 주민들에게는 노예제를 받아들이거나 배격할 권리가 있다고 대답했다. 이 말은 드래드 스콧 판결을 에둘러 비난한 것이었기 때문에 더글러스는 일시적으로 승리*를 거둔 것 같았다. 더글러스는 상원의원을 주의회에서 뽑던 시절, 민주당이 일리노이 주의회를 장악하고 있을 동안은 상원의원 자리를 고수할 수 있었다. 하지만 그는 길게 보면 실언을 한 것이었다. 남부의 민주당 의원들은 드래드 스콧 사건에 어정쩡한 태도를 보인 사람을 결코 대통령 후보로 내보내지 않을 것이었기 때문이다.

링컨은 선거에서 졌지만 손해를 본 것은 없었다. 오히려 나라 일을 바라보는 안목이 더욱 넓어졌을 뿐이다. 민주당이 갈수록 북부파와 남부파로 갈라지자 공화당은 1860년 대통령 선거전에서는 승산이 있다는 자신감을 갖기 시작했다. 그리고 에이브러햄 링컨이라면 백악관 진입이 가능할 것도 같았다.

* 더글러스가 일리노이 주 연방 상원의원 선거에서 승리한 것을 말한다.

존 브라운은 왜 연방 무기고를 공격했을까?

토론, 노예제 반대 소설, 노예제 폐지론자들의 대회, 의회, 대법원, 이 모두가 실패했다. 그러자 행동의 필요성을 제기하는 사람들이 나타났다. 행동의 필요성을 가장 열렬히 주창한 사람은 존 브라운(1800~1859)이었다. 역사의 과정을 거치며 미치광이, 사이코, 열광자, 몽상가, 순교자라는 갖가지 호칭을 얻은 브라운은 뉴잉글랜드의 노예제 폐지론자 가정에서 태어났다. 그의 가족 중 일부는 거의 광적이다시피 노예제를 반대했다. 브라운은 계획한 일들이 대부분 실패로 돌아가자 스물두 명 가량 되는 자식들을 데리고 캔자스로 옮겨 가 노예제 폐지를 위해 싸웠고, 그 과정에서 노예제 옹호론자 다섯 명을 잔인하게 살해하는 공격을 하여 악명을 떨치게 되었다.

포토와토미 학살 이후 브라운은 행방을 감추었다. 하지만 브라운에게는 그의 폭력적 방식을 지지하는 부유한 뉴잉글랜드의 친구들이 있었다. '시크릿식스'로 알려진 이 단체는 브라운이 품고 있는 대담한 음모에 필요한 자금을 마련하기 위해 결성되었다. 그들은 남부로 내려가 브라운의 십자군에 양떼처럼 꼬여들 노예들을 무장시켜 애팔래치아 산맥에 흑인 공화국을 세운 뒤 남부 노예 주들을 상대로 전쟁을 벌인다는 계획을 세웠다. 브라운은 정신병자였는지는 몰라도 최소한 유머감각은 지니고 있었다. 뷰캐넌 대통령이 자신의 머리에 250달러의 현상금을 내걸자, 그도 뷰캐넌의 머리에 20달러 50센트의 현상금을 내건 것이다.

브라운이 신뢰하는 사람 중에 프레드릭 더글러스라는 사람이 있었다. 브라운은 더글러스를 노예들을 끌어들일 수 있는 인물, 즉 '꿀벌 통'으로 생각했다. 하지만 미국에서 가장 유명한 노예제 폐지론자는 브라운에게 그 계획을 단념하도록 권했다. 더글러스가 폭력에 동의하지 않기 때문이 아니라, 연방 무기고를 공격한다는 브라운의 계획이 자살 행위로 보였기 때문이었다. 브라운의 병력 소집 요구에 응하는 사람은 극소수에 불과했다. 헤리엇 터브먼은 그래도 그 변변찮은 부대에 합류해주었다. 하지만 병이 들어 공격에는 가담하지 못했다.

존 브라운. 그는 노예제 폐지를 위해서는 행동이 필요하다고 주장했고 이를 실천에 옮겼다.

1859년 10월 16일 브라운은 아들 셋과 흑인, 백인이 뒤섞인 추종자 열다섯 명을 거느리고 수도 워싱턴에서 그리 멀지 않은 포토맥 강변의 버지니아 주 하퍼스페리에 있는 연방 무기고를 공격했다. 그러고는 조지 워싱턴의 후손 한 명이 포함된 직원 몇 명을 인질로 잡고 무기고를 점령했다. 하지만 그들과 합세하려고 나서는 노예는 아무도 없었다. 브라운은 그곳 민병대에 의해 꼼짝없이 봉쇄당했다. 이어 로버트 E. 리 대령과 J. E. B. 스튜어트가 지휘하는 연방 해병대가 들이닥쳐 브라운과 그 공격에서 살아남은 여덟 명을 생포했다.

브라운에 대한 기소, 재판, 유죄 판결, 교수형은 뷰캐넌 대통령의 승인을 받아 버지니아 주에서 6주 안에 일사천리로 진행되었다. 그런데 포로로 잡혀 있는 동안 이 극단적인 광신자는 모종의 심적 변화를 일으켜 노예제 철폐 운동의 강력하고 설득력 있는 대변자가 되었다.

그 결과 북부의 많은 사람들은 그의 폭력성을 비난하면서도 브라운을 정의로운 운동의 순교자로 생각하게 되었다. 헨리 데이비드 소로나 랠프 에머슨처럼 폭력을 혐오하고 평화를 사랑하는 노예제 폐지론자까지 그의 잔혹성은 무시하고 브라운을 미화하는 형편이었다. 소로는 브라운을 그

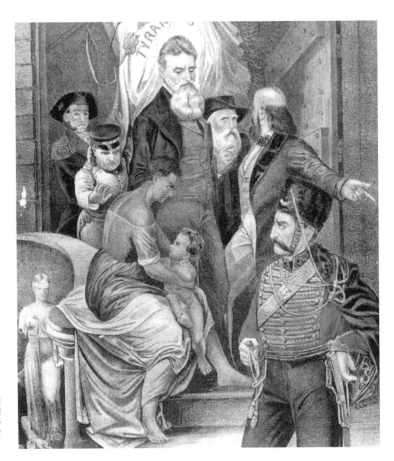

존 브라운의 죽음은 수많은 전설을 낳았다. 그림에서 묘사된 것처럼 사형 집행장으로 가는 길에 어린 흑인 노예에게 입맞춤을 했다는 이야기도 있다.

리스도에 비유했으며, 에머슨은 브라운의 교수형으로 "그 교수대는 십자가 못지않은 영광을 누리게 될 것"이라고 썼다.

　남부인들의 견해는 물론 이와는 천양지차였다. 노예 폭동에 대한 우려는 깊어만 갔고, 냇 터너(3장 참조)에 대한 기억도 여전히 생생했다. 남부인들은 존 브라운을 자신들의 삶의 방식에 심하게 간섭하는 양키의 대변자로 보았다. 유화적인 태도를 가졌던 사람도 브라운이 미화되는 것을 보고는 격분을 참지 못했다. 북부인들이 그가 싸운 방법은 거부하면서도 브라운을 미화한 것은 남과 북 사이에 패인 골을 더욱 깊게 만드는 요인이 되었다.

남부가 연방에서 탈퇴한 이유는?

링컨이 1860년 선거에서 대통령으로 당선된 지 며칠 지나지 않아 사우스캐롤라이나 주의회는 투표를 실시하여 연방 탈퇴를 결의했다. 선거에서 패배한 뷰캐넌 대통령은 의회에 보낸 마지막 교서에서, 주에는 연방 탈퇴 권리가 없다는 점을 강조했다. 하지만 말만 그렇게 할 뿐이었다. 남부의 주장을 늘 옹호해온 그는 탈퇴를 막기 위한 아무런 조치도 취하지 않았다. 사우스캐롤라이나의 지역 민병대는 찰스턴 항구에 있는 연방 요새를 장악하기 시작했다. 뷰캐넌은 약소하나마 연방에 남은 찰스턴의 마지막 요새 포트섬터에 원조 물자를 보내려고 시도했다. 하지만 보급선은 항구에 닿지도 못하고 되돌아왔다. (백악관을 떠나면서 뷰캐넌은 링컨에게 이렇게 말한 것으로 전해진다. "친애하는 대통령 각하, 백악관으로 들어서는 각하의 마음이 휘틀랜드로 돌아가는(뷰캐넌의 펜실베이니아 고향) 본인만큼만 행복할 수 있다면 각하는 진정 복 받은 분입니다.")

제퍼슨 데이비스는 1861년 2월 9일 남부연합의 대통령으로 선출되었다. 데이비스는 피어스 대통령 행정부에서 장관을 지낸 경륜 있는 정치가였다.

링컨이 대통령 취임식을 갖기도 전에 다섯 주*가 또 다시 연방을 탈퇴했다. 그리고 1861년 2월 나머지 일곱 주는 남부연합 Confederate States of America을 결성했다. 이들은 모두 이른바 '미국 남부lower South' 주들(앨라배마, 플로리다, 조지아, 루이지애나, 미시시피, 사우스캐롤라이나, 텍사스)이었다. 남부연합의 대통령으로는 미시시피 주 상원의원 제퍼슨 데이비스(1808~1889)가 뽑혔다. 전쟁이 시작되기 전까지 버지니아, 아칸소, 노스캐롤라이나, 테네시의 네 개 주가 남부연합에 합세했다.

1861년 3월 4일 링컨의 대통령 취임식이 열렸다. 암살 음모를 피해 워싱턴으로 몰래 들어와 치른 취임식이었다. 암살 음모는 결국 발각되었다. 그 무슨 역사의 아이러니인지 링컨의 취임식 선서를 맡아본 사람은 그의 대통령 당선에 크게 기여한 드레드 스콧 판결

* 내용상으로 보면 여섯 주가 맞다.

의 장본인 로저 토니 대법원장이었다.

오래전부터 연방 탈퇴는 상대방을 겁주기 위한 엄포였을 뿐, 어느 쪽도 그 일이 실제로 일어나리라고는 생각하지 않았다. 그런데 그것이 갑자기 현실로 나타난 이유는 무엇일까? 거기에는 다음과 같은 여러 복합적인 요인이 있다. ① 정치, 산업, 금융, 제조 면에서 북부에 압도당하고 있다고 생각한 남부인들의 광범위한 인식. ② 북부 주도의 의회가 남부인들의 생활 방식을 위협하고 있다는 생각. ③ 흑인들의 남부 지배, 광범위한 흑백 결혼, 백인 여성들에 대한 겁탈 이야기처럼 남부 문필가와 정치인들이 만들어낸 인종적 광란 상태. 예를 들면, 당시에는 이런 표현이 가장 유행했다. "어머니, 아내, 누이, 따님을 사랑하신다고요? 10년도 못 가 우리 아이들은 모두 니그로의 노예가 될 겁니다." 사우스캐롤라이나의 한 침례교회 목사는 이런 말을 하기도 했다. "성도들이 나약하게 무릎 꿇으면 가까운 장래에 노예 폐지론자 목사들은 성도의 따님과 흑인의 혼인 주례를 서게 될 것입니다. 우리 아내와 딸들이 니그로의 흉칙한 욕망을 만족시켜주는 것과 죽음 중에서 하나를 선택하게 해주소서…… 복종보다는 차라리 1만 명의 죽음을……"

이 모든 이질적인 감정과 정치적 견해가 노예제 문제 하나로 집중되었다. 남부인들에게는 연방 탈퇴가 노예 해방을 막을 수 있는 마지막 보루였다. 남부는 자신들의 정치력이 점점 약화되고 있는 의회에서 입법적 대결을 벌일 상황에 직면하자 운명을 걸고 연방 탈퇴를 선택한 것이다.

정치, 사회, 경제적인 이유 외에 남부가 연방 탈퇴를 한 요인으로 무시할 수 없는 것은 인간의 본성과 역사의 필연성이다. 강자——이 경우에는 북부——는 힘이 강해질수록 힘 그 자체를 위해 약자를 더욱 짓누르려는 속성이 있다. 노예를 소유하지 않은 남부 백인들——이들이 남부 대부분을 차지했다——의 우려에는 공통점이 있었다. 바로 링컨, 공화당, 곡물 가격을 결정하는 공장과 은행을 소유한 노예제 폐지론자 양키들이 자신들을 해방 노예의 노예로 만들지도 모른다는 공포감이었다. 인간에게는 막다른 벽에 부딪치면 그것을 쳐부수거나 돌아가려는 본성이 있다. 왜 좀더 상황을 냉정하게 판단하여 이 문제를 해결하지 못했느냐고 묻는 것은 자부심 강하고, 독립적이고, 개인주의적이고, 땅에 충실하고, 기사도적이기까지 한 남부인들의 기질을 모르고 하는 말이다. 남부인들은 목에 칼이 들어와도 복종하지 않는 기질이 있었다. 남부연합의 신임 대통령 제퍼슨 데이비스는 이렇게 말했다. "노예가 될 것인가, 자유인이 될 것인가? 귀하의 재산을 빼앗아가는 것에 동의하는가?" 데이비스에게 복종은 곧 자유, 재산, 명예 상실을 의미했다.

링컨을 그린 당시의 풍자화.

연방 탈퇴 이면에 도사린 사회, 경제, 역사 그리고 사회심리적 요인을 이야기하면서 흔히 간과하는 문제가 있다. 남부는 노예제를 찬성하는 반연방주의이고 북부는 노예제 철폐를 찬성하는 친연방주의라는 식으로 양측의 견해를 이분법적으로 재단하는 것이 그것이다. 그렇게 말하는 것은 일종의 허구이며 문제를 너무 단순화시키는 것이다. 일곱 개 주가 탈퇴한 뒤에도 남부의 여덟 개 주는 여전히 연방에 남아 있었다. 워싱턴에서도 연방을 훼손시키지 않으려고 어떻게든 타협을 이끌어내기 위해 노력했다. 남부인들은 모두 연방 탈퇴를 원했을까? 그렇지 않다. 제임스 맥퍼슨의 《자유의 함성Battle Cry of Freedom》에 따르면, 노예제가

에이브러햄 링컨
1861년 3월 4일, 첫 번째 대통령 취임 연설

불만에 차 계실 친애하는 국민 여러분, 남북전쟁이라는 중요한 문제는 내 손이 아닌 여러분 손에 놓여 있습니다. 정부는 여러분을 공격하지 않습니다. 여러분이 침략하지 않는 한 전쟁은 일어나지 않습니다. 여러분은 하늘을 두고 정부를 파괴하겠다고 서약하지는 않을 것입니다. 하지만 나는 '정부를 보존하고, 지키고, 방어할' 것임을 가장 엄숙하게 선서하려고 합니다.
나는 끝내고 싶지 않습니다. 우리는 적이 아니고 친구입니다. 적이 되어서는 안 됩니다. 울화가 치밀어 오르더라도 감정의 유대를 끊어서는 안 됩니다. 모든 전장과 애국자의 무덤으로부터 살아 있는 모든 가슴과 이 광대한 땅에 널려 있는 조약돌에 이르기까지, 신비로운 기억의 현들은 다시 퉁기기만 하면 연방의 코러스로 힘차게 울려 퍼질 것입니다. 보다 선한 우리의 본성으로 반드시 그렇게 만들 것입니다.

더욱 깊숙이 스며든 남부 주들의 경우는 분명히 탈퇴를 원했다. 하지만 버지니아, 아칸소, 미주리 주에서는 탈퇴 문제를 결정하게 될 주州 대회 참가자로 뽑힌 사람들 대부분이 친연방주의자였다. 노스캐롤라이나 주와 테네시 주 유권자들은 연방 탈퇴 대회 자체를 거부했다. 심지어 텍사스에서는 텍사스 독립의 위대한 영웅 샘 휴스턴 주지사가 연방 탈퇴를 반대하고 나설 정도였다. 텍사스가 연방에서 탈퇴하자 그는 주지사직에서 물러났다. (확실한 내용이겠지만 흑인과 여성들은 유권자 수에 포함되지 않았다.)* 그렇기 때문에 북부와 남부로 부르는 것보다 연방과 남부연합으로 부르는 것이 더 적절한 것이다.

북부는 왜 남부를 그들 방식대로 살도록 내버려두지 않았을까? 이렇게 묻는 사람들도 있었다. 유명한 노예제 폐지론자였던 《뉴욕 트리뷴》의 호레스 그릴리는 연방 탈퇴를 행동에 옮기리라고는 생각하지 않았지만 여하튼 북부가 남부의 방식을 인정했어야 한다고 주장한 사람 중의 하나였다. 강력한 노예제 폐지론자들은 윌리엄 로이드 개리슨을 비롯한 몇몇이 헌법을 지킬 것을 요구하자 노예 소유주들이 '죽음으로 그 서약을'** 깨준 것이 도리어 반가웠다. 하지만 만일 탈퇴한 주들을 그대로 방치했다면 독립선언서와 헌법에 명시된 미합중국은 영영 태어나지 못했을 것이다. 연방은 대혼란에 빠져들었을 것이고 실제적인 면에서는 경제적 혼란과 국제적 위상이 떨어짐으로써 나라의 존립 자체가 흔들리는 결과를 초래했을 것이다.

많은 사람들이 연방 보존을 원한 데에는 철학적이고 애국적인 좀더 심오한 이유가 있었을 것이다. 하지만 대부분의 북부인들에게 연방 보존은 좀더 실제적인 문제, 즉 단순히 경제적인 문제일 뿐이었다. 루이스 메난드는 퓰리처상 수상작인 자신의 저서 《형이상학 클럽The Metaphysical Club》에서 남북전쟁 이전의 대다수 미국 북부인들이 갖고 있던 태도를 이렇게 요약했다. "우리는 남북전쟁을 연방을 구하고 노예제를 철폐하기 위한 전쟁으로 알고 있지만 전투가 시작되기 전에 사람들은 이 두 가지를 양립 불가능한 이상理想으로 보고 있었다. 연방 보존을 원한 북부인들은 노예제가 준주들로 확대되는 것을 원치 않았다. 그들 중에는 노예제를 고집하는 주에서 자연스럽게 노예제가 소멸되기를 바라는 사람도 있었다. 하지만 북부의 상공인들은 대체로 남부 상실은 경제적 재앙을 의미한다고 믿었고, 그들 밑에서 일하는 고용인들도 노예 해방은 자신들의 임금 삭감으로 이어질 것이라 믿었다. 그들은 노예제보다 남부 주들의 연방 탈퇴를 훨씬 더 두려워했다. 따라서 노예제를 포기하도록 남부를 압박하여 탈퇴를 촉발시키는 위험을 감수하려 하지는 않았다."

1860년의 인구 조사

남북전쟁에 대한 링컨의 예측이 전쟁의 결과에 유리하게 작용했는지 여부는 우리로서는 알 길이 없다. 스포츠 관계자의 말처럼 이론상으로 보면 이 경마는 애초부터 적수가 안 되는 시합이었다. 남부는 홈그라운드의 이점만 믿고 경주에 나선 것 같았다. 숫자만으로 볼 때 남부의 판단과 운명은 애초부터 가망이 없어 보였다. 하지만 전쟁사도 지속적으로 보여주고 있듯 때로는 다윗이 골리앗을 이길 수도 있는 것이다. 그것도 아니면 승리에 대한 값비싼 대가라도 반드시 치르도록 한다. 남부로서는 무엇보다 독립전쟁에서 애국파가 영국군을 물리칠 때 보여준 기개가 필요했다.

남북전쟁 당시 연방의 상황

총 23개 주. 여기에는 캘리포니아와 오리건 그리고 미주리, 켄터키, 델라웨어, 메릴랜드의 4개 '경계 주',* 7개의 준주가 포함된다. (웨스트버지니아도 1863년 연방에 가입한다.)

인구: 2천200만 명(이중 전투 연령에 이른 남자는 400만 명)

경제 상황: 공장 10만 개

노동자 110만 명

철도 2만 마일(미국 전체의 70퍼센트, 전체 철도 설비의 96퍼센트)

은행 예금액 1억 8천900만 달러(미국 전체 예금액의 81퍼센트)

순금 5천600만 달러

남북전쟁 당시 남부연합의 상황

총 11개 주.

인구: 900만 명(이중 350만 명은 노예. 전투 연령에 이른 남자는 120만 명)

경제 상황: 공장 2만 개

노동자 10만 1천 명

철도 9천 마일

은행 예금액 4천700만 달러

순금 2천700만 달러

이밖에도 연방은 농산물과 가축 수(나귀와 노새는 제외하고)에서도 남부연합을 크게 앞지르고 있었다. 양적인 면에서 남부연합이 연방을 압도하는 것은 노예 노동으로 재배되는 목화뿐이었다. 연방은 또 전시에 군수품 생산을 늘릴 수 있었고 철도로 그것을 수송할 수 있는 수단을 가지고 있었다. 하지만 남부연합은 무기나 배 같은 군수품을 해안을 봉쇄하고 있는 연방군 해군의 눈을 피해가며 외국에서 들여와야 했다.

남부연합측 대차대조표를 살펴보면 작지만 중요한 점들이 몇 가지 눈에 띈다. 지금까지 연방군은 주로 남부인으로 구성돼 있었고 또 그들의 지휘를 받고 있었다. 그런데 그 남부인들이 일이 터지자 즉각 연방군의 옷을 벗고 남부의 대의에 몸을 던진 것이다. 그에 반해 연방군은 거의 도시의 징집병들로 구성돼 있었고, 그들 중 많은 수가 영어를 아주 조금 하거나 아예 모르는 이민자들이었으며 무기나 병법에 서툴렀고 '연방 보존'과 노예제 확산 방지라는 그들에게는 의심스러운 목표를 위해 '외국' 땅에서 싸우게 될 사람들이었다. 이 모든 요인이 잘 훈련된 병사와 막강한 지휘력을 가진 남부연합군에 즉각적인 이점으로 작용했다. 게다가 전투는 주로 남부에서 벌어질 예정이었다. 남부연합군은 홈그라운드에서 싸운다는 이점 ──지형의 익숙함, 민중의 게릴라 지원, 고향을 지키려는 동기──을 지니고 있었고, 이것은 독립전쟁에서 아메리카 식민지군이 영국군을 물리칠 수 있었던 요인이기도 했다.

전쟁에 자원한 병사.

남부연합 헌법과 연방 헌법의 차이는?

링컨의 취임 연설이 있은 지 일주일 후인 3월 11일, 남부연합도 헌법을 하나 제정했다. 중요한 것은, 연방 권력이라든가 주의 권리와 같은 문제들이었지 노예제가 아니었다는 해묵은 논쟁으로 미루어볼 때, 신생 남부연합 정부도 뭔가 아주 색다른 내용의 헌법을 만들 것 같았다. 어쩌면 그것은 연방 헌법이 만들어지기 전 각 주들이 운영하던 연합규약에 가까운 것일지도 몰랐다.

하지만 뚜껑을 열어보니 남부연합 헌법은 연방 헌법과 별 차이가 없었다. 그래도 몇 가지 차이가 있었지만 한 가지 커다란 차이만 빼면 나머지는 그다지 중요하지 않은 차이였다.

헌법 전문에 "자주적이고 독립적인 자격으로 행동하는 각 주"라는 문구를 추가했다. "좀더 완벽한 연방"은 "영원한 연방 정부"로 말을 바꿨다. 연방 헌법 원문에는 없는 "전능하신 하느님"(3장 "헌법에는 없는 세 글자로 된 낱말은?" 참조)의 기도 문구를 추가시켰다.

둘의 차이는 모호했지만, 내국 산업의 보호가 아닌 세수稅收를 위해 관세를 허용했다.

출마 횟수에 제한을 두지 않는(당시에는 그랬다) 임기 4년의 대통령제 대신 6년의 단임 대통령제를 신설하여 행정부에 변화를 주었다. 단, 개별조항거부권을 부여하여 대통령 권한을 강화시켰다. 그에 따라 대통령은 일부 예산에 대한 거부권을 행사할 수 있게 되었다. (공화당이든 민주당이든 미국의 많은 대통령들은 의회 지출을 통제하는 수단으로 개별조항거부권에 찬성해왔다. 그러다 1996년 그것은 마침내 법제화되었고, 이 거부권을 최초로 사용한 대통령은 빌 클린턴이었다. 하지만 1998년 대법원은 개별조항거부권에 대한 위헌 판결을 내렸다.)

노예제와 관련된 양 헌법의 차이는 다음과 같다. ① 남부연합 헌법은 듣기 좋은 완곡 어구는 (가령 "고용인들"과 같은) 빼버리고 노예제를 직설적으로 표현했다. ② 외국으로부터의 수입 금지 조항만 남겨놓고 노예제에 관련된 다른 규제들은 다 철폐했다. ③ 노예제는 보호될 것이고 남부연합에 새로 편입되는 주에도 노예제를 확대시킬 것이다.

이것으로 볼 때 "주들의 권한"은 여전히 강력한 개념이었고 연방의 권한과 주의 권한 사이의 줄다리기 또한 미국사의 끊이지 않는 숙제였지만, 남부 주들이 신경을 쓴 것은 오직 하나의 권한밖에 없었다는 것을 알 수 있다. 남부 지도자들(앞의 칼훈을 참조)의 연설과 남부연합 헌법을 자세히 살펴보면, 그들은 노예제를 자유롭게 이어갈 수 있는 권한에만 관심이 있었다. 그것은 노예제가 이미 시행되고 있는 주와 서부에 새로 생겨나게 될 신생 주 모두에 해당되는 것이었다.

남북전쟁의 이정표

1861년

4월 12일 ___ 피에르 뷰리가드 장군이 이끄는 사우스캐롤라이나 남부연합군 부대가 찰스턴에 있는 연방군 요새 섬터를 포격하면서 전쟁이 시작된다.

4월 15일 ___ 링컨, '반란'을 선포하고 7만 5천 명의 지원병을 모집한다.

4월 17일 ___ 가장 영향력이 컸던 버지니아 주가 연방을 탈퇴한다.

4월 19일 ___ 링컨, 남부 항구들에 봉쇄령을 내린다. 그 결과 남부연합은 면화의 유럽 수출이 어렵게 되고 탄약과 보급품 조달에 어려움을 겪는다. 로버트 리 장군, 연방군 총사령관을 맡아달라는 링컨의 요청을 거절하고 남부연합군에 합류한다. 전투 경험이 많은 남부 출신 장군들이 연방군을 떠나 속속 남부연합군에 가담한다.

1862년

9월 17일 ___ 앤티탐(메릴랜드의 샤프스버그) 전투. 남부연합군 리 장군의 비밀 명령서 사본이 연방군 매크랠런 장군 손에 들어가는 바람에, 연방의 수도 워싱턴을 위협하던 남부연합군의 공격이 실패로 돌아간다.

9월 22일 ___ 앤티탐 전투 후 링컨은 노예해방선언을 발표한다. 이 선언으로 전쟁의 성격과 진로가 바뀐다.

1863년

1월 1일 ___ 노예해방선언서가 서명된다.

7월 1일-3일 ___ 게티스버그 전투. 말발굽을 찾아 나선 남부연합군이 연방군의 기마대와 마주친다. 양군은 사흘간 치열한 전투를 벌인 끝에 남부연합군이 버지니아로 후퇴한다.

11월 19일 ___ 군인 묘지 봉헌식에 참석한 링컨, 유명한 '게티스버그 연설'을 한다.

1864년

5월 4일 ___ 연방군 장군 그랜트, 10만 명의 병력으로 리 장군이 이끄는 남부연합의 버지니아군을 공격한다.

9월 2일 ___ 연방군 장군 셔먼, 애틀랜타를 점령하고 도시 전체에 불을 지른다. 그후 대통령 선거에서 링컨의 인기는 상승 기류를 탄다.

11월 16일 ___ 셔먼 장군, 애틀랜타에서 사바나 해안까지 모든 것을 파괴하며 진격한다.

1865년

2월 22일 ___ 남부연합의 마지막 자유 항인 노스캐롤라이나 주 윌밍턴이 연방군에게 함락된다.

3월 4일 ___ 링컨, 대통령에 두 번째로 취임한다.

4월 2일 ___ 리 장군, 남부연합의 제퍼슨 데이비스 대통령에게 수도 리치먼드를 떠나라고 권유한다. 하루 뒤, 북군이 리치먼드에 입성한다. 이틀 뒤, 링컨이 리치먼드를 순시하며 데이비스 대통령의 의자에 앉아본다.

4월 8일 ___ 리 장군, 항복. 남부연합군 병사들은 고향에 돌아갈 수 있는 자유를 허락 받는다.

4월 11일 ___ 링컨, 재건을 추진하는 과정에서 화해 정신을 발휘할 것을 강조하는 연설을 한다.

4월 14일 ___ 링컨, 포드 극장에서 연극 관람 중 배우이며 남부연합의 애국자인 존 윌키스 부스의 총에 맞아 부상, 이튿날 사망한다. 부통령 앤드루 잭슨이 대통령직을 승계한다.

4월 18일 ___ 남부연합 전역에서 산발적인 저항이 일어나지만 5월 들어 종식된다.

남북전쟁으로 미국이 잃은 것은?

연방군은 1865년 4월 13일부터 병력을 축소하기 시작했다. 당시의 상원 통계에 따르면 연방군은 232만 4천516명의 병력을 동원하여 이중 약 36만 명을 잃은 것으로 되어 있다. 남부연합군 병력은 약 100만 명이었고, 이 중 26만 명 가량이 전사했다. 전쟁 비용은 연방군이 600만 달러 이상, 남부연합군은 그것의 절반 정도를 사용했다.

전사자 수는 당시 인구의 2퍼센트 정도였다. 민간인 사망자 수는 측정하기가 쉽지 않다. 하지만 남북전쟁을 연구하는 역사가 제임스 맥퍼슨은 그 숫자를 50만 명 이상, 그것도 대부분 남부인으로 추정하고 있다. (그것을 2억 8천만 명으로 계산된 2000년 인구 조사 통계에 대비해 보면, 550만 명 이상이 사망했다는 이야기가 된다.) 부상을 당하거나 불구가 된 사람도 수천 명을 헤아렸다. 매독에 전염된 여성들도 부지기수였다. 전시에 우후죽순으로 생겨난 매음굴에 젊은 병사들이 드나들다 얻은 것을 제대 후 일반 여성들에게 퍼뜨려서 생긴 결과였다.

하지만 인명과 돈만으로 남북전쟁의 대가를 측정할 수는 없다. 무엇보다 안타까운 것은 미국에서 '가장 영민한' 세대 — 양측 모두 젊고, 좋은 교육을 받고 동기 부여가 확실했던 세대 — 가 사라졌다는 것이다. 그들의 지력, 창의력, 풍부한 가능성 상실을 계산하기는 불가능하다. 참담한 전쟁의 결과 생겨난 깊은 증오심 — 지역적, 인종적 — 또한 향후 150년 동안 미국 사회와 정치를 혼돈에 빠뜨리게 된다.

링컨은 정말 정직했을까?

조지 워싱턴 이후의 미국 대통령 중에서 — 혹은 그 어떤 역사적 인물이라도 — 에이브러햄 링컨만큼 신화적인 광휘로 둘러싸인 인물도 없다. 울타리를 만드는 사람, 위대한 해방자, 정직한 에이브 모두 그에게 붙여진 별칭이었다. 저돌성 있는 공격으로 대통령이 되어 대통령에 다시 출마하라는 권유도 물리칠 듯하다가 마지못해 수락하고, 남부인들의 중상모략에 시달리며 순교자가 된 끝에 링컨은 마침내 미국에서 가장 훌륭한 대통령이 된 것이다. 정말 그럴까?

초기의 다른 '통나무집' 대통령들과는 달리 링컨은 순수한 개척자 집안 출신이었다. 부친은 문맹이었으며 집안은 몹시 가난했다. 생모가 죽은 뒤에는 계모가 그에게 학구열을 심어주고 성서로의 길을 안내해주었다. 그것이 중요했다. 링컨은 독선이나 짐짓 경건한 체하는 것과는 거리가 먼 믿음이 깊은 사람이었으며, 자기 앞에 닥친 시련들을 이겨내기 위해 영혼의 양식을 무한히 저장해두려고 했다.

링컨은 맨손으로 성공을 이룬 전형적인 미국의 영웅이었다. 독학으로 법률을 공부했고 지방 선거에서 승리했으며 일리노이 주 변호사를 거쳐 1847년 하원의원이 되었다. 키도 무척 커서 193센티미터에 이르렀다. 잡화상 경력 또한 빼놓을 수 없는 이력이다. 좀더 최근의 대통령에게서 볼 수 있듯이 그것은 미국 정치에서 무시할 수 없는 자산이다. 또한 그는 정직하고, 정치적 책임감이 강한 사람이었다. 신문기자 존 G. 스크립스는 링컨에 대해 이렇게 말했다. "지금도 그런 것처럼 워싱턴 분위기에 맞추려고 자신의 관점에 지나치게 정확을 기하는, 철저하게 진실만을 말하는 사람."

요즘의 미국적 기준으로 보면 링컨은 인종주의자였다. 당시 기준으로는 진보주의자거나, 혹은 당대의 상스런 표현을 빌면 '검둥이

애호가nigger lover'였다. 위대한 업적을 남긴 대통령들이 흔히 그렇듯 링컨도 대통령직을 수행하는 과정에서 큰 인물이 되었다. 노예주들을 마지못해 받아들인 이전의 태도는 시간이 가면서 게티스버그 연설에 표현된 감정들로 대치되었고, 그것은 "모든 인간은 평등하게 태어났다"고 말한 제퍼슨의 이상을 재확인한 것이기도 했다.

에이브러햄 링컨.

공적, 사적으로 많은 고통에 시달린 우울한 인간 링컨은 역대 그어느 대통령보다 무거운 책무를 맡아 시대의 긴박함에 대통령직의 모든 것을 걸 줄 아는 그만의 탁월한 능력으로 현대의 어느 대통령도 해내지 못할 위업을 달성했다. 그는 의회가 폐회 중일 때 주 민병대원들을 모아 군대를 창설했으며, 지원병을 모집했고, 항구를 폐쇄했으며, 뚜렷한 죄목이나 적법한 절차 없이도 수천 명을 구금할 수 있도록 인신 보호 영장 제도의 시행을 중지시켰다. 이것은 그가 행한 것 중 가장 많은 논란을 불러일으킨 조치였다. 헌법의 기본권을 침해한 인신 보호 영장 제도의 중지는 링컨의 주장대로라면 "반란이나 침략의 경우"에 대비한 것이었다.

전쟁 중에는 노예제에 대한 그의 태도가 너무 온건하다는 이유로 소위 급진적 공화당원과 노예제 폐지론자들의 반대에 부딪쳤다. 더 치명적이었던 것은 북부 민주당의 잔재로 너무도 독살스러워 어느 신문사로부터 살모사당이라는 별명까지 얻고 있던 평화민주당의 반대였다. 남부에 동정적이었던 이 살모사당Copperheads은 전쟁 중지를 요구하면서 인신 보호 영장 제도의 중지, 징집법, 심지어는 노예해방선언까지 들먹이며 링컨을 독재자로 몰고갔다.

링컨은 이 모든 도전들을 극복하고 재선에 성공했으나 그 때문에 목숨을 잃었다. 하지만 암살될 시점에 이르러서는 호된 대가를 치른 전쟁의 단호한 군통수권자의 모습에서 상처를 봉합하는 조정자의 모습으로 변해 있었다. 혹자는 그를 독재자로 부르기도 하지만, 만약 허약한 대통령이었다면 링컨이 대통령으로서 치른 가장 기본적인 시험, 즉 연방 구출 시험조차 제대로 통과하지 못했을 것이다.

연방이 전쟁에서 이긴 까닭은?

이에 대한 답변은 간단하다. 남부연합은 연방과만 싸운 게 아니라 역사와도 싸웠기 때문이다. 아무리 봐도 남부연합은 18세기 군대를 이끌고 20세기 힘에 맞서 19세기 전쟁을 치른 것이었다. 북부군의 남부 항구 봉쇄로 남부연합군은 군수품과 식량을 비롯한 보급품을 제대로 조달 받지 못해 그야말로 아사 직전까지 이르렀다. 남부연합이 결국 외국의 승인을 받지 못하게 되면서 전망은 더욱 어두워졌다. 남부연합군의 지휘력이 우수했다는 평가가 있지만 거기에는 두 가지 요소가 결여돼 있었다. 첫째, '스톤월' 잭슨 장군을 비롯한 남부의 많은 지휘관이 전쟁 초기에 사망했다는 것, 둘째, 서부 전쟁에서 그다지 우수하지 못한 남부연합군 사령관들에 비해 연방군의 그랜트와 셔먼은 크게 두각을 나타냈다는 것. 그랜트가 육군을 지휘하고 셔먼이 해군을 지휘하는 가운데 앞선 제조력과 부 그리고 우세한 병력을 앞세우고 전면전 불사를 다지는 연방군 앞에 남부연합군은 주눅이 들 수밖에 없었다.

돌이켜보면 남북전쟁은 여러 가지 자잘한 '만약'의 순간들로 점철된 전쟁이었다. 역사가 매혹적인 것은 바로 그러한 점 때문이다. 전쟁의 방향은 중요한 병법 못지않게 사소한 순간에 의해서도 얼마든지 바뀔 수 있다.

만약, 매크렐런이 앤티탐 격전지에서 남부연합군 리 장군의 작전 계획을 알지 못했더라면…….

만약, 리가 게티스버그에서 롱스트리트의 말을 듣고 연방군 측면을 포위하려 했다면…….

만약, 게티스버그 전투에서 20메인 연대가 총검으로 남부연합군의 공격을 막아내지 못했더라면…….

이러한 가정은 흥미롭기는 하지만 궁극적으로는 무의미하다. 어차피 그런 일은 일어나지 않았고 설사 일어났다 해도 역사의 필연을 잠시 유보시키는 것에 불과했을 것이기 때문이다.

게티스버그 전투는 전쟁의 승패를 가른 중요한 순간이었다. 사흘간 벌어진 전투 끝에 남부연합군은 버지니아로 후퇴했다.

링컨 암살범은?

1865년 4월 14일 금요일——성금요일——링컨은 각료회의를 끝낸 뒤 남부연합에 대한 봉쇄를 해제했다. 당시 그의 기분은 무척 고양돼 있었다. 모든 이들에게 중용과 화해를 권유했고 온건한 재건계획을 세워 최소한의 보복과 처벌로 반역 주들을 다시 연방의 품으로 끌어들이려 했다. 그날 저녁 링컨은 아내와 알고 지내던 젊은 부부 한 쌍과 함께 연극 〈우리의 미국인 사촌Our American Cousin〉을 보기 위해 워싱턴 시내에 있는 포드극장으로 갔다. 대통령 경호를 담당하고 있던 워싱턴의 그 경관은 음료수를 마시러 갔거나 아니면 무대가 좀더 잘 보이는 곳으로 자리를 옮겼던 모양이다. 순간 총성이 울렸고 링컨은 그 자리에 푹 쓰러졌다. 그때 남자 한 명이 대통령이 앉은 특별석에서 무대 위로 껑충 뛰어내렸다. 너무 급히 뛰어내리느라 특별석에 걸려 있던 장식 천에 다리가 걸려 정강이뼈가 부러졌다. 그는 총을 휘두르며, "독재자의 말로를 보라Sic semper tyrannis!"("Thus be it ever to tyrants"), "남부는 살아날 것이다 The South shall live" 중의 하나를 외쳤다. 그러고는 뒷문 비상구를 통해 빠져나가 대기해놓은 말을 타고 도망쳤다.

다음에는 국무장관 윌리엄 시워드가 희생되었다. 그는 집에 있다가 암살자의 칼을 맞았다. 그랜트 장군과 부통령 존슨에 대한 암살 기도도 있었으나 성공하지 못했다. 총에 맞은 링컨은 극장 맞은편의 한 여관으로 옮겼고 이튿날 아침 숨을 거뒀다. 피격 소식을 듣고 충격에 휩싸인 나라는 일찍이 경험해보지 못한 깊은 슬픔에 빠졌다. 전시에는 살모사당의 미움과 조롱을 받았고, 급진파 공화당 의원들로부터는 지나치게 온건하다는 비난을 받았으며, 다른 단체들로부터도 이런저런 트집에 시달렸던 링컨은 죽음과 함께 일약 국민적인 영웅으로 부상했다. 심지어 남부연합의 지도자들까지 그의 죽

위. 링컨이 암살 당한 포드 극장. 이날 링컨은 아내와 연극을 보러 갔었다. 아래. 암살범 존 윌키스 부스.

음에 유감을 표할 정도였다.

육군장관 스탠턴이 사태의 수습에 나서 워싱턴에 계엄령을 선포했다. 곧이어 암살자의 신원도 밝혀졌다. 그는 존 윌키스 부스라는 배우였다. 그의 아버지는 더 유명한 배우 유니우스 부루투스 부스였고, 형 에드윈 부스도 배우였다. 그는 광적인 남부 지지자이긴 했지만 남부연합군에 입대한 적은 없었다. 그리고 당초에는 워싱턴의 한 하숙집에 몇몇 사람들과 모여 함께 링컨을 납치하려는 계획을 세웠었다. 그러다가 정부 요인들에 대한 암살로 계획을 바꾼 것이다.

부스의 머리에 5만 달러의 현상금을 내건 대대적인 수색 작전이 펼쳐졌다. 그 배우와 조금이라도 연관이 있는 듯한 사람 수백 명도 체포되었다. 4월 26일 마침내 부스는 그의 소재를 밀고 받은 연방군이 버지니아

월트 휘트먼

〈오 선장! 나의 선장!〉, 《링컨 대통령을 추모하며Memories of President Lincoln》에서

오 선장! 나의 선장이여, 우리의 무서운 항해는 끝났습니다.
배는 온갖 난관을 다 이겨내고, 우리가
추구한 바를 쟁취했습니다.
항구가 가까워오면서 종소리와 기쁨에 겨운 사람들의
함성이 들려옵니다.
사람들의 눈길은 온통 든든한 선체, 엄숙하고 대담한
그 배에 몰려 있건만.
오 심장이여! 심장이여! 심장이여!
오 뚝뚝 떨어지는 붉은 핏방울이여,
우리 선장이 싸늘하게 쓰러져 죽어
누워 있는 그 갑판 위로.

월트 휘트먼(1819~1892)은, 뉴욕 주 롱아일랜드에서 목수의 아들로 태어나 독학으로 학업을 마쳤다. 1838에서 1855년까지는 뉴욕과 브루클린에서 인쇄소 일과 신문 편집 일을 배웠다. 1855년에 휘트먼은 시 12편을 묶어(그가 사망할 즈음에는 여기에 35편이 더 추가되었다) 시집 《풀잎Leaves of Grass》의 초판을 펴냈다. 지금은 독창적인 미국 문학의 고전으로 평가되고 있지만, 남북전쟁 전만 해도 그것은 전혀 다르게 받아들여졌다. 비평가들은 해부와 '인체 전기eletric body'*를 노래한 그의 시어들에 충격을 받았다. 남북전쟁 때는 북부군 병원에서 '붕대 담당자' 또는 간호사로 일하며 그곳에서 목격한 학살을 토대로 엄청난 고통의 기록을 남기기도 했다. 휘트먼은, 대중의 사랑은 받았으나 평단으로부터는 배척당한 〈오 선장! 나의 선장!〉 외에도 〈집 앞마당에 라일락꽃이 필 때〉와 죽은 링컨에게 바치는 애가 두 편을 더 썼다.
"나는 당대에는 인정을 받지 못했다." 이 말은 몇 번의 중풍을 맞은 뒤 죽기 전에 그가 독백처럼 한 말이다. 하지만 그는 후일 마침내 미국의 가장 독창적이고 위대한 시인 중 한 사람이 되었다.

* 《풀잎》에 포함된 "I sing the electric body"를 말하는 것이다.

볼링그린의 담배잎 건조장에 놓은 수사망에 걸려들었다. 부스가 투항을 거부하자 연방군의 한 장교가 건조장에 불을 질렀다. 부스는 부러진 다리를 절룩거리며 건조장 문을 향해 나오다 총에 맞았다.

그는 2시간 30분 뒤에 사망했다. 그날은 부스의 스물일곱 번째 생일이었다.

　군법회의는 하숙집 주인 메리 수라트와 공모자 네 명에게 교수형을 선고했다. 제퍼슨 데이비스를 비롯한 남부연합의 지도급 인사들이 연루되었다는 공모설은 언론의 시끄러운 보도에도 불구하고 법원에서 모두 논박되어 기각되었다. 데이비스는 생포되어 재판 없이 2년 동안 구금되어 있다가 나중에 풀려나 귀향한 뒤 고향에서 자신의 관점으로 남북전쟁사를 집필했다. (육군장관 스탠턴을 링컨 암살에 연루시키는, 남부연합 지도급 인사들의 연루설보다 더 황당한 음모설도 있었으나 증거 불충분으로 완전 허구라고 판명되었다.)

재건은 어떻게 이루어졌나?

　남북전쟁이 끝난 뒤에 남부 주들의 참상은 이루 말할 수 없었다. 물리적, 경제적 참상은 말할 것도 없고 정신적으로도 완전히 황폐화되었다. 전해지는 바에 따르면, 전후의 남부는 20세기 양차 세계대전을 겪은 뒤의 유럽보다도 상황이 더 나빴다고 한다. 반역 주들에는 임시군정이 수립되었다. 하지만 링컨의 계획은 탈퇴한 주들을 온건하고 조화롭게 연방에 복귀시키는 것이었다. 남부인들은 충성 서약을 하는 것만으로 간단히 연방 시민권을 회복할 수 있었다. 어떤 주는 주민 10퍼센트의 서약으로 정부가 수립되기도 했다. 하지만 펜실베이니아의 타데우스 스티븐스, 오하이오의 벤 웨이드, 매사추세츠의 찰스 섬너가 이끄는 급진파 공화당 의원들은 좀더 엄격한 조건을 원했다. 그러한 상황은 링컨이 사망하고 앤드루 존슨(1808~1875)이 대통령직을 승계하면서 답보 상태에 머물게 되었다.

존슨의 생애는 인간 승리의 표본이었다. 그는 노스캐롤라이나 주 롤리에서 어쩌면 링컨보다도 더 가난한 집안에서 호텔 짐꾼의 아들로 태어났다. 존슨의 아버지는 그가 불과 세 살 때에 사망했다. 그는 정규 교육을 한 번도 받아본 적이 없고, 가난에 시달리던 그의 가족은 아홉 살 난 그를 재단사 도제로 집어넣었다. 그 6년 뒤 열일곱 살 나던 해 존슨은 그곳을 도망쳐 테네시 주 그린빌에 양복점을 차렸다. 이듬해에는 열여섯 살의 엘리자와 결혼도 했다. 그에게 읽기와 쓰기 그리고 좀더 높은 차원의 계산법을 가르쳐준 것도 그의 아내 엘리자였다. 이후 그는 지방 정계에 진출하여 자유민 노동자 계층을 위해 열성적으로 일했다. 그리고 자신도 노예 소유주이기는 했으나 남부 대농장 엘리트에 대해서는 혐오감을 갖고 있었다. 잭슨식 민주당원이었던 그는 연방 하원의원, 테네시 주지사, 테네시 주 상원의원을 역임했다. 테네시 주 상원의원을 지낼 때는 이주민들에게 공유지 불하를 허가해주는 홈스테드법Homestead Act 입안자의 한 사람으로 활동하기도 했다. 1860년 선거에서는 민주당 대통령 후보 지명을 받기 위해 뛰었으나 링컨이 대통령에 당선된 뒤로는 연방에 충실했다. 1861년 그는 "정부를 공격하는 자, 정부 선박에 불지르는 자 있으면 알려주시오. 내 그를 반역자로 만들어드릴 테니"라고 말하여 연방 탈퇴 주 상원의원으로는 유일하게 국회에 남은 인물이 되었다. 1862년에는 테네시 주 군정관으로 임명되었다. 1862년 링컨은 그를 일종의 '전투적 민주당원,' 즉 남부 경계 주들의 표를 끌어 모을 수 있는 충실한 남부인으로 보았다. 이 선택은 북부 공화당원들의 폭넓은 찬성을 얻지 못했다. 1865년《뉴욕 월드 New York World》에는 이런 글이 실렸다. "무르디 무른 인간이 이 건방지고 촌티 나는 인물과 대통령 직책 사이에 끼여 있다는 것을 생각만 해도!…… 신이여 부디 에이브러햄 링컨을 구해주소서." 하지만 그는 자신을 선택한 링컨을 곤혹스럽게 만들었다. 링컨의 부통

재건을 풍자한 1865년의 만화.
재봉사 존슨이 갈갈이 찢긴 미국
이란 옷을 열심히 꿰매고 있다.

령으로 선서를 하기 전 너무 긴장한 탓에 위스키를 과다하게 마셔 혀 꼬부라진 소리로 두서 없는 말을 지껄인 것이다. 그는 또, 링컨 암살 공모자의 한 사람이던 조지 아트제로트*에 의해 암살될 위기를 겪기도 했다. 하지만 암살 임무를 부여받은 그가 존슨에게 접근하기는 했지만 결정적인 순간에 망설여 목숨을 건질 수 있었다.

링컨의 암살 뒤 대통령직을 승계한 존슨은 '복구'에 대한 링컨의 온건 정책을 그대로 수용했다. 따라서 남부 주들도 노예제 철폐를 골자로 하는 1865년 12월의 수정헌법 13조만 비준하면 다시 주의 자격을 회복할 수 있었다. 하지만 급진파 공화당 의원들이 제동을 걸고 나왔다. 그들은 남부의 처벌을 원했고, 태반이 남부 주 출신이던 민주당 의원들이 배제된 상태에서 의회를 장악했던 남북전쟁 때처럼 이번에도 계속 의회를 장악하려고 했다.

반면 남부 주들은 연방으로 하나둘씩 복귀하면서 남부연합의 지도력을 의회로 돌려놓고 흑인을 옛 소유주에게 묶어놓을 수 있는 흑인법Black Codes**을 제정하는 방식으로 북부 주들에 대항하기 시작했다. 그러자 수정헌법 13조의 의표를 찌르려는 의도인 것이 분명한 이 흑인법에 공화당 의원들이 격분하면서 급기야 공화당 의원들은 재건위원회를 구성하기에 이르렀다. 이에 해방된 노예들을 향한 폭력적이고 잔혹한 말들이 들려오기 시작했다. 의회는 줄잡아 400만에 이르는 해방 노예들을 도와주려는 목적으로 자유민위원회를 구성했다. 그 다음에는 민권법을 제정하여(1866) 흑인의 시민권을 인정하고 그들의 권리를 제한하려는 주들의 권한에 제동을 걸었다. 존슨은 이 법안에 거부권을 행사했다. 하지만 공화당 의

* 아트제로트는 프러시아 이민자였다.
** 이른바 흑인규제법으로 알려져 있다.

원들의 표가 대통령의 거부권을 무효화시키는 미국 역사상 초유의 사태가 발생했다. 그 결과 존슨은 허약한 대통령이 되었다. 이 거부권 무효화는 행정부와의 권력 투쟁에서 주도권을 잡는 의회의 상징이 되었고, 뒤이어 의회와 정부의 투쟁이 계속되면서 일련의 재건법이 통과되었다.

이것의 첫 번째 조치로 남부는 장군들의 지배를 받는 군사 지역으로 분류되었다. 링컨의 당초 계획과는 달리 남부 주들은 주 헌법과 수정헌법 14조를 받아들이는 경우에만 주 자격을 획득할 수 있었다. 주 헌법은 흑인들에게 선거권을 부여하는 내용으로 되어 있었고, 수정헌법 14조는 흑인에게도 시민권을 확대하면서 성인 남성 누구에게라도 선거권을 주지 않는 경우에는 그 주를 처벌할 수 있도록 되어 있었다. (이들 법은 아직 선거권 자격에서 인종성을 없애는 단계에는 이르지 못했고, 여성과 인디언도 여전히 검토 대상에서 제외되었다.)

전몰장병기념일과 준틴데이를 기리는 사람들은?

1865년 5월 1일, 제임스 레드패스라는 북부의 노예제 폐지론자가 흑인 학생들을 찰스턴 인근에 있는 연방군 병사들의 묘역으로 데려가 묘지에 헌화하도록 했다. 그는 일찍이 사우스캐롤라이나의 찰스턴에 와서 해방 흑인 노예들을 위한 학교를 세운 사람이었다. 전하는 바에 따르면, 남부 여성들도 남부연합군 병사들 묘역에 가서 이들처럼 헌화했다고 한다. 이것이 이른바 전몰자를 기리는 의식, 즉 전몰장병기념일의 시작이었다. 일부 도시에서는 전몰장병기념일을 기릴 수 있는 권리를 주장하기도 했다. 1866년 5월 5일 의회는 뉴욕 주 워털루 시에 그 의식을 거행할 수 있는 최초의 영예를 안겨주었다.

1866년 미 의회는 상하 양원 결의로 새로운 국립묘지법안을 발의하여, 로버트 E. 리 장군에게서 몰수한 토지에 미국의 대표적인 국립묘지인 알링턴묘지를 조성했다. 국립묘지를 만드는 전통은 1866년 존 로지 장군이 퇴역병 단체인 육해군군인협회를 조직하면서 새로운 중요성을 갖게 되었다. 로지는 협회의 전 지부에 5월 30일을 기해 남북전쟁 전몰자 묘역에 헌화하도록 지시했다. 1873년에는 뉴욕 주가 최초로 전몰장병기념일을 법정 공휴일로 지정했으며 북부의 다른 주들도 곧 그 뒤를 따랐다.

하지만 전쟁의 비참함은 이 엄숙한 의식에까지 이어져 초기에는 의식에서도 남북의 차이가 뚜렷했다. 남부에서는 여성들이 전몰장병여성협회를 조직하여 멀리 떨어져 있던 장병들의 묘를 집 가까운 곳으로 이장했다. 1890년대부터는 '남부연합딸들의동맹'이 그 일을 이어갔다. 1869년에는 남부연합군 전몰자 묘역 일부에 경비가 배치되어 헌화를 가로막는 일이 발생했다. 남부 주들은 5월 30일을 '양키' 공휴일이라 부르며 남부인들만의 기념일을 준수했다. 1876년에는 전몰장병기념일을 국가 공휴일로 정하는 법안이 의회에서 부결되었다. (20세기 초가 되자 남북전쟁 퇴역병들이 거의 사망했고 전몰장병기념일의 전통도 점점 퇴색해갔다. 하지만 양차 대전 이후 퇴역병 단체들이 벌인 로비가 성과를 거두어, 5월 30일은 모든 전쟁에서 사망한 전몰자를 기리는 국가 공휴일로 지정되었다. 1968년 전몰장병기념일은 공휴일로 지정된 5개 '월요일'의 하나가 되었다. 그 결과 전몰장병기념일은 이제 여름휴가 주간이 시작되는 날로 여겨지게 되었다.)

전몰장병기념일이 국가의 전폭적인 지지 속에 활발히 기려지고 있는 것과 때를 같이하여 일각에서는 그보다 좀더 민중적인 또 다른 전통이 뿌리내리기 시작했다. 하지만 아직 전국적으로는 인정받지 못하고 있었다. 1865년 6월 19일, 연방군 장성 고든 그레인저는 멕시코 만에서 텍사스의 갤버스턴 사이에 있는 모든 노예들에게 자유를 부여해주었다. 링컨이 노예 해방을 공식적으로 선언한 것은 1863년 1월 1일이었으나 연방군이 최종적으로 승리를 거두고 후미진 지역의 노예들에게까지 이 소식을 전하기까지는 무려 2년의 세월이 더 걸렸다. 전해오는 이야기에 따르면 많은 노예들이 자유의 소식을 듣고 무아지경에 빠져들었다고 한다. 그리고 그들은 노예 매매로 흩어졌던 가족을 찾기 위해 다른 주로 옮겨 갔다.

흔히 준틴데이Juneteenth Day로 불리는 그 축일은 자연스럽게 시작되어 미국 여러 지역에서 노예 해방의 비공식적인 휴일로 기려지고 있다.

존슨 대통령은 왜 탄핵당했나?

앤드루 존슨은 전임 대통령이 암살되어 대통령직을 승계한 미국 최초의 대통령이었다. 그런 그가 미국 대통령 중에서 최초로 탄핵을 받아 또 다시 언짢은 최초를 맞게 되었다. 미국 헌법 제4조 2항에는 다음과 같은 규정이 있다. "미국의 대통령, 부통령 그리고 모든 공직자는 반역, 수뢰 혹은 그밖의 다른 중대한 범죄와 비행으로 탄핵되거나 유죄로 입증되는 경우 공직에서 해임될 수 있다."

존슨은 대체 어떤 "중대한 범죄와 비행"을 저지른 것일까? 존슨이 탄핵된 표면적인 이유는 의회가 소위 관직보유법Tenure of Office Act이라 부른 문제 때문이었다. 그것은 상원의 동의하에 임명된 공직자를 상원의 동의 없이 대통령 임의로 해임할 수 없도록 규정한 법이었다. 존슨은 그 법의 합헌성에 문제를 제기하며 급진파 공화당 의원들과 가까운 육군장관 에드윈 M. 스탠턴을 해임하려고 했다. 하원은 즉각 그를 탄핵했다.

하원의 존슨 탄핵은 법적으로 대배심원단에 의한 기소와 동일한

의회로부터 탄핵당한 존슨. 그의 충직한 국무장관이 상처 입은 존슨을 안타깝게 바라보고 있다. 1867년의 풍자화.

의미를 갖는 것이었다. 그에 따라 그는 대법원장 사몬 P. 체이스의 주재하에 공화당 의원들이 장악하고 있는 상원에서 재판을 받아야 했다. 그것은 헌법을 가장하여 견제와 균형 제도를 근본적으로 뒤흔들려는 의회의 노골적인 당파 싸움이나 다름없었다. 하지만 놀랍게도 존슨은 실제로 탄핵을 당할 위기까지 갔다. 1868년 5월 16일 상원은 35대 19로 존슨의 유죄를 가결했고, 그것은 대통령 해임에 필요한 정족수 3분의 2에서 한 표가 모자라는 숫자였다.

그로부터 나흘 뒤, 공화당은 율리시즈 S. 그랜트를 대통령 후보로 선출했다. 그러자 민주당은 현직 대통령인 존슨을 제쳐두고 뉴욕 주의 호레이쇼 세이무어를 전쟁 영웅의 상대자로 내세웠다. 존슨은 남은 임기 동안 정치적으로 전혀 맥을 추지 못했다. 의회를 장악한 공화당은 기세가 더욱 등등해져 내용이 더욱 강화된 공격적인 재건법 제정으로 자신들의 정책을 더욱 강하게 밀어붙였다.

상하원 의원에 도전했으나 몇 번 실패한 뒤, 존슨은 1875년 마침내 상원으로 다시 돌아와 전직 대통령이 상원의원이 되는 최초의 선례를 남겼다. 또한 콜레라에 걸려 살아남긴 했으나 완전히 회복되지는 못했다. 그리고 나서는 몇 번의 중풍을 맞고 몇 달 뒤 상원의원 신분으로 사망했다. 존슨은 살아서는 교회가 부자들에게 자리를 파는 관행에 분개했던 종교적 자유의 옹호자였다. 이런 이유로 그의 장례식은 프리메이슨식으로 치러졌다. 머리 밑에는 헌법 사본 1부가 깔렸으며 관은 성조기로 덮였다.

카펫배거는 누구?

재건의 시대는 상당히 혼란스러웠다. 북부 박애주의자들은 장차 남부의 대표적인 대학이 될 학교들을 설립하거나 부흥시켰다. 그보다 더 중요한 것은 미국 역사상 최초로 흑인이 정치력——제한적이긴 했지만——을 갖게 되었다는 사실이다. 사실 율리시즈는 선거에서 흑인들의 중요성을 염두에 두고 있었고 아닌 게 아니라 그들 모두 찬성표를 던진 것으로 드러났다. 흑인 표의 막강한 영향력을 간파한 공화당 의원들은 투표 요건에서 인종성을 제거하는 수정헌법 15조를 제정하여 흑인들에게 서둘러 선거권을 부여해주었다. 노예제에서 풀려나 시민권을 획득한 지 불과 몇 년만에 흑인이 어떤 식으로든 정치력을 갖게 되었다는 것은 그 사실만으로도 혁명적이라고까지는 할 수 없어도 대단한 성과가 아닐 수 없었다.

하지만 이 성과의 이면에는 그 시대의 산물인 권력의 부패와 그로 인해 생겨난 백인들의 반발이 있었다. 새롭게 자유를 얻은 흑인들은 거의 대부분 교육 받지 못한 문맹이었기 때문에 헌법 정치의 복잡함을 이해할 준비가 되어 있지 않았다. 백인들에게 이용당하기 십상이었던 것이다. 백인들의 일부는 북부에서 건너온 자들이었고, 카펫 원료로 만든 부드러운 카펫백에 소지품을 넣고 다녔기 때문에 카펫배거carpetbagger라고도 불렸다.

전통적으로 카펫배거는 흑인 표를 이용하여 권력을 잡아보려는

자유를 얻은 흑인 가족. 그러나 이들에겐 농사지을 땅도, 지켜 줄 법과 질서도, 보장받을 권리도 없었다. 이들이 얻은 자유는 아무것도 없을 자유였다.

협잡꾼을 일컫는 말로 쓰인다. 목화 밀매로 돈을 벌어 후일 상원의원이 된 북부인 조지 스펜서도 카펫배거였다. 하지만 역사가 에릭 포너는 그 시대를 다룬 묵직한 저서 《재건Reconstruction》에서 카펫배거가 협잡꾼이었다는 일반인들의 인식을 일축하고 있다. 포너의 논점은, 이들 북부 카펫배거들은 대부분 하층민이 아닌 중산층 전문 직업인이었다는 것이다. 남북전쟁이 끝난 뒤 서부로 건너간 사람들처럼 이들도 남부를 개인적인 발전과 기회의 수단으로 보았다는 것이다. 이들 카펫배거들 중에는 흑인들이 투표권을 갖기도 전에 남부로 옮겨 간 이상주의자도 상당히 있었다는 것이 포너의 주장이다.

남부 출신의 백인 공화당원을 일컫는 '스캘러왜그scalawag'*도 카펫배거 못지않게 악명을 떨친 부류이다. 이들은 종교와 지역 모두를 배신한 것으로 여겨졌기 때문에 남부 민주당원들로부터 카펫배거보다 더 미움을 샀다. 포너는 이들에 대해서도 다른 주장을 내놓았다. 일자무식의 흑인들을 착취하여 부당 이득을 챙긴, 즉 부패한 정치가라는 이들에 대한 기존 관념은 정치 현실이라기보다는 오히려 전후의 적개심을 반영한 것이라는 말이었다.

정치적 의미에서 엄밀히 말하면 재건은 남부의 물리적 재건과는 아무런 상관이 없었다. 노예 해방은 남부 경제의 중심이었던 노예제를 무너뜨렸다. 자 이제, 자유를 얻은 그 400만 노예들은 무엇을 해야 하는가? 급진적 공화파의 한 사람인 상원의원 타데우스 스티븐스는 남부 최대의 농장을 해체하여 노예 한 사람당 "40에이커와 노새 한 마리"**씩을 주자고 제안했다. 하지만 그 시대의 가장 진보적인 인물들까지 소유권은 신성한 것이라 여기고 있었기 때문에 그 계획은 수포로 돌아갔다. 자유를 찾은 흑인들이 있지도 않은 일자리를 찾아 대거 도시로 몰리면서 혼란은 가중되었다. 1867년의 남부 홈스테드법Southern Homestead Act도 당초엔 남부 공유지를 흑인과 연방에 충실한 백인들에게 불하해주려는 취지로 만들어졌으나 가난한 사람들은 그 땅을 구입할 수 있는 최소한의 돈도 없었기 때문에 무용지물이었다. 그 땅의 대부분은 덩치 큰 투기꾼, 목재회사, 대농장 소유주들에게로 넘어갔다.

본래의 취지와 현실의 차이가 재빨리 감지되자 그 간극을 메우기 위해 물납 소작인 제도sharecropping가 도입되었다. 하지만 이 제도는 모양만 달랐지 기본적으로 노예제와 다를 바 없었다. 해방 노예들은 이제 소작인의 자격으로 농사를 지어 주인과 수확물을 나눠 가졌다. 주인은 또 소작인에게 자신이 정한 가격에 따라 종자와 생필품을 공급해주면서 그 대가를 수확물로 받았다. 이러나저러나 소작인들은 주인에게 늘 빚을 지게 마련이었다.

* 우리말로는 기회주의자가 적당할 것 같다.
** '40에이커와 노새 한 마리'는 미국의 유명한 흑인 영화감독 스파이크 리의 영화사 이름이기도 하다.

또 다른 문제는 자본이었다. 전쟁이 종식되자 영토 확장론자들은 서부로 눈을 돌렸고 이에 북부 은행들은 철도 건설 비용을 서부로 보내기 시작했다. 남부 역시 돈 없이는 성장을 이룰 수 없었다. 석탄 매장량이 풍부한 앨라배마 버밍햄을 중심으로 일부 제조업 중심지가 서서히 살아 나기는 했으나 폭발적으로 성장하던 북서부의 산업과 철도에 비하면 보잘것없는 발전이었다. 그러자 남부인들은 정치와 은행을 주무르고 있는 공화당에 깊은 불신과 증오감을 드러내며 앞다퉈 민주당으로 몰려들었다. 1877년에 이르면 남부 주 정부 대부분이 다시 보수적인 백인 민주당의 손에 놓이게 되었다. 1970년대와 1980년대에 리처드 닉슨과 로

1868년에 찍은 KKK단원의 사진. 전직 사령관, 남부연합 지도자, 교회 목사들로 구성된 KKK단은 테러를 일상하며 흑인과 백인 공화당원들을 위협했다.

널드 레이건*이 남부의 뿌리깊은 보수주의에 타격을 주기 전까지 남부의 민주당을 휘어잡고 있던 손은 바로 이들 백인 세력이었다.

재건에 대한 반동으로 파생된 것 중에서 그보다 더 우려할 만한 일은 남부 백인들의 적개심이었다. 실패에 대한 울분으로 가득 차 있던 이들은 권력을 쟁취할 새로운 수단을 찾고 있었다. 대다수 남부 백인들에게 흑인들이 정치권을 갖는 일, 심지어 이들이 남부 주 의회까지 좌지우지할 수도 있다는 것은 생각할 수도 없는 일이었다. 남부 백인들이 싸워야 될 필요성이 대두되면서 백인 지배권 유지를 목표로 한 비밀폭력단이 결성되기 시작했다. 폭력단 중에는

* 닉슨과 레이건 둘 다 공화당 소속이다.

288

흰동백꽃, 창백한얼굴 등의 이름을 가진 단체도 있었으나 역시 가장 악명 높고 강력하고 궁극적으로 오래 살아남은 단체는 1867년 4월 네쉬빌의 맥스웰하우스에서 결성된 KKK단(Ku Klux Klan)이었다.

KKK단은 전직 사령관, 병사, 남부연합 지도자, 교회 목사 들로 조직되었다. 그리고 신비주의적인 용어를 섞어 쓰고 전사한 남부연합군 병사들의 혼령임을 자처하면서(그런 까닭으로 흰옷을 입는다) 공공연하게 테러 행위를 일삼으며 전후 남부에서 엄청난 세력으로 성장했다. 이들은 린치, 구타, 방화와 같은 여러 형태의 정치 테러를 일삼으면서 흑인과 '진보적' 백인 공화당원들을 효과적으로 위협했다. 레로네 베넷이 《메이플라워 이전Before the Mayflower》에서 웅변적으로 말하듯이 이들의 "계획은 흑인들을 정치적으로 무력화시키는 것이었고, 방법은? ① 미국 역사상 가장 대담하고 무자비한 정치적 행동, ② 은밀한 살해, 경제적 위협, 정치적 암살, ③ 테러의 정치적 이용, ④ 엄마 품에 안긴 아기의 머리를 깨부수기, ⑤ 아내 발 아래서 남편을 살해하기, ⑥ 남편 앞에서 아내를 겁탈하기, ⑦ 공포 조성하기"였다.

이러한 불법 행위에 대해 북부인들은 당연히 격분했다. 하지만 서부 확산과 같은 다른 문제들로 국정이 어수선해지자 격분은 급속히 사그러들었다. 재건법 개정도 그것이 진심에서 나온 것이든 순전히 정치적 야심에서 나온 것이든 여하튼 흐지부지되었다. 나라의 관심이 서부에 제국을 건설하는 일과 전시 경제 이후에 흔히 나타나는 경기 불황에 이어 1873년에 또 다시 찾아온 증권시장 파동

체이스 대법원장
텍사스 대 화이트 사건에 대한 대법원 판결문

헌법은 그 모든 규정에서 파괴할 수 없는 주들로 이루어진 파괴할 수 없는 연방을 기대하고 있다.…… 그러므로 주 집회에서 채택하여 텍사스 주민 과반수 찬성으로 비준된 탈퇴 조령과 그 조령의 시행을 목적으로 제정된 텍사스 주의회의 모든 법령도 헌법에 따라 거래로 간주되는 만큼, 전적으로 무효이다. 그 법령들은 법률에 철저히 위배되는 것이다.…… 따라서 우리가 언급한 거래들에도 불구하고 텍사스는 계속해서 하나의 주, 연방의 한 주라는 것이 우리의 결론이다.

미국 재무성 발행 채권의 지불을 포함하여 이 같은 전후 판결로 연방 탈퇴가 위헌임은 분명해졌다.

을 진정시키는 일에 온통 집중되었기 때문이다.

전체적으로 보면 재건기에 흑인들은 약간의 기회를 가질 수 있었다. 하지만 가까운 장래에 압제적인 모습으로 드러나겠지만 남부 흑인들이 진정으로 자유를 얻는 숭고한 목적에는 훨씬 미치지 못했다.

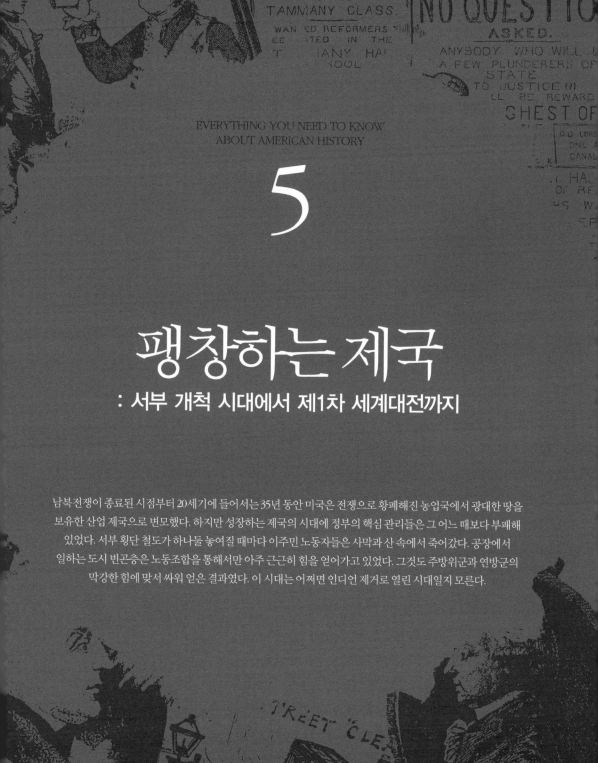

EVERYTHING YOU NEED TO KNOW
ABOUT AMERICAN HISTORY

5

팽창하는 제국

: 서부 개척 시대에서 제1차 세계대전까지

남북전쟁이 종료된 시점부터 20세기에 들어서는 35년 동안 미국은 전쟁으로 황폐해진 농업국에서 광대한 땅을
보유한 산업 제국으로 변모했다. 하지만 성장하는 제국의 시대에 정부의 핵심 관리들은 그 어느 때보다 부패해
있었다. 서부 횡단 철도가 하나둘 놓여질 때마다 이주민 노동자들은 사막과 산 속에서 죽어갔다. 공장에서
일하는 도시 빈곤층은 노동조합을 통해서만 아주 근근히 힘을 얻어가고 있었다. 그것도 주방위군과 연방군의
막강한 힘에 맞서 싸워 얻은 결과였다. 이 시대는 어쩌면 인디언 제거로 열린 시대일지 모른다.

남북전쟁(1861~1865)이 종료된 시점부터 20세기에 들어서는 35년 동안 미국은 전쟁으로 황폐해진 농업국에서 광대한 땅을 보유한 산업 제국empire으로 변모하는 놀라운 발전을 이루었다. 그리하여 1918년 제1차 세계대전이 끝나는 시점에 이르자 미국은 세계 1등국 반열에 오르게 되었다.

미국이 이토록 빠르게 성장할 수 있었던 것은 철도 보급, 철강 산업의 구축, 유전 개발과 같은 산업 개발이 재빨리 이루어졌기 때문이다. 이러한 발전은 때맞춰 쏟아져 나온 여러 실용적인 발명과도 결합되었다. 이제는 모르는 사람이 없을 정도로 유명해진 에디슨, 벨, 웨스팅하우스, 라이트, 풀만이 그 시절을 수놓은 대표적 발명가였다.

하지만 진보라고 해서 다 같은 진보는 아니다. 미국이 이룩한 진보는 마크 트웨인과 C. D. 워너가 그 시대를 다룬 책의 제목을 《황금빛 시대The Gilded Age》라고 붙였듯이 겉만 번지르르하고 속은 천박하고 지저분한 그런 진보였다. 그것은 철로 한 구간을 깔 때마다 그리고 석탄과 철광석 1톤을 캘 때마다 수천 명의 목숨을 앗아간 그런 진보였다. 태반이 정치적 발언권이 아예 없거나 거의 없는 이민자이거나 퇴역병이었던 노동자들은 위험하고 비위생적인 노동 조건 속에 형편없는 급여를 받으며 노동에 종사했다. 이 시기에 새롭게 형성된 부는 또 엄청난 부패의 시대를 여는 계기가 되기도 했다. 눈 하나 깜짝 안 하고 수백만 달러를 받아 챙겼던 뉴욕과 워싱턴의 정치인들, 그런 정치인들을 떡 주무르듯 주무른 백만장자 기업인들에 비하면 서부 개척 시대의 무법자들은 삼류 사기꾼들에 불과했다.

독립전쟁 이래 미국은 무척 더딘 개혁을 통해 정치적 기회를 확대시켜왔으나, 권력은 여전히 극소수의 손에 쥐어져 있었다. 그리고 이것은 건국의 아버지들이 바라는 바이기도 했다. 건국의 아버지들은 문제에 대해 토론하고 현명한 판단을 내릴 수 있는 교양과 여유를 지닌 지도층 인사, 즉 계몽된 귀족에 의해 다스려지는 나라를 원했다. 하지만 이 성장하는 제국의 시대에 정부의 핵심 관리들은 그 어느 때보다 부패해 있었다. 막강한 재력을 지닌 기업인과 금융인들은 관리들을 돈으로 매수하여 말 그대로 정부를 좌지우지하면서 개인적인 축재 수단으로 이용했다. 이것은 어쩌면 헌법이 논의될 때부터 알렉산더 해밀턴의 심중에 있었던 일인지도 모른다. 하지만 제퍼슨이 마음에 그렸던 농민공화국으로부터는 몇 광년이나 떨어진 것이었다.

이 신흥 기업인들은 미국판 메디치가를 형성하여 이탈리아 금융가들이 교황과 도시공국들을 소유했던 것처럼 미국의 정책을 쥐락펴락하며 위세를 떨쳤다. J. P 모건(1837~1913), J. 굴드(1836~1892), J. D. 록펠러(1839~1937), A. 카네기(1835~1919)와 비교하면 남북전쟁 이후의 미국 대통령들은 하나같이 허약하거나 무능하거나 부패했다. 이러한 상황은 시어도어 루스벨트——그도 부유한 집안 자손이었기 때문에 현대적인 의미에서의 진보주의자는 분명 아니었다——가 등장해서야 비로소 호전되어, 이들 상업 귀족들에게 도전할 수 있는 힘을 갖게 되었다.

이들 신흥 기업인들의 반대편에 힘없는 사람들이 있었다. 서부 횡단 철도가 하나둘씩 놓여질 때마다 이주민 노동자들은 사막과 산속에서 죽어갔다. 공장에서 일하는 도시 빈곤층은 노동조합을 통해서만 아주 근근히 힘을 얻을 수 있었다. 그것도 주방위군과 연방군의 막강한 힘에 맞서 싸워 얻은 결과였다. 자작농들은 철도 재벌과 부유한 목축업자에게 터무니없는 가격에 땅을 넘겨주었다. 여성들은 숨막히는 도시의 땀내 나는 상점들을 가득 메우고 있었지만 선거일에는 여전히 그 모습을 찾아볼 수 없었다. 콜럼버스 정복에서 살아남은 인디언들도 사정은 마찬가지였다. 알고 보면 이 시대가 열린 것도 정복에서 살아남은 그들 소수의 인디언을 복속시켜 얻어낸 결과였건만 이들 역시 말로가 순탄하지 않았다.

리틀빅혼 전투에서는 무슨 일이 있었나?

미국 역사상 가장 유명한 인디언 전투는 처절하도록 장렬한 인디언 출전 춤에 바치는 최후의 화려한 연주였다. 전투는 조지 암스트롱 커스터라는 이름의 허영심 많고 무모한(미쳤다고 말하는 사람도 있다) 군인이 저지른 행동의 결과였을 뿐 별 게 아니었다. 인디언들은 리틀빅혼 전투에서 승리를 거두었다. 하지만 그 승리는 백인들에 대한 저항이 무참하게 짓밟히고 그들의 독창적인 삶의 방식이 소멸되는, 즉 어차피 맞게 될 필연적인 결과를 앞당긴 것이었을 뿐이다.

청회색 군복을 입은 백인 병사들이 죽도록 싸우고 있을 때 서부에는 30여만 명의 아메리칸 인디언이 남아 있었다. 그들은 1812년의 미영 전쟁, 명백한 운명, 캘리포니아와 콜로라도의 골드러시 그리고 인디언들의 사냥터에서 인디언들을 몰아내려고 백인들이 만들어낸 그밖의 온갖 구실들에 떠밀려 동부와 서부 연안으로부터 안쪽으로 안쪽으로 계속 밀려간 사람들이었다. 19세기 초의 인디언 제거 기간 동안 앤드루 잭슨이 약속한 '인디언 영구 정착지'는 인디언의 슬픈 역사에 있었던 모든 조약이 그러하듯, 공기업인과 사기업인들에 의해 깨진 지 이미 오래였다. 남북전쟁이 끝나자 정치인, 투기꾼, 농부, 철도업자, 목축업자 들은 전쟁

갈
리틀빅혼의 전사들인 훈크파파 수우족의 추장의 말

만일 당신에게 더없이 귀중한 나라, 당신 국민들이 언제나 속해 있던 나라가 있다면…… 그런데 다른 민족이 찾아와 그 나라를 무력으로 빼앗으려 한다면 국민들은 어떻게 할까요? 싸울까요?

때문에 중단된 것을 마저 차지하려고 혈안이 되어 있었다.

그때까지 남아 있던 인디언 종족 중 가장 강력하고 숫자가 많은 종족은 수우족이었다. 그들은 몇 개의 소부족으로 나누어져 있었다. 백인의 생활 방식을 받아들이려 노력한 서부 미네소타의 산티 수우족, 오글라라 추장 레드 클라우드의 지휘를 받고 있던 대초원 지대의 놀라운 기마 전사들인 테튼 수우족, 시팅 불과 크레이지 호스라는 탁월한 전사를 탄생시킨 훈크파파 수우족, 와이오밍과 콜로라도에 본거지를 두고 있던 샤이안족. 좀더 남쪽에는 다음과 같은 종족이 있었다. 콜로라도의 아라파호족, 텍사스의 코만치족, 뉴멕시코의 아파치족, 나바호족, 푸에블로족.

1866년부터 1891년까지 25년 동안 연방군은 상당한 병력과 비용을 지불하면서 이들 인디언 부족과 끊임없이 전쟁을 벌였다. 마지막 공격은 수우족이 보즈먼 트레일을 열지 않으려 한 것이 발단이 되어 일어났다. 이 트레일은 몬태나 주의 인디언 영토를 통해 캘리포니아의 금광 지대로 이어진 길이었다. 수우족은 레드 클라우드의 지휘 아래 연방군을 공격하여 연방군이 보즈먼 트레일 변에 세우고 있던 요새들을 파괴했다. 1867년의 조약으로 이 싸움은 이 정도에서 끝이 났다. 하지만 상황은 더욱 악화되었다. 소규모 인디언 보호 구역으로 내몰린 인디언들이 그곳의 감독관청인 인디언국의 부패를 참다 못해 차라리 백인 통치를 받으며 살기를 원한 것이다.

이번에도 평화에의 꿈을 깬 것은 역시 금이었다. 사우스다코타 주 블랙힐스에 위치한 인디언 보호 구역을 무단으로 침입한 자들은 커스터와 그 일파였다. 그리고 곧 그 지역으로의 골드러시가 이어졌다. 인디언들은 그 땅을 떠나라는 명령을 받았지만 떠나지 않

고 싸우기로 결심했다. 수우족은 샤이안족과 합세하여 몬태나 남부
의 리틀빅혼 강 유역에 병력을 집결시켰다. 1876년 여름 커스터는
공격을 삼가라는 특별 명령을 어기고 2천에서 4천 명 정도의 인디
언들이 그의 공격을 기다리고 있다는 경고도 무시한 채, 250명의
병력을 이끌고 공격을 감행했다. 수우족의 영적 지도자 시팅 불은
병사들에게 승리의 환상을 심어주었으나, 전투 바로 직전에 춘 '태
양의 춤Sun Dance' 때문에 힘이 빠져 정작 싸움에는 참가하지 못했
다. 하지만 인디언들은 크레이지 호스와 추장 갈gall의 지휘를 받으
며 커스터 부하들을 남김없이 처치했다. 1876년 6월 25일의 리틀빅
혼 전투에서 도망치는 것을 보고도 인디언이 살려둔 병사는 오직
인디언 혼혈의 정찰병 한 명뿐이었다.

　물론 동부 신문들은 리틀빅혼 전투를 전혀 다른 내용으로 썼다.
건국 100주년 기념행사에 광분해 있던 국민들은 그 전투를 피에 굶

왼쪽. 크레이지 호스의 유일한 사진. 오른쪽. 수우족의 영적 지도자 시팅 불.

주린 인디언들이 용감한 병사들에게 저지른 학살로 받아들였다. '커스터의 마지막 저항'을 낭만화시킨 기사와 그 장면을 묘사한 유명한 삽화를 보고 국민들과 정치권은 격분하여 수우족에 대한 전면전을 요구했다. 군대의 반응은 더 한층 맹렬하여 연방군은 인디언에 대한 복수를 다짐하며 군대의 절반을 그쪽으로 파견했다. 그들은 남아 있던 수우족을 일망타진하고 막사를 걷어치운 다음 인디언 구역으로 그들을 강제 퇴거시켰다. 1877년 5월에 크레이지 호스는 항복을 선언하고 몇 안 남은 마지막 수우족과 함께 레드클라우드 지역으로 옮겨 갔다. 시팅 불도 훈크파파족을 이끌고 캐나다 지역으로 갔다. 정부 관리 한 명이 생활과 사냥은 할 수 있도록 마련해준 곳이었다. 1877년 9월, 서른다섯 살의 크레이지 호스는 연방군 장교 크룩과의 만남을 가장한 연방군의 덫에 걸려 생포되었다. 그 전사는 포로가 되지 않으려고 저항하다가 병사 한 명이 휘두른 총검을 맞고 사망했다.

수우족과의 전쟁 뒤에는 북서부의 네즈퍼스족 추장 조지프와 남서부의 제로니모 추장 그리고 제로니모가 거느린 아파치족에 대한 대대적인 소탕 작전이 벌어졌다. 사나운 추장 제로니모는 1886년에 붙잡혀 세인트루이스 세계박람회에 전시되었다. 제로니모는 박람회장에서 자신의 사진이 담긴 25센트짜리 우편엽서를 판매했다.

운디드니에서 벌어진 일은?

리틀빅혼 전투는 인디언들이 어차피 맞았어야 하는 결과를 앞당긴 값비싼 승리에 지나지 않았다. 이어 벌어진 연방군과의 전투는 모두 참담한 패배로 끝이 났다. 인디언 추장들은 하나둘씩 붙잡히거나 살해되었고 살아남은 부족은 인디언 보호 구역으로 강제 추방당했다. 하지만 승산이 없는 것을 뻔히 알면서도 일부 인디언들은 항복을 거부했다. 그것이 결국 19세기 최후의 저항 운동과 학살로 이어졌고, 인디언 전쟁을 종결짓는 상징이 되었다.

1888년, 우보카라는 이름의 파이우트족 인디언이 '유령의 춤 Ghost Dance'이라는 일종의 종교 운동을 일으켰다. 이 운동의 신도들은 세상에 곧 종말이 닥칠 것이고, 그렇게 망한 세상은 죽은 인디언을 포함한 인디언들이 물려받게 될 것이라고 믿었다. 우보카는 인디언들의 화합을 역설하면서 백인과 관련된 모든 것, 특히 술을 배격해야 한다고 부르짖었다. 유령의 춤이라는 이름은, 미래의 인디언 천국이 펼쳐진다는 광란의 춤 의식에서 비롯된 것이었다.

크레이지 호스
1877년, 마지막으로 남긴 말

우리는 버펄로를 식량으로 삼고, 버펄로 가죽으로 옷과 천막을 만들어 살아왔다. 보호 구역에서 빈둥거리며 사는 것보다는 사냥하며 살기를 원했다. 우리의 의지대로 살고 싶었기 때문이다. 먹을 것이 부족할 때도 있었으나 보호 구역을 떠나 사냥을 할 수도 없었다.
우리는 우리 방식대로 살기를 원했다. 정부에는 아무런 재정적 부담도 지우지 않았다. 우리가 원한 것은 다만 평화였고 우리를 그냥 내버려두라는 것이었다. 그런데도 겨울에 병사들을 보내 우리 마을을 파괴했다.
'장발'(커스터)도 같은 방식으로 우리를 공격했다. 사람들은 우리가 그를 학살했다지만 우리가 끝까지 싸우지 않았다면 그는 우리에게 똑같은 짓을 저질렀을 것이다. 우리는 순간적으로 부녀자들을 데리고 탈출해야 한다고 느꼈으나 사방이 가로막혀 싸울 수밖에 없었다.

이 종교 운동은 재빨리 뿌리를 내리며 대초원 지대, 남서부 지역과 극서부 지역 인디언들에게 광범위하게 퍼져나갔다. 그러던 중 두 명의 수우족 주술사가 춤꾼들이 입는 '유령 옷ghost shirts'으로 백인의 총알을 막을 수 있다고 주장하면서 운동은 새로운 국면에 접어들었다. 그 말을 듣고 인디언들의 전투 열기가 새롭게 솟구쳤던 것이다.

유령의 춤꾼들에게 깜짝 놀란 연방군은 인디언 추장들을 체포하려고 했다. 그 중에는 유령의 춤 운동에 참여한 적은 있으나 버펄로 마을의 서부개척 쇼 공연에 참가한 뒤로는 인디언 보호 구역에 살고 있던 대추장 시팅 불도 있었다. 연방 정부에 고용된 인디언 보안대는 시팅 불의 영향력에 겁을 잔뜩 먹은 채로 그를 잡으러 나섰다. 1890년 12월 15일, 시팅 불은 자신을 생포하러 온 인디언 보안대와 난투를 벌이다 살해되었다.

빅 푸트라는 이름의 또 다른 추장도 연방군의 추격을 받았다. 폐렴으로 죽어가던 그는 평화를 원했다. 하지만 1890년 크리스마스 사흘 후에 부녀자를 포함한 300여 명의 빅 푸트 부족은 연방 순찰대에 발각되어 사우스다코타 주 파인리지 보호 구역에 있는 운디드니 야영지로 보내졌다. 1890년 12월 29일, 인디언들이 연방군에 무기를 넘기려는 찰나, 블랙 코요테라는 이름의 귀머거리 인디언이 총을 발사했다. 그것이 사고였는지 고의였는지는 확실하지 않다. 여하튼 병사들은 순간 겁에 질려 무장해제당한 인디언들을 향해 대포와 총을 발사하기 시작했다. 최소한 150명의 인디언을 비롯해

모두 합처 300여 명이 집중 포화를
받고 사망했다. 이렇게 해서 운디
드니는 인디언들의 '마지막 저항
지'가 되었다.

운디드니에서 죽은 인디언 빅
푸트. 수우족 지도자였던 그의
시체는 눈 속에 얼어붙은 채 버
려졌다.

　이후 20년 동안은 말 그대로 '아
메리칸 인디언' 역사의 최하점이었
다. 1890년에서 1910년 사이 인디
언 전체 인구는 25만 명도 안 될 정
도로 급감했다. (그러다 1917년이 되
어서야 50여 년만에 최초로 인디언 출생
률은 사망률을 앞지르게 되었다). 하지
만 거의 소멸 직전에 이르러 아메리칸 인디언은 또 한번 회생력을
보여주었다. 인디언들은 더디나마 조금씩 법적 권리를 얻기 시작했
다. 1924년에는 미국 내 모든 토착 인디언들에게 시민권이 주어졌
다. 그 법은 주로 제1차 세계대전 때 미국을 위해 싸워준 대다수 인
디언들에게 고마움을 표하기 위해 제정된 것이었다. 하지만 이들에
대한 간섭과 인종차별 그리고 착취는 여전했다.

　대공황(6장 참조) 때까지만 해도 보호 구역 내 인디언들의 참상은
한 정부 보고서의 말을 빌면 "차마 눈뜨고 볼 수 없을" 지경이었다.
루스벨트 대통령 재임 시절에는 존 콜리어라는 문화인류학자가 보
호 구역 감독관으로 임명되어 인디언 구역에 대한 전면적인 개혁
을 단행했다. 그는 미국인들이 가진 권리 이상으로 인디언들이 개
별적이고 자율적인 종족으로 남을 수 있도록 인디언의 권리를 인
정해주려고 했다. 하지만 이른바 인디언에 대한 뉴딜 정책으로 불
린 이 개혁은 단명으로 끝나고 그 자리에는 대신 '종료' 정책이 들
어섰다. 미국 정부는 그동안 시행해오던 인디언에 대한 보호를 끝
냈다. 1954년까지만 해도 미국의 일부 주에서 인디언들은 여전히

선거권을 행사하지 못했다. 1980년 인구 조사 결과 아메리칸 인디언 수는 (알류트족과 에스키모족을 포함하여) 대략 150만 명으로 미국의 소수 민족 중에서 가장 빠른 인구 증가세를 보여주었다. 하지만 하나의 그룹으로 볼 때 그들은 여전히 미국에서 가장 빈곤하고 실업률이 높은 종족으로 남아 있다.

카우보이의 실체는?

이 나라는 이제 갓 100년이 지났을 뿐이다. 따라서 오디세이도, 용을 죽이는 성 게오르게George*도, 프로메테우스도 없었다. 떼돈을 벌게 해주는 미국 천재들이 그나마 아서 왕과 원탁의 기사들의 초라한 대용품이 되어주었다. (부의 축적에는 허레이쇼 앨저*의 누더기 옷 신화가 보다 유익하긴 했다.) 따라서 고대의 영웅은 물론 신화 하나 변변히 없는 미국으로서는 없는 영웅이라도 만들어내야 하는 상황이었다. 그렇게 해서 생겨난 것이 이른바 서부 개척 시대의 카우보이들이다. 요컨대 19세기의 신화 제조기인 미국 언론은 서부 개척 시대의 카우보이들에게서 적절한 영웅상을 발견해낸 것이다. 이들에게 카우보이는 완벽한 개인주의적 삶을 추구하고 인디언의 야만적 공격을 막아내는 용감무쌍한 소몰이꾼이었다. 그렇지 않으면 하이눈(한낮)에 대로에서 6연발 권총으로 악한과 결투를 벌이는 영웅적인 보안관일 수도 있었다. 이 인위적인 서부 개척 스토리는 아메리카의 일리아드가 되었다.

카우보이의 이미지는 너무도 강렬했다. 신문을 시작으로 싸구려 대중 소설의 소재가 되더니 나중에는 할리우드 영화와 텔레비전 시리즈, 담배 광고를 거쳐 급기야 미국 정치의 정신 세계까지 침투해 들어갔다. 대통령과 정책이 카우보이의 규범을 따르게 된 것이다. 그 대표적인 예가 시어도어 루스벨트, 린든 B. 존슨, 로널드 레이건이다.

카우보이의 전성기는 1867년부터 1887년까지 20여 년 동안 지속되었다. 그들의 삶은 겉으로 보이는 것처럼 그다지 매력적이지도 또 낭만적이리만큼 위험하지도 않았다. 현대 정치인들이 마약에 찌든 도시의 거리를 서부 개척지와 비교하는 것은 서부를 너무 무시하는 처사이다. 툼스톤,* 아빌레네,** 닷지시티, 데드우드***의 그 유명한 소牛 도시 및 광산촌에서 일어난 총격전과 살인 사건은 다 합쳐 현대의 수도 워싱턴에서 몇 달 동안 일어난 사건 수에도 미치지 못한다.

카우보이 신화의 정신은 소몰이였고, 그것은 텍사스에서 시작되는 그 유명한 트레일들과 함께 시작되었다. 신대륙 개척자들이 들여온 에스파냐 소에 후일 미국에 정착한 영국의 소를 교배시켜 텍사스롱혼longhorn****이라는 놀라운 품종을 만들어낸 것이다. 소몰이는 텍사스에서 시작하여 치솜(1867년 체로키족 인디언 혼혈인 제시 치솜이 만든 길이다)과 같은 트레일들을 따라 북쪽으로 이동하다가, 새로 가설된 캔자스시티의 철도 종점인 미주리 주의 세달리아, 와이오밍 주의 샤이안, 캔자스 주의 닷지시티와 아빌레네에서 끝이 났다. 서부 개척 도시 중에서도 가

* 애리조나 주.
** 텍사스 주.
*** 사우스다코타 주.
**** 뿔이 긴 소.

미국 국기에 대한 맹세

나는 미합중국 국기와 그 국기가 상징하는 공화국, 나누어질 수도 없고 모든 이에게 자유와 정의를 베푸는 공화국에 충성을 맹세합니다.

1892년 미국의 공립학교 학생들은 전미 학교 축전에서 아메리카 대륙 발견 400주년을 기념하는 국기 게양식을 거행하며 난생 처음 국기에 대한 맹세를 복창했다.

국기에 대한 맹세 원문은 아마 사회학자 겸 소설가인 프랜시스 벨러미(1855~1931)가 작성했을 것이다. 벨러미는 유토피아적인 작품 《과거를 돌아보다Looking Backwards》로 널리 알려진 작가이다. 학자들 중에는 제이스 B. 업햄(1845~1905)이 국기에 대한 맹세 원문을 쓴 주인공이라고 말하는 사람들도 있다. 두 사람 다 보스턴 출신으로 《유스 컴퍼니언The Youth's Companion》 잡지사에서 일한 경력이 있다. 미국 재향군인회 소속인 국기협회는 1923년과 1924년, 국기에 대한 맹세 원문에 내용을 추가했다.

1942년 미국 의회는 '국기에 대한 맹세'를 국기를 사용할 때 의무적으로 읽어야 하는 규범의 일부로 편입시켰다. 1954년 반공주의 광풍이 몰아쳤을 때에는 "하느님의 보호 아래"라는 문구가 새로이 추가되었다. 사회주의자 벨러미는 아마 그 문구를 결코 넣으려 하지 않았을 것이다.

장 와자지껄했던 도시 아빌레네는 텍사스에서 넘어오는 소 상인들과 만나는 철도 종점으로 일리노이 주 출신의 어떤 목축업자가 개발한 곳이다. 그러다 곧 아빌레네에는 떠들썩한 술집과 매춘 업소들이 들어서기 시작했다. 이 업소들은 텍사스를 떠난 이래 널찍한 풀밭에서 배나 채울 줄 아는 소떼밖에 없이 몇 달 동안 거친 여행을 한 끝에 별천지와 마주치게 된 소 상인들의 수요를 맞추느라 하루가 다르게 번성했다. 그러다 아빌레네의 상황은 급기야 '치안 유지관'이 필요한 시점에까지 이르렀다. 하지만 치안 유지관들은 치안 유지를 받아야 하는 사람들보다 더 폭력적일 때가 있었다. 그 중에서도 가장 유명한 인물이 제임스 버틀러 '와일드 빌' 히코크였다. 이 사람은 아빌레네의 치안을 맡는 동안 단 두 명을 사살했을 뿐인데, 그 중의 하나가 또 다른 경관이었다. 하지만 히코크, 제시 제임스 같은 서부의 전설들은 신문 보도와 싸구려 소설을 통해 동부인들에게 전해졌고 그 탓에 동부인들은 서부를 낭만과 모험이 가득한 곳으로 생각하게 된 것이다.

1890년대에는 서부 개척이 이미 한물 간 사업이 되었다. 소 상인들은 튼튼한 황소는 북부 초원 지대에서도 생존이 가능하다는 것을 알게 되었다. 때문에 애써 장기간의 여행을 할 필요가 없어졌다. 1874년에는 가시 철조망이 도입되어 거대한 면적의 토지를 에워쌀 수 있게 되었다. (때로 소유권이 없는 토지도 있었고, 소유권이 매우 불분명한 토지도 많았다.) 남북전쟁 이후의 약탈 시대는 점차 큰 사업이 된 목축업 시대로 대체되었고, 카우보이와 서부 개척지의 무법자 시대가 끝나자 이번에는 그들보다 한층 음흉하고 교활한 미국 기업인의 시대가 도래했다.

날강도 귀족이란?

1980년대를 떠들썩하게 한 월가의 내부자 거래 추문과 뉴욕 시 부정도, 19세기 말 미국에서 있었던 기업인과 정치인의 무차별적인 부패에 비하면 양반 축에 속했다. 19세기야말로 전례 없이 거대한 부와 힘을 축적·보유한 민간인 천재가 정치적 천재의 기세를 꺾은 시대였다. 19세기에 위세를 누린 대표적인 인물은 미국 정부의 대부 요청을 거절한 J. P. 모건 시니어였다. 담보 물건이 부족하다는 것이 거절 이유였다. 1895년 모건은 금과 국채를 교환하는 형식으로 거의 파산 직전에 이른 연방 정부를 구해주었다. 그런 다음 즉시 국채를 되팔아 엄청난 차액을 남겼다.

미국의 부가 소수의 손에 집중돼 있다는 사실은 어제오늘 일이 아니다. 그것은 식민지 시대부터 계속돼온 일이다. 하지만 부의 집중 현상이 가장 심화된 양상을 보인 것은 19세기 말이었다.

남북전쟁이 끝난 뒤 서부는 영토를 활짝 개방하고 인디언들도 다 쫓아내고 밀려들 군중을 맞을 채비를 했다. 준비를 마치고 나니, 이 풍요로운 땅에 도달하기 위한——금, 은, 동 채굴 연장을 제조하는 공장 노동자들을 먹이기 위해 동부 시장에 밀과 소를 실어 날라야 했기 때문에——값싸고 빠른 운송 수단이 필요해졌다. 철도 증설에는 땅, 노동, 철강, 자본 네 가지 기본 요소가 필요했다. 이 네 가지는 이렇게 충족되었다. 땅은 연방 정부, 값싼 노동력은 동부와 서부의 이민자들, 철강은 카네기, 자본은 J. P. 모건 부자父子.

끝없이 펼쳐진 서부의 부에 대륙 횡단 철도 건설안이 수립되자 재무성을 상대로 부정을 저지를 수 있는 기회도 무한정으로 늘어났다. 이러한 부정은 1872년에 터진 크레딧모빌리에 스캔들과 함께 만천하에 드러났다. 매사추세츠 주 국회의원 오크스 에임스는 삽 제조업자이자 네브래스카에서 시작되는 서쪽 철도의 부설권을 갖고 있던 유니언퍼시픽철도회사의 이사였다. 에임스와 유니언퍼시픽철도회사는 크레딧모빌리에라는 회사를 차려놓고 건축 계약을 모조리 독식했다. 실제로는 4천400만 달러에 불과한 거래를 의회에서 9천400만 달러에 따내기도 했다. 에임스는 뉴욕 주식시장에서 크레딧모빌리에 주식을 시세의 반값으로 팔아 회사 주식을 마구 살포하는 방식으로 이 거래를 성사시켰다. 이 '내부자 거래'의 득을 본 사람 중에는 미래의 대통령이 될 제임스 A. 가필드와 그랜트 대통령의 초임, 재임 시절에 부통령을 지낸 슐러 콜팩스, 헨리 윌슨 같은 의회 지도자들도 있었다. 그렇게 함으로써 이 두 부통령은 '부vice'*라는 직책에 전혀 새로운 의미를 부여했다.

릴런드 스탠포드 소유의 샌트럴퍼시픽사도 캘리포니아에서 시작되는 동쪽 철도를 건설하면서 그와 똑같은 부정을 저질렀다. 무상으로 토지를 불하받았고 계약을 따냈으며 엄청난 폭리를 취했다. 그러고도 무사히 넘어갔으나 결국 스탠포드는 그 돈으로 대학**을 설립했다. 에임스와 뉴욕 주 국회의원 제임스 브룩스는 의회에서 견책되었다. 하지만 이들은 그 거래로 대학을 얻지는 못했다. 다른 국회의원들은 무죄로 밝혀졌다.

이 같은 천문학적인 부당 이득 외에도, 유타 주의 포로몬토리 포인트를 끝으로 1869년 5월 10일에 완공된 대륙 횡단 철도 건설 과정에서 수천 명 노동자들이 목숨을 잃었다. 철도 건설은 버펄로를 노동자들의 식량으로 삼고, 산맥을 돌고 돌아 사막을 관통하거나 인디언 지역을 통과하며 공사를 진행한 험난한 과정의 연속이었다.

노동자들의 생명과 안전 수칙은 탐욕과 보너스를 타기 위한 빨리빨리 공사에 밀려 무시되었다. 도시들은 철도가 자기 구역을 통과하도록 뇌물을 먹였고, 수백만 에이커의 땅은 철도 부지로 거저 넘어갔다.

그랜트의 두 번에 걸친 대통령 재임 기간은 사기꾼들에게 최고의 호경기였다. 부패 스캔들은 백악관에까지 손을 뻗쳤던 크레딧모빌리에 사건에서 끝나지 않았다. 위스키 링Whisky Ring 스캔들도 있었다. 이것은, 재무성과 그랜트의 개인 비서 오빌 배브콕(그는 온갖 일에 다 참견했다)의 도움으로 수백만 달러의 세금을 착복한 사건*이었다. 인디언국의 부패도 그에 못지않았다. 최말단 공무원들까지 수백만 달러의 뇌물을 받았고 보호구역 인디언들은 썩은 음식으로나 배를 채울 수 있었다.

하지만 횡령으로 만들어진 수백만 달러의 돈도, 이른바 날강도 귀족들이 착복한 돈에 비하면 푼돈에 불과했다. 날강도 귀족이라는 말은 역사가 찰스 프랜시스 애덤스가 《철도: 기원과 문제들 Railroads: Their Origins and Problems》(1878)에서 처음 사용했다. 이 귀족들은 도둑질을 건전한 기업 차원으로 끌어올려 거기에 '트러스트trust'라는 이름을 붙였다.

굴드나 밴더빌트 같은 귀족들이 볼 때 철도는 거대한 부로 가는 티켓이었다. '코모도어commodore' 코넬리우스 밴더빌트(1794~1877)는, 스태튼 섬의 연락선 도항업을 시작으로 증기선 제국을 이루고,** 남북전쟁 뒤에는 철도업으로까지 사업을 확장해간 인물이다. 그는 부당 이득과 뇌물을 통해 뉴욕 센트럴 철도***를 미국 최대의 단선 철도로 건설했다. 또한 거대한 유산을 가족들에게 남겨

철도는 거대한 부로 가는 티켓이었다. 철도 사업으로 부호가 된 윌리엄 밴더빌트는 '날강도 귀족'의 대표적인 인물이다. 뉴욕 최고의 부자 아버지를 둔 그는 중년이 될 때까지 농부로 지내다가 아버지의 후원 아래 철도 사업에 뛰어들었다.

* 세인트루이스, 밀워키, 시카고 등지의 위스키 증류업자들의 집단이 워싱턴에 있는 국세청 관리 및 그 하수인들을 매수하여 주세를 착복하려 한 사건이다.
** 이름 앞에 붙은 '코모도어,' 즉 제독이라는 별칭도 그런 이유에서 붙여진 것 같다.
*** 밴더빌트가 이 회사의 사장을 지냈다.

주었고, 그 유산을 물려받은 가족은 손님들이 보석통을 찾아다닐 정도로 호화판 파티를 열어 '과시적 소비'가 무엇인지를 확실히 보여주었다.

제이 굴드(1836~1892)는 밴더빌트의 가장 강력한 경쟁자 중의 하나였다. 그는 뉴욕의 이리Erie 철도권을 따내 사업을 시작했으나 주식의 과다 증발增發이 들통나 물러나야만 했다. 그 방법이 너무도 노골적이어서 당시와 같이 '마음대로 해라' 시대의 공직자까지 끼여들어 문제를 해결할 정도였다. 굴드는 남서부의 작은 철도권들을 따내 그것을 지역독점사로 통합하여 거대 제국을 건설했다. 1869년 굴드와 제임스 피스크(태머니홀을 통해 재생 양모로 만든 담요를 연방에 팔아 수백만 달러를 번 인물이다)는, 순진한 그랜트 대통령을 이용하여 금 시장을 조작하려 했다. 당시만 해도 금 시장은 연방 정부가 아닌 뉴욕증권거래소 골드룸의 거래원들이 통제하고 있었다. 그랜트 대통령은 그들의 계획에 대해서는 아무것도 모르고 한동안 금 매각을 중지시켜 가격 상승을 유도했다. 그러다 마침내 낌새를 알아채고 400만 달러의 금을 방출시켜 1869년 9월 24일 '검은 금요일Black Friday'에 금 가격을 끌어내렸다.* 그 결과 주식시장은 붕괴했고, 이것은 앞으로 수년간 이어지는 경제 불황의 시초가 되었다. (굴드는 후일 자신과 정부情婦를 공동으로 소유했던 예전의 사업 파트너와 싸움을 벌이다 그의 총에 맞고 사망했다.)

철도권 속속들이 밴 부패와 독점 그리고 공포의 '검은 금요일'이 만들어낸 경제 불황으로 철도업은 곪아터지기 일보직전이었다. 1890년대에 이르자 과다 경쟁과 허약한 경제 여건으로 수많은 철도사들이 거의 파산 상태에 이르렀다. 이러한 때에 등장한 인물이 바로 J. P. 모건 시니어(1837~1913)였다. (J. P. 모건 시니어와 주니어는 이름과 외모, 그들이 지닌 힘 때문에 혼란을 야기하기도 한다.)

런던에 본거지를 둔 미국 금융가의 아들 피어폰트 모건은 남북전쟁 참전을 회피한 것은 물론 그 전쟁에서 막대한 돈까지 벌어들인 인물이다. 그는 자금을 조달하여 구식 카빈총을 한 정에 3달러 50센트에 사들인 뒤, 또 다른 사람에게 자금을 대주어 그것을 다시 11달러 50센트에 사들이도록 했다. 그 총은 최신식으로 개조되어 한 정에 22달러에 되팔렸다. 그로부터 열세 달 뒤 정부는 개조된 구식 총을 원래 가격의 여섯 배를 주고 사들였으며 그 모든 거래에서 자금을 조달한 사람은 모건이었다. 론 처나우는 《모건가 The House of Morgan》에서 이렇게 썼다. "의심할 바 없는 사실은, 그는 남북전쟁을 봉사의 기회가 아닌 돈벌이의 기회로 삼았다는 것이다.…… 여느 유복한 집안 젊은이들과 다를 바 없이 피어폰트도 게티스버그 전투 이후 징집되었으나 300달러를 주고 자신의 대역을 고용했다. 불공정한 이 일상적 관행은 1863년 7월에 일어난 징집 폭동의 원인이 되었다." 남북전쟁이 한창일 때 전황에 따라 금 시세가 요동을 치자 모건은 금을 미국에서 빼돌려 시장을 교란시켰다.

금융계의 실력자 모건. 미국에서 그의 손길이 뻗치지 않는 은행은 없었으며, 사람들은 그를 금융계의 록펠러라고 불렀다.

20세기 초가 되자 미국에서 모건의 손길이 뻗치지 않은 금융업계는 찾아볼 수 없게 되었다. 그의 은행은 다른 은행들에 돈을 빌려주는 이른바 백만장자들의 클럽이었다. 모건은 또 자기 손을 통해 소수의 사람들이 미국 철도 지배권을 갖도록 하여, 1900년까지는 미국 철도의 절반을 차지했다. 나머지 소유권도 거의 그의 친구들이 차지하여 전국의 철도 요금을 좌지우지했다.

1900년, 모건과 강철왕 앤드루 카네기(1835~1919)가 어떤 파티장에서 조우했다. 카네기가 숫자를 하나 끄적거리자 모건이 동의했다. 최초의 억만 달러 기업 US스틸United States Steel Corporation은 그렇게 탄생했다. 모건과 달리 카네기는 '개천에서 용 나는' 식의 출세를 한 사람이었다. 스코틀랜드에서 태어난 그는 1848년 가족과 함께 미국으로 건너와 처음에는 방적공장에서 일했다. 그의 성공담은 한 편의 신화였다. 전신기사에서 비서를 거쳐 펜실베이니아 철도회사의 사장이 되었고, 나중에는 월가의 주식 브로커로 변신하여 철도 커미션을 팔았다. 또한 자신의 소유지에서 유전이 발견되자 정유업으로 업종을 바꾸었으며, 나중에는 제철과 제강업에도 뛰어들었다. 그는 베세머Bessemer 공법이라 불리는 제강 기술을 영국에서 들여와 미국의 제강법에 일대 혁신을 일으키며 철저한 효율성을 바탕으로 미국 철강 시장을 지배했다.

카네기와 그의 경영진의 한 사람인 헨리 클레이 프릭은 철저하게 반노동조합적인 사람이었다. 1892년 카네기가 스코틀랜드에 머물고 있는 동안 그의 펜실베이니아 홈스테드 공장에서는 격렬한 노동자 파업이 일어났다. 프릭이 노동조합의 해체와 급여 삭감을 요구했기 때문이다. 노동자들이 프릭의 요구를 거부하자 프릭은 전 직원을 해고하고 공장을 철조망으로 둘러싼 뒤, 그가 불러들인 파업 파괴자들을 보호하기 위해 핑커튼 경비대Allan Pinketon*를 고용했다. 핑커튼 경비대를 태운 두 척의 바지선이 항구에 닿자 수천 명의 파업 노동자와 노동자의 친구, 가족 들이 배의 상륙을 저지했고 그 과정에서 노동자 스무 명이 사망하는 사고가 발생했다. 프릭은 그래도 물러서지 않고 주지사에게 주방위군 7천 명을 보내 파업 노동자 대신 고용한 대체 인력을 보호해줄 것을 요청했다. 대치가 넉 달 동안 이어지면서 프릭은 알렉산더 버크만이라는 젊은 아나키스트—그 시대의 가장 악명 높은 아나키스트 지도자 '레드' 엠마 골드만(1869~1940)의 추종자였다—로부터 배에 총을 맞기도 했으나 상처만 입고 그날로 업무에 복귀했다.

주방위군이 도착한 뒤 파업 주동자들은 살인죄로 기소되었다. 하지만 모두 무죄로 풀려났다. 홈스테드 공장은 철도편으로 노동자들

강철왕 카네기. 부유한 은행가의 아들 모건과는 달리 카네기는 스코틀랜드 이주민 출신으로 방적공장 노동자로서 입신한 인물이었다.

을 실어와 강철을 계속 생산했다. 노동조합은 다른 카네기 공장들이 홈스테드 파업에 동참하지 못하여 결국 실패로 돌아갔다. 이후 카네기 공장에서는 수년 동안 노동조합이 결성되지 못했다.

존 D. 록펠러(1839~1937)도 당대를 풍미한 거인이었다. 그는 장부계원이었다가 정유 사업의 투자전망조사원으로 일했다. 조사원으로 있으면서 고용주들에게는 '전망이 없다'고 해놓고 자신이 대신 투자를 하여 1862년에 처음으로 정유소를 사들였다. 그러고는 일군의 동업자들과 함께 사우스임푸르브먼트사를 창설했다. 하지만 회사가 너무 부패하여 문을 닫아야 했다. 그러자 그는 1870년 오하이오 주 클리블랜드에 스탠더드석유회사를 또 다시 창설했다. 스탠더드석유회사는 입법부를 죄다 매수하고, 철도업자들과의 비밀 거래로 운임 할인을 받고 뇌물과 사보타지 공세를 펴 경쟁사들을 무력화시킨 끝에 스탠더드석유회사 주식으로 그 회사들을 몽땅 사들였다. 1879년, 스탠더드석유회사는 산업 사회에 미치는 석유의 가치가 분명해지고 있던 바로 그 시점에 정유업 총물량의 90퍼센트에서 98퍼센트를 차지하기에 이르렀다.

그로부터 20년 뒤 스탠더드석유회사는 체이스맨해튼은행을 비롯한 여러 곳에 투자를 분산시키는 이른바 '지주회사holding company'로 변모했다. 이러한 투자 다각화의 열쇠는 록펠러 고문변호사 중의 한 사람인 새뮤얼 C. T. 도드가 창안해낸 '트러스트' 방식에 있었다. 도드는 트러스트 방식을 기업 독점을 가로막는 주州 법률을 비껴 가는 방안을 모색하다가 찾아냈다. 당시 스탠더드석유회사는 다른 주에 공장을 소유하거나 다른 주의 기업 주식을 소유할 수 없는, 말하자면 오하이오 주에만 속한 기업이었다. 도드는 그 문제를 아홉 명으로 신탁위원회를 구성하는 방법으로 해결했다. 그에 따라 스탠더드석유회사는 주식을 발행하는 회사가 아닌 '신탁증서'를 발행하는 '트러스트'가 되었다. 이 같은 새로운 방식을 통해 록펠러는 독

록펠러는 트러스트라는 새로운 방식으로 미국의 모든 산업을 독점했다. 록펠러를 가리켜 그의 한 친구는 "다른 면에서는 모두 정상이지만 돈에 대해서는 비정상"이라고 말했다.

점금지법을 위반하지 않고도 모든 산업을 석권하게 되었다. 이 방식은 곧 다른 기업들에도 전파되어 1890년대 초에는 5천 개 기업이 300개의 트러스트를 구성하기에 이르렀다. 가령, 모건의 철도 트러스트만 해도 거의 4만 마일에 이르는 철도를 소유하고 있었다.

트러스트와 거대 기업 독점은 결과적으로 가격의 인위적 상승, 경쟁의 차단 그리고 임금의 형편없는 저하를 초래했다. 노동자들 사이에 인기가 없음은 두말할 나위도 없었다. 스탠더드석유회사는 미국인들이 가장 증오하는 기업이 되었다. 독점 기업은 대부분 형편없이 낮은 급여에 노동조합을 구성하려는 시도도 무력으로 좌절당한 노동자들의 희생을 바탕으로 부당 이득과 정부 보조금을 통해 발전했다. 대통령에게 약간이라도 개혁에 대한 희망을 걸었다면 그것은 부질없는 짓이었다.

짧은 재임에 그친 앤드루 존슨으로부터 그랜트 대통령에 이르기까지, 미국 대통령의 존재는 거의 유명무실했다. 1876년에 대통령이 된 러더포드 B. 헤이스(1822~1893)도 그러한 경우에 속했다. 그는 민주당 후보 새뮤얼 J. 틸든의 승리를 도둑질해 사기로 대통령이 된 인물이었다. 때문에 남부 민주당 의원들과 손을 잡지 않을 수 없는 상황이었고, 그러다 보니 국회 재건과 남부 주들의 민권에 대한 희망도 물거품이 되고 말았다. 1884년에 대통령이 된 그로버 클리블랜드(1837~1908)도 헤이스와 별반 다르지 않았다. 그가 임명한 해군장관 윌리엄 휘트니가 스탠더드석유회사 집안 여성과 결혼하여 주가가 한창 치솟을 때 카네기 주를 사들여 '강철 해군'을 조직해가기 시작한 것이다.

'개혁' 시도의 대부분은 부패에 식상한 대중의 마음을 달래기에 급급한 무마책에 불과했다. 클리블랜드 대통령 재임 시절 철도회사 규제를 목적으로 설립된 주간통상위원회(ICC) 역시 대중들에게 보여주기 위한 제스추어였을 뿐이다. 클리블랜드의 후임 벤저민 해리

독점 기업은 저임금, 장시간 노동, 열악한 작업 환경에서 일하는 노동자들의 희생을 바탕으로 성장했다. 싼값에 부릴 수 있는 십대의 어린 노동자들은 독점 기업의 좋은 먹이였다. 공장에서 일하다 창 밖을 내다보는 한 소녀.

슨(1833~1901) 대통령은 군인 시절 철도 파업을 분쇄한 적이 있는 철도 변호사 출신이었다. 그의 재임 시절 의회는 여론을 감안하여 '불법 규제'에 대한 통상 보호를 목적으로 셔먼의 반트러스트법 Sherman Anti-Trust Act(1890)을 제정했다. 셔먼이란 이름은 윌리엄 테쿰세 셔먼 장군의 형제인 상원의원 존 셔먼이 그 법안을 발의한 데서 비롯되었다.

하지만 이 법도 1895년 대법원이 국가 총 제당製糖 용량의 98퍼센트를 소유하고 있는 회사를 통상 독점이 아닌 제조 독점이므로 법에 저촉되지 않는다고 판결함으로써 더 한층 유명무실해진 허약한 법이 되었다. 대법원은 보수파 일색에 친기업적 성향이 강할 때는 '통상을 방해하는' 철도 파업 노동자들에 반트러스트법이 불리하게 적용될 수도 있음을 보여주기도 했다. '이상한 나라 앨리스'의 법원은 이 같은 왜곡된 해석으로도 모자라 해방 노예의 권리를 보장해주기 위해 만든 수정헌법 14조를 기업 보호를 위한 내용으로 해석하는 판결을 내리기까지 했다. 기업들을 "법률의 당연한 권리를 받을 자격이 있는 사람들"로 규정한 것이다.

앤드루 카네기
1890년 《노스아메리칸 리뷰》에 기고한 '부wealth'에 대한 견해

사회주의자나 무정부주의자들이 현재의 상태를 전복시키려는 것은 문명의 토대 그 자체를 공격하는 것이나 다름없다. 그 까닭은 문명이란 바로, 유능하고 근면한 일꾼이 무능력하고 게으른 동료에게 '뿌린 대로 거두리라'는 말을 들려준 날에 시작되어 게으른 수펄과 부지런한 꿀벌을 분리시켜 원시 공산주의 상태를 끝낸 것을 의미하기 때문이다. 이 문제를 연구하는 사람들은 곧 얼굴을 맞대고 다음과 같은 결론에 도달하게 될 것이다. 은행 잔고가 몇 백 달러인 노동자의 권리든 은행 잔고가 몇 백만 달러에 이르는 백만장자의 권리든 문명의 토대는 결국 소유권에 있다는 것…… 생산할 능력과 에너지를 가진 사람이 축적했을 때, 부는 악이 아닌 선으로 인류에 다가왔다.

그럼 정당하게 만들어진 부는 없었을까? 물론 있었다. 나라가 서부로 팽창하면서 ── 대개는 인디언 소멸의 대가로 ── 미국인들에게는 엄청난 번영의 기회가 주어졌고, 그 수혜자의 대부분은 새로운 이주민이거나 그 자식들이었다. 하지만 큰 흐름으로 볼 때 그 시대 ── 그리고 국가 ── 는 소수의 부호 계급이 장악한 시대였다고 말하는 것이 온당하다. 보수적 역사가 케빈 필립스는 최근의 저서 《부와 민주주의Wealth and Democracy》에서 황금빛 시대를 이렇게 논했다. "1870년대부터 시작된 황금빛 시대의 정도는 철도, 금융업 등을 소유하고 있던 골리앗 기업들이 1890년대까지는 사실상 대부분의 주의회와 연방 사법부 그리고 상원을 지배했다는 것으로 가늠해볼 수 있다."

헤이마켓 광장에서 일어난 일은?

모건가와 록펠러가의 부가 나날이 증대하고 있는 동안 미국의 남녀 노동자들은 주기적으로 찾아드는 19세기 경제 불황의 피해자가 되어 더욱 더 깊은 빈곤의 나락에 빠져들었다. 주정부 및 연방 정부와 결탁한 기업인들과 금융인들의 연합 세력에 부딪쳐 노동조합의 결성은 더디기만 했다. 그외에도 노동조합 결성은, 의견일치가 잘 안 된다는 점과 서로를 불신하는 어려움 때문에도 난관을 겪고 있었다. 아일랜드인은 이탈리아인을 미워했고, 독일인은 아일랜드인

을 증오했다. 중국인은 모든 사람들로부터 미움을 샀다. 그리고 물론 흑인은 거의 모든 백인 노동자들 범위 밖에 존재했다. 대부분의 백인 노동자들이 볼 때 노동조합을 결성한다는 생각은 언어도단이었다. 흑인들에게는 적정 임금과 안전한 작업 환경을 확보하기 전에 일자리를 찾는 것이 급선무였기 때문이다.

하지만 성과가 아주 없지는 않았다. 1860년 매사추세츠 주 린에서는 구두 제조 노동자들이 워싱턴 탄생일에 맞춰 파업을 일으켰다. 파업이 최고조에 달했을 때는 시가지를 행진한 노동자의 수가 1만 명을 육박할 정도였다. 공장 소유주들은 노동조합 인정은 거부하면서도 임금 부분에서는 양보를 했다. 이것이 미국 노동운동사 최초의 진정한 승리였다.

노동자들이 또 다른 승리를 얻기까지는 오랜 세월이 걸렸다. 남북전쟁 후기는 파업 파괴자, 경비대, 혹은 군인들에게 살해된 파업 노동자들의 시체로 점철된 시대였다. 그 중에서도 가장 참혹했던 경우가 돈 몇 푼 때문에 지옥과 같은 위험을 감수해야만 했던 탄광 갱부들이었다. 1875년 펜실베이니아에서는 일군의 탄광 갱부들이 아일랜드의 한 혁명 조직 이름을 따 몰리매과이어Molly Maguires라는 조직을 결성했다. 하지만 조직에 스파이가 한 명 침투하여 이들은 테러죄로 고발당했다. 그 결과 조직원 열아홉 명이 처형되었다.

그 2년 뒤인 1877년, 미국 전역에 걸쳐 대대적인 철도 파업이 일어났다. 안 그래도 형편없는 임금을 받으며 12시간 노동에 시달리고 있던 노동자들에게 임금 삭감을 강요하여 발생한 일이었다. 이 파업의 결과 100명 이상이 사망하고 1천여 명이 투옥되었다. 하지만 이를 계기로 노동자들의 단결에 대한 생각이 뿌리를 내려 마침내 전국노동조합의 1세대가 태동하게 되었다. 그 1호가 1869년에 창립된 노동기사단Knights of Labor이었다. 이 단체는 조직되기 무섭게 상당한 정치력과 교섭권을 획득했다. 1884년에는 날강도 귀족

제이 굴드가 70만 명 이상의 조합원을 거느린 노동기사단과 협상을 벌이는 수모를 겪기도 했다. 하지만 노동기사단의 역사는 허무한 재난으로 끝을 맺게 된다.

1886년 노동기사단은 8시간 노동을 요구하는 시카고의 한 파업에 말려들었다. 1886년 5월 3일 맥코믹리퍼사의 파업 파괴자들이 노동자들의 공격을 받자 경찰이 노동자들에게 발포하여 여섯 명이 죽고 수십 명이 부상했다. 이튿날 헤이마켓 광장에서는 수천 명의 군중이 운집하여 경찰의 폭력에 항의하는 시위를 벌였다. 그러자 집회를 해산시키기 위해 경찰이 출동했고, 그 한가운데로 폭탄이 떨어져 경관 일곱 명이 죽었다.

경찰은 확실한 증거가 없었음에도 그 책임을 아나키스트 시위 주동자들에게 돌렸다. 아나키스트들은 정부를 믿지 않고 개인들간의 자유로운 협력을 믿는 자들이었다. 아나키스트 세포들이 미국의 도시들에서 활동하고 있을지도 모른다는 두려움이 전국을 휩쓸었다. 그로부터 채 몇 달도 되지 않아 아나키스트 파업 주동자 여러 명이 재판에 회부되어 신속히 유죄 선고를 받았다. 그 중 몇 명은 교수형에 처해졌고, 다른 사람들에겐 무기징역이 선고되었다. (1893년, 그 때까지도 아직 감옥에 갇혀 있던 세 명의 아나키스트는 독일 태생의 일리노이 주지사 존 알트겔드에 의해 사면되었다. 물론 이것은 무죄라는 확신으로 내린 결론이었으나 알트겔드 개인에게는 정치적 자살 행위였다.) 헤이마켓 폭동 이후 노동기사단에겐 아나키스트라는 오명이 씌워져 그들에 대한 여론의 평판은 무척 나빠졌다. 1890년에 이르자 노동기사단 조합원 수는 10만 명으로 줄어들었다.

노동기사단이 쇠퇴하자 그보다 더 강력한 두 명의 지도자 유진 V. 데브스(1855~1926)와 새뮤얼 곰퍼스(1850~1924)가 나타나 그들의 빈자리를 채웠다. 데브스는 그 시대 거의 모든 철도 노동자들과 마찬가지로 불결하고 위험한 증기기관차 화부로 노동자 생활을 시작했다. 보일러 폭발과 사고로 매년 수천 명의 화부들이 죽거나 불구가 되었다. 경제 불황으로 또 다시 심각한 고난을 겪고 있던 1893년 데브스는 전투적인 성격의 미국철도노동조합을 결성했다. 그러고는 노동기사단까지 흡수하여 1894년 풀만객차회사를 상대로 한 파업에 돌입했다. 미국의 기차치고 풀만객차회사와 연결되지 않은 곳이 없었기 때문에 그 파업은 곧 전국적인 규모로 확대되었다. 파업은 노동자 6만 명이 동참하면서 최고조에 이르렀다. 그러자 철도업자들의 요청을 받고 연방 정부가 개입했다. 철도 변호사 출신인 법무장관 리처드 올니는 파업으로 연방 정부 우편물이 방해를 받았다고 진술했다. 대법원도 그의 말에

"오늘 저녁 7시 30분까지 헤이마켓 광장으로 모여라!" 1886년 5월 4일, 헤이마켓 사건이 일어난 날 나붙은 포스터. 영어와 독일어로 씌어 있다.

동의하자 클리블랜드 대통령은 파업 진압을 위해 군대를 소집했다. 시카고에서 시위 노동자들이 죽어가는 한바탕의 혈전이 벌어진 뒤 데브스는 체포되어 법정모독죄로 투옥되었다. 나중에 그는 사회당 Socialist Party에 입당해 다섯 번이나 대통령에 출마했다.

담배 제조 노동자 새뮤얼 곰퍼스는 데브스보다 훨씬 온건한 노동 운동을 펼쳤다. 맨해튼 남부의 노동 착취 공장을 노동 운동의 근거지로 삼고 있던 그는 사회 개선이라는 유토피아적 환상에는 별 관심이 없었다. 때문에 그는 정치적 목적이 아닌 노동 시간, 임금, 안전한 노동 조건 등과 같은 '실리적인 것'에 목적을 둔 미국노동총연맹(AFL)을 결성했다. 말하자면 이것은 숙련공 노동조합의 연합체인 셈이었다. 그는 1886년에서 1924년까지 연맹회장을 거의 독식하다시피 하며 적극적이고 효과적으로 파업을 벌여 8시간 노동, 주 5~6일 근무, 사용자 배상 책임, 탄광의 안전 개선 그리고 무엇보다

American Voice

새뮤얼 곰퍼스
1894년

해가 갈수록 인간의 자유는 기업과 트러스트에게 짓밟히고 있으며 권리는 침해당하고 있고 법률은 악용당하고 있다. 예나 지금이나 압제자가 있는 곳에는 늘 압제자에게 기꺼이 법복을 입혀주려 한 재판관이 있었다. 그점에서는 현대의 자본주의도 예외가 아니다.

여러분은 아마 노동조합으로 대표되는 노동 운동이 권리를 상징하고 정의와 자유를 상징한다는 사실을 모를 수도 있다. 노동조합을 금지하는 발포 명령은 노동자와 처자식을 보호해줄 법적 권리는 물론 인간의 자연권까지도 박탈하는 것이며 따라서 실패할 수밖에 없다는 사실도 알아야 한다. 진압과 억압으로는 진실을 억누를 수도, 잘못된 것을 바로잡을 수도 없기 때문이다.

노동운동가 새뮤얼 곰퍼스. 그는 열세 살 때부터 노동자로 일했으며 1924년 죽을 때까지 38년 동안 미국노동총연맹(AFL)의 지도자로 있었다.

단체교섭권을 따내는 데 성공했다. 단체교섭권은 지금은 일반화되었지만 처음 도입할 때만 해도 공산주의 냄새가 물씬 풍겼다. 미국노동총연맹은 하루가 다르게 발전했다. 아나키스트와 사회주의자가 추구한 전반적인 사회 변혁보다는 노동자들의 구체적인 이익을 위해 활동했기 때문이다. 1886년에 15만여 명이던 미국노동총연맹 조합원 수는 1901년에 100만 명을 돌파하게 되었다.

그것은 진정 놀라운 숫자였으나 그 이상으로도 발전할 수 있었다. 미국노동총연맹은 사실 커다란 결함이 있었다. 그 결함으로 인해 도덕성에 먹칠을 한 것은 물론 길게 봐서 조직의 효율성까지도 떨어뜨렸을 가능성이 있다. 미국노동총연맹은 '흑인들은 신청할 필요 없음'이라는 간판을 내걸고 있었던 것이다.

포퓰리스트는 누구?

도시 노동자들이 노동조합을 힘겹게 결성해가는 동안 농촌에서는 급변하는 경제 환경 속에서 농민들이 극심한 고통을 당하고 있었다. 수백만의 농민들, 특히 남서부 소농들은 날씨야 사람 힘으로 어찌할 수 없는 일이니 그렇다 치더라도 그외의 다른 요인들에 의해 많은 고초를 겪고 있었다. 신용 대부권은 동부 은행들이 쥐고 있었고, 농기구 가격은 농기구 제조 독점 업체들이 좌지우지했으며,

운임율은 동부의 철도 트러스트들이 결정했고, 경제 불황은 땅값을 바닥으로 끌어내리고 곡물 가격을 곤두박질치게 했다. 급격한 인구 상승과 농업의 기계화로 효율성이 증대되었으니 제대로만 되었으면 시간이 남아돌아야 정상이었다. 하지만 실상은 그렇지 못했다. 농민들의 삶은 갈수록 힘들어져서 터무니없는 값에 토지를 넘기고 도시로 일자리를 찾아갈 수밖에 없었다.

갈수록 어려워지는 농민들의 생활을 그린 풍자화. 미국이란 거대한 소에게 서부의 농민들이 열심히 먹이를 먹이고 동부의 은행과 철도 트러스트들이 그 젖을 달게 빨고 있다.

그러자 곧 대농업 지대farm belt라는 개혁과 반대되는 역풍이 불어닥치기 시작했다. 지방적 차원으로는 그레인지Granges라 부르는 농업협동조합이 결성되어 정부를 압박할 수준의 상당한 정치적 영향력을 획득했다. 반면 주간통상위원회(ICC)와 같은 단체들은 전매업자들과의 투쟁 과정에서 전혀 힘을 쓰지 못했다. 남부에서는 남북전쟁 이후 최초로 가난한 흑인과 백인 노동자 계층 농부들이 공통의 문제점을 찾고 이익을 도모하면서 흑인과 백인 농부의 연합 조짐이 나타나기 시작했다. 그외에도 농부들은 도시 노동자들과도 손잡고 미국 정치를 바꿀 수도 있는 강력한 동맹 체제를 새로이 구축했다.

1892년 세인트루이스에서는 그레인지 회원과 노동기사단의 잔

메리 엘리자베스 리스.

American Voice

메리 엘리자베스 리스
1890년, 인민당원 리스의 말

농민 여러분들은 옥수수 생산은 줄이고 소란은 더욱 크게 야기해야
합니다. 그것이 여러분들이 지금 해야 할 일입니다.

여 회원들이 함께 모임을 갖고 인민당People's, 즉 포퓰리스트당 Populist Party을 창당했다. 그해 말에 열린 인민당 전국대회는 철도, 전신, 전화 사업의 국유화와 보존 가능한 농작물*에 대한 시장의 접근 방지책 그리고 누진 소득세를 요구하는 강령을 채택했다. 그들의 강령은 당대의 고발장이었다. "지금 나라는 도덕적, 정치적, 물질적으로 몰락 직전에 놓여 있다. 부패는 유권자, 주의회, 국회를 압도하며 심지어 법정에까지 손을 뻗치고 있다. 국민의 사기는 저하되었고…… 신문들은 매수되거나 벙어리가 되었으며 여론은 침묵을 강요받고 있다.…… 수백만 노동자의 노동의 대가는 흔적도 없이 사라져 소수를 위한 부의 구축에 쓰이고 있다.…… 그에 못지않게 썩어빠진 행정부의 부정으로 이 나라에는 뜨내기 일꾼과 백만장자라는 두 개의 상이한 계급까지 생겨나고 있다."

이 말들은 칼 마르크스를 막 읽은 대학생들이 격분하여 내지르는 함성이 아니었다. 포퓰리스트들은 정부와 결탁한 기업인들의 월권에 시달릴 만큼 시달린 노동자 계층, 즉 미국의 등뼈 같은 존재였다. 권력자들은 이 사태를 좌시하지 않았다. 남부 민주당 의원들은 인종적 불안감을 고조시키는 방법으로 인민당의 결집을 가로막으려 했다. 대부분의 도시 노동자들도 민주당 지배 세력이 자신들의 이익을 보호해줄 것이라 믿었기 때문에 민주당과 협상을 벌이면 벌였지 인민당 쪽으로는 결코 주의를 돌리지 않았다. 1892년 선거에서 인민당은 3등을 차지했다. 대통령에는 민주당의 그로버 클리블랜드가 당선되어 4년 전 벤저민 해리슨에게 당한 패배를 설욕했다. 하지만 인민당은 제3당으로 발전을 거듭하여 1894년에는 대농업 지역 주들에서 주의회 의원과 주지사 그리고 다수의 의석을 확

* 옥수수, 밀, 목면과 같이 오래 보존할 수 있는 농작물.

보하는 쾌거를 이루었다. 그 결과 두 대표 정당도 이제는 농부들을 무시할 수 없는 세력으로 인정하게 되었다.

금 십자가란 무엇인가?

이후 수년간 인민당이 제기한 주요 문제들은 통화를 둘러싼 모호한 논쟁에 파묻혀버렸다. 1895년이 되자 금화 대 은화의 갈등이 나라의 정치적 논의를 모두 집어삼키는 지경에 이르렀다. 인민당은 '은화 자유 주조'를 새로운 정치 슬로건으로 채택하여 미국을 금은 본위제 국가로 되돌려놓으려 했다. 대부분의 인민당원들은 이것이 1893년의 경제 공황으로 야기된 불경기에 대한 만병통치약이 될 것으로 생각했다. 하지만 이것은 미국이 안고 있는 심각한 경제 문제의 본질을 호도하는 것이었다. 그에 따라 인민당의 힘도 많이 약화되었다.

클리블랜드 대통령은 강력한 금본위제 옹호자였다. 하지만 1896년 연방의 금 보유고가 바닥나면서 재정이 거의 파산 직전에 이르자 J. P. 모건에게 손을 벌리지 않을 수 없었다. 이 일로 그의 정치 생명은 끝이 났다. 모건과 그의 동업자들은 안면을 싹 바꾸어 정부로부터 받은 국채를 막대한 이익을 남기고 몽땅 팔아 넘겨 클리블랜드를 모건의 허수아비로 만들었다. 국민들이 보기에 그것은 악마와의 결탁이었다.

클리블랜드의 정치 생명이 막을 내리자 일부 민주당 의원들은 인민당 강령에서 백악관 사수의 길을 모색했다. 네브래스카 전주全州 연방 하원의원 윌리엄 제닝스 브라이언(1860~1925)은, '은화 자유 주조' 슬로건에서 정치적 기회를 포착했다.

1896년에 열린 민주당 대통령 후보 지명 전당대회에서 브라이언

은 유창한 연설로 2만 명 청중의 눈과 귀를 사로잡았다. 이 연설은 전당대회 역사상 가장 감동적이고 인상적인 연설로 기억되고 있다. 브라이언은 동부 기업인들에 대한 서부 농민, 금본위제에 대한 은 본위제를 기치로 내걸며 이렇게 부르짖었다. "도시를 불태우고 농장을 남겨두면 도시는 마술처럼 다시 솟아오를 것입니다. 하지만 농장을 파괴하면 이 나라의 모든 도시에는 잡초만 무성히 자랄 것입니다."

그는 극적인 미사여구까지 동원하여 "노동자의 이마에 가시면류관을 씌우려 하지 말라"고 결론을 내린 뒤, 십자가에 못박힌 예수 그리스도처럼 두 팔을 벌리고 "인류를 금 십자가에 못박지 말지어다"라고 일갈했다.

위. 성경 구절을 이용한 연설로 청중을 사로잡은 제닝스 브라이언. 아래. 브라이언의 '금 십자가' 연설을 풍자한 만화.

이 연설은 엄청난 갈채를 받았고, 이튿날 브라이언(그는 서부의 은, 동 업자들에게 매수되었다)은 서른여섯 살의 나이로 미국 역사상 최연소 민주당 대통령 후보가 되었다. 민주당이 자신들의 강령인 '금 십자가'를 부르짖자 인민당은 울며 겨자 먹기로 브라이언을 지지하지 않을 수 없었다. 인민당은 주류 민주당 고래 뱃속에 든 요나*가 된 것이다.

한편 오하이오 주지사 윌리엄 매킨리(1843~1901)는 '킹 메이커' 마크 한나가 내려준 지침과 자금 덕택에 공화당 대통령 후보 자리를 거저 얻다시피 따냈다. 마크 한나는 오하이오 주의 부유한 기업인이었다. 후보를 '포장했다'는 점에서 지극히 현대적이었던 그 선거전에서 한나 주도의 공화당은 30만 달러 지출에 그친 민주당에 비해 무려 700만 달러를 소비했다. 매킨리의 당선은 서부 농민들에 대한 동부 기업인들의 승리를 의미하는 것이기도 했다. 매킨리는 대통령이 되자마자 존 셔먼 상원의원을 국무부로 밀어내고 그 자리에 한나를 앉혔다. 그것이 대통령이 된 그가 처음으로 행한 조치였다. 인민당도 효과적인 제3정당으로서의 생명을 마치고 느닷없

* "요나가 물고기 뱃속에서 그 하느님 여호와께 기도하여……"라는 구약성서 요나 2장 1절을 인용한 것이다.

이 생겨나 잠시 빛을 발한 뒤 명멸한 미국 제3당들의 기다란 목록에 그 이름을 올리게 되었다.

'분리 평등 정책'의 뜻은?

호머 플래시는 피부색의 8분의 7은 백인이고 8분의 1은 흑인이었다. 하지만 열차의 백인석에 앉으려는 그에게 적용된 피부색은 오직 8분의 1뿐이었다. 플래시는 열차의 객차를 흑백으로 갈라놓은 1890년의 루이지애나 법에 따라 체포되었다. 체포된 그는 끝까지 법정 투쟁을 벌여 1896년에 그 사건은 대법원으로 올라갔다. 공교롭게도 이 대법원은 수정헌법 14조에 따라 기업들을 '사람들'로 인정하여 국가 제당 사업의 98퍼센트를 소유하고 있는 회사들에게 독점이 아니라는 판결을 내리면서 '통상을 방해한' 파업 노동자들을 투옥시킨 문제의 그 대법원이었다.

골수 보수주의에 사업가적 기질까지 지니고 있던 대법원은, 남북전쟁 전의 드래드 스콧 사건과 다름없이 플래시 사건에서도 추잡하고 부당한 판결을 내려 인종차별주의적이기까지 하다는 점을 여실히 보여주었다. 플래시 대 퍼거슨 사건의 대법원 판결로 미국에는 새로운 사법적 개념이 하나 생겨났다. 주들은 열차나 공립학교 등의 공공 시설에서 흑인과 백인의 자리를 합법적으로 분리시켜도 좋다는 '분리 평등separate but equal' 개념이 생겨난 것이다. 헨리 브라운은 대법원 판결 다수 의견에 이렇게 적었다. "우리가 보기에 원고의 그릇된 주장 저변에는, 법으로 정해진 흑백 인종의 분리는 흑인이 열등함을 상징한다는 가정이 전제된 것 같다. 그게 사실이라면, 그 생각은 백인의 행동을 보고 판단한 것이 아닌, 흑인이 원하는 방식으로 그 행동을 해석한 것에서 나온 것일 뿐이다."

헨리 브라운이 내린 이 훌륭한 판결의 문제점은, 이 판결로 남부에서는 생활의 모든 면에서 흑백 분리의 골만 더욱 깊어졌을 뿐 — 학교, 식당 구역, 열차, 나중에는 버스, 식수대, 간이 식당에까지 — 평등은 결코 이루어지지 않았다는 점이다.

이 시기의 수많은 다른 사건들처럼 이 사건에도 역시 외로운 반대자는 있었다. 켄터키 주의 존 마셜 할란(1833~1911)이 그 주인공이었는데 그는 대법원 판결 소수 의견에 이렇게 적었다. "공공 도로에서 시민을 인종에 의해 자의적으로 분리하는 것은 헌법에 명시돼 있는 법 앞의 자유와 시민적 평등에 전적으로 모순되는 것으로 굴종의 상징이다. 이것은 여하한 법적 근거로도 정당화될 수 없다. …… 우리는 다른 모든 국민들보다 우리 국민이 누리고 있는 자유를 자랑스럽게 여긴다. 하지만 그 자부심을 법률적 상황과 조화시키는 데는 무리가 있다. 법률이 법 앞에 평등한 대다수 우리 동료 시민들에게 굴종과 인격 모독이라는 딱지를 붙여놓았기 때문이다."

실제로 이 시기의 대법원은 의회가 이루어놓은 남부 주들의 재통합을 도로아미타불로 만들어놓았다. 수정헌법 14조를 왜곡 해석하여 흑인이 아닌 기업을 보호해주었고, 플래시 대 퍼거슨 사건의 판결로 흑백 분리를 제도적으로 승인해주었기 때문이다. 대법원이 또 다른 판결로 '분리 평등' 원칙을 바로잡는 데는 그로부터 무려 60년이 걸렸다.

짐 크로는 누구?

대법원의 은총으로 수문은 활짝 열렸다. 플래시 판결이 나온 후 몇 년 동안 이전의 남부연합 주들은 거의 모두 '분리 평등법'을 제

짐 크로. 짐 크로는 실제 인물
이 아니라 한 백인 연예인이 부
른 노래의 주인공이었다. 짐 크
로는 니그로와 동의어로 여겨졌
으며 가난과 어리석음의 대명사
가 되었다.

정했다. 알고 보면 그것은 법률 제정이라기보다는 이미 기정화된
사실에 법률적 정당성을 부여해준 것에 지나지 않았다. 백인에게나
흑인에게나 그 이름은 짐 크로Jim Crow였다.

스토 부인의 의미심장한 소설 뒤에 따라온 악극의 톰 아저씨처럼
짐 크로라는 이름도 흑인 얼굴을 한 백인에게서 비롯되었다. 역사
가 레로네 베닛 주니어에 따르면 토머스 다트머스 라이스라는 이
름의 한 백인 연예인이 송 앤드 댄스곡을 하나 썼는데, 그것이 1830
년대에 세계적인 대히트를 기록했다고 한다.

돌려요, 돌려요 Weel a-bout, turn a-bout
그렇게 돌려요 And do just so
돌릴 때마다 Every time I weel about
나는 짐 크로를 부른답니다 I jump Jim Crow.

베닛은 이렇게 썼다. "1838년이 되자 짐 크로는 니그로와 동의어
가 되었다." 그리고 짐 크로가 보여주는 이미지는 천방지축으로 뛰

어다니는 멍청이 봉제인형의 모습이었다.

먼저, 짐 크로 객차가 나타나 플래시 사건과 같은 상황이 연출되었다. 그 다음에는 짐 크로 대기실, 짐 크로 공장 입구, 심지어는 짐 크로 공장 창문까지 등장했다. 그러다 결국 백인 간호사는 흑인을 간호할 수 없고, 흑인 간호사 또한 백인 환자를 돌볼 수 없는 상황에까지 이르렀다. 흑인 이발사도 백인 여성과 아동의 머리를 자를 수 없었다. 하지만 무엇보다 폐해가 컸던 것은, 흑인과 백인 학교를 분리 운영함에 따라 흑인 학교는 백인 학교에 제공되는 정기 기부금의 10퍼센트도 받을 수 없게 되었다는 사실이다. 수업의 질 또한 교실만큼이나 차별적이었다. 흑인들에게 고등학교 교육을 아예 시키지 않는 주들도 있었는데 그 상황은 20세기를 지나서까지 계속되었다. 짐 크로의 손길은 삶의 구석구석까지 미치고 있었던 것이다. 심지어는 범법 행위에도 영향을 끼쳐 뉴올리언스에서는 매춘업까지 흑백으로 분리돼 있을 정도였다.

짐 크로의 근저에는 두 가지 공포가 도사리고 있었다. 그 하나는 성적인 것으로, 흑인 남성이 백인 여성과 성적 관계를 맺는 그야말로 원초적일 수도 있고 제도적일 수도 있는 공포였다. 당대의 유명한 남부 정치인은 이렇게 말했다. "나와 남부 백인 여성의 정절 사이에 헌법이 끼여들 때마다 나는 헌법은 무슨 얼어죽을 헌법이냐고 쏘아주곤 한다."

다른 하나는 정치, 경제가 결합된 공포였다. 포퓰리즘 운동으로 가난한 백인과 흑인의 연합이라는 위험한 상황이 초래되자 남부의 오래된 백인 정권은, 가난한 백인들을 다시 흑인의 공포가 느껴지는 경제 영역 속으로 몰아넣었다. 엄격한 인종적 구분에 따라 선거권도 줄어들었다. 결과적으로 짐 크로는 제한적 선거인 등록법에 따라 인두세, 교육 요건, 그밖의 다른 기술적 방법으로 흑인을 투표에서 배제시킴으로써 남부에서의 흑인 선거권 종말을 의미하게 되었다.

　법률로도 흑인을 흑인의 위치에 잡아두지 못하는 곳에서는 법률보다 한층 효과적인 방법이 사용되었다. 린치라는 테러를 사용한 것이다. 남부 전역의 흑인들은 19세기 말 대부분과 20세기 초 내내, 늘 그런 것은 아니었지만 흔히 백인 여성을 겁탈했다는 이유로 심리 없이 교수형에 처해졌다. 그 같은 행위가 어찌나 공공연히 행해졌든지 흑인들에 대한 교수형은 일종의 오락이 되어 신문 광고에까지 등장했다.

　19세기 말부터 최근까지의 미국 역사를 볼 때 이 시기에 나온 흑인 지도자는 주로 조정자적인 태도*를 지니고 있었다. 노예로 태어난 부커 T. 워싱턴(1859~1915)은 의회의 재건 계획에 따른 남부 주들의 대통합에 따라 교육 받을 기회를 얻었다. 그는 수위로 학자금을 벌며 햄튼사범농업학교**를 졸업한 뒤 교사로 일했다.

> **American Voice**
>
> **부커 T. 워싱턴**
> 1895년의 연설 "애틀랜타 타협"
>
> ……타지에서의 삶의 조건을 개선시키는 것이 무엇보다 시급한 동포들 그리고 이웃 남부 백인들과의 친분의 중요성을 대수롭지 않게 생각하는 우리 동포들에게 나는 이렇게 말해주겠소. "당신이 있는 그곳에 양동이를 내려뜨리시오……."*
> 우리 동포 중에서도 현명한 분들은, 사회적 평등 문제로 분란을 야기하는 것이 얼마나 바보 짓인지 잘 알고 계십니다.
>
> * 연설의 앞부분이 생략되었는데, 바다에서 여러 날 길을 잃고 헤매던 배가 친절한 배 한 척을 발견하고 "물 좀 주시오, 목말라 죽을 지경이오"라는 신호를 보내자 그 친절한 배가 즉시 그런 답변을 보냈다는 내용이다.

한 세대 전의 프레드릭 더글러스처럼 그도 군중을 매료시킬 만한 능력을 지닌 탁월한 인물이었음이 분명하다. 교회 옆 오두막에서 출발하여 미국의 대표적 흑인 직업학교가 된 앨라배마의 터스키기대학은 그가 거의 혼자 힘으로 세운 것이다. 어떻게 보면 그는 남부 흑인들에게 무일푼에서 부자가 되는 '아메리칸 드림'을 제시하여 노동의 미덕과 교육 및 직업 획득을 통해 경제적으로 살아남을 수 있는 법을 가르치려 했던 것 같다. 당대나 후대나 워싱턴의 비판자들은, 그가 현존 질서에 화해, 수용하는 방식이 서툴렀고 심지어 비겁하기까지 했다고 불만을 토로한다. 그런가 하면 어떤 사람들은 선택의 폭이 극히 제한된 시대에 그는 자신이 할 수 있는 모든 것을 다했다면서 그를 옹호한다. 어찌됐든 그는 '건방지다'는 이유 하나만으로 군중이 흑인을 교수형시킬 수도 있었던 시대를 살았던 인물인 것만은 분명하다.

미국 에스파냐 전쟁은 누가 했나?

짐 크로로 표현된 인종차별주의는 남부 주의 경계나 미국 국경에만 해당되는 이야기가 아니었다. 백인, 앵글로색슨의 우월성에 대한 맹렬한 믿음은 해외로까지 뻗어나갔다. 1885년의 인기 작가 조사이어 스트롱 목사는, 미국이 앵글로색슨 덕목의 진정한 중심지이고 전세계에 그것을 전파할 운명을 지니고 있다고 주장했다. 베스트셀러가 된 《우리 조국Our Country》에서 스트롱은 이렇게 말하고 있다. "이 힘있는 종족은 저 아래 멕시코와 중남미, 대양의 섬들, 아프리카와 그 너머에까지 이르게 될 것이다." 그러고 나서 비슷한 생각을 지닌 찰스 다윈의 말을 인용하여 다음과 같이 결론을 내렸다. "종족간의 이 같은 경쟁이 '적자생존의 법칙'으로 이어지게 되리라는 것은 불을 보듯 뻔하다." 여기서 스트롱이 말하는 "적자"가 누구인가는 너무도 분명했다.

스트롱의 메시지는 미국 '정치 권력의 회랑'에서 적절한 지지자를 찾아냈고, 몇 년 뒤에는 에스파냐와의 전쟁으로 그 모습을 드러냈다. 이 전쟁은 젊고 시건방진 나라가 늙은 나라에 본보기를 보여주고 경제적 침체에서 벗어나려는 전쟁이었으며, 오만한 유럽에 자신의 존재를 입증해 보이기 위한, 다시 말해 미국의 힘을 과시하려는 전쟁이었다.

이 전쟁은 영국, 독일, 프랑스, 벨기에가 아시아와 아프리카에서

제국을 팽창하고 있는 것에 자극 받아 해외 시장을 확장·보호하고, 광물 매장지를 획득하고 과일, 담배, 사탕수수 재배지를 얻기 위한 전쟁이기도 했다. 그런가 하면 이 전쟁은 은행, 브로커, 철강업자, 정유업자, 제조업자, 선교사 들이 원한 것이기도 했다. 이것은 분명 매킨리 대통령이 원하지 않았던 전쟁이고, 에스파냐는 더더군다나 원하지 않았던 전쟁이다. 하지만 미국 각계에는 전쟁을 원하는 사람들이 많았다. 그 중에서도 가장 절실히 원한 사람은 아마 신문사 사주들이었을 것이다. 판매 부수를 올리는 데는 아무래도 전쟁 기사만한 것이 없었을 것이기에.

미국 에스파냐 전쟁이 발발하게 된 표면적인 이유는 에스파냐 식민지 쿠바의 '독립'이었다. 스러져가는 강대국 에스파냐는, 1세기 전 독립을 요구하여 쟁취한 미국처럼 자유를 부르짖는 쿠바 원주민들에 대해 지배권을 계속 행사하려고 했다. 에스파냐가 군인 총독을 파견하여 반란군을 수용소에 감금시키려 하자 미국은 에스파냐의 행위에 격분한 쿠바의 동조자로 행세했다. 참으로 편리한 구실이었다. 하지만 그 게임에는 두려움이라는 요소도 한몫을 했다. 아이티, 즉 서반구에는 이미 흑인 공화국이 하나 들어서 있었기 때문에 미국으로서는 쿠바가 또 다른 흑인 국가가 되는 것을 원치 않았던 것이다.

침몰하는 전함 메인호. 허스트의 《뉴욕 저널》에 맞서 퓰리처의 《월드》는 잠수부를 동원하여 배의 잔해를 찾아 나섰다. 허스트와 퓰리처의 선정적인 기사 경쟁은 옐로우저널리즘이라는 말을 낳았다.

정부 밖 세력은 호전적인 정부 안 세력과 결합했다. 그 중에서도 주도적인 인물은 매사추세츠의 명문가 출신 상원의원 헨리 캐벗 로지(1850~1924), 당시 해군 차관보를 지내고 있던 시어도어 루스벨트, 《1660~1783년까지의 역사에 미친 해군력의 영향The Influence of Sea Power Upon History, 1660~1783》을 쓴 앨프리드 머핸이었다. 이 책은 전세계의 군사 기지, 특히 태평양에 미 해군력을 증강시킬 것을 요구하는 영향력 있는 작품이었다. 카우보이 정신의 열렬한 숭배자 루스벨트는 언젠가 친구에게 이런 말을 한 적이 있다. "나는 어떤 전쟁이라도 기꺼이 받아들일 생각이야. 이 나라에는 전쟁이 필요하다고 생각하기 때문이지."

로지는 여기서 한술 더 떠 노골적으로 미 제국주의를 지지했다. 1893년 클리블랜드 대통령이 하와이 병합에 실패하자 그는 격분하여 미국에 대해 품고 있던 자신의 생각을 이렇게 서슴없이 드러냈다. "경제적 이익과 최대한의 나라 발전을 위해 우리는 니카라과 운하를 건설해야 하고, 그 운하의 보호와 태평양에서의 통상 우위를 지키기 위해 하와이 제도를 지배해야 한다. 사모아에서의 미국의 영향력도 계속 유지해야 한다.…… 통상에는 보통 국기國旗가 따르게 마련이므로 강력한 해군을 조직하여 전세계 모든 곳에 있는 미국인을 한 사람도 빠짐없이 보호해야 한다."

행정부 밖에서 전쟁을 압박한 이들은 미국 역사상 가장 강력했던 두 명의 신문왕, 윌리엄 랜돌프 허스트(1863~1951)와 조지프 퓰리처(1847~1911)였다. 두 사람은 전쟁 기사로 신문의 판매 부수를 늘릴 수도 있다는 사실을 남북전쟁을 통해 터득했다. 쿠바인들에 대한 에스파냐인들의 잔혹성을 다룬 타블로이드판 신문의 머리기사는 이제 진부한 일이 되어버렸다. 그러자 이들이 소유한 양대 신문은 판매 부수를 늘리기 위해 전쟁에 대한 기사를 서로 경쟁하듯 내보내며 전쟁을 부채질했다. 신문 판매 부수 증가에는 명백한 운명에서 싹튼 팽창주의 독트린도 일조를 했다. 양대 신문은 곧 전쟁을 소리쳐 팔기 시작했다. 화가 프레드릭 레밍턴(1861~1909)은 허스트 신문의 삽화 기자로 쿠바에 파견되었으나 도무지 전쟁의 그림자를 찾아볼 수 없었고, 그 사실을 허스트에게 전보로 타전했다. 그 말을 들은 허스트는 격노하여 이렇게 말한 것으로 전해진다. "어떻게든 삽화를 만들어내시오. 전쟁은 내가 만들어낼 테니." 사실 여부를 떠나 이 일화는, 전쟁을 판매 부수를 올릴 수 있는 계기로 생각한 허스트와 퓰리처의 시각을 그대로 보여주는 대목이다. 그들은 전쟁의 열기를 고조시키기 위해 물불을 가리지 않고 에스파냐인들의 잔혹성을 부각시켰다.

매킨리는 정당과 언론, 앵글로색슨 기독교의 세계 전파를 요구하는 기업인과 선교사 들의 압력에 맞서 어떻게든 전쟁을 막아보려고 했다. 하지만 결국엔 대세에 따르는 것이 속 편하다는 결론을 내렸다. 매킨리는 몇 번에 걸쳐 외교적 최후통첩을 보내 에스파냐를

미국 에스파냐 전쟁에서 휴식중인 병사들. 에스파냐와의 전쟁으로 미국은 필리핀과 하와이를 차지하여 태평양 제국으로 나아가는 발판을 마련했다.

궁지로 몰아 넣은 뒤, 나중엔 유일한 탈출구가 되었을지도 모를 통로까지도 막아버렸다. 국무장관 존 헤이가 "눈부신 작은 전쟁"이라고 말한 전쟁은 몇 달만에 끝이 났다. 하지만 모든 전쟁이 그러하듯 이번에도 역시 인명과 도덕적인 대가는 치러야 했다.

에스파냐와의 전쟁에서 미국이 얻은 것은?

에스파냐와의 전쟁으로 희생된 미국인 수는 5천462명, 이 중에서 순수한 전사자는 379명뿐이었다. 나머지는 주로 황열, 말라리아, 그밖의 다른 질병으로 사망했다. 아마 통조림 회사가 납품한 썩은 고기를 먹고 사망한 병사도 있었을 것이다. 쿠바로 가는 배 안에서 루스벨트와 그의 부하들은 통조림 뚜껑을 열어보고 악취가 진동하자 그것들을 몽땅 바다 속에 던져버렸다.

에스파냐와의 전쟁 후 미국에는 몇 가지 예상치 못한 일이 일어났다. 미국은 헨리 캐벗 로지가 바라던 대로 쿠바와 푸에르토리코를 군사 기지로 확보했을 뿐 아니라 웨이크 섬, 괌, 필리핀까지도 얻게 된 것이다. 매킨리 대통령은 이것들의 처리 문제를 두고 고심했다. 그가 할 수 있는 일은 에스파냐에 그 섬들을 다시 돌려주거나, 프랑스나 독일에 거저 주는 것이었다. 하지만 후자는 멍청한 짓 같았고, 그냥 내버려두자니 그 또한 바보짓 같았다. 최선의 방법은 미국이 차지하는 것이었다. 1898년 미국은 하와이를 병합하여 새로운 태평양 제국으로 나아가는 '발판'을 마련했다.

필리핀의 경우는 자신들의 보호자를 누구로 할 것인지에 대해 별도의 생각을 갖고 있었다. 듀이 제독이 필리핀으로 돌려보낸 반군 지도자 에밀리오 아기날도는 에스파냐 통치만큼이나 미국의 통치에도 관심이 없었다. 그 결과 필리핀에서는 미국 에스파냐 전쟁보다 더욱 처참한 전쟁이 벌어졌다. 이름하여 필리핀 침공. 그것은 민간인에 대한 무차별 공격, 전쟁의 잔혹함, 유럽과의 전쟁에서는 찾아볼 수 없던 무자비함 등 현대 제국주의 전쟁의 모든 측면이 다 드러난 전쟁이었다. '갈색 인종' 필리핀인과의 전쟁은 문명성이라는 미명 하에 미국의 무자비함을 모두 눈감아주었다. 필리핀은 앞으로 몇 년 동안 미국이 지배하는 태평양에서 불운한 '보호령'이 될 것이었다. 이 전쟁으로 미국은 5천 명의 전사자를 냈다.

쿠바에서는 테디 루스벨트가 전쟁 영웅이 되어 돌아왔다. 그는 뻔뻔스럽게도 러프 라이더Rough Rider*의 명성을 1898년 뉴욕 주의회 의사당까지 몰고 와 자신의 개혁적인 생각으로 동료 공화당 의원들 및 공화당을 대표하는 기업들을 불안하게 했다. 그러자 일부 공화당 의원들은 부통령 자리라도 떼주어 그를 치워버리는 게 상책이라고 생각했다. 그 자리에 있으면 무력해지리라는 생각에서였다. 하지만 상원의원 마크 한나의 생각은 달랐다. 공화당 대표였던 한나는 그들에게 이렇게 말했다. "그렇게 되면 대통령이 되기

* 미국 에스파냐 전쟁에서 활약한 의용 기병대.

위해 이 광인이 넘어야 할 산이 하나밖에 남지 않는다는 사실을 모르겠소?"

루스벨트는 그 제의를 받고 부통령직은 곧 정치 생명의 끝이라는 생각으로 처음에는 좀 머뭇거렸다. 하지만 1901년 9월 버펄로에서 일어난 무정부주의자 레온 촐고츠의 매킨리 대통령 암살 사건으로 사태는 일변했다. 시어도어 루스벨트는 마흔두 살의 나이에 미국 역사상 최연소 대통령이 되었다. 대통령이 된 그가 처음으로 한 일은 부커 T. 워싱턴을 백악관으로 초청한 것이었다. 그것은 남부가 결코 용서할 수도 잊을 수도 없는 행동이었다.

파나마 운하를 건설한 사람은?

미국은 쿠바 전쟁을 준비하면서 캘리포니아 해안에 정박해 있던 전함 오리건호를 쿠바로 내려보냈다. 남아메리카로 향하는 오리건호 뒤에는 켄터키 경마를 방불케 하는 언론의 추격이 이어졌다. 항해는 두 달이 소요되었다. 오리건호는 적시에 도착하여 산티아고 항 전투에 참가했다. 하지만 이를 계기로 미국은 전함의 이동 시간을 좀더 단축시켜야 될 필요성을 절감했다.

그것은 별로 새로울 것이 없는 생각이었다. 대서양과 태평양을 연결시키는 꿈은 발보아*가 파나마의 다리안 절벽에 발을 디딘 이후 계속돼온 생각이었다. 그랜트 대통령도 조사팀을 파견하여 중앙아메리카를 가로지를 운하의 최적 루트를 살펴보도록 했고, 미국의 한 회사는 후일 작은 철도선을 깔아 파나마 지협 너머로 증기선 여객을 실어 나름으로써 동서 해안 사이의 여행 시간을 크게 단축시키기도 했다.

파나마 운하 건설의 상업적·전략적 이득을 예측한 사람은 그 외에도 부지기수였다. 1880년 페르디낭 레셉스가 주축이 된 프랑스 인들은 수천 명의 자본가를 끌어 모아 그때는 아직 콜롬비아에 속해 있던 파나마 지협 횡단 운하 건설회사를 설립했다. 레셉스는 수에즈 운하 건설을 책임졌던 사람이다. 그러자 헤이스 대통령은 미국 지도자들 사이에 생겨나고 있던 마초적 분위기 속에 "그 나라의 정책은 운하를 미국 통제하에 두는 것이다"라고 말하며 유럽의 어느 국가도 그 운하를 지배할 수 없다고 선언했다.

레셉스의 운하 건설 노력은 총체적인 부패, 부실한 토목 설계, 우기의 홍수, 지진, 황열, 말라리아가 난무하는 중앙아메리카 정글의 힘든 현실 때문에 결국 실패로 돌아갔다. 프랑스 건설회사는 사고 및 질병 그리고 몇 번의 예비 굴착을 하는 과정에서 수천 명의 사망자를 낸 뒤, 온나라에 추문이 난무하는 가운데* 운하 건설을 포기하고 모든 기계를 그대로 남겨둔 채 현장을 떠났다. 그 결과 녹슨 기계들은 마치 화석화된 기계 공룡 같은 모습으로 울창한 정글 속에 남아 있게 되었다.

미국은 쿠바 전쟁과 오리건호 사건을 겪은 후 운하에 대한 욕심이 새롭게 생겨났다. 매킨리 대통령은 위원회를 구성하여 운하의 최적 루트를 조사하도록 했다. 미 해군의 위대한 사도 루스벨트가 대통령이 되자 그 욕심은 성난 황소의 열정으로 바뀌었다. 루스벨트는 파나마 운하보다는 니카라과 운하 쪽으로 마음이 더 쏠렸다. 길이는 길지만 굴착이 좀더 쉬울 것 같았기 때문이다. 굴착이 쉽다는 사실 외에도 니카라과 운하는 멕시코 만의 미국 항구들에 좀더 가까이 다가갈 수 있다는 이점도 있었다. 루스벨트의 마음이 니카라과 운하 쪽으로 기울자 상원에서는 파나마 운하를 지지하는 마크 한나 의원을 비롯하여 운하를 둘러싼 격렬한 논쟁이 벌어졌다. 프랑스 건설회사가 자사의 자산 가치를 1억 900만 달러에서 4천만 달러로 낮춰 부르면서 파나마 운하에 대한 매력은 더욱 높아졌다.

* 정부의 조사 결과 정치계와 금융계에 뇌물을 공여한 사실이 밝혀졌기 때문이다.

1904년 12월, 파나마 운하 건설 현장.

이제 남은 문제는 하나뿐이었다. 루스벨트의 표현을 빌면, 그 영토의 소유자인 콜롬비아의 '데이고들dagos'*이 너무 과도한 요구를 해오고 있었던 것이다.

　루스벨트의 복안은 간단했다. 콜롬비아가 딴지를 걸고 나오면 말 잘 듣는 나라를 새로 하나 세운다는 것이었다. 1903년 11월 파나마 인들은 미군의 도움과 프랑스 운하 건설회사의 전임 이사 지휘를 받아 콜롬비아에 항거하는 폭동을 일으켰다. 미국 전함 내쉬빌은 남쪽으로 전진하여 콜롬비아를 향해 대포의 총구를 겨누었다. 파나마는 미 해군 산파의 도움을 받아 그렇게 탄생했다.

　역사상 그 어느 신생국보다 재빨리 승인을 얻은 파나마 정부는 매년 25만 달러의 경비와 '독립' 보장 그리고 1천만 달러를 보상금으로 지급받았다. 그에 대한 대가로 미국은 파나마를 가로지르는 폭 10마일의 운하 지대 권리를 '영구히' 부여받았다. 그 운하 지대

* 에스파냐인들을 경멸하여 부르는 말.

는 파나마 영토의 대부분을 차지하고 있었고 장차 미군이 지킬 것이었기 때문에 미국은 사실상 파나마를 통치하다시피 했다. 몇 년 뒤 루스벨트는 득의양양하여 이렇게 말했다. "나는 파마나 운하를 얻었고 의회는 논쟁을 했다."

몇 달 뒤, 미국은 프랑스인들로부터 사업을 인계 받았다. 그리고 1904년 처음으로 미국인들은 파나마 땅을 밟았다. 작업 첫날부터 미국인들은 열대성 더위, 정글, 모기 등 프랑스인들이 당했던 것과 똑같은 시련에 부닥쳤다. 미국이 쿠바 경험에서 체득한 몇 안 되는 지식의 하나는 황열을 옮기는 것은 모기라는 것과, 미국이 점령해 있는 동안 아바나에서 황열이 자취를 감추었다는 것이다. 하지만 여전히 많은 사람들은 모기가 황열을 옮긴다는 것을 터무니없는 사실로 받아들였다. 이 같은 반대 때문에 미국 군의관 겸 파나마 주재 검역관 윌리엄 고가스는 모기 차단책을 쓸 수 없었다.

1905년 철도 건설업자 존 스티븐스가 운하 건설 책임자로 굴착 작업을 하기 위해 파나마로 건너왔다. 많은 사람들의 반대에도 불구하고 그는 고가스 박사에게 전적인 재량권을 부여하여 말라리아와 황열을 퇴치하도록 했다. 고가스 박사는 과학적 인식의 결여와 열악한 환경에도 불구하고 아주 효율적으로 그 임무를 완수했다. 그런데 파나마에는 백인뿐만 아니라 짐 크로도 함께 왔다. 인부의 태반이 카리브 해에서 온 흑인들이었다. 그들은 백인과는 별도로 숙식을 제공받았고 임금도 은화로 받았다. 백인은 금화로 받았다. 파나마 운하 창조를 다룬 데이비드 매컬로우의 웅대한 서사시 《바다 사이에 난 길The Path Between the Seas》에 따르면, 파나마에서 사고와 질병으로 죽은 흑인의 수는 백인의 약 다섯 배에 달했다고 한다.

스티븐스가 아무런 해명도 없이 굴착지를 떠나자 그 자리는 육군 토목장교 조지 W. 괴달스에게 돌아갔다. 루스벨트가 운하 건설 책임자로 군인을 임명한 것은, 감당하기 어려운 시련이 닥쳤을 때 이전 관리자들처럼 제멋대로 그만둘 수 없게 하려는 이유에서였다. 괴달스는 1907년 업무를 인수해 계획을 짜고 스티븐스가 하다 만 일들을 재편성하여 운하 건설에 따르는 어려움과 진행 과정에서 야기된 원안의 엄청난 수정에도 불구하고 당초 계획보다 돈도 적게 쓰고 시일도 앞당겨 운하를 완성했다. 매컬로우에 따르면, 그보다 더욱 놀라웠던 것은 공사 기간 내내 부정, 부당 이득, 상납, 뇌물 수수 같은 의혹이 전혀 없었다는 것이다.

파나마 운하는 매킨리가 계획하고 루스벨트가 적극 추진하고 태프트가 공사를 실행하여 1914년 우드로 윌슨 대통령 때 마침내 완공되었다. 하지만 화려한 준공식을 하려던 당초 계획은 취소되었다. 유럽에 전운이 감돌면서 운하 완공 소식은 닥쳐올 전쟁 준비에 묻혀버린 것이다.

키티호크에서 일어난 일은?

1903년 12월 17일, 윌버 라이트와 오빌 라이트라는 두 명의 독학 발명가가 다른 사람들이 몇 세기 동안 꿈만 꾸었던 일을 해냈다. 두 형제는 12마력 모터로 움직이는 750파운드의 비행기에 몸을 싣고 노스캐롤라이나 주 키티호크 모래 언덕 위의 선로를 활주로 삼아 최초의 중重비행기 조종에 성공했다. 놀랍게도 그들이 거둔 최초의 비행 성공은 별다른 반향을 불러일으키

라이트 형제가 키티호크에서 최초로 시험 비행한 글라이더.

지 못했다. 언론인들을 포함한
많은 사람들이 처음에는 그들을
믿지 못했기 때문이다. 미 육군
까지도 확신을 하지 못해 그들
과 3년 이상의 계약은 맺기를
거부했다.

하지만 그들의 최초 비행은
혁명적인 비행 시대를 연 것이
었다. 그 짧은 비행이 60년 뒤의
달 착륙으로 이어졌다는 생각을
하면 그저 놀라울 따름이다. 바

오빌 라이트
1903년 12월 17일, 노스캐롤라이나 주 키티호크에서 있었던 최초
의 비행 실험에 대해

비행기는 네 번째 레일로 들어서려는 찰나 트랙에서 솟구쳐 올랐다.
다니엘스가 비행기가 트랙에서 막 벗어나는 순간을 사진에 담았다.
그러고 보니 앞쪽 방향타를 조종하기가 무척 힘이 들었다. 평형이
중앙에 너무 가깝게 잡혀, 출발할 때 기체가 빙그르르 돌며 방향타
가 한쪽으로 너무 멀리 돌다가 이어 반대쪽으로도 너무 멀리 도는
결과가 발생했기 때문이다. 그 결과 기체는 약 10피트 가량 공중으
로 갑자기 날아오르다, 갑자기 방향타가 바뀌며 지면을 향해 돌진했
다. 비행은 트랙 끝에서 100피트 정도 떨어진 지점에 갑자기 내리꽂
히는 것으로 끝이 났다. 비행에 소요된 시간은 약 12초였다—시계가
즉시 서지 않았기 때문에 정확한 시간은 알 수 없다.

퀴 달린 여행 가방과 봉지 땅콩*이라는 거대 산업이 생겨난 것도
그 때문이었다.

1908년 9월 오빌 라이트는 비행기에 최초의 승객을 탑승시켰다.
그 중 한 사람이었던 토머스 셀프리지는 1908년 9월 17일 비행기
추락 사고에서 당한 부상으로 사망한 최초의 승객이라는 언짢은
이름을 얻게 되었다.

시어도어 루스벨트의 '방망이'란?

시어도어 루스벨트를 아는 사람이라면 그가 이루려 한 개혁도 결
국 자신의 필요를 위해서였다는 것에 그다지 놀라지 않을 것이다.
그때까지의 이력——소 방목자, 뉴욕 주의회 의원, 미국시민봉사위
원회 위원장, 뉴욕 시 경찰국장, 해군장관, 군인, 뉴욕 주지사 그리
고 대통령——만 봐도 행동적인 면이 강했고 법, 예의, 양식의 문제
는 다른 사람들 몫이었다는 것을 알 수 있다. 공사를 막론하고 자주

* 기내에서 간식용으로 주는
땅콩

방망이로 트러스트를 쓰러뜨리는 시어도어 루스벨트 대통령을 그린 풍자화. 루스벨트의 방망이는 국내 문제뿐 아니라 외교 문제를 푸는 데도 위력을 발휘하여 국제 사회에서 미국의 영향력을 확대시켰다.

인용되는 그가 즐겨했다는 말 중에 다음과 같은 옛 아프리카 속담이 있다. "말은 부드럽게 하되 방망이를 갖고 다녀라. 그러면 성공할 것이다."

루스벨트는 말을 부드럽게 한 적은 별로 없지만 국내외를 막론하고 방망이를 휘두를 준비는 늘 하고 있었다. 방망이를 처음으로 휘두를 기회는 1902년 5월 14만 명의 갱부들이 파업을 일으켰을 때 찾아왔다. 저임금에 시달리며 생필품은 비싼 회사 매점에서 구입하고 회사 사택에서 살도록 강요받은 갱부들은 만성적인 빚에 시달리다 존 미첼 주도로 광산노조(UMW)를 결성했다. 철도업자들이 거의 독점하다시피 한(J. P. 모건이 거의 독점하고 있었다) 광산회사들은 노조를 승인하는 것도 그들과 협상하는 것도 거부했다. 쟁의로 작업이 중단되어 특히 탄광 주들의 경제가 타격을 입자 루스벨트는 군대를 투입하겠다고 으름장을 놓았다. 하지만 군대는 파업 파괴자가 되어 힘으로 갱부들을 작업장에 복귀시켰던 과거와는 달리 '공공의 이익'을 앞세워 광산을 조종했다. 탄광 주들은 '방망이'의 위력에 눌려 중재위원회의 판정을 받아들이기로 동의했고 판정은 광부들에게 유리하게 났다. 그것은 물론 노조의 승리라기보다는 루스벨트의 승리였다. 하지만 그 덕으로 카우보이 대통령은 자신의 6연발 권총에 또 하나의 노치*를 파넣을 수 있게 되었다.

루스벨트는 강화된 셔먼법을 이용하여 또 다른 표적을 찾아 나섰다. 이름하여 '비프 트러스트'(1905년 스위프트사 대 미합중국 사건), 아메리칸타바코사와 같은 '불량 트러스트들'이 새로운 표적이었다. 루스벨트는 결코 과격한 인물이 아니었다. 그는 규제를 받는 한에 있어서는 독점을 괜찮은 것으로 생각했고 인터내셔널하비스트와 같은 우량 트러스트도 존재한다고 믿었다. 하지만 어쨌든 그의 재임 기간 동안 주간통상위원회(ICC)의 강화, 각료급의 노동상무부

* 코너 부분을 깎아 맞추는 형식.

(나중에는 노동부와 상무부로 분리된다) 신설, 순정식품의약품법 제정과 같은 중요하고 장기적인 개혁들이 이루어졌다. 이 중 순정식품의약품법은 '머크레이커즈muckrakers'*의 영향으로 만들어졌다.

루스벨트는 외교 문제, 특히 카리브 해와 필리핀에서 더욱 힘차게 방망이를 휘두를 준비가 돼 있었다. 1904년에는 영국에 대한 채무 불이행을 이유로 도미니카공화국에 군대를 파견했다. 그러고는 빚 문제가 해결될 때까지 미국인 관리를 세무 책임자로 앉혀놓았다. 이른바 루스벨트 해결책으로 불리는 이것은 먼로주의의 수정판으로, 미국은 '영향권' 내에서 벌어지는 부당함을 바로잡을 수 있는 '국제 경찰력'을 지니고 있다는 말이었다. 이 방법은 나름대로 효과를 거두었다. 하지만 루스벨트가 이들 나라를 열등한 민족으로 생각하고 고압적으로 대해 미국은 그동안 제후국들로 전락해 있던 라틴아메리카에서 친구를 잃게 되었다.

연설하는 시어도어 루즈벨트. 그는 높은 목소리로 쉴새없이 말을 쏟아내는 사람이었다.

아이러니컬하게도 루스벨트는 카리브 해에서 경찰력을 행사하고 필리핀 종속 상태를 점검한 뒤인 1905년 러일 전쟁을 종식시키는 포츠머스(뉴햄프셔 주) 조약을 중재한 공로로 노벨 평화상을 수상했다. 아시아 땅덩이의 상당 부분을 재단한 이 조약은 문제를 해결했다기보다는 오히려 새로운 문제를 야기한 조약이었다. 일본은 조선을 갖는 조건으로 이제는 미국의 '세력권' 안으로 들어온 필리핀에서 손을 떼기로 약속했다. 하지만 루스벨트의 위압적인 태도로 일본인들은 쓰디쓴 입맛을 다셔야 했다.

그것은 거래였음을 일본에게 입증이라도 하듯 루스벨트는 백색함대라는 방망이를 전세계로 발진시켰다. 해군의 전면적인 개편과 현대화의 결과물인 이 함대는 16척으로 구성되어 1907년 전세계를 도는 순항길에 올라 미국의 해군력을 만방에 과시해 보였다. 그런반면 이 함대는 해상에서 다른 나라 보급품에 지나치게 의존해야하는 미 해군의 단점을 드러내 보인 것이기도 했다.

* 20세기 초 제1차 세계대전 이전에 사회의 부정을 폭로한 미국의 저널리스트들을 가리키는 말이다. 1906년 루스벨트 대통령이 정계와 재계의 부패를 폭로하는 무리들을 야유하여 이들을 존 버니언의 《천로역정》에 등장하는 인물로, 거름만 계속 휘저을 뿐 하느님의 은총을 모르는 '거름 갈퀴를 든 사나이a man with a muckraker'에 비유하여 정착된 말이다.

머크레이커는 어떤 사람인가?

 '방망이'는 루스벨트가 말하여 일상어가 된 여러 표현들 중의 하나에 불과했다. 그는 역대 대통령들 중에서 특히 언어 구사에 남다른 재능이 있었다. 그는 놀라운 기억력을 지닌 왕성한 독서가여서 아프리카 속담으로부터 이름 없는 군사 논문에 이르기까지 폭넓은 자료를 언제든 자유자재로 인용할 수 있었다. 그가 존 버니언의 《천로역정Pilgrim's Progress》을 인용한 것은 특히 유명하다. 1907년 루스벨트는 재계의 부패 폭로에 열을 올리는 저널리스트들의 행위에 격분하여, 발 밑의 거름을 휘젓느라 '하느님의 은총'은 모르는 버니언의 "거름 갈퀴Muck-Rack를 든 사나이"에 그들을 비유했다.

 그런데 재미있게도 미국의 한 이색적인 저널리스트 그룹이 이 '머크레이커'라는 명칭을 쓰기 시작했다. 이 그룹의 대표적 인물은 이다 M. 타벨, 링컨 스티픈스, 업튼 싱클레어였다. 당대의 작가들은 신문이든 《매클루어즈McClure's》, 《애틀랜틱 먼슬리Atlantic Monthly》와 같은 잡지든 서적 ── 논픽션이든 픽션이든 ── 이든 가릴 것 없이 미국 정·재계에 만연돼 있던 광범한 부정에 대해 일제히 공격의 포문을 열었다. 어찌 보면 그 같은 경향은 트웨인과 워너의 《황금빛 시대》와 함께 시작되었다고 볼 수 있다. 하지만 부정 폭로가 절정을 이룬 것은 20세기 초였다. 1903년 《매클루어즈》는 이다 M. 타벨의 스탠더드석유회사 기사를 시리즈로 연재하기 시작했다. 그리고 그 결과는 《스탠더드석유회사의 역사History of Standard Oil Company》라는 스탠더드석유회사의 부정을 폭로한 획기적인 작품으로 나타났다. 그와 동시에 《매클루어즈》는 도시의 부패를 다룬 링컨 스티븐스(1866~1936)의 글도 시리즈로 연재했고, 그것은 《도시의 수치The Shame of the Cities》(1904)라는 책으로 발간되었다. 또한 《매클루어즈》는 사회 개혁가 제인 애덤스의 작품 《헐하우스에서의 20년Twenty Years at Hull-House》(1910) 앞부분 일부를 연재하기도 했다. 헐하우스는 이민자들의 미국 적응을 돕기 위해 애덤스가 엘렌 게이츠 스타와 함께 세운 사회복지 시설이었다. 헐하우스 이후 400개가 넘는 복지 시설이 미국 전역에 세워졌다. 이들 복지 시설은 처음에는 문화에 주로 치중했으나 시간이 가면서 자연히 기본적인 교육과 보건 서비스도 제공하게 되었다. 이 같은 서비스는 대도시에 산재한 저소득층 주거 지역의 수십만 이주민들을 위한 것으로 다른 어느 곳에서도 찾아볼 수 없는 광경이었다. 하지만 애덤스와 그녀의 동료들은 빈곤층에 대한 정부 보조를 불경하고 공산주의적인 것으로 여기는 세태 속에서 도저히 이길 수 없는 불가능한 싸움을 하고 있었다.

미국 정계와 재계에 만연된 부정부패를 날카롭게 꼬집은 잡지 《매클루어즈》. 업튼 싱클레어, 이다 M. 타벨, 링컨 스티븐스 등 당대의 이름난 저널리스트들이 이 잡지에 글을 썼다.

　뉴욕에서는, 스스로도 이민자였던 제이콥 리스의 보도와 사진을 통해 이민자들의 참상이 만천하에 드러났다. 리스는 1890년 작품 《또 다른 절반의 삶은 어떠한가How the Other Half Lives》에서 도시 빈민가의 범죄, 질병, 불결함을 폭로했다.

　당대의 신예 소설가들도 이러한 저널리즘적 방법을 자신들의 소설 작법으로 채택했다. 스티븐 크레인의 《거리의 여인 매기A Girl of the Streets》, 윌리엄 딘 하월스의 《사일러스 래팜의 출세The Rise of Silas Lapham》, 프랭크 노리스의 《문어The Octopus》가 대표적인 작품들이다. 하지만 그 중에서도 가장 유명한 것은 아마 시카고 정육업계의 구역질 나는 제조 공정을 통렬하게 파헤친 업튼 싱클레어의 《정글The Jungle》일 것이다. (지금도 이 책을 읽으면 소시지 먹기를 당장 멈추게 된다!) 1906년 《정글》의 발간으로 미국의 육류 소비는 하룻밤 사이에 바닥으로 곤두박질쳤다. 그러자 업자들은 연방육류검사법과 연방식의약품관리법을 즉각 받아들였다. 이것이 현대의 소비자 보호 운동으로 나아가는 첫걸음이 되었고 머크레이커들은 사기, 오용, 기업인과 정치인 부패에 대한 가차없는 비판가로 랠프 네이더와 같은 소비자 운동가들의 시조가 되었다.

사회주의에 기회를?

제인 애덤스. 그녀는 시카고의 슬럼가에 미국 최초의 복지 시설인 헐하우스를 세워 어린이와 여성들의 8시간 노동 준수, 이민 여성 보호 등 저소득층 이민자들의 복지 향상에 앞장섰다. 1931년 노벨 평화상을 받았다.

《정글》은 부정 폭로에만 그치지 않은 가장 전형적인 사회주의 소설이었다. 정육업 실태를 노골적으로 폭로하는 것 외에도 이 작품은 노동자들의 단결을 촉구하여 마침내 노동자 사회를 이룬다는 유토피아적 이상도 담고 있다. 이 작품이 처음 소개된 곳도 사회주의 신문 《어필 투 리즌Appeal to Reason》이었다. 미국의 사회주의는, 소련 및 중국 공산당과 오랫동안 연관을 맺고 있었기 때문에 위험한 것이라는 인식이 굳어 있었다. 하지만 20세기 초 한동안은 특히 노동자들 사이에 정치 세력으로 성장했다. 노동자 계층은 사회주의를 사기업이 아닌 정부를 통해 부를 분배받을 수 있는 통로로 생각했다. 모건가와 록펠러가의 부를 분배받기는 어차피 힘들었기 때문에 이참에 노동자들은 사회주의에 한번 기회를 주어보자고 결심한 것이다.

하지만 보수적인 주류 미국노동총연맹(AFL)은 러시아를 전복시킨 볼셰비키와의 연계(제1차 세계대전 중에 일어난 볼셰비키 혁명 저지를 위한 비밀 전쟁에 미군 1만 명이 가담했다)를 원치 않았기 때문에 사회주의 이념을 멀

왼쪽. 메리 해리스 존스. 아일랜드 이주민인 그녀는 남편과 아이들을 모두 잃고 노동 운동에 뛰어들었다. 작은 몸집에 머리가 하얗게 센 그녀를 동료 노동자들은 '머더 존스'라고 불렀다. 오른쪽. 세계산업노동자동맹의 포스터. 'Time to Organize'란 글귀가 인상적이다.

리하려 했다. 그러자 또 다른 노조가 생겨나 사회주의 깃발을 자랑스럽게 펄럭였다. 세계산업노동자동맹(IWW)이 그것이었다. 이 노조 회원들은 어떤 알 수 없는 이유로 인해 '워블리스wobblies'로 불리고 있었다. 백인들에게만 회원 자격을 준 미국노동총연맹과는 달리 워블리스는 모든 노동자들을 다 받아들여 '거대한 단일 노조'를 형성했다. 1905년에 열린 세계산업노동자동맹 첫 모임에는 광부 '빅 빌' 헤이우드, 사회당 당수 유진 V. 데브스, 일흔다섯 살의 광산노조 설립자 메리 해리스 '머더' 존스가 참석했다.

세계산업노동자동맹은 10여 년 동안 기세 좋게 뻗어나가다 맹렬한 반노조 세력에 부딪쳐 노조 지도자들이 투옥, 구타당했는가 하면 전설적인 조 힐(1872?~1928)은 모함에 빠져 사형에까지 처해졌다. 하지만 조 힐은 "나는 어젯밤 꿈에 조 힐이 살아 있는 모습을 보았다네"라는 노랫말* 속에서나마 영원히 살아 있게 되었다.

데브스를 당수로 한 사회당은 헬렌 켈러를 비롯한 유명 인사들을 끌어들이며 대통령 선거에서 자그마치 6퍼센트의 득표율을 얻는 기세를 계속 이어갔다. 하지만 제1차 세계대전이 일어나고 뒤이어 반공산주의의 첫 물결이 거세게 몰아닥치자 사회주의는 미국인들

* 1960년대 존 바에즈의 노랫말.

의 정치와 삶에서 하나의 세력으로서는 자취를 감추게 되었다.

흑인 지도자 두보이스는 누구?

프레드릭 더글러스 이래 가장 설득력 있고 강력한 흑인 대변자가 이 시기에 등장하여 사회당에 잠시 몸을 담았다. W. E. B. 두보이스(1868~1963)는 부커 T. 워싱턴의 화해 정신과 극명한 대조를 이루며 '남자다운 선동'이라는 새로운 정신의 기수가 되었다. 미국에서 거대한 민권 운동의 격변이 일어나려면 아직 반세기를 더 기다려야 했으나 두보이스는 광야에서 외치는 자의 소리, 즉 민권 운동의 세례 요한인 셈이었다. 1895년 그는 매사추세츠에서 태어나 하버드대학에서 흑인 최초로 박사학위를 받았다. 학업을 마친 뒤에는 강의, 강연, 집필 활동을 했으며, 그가 쓴 《흑인의 영혼The Souls of Black Folk》(1903)은 특히 고전으로 널리 평가 받고 있다. 두보이스는 행동을 자제하는 워싱턴의 보수적 태도를 거부하고 1909년 전미유색인지위향상협회(NAACP)의 창립에 동참하여, 협회의 기관지 《더 크라이시스The Crisis》의 편집인으로 4반세기 동안 활동했다. 당시만 해도 전미유색인지위향상협회는 백인 주도하에 있었다.

두보이스는 좀더 급진적인 전략을 모색하기 위해 1934년 전미유색인지위향상협회를 떠나 원래의 직업인 교직으로 돌아왔다. 하지만 10년 뒤 다시 들어가,

W. E. B. 두보이스.

1945년에는 미국측 대표의 일원으로 국제연합(UN) 창립에도 기여했다. 나중에는 공산당에 입당하여 미국을 떠났다. 그는 시민권을 포기하고 가나로 옮겨 가 그곳에서 생을 마쳤다.

불무스당이란?

인기로만 보면 재선에 도전할 수도 있었고 도전했다면 가볍게 승리할 수도 있었을 테지만 시어도어 루스벨트는 조지 워싱턴 이래 지켜온 불문율(시어도어의 사촌 프랭클린 루스벨트 때까지는 깨지지 않았다)을 존중하여 대통령 재선 출마를 포기했다. 그러고는 매킨리의 잔여 임기와 자신의 임기 4년을 채운 뒤 직접 선택한 윌리엄 하워드 태프트(1857~1930)를 후계자로 남기고 백악관을 떠났다. 1908년 태프트는 루스벨트의 축복과 루스벨트의 후광에 힘입어 질 것 같지 않던 윌리엄 제닝스 브라이언을 가볍게 누르고 대통령에 당선됐다. 브라이언으로서는 그것이 세 번째 패배였다. 당시 태프트 하면 으레 떠오르는 말은 '테디의 충고를 들어라'라는 농담이었다.

루스벨트는 태프트의 부담을 덜어주려고 아프리카로 사냥을 떠났다. 하지만 1년간의 맹수 사냥도 그의 정치적 사냥 본능은 잠재우지 못했다. 루스벨트는 사냥에서 돌아오자마자 태프트로부터 공화당 대통령 후보를 되찾는 작업에 돌입했다. 태프트는 결코 루스벨트의 광휘를 따라잡을 수 없었다. 보수주의자로 자신의 한계를 분명히 정하고 있던 태프트는 사실 루스벨트보다 반트러스트 소송을 더 많이 제기했다. 그 중에는 1911년 스탠더드석유회사의 해체를 초래한 소송도 있었고, 전직 모건 은행가를 포함하여 테디의 후원자들을 상대로 한 소송도 있었다. 하지만 이번 선거의 관건은 누가 더 혁신적인 모습을 보여줄 것인가에 달려 있었다. 그리고 개혁

"Look up, not down—
Look out, not in—
Look forward, not backward—
And lend a hand."

Founders' Day
October 27, 1912
THE
Progressive
Party

불무스당의 선전물. 불무스는 루스벨트가 자신을 '말코손바닥 사슴보다 강하다'고 말한 데서 비롯된 이름으로 혁신당의 별칭이었다.

가 중의 개혁가를 자임하는 사람은 누구보다 루스벨트였다. 피 튀기는 혈전 끝에 태프트가 다시 공화당 후보로 뽑히자 루스벨트는 불만에 찬 진보적 공화당 의원들을 이끌고 혁신당Progressive Party으로 들어갔다. 혁신당의 또 다른 이름인 '불무스bull moose'란 명칭은 루스벨트가 언젠가 자신을 "말코손바닥사슴보다 강하다"고 말한 것이 계기가 되어 붙여진 이름이다.

민주당은 악전고투 끝에 겨우 46표를 얻어낸 뒤 당시 뉴저지 주지사로 있던 우드로 윌슨(1856~1924)을 당 후보로 추대했다. 그 선택은, 최소한 그 시대의 관점으로는 윌슨이 다소 진보적이었다는 점에서 놀라운 선택이었다. 민주당은 특히 남부에서 윌슨을 중심으로 일치단결했다. 부커 T. 워싱턴을 백악관에 초청한 루스벨트를 남부는 결코 용서할 수 없었던 것이다. 태프트는 아예 백기를 들고 선거전에서 물러나 있었다——나중에는 그가 진정으로 원하던 대법원장이 되었다. 루스벨트는 자신에 대한 암살 기도가 있었음에도 불굴의 의지를 다지며 선거전에 더욱 박차를 가했고, 그 결과 윌슨의 일반 선거 득표율은 태프트와 루스벨트 표를 합한 것에도 미치지 못했다. (사회당 당수 유진 V. 데브스가 6퍼센트의 득표율로 거의 100만 표를 얻음에 따라 정치적 기류가 좌파 쪽으로 흐르고 있음은 분명해졌다.) 하지만 윌슨은 선거인단 투표에서 압도적인 승리를 거두었다. 선거인단 투표에서 태프트는 고작 2주, 루스벨트는 6주를 차지했다. 나머지 주들은 모두 윌슨을 등에 업은 민주당이 차지했다.

윌슨도 그의 반대자들처럼 진보적 개혁 정책을 이어나갔다. 그는 자신의 이념을 신자유주의라 불렀다. 윌슨이 대통령으로서의 첫 재임 기간에 거둔 입법적 승리는 사뭇 놀라웠다. 우선 그는, 대기업들이 외국의 경쟁을 물리치기 위해 거의 신성한 무기처럼 휘두르고

있던 관세, 즉 외국 수입품에 대한 관세를 남북전쟁 이후 최초로 감소시켰다. 둘째, 소득세를 부과하는 내용의 수정헌법 16조를 새로 제정했다. 셋째, 직접 투표에 의한 상원의원 선거를 규정한 수정헌법 17조를 통과시켰다. (이전에는 상원의원을 주의회에서 선출했다.) 넷째, 연방준비법을 제정하여 앤드루 잭슨 시절 이후 최초로 중앙은행을 설립했다. 다섯째, 연방통상위원회를 신설하고, 클레이턴 반트러스트법을 제정했다——이 두 가지는 노조와 농민은 규제에서 풀어주되, 부당하고 제한적인 거래 관행은 통제하려는 목적으로 만들어졌다.

하지만 윌슨의 '진보적' 행정부는 민권을 크게 후퇴시킨 점 때문에 오점을 안게 되었다. 윌슨 행정부 아래 짐 크로는 미국의 정책이 되어 연방 관직은 흑백으로 분리되었고, 흑인은 극소수에게 주어졌던 공직의 일부마저도 박탈당했다. 버지니아에서 태어난 윌슨은 남북전쟁 이후의 남부 주의 산물이어서인지 다른 면에서는 그토록 진취적인 사람이 흑백 문제에 있어서는 놀라운 정신 상태를 보여 주었다. 하지만 유럽에 전운이 감도는 상황을 불안하게 지켜보는 국민들로서는 흑인을 대하는 그의 태도에 깊은 관심을 가질 여유가 없었다.

판초 비야는 어떤 사람인가?

우드로 윌슨이 들어선 뒤 미국의 대 라틴아메리카 정책은 '방망이'에서 '빅브라더'로 바뀌었다. 파나마 운하가 거의 완성 단계에 이르자 윌슨은 반구에서의 미국 세력이 더 이상 위협을 받지 않으리라는 확신을 갖게 되었다. 카리브 해 현지의 불안정한 정정政情 또한 미군이 니카라과, 아이티, 도미니카공화국에 주둔해야 될 정당성을 부여해주었다. 막강한 군사력을 지닌 미국에게는 그 같은 일이 식은 죽 먹기처럼 쉬웠다. 하지만 판초 비야Pancho Villa의 나라 멕시코에서 일어난 상황은 그리 만만치가 않았다.

20세기 초 쿠데타와 독재 정권에 계속 시달리던 멕시코는 미국 대사의 도움과 멕시코 착취를 위해 오로지 안정만을 바라던 외국 투자가들의 축복 속에 1911년 빅토리아노 우에르타 장군을 대통령으로 맞이했다. 하지만 윌슨 대통령은 우에르타 정부를 승인하기를 거부했고, 그 결과 멕시코는 더욱 극심한 혼란 속으로 빠져들었다. 윌슨은 미국 선원 몇 명이 체포된 일을 구실 삼아 1914년 해군을 급파하여 베라크루즈를 공격하게 했고, 얼마 안 가 우에르타는 실각했다. 대통령 궁의 문은 이제 또 다른 장군 베누스티아노 카란사와 카란사 휘하의 '장군들'인 에밀리아노 사파타Emiliano Zapata와 판초 비야에게 열려 있었다. 문맹의 인디언이었던 사파타는 빈곤층에 토지를 분배해주는 등 다소 사회 개혁적인 인물이었다. 그리고 인디언 판초 비야가 결국 카란사에 대항한 봉기를 일으켜 멕시코 시티를 장악했다.

비야는 카란사에게 치명타를 입히려는 의도로 미국을 공격하기 시작했다. 멕시코 북부를 여행 중이던 미국인 열차 승객 10여 명을 살해했는가 하면, 국경 너머 뉴멕시코 주까지 쳐들어가 일단의 미국인 광산 기술자를 살해하기 시작했다. 이에 격분한 윌슨은 존 J. 퍼싱(1860~1948)을 멕시코로 보내 비야를 잡도록 했다. 하지만 책략에 능한 무법자 장군을 추격하는 일은 바람을 잡으려는 것만큼이나 무모한 일이었다. 비야는 9달 동안이나 여우 사냥을 시키며 미군을 멕시코 영토 깊숙이 끌어들였다. 이 일은 카란사를 더욱 불안하게만 할 뿐이어서 미국과 멕시코 사이의 긴장은 더욱 고조되었다.

한편 유럽을 휩쓸고 있던 전쟁에 개입할 가능성이 점점 높아지자 윌슨도 하는 수 없이 흥분을 가라앉히고 1917년 퍼싱을 미국으로 불러들였다. 그로부터 몇 년 지나지 않아 비야, 사파타, 카란사는 모두 유럽 전쟁의 소용돌이에 빠져든 멕시코의 혼란한 정세 속에서 암살로 생을 마쳤다.

사라예보의 죽은 대공은 어떻게 세계대전을 일으켰나?

1914년 6월 28일 오스트리아 황태자 프란츠 페르디난트 대공이 사라예보(현대의 유고슬라비아)를 방문했다. 사라예보는 당시 오스트리아-헝가리제국에 속해 있었다. 일군의 세르비아 민족주의자 학생들은 독립 세르비아가 오스트리아 남부로 결합되기를 원하며 대공의 암살 계획을 세우고 있었다. 그 중의 한 명인 가브릴로 프린치프가 자동차를 타고 가던 대공을 저격했다. 그로부터 며칠 뒤 오스트리아제국은 대공 암살 책임을 물어 남쪽의 작은 우방국 세르비아에 선전포고를 했다. 러시아가 즉각 세르비아 편에 서면서 전시 체제에 돌입했다. 그러자 오스트리아제국의 동맹국 독일은 러시아와 러시아의 동맹국인 프랑스에 선전포고를 했다. 독일군이 프랑스로 가던 도중 벨기에를 침공하자 방위 조약에 묶여 있던 영국은 독일에 선전포고를 했다.

페르디난트 암살은 어차피 일어나야 될 전쟁을 촉발시켰을 뿐이다. 이 전쟁은 당시만 해도 세계대전으로 불렸으나 제2차 세계대전이 일어난 뒤로는 제1차 세계대전으로 이름이 바뀌었다. 이 암살을 또 다른 식으로 표현하면, 루브 골드버그(1883~1970)*가 미친 듯이 복잡하게 설계한 결합 장치의 마지막 부분이 풀리며 유럽을 세계대전으로 몰고 간 것이라고도 말할 수 있다.

전쟁 전야의 유럽은 20세기 모습이라기보다는 오히려 19세기 모습에 더 가까웠다. 19세기 말, 철혈 재상 비스마르크에 의해 유럽의 중심국 위치를 굳힌 독일제국은 귀족적 혈통과 군사 동맹으로 오스트리아제국과 결합돼 있었다. 두 나라는 함께 유럽의 중심 세력을 형성하면서 오스만제국과도 동맹을 맺었다. 당시 오스만제국은 오늘날 중동의 대부분 지역을 지배하고 있었다. 독일제국은 1870년, 프랑스에는 치욕을 독일에는 알사스—로렌 지방을 안겨준 전쟁**에서 독일이 승리를 거둔 뒤, 프랑스가 지불한 전비戰費로 일부 건설되었다. 그러한 이유로 두 나라에는 프랑스 영토의 할양과 상실을 둘러싼 적개심이 늘 상존해 있었다. 프랑스는 독일에 비참한 패배를 당한 뒤, 철광석이 풍부한 그 지역을 반드시 되찾고야 말겠다는 각오로 군대의 재무장과 재편성을 통해 강력한 군사 대국이 되어 있었다. 프랑스는 알사스—로렌 지역을 프랑스 땅이라 여기고 있었다.

이 폭발 직전의 동맹 관계에 더해 러시아에서는 혁명 소식까지 들려왔다. 차르 치하의 러시아는 방위 조약과 혈연 관계(영국 왕과 차르는 친척이었다)를 통해 영국, 프랑스와 제휴를 맺고 있었다. 하지만 사회주의 혁명 세력은 러시아 동부와 국경을 접하고 있는 군주국의 파괴 의지를 다지며 독일의 젊은 군주 빌헬름 황제를 압박했다. 빌헬름이라면 비스마르크 재상을 실각시킨 장본인이었다.

오스트리아 황태자 프란츠 페르디난트 대공 부부. 피살당하기 약 1시간 전에 찍은 사진이다. 이들의 죽음은 제1차 세계대전이 불붙는 계기가 되었지만, 실은 이들이 피살당하기 전부터 전쟁은 이미 시작되고 있었다.

긴장이 고조되자 이 모든 나라들은 중무장을 하고 본격적인 전시 태세에 돌입했다. 유럽의 대형 군수 업체들도 기다렸다는 듯 신이 나서 공장을 가동시켰다. 국제적인 긴장 상태가 돈벌이에는 좋았던 것이다. 하지만 국가란 모름지기 무장이 잘 되었다고 느끼면 스스로를 무적이라 착각하는 법이다. 그것이 당시 유럽 주요 국가들이 느끼고 있던 감정이었다. 강력한 힘은 또 그 자체로 과시하려는 충동을 가지고 있다. 맹렬한 민족주의, 무적이라는 환상, 복잡한 동맹 관계, 지난 세기에서 넘어온 적대감들이 합쳐져 유럽을 격랑의 소용돌이 속으로 몰아넣었다. 그리고 역사의 과정이 늘 그렇듯 이번에도 역시 사건의 추이에 결정적 영향을 미친 것은 경제나 국경 분쟁에 못지않게 개인들이었다. 냉정한 사고와 점잖은 외교는 20세기임에도 여전히 구태를 벗지 못한 19세기식 명예와 국가적 이상에 함몰되었다. 사람들은 자신들의 파괴적 힘이 얼마나 강력해졌는지를 모르고 있었다. 기사도와 귀족적 이상 그리고 여전히 마상 전쟁에 익숙해 있는 19세기 사람들은 20세기 병기가 가져올 가공할 위력은 전혀 짐작도 못했을 것이다. 기병대의 칼과 기병대가 등장하는 전쟁의 세계는 독가스, U보트, 화염방사기(독일에 의해 완성된), 탱크(영국에 의해 개발된) 등의 신무기와 수류탄, 수냉식 기관총 같은 신병기들에 무너져내리고 있었다. 이 신무기들이 실패하면 그때는 구식 총검이 마지막 수단이 될 것이었다. 전장들에서 벌어진 가공할 대학살들은 이미 전설이 되었다. 마른, 이프르, 갈리폴리, 베르덩, 아르곤 숲──이들 전장과 평원도 곧 십자가의 숲으로 뒤덮일 터였다.

전쟁터가 된 곳은 주로 유럽, 그 중에서도 벨기에와 프랑스의 평원이었다. 이 평원에서 벌어진 무자비한 참호전으로 엄청난 수의 사람들이 목숨을 잃었다. 바짝 마른 나무가 화염에 불타버렸기 때문이다. 하지만 전쟁의 진짜 목적은 다른 곳에 있었다. 중요한 것은 이 전쟁이 유럽 국가들간의 제국주의 각축전이었다는 것이다. 세계 대전에서 나오는 승리의 떡고물은 아프리카, 아시아, 중동이었다. 전쟁의 명분이 무엇이든 그것의 핵심에는 물질적 부──남아프리카의 금과 다이아몬드, 아프리카의 금속과 천연고무, 말레이시아의 천연고무, 중동의 석유──가 놓여 있었다.

제1차 세계대전은 신무기 전시장이었다. 독가스, 화염방사기, U보트, 비행기, 탱크, 수류탄 등 20세기의 신무기들은 전쟁의 양상을 완전히 바꿔놓았다.

이 전쟁은 대공이 사라예보에서 죽어 넘어지기 오래전부터 이미 시작되고 있었다. 독일과 벨기에는 아프리카에서 확고한 입지를 다져놓고 있었다. 프랑스 제국은 인도차이나로 범위를 넓혀갔다. 영국 제국은 아시아, 아프리카 그리고 극동의 태반을 차지하고 있었다. 그 외에도 영국은 남아프리카 지배를 둘러싼 보어 전쟁*과 중동 지배를 둘러싼 크림 전쟁**을 통해 전쟁의 피 맛을 이미 본 바 있었다. 이 크림 전쟁으로 영국은 수에즈 운하 지배권을 획득했다. 바다의 최강자 영국은 이제 독일 해군의 위협을 받고 있었다. 당시 독일이 해군력을 증강한 목적으로 생각할 수 있는 것은 오직 하나, 식민지 부의 지배권을 놓고 영국의 우위에 도전하려는 것이었다. 유럽 지도자들은 자기들 나라의 국가 자원이 고갈될 것임을 알고 있었다. 산업화와 기계화로 치닫는 새로운 시대의 국가 권력은, 심지어는 생존마저도 식민지 세계의 자원을 지배하는 것에서 나올 수밖에 없었다. 베르덩, 이프르, 마른 등의 유서 깊은 전쟁터에 산더미처럼 시체가 쌓인다 해도 승전국은 또 다시 부를 찾아 다른 대륙으로 가야만 했다.

누가 루시타니아호를 침몰시켰나? 침몰로 달라진 것은?

미국 학생들은 오랫동안 미국이 제1차 세계대전에 개입해야 했던 이유는 독일 U보트 공격으로부터 공해를 보호하기 위해서였다고 배웠다. 죄 없는 미국인 선객들이 독일 U보트 공격을 받고 죽어간 것으로 배운 것이다. 그런 교육의 대표적인 예가 아마 여객선 루시타니아호의 침몰이었을 것이다. 그런데 문제는 이 여객선 침몰과 미국의 참전과는 별 관계가 없다는 것이다.

* 19세기 말 영국이 남아프리카의 보어인이 세운 트란스발 공화국을 합병하기 위해 일으킨 전쟁으로, 1880년과 1899년 두 차례에 걸쳐 일어났다.
** 1853~1856년에 러시아와 오스만제국, 영국, 프랑스, 사르데냐의 연합군 사이에 일어난 전쟁으로 영국은 흑해로부터 에게해 방면으로 진출하는 러시아에 위협을 느껴 개입하게 되었다.

루시타니아호의 잔해. 루시타니아호에는 수천 상자의 탄약이 실려 있었으며 독일 U보트의 공격을 받았을 때 그 탄약들이 폭발함으로써 침몰이 가속화되었다.

두 대륙을 안전하게 지배하고 있었고 아시아와 태평양에도 부족함이 없는 식민 제국을 보유하고 있던 미국은 유럽 전쟁에 개입하기를 무척 조심스러워했다. '복잡한 동맹 관계' 비껴가기는 워싱턴과 제퍼슨 시대 이래 계속돼온 미국 외교 정책의 기본 방침이었다. 인구의 태반이 프랑스의 진흙탕 속에서 피 터지게 싸우고 있는 나라들의 자손이라는 것을 감안하면, 중립주의와 고립주의Isolationism야말로 미국의 강력한 힘이 아닐 수 없었다. 800만 독일계 미국인들은 미국이 독일과 싸우는 꼴을 보고 싶지 않았다. 450만에 이르는 아일랜드계 미국인들도 아일랜드 공화국 운동이 극에 달하자 아일랜드의 목줄을 더욱 단단히 죄고 있던 영국에 호감을 가질 수 없었다.

1915년 5월 초, 미국 주재 독일 대사관은 대서양을 항해하는 영국 선박에 미국인이 승선하지 말 것을 경고하는 광고를 미국 신문들에 게재했다. 1915년 5월 7일 쿠나르 정기선 루시타니아호가 아일랜드 해안에서 독일 U보트의 수뢰 공격을 받았다. 그 거대한 배는 공격을 받은 지 불

우드로 윌슨
선전포고를 하기 전 승인을 받기 위해 의회에서 행한 연설

평화를 사랑하는 이 위대한 국민을, 문명 자체의 운명이 걸려 있다고도 할 극도로 참혹하고 파괴적인 전쟁으로 몰고 가기란 참으로 두려운 일입니다. 하지만 정의는 평화보다 값진 것이기에 우리는 우리 마음속 깊은 곳에 소중히 간직해온 것들을 위해 싸우려고 합니다. 민주주의를 위해, 그들 정부에 대한 발언권을 갖기 위해, 권위에 복종한 이들의 권리를 위해, 약소국들의 권리와 자유를 위해, 자유민들의 완벽한 협조로 모든 나라에 평화와 안위를 가져다주고 최소한 세계를 자유롭게는 해줄 그 같은 보편적 권리를 위해 싸울 것입니다.

윌슨의 연설은 우레와 같은 갈채를 받았고, 며칠 뒤 의회는 압도적으로 전쟁을 승인했다. 의회 연설을 마친 뒤 윌슨은 한 보좌관에게 이렇게 말했다. "오늘 내가 말한 것은 젊은이들에 대한 죽음의 메시지인데, 그걸 환호하다니 참으로 묘한 기분이 드는군."
의회에서 전쟁을 반대한 유일한 인물은 네브래스카 주 상원의원 조지 W. 노리스였다. 그는 이 전쟁을 원칙이 아닌 돈벌이용으로 보는 전쟁 반대자들의 의견을 대변하여 선전포고를 반대하는 발언을 했다.

과 18분만에 침몰했고, 침몰과 함께 승객과 승무원 1천959명 중 1천200명 가까운 숫자가 목숨을 잃었다. 사망자 중에는 미국인도 128명 들어 있었다. 윌슨 대통령은 배의 격침에 분개한 국민들의

열화와 같은 전쟁 요구를 묵살하고 일련의 외교 각서를 통해 배상금 및 여객선 공격 중지를 요구하는 협상을 독일과 벌였다. 국무장관 윌리엄 제닝스 브라이언은 그 각서조차도 너무 심한 처사라 판단하고 국무장관직을 사임했다. 독일 정부는 배상금 지급에 합의했다. 하지만 무기가 실려 있었던 점으로 보아 루시타니아호는 전함이 분명하다는 주장은 끝내 굽히지 않았다. 영국은 그것을 부정했다. 하지만 후일 밝혀진 바에 따르면, 루시타니아호에는 탄약 4천200상자와 유산탄 1천250상자가 실려 있었고, 수뢰 공격을 받을 때 그것이 폭발하여 배의 침몰을 가속화시킨 것으로 드러났다.

배의 침몰로 미국과 독일 관계가 극도로 악화되었던 것은 분명하다. 하지만 미국이 전쟁에 개입한 것은 그 사건과 아무런 관련이 없다. 윌슨 대통령은 협상을 통한 해결 방법을 모색하면서 자신의 중립 정책을 변함없이 밀고 나갔다. 심지어 1916년 대통령 선거에서는 "그가 우리를 전쟁에 나가지 못하게 막았다"를 민주당 슬로건으로 삼아 자신의 재선 유세에 이용할 정도였다. 미국이 참전한 것은 루시타니아호 침몰 사건이 있은 지 거의 2년이 지난 1917년 4월이었다. 이미 전쟁이 막바지에 접어들고 있을 때였다. 1917년 2월, 독일군이 미국 배를 비롯한 모든 상선들에 대해 무차별적인 잠수함전을 벌이기 시작하자 윌슨은 독일과의 외교를 단절했다. 결정적인 변화가 오게 된 것은 짐머만의 전보 때문이었다. 그 전보로 멕시코와 미국간의 전쟁을 일으키려던 독일측 음모가 발각된 것이다. 영국이 미국에 이 첩보를 넘겨주고 그해 3월 독일 잠수함들이 경고도 없이 미국 배들을 공격하자 격분한 미국인들은 전쟁을 요구했다.

미국이 공식적으로 내건 참전 이유는 바다의 해방과 민주주의 수호였다. 하지만 전쟁 당사자 어느 쪽도 불법 해전을 일으킬 독점권은 없었다. 미국의 동맹국들 중 윌슨이 1914년의 민주주의 이념을 끝까지 고수하기 위해 싸워야 한다고 스스로 생각하게 할 만큼 민주주의 이념에 투철했던 나라도 없었다.

윌슨은 자신의 편의를 위해 감탄이 나올 만큼 양쪽을 잘 무마하여 평화를 이루려고 했다. 하지만 미국이 치렀던 이전의 다른 전쟁들에서처럼 이번에도 기업, 금융, 통상의 실력자들은 그 점에 냉소를 보내며 전쟁을 유익한 것으로 생각했다. 그리고 전쟁이 끝난 뒤 분배가 이루어지면 미국도 당연히 제 몫을 챙길 것이었다.

제1차 세계대전의 대가는?

'모든 전쟁의 종식을 위한 전쟁'의 대가는 너무도 참혹했다. 줄잡아 1천만 명의 사람들이 유럽의 전쟁터에서 죽어갔다. 청년의 전세대가 러시아와 프랑스에서 거의 전멸하다시피 한 것이다. 러시아에서의 전사자만도 170만 명에 이르렀고 이 중 프랑스군이 135만 7천 명, 영국군이 90만 8천 명이었다. 동맹국측 전사자는 독일군 180만 명, 오스트리아군 120만 명, 터키군 32만 5천 명이었다. 이것은 순수하게 전사자만을 말한 것이고, 그외에도 2천만 명이 질병, 굶주림 등 전쟁과 관련된 원인으로 사망했다. 600만 명은 불구가 되었다. 단기간의 개입이었지만 미국도 13만 174명의 전사자와 20만 명 이상의 부상자를 냈다.

이러한 피해를 입은 연합국측으로서는 당연히 용서할 마음이 나지 않았다. 때문에 베르사이유 조약도 전쟁 발발의 책임은 모든 나라에 다 있는데도 전비는 독일측에만 떠넘기는 내용으로 되어 있었다. 독일, 오스트리아, 터키 동맹국측이 감당하기에는 전비의 규모가 너무 컸다. 하지만 전비보다 몇 배나 더 위험했던 것이 세계 지도의 재편이었다. 한때 오스트리아-헝가리제국에 속해 있던 헝가리의 경우 영토의 3분의 2를 잃은데다 인구까지 800만으로 바짝 줄어들었다. 옛 오스트리아-헝가리제국과 독일 영토를 제멋대로 분할한 결과 발틱 해를 통로로 한 유고슬라비아, 체코슬로바키아, 폴란드와 같은 독립국들도 새로 생겨났다. 그로 인해 약 300만 명의 오스트리아계 독일인들이 체코슬로바키아로 편입되었다. 그들이 이른바 수데텐란트의 독일인들이고, 이곳은 몇 년 뒤 재건을 이룬 독일이 수데텐란트의 병합을 결정하면서 더욱 중요한 지역으로 떠오르게 된다. 오스트리아-헝가리제국의 나머지 반쪽은 형편없이 쪼그라든 오스트리아가 되었다. 이 또한 1939년에 독일이 전쟁을 일으키는 원인이 된다.

1917년의 징집 공고 포스터.

오스만터키에 속해 있던 중동 지역 영토는 승전국들이 죄다 나눠 갖고, 터키는 허약한 소국으로 남겨졌다. 오스만제국의 일부였던 발칸 반도 역시 여러 지역으로 쪼개져 체코슬로바키아와 유고슬라비아를 비롯한 신생 국가들을 탄생시켰다. 영국은 팔레스타인, 요르단 그리고 석유 매장량이 풍부한 메소포타미아(현재의 이라크)를 차지했다. 레바논과 시리아는 프랑스에 넘어갔다. 당시 파리에는 베트남인 유학생이 한 명 머물고 있었다. 그가 베트남의 독립국 지위를 확보하기 위해 노력하자 프랑스는 머뭇거렸다. 그러자 후일 알려진 대로 호치민은 모스크바로 가서 혁명 기술을 익혔고, 훗날 그 기술을 이용하여 프랑스군과 미군으로부터 베트남을 되찾았다. 독일 소유로 되어 있던 아프리카 지역도 국제연맹League of Nations의 '위임통치령' 아래 승전국들에게 분할되었다. 하지만 이 분할은 독일이 갖고 있던 아프리카 영토의 지배권을 새로운 식민지 국가들에게 넘겨준 것에 불과했다.

중동, 아프리카, 동유럽, 인도차이나에서의 터무니없는 분할을 비롯한 이 모든 전후 거래에서 이미 제2차 세계대전의 싹이 움트고 있었다.

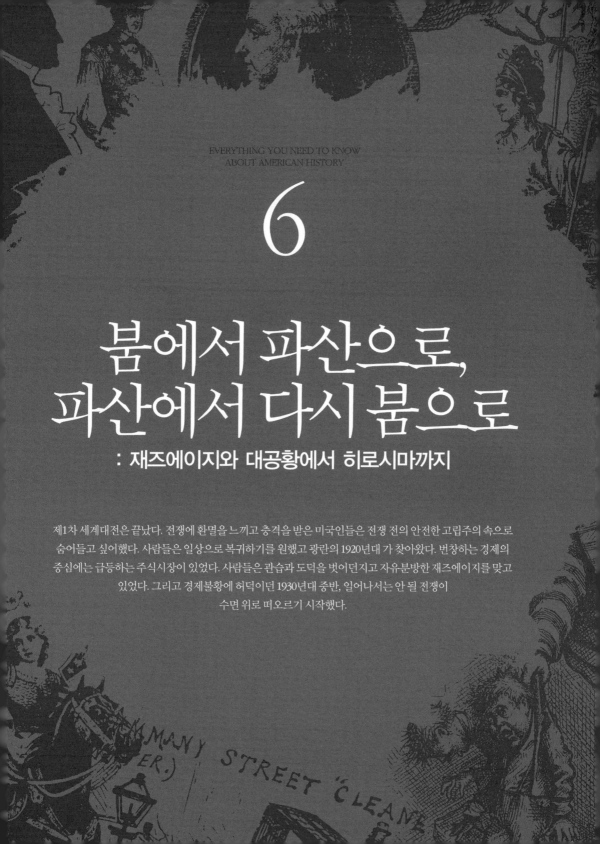

6

붐에서 파산으로,
파산에서 다시 붐으로

: 재즈에이지와 대공황에서 히로시마까지

제1차 세계대전은 끝났다. 전쟁에 환멸을 느끼고 충격을 받은 미국인들은 전쟁 전의 안전한 고립주의 속으로
숨어들고 싶어했다. 사람들은 일상으로 복귀하기를 원했고 광란의 1920년대 가 찾아왔다. 번창하는 경제의
중심에는 급등하는 주식시장이 있었다. 사람들은 관습과 도덕을 벗어던지고 자유분방한 재즈에이지를 맞고
있었다. 그리고 경제불황에 허덕이던 1930년대 중반, 일어나서는 안 될 전쟁이
수면 위로 떠오르기 시작했다.

세계대전은 끝났다. 그로 인해 생겨난 엄청난 사상자 수에 환멸을 느끼고 충격을 받은 미국인들은 전쟁 전의 안전한 고립주의 속으로 숨어들고 싶어했다. 사람들은 일상으로 복귀하기를 원했다. 그것은 또 공화당의 백악관 복귀를 의미하는 것이기도 했다. 그 결과 공화당은 1921년부터 12년간 내리 대통령직을 차지하게 된다. 그 첫 주자 워런 G. 하딩(1865~1923)은 '평상normalcy으로의 복귀'(지금은 흔히 쓰이는 말이 되었지만 하딩이 말한 'normalcy'는 문법적으로 맞지 않고, 그것의 정확한 표현은 'normality'이다)를 유세 공약으로 내걸어, 1920년 대통령에 당선되었다. 이후 허약한 그의 행정부에서 가장 두드러졌던 일은, 대통령이 되려는 야망에 얽힌 추잡한 소문과 1922년의 그 유명한 티포트돔 스캔들이었다.

하딩은 티포트돔 스캔들로 떠들썩한 가운데 갑자기 숨을 거두고 부통령 캘빈 쿨리지가 그의 후임으로 대통령에 취임했다. 그는 "미국이 할 일은 비즈니스이다the business of America is business"라는 말을 한 것으로 유명하다. '과묵한 칼'로도 알려진 그는 또 이런 말을 하기도 했다. "공장을 짓는 사람이 교회도 짓는다. 공장에서 일하는 사람은 거기서 예배도 본다."

쿨리지 대통령 아래 미국은 광란의 1920년대 내내 번영을 구가하는 듯했다. 번창하는 경제의 중심에는 급등하는 주식시장이 있었다. 바야흐로 사람들은 옛 관습과 도덕을 벗어 던지고——금주법에도 불구하고——활기 넘치는 약동의 시대, 자유분방한 '재즈에이지'를 구가하기 시작했다. 찰스톤과 같은 광란의 춤이 유행하고 포켓위스키가 판을 쳤으며 여성들은 빅토리아 시대의 속옷을 과감히 벗어 던지고 짧은 스커트를 입기 시작했다. 때는 재즈에이지를 대표하는 인물 제이 개츠비를 비롯하여, 스콧 피츠제럴드의 여러 소설에 영감을 불어넣어준 시대였다. 또한 전쟁과 사회에 대한 환멸이 일어나면서 존 도스 패소스(1896~1970), 어니스트 헤밍웨이

(1899~1956)와 같은 성난 문학인들을 새롭게 탄생시킨 시대이기도
했다. 패소스는 제1차 세계대전을 다룬 소설 《3인의 병사Three
Soldiers》(1921)를 썼고, 헤밍웨이는 《태양은 또 다시 떠오른다The
Sun Also Rises》를 1926년에 처녀작으로 발표했다. 그 시대의 관습에
반기를 든 사람으로 빼놓을 수 없는 인물이 저널리스트 헨리 루이
멩켄(1880~1956)이다. 그는 자기 만족에 빠진 미국의 청교도적 중
산층, 즉 그가 '부봐지booboiseie'*라 부르는 사람들을 통렬히 비난
하는 작품들을 썼다. 자기 만족에 빠진 청교도적 중산층은 《메인
스트리트Main Street》(1920), 《배빗Babbitt》(1922), 《애로스미스
Arrowsmith》(1925) 등의 작품에서 싱클레어 루이스(1885~1951)의
표적이 되기도 했다. 싱클레어는 종교적 위선을 다룬 그의 대표작
《앨머 갠트리Elmer Gantry》(1927)로 1930년 미국인 작가로는 최초로
노벨 문학상을 수상했다.

하지만 이들 작가의 표적이 된 자기 만족에 빠진 미국인들은 그
같은 상황이 그저 고마울 따름이었다. 캘리포니아 저 먼 곳에 자리
한 소위 할리우드라 불리는 새로운 산업은 1920년대에는 아직 생
소했을 것 같은 미국인들의 근심을 일거에 날려버릴 오락을 생산
하고 있었다. 1927년에는 알 졸슨이라는 유태계 흑인 가수가 최초
의 '유성' 영화 〈재즈 싱어The Jazz Singer〉에서 〈이건 아무것도 아니
야You ain't seen nothing yet〉라는 노래를 부르는 시점에까지 이르렀
다. 그후 얼마 안 가 할리우드는 영화에 대한 식을 줄 모르는 욕구
를 채워주기 위해 수백만 달러의 제작비가 투여되는 작품을 만들
어내기 시작했다.

미국은 이러한 부와 오락에 표면적으로는 만족하는 듯했다. 그래
서 캘빈 쿨리지 내각에서 상무장관을 지낸 허버트 후버(1874~
1964)를 1928년 대통령에 선출하여 그러한 상태를 계속 유지해갔
다. 후버는 제1차 세계대전 중 식량 담당관으로 일할 때 유럽을 굶

주림에서 구해주어 세계적인 영
웅이 된 인물이다. 하지만 유능
한 관리자로서의 후버의 명성은
급속히 퇴색해갔다. 명성은커녕
역사상 최악의 경제 붕괴를 감
독한 인물이라는 오명을 뒤집어
썼다.

W. E. B. 두보이스
1919년 5월에 발표한 〈귀환하는 병사들〉에서*

우리는 돌아온다.
싸움에서 돌아온다.
우리는 또 다시 싸운다.

* 이것은 두보이스가 전미유색인지위향상협회 기관지 《더 크라이시스》의 편집자로 일할 때 그 잡지의 포럼에서 발표한 글이다. 제1차 세계대전에서 돌아온 흑인 병사들이 미국에서 직면해야 했던 인종차별적 상황에 대하여 쓴 글이다.

전세계가 대공황으로 몸살을
앓고 있는 와중에 후버는 1932년 뉴욕 주지사 프랭클린 D. 루스벨
트(1882~1945)와의 대선에서 패해 대통령직에서 물러났다. 당시
루스벨트는 소아마비를 앓아 다리를 쓸 수 없는 상태였으나 새로
운 지도력에 목말라 있던 국민들은 그러한 사실에도 아랑곳없이
그를 압도적인 지지로 당선시켜주었다. 루스벨트는 미국의 경제 위
기를 진보주의와 '뉴딜'로 헤쳐나갔다. 해외에서는 경제 위기의 결
과가 다른 양상으로 나타났다. 독일은 재앙에 대한 해법을 히틀러
에서 찾았으며, 이탈리아는 무솔리니에게 의존했다. 경제 불황에
허덕이던 1930년대 중반, 일어나서는 안 될 전쟁이 수면 위로 떠오
르기 시작했다.

툴사와 로즈우드에서 생긴 일은?

미국인 수백 명이 외국군이나 테러리스트들에게 끌려가 총에 맞
거나 산 채로 불타거나 차에 묶인 채 질질 끌려다니다 죽는 일은
신문의 머리기사는 물론 역사책에도 등장할 만한 사건이다. 미국인
여섯 명이 집에서부터 추격당하다 살해당하고, 가옥 수백 채가 밀
어닥친 군대가 지른 불로 소실되는 것 역시 역사책에 오를 만한 사건

이다. 하지만 미국인들이 같은 미국인들에게 이러한 짓을 저질렀을 때는 당연히 받아야 할 응분의 관심을 끌지 못했다. 희생자가 당시에는 지금과 전혀 다른 나라였던 미국의 흑인들이었기 때문이다.

무고한 미국 시민을 상대로 한 이 같은 대단위 학살 사건——또는 흔히 말해지는 대로 '인종 폭동'——이 오클라호마 주의 툴사와 플로리다 주의 로즈우드에서 일어났다. 하지만 지난 세기 내내 이 두 사건은 역사책에서 거의 실종된 상태였다.

1920년대 초, 오클라호마 툴사는 전후에 발견된 유전으로 급속한 부를 이루어 소란스런 신흥 도시로 변모하고 있었다. 이 도시는 백인우월주의 집단인 KKK단의 전후 근거지이기도 했다. 고립주의 또는 토착주의로도 불리던 '미국 우선America First' 운동도 활발히 전개되고 있었다. 일반적인 분위기로 볼 때 미국은 기독교 중심의 백인 국가였고 앞으로도 그 방향을 계속 유지하게 될 터였다. 1921년 흑인 구두닦이 한 명이 엘리베이터 안에서 백인 소녀를 겁탈하려 한 혐의로 체포되었다. 그러자 그 지역 신문의 발행인——판매부수 늘이기에 혈안이 되어 있던——은, "오늘밤 니그로에게 교수형을"과 같은 자극적인 제목으로 신문의 머리기사를 실었다.

백인 여성에 대한 성폭행죄로 흑인이 기소되는 일은 당대 미국의 최남단 지역에서는 다반사로 일어나는 일이었다. 1921년 6월 21일 신문이 배포되기가 무섭게 백인들은 피의자인 구두닦이 딕 로우랜드가 구금돼 있는 법정 밖으로 집결하기 시작했다. (결론부터 말하면 로우랜드는 그 여성이 죄를 덮어씌우지 않아 풀려났다.) 툴사 인근의 그린우드 흑인들도 로우랜드가 교수형 당하는 것을 막기 위해 법정 쪽으로 내려오기 시작했다. 흑인들 중에는 최근에 전역한 퇴역병들도 있었다. 몇 발의 총성이 울려 퍼졌고 순식간에 마을 전체가 무차별적으로 파괴되기 시작했다. 1만 명이 넘는 백인 폭도가 백인 경찰의 전폭적인 지지 속에 광분하여 날뛰었다. 그것은 말이 폭동이지

'인종 청소'라는 현대적 표현이 더 잘 어울리는 일이었다. 툴사의 백인들은 그곳 흑인들을 완전히 쓸어버리기로 작정이라도 한 것 같았다.

역사가 팀 매디건은 《버닝Burning》에서 당시의 상황을 이렇게 묘사했다. "백인들이 그곳을 완전히 초토화시키리라는 것은 곧 분명해졌다. 백인들은 니그로를 죽이거나 체포하는 것으로도 성이 안 차 흑인이 이루어놓은 번영의 모든 흔적을 지우려고 했다."

이윽고 백인 여성들까지 흑인들의 집을 싹쓸이하면서 쇼핑백을 가득 채웠다. 백인 남성들은 가솔린통을 들고 다니며 그린우드 마을에 불을 질렀다. 한바탕 소동이 끝나자 곳곳에는 흑인들의 시체가 즐비하게 널렸다. 공동묘지에 버려진 시체들도 있었으며, 흑인 마을은 1천200채가 넘는 집들이 소실되어 새까만 숯덩이로 변했다. 보험사들은 나중에 폭동 면제책까지 들먹이며 화재보험금 지급을 거부했다. 심지어 현지 신문사들은 증거 인멸을 위해 자료철까지 파기했다.

툴사에서 일어난 폭동과 살인 사건은 수십 년 동안 은폐된 채 생존한 몇몇 사람들의 입을 통해서만 근근히 전해졌다. 툴사와 오클라호마 주의회가 침묵을 깨고 그 사건의 진상을 파헤치기 시작한 것은 그로부터 80년 정도가 지나서였다. 그 도시의 가공할 폭동을 심도 있게 연구한 역사가들은 300명 가까운 인명이 폭력의 와중에 사망한 것으로 추정했다. 2000년, 툴사 사건의 진상조사단인 툴사 인종폭동위원회는 현재까지도 미 역사상 가장 참혹한 인종 폭동으로 간주되는 사건의 생존자들에게 배상금을 지급할 것을 권고했다.

툴사 사건은 최악이긴 했지만 그렇다고 유별난 사건은 아니었다. 1919년을 기점으로 미국 내 여러 도시에서는 흑인들에 대한 폭력이 계속 이어졌다. 그것은 비단 미국 최남단 지역에만 한정된 것이 아니었다. 이스트 세인트루이스(흑인들이 주로 사는 지역), 시카고,

1919년 5월 31일 시카고에서 흑인들에 대한 대규모 폭력 사태가 일어났다. 부상당한 흑인을 차에 태우고 있다.

수도 워싱턴 같은 다른 도시들에서도 일어났다. 이러한 대규모 사건들이 남부를 휩쓴 교수형의 물결과 더불어 수년간 지속되었다. 그리고 이들 사건은 대부분 툴사의 경우처럼 역사가들의 주목을 받지 못했다. 그런 경우가 바로 1923년 플로리다 주 로즈우드의 흑인들에게 가해진 악명 높은 폭력 사건이었다. 걸프 만의 작은 공장 도시 로즈우드에는 태반이 흑인인 120여 명의 주민이 살고 있었다. 그들은 교회에 다니며 현지 공장의 노동자로 생업을 이어갔다. 그리고 겉으로 보기에는 인근 섬너 마을 백인들과 평화롭게 공존하고 있는 듯했다. 하지만 백인 여성에 대한 흑인 남성의 폭행이라는 그 진부한 날조 사건이 또 다시 화약통에 불을 질렀다.

1923년 1월 2일 있지도 않은 그 사건과 관련된 말이 퍼지자 섬너 마을의 백인 남성들은 광분하여 날뛰기 시작했다. 총격과 방화가 일주일이나 계속되었다. 흑인 가족들은 숲속으로 도망치거나 은신처를 제공해준 소수 백인 가정의 보호막 속으로 숨어들었다. 로즈우드 학살이 계속되는 동안 최소한 여섯 명의 흑인이 살해되었고,

그 중 몇 명은 교수형 당하거나 신체를 절단 당했다. 싸우는 와중에 백인 두 명도 목숨을 잃었다. 이 사건으로 조그마한 마을 로즈우드는 거의 흔적도 없이 사라졌다. 그리고 툴사 사건처럼 이 사건도 침묵, 수치, 두려움이 뒤섞인 음모 속에 묻혀 현지인들의 기억 속에서 곧 사라졌다.

1982년 《세인트 피터스버그 타임스 St. Petersburg Times》에 그 사건에 대한 기사가 실렸다. 플로리다 주의회는 압력에 못 이겨 사건 피해자들에게 배상금을 지급했다. 1994년 그때까지 생존해 있던 아홉 명의 피해자들은 배상금으로 15만 달러를 지급받았다. (이 이야기는 1997년에 영화 〈로즈우드 Rosewood〉에서도 다루어졌다.)

사코와 반제티는 왜 처형되었나?

사람들이 베이브 루스를 밤비노라 부른 것은 아마 그를 사랑하는 마음—보스턴은 물론 예외겠지만*—때문이었을 것이다. 하지만 밤비노라는 별칭과 상관없이 이탈리아적인 요소는 1920년대의 미국에서 그다지 환영을 받지 못했다. 니콜라 사코와 바르톨로메오 반제티도 삼진아웃을 당한 경우이다. 그들은 이탈리아인이었고 이민자였으며 게다가 무정부주의자였다. 이러한 요소가 1920년대의 미국에서 환영 받을 가능성은 전무했다.

매사추세츠 주 브레인트리의 한 구두 공장에서 급여를 강탈당하고 그 과정에서 두 명이 사망하는 사건이 발생했다. 그 사건의 목격자는 강도들 중의 두 명이 "이탈리아인처럼 생겼다"고 증언했다. 그 말만을 믿고 경찰은 무정부주의자로 알려진 사코와 반제티를 체포했다. 체포 당시 그들은 권총을 소지하고 있었다. 그 일이 있기 몇 주 전에는 또 다른 무정부주의자 한 명이 구금돼 있던 건물의 14

* 이른바 '밤비노의 저주'를 말한다. 1920년 보스턴 레드삭스팀이 장타자 베이브 루스를 뉴욕 양키스팀에 트레이드한 이래, 저주를 받아 이후 월드시리즈에서 한 번도 승리를 거두지 못했다. 그로 인해 두 팀은 영원한 숙적이 되었다.

미국의 화가 벤 샨Ben Shahn 의 그림 〈사코와 반제티〉. 무정 부주의자에다가 이민자였던 사 코와 반제티는 살인죄로 처형당 했지만 그들이 정말 살인을 저 질렀는지는 확실하지 않다.

층에서 '몸을 날려' 목숨을 끊은 일이 있었다. 사코와 반제티 재판 은 그들에게 내릴 판결을 이미 마음속에 정해놓고 있던 법관에 의 해 신속히 진행되었다. 그 법관은 두 사람을 "이 무정부주의자 놈 들"이라고 불렀다. 두 명의 아나키스트는 지식인과 좌파의 사랑을 독차지했다. 그리고 순교자가 되었다. (몇 년 뒤에 나온 FBI파일과 권 총 사격에 대한 보고서에 따르면 사코는 유죄, 반제티는 아마 무죄였던 모양 이다.)

죄가 있든 없든 그들은 사형에 처해졌다. 윌슨 행정부의 법무장 관 A. 미첼 파머(1872~1936)가 조장한 폭력적 분위기로 온나라가 광분해 있었던 탓이다. 파머는 1919년 자신의 집 밖에서 폭탄이 터 지는 사건을 겪고 난 뒤 거의 병적으로 적색 공포를 일으켰고, 그것 의 정도는 30년 뒤의 그 유명한 매카시즘에 버금갈 만했다. 그 사 건이 있기 한 달 전에는 존 D. 록펠러와 J. P. 모건을 비롯한 미국의 일부 유명 인사들에게 폭탄이 배달되었다. 표적이 된 유명 인사들 중 직접적인 피해를 당한 사람은 없었지만 한 상원의원 집 가정부 가 폭탄이 든 우편물을 뜯다가 양손이 날아가는 일이 벌어졌다. 파 머는 나라에서 전후의 공포감을 제거해가기 시작했다. 그러면서 내 심, 그것이 백악관으로 가는 티켓이 될 수도 있다는 생각을 했다.

1919년을 살고 있던 대부분의 미국인들에게 세상은 온통 혼란의 도가니였다. 미국은 활발한 전시 경제 이후에 흔히 따라오게 마련인 경제적 혼란으로 한바탕 심한 몸살을 앓고 있었다. 인플레와 실업률이 치솟으면서 노동 불안의 새로운 시대가 야기되었다. 하지만 노동조합에는 좋은 시기가 아니었다. 제1차 세계대전 중 워블리스 Wobblies는 정부에 의해 강제 해산 당했고, 워블리Wobbly의 지도자 빌 헤이우드는 보석 중에 혁명이 한창이던 러시아로 달아나 그곳에서 사망했다.

진보주의와 개혁 그리고 공산주의는 전혀 별개의 문제였다. 러시아는 공산주의자들에게 전복되었다. 사회주의 기미가 약간이라도 느껴지는 것은 모두 위험한 것으로 간주되었다. 대부분의 미국인들 눈에 조금이라도 외래적인 것은 모두 위험한 것으로 비쳐졌다. 무정부주의와 공산주의는 아무런 관계가 없었으나 언론과 대중은 그 둘을 한통속으로 몰아붙였다. 이민자들도 마찬가지였다. 그들은 공산주의자도 무정부주의자도 아니었다. 하지만 너무 달랐다. 대량 체포, 대량 추방이 파머의 지휘 아래 계속되었다. 미국에는 소규모이긴 해도 20세기 초 이래 연방 차원의 수사국이 내내 존재하고 있었다. 그러니 이상할 것이 없었는데도 의회는 전국적 규모의 경찰대 창설에는 의혹의 눈길을 보내고 있었다. 수사국은 초기에는 특수 요원들에게 체포권은 물론 무기 휴대도 허용하지 않았다. 하지만 1919년 8월 파머는 일종의 '급진국'──후일 종합정보국으로 개명되었다──을 창설하여, 에드거 후버(1895~1972)라는 이름의 철저한 반공산주의자를 그 신설 부서의 책임자로 임명했다.

후버는 수도 워싱턴에서 네 형제 중 막내로 태어났다. 이후 법대에 진학하여 4년만에 법학사 및 석사학위를 취득했다. 대학에 다닐 때는 의회도서관에서 아르바이트로 학비를 벌며 도서관의 듀이십진분류법 항목을 모조리 암기했다. 그 십진법은 후일 FBI파일 분류

미국 정부에 반대하는 말을 하는 사람은 체포되어 감옥에 보내졌으며 급진주의자로 몰린 이민자들은 재판이나 죄명도 없이 강제 추방당했다.

법에 이용되었다. 제1차 세계대전 중에는 부친의 와병으로 입대하지는 않았다. 대신 그는 법무부에 취직하여 적국적敵國的 거류외인 등록 부서에서 일했다. 전쟁이 끝나자 후버는 급진주의자들의 체포와 추방을 담당하는 신설 부서의 장에 임명되었다. 그 일을 맡자, 천성적으로 체계적인 성격인데다 애초부터 헌법의 권리를 무시하고 들어간 탓에 소위 급진주의자들에 대한 4만 5천 개의 방대한 색인카드를 만드는 데 성공했다. 로널드 케슬러는《수사국The Bureau》에서 그에 대해 이렇게 말했다. "후버는 범죄 행위와 신념을 별개로 보지 않았다.…… 그는 어떤 독일인이 '한 니그로와 대화를 나누다 친독일적 발언과 미국 정부의 권위를 훼손하는 말을 아무렇지도 않게 지껄이자' 그 독일인을 투옥하라고 권고한 사람이었다. 미국에서 30년을 산 그 독일인은 결국 체포되었다."

1920년 후버가 작성한 색인카드를 기초로 수사국은 현지 경찰과 합동으로 대량 검거 작전에 나서 수천 명의 외국 이민자를 체포했다. 그것이 이른바 악명 높은 파머 검거 사건이었다. 체포된 사람들의 태반은 죄명도 없었고, 재판도 받지 않았다. 그럼에도 불구하고 그 사건으로 556명이 추방되었으며 그 중에는 소련으로 추방된 무정부주의자 엠마 골드만과 알렉산더 버크만도 있었다.

의회는 파머 검거 사건에 대해 이의를 제기했다. 그러자 에드거 후버는 그에 대한 본보기를 하나 만들었다. 자신에게 불리한 증언을 하거나 그 사건을 비난하는 변호사들은 가차없이 수사선상에 올린 것이다. 후버의 눈에 위협적인 존재로 보이거나 적으로 비쳐지는 사람은 누구든 파일이 공개되었다. 일종의 비밀 정보를 캐는 방식으로 정보가 수집되었고 후버는 그것을 협박과 보복에 이용함으로써 FBI 국장으로 지낸 긴긴 세월 동안 미국 최고 권력자의 한 사람으로 계속 군림했다. 케슬러는 마지막으로 그에 대해 이렇게 말하고 있다. "후버는 국장이 되자 특수 공직자 파일과 기밀 파일을 자기 사무실에 비치하기 시작했다. 이른바 '비밀 파일'로 널리 알려진 그것들은 후버가 원하는 한 언제까지나 국장 자리에 앉아 있을 수 있는 보증수표인 셈이었다."

공적인 미국이 '외래의 영향력'과 싸움을 벌이자 사적인 미국도 그에 뒤질세라 사냥에 합류했다. KKK단이 맹렬히 부활한 것이다. 세계대전에 뒤이은 경제적 혼란으로 KKK단은 호기를 부여잡았다. 새로 바뀐 지도자 덕에 전에는 볼 수 없던 상당한 지위까지 얻게 되었다. 하지만 극렬한 폭력성만은 여전했다. 흑인은 여전히 KKK단의 주표적이었고 이번에는 유태인, 가톨릭 신자, 외국인까지 표적이 되었다. 1924년에는 '신' KKK단 회원수가 무려 400만~500만 명이라는 주장까지 흘러나왔다. 그것은 비단 남부에만 국한된 것이 아니었다. 1923년 오클라호마 주지사 J. C. 월튼은 KKK단에 의한 폭동 조짐이 보인다는 이유로 계엄령을 선포했다. 미 역사상 최대의 KKK단 집회는 1919년 시카고에서 열렸다. 전시에 누그러졌던 교수형 행위도 광란적으로 다시 되살아났다.

의회는 국민들의 심각한 우려, 이질적인 것 그리고 유럽 정세로부터 후퇴하려는 정서를 반영하여 이민을 중단시켰다. 1921년에는 엄격한 쿼터제를 도입하여 이민을 강력하게 제한하기 시작했다. 1924년이 되자 쿼터수는 더욱 줄어들어 1929년에는 미국 이주를 허가받은 수가 15만 명으로 대폭 감소했다. 그조차 영국에서 온 앵글로색슨족이 대부분이었다.

'이리 밀리고 저리 밀리며 마음껏 숨이라도 쉴 수 있게 되기를 바라는 군중들'은 숨을 죽이고 좀더 그 혼잡함을 참아내야 했다.

금주법은 왜 사회 · 정치적 재앙이 되었나?

요즘 미국의 밤을 휘어잡고 있는 것은 미켈럽 맥주이다. 풋볼 경기장은 '더부룩하지 않고 맛은 뛰어난!Less Filling! Tastes Great!'*이라는 함성으로 떠나갈 듯하다. 버드와이저 병은 노동자와 미국 국기 그림으로 덮여 있다. 구기 경기에서 맥주 판매를 제한하려고 하는 사람은 당장 비미국적인 인간으로 낙인찍힌다. 20세기 말의 관점에서 보면 한때 금주법Prohibition을 시행한 나라의 풍경이라는 것을 도저히 믿을 수 없을 정도이다.

미국은 늘 복잡한 문제를 간단히 해결하는 것에 골몰해왔다. 이 멋진 땅에 인디언이 웬 말이냐고? 쫓아버리면 되지. 텍사스를 갖고 싶다고? 멕시코와 전쟁을 벌이는 거야. 범죄 문제? 사형 제도를 다시 도입하면 되지. 나라의 도덕적 실책은 학교 기도식에서 바로잡아주면 되고, 인종차별 문제는 학생들을 바쁘게 만들면 해결되는 것이다. 정치가들이 제시하는 해답은 늘 너무도 간단한 것 같다. 대중이 요구하면 여론의 압도적인 지지를 받아 법률을 통과시키면 되는 것이다. 문제는 이들 광범위한 해법들이 의도한 방향대로 거의 작동되지 않는다는 사실에 있다.

거창한 노력에 의한 간단한 해결은 미국이 저지른 최대의 실수이기도 했다. 미국에서 음주를 중지시킨 수정헌법은 계획대로라면 20세기 초의 사회적 불안정과 도덕적 해이에 대한 해답이 되어야 마땅했다. 하지만 수정헌법은 복잡한 문제에는 복잡한 해결이 필요하고, 미국인들은 자신들의 사적인 도덕성이나 습관을 다른 사람이 법률로 정하려 하는 것을 못 참는다는 사실을 일깨워준, 거대한 기념비적 사건이 되고 말았다.

제1차 세계대전 중에 의회가 발의한 수정헌법 18조는 미국 내에서 '술의 제조, 판매, 운송'을 금지하는 법안이었다. 맥주, 와인, 증

374

류주의 수출입도 금지되었다. 1919년 1월, 그 법안은 네브래스카 주가 비준에 찬성표를 던짐으로써——로드아일랜드 주와 코네티컷 주만 비준에 실패했다——헌법에 추가되었다. 그 1년 뒤 의회는 볼스테드법을 제정하여 미국 전역에서 시행했다.

허버트 후버 대통령에게 그것은 '숭고한 동기와 원대한 목적을 지닌 위대한 사회·경제적 실험'이었다. 하지만 마크 트웨인은 금주법에 대해 "술버릇을 문 뒤쪽과 은밀한 곳으로 몰아넣기만 할 뿐, 그를 교정하지도 (못하고) 줄이지도 못할 것"이라고 전망했다.

금주법은 단순히 국가가 당면한 사회적 병폐를 바로잡으려는 전시戰時의 만병통치약으로만 생겨난 것이 아니었다. 금주법 정신은 식민지 시대 이래 미국에 늘 살아 있었다. 그러다 19세기 들어 특히 서부에서 음주와 부도덕이 불가분의 관계를 갖게 되면서 금주법 정신은 크게 부활했다. 여성들이 '악마 같은 럼'과 전쟁을 벌이며 비록 선거권은 없었지만 정치적 영향력을 처음으로 행사한 곳도 서부였다. 남북전쟁 이후 금주 운동이 가장 활발하게 일어난 곳은 중서부와 서부의 주들이었다. 알코올중독으로 야기된 사회·경제적 폐해의 직접적 피해자였던 여성들은 소몰이꾼 시대에 우후죽순으로 생겨난 술집 밖 거리에서 기도 불침번을 섰고, 그것이 후일 풀뿌리 운동으로 발전해간 것이다. 1874년에는 기독교여성금주회(WCTU)가 알코올과의 전쟁을 선언하며 발족하여 미국 최초의 전국적인 여성 조직으로 자리잡았다.

19세기 말 기독교여성금주회 회원들은 더 이상 참지 못하고 투쟁적인 캐리 네이션(1846~1911)의 지휘 아래 마침내 들고일어났다. 그들은 도끼를 들고 "때려부수자, 여성들이여 때려부수자!"를 연호하며 캔자스의 술집들로 성큼성큼 걸어 들어갔다. 네이션과 기독교여성금주회 회원들은 카운터, 술병, 유리잔, 거울, 테이블 등 발에 걸리는 것은 모조리 박살을 냈다.

위. 《맥클루어즈》의 표지를 장식한 재즈. 재즈는 1920년대 미국을 읽는 중요한 코드다. 아래. 산아제한 발언 금지령을 받고 입에 테이프를 붙인 마가렛 생어. 산아제한을 공공연하게 말하는 것은 음란한 일로 간주되는 때였다.

전쟁이 남긴 혼란, '평상'으로 돌아가고자 하는 욕구, 적색 공포 및 KKK단 부활로 야기된 공포——이 모든 요소가 수정헌법 18조의 제정에 일조를 했다. 금주법은 법률이 실생활과 유리된, 이른바 미국인들의 삶의 태도를 보여주는 뚜렷한 본보기였다. 정치가들은 공식적으로는 칼뱅파 프로테스탄트 윤리의 옹호자로 비쳐지기를 원했다. 하지만 미국인들은 사적으로는 어느 정도의 알코올을 섭취했고, 그 같은 상황은 금주법 이후에도 변함없이 지속되었다.

금주법은 제정이 되긴 했지만 집행은 사실상 불가능했다. '주류 밀매' '주류 밀수입자' '밀조 위스키' 같은 용어들이 새로 등장했다. 부자들은 개인 클럽처럼 꾸며놓고 암호명을 가진 사람만 입장시키는 '무허가 술집'을 드나들었다. 때로 그런 술집은 길모퉁이 경관이 지켜보는 앞에서 버젓이 영업을 하기도 했다. 가난한 사람들에게는 밀조 진이 있었다. 약사들은 '의약용' 알코올을 조제하기에 바빴고, 성찬용 포도주 제조량이 수십만 갤런 늘어난 것을 보면 가톨릭 신자의 수도 상당히 늘어났던 게 분명하다.

금주법에도 긍정적인 효과가 있었다고 주장하는 사회사 연구자들이 있다. 그들은 알코올중독률이 감소했고 그로 인해 알코올 관련 사망률도 줄었다고 이야기한다. 생활비에서 알코올 지출액이 사라졌다고 말하는 사람들도 있다. 하지만 이것은 상황을 잘못 보고 하는 말이다. '밀조 진'에 소독용 알코올을 사용하는 데서 오는 치사율을 간과하고 있는 것이다. 또한 늘어나는 조직 범죄로 인해 치른 대가와 사망률도 무시하고 있다. 조직 범죄는 금주법 이전에도 존재했다. 하지만 밀주의 배급권과 밀수권의 대부분을 장악하여 조직 범죄가 힘을 더욱 증대시킨 것은 금주법 이후이다. 때는 바야흐로 시카고의 알 카포네(1898~1947) 전성 시대였던 것이다.

술 마시고 싶은 욕구가 억제 당하는 경우는 거의 없었다. 금주법은 무너진 도덕성을 회복시키려 한 본래의 의도와는 달리 어쩌면 그 반대의 효과를 만들어냈는지도 모른다. 기꺼이 법을 위반하겠다는 태도가 도덕적 규범의 해이에 더욱 박차를 가한 꼴이 되었다. 개혁가와 '머크레이커즈' 덕에 꾸준히 줄고 있던 이전 시대의 공직자 부패는 조직 범죄자들이 정부 관리들에게 뿌리는 수백만 달러의 뇌물과 함께 하늘 높이 치솟아 올랐다. 지방 무허가 술집을 눈감아주는 대가로 상납 받는 담당 구역 경찰로부터, 상원의원, 판사, 시장, 주지사에 이르기까지 범죄로 더럽혀진 돈을 받지 않는 관리가 없었다.

근신하며 착실히 살고 있던 '메마른' 서부와는 달리 대도시들은 금주법 아래 스콧 피츠제럴드의 '재즈에이지'로 진입하고 있었다. 그것은 광란의 1920년대였고, 밀수 진이 가득한 포켓 위스키 병의 시대였으며, 무개차와 1920년대식 '신여성' 즉 플래퍼flapper의 시대

알 카포네. 뺨에 흉터가 있어 스카페이스라고 불리기도 했다. 이탈리아 이주민 출신으로 금주법이 발효되자 시카고에서 밀주, 밀수, 도박, 매음 등으로 돈을 벌었으며 이탈리아 마피아의 두목으로 암흑가에 군림했다.

였다. 단발머리, 짧은치마, 이국풍 춤에 물든 현대 여성들은 그들의 어머니 세대가 갖지 못한 두 가지 권리를 갖게 되었다. 그 하나가 산아제한권으로, 이것은 마거릿 생어(1883~1966)의 노력에 의해 피임용구의 형태로 소개되었다. 마거릿 생어는 자신이 운영하던 뉴욕의 산아조절상담소에서 '음란한 물건을 배포'했다는 혐의로 체포되었다. 이 새로운 피임 방법은 널리 애용되지는 못했지만 피임 문제를 공론화하는 계기를 만들었다.

1920년대 신여성들이 소유한 두 번째 권리는 선거권이었다.

American Voice

마거릿 생어
1914년 10월, 피임 홍보를 위해 그녀가 발행하던 월간지 《여성의 반역The Woman Rebel》에서

지난 14년간의 간호사 생활을 통해 나는 여성 노동자들이 임신 예방법을 알고 싶어한다는 확신을 갖게 되었다. 여성 노동자들 틈에서 일하는 내 일의 특성상, 지식 전달을 금하는 법률 때문에 고통을 당하는 것도 그녀들이라는 사실을 분명히 알게 되었다. 이 법률이 철폐되려면 앞으로 몇 년이 더 걸릴지 알 수 없는 일이다. 그동안 이 세상에는 수천 명의 원치 않는 아이들이 태어날 것이고 수천 명의 여성들이 불행과 비참함에 빠져들 것이다.
그런데도 우리는 기다려야 하는가?

미국 산아제한 운동의 위대한 개척자 마거릿 생어는 뉴욕 주 코닝에서 태어났다. 이후 간호사로 일하며 빈곤의 참상을 목격하였고 이 시절에 피임이 사회적 평등으로 가는 필수적 단계임을 확신하게 되었다. 1915년 그녀는 산아제한 지식을 알려주는 우편물을 배포한 혐의와 뉴욕 시 브루클린에 산아조절상담소를 운영한 혐의로 체포되었다. 처음 체포에서 풀려난 뒤 그녀는 미국에서 도망쳤다가 사건이 기각되자 다시 돌아왔다. 1916년 두 번째로 체포되었을 때는 30일간 구류를 살았다. 후일 생어는 미국 가족계획연맹을 창설했다.

여성 참정권 운동가들은?

미국의 여성들은 '참정권'이 없었기 때문에 늘 시련을 당해왔다. (참정권을 뜻하는 영어 'suffrage'는 선거를 뜻하는 라틴어 'suffragium'에서 나왔다.)

미국 여성들은 저 아비게일 애덤스——독립선언을 하러 간 남편 존 애덤스에게 "여성들을 기억하라"는 점잖은 훈계를 내렸던 바로 그 여성——시절부터 줄곧 참정권 요구를 해왔으나 줄기차게 거부를 당했다. 물론 노력이 부족했던 것은 아니다. 여성들은 단지 교회, 헌법, 남성 위주의 권력 구조에서 오는 불평등, 거기다 신이 정해준 2인자의 역할을 다소곳이 받아들이고 있던 다른 여성들과 일거에 싸우는 것이 벅찼을 뿐이다.

여성들이 최초로 힘을 보여주기 시작한 것은 보다 많은 여성들이 노동을 강요당하던 19세기부터였다. 1860년 매사추세츠 주 린에서는 구두 제조 노동자들의 파업이 일어나 1만 명의 노동자가 시가행진을 벌였는데 그 중의 태반이 여성이었다. (당시 린에서는 남자 노동자들이 주급으로 3달러, 여성 노동자들은 1달러를 받았다.) 여성들은 엄청난 유명세를 타고 있던 헤리엇 비처 스토 부인과 더불어 노예제 폐지 운동에서도 강력한 힘을 발휘했다. 하지만 이른바 해방 운동에서조차 여성은 부차적 지위에 머물러 있어야 했다.

많은 남성 노예제 폐지론자들은 흑인 남성들을 해방시켜 그들에게 참정권을 부여한다는 '도덕적' 당위성을 남성과 여성을 평등하게 한다는 다소 불경스런 관점보다 훨씬 중요하게 생각했다. 따지고 보면 여성의 권리를 찾기 위한 최초의 공식적인 조직도 노예제 폐지론자 모임에서 여성을 배제시킨 것이 원인이 되어 결성되었다. 미국 여권 운동의 탄생은 1848년 7월 19일로 거슬러 올라간다. 엘리자베스 케이디 스탠턴(1815~1902)과 루크리셔 모트(1793~1880)

가 런던에서 열린 세계노예제반대회의에서 난간에 앉으라는 말을 듣고 분개하여 세네카폴스 여성회의를 개최한 날이 바로 이날인 것이다. 노예제 폐지를 주장한 인사들 중에선 윌리엄 로이드 개리슨만이 유일하게 여성의 평등권을 지지했다. 프레드릭 더글러스마저, 여성의 권리 주장에 공감은 하면서도 노예제보다는 중요성이 떨어지는 것으로 생각했다. 노예제 폐지 운동은 그 시대의 가장 걸출한 두 명의 여성

전국여성참정권협회(NWSA)를 만든 여성들. 가운데 앉은 사람이 '여권 운동의 나폴레옹'이라고 불린 수잔 B. 앤서니. 그녀는 엘리자베스 케이디 스탠턴과 함께 전국여성참정권협회를 만들었다.

을 배출했다. 탈출한 노예 신분으로 지하철도 '차장'을 지냈고, 남북전쟁 때에는 북부군 스파이로도 활동한 헤리엇 터브먼과, 저명한 여권론자에 카리스마를 지닌 흑인의 영적 지도자 소저너 트루스가 그 주인공들이다.

남북전쟁 종식과 더불어 노예제 폐지 운동이 도덕적 이슈로서 활력을 잃자 여성들은 수정헌법 14조에 자신들도 포함시켜줄 것을 요청했다. 수정헌법 14조는 흑인 남성들에게까지 참정권을 확대한 법률이다. 하지만 정치인들이 해방된 노예 문제가 급선무라고 하자 여성들은 또 다시 기다려야 했다. 당시엔 그런 관점에 동의를 한 여성들이 꽤 있었기 때문에 여권 운동은 목표와 전법의 차이로 분열되었다. 강경론자들은 전국여성참정권협회(NWSA)의 엘리자베스 케이디 스탠턴을 중심으로 집결했다. 온건론자들은 흑인 남성의 참정권 문제가 해결될 때까지 20년을 더 기다린 다음 미국여성참정권협회(AWSA)를 출범시켰다. (여권 운동의 이 양대 산맥은 1890년 스탠턴을 초대회장으로 한 전미여성참정권협회(NAWSA) 아래 하나로 통합되었다.)

노예제 폐지 문제가 해결되자 거기에 빼앗겼던 정치적 에너지의

상당 부분이 전후의 금주 운동으로 옮겨 갔다. 여성들은 서부에 강력한 기반을 두고 있는 기독교여성금주협회(WCTU)와 같은 단체들을 결성하여 조직력을 입증했다. 아멜리아 블루머(1818~1994)는 '블루머'라는 이름의 판탈롱을 직접 만들지는 않았으나 여권 운동과 금주 운동을 펴기 위해 발간한 잡지《더 릴리The Lily》를 통해 블루머를 대중화시킨 사람이었다.

'여권 운동의 나폴레옹'으로 불리는 수잔 B. 앤서니는, 퀘이커 교도·노예제 폐지 운동·금주 운동이라는 스탠턴과 동일한 궤적을 밟았다. 이 두 여성은 곧 친구이자 *끈끈한 동지*가 되어 전미여성참정권협회를 함께 결성했다. 지칠 줄 모르는 강인한 조직력을 지녔으며 로비스트이기도 했던 앤서니는 전국적 규모의 여성 참정권 운동을 벌이는 것은 물론 자신의 출신지인 뉴욕 주 개혁에도 힘을 쏟았다. 하지만 19세기 말로 접어들면서 앤서니의 입지는 흔들리기 시작했다. 여성들은 전략을 바꿔, 한 주 한 주 단계적으로 참정권을 얻는 방법을 사용했고, 아이다호와 콜로라도 주에서는 풀뿌리 운동에 힘입어 그 전법이 성공을 거두기도 했다. 1910년 이후 서부의 몇몇 주에서도 여성 참정권이 허용됨에 따라 여권 운동은 새로운 국면을 맞게 되었다.

이참에 여성 참정권 운동가들은 영국의 예를 따라 새로운 방침을 정했다. 영국의 '여성 참정권 운동가들suffragettes'(미국에서 일반적으로 쓰이는 용어 'suffragist'와는 다르다)은, 미국의 운동가보다 훨씬 과격한 방법을 사용했다. 에멀라인 팽크허스트의 주도 아래 자신들의 몸을 빌딩에 쇠사슬로 결박했는가 하면, 의회에 난입하기도 했고, 우체통을 폭파했으며, 건물에 불을 지르기도 했다. 이런 과격한 시위로 투옥된 여성들은 스스로를 '정치범'이라 부르며 단식 투쟁에 돌입했다. 그러나 억지로 먹이는 것까지는 어쩌지 못했다. 하지만 공권력의 무자비한 대응은 여성 참정권 운동에 대한 대중들의 관심을 모으는 데 중요한 역할을 했다.

이런 전투적 방법이 영국의 여권 운동과 보조를 맞추고 있던 여성들을 통해 미국에 도입되었다. 앨리스 폴(1885~1977) 역시 퀘이커 교도 집안 출신으로 영국에서 공부했고 런던의 팽크허스트 시위에도 참가했다. 1913년 우드로 윌슨 대통령 취임식 때는 1만 명의 시위대를 이끌기도 했다. 윌슨은 여성 참정권 반대론자였다. 앨리스 폴은 여성 참정권을 거부하는 집권당——이 경우에는 민주당——의 주의를 끄는 전법을 사용했다. 이때쯤에는 이미 수백만 명의 여성들이 여러 주에서 참정권을 행사하고 있었으므로 공화당은 여성 참정권 확대를 받아들이는 것이 정치적으로 유리하다는 판단을 내렸다. 그들은 그랜트 대통령 선거 때도 흑인 표를 의식하여 똑같은 조치를 취했었다.

윌슨 대통령의 견해 역시 정치에 좌우되었다. 그로서는 민주당 지지 기반인 남부를 확실히 붙잡아둘 필요가 있었다. 그것은 곧 여성 참정권 거부를 의미했다. 남부 주의 민주당 의원들은 흑인 남성들의 참정권을 성공적으로 저지하고 있었다. 그러니 흑인 여성들이야 두말할 필요도 없었다. 재미있는 것은 여성의 일 처리 능력을 유감 없이 보여준 예가 바로 윌슨 대통령의 부인 에디트 갤트였다는 것이다. 1919년 윌슨이 뇌졸중으로 쓰러져 몸을 움직이지 못하게 되자 그녀는 사실상 대통령의 권한을 갖고 대통령 수준의 결정을 내렸다.

1916년 윌슨은 일부 주의 여성들이 2대 1의 비율로 그에게 반대표를 던졌음에도 재선에 성공했다. 그러자 여성들은 워싱턴으로 쫓아가 백악관 밖 시계 주위에서 보초까지 서며 시위를 벌였다. 그러다 결국 체포 당하자 폴과 그 추종자들은 영국 운동가들처럼 단식 투쟁에 돌입했다. 이번에도 역시 여론은 여성들에게 동정적이었다. 이들에 대한 혐의는 기각되었고 전투적 운동가들은 백악관 시위장

헨리 루이 멩켄

1925년 7월 14일, 《볼티모어 선Baltimore Sun》의 저명한 기고가 멩켄이 테네시 주 데이턴에서 진행된 스코프스의 원숭이 재판을 보고

시각은 거의 11시로 접어들고 있었다—그 지역 기준으로는 무지하게 늦은 시간이다. 그런데도 마을의 전주민은 법정 뜨락에 모여 신학자들의 논쟁에 귀를 기울이고 있었다. 스코프스의 재판을 보려고 사방에서 모여든 사람들이었다. 그 중에는, 자신은 세계적인 성서 옹호자라고 쓰인 광고판을 몸에 매달고 있는 탁발 수도사도 한 명 있었다. 제7안식일예수재림교 교인은 (피고 측 변호사) 클레런스 대로를 요한 계시록 13장에 묘사된 머리가 일곱 개 달린 괴물이라고 말하며 세상의 종말이 가까웠다고 목청을 돋우고 있었다. 가톨릭 신자는 절대 기독교인이 될 수 없다고 우기는 고대인도 한 명 있었다. 뛰어난 설득력을 지닌 미시시피 주 블루마운틴의 T. T. 마틴 박사는 횃불과 찬송가집을 한 트럭 분이나 싣고 와 다윈의 주제넘은 생각을 바로잡아주려고 했다. 대참사를 예언하는 찬송가를 소리쳐 노래부르는 형제도 있었다. 어디든 넋빠진 추종자들을 꼭 끌고 다니는 윌리엄 제닝스 브라운도 물론 빠질 리 없었다. 데이턴은 광란의 시간 한가운데 있었다. 그것은 서커스보다 재미있는 구경거리였다. 진정한 종교는 어디에도 없었다.

멩켄은 이른바 '세기의 재판'을 취재하기 위해 테네시 주 데이턴에 가 있었다. 고등학교 생물교사 존 T. 스코프스가 학교에서 다윈의 진화론을 가르쳤다는 이유로 재판을 받고 있었던 것이다. 테네시 주에서는 천지창조설에 위배되는 진화론을 학교에서 가르치는 것을 법률로 금하고 있었다. 스코프스의 변호는 당시 가장 저명한 변호사였던 클레런스 대로가 맡았다. 검찰측 변호인단은 민중 운동 지도자 윌리엄 제닝스 브라이언이 이끌었다. 스코프스는 유죄가 인정되어 100달러의 벌금형을 선고받았다. (이 재판은 연극의 소재가 되기도 했고, 나중에는 〈신의 법정Inherit the Wind〉이라는 제목의 영화로도 만들어졌다.)

으로 다시 돌아갔다.

폴의 전법은 1918년 공화당이 의회를 장악함으로써 성과를 거두게 되었다. 그 성과의 하나가 미국 최초의 여성 국회의원으로 뽑힌 몬태나 주의 지넷 랭킨(1880~1973)이었다. 국회의원 랭킨이 첫 번째로 한 일은 참정권에 대한 헌법 수정안을 의회에 발의한 것이었다. 그 수정안은 1표 차로 하원에서 통과되었다. 하지만 상원 통과에는 18개월이 더 소요되어 1919년 6월이 되어서야 수정 헌법 19조는 비준을 받기 위해 각 주로 보내졌다. 일이 이렇게 되자 윌슨도 다가오는 대통령 선거에서 여성 표를 의식하지 않을 수 없었다. 윌슨은 수정헌법 안의 지지 쪽으로 방향을 선회했다. 그 1년 뒤인 1920년 8월 26일 테네시 주의 비준을 끝으로 수정헌법 19조는 마침내 공식적으로 헌법에 추가되었다. 그것의 내용은 아주 간단했다. "미 국민의 참정권은 미국이나 혹은 어떤 주에서도 성별을 이유로 거부될 수 없다."

인구의 절반이 마침내 "우리, 국민은" 속에 포함되기까지는 무려 130년 이상이 소요되었다. 그것은 실로 오랜 시간이었다.

티포트돔에 얽힌 스캔들의 진상은?

한 세기가 끝나고 기업 스캔들과 정부의 기업 규제 문제에 대한 의혹이 증폭되는 가운데 또 한 세기가 시작되면서 엔론사는 애플파이만큼이나 미국적이라는 한 가지 사실이 분명해졌다. 하늘 아래 새로운 것은 없으며 기업들이 공무원에게 뇌물을 주고 부정을 저지르는 행위도 미국에서는 잡초 자라듯이 늘상 있어온 일이다. 19세기에 그랜트 행정부는 금시장 조작에 이어 크레딧모빌리에 스캔들로 추문의 정점을 맞았다. 그 같은 부정은 1920년대에도 판을 쳤다. 하도 심해서 온화한 성품의 공화당 출신 대통령이 정치에서 손을 뗄 생각까지 할 정도였다.

전쟁에 지치고 민주당 출신 우드로 윌슨 대통령의 8년 집권에도 식상한 미국 국민들은 논쟁을 싫어하는 무난한 성격에 용모까지 수려한 지방 소도시 출신의 자수성가형 기업가 워런 G. 하딩을 미국의 차기 대통령으로 기꺼이 맞이했다. 하딩의 러닝메이트는 매사추세츠 주지사 캘빈 쿨리지였다. 두 후보는 저조한 투표율을 보인 선거에서, 윌슨 대통령의 해군 차관이던 젊은 프랭클린 D. 루스벨트를 러닝메이트로 하여 출마한 제임스 M. 콕스 후보를 가볍게 물리쳤다. (사회당 후보 유진 V. 데브스는 3.5퍼센트의 득표율을 기록했다.) 하딩은 인기는 있었으나 여러 면으로 볼 때 미국의 역대 대통령 중 가장 게으른 인물에 속했다.

하딩은 가장 전형적인 공화당 인사였다. 국내에서는 감세 정책과 실업계 중시 정책을 폈고, 대외적으로는 윌슨 대통령이 제창하여 창설된 국제연맹을 거부하고 국내 산업을 보호하기 위해 관세 장벽을 높이는 '미국 우선' 외교 정책을 폈다.

이런 정책에도 아랑곳없이 하딩 행정부는 곧 하딩 스캔들이라는 곤경에 빠져들었다. 이 스캔들의 첫 번째로 터진 것이 보훈병원에 배정된 수백만 달러의 돈을 정부가 유용한 것이었다. 또 다른 스캔들은 하딩의 법무장관 해리 도허티와 관계된 것이었다. 도허티는 제1차 세계대전 때에 몰수해놓은 독일 자산을 반환하는 것과 관련된 부정에 연루되었으나 수정헌법 5조를 발동하여 기소만은 간신히 모면했다.

이런 스캔들도 하딩 행정부에 크나큰 오점을 남긴 티포트돔 스캔들에 비하면 아무것도 아니었다. 미국은 장차 해군에 사용할 목적으로 연방 원유 저장고 두 곳을 캘리포니아 주의 엘크힐스와 와이오밍 주의 티포트돔에 두고 있었다. 그런데 이 두 곳을 내무장관 앨버트 B. 폴이 일을 꾸며 자기 부서로 이관시킨 것이다. 그러고는 현금, 주식, 소의 형태로 수십만 달러의 뇌물을 받고 민간 업자들에게 석유 굴착권을 팔아 넘겼다. 1923년 8월, 하딩은 알래스카 유세를 마치고 귀경하던 중 샌프란시스코에 잠시 머물러 있다가 상원조사위원회가 이 사실을 폭로했다는 소식을 듣고 심장마비를 일으켜 그곳에서 사망했다. (주치의는 그것을 식중독으로 오진했다.) 이후 내무장관 폴은 뇌물수수죄로 기소되어 미국 역사상 최초로 수감되는 현직 각료가 되었다.

하딩이 급사한 후 스캔들과는 무관했던 캘빈 쿨리지가 대통령에 취임했고, 1924년 선거에서도 그는 손쉽게 재선에 성공했다.

헨리 포드는 과연 자동차를 발명했을까?

자동차와 비행기. 20세기의 번영은 대부분 철도로 상징되는 19세기 산업혁명으로부터 20세기 테크놀로지혁명으로의 변화에서 비롯되었다. 그 변화는 무엇보다 자동차와 비행기의 발명 그리고 그것들의 광범위한 상용화에서 뚜렷이 드러났다. 이 시기에 두 산업을 대표한 인물은 헨리 포드와 찰스 A. 린드버그였다. 두 사람은 당대에도 대단한 숭배를 받았다. 역사가 인간에게 그렇게 친절했던 적도 없었다.

헨리 포드(1864~1947)는 자동차도 대량 생산 체계도 발명하지 않았다. 하지만 그것들을 완벽하게 개조시키는 능력으로 미국 최고의 갑부 겸 세력가의 한 사람이 되었다. 아일랜드 이민자 농부의 아들로 태어난 포드는 기계를 다루는 데에 남다른 소질이 있었다. 1890년 그는 디트로

포드와 그가 고안한 T형포드. T형포드는 미국인들의 생활에 일대 변혁을 일으켰고, 자동차 산업은 미국 경제의 핵심이 되었다. 포드는 독재적이고 보수적이었으며 노동자들에게도 강압적이었다.

이트의 에디슨전기회사에 들어가 그곳에서 처음으로 가솔린 자동차를 만들었다. 자동차 개발의 선두 주자는 유럽이었고, 미국에서 자동차를 발명한 사람은 매사추세츠의 듀리에 형제였다. 포드는 그들의 아이디어를 이용하여, 간단한 엔진 하나와 바퀴가 달린 상자갑 모양의 저렴한 자동차를 만들 궁리를 했다. 그리고 1900년 그의 첫 모델 T형포드를 선보였다. 1년 사이에 그 자동차는 1만 1천여 대가 팔려나갔다.

하지만 포드가 진짜로 원한 것은 대중을 위한 차였다. 포드와 그의 기술자들이 1911년 프레드릭 W. 테일러의 책에 처음 아이디어가 소개된 컨베이어벨트 생산라인을 도입하여 T형포드의 대량 생산을 시작하자 자동차업계에는 일대 혁명이 불어닥쳤다. 대량 생산 체제의 효율성에 힘입어 T형포드는 1908년의 950달러에서 300달러 아래로 가격이 떨어졌다. 1914년이 되자 T형포드는 24초당 한 대씩을 내놓으며 24만 8천 대를 생산했고, 그것은 전체 자동차 생산 대수의 거의 절반에 해당하는 숫자였다. 막대한 돈을 벌게 된 포드는 노동자들에게 통상 임금의 두 배에 해당하는 일당 5달러를 지

불하여 신문의 머리기사를 장식했다. 포드의 하루 수입은 2만 5천 달러였다. 타사보다 높은 임금을 주는 것은 단조롭고 비인간적인 조립식 생산라인에 노동자들을 묶어둘 수 있는 유일한 방법이기도 했다. 또한 그는 임금이 높아야 노동자들이 포드 차를 구입할 수 있다는 사실도 알고 있었다.

미국인들은 첫눈에 그 자동차에 흠뻑 빠져들었다. T형포드는 미국인의 생활에 일대 변혁을 일으켰다. 1916년 의회가 고속도로기금법을 제정하자 미국은 대규모 도로 건설 시대로 접어들었고 뻥 뚫린 도로에서 자유를 만끽하는 것은 새로운 아메리칸 드림이 되었다. 자동차 산업은 호경기 불경기에 관계없이 단기간 내에 미국 경제의 핵심으로 자리잡았다. 전국의 도로변에는 주유소, 식당, 모텔 등의 신종 서비스업이 생겨나기 시작했다. 시골 통나무집은 이제 더 이상 밴더빌트나 모건가의 전유물이 아니었다. 자동차는 노동자 계층과 중산층에 일종의 성취감을 부여해주었다. 1920년대의 미국 사회가 생겨난 배경에는 자동차로 야기된 새로운 자유와 자동차 관련 업종이 만들어준 경제적 풍요가 자리하고 있었다.

헨리 포드는 사회 개선이라든가 역사의 진보 같은 것에는 별 관심이 없었다. 그는 이렇게 말했다. "역사는 어딘가 좀 터무니없는 면이 있지요." 그리고 독재적이고 보수적이었던 그는 노동자들도 강압적으로 다루었다. 포드사 노동자가 경쟁사의 자동차를 타고 있다가 발각되면 그대로 해고였다. 공장의 규율은 깡패식으로 잡아나갔고, 노동조합 결성 움직임에는 파업 분쇄 폭력단으로 맞섰다. 포드사에는 1941년까지도 노동조합이 결성되지 못했다. 노동자들은 믿을 만하지 않고 어리석다는 것이 그의 생각이었다. 포드는 대공황 시절엔 나라가 경제 위기에 빠진 책임을 노동자들의 게으름 탓으로 돌리기도 했다. 포드는 이렇게 말했다. "보통의 노동자는 붙들어놓고 강제로 일을 시키지 않으면 하루 노동량을 채우려들지 않습니다."

이러한 보수성은 정치적 신념에도 고스란히 반영되었다. 고립주의 외교를 지지하면서도 양차 대전 중 군수 물자 생산으로 단단히 한몫 챙겼는가 하면 노골적인 반유태주의자이기도 했다. 반유태주의자임을 보여주기 위해 그는 《인디펜던트Independent》 신문사를 매입하여 반유태주의 대변지로 만들었다. 이 신문은 《시온 장로들의 의정서The Protocols of the Elders of Zion》 미국판 발간에 연루되기도 했다. 유태인 징계를 목적으로 한 이 의정서는 1905년 러시아에 최초로 모습을 드러낸 반유태주의 선동 팸플릿이었다. 포드의 보수적이고 융통성 없는 성격은 끝내 대가를 치르고야 말았다. 시대의 흐름에 따르기를 거부하다가 제너럴모터스사와 같은 보다 공격적인 회사들에 밀려 뒤처지게 된 것이다. 헨리 포드는 1947년에 사망했다. 하지만 그는 사망할 때까지도 여전히 자수성가형 부자로 미국적 신화를 이룩한 미국 국민의 영웅이었다.

럭키 린디가 럭키한 이유는?

럭키 린디Lucky Lindy는 이 시대의 또 다른 영웅이었다. 그리고 찰스 린드버그(1902~1975)는 아무것도 발명한 게 없다는 점에서 포드와 다를 바 없는 인물이었다. 비행기는 1903년 노스캐롤라이나 주 키티호크에서의 그 유명한 실험으로 라이트 형제가 발명했고, 1913년 록히드 형제가 그것을 상용화했다. 엄밀히 말하면 린드버그는 대서양을 최초로 횡단한 인물도 아니었다. 1919년 영국인 두 명이 이미 뉴펀들랜드에서 아일랜드까지 비행을 한 적이 있었다. (이들의 비행은 린드버그 항로보다 훨씬 짧았다.)

유럽에서 전쟁이 발발하자 비행기의 상용화가 본격적으로 추진되었다. 항공 산업은 포드의 자동차 산업에 비하면 아직 1920년대의 경제 동력이라 할 수는 없었지만 그 시대의 모험 정신을 반영한다는 점에서 상징성이 있었다. 린드버그는 자신이 직접 설계한 비행기를 스피리트오브세인트루이스호라 명명하고 역사상 최초로 대서양 단독 비행에 성공했다. 이 비행은 대담함, 기술, 비행 능력이 결집된 엄청난 성과였다. 3만 6천 마일에 이르는 그 비행은 1927년 5월 20일 롱아일랜드에서 시작되었다. 린드버그는 현상금 2만 5천 달러가 걸린 뉴욕—파리 간 무착륙 최초 비행에 도전하기 위해 샌드위치 몇 조각과 물 1리터 그리고 소개장을 들고 비행기에 올랐다. 하지만 그런 준비조차 필요 없었다. 비행을 시작한 지 36시간 뒤 린드버그는 파리의 한 비행장에 착륙했고, 착륙에 성공한 그를 프랑스와 전유럽은 감당하지 못할 열렬한 환호로 맞아주었다. 그의 영웅적 귀환은 이제 전세계에서 두고두고 회자될 터였다. 포드처럼 그도 못할 것이 없다는 미국적 창의성과 대담함의 상징이 된 것이다. 은둔적 성향의 소유자였던 린드버그는 신문에서 부르는 별칭 럭키 린디로 세간에 널리 알려지게 되었다. 그리고 세계에서 가장 친숙한 유명 인사가 되었다.

그 유명세가 그의 삶을 참담한 비극으로 이끌어갔다. 그는 상원 의원의 딸이자 후일 유명 작가가 되는 앤 스펜서 모로와 결혼하여 세계적인 유명 인사로서의 삶을 살았다. 1932년 5월, 19개월 된 그의 아들 찰스 주니어가 유괴되는 사건이 일어났다. 린드버그는 범인의 요구대로 몸값 5만 달러를 지불했으나 아이는 죽은 채로 발견되었다. 1936년 브루노 하우프트만이 아이 살해죄로 전기 사형에 처해졌다. 사코와 반제티 사건처럼 하우프트만 사건도 이 세상에서 잊혀지지 않았다. 하우프트만이 형장의 이슬로 사라진 지 60년이 지났는데도 많은 사람들은 여전히 그를 음모의 희생자로 여기며 그의 무죄를 주장한다. 당시의 맹렬한 반외국인 감정이 그의 유죄

대서양 단독 비행에 오르는 린드버그. 위는 그가 직접 설계한 비행기 스피리트오브세인트루이스호 앞에 선 린드버그.

판결에 일조를 했던 것은 사실이다. 그리고 증거 역시 그에게 불리하게 작용했다. 대공황으로 어수선하던 최악의 해에 이 유괴 사건은 신문의 머리기사를 도배하다시피 했고, 이에 자극 받은 의회는 이른바 린드버그법이라는 법률을 제정했다. 피해자가 주 경계를 넘거나 몸값 요구에 우편물이 이용되는 경우 유괴를 일급 범죄로 취급하여 연방법으로 다스린다는 것이 린드버그법의 내용이었다.

포드와 린드버그는 명예를 얻고 성공을 거둔 것 말고도 또 다른 공통점이 있었다. 1930년대 말 두 사람은 보수주의, 고립주의, 반유태주의를 정치적 견해로 가졌다. 린드버그는 독일을 여러 차례 방문하여 독일 공군(루프트바페)을 시찰했으며, 1938년에는 헤르만 괴링으로부터 명예훈장을 받기도 했다. 괴링은 나치 돌격대 대장, 게슈타포 창설자, 독일 공군 총사령관을 지낸 인물이다. 린드버그는 독일의 군사적 우수성을 공포하고 난 뒤 미국으로 돌아와 포드의 자금 지원을 받아 미국을 제2차 세계대전에서 배제시키기 위한 최초의 고립주의 운동을 전개했다. 하지만 그는 한 연설에서 말실수를 하여 고립주의 운동을 거의 망칠 뻔하기도 했다. 진부한 나치 전법으로 미국의 유태인들은 "입 닥치고" 가만히 있으라는 경고를 했는가 하면, 미국을 전쟁에 끌어들이려 하는 것은 바로 "유태인 소유의 언론들"이라는 비난을 했던 것이다. 뿐만 아니라 그는 육군 항공대의 예비역 장교로 있으면서 루스벨트를 비난한 것 때문에 장교직을 사임하기도 했다. 전쟁 중에는 포드사의 자문위원으로 일했고, 후일 태평양 전쟁 때에는 전투에도 참가했다. 전쟁이 끝난 뒤에는 국방부의 고문이 되었다. 린드버그는 많은 오점을 남겼다. 하지만 그의 명성은 대서양 횡단에 성공한 영웅성에 힘입어 미국인의 가슴속에 영원히 살아 있다.

1929년 주식시장 붕괴 이유는?

허버트 후버가 "철저한 개인주의" 연설을 할 때만 해도 미국은 무한한 기회의 땅으로 보였다. 후버는 간과했겠지만 실업자와 가난한 농민으로 이루어진 엄청난 빈민층이 존재하며 번영은 이미 물 건너갔음에도 미국 국민의 대다수는 아마 후버의 의견에 동의했을 것이다. 1927년은 광란의 1920년대에 속하는 번영의 해였다. 린드버그는 미국이 '쿨리지 붐coolidge boom'으로 한창 떠들썩하던 1927년에 파리 비행에 성공했다. 그는 무한한 가능성의 화신이 되어 확신, 불굴의 의지, 후버의 "철저한 개인주의"에 기반을 둔 미국의 정서에 또 하나의 활력을 부여해주었다.

1928년 후버는 사방에 온통 상서로운 조짐이 난무하는 분위기 속에 압도적인 표 차이로 대통령에 당선되었다. 그의 당선에는 종교적인 요인도 한몫을 했다. 민주당 대통령 후보였던 뉴욕 주지사 알 스미스가 로마 가톨릭 신자였던 것이다. 다른 당의 후보들은 "스미스에게 표를 주는 것은 교황에게 표를 주는 것과 같다"를 유세 슬로건으로 내세웠다. 스미스는 또 금주법 폐지도 옹호했다. 그러자 스미스는 미국에 '럼, 가톨릭, 파멸'을 가져올 것이라는 또 다른 슬로건이 등장했다. 하지만 후버가 승리할 수 있었던 결정적인 요인은 역시 '전반적인 번영'이었다.

허버트 후버
1928년 10월 22일, 후버의 유세 연설 "철저한 개인주의"

종전과 함께 우리나라를 비롯한 전세계의 모든 나라가 당면한 가장 시급한 문제는 이것이었습니다. 전쟁이 끝났음에도 모든 정부는 전시에 갖고 있던 소유권, 제조와 분배에 관계된 각종 기구들의 운영권을 계속 쥐고 있어야 하는가. 하지만 지금은 전시가 아니므로 우리도 철저한 개인주의에 토대를 둔 미국적 제도와, 이와는 전혀 다른 간섭주의와 국가사회주의라는 유럽의 정치 철학 사이에서 하나를 선택해야 하는 기로에 놓여 있습니다.……
인간 복지 면에서 미국이 행한 실험은 전세계 어느 곳과도 비교할 수 없는 복리를 가져다주었습니다. 인간이 결코 도달해보지 못한 빈곤의 퇴치와 결핍에 대한 공포의 퇴치를 눈앞에 두고 있는 것입니다.

그 번영이 가장 뚜렷했던 곳은 뉴욕 주식시장의 본거지 월가였다. 1920년대에 제너럴모터스사와 같은 신생 기업들은 주식을 발행하여 크든 작든 많은 투자가들을 표면적으로는 부자로 만들어주고 있었다. 조지프 P. 케네디(1888~1969)처럼 패기만만한 젊은이도 감독 기관(증권거래위원회는 나중에 생겼다)의 규제에서 풀려나 늘 양심적이지만은 않은 방법으로 상당한 부를 축적할 수 있었다. 사실, 그 당시 대박을 터뜨렸다는 인물들 치고 정당한 방법으로 거래를 한 사람은 드물었다. 시세 조작자들은 '집단'으로 움직이며 싼값으로 주식을 사들인 뒤 자기들끼리 가격을 끌어올리며 외부 투자가들을 집단 속으로 끌어들였다. 그런 다음 인위적으로 부풀려진 가격에 자신들 주식은 다 처분하고, 소위 '봉들sucker' 손에는 터무니없이 치솟은 가격의 주식 보따리만 한아름 안겼다.

당대의 부자 사기꾼 중에서도 가장 악명 높았던 인물은 '스웨덴인 매치 킹'* 이바르 크루거였다. 크루거는 유럽 왕족들과 절친한 사이임을 앞세워 그 시대의 대표적인 몇몇 금융 기관의 보증으로 대부를 받아 거대한 금융 제국을 건설했다. 하지만 《타임》의 표지

* 인터내셔널매치코퍼레이션의 경영자 크루거가 전세계의 성냥(매치) 제조를 거의 독점하다시피 하고, 온갖 사기술을 다 동원하여 주주들을 속인 데서 비롯된 별칭이다.

까지 장식할 만큼 거물 기업인이었던 그는 속임수로 제국을 건설한 일급 사기꾼이었다. 휴지조각에 불과한 주식을 발행했고 나중엔 이탈리아 정부 채권까지 위조했다. '자수성가형' 백만장자 새뮤얼 인슐도 크루거 못지않은 사기꾼이었다. 그는 노동자 계층 투자가들 — 태반이 일반 노동자였던 그들은 인슐이 지닌 거대한 부의 마력에 빠져들었다 — 에게서 수백만 달러의 돈을 모아 주가를 자신에게 유리하게 계속 조작하는 방법으로 거대한 공익 사업 제국을 건설했다. 주식시장이 붕괴하기 전 그는 지주회사들을 거느린 제국의 총수였고, 85개 회사의 이사, 65개 회사의 이사장, 11개 회사의 사장을 겸하고 있었다.

휴지조각 부富가 미국 경제의 환부를 가리고 있었다. 농부들은 전후 경제의 여파로 폭락한 곡물 가격과 여전히 사투를 벌이고 있었다. 도시의 실업률도 대공황 전부터 이미 치솟고 있었다. 공장의 기계화로 최하층 노동자들이 해고되었던 탓이다. 1927년에는 주택 신축률이 뚝 떨어져 미국 경제에 적신호가 켜졌음을 알려주었다. 하지만 그것은 미국만의 문제가 아니었다. 국제적으로 생산은 늘고 소비가 위축됨에 따라 재고물품은 계속 쌓여만 갔다. 세계의 부는 꼭대기의 일부 소수층에게만 집중돼 있었다. 트리클다운trickle-down* 방책을 쓴다고 하여 해결될 일이 아니었다. 간단히 말해 인구의 태반은 늘어나는 공급을 소화할 만한 여력이 없었다. 미국 소비자들은 미국 제조업자들이 쏟아놓는 그 모든 물품을 살 돈이 없었다.

그럼에도 불구하고 대다수의 미국인들은 주식시장에서 일확천금을 꿈꾸고 있었다. 그들은 마치 불빛을 보고 꼬이는 나방들처럼 평생 모은 돈을 은행에서 빼내 그것을 몽땅 인슐유틸리티 투자사와 같은 회사들의 주식 매입에 박았다. 당시의 허술한 법규도 그것을 부추겼다. 즉, 투자자들은 주식 매입에 필요한 금액의 10퍼센트 내

지 20퍼센트만 현금으로 준비하고 나머지는 저리의 대부금으로 해결했던 것이다. 연방준비은행은 보수적 공화당 의원들이 그들의 기업인 친구들 생각만 하고 인위적으로 책정해놓은 저리의 자금으로 이 광기 어린 투자자들의 욕구를 충족시켜주었다. 은행들이 투자자들에게 대부해준 돈만도 수백만 달러에 이르렀다. 미국 국민들은 엄청난 빚더미에 앉게 되었고, 그들의 '부'는 모두 휴지조각에 불과했다.

후버가 빈곤 퇴치를 역설한 지 채 1년도 되지 않은 1929년 말, 드디어 기반이 붕괴되는 조짐이 나타나기 시작했다. 미국 경제의 두 버팀목이었던 철강과 자동차 생산의 감소세가 이어졌다. 그런데도

1929년 10월 29일의 월가 풍경. 투자자들이 거리로 쏟아져 나와 서성이고 있다. 10월 24일 검은 목요일, 월가의 주가는 곤두박질쳤다.

주식을 몽땅 날린 사람이 자동차를 팔려고 내놓았다. "100달러에 팝니다. 현금 판매. 주식시장에서 모든 것을 잃었습니다."

주식시장은 1929년 9월 말을 피크로 호황을 누리고 있었다. 하지만 카드로 만든 집은 곧 허물어질 찰나에 있었다. 먼저, 소심한 유럽 투자자들이 시장에서 돈을 빼내기 시작했다. 중개인들이 고객들에게 주식을 사기 위해 진 빚을 갚을 것을 요구하자, 투자자들은 현금 확보를 위해 보유한 주식을 내다 팔지 않을 수 없었다. 이것이 공포감—몽땅 다 날릴지도 모른다는 두려움—을 조장했고, 공포는 급속히 확산되었다. 주가가 떨어지자 더 많은 중개인들이 더 많은 고객들에게 부족한 현금을 채워 넣으라고 아우성을 쳤다. 이러한 악순환이 계속되면서 주가는 바닥으로 곤두박질쳤다. 10월 24일 검은 목요일 하루 동안에만 1천 300만 주가 매각되었다. J. P. 모건 주니어가 이끄는 은행연합이 주가 하락을 막기 위해 자금 조성에 들어갔다. 모건의 부친도 1907년 이와 비슷한 시장 붕괴가 일어났을 때 같은 처방을 쓴 적이 있었다. 확신감을 심어 주려 한 이 시도는 그러나 실패로 돌아갔다. 그 다음 주인 10월 29일—검은 화요일—주식 1천 600만 주 이상이 팔려나가자

시장에는 공포감이 확산되기 시작했다. (오늘날이야 하루에도 수억 주가 예사로 거래되지만 1929년만 해도 주식시장은 지극히 협소했고 컴퓨터에 의한 주식 거래도 존재하지 않았다.) 그로부터 며칠 뒤, 나라 전체 '부'의 태반이 흔적도 없이 사라졌다. 대부분의 부가 부풀려진 주가株價에 몰려 있었던 탓이다.

'대'공황이 그토록 컸던 까닭은?

1929년의 주식시장 붕괴는 일반적인 생각과는 다르게 뒤에 이어진 10년 대공황의 직접적인 '요인'은 아니었다. 다시 말해 페르디난트 대공 암살 사건이 제1차 세계대전 발발에 미친 영향 이상은 못 된다는 말이다. 주식시장 붕괴는 경제가 중병을 앓고 있음을 알려준 하나의 징표였다. 말기 암을 앓고 있던 환자가 덜컥 심장마비를 일으킨 꼴이었다. 몇 년 뒤, 소활황 국면 속에 시장이 다시 회복세를 보였을 때는 이미 늦은 때였다. 피해는 이미 돌이킬 수 없었다. 주식시장 붕괴는 세계 경제를 파멸시킨 시한폭탄의 마지막 초침이었다.

미국은 그전에도 이미 여러 번 불경기를 겪은 적이 있었다. 하지만 1930년대의 대공황 때처럼 투자로 무너진 적은 없었다. 기간이 그렇게 길었던 적도 없었고, 그처럼 많은 미국인들의 삶을 속속들이 피폐하게 만들었던 적도 없었다. 주식시장 붕괴 후 미국 경제는 마비 상태에 빠져들었다. 1년 사이에 은행 1천300개가 문을 닫았다. 근로자 예금의 상환을 보장해주는 연방예금보험 같은 것은 어디에도 없었다. 이후 3년 동안 은행 5천 개가 문을 닫음에 따라 힘들게 벌어 저축한 돈은 흔적도 없이 사라졌다. 은행들이 보유 자산을 투자에 묶어놓고 재미를 보다가 주식시장 붕괴와 함께 날려버

한동안 세계에서 가장 높은 빌딩이었던 엠파이어 스테이트 빌딩은 주식시장이 최고의 호황을 누릴 때 설계되었다. 그러나 1931년 완공되었을 때 빌딩의 절반은 비어 있었다. 입주할 회사가 없었기 때문이다.

렸거나, 실업자들이 대부금을 갚지 못해 회수불능에 빠졌거나 하여 생겨난 일이었다. 신용대부를 하거나 자본을 증식할 수 있는 은행들이 없어지자 기업과 공장은 줄줄이 도산했고, 그것은 실업률 증가로 이어졌다. 1931년 헨리 포드는 이 같은 재앙의 책임을 노동자들에게로 돌렸다. 게으른 노동자들 때문에 그렇게 되었다는 것이다. 그후 얼마 지나지 않아 포드는 공장을 하나 폐쇄했고, 공장 폐쇄와 함께 노동자 7만 5천 명이 일자리를 잃었다.

때아닌 충격으로 휘청거리고 있던 미국의 시스템은 그것도 모자라 이바르 크루거와 새뮤얼 인슐 제국이 붕괴하는 두 건의 강력한 쇼크를 더 받았다. 인슐은 지주회사들을 피라미드식으로 구축하여 그것을 발판으로 주가를 끌어올리는 방법을 썼다. 하지만 1932년 인위적으로 조작된 가격이 실제 가격으로 급락하면서 그의 주가는 96퍼센트 가량 평가절하되었다. 인슐은 시카고 대배심에 의해 기소되자 그리스로 도주하여 본국으로 송환되지 않기만을 빌고 있었다. 하지만 이후 그리스와 미국이 범죄인 인도 조약을 체결하자, 한때는 30여 명의 보디가드에 둘러싸여 지내던 그는 여장을 하고 선박을 이용하여 터키로 갔다. 그는 결국 미국으로 붙잡혀 와 재판을 받았다. 하지만 인슐은 처벌을 받지 않았다. 그가 이용한 지주회사들이 법에 저촉되지 않았기 때문이다. 그가 사용한 모든 속임수는 기술적으로는 적법했다.

이바르 크루거는 인슐보다는 운이 좋지 않았다. 파리의 호화 아파트에서 지내고 있던 그 역시 사기꾼으로 들통났다. 한때는 후버 대통령 고문까지 지냈던 그가 투자자들로부터 300만 달러 이상을 갈취했던 것이다. 그는 기소될 때를 기다릴 것도 없이 1932년 봄에 권총으로 자살했다. 최악의 사기는 아직 터져나오기도 전이었다.

대공황 전의 미국이 이따금씩 찾아오는 불경기를 막아낼 수 있었던 것은, 그때만 해도 사람들이 거의 농업에 종사하며 필요한 것을 자급자족할 수 있었기 때문이다. 하지만 20세기 초 미국과 세계 경제에는 일대 변혁이 일어났다. 도시화되고 기계화된 미국에서 졸지에 실업자가 된 수백만 노동자들에게는 돌아가 농사를 지을 땅이 없었다. 엄청난 실업률 속에 통계는 사실상 무의미했다. 역사가들 중에는 실업률이 40퍼센트 내지 50퍼센트에 육박했다고 주장하는 사람도 있다.

허버트 후버 대통령은 절망적인 잔여 임기 3년 내내 낙관주의를 피력했다. 그 당시 대부분의 경제학자들처럼 그도 불황을 단지 경기 순환의 일부라고 생각했다. 미국은 전에도 불경기를 경험한 적이 있고, 한동안 혼란을 겪은 뒤에는 늘 제자리로 돌아왔던 것이다. 하지만 이번에는 사정이 달랐다. 후버는 한고비를 넘겼다며 확신에 찬 말들을 장황하게 늘어놓았다. 하지만 그의 견해와는 달리 상황은 더욱 비참해져갔다. 수백만 명이 집세와 대부금을 갚지 못해 삶의 터전을 잃었다. 그러자 후버를 비롯한 부유층 일각에서 다소 놀라운 제안을 했다. 국제사과운송협회로 하여금 재고로 쌓여 있는 사과를 실업자들에게 외상으로 공급해주도록 한 것이다. 그것으로 좌판을 벌여 푼돈이라도 벌라는 것이었다. 그에 대해 후버는 이렇게 말했다. "많은 사람들이 사과 장사로 더 많은 돈을 벌기 위해 직장을 떠났다." 7만 5천 명을 실업자로 내몰아 거리의 '뜨내기 일꾼'으로 만든 헨리 포드는 수십만 명의 떠돌이들을 가리켜 이렇게 말했다. "뭐 어때, 그 친구들로서는 최고의 교육이 될 여행을 할 수 있게 되었는데! 학교 교육 몇 년 받는 것보다는 몇 달 여행으로 얼

는 것이 아마 더 많을 걸." J. P. 모건은 2천500만 내지 3천만 명의 가구가 '여유 있는 계층,' 즉 하인을 두고 살 능력이 있다고 믿었다. 하지만 전국을 통틀어 하인 수가 200만 명도 안 된다는 사실을 알고는 깜짝 놀랐다.

후버는 낙관주의 노선을 끝까지 고수했다. 그는 1930년 1월에 이렇게 말했다. "경기와 기업은 이제 고비를 넘겼다." 5월에는 한층 밝아진 어투로 이렇게 선언했다. "최악의 상태는 지나갔다." 번영은 언제나 후버의 코앞에 있었다. 하지만 미국은 결코 그 코앞에 이르지 못하는 듯했다. 후버는 불타는 로마 시내를 내려다보며 시를 읊었다는 게으름뱅이 네로로 역사에서 평가절하되었다. 하지만 그 평가는 그다지 정확하지 않다. 문제는, 그가 시도한 모든 정책은 실패로 돌아갔거나 너무 보잘것없었거나 시기가 늦었다는 데 있다. 1930년 그는 보호주의법안인 스무트-홀리관세법안Smoot-Hawley Tariff Bill을 카드로 내놓았다. 미국 주위에 관세 장벽을 둘러치려는 것이었다. 하지만 이것은 유럽 국가들도 똑같은 조치를 취하게 만들어 미국과 유럽의 상황만 더욱 악화시키는 결과를 초래했다. 1931년에 이르자 공황의 여파는 유럽으로까지 번져갔다. 아직 전쟁의 상처도 아물지 않은데다 전시 부채의 부담 때문에 유럽의 위기는 더욱 심각했다. 오스트리아, 영국, 프랑스, 독일, 유럽의 모든 나라들은 대량 실업과 가공할 인플레의 격렬한 소용돌이 속에 빠져들었다. 그 중에서도 가장 불길한 징조가 느껴지는 곳은 독일이었다.

후버는 실업자, 홈리스, 굶주린 자를 정부 구제책으로 해결하자는 의견에는 줄곧 거부 의사를 나타냈다. 그것을 사회주의나 공산주의 정책으로 여겼기 때문이다. 적어도 미국 최대 갑부의 한 사람인 재무장관 앤드루 멜런(1855~1937)의 권고를 무시한 것만은 확실하다. 그는 1920년대에 조세 정책을 잘못 수립하여 미국 경제의 근원적인 약점을 만들어낸 인물이다. 멜런은 "노동의 일소, 주식의 일소, 농부의 일소, 부동산의 일소"를 제안하며 완전한 자유방임주의 정책을 권고했다. 이러한 초토화 정책으로 "사람들은 더욱 열심히 일하고 더욱 도덕적인 삶을 살 게 될 것이다. 가치는 조정될 것이고, 기업인들은 능력이 모자라는 사람들 중에서 완전한 퇴물을 추려낼 수 있을 것"이라고 그는 생각했다. 후버는 노쇠한 멜런의 어깨에서 재무장관의 짐을 덜어주며 영국 대사로 임명했다.

후버는 뒤늦게 공공 사업 정책을 수립했다. 하지만 지방의 건축업자들은 은행 도산으로 다 파산했고, 공공 정책으로는 그 많은 건축 사업을 다 떠맡을 여력이 못 되었기 때문에 아무런 쓸모가 없었다. 1932년 후버는 시대의 압력에 굴복하고 자신의 골수 보수주의까지 포기하면서 재건금융공사를 창설하여 철도회사와 은행에 자금을 대여해주기 시작했다.

하지만 이번에도 후버는 호된 비난에 직면했다. 수백만 실업자와 굶주린 자들이 볼 때, 재건금융공사는 가난한 사람들은 철저히 외면하고 기업들만 도와주려는 후버의 의지를 통렬하게 보여주는 것이었기 때문이다. 갈수록 비참해지는 상황, 늘어가는 빈민층, 대도시들에 급조되고 있던 판잣집 일색의 '실업자 수용 주택들,' 집도 희망도 없이 완전한 절망감에 빠진 수십만 명의 국민들——이러한 상황을 보고도 후버는 정부의 직접적인 구제책에는 단호한 거부감을 나타냈다. 그가 보기에 직접적인 구제책은 사회주의였기 때문에 "철저한 개인주의"를 옹호하는 그의 관점에 정면으로 위배되는 것이었다.

맞은편. 음식점에서 제공하는 무료 식사를 먹기 위해 줄 선 실업자들. 이 음식점 주인이 제공할 식사는 20인분이었다.

보너스 군대란?

대공황으로 몸살을 앓고 있는 와중에도 후버 대통령과 부인은 나팔수들이 트럼펫으로 식사 시간을 알려주고 흰 장갑을 낀 하인들이 시중을 드는 7코스 정찬을 들었다. 후버 대통령은 제왕의 체통과 깔끔한 풍모를 유지하는 것이 국민의 사기진작에도 좋을 것으로 생각했다. 백악관 밖에서는 미국인들이 쓰레기통 속의 먹을 것을 서로 차지하려고 아귀다툼을 벌이고 있었다. 하지만 일부 "철저한 개인주의자들"은 대공황 울타리 저편에 속한 사람들의 그다지 유쾌하지 않은 삶의 모습을 후버에게 가까이 보여주게 될 것이었다.

대공황이 극에 달하던 1932년 여름, 2만 5천 명의 전직 '보병들'——제1차 세계대전 때 싸운 보병들로 태반이 전투 퇴역병이었다——이 걷거나 히치하이킹을 하거나 유개 화차에 몸을 실어 수도 워싱턴으로 들이닥쳤다. 무일푼의 이들 유랑자 무리는 가족과 함께 펜실베이니아 애비뉴*에 늘어선 버려진 건물들을 무단 점거하고, 아나코스티아 강변을 따라 허름한 판잣집과 텐트로 이루어진 야영지를 만들었다. 그들은 1924년에 약속하여 1945년에 지급하기로 되어 있던 퇴역병들에 대한 '보너스' 지급을 의회에 요청하기 위해 온 것이었다. 굶주리고 절망에 빠진 이들에게는 일자리도 없었고 앞으로 얻게 되리라는 희망도 없었다. 이들에게는 오직 허기에 지친 가족들만 있었을 뿐이다. 이들은 살기 위해서 약속한 보너스를 받아야 했다. 이른바 보너스 원정대(BEF)라 불린 이들은 보너스 군대로 널리 알려졌다.

구제를 원하는 그들의 간청은 묵살되었다. 후버나 의회나 사법부나 언론이 보기에 그들은 퇴역병이 아닌 '빨갱이 선동자들'이었다. (후버의 제대군인관리국이 조사한 바에 따르면, 보너스 군대의 95퍼센트가 퇴역병인 것으로 밝혀졌다.) 후버는 보너스 군대 대장을 만나는 대신

잔디밭에 드러누운 보너스 군대. 이들은 국가가 주겠다고 약속한 보너스를 받기 위해 모인 퇴역병들이었다. 실업과 굶주림에 지친 이들에게 보너스는 유일한 희망이었으나 국가는 이들에게 보너스 대신 최루탄과 총알을 선사했다.

군대를 소집했다. 지휘는 더글러스 맥아더 장군(1880~1964)과 그의 젊은 부관 드와이트 아이젠하워(1890~1969)가 맡았다. 공격은 조지 패튼 소령(1885~1945)이 지휘하는 제3기병대 주도로 이루어졌다. 기병대 뒤로는 육군을 배치시켜 허름한 남녀 떼거지에게 최루탄, 탱크, 총검으로 공격을 퍼붓게 했다.

　패튼의 기병대가 먼저 보너스 행렬을 향해 돌진했다. 행렬에는 무더운 7월의 오후, 직장에서 퇴근하던 길에 호기심으로 끼여든 민간인들도 섞여 있었다. 기병대 돌격 후에는 최루탄 공격을 퍼부어

대통령 취임식에서 연설하는 프 랭클린 루스벨트. 그의 취임사 는 경제 공황을 반드시 극복하 겠다는 선언이었다.

보너스 군대를 펜실베이니아 애비뉴에서 11번가 다리 건너편으로 몰아붙였다. 맥아더는 명령을 무시하고——평생 계속되는 행동이 다——보너스 군대를 철저히 분쇄하여 그 일을 마무리하기로 작정 했다. 해가 지자 탱크와 기병대는 허섭스레기 같은 텐트와 포장 나 무 상자로 만들어진 판잣집촌을 깡그리 뭉개버렸다. 그러고는 죄다 불살랐다. 그 전투의 여파로 100명 이상의 사상자가 발생했고, 사 상자 중에는 가스 공격으로 질식사한 아기 두 명도 있었다.

수도에서 쫓겨난 보너스 군대는 뿔뿔이 흩어져 200만 명의 다른 '방랑자on the road' 무리에 합류했다. 캘리포니아 같은 몇몇 주에서 는 보초를 세워 가난한 사람들을 들어오지 못하게 했다. 수도 워싱 턴에서 일어난 보너스 군대 폭동은 분명 커다란 사건이었다. 하지 만 그것은 미국에서 점점 증폭되고 있던 불안과 분노를 보여준 유 일한 사건은 아니었다. 1931년과 1932년에도 폭동과 시위가 여러 번 일어났다. 그 대부분은 실업자와 굶주림에 지친 자들이 일으킨 것이었고, 때로는 아이들이 일으킨 것도 있었다. 그 폭동들은 모두 무자비한 경찰력으로 진압되었다.

보너스 군대에 대한 공격은 1932년 대통령 선거전이 한창일 때 이루어졌다. 불굴의 허버트 후버는 다시 한번 공화당의 대통령 후보가 되었다. 그는 예산의 수지 균형을 맞추고, 수입 물품에 높은 관세를 부과하고——4년 전의 입장과는 상반되게——금주법을 철폐하여 알코올의 섭취 여부는 각 주의 자율에 맡긴다는 공약을 내걸었다.

민주당 의원들은 재앙이 덮치지 않는 한 12년이나 해먹은 공화당으로부터 대통령 자리를 빼앗아오는 것은 식은 죽 먹기라는 신념 하에 시카고 대회를 개최했다. 대통령 후보는 세 명으로 압축되었다. 1928년 후버에게 완패했던 알 스미스. 신문왕 랜돌프 허스트의 지지를 받으며(그 다음에는 캘리포니아 대표들까지 차례로 손에 넣는다) 막강한 하원의장직을 맡고 있던 테네시 주의 존 낸스 가너. 알 스미스가 뉴욕 주지사로 직접 엄선한 프랭클린 D. 루스벨트(1882~1945). 루스벨트는 첫 투표에서 1위를 차지했으나 후보 지명에 필요한 득표수에는 미치지 못했다. 가너는 이른바 그 고전적인 '막후 협상'을 벌여 루스벨트를 밀어주는 조건으로 부통령직을 보장받았다. 네 번째 투표에서 이 유명한 뉴욕 주지사는 마침내 캘리포니아 대표들의 표를 그에게 몰아준 허스트의 도움으로 후보에 선출되었다. 루스벨트는 후보로 선출되자마자 자신은 어떤 전통에도 얽매이지 않을 것임을 보여주려고 했다. 그런 이유로 후보 수락을 위해 시카고로 날아가 후보가 전당대회에서 연설을 하는 새로운 전통을 수립했다. 그는 또, 비록 소아마비로 다리가 불편하긴 했지만 원하는 곳은 어디든 갈 수 있다는 것을 전국민에게 보여주고 싶어했다.

그의 후보 지명이 탁월한 선택이었다는 것에 모든 사람들이 동의를 했던 것은 아니다. 당대의 대표적 언론인 헨리 루이 멩켄과 월터

프랭클린 D. 루스벨트
1933년 3월 4일, 첫 번째 취임 연설에서

지금은 무엇보다 진실, 있는 그대로의 진실을 솔직하고 거리낌없이 말해야 될 때입니다. 현재 이 나라가 당면한 상황을 정직하게 직시하는 것 또한 회피해서는 안 됩니다. 이 위대한 나라는 지금까지 그래왔듯이 참아낼 것이고 소생할 것이며 번영할 것입니다.

그런 의미에서 본인은 먼저, 우리가 두려워해야 할 것은 오직 두려움밖에 없다는 저의 확고한 신념부터 말씀드리고자 합니다. 후퇴를 진보로 바꾸는 데 필요한 노력을 무력화시키는 공포, 이름도 없고 이치에 닿지도 않고 정당화되지도 않는 그 공포 말이지요.

루스벨트의 선거 유세 연설은 대부분 다른 사람들이 대신 써준 것이었다. 하지만 펜으로 쓰인 취임식 연설문 초안을 보면 이 내용은 그가 직접 쓴 것임을 알 수 있다. 그러나 이 연설의 가장 유명한 문구라는 것도 알고 보면 새 부대에 담은 묵은 술에 불과했다. 공포에 대한 감정은 이전 사람들도 여러 번 언급했다. 역사가 리처드 호프스테드는 루스벨트가 취임식 며칠 전에 헨리 데이비드 소로의 글을 읽고 "두려움만큼 두려워해야 할 것은 아무것도 없다Nothing is so much to be feared as fear"는 글귀에서 영감을 받은 것이 분명하다고 주장했다.

리프만(1899~1974)도 그런 사람 중에 속했다. 멩켄은 "가장 허약한 후보자"를 뽑았다고 말했으며, 당시 미국의 가장 영향력 있는 칼럼니스트였다고 해도 좋을 리프만은 한발 더 나아가 루스벨트에게 험담까지 했다. 그는 루스벨트를 "대통령직에 필요한 중요한 자질은 하나도" 갖추지 못한 "귀여운 보이스카웃 단원"이라고 불렀다.

그야 아무래도 상관없었다. 민주당은 그해에 실제로 보이스카웃 단원을 출마시켰더라도 승리했을 것이다. 미국 국민들은 어쩌면 프랭클린 루스벨트를 진정 원하는지에 대해 확신이 없었는지도 모른다. 루스벨트는 보수적인 유세전을 펼치면서도 뉴딜, 금주법 폐지, 공공 사업 수립, 농민 구제책을 약속했기 때문이다. 하지만 허버트 후버를 원하지 않았던 것만은 분명하다. 1928년 후버에게 길을 열어준 것은 '전반적인 번영'이었다. 하지만 1932년 그는 '전반적인 절망' 앞에서 무너졌다. 루스벨트는 일반 투표의 57퍼센트 득표율과 선거인단 투표의 46개 주(전체 48개 주 중에서)를 확보하며 대통령에 당선되었다. 민주당은 상하 양원에서도 절대다수를 차지했다.

루스벨트의 대통령 취임식이 끝나자 보너스 군대는 다시 워싱턴으로 돌아왔다. 루스벨트는 아내 엘리너에게 그들의 말을 들어주고 공짜 커피도 실컷 마시게 해주라고 당부했다. 엘리너는 그들과 어울리며 함께 노래도 불렀다. 그 자리에 있었던 보너스 군대의 한 퇴역병은 후일 이렇게 말했다. "후버는 군대를 보냈고, 루스벨트는 아내를 보냈다."

뉴딜과 100일 의회란?

우렁찬 수락 연설과 함께 민주당 대통령 후보가 된 루스벨트는 국민들에게 '뉴딜New Deal'을 약속했다. 취임식에서는 국회의 특별 회기를 열어 국가의 경제 위기를 타개하겠다고 약속했다. 그는 두 가지 약속을 끝까지 모두 지켰다.

대공황에 대한 루스벨트 정책의 핵심인 뉴딜 정책은 미국적 삶의 방식에 일대 변화를 몰고 온 혁명이었다. 루스벨트의 대통령 당선은 불황에 허덕이는 미국 경제로 선회하는 것을 의미하지 않았기 때문에 혁명은 필요했다. 선거일과 대통령 취임일 사이에 나라는 최악의 사태에 빠져들었다. 공황 상태에 빠진 예금주들이 돈을 찾으려고 은행 앞에 장사진을 치자 문 닫는 은행 수는 계속 늘어갔다. 각 주의 주지사들은 앞다투어 '은행 공휴일'을 공표했다. 백악관에서의 집무 첫날인 3월 5일 루스벨트도 같은 조치를 취하여 나흘간의 은행 공휴일을 전국에 선포했다. 그날 밤 그는 자신의 첫 번째 '노변 담화' 방식을 이용하여 은행이 돌아가는 원리를 미국 국민들에게 설명해주었다. 노변 담화는 대중을 교화하고, 두려움을 없애주고, 거의 남아 있지 않은 나라에 대한 확신과 낙관주의를 회복시켜주기 위해 그가 고안한 라디오 연설 형식이었다.

그러고 나서 루스벨트는 의회에 비상 임시 국회 개회를 요청했다. 3월부터 6월까지 100일간에 걸쳐 미국 의회는 일련의 놀라운 법령을 제정했다. 그 중에는 읽어보지도 않고 처리한 법안도 있었다. 루스벨트의 접근법은 그러니까 이런 것이었다. "방법을 정해서 실행해보고 실패하면 다른 방법을 써라."

그것의 결과는 성공을 거두기도 하고 실패를 하기도 한 새로운 연방 정부의 '알파벳 수프'*였다.

이전 시대의 또 다른 루스벨트 대통령**처럼 프랭클린 루스벨트도 나라의 인적 자원에 눈을 돌려 시민자원보존단(CCC)을 창설하여 18세에서 25세까지의 젊은이들에게 재식림을 비롯한 자원 보존 관계 일자리를 제공해주었다. 농업조정부(AAA)도 신설하여 소출 없는 토지는 농부들에게 돈을 주고 거둬들이는 방식으로 농산물 가격도 상승시켰다. 이 시책은 두 개의 커다란 결점을 안고 있었다. 수많은 사람들이 굶주리고 있는 판에 농산물 가격을 끌어올린답시고 법령을 공포하여 돼지를 도살하고 옥수수를 경작하게 하는 모습에 사람들은 격분했다. 두 번째 문제는 경제 서열의 최하층에 있고 대부분이 흑인인 수천 명의 소작인들이 소출 없는 땅을 농부들에게 빼앗겨 농사를 짓지 못하게 된 것이다.

그보다 한층 논란을 불러일으킨 것이 테네시강유역개발공사(TVA)였다. 연방 주도의 수력 전기 발전 계획인 이것이야말로 급진적인 출발의 시작이었다. 테네시강유역개발공사법 아래 연방 정부는 사회 계획에 대한 일대 실험을 단행했다. 테네시강유역개발공사는 전력을 생산하는 것 외에도 댐을 지었고 비료를 생산·판매했으며 주변 지역의 재식림 사업을 했고 휴양지를 개발했다. (테네시강유역개발공사의 일환으로 나중에 원자폭탄 연구 개발의 중심지가 되는 오크리지 기지도 건설했다.) 테네시강유역개발공사는 전적으로—신성불가침이기까지 했던—민간이 담당하던 분야에 정부가 끼여든 전례 없는 시책으로, 공산주의 정책이라는 거센 비난을 받아야 했다.

100일 의회가 만들어낸 장치들은 그 외에도 많았다. 예금 보호를 목적으로 한 연방예금공사(FDIC)도 창설했고, 주택보유자대부공사를 신설하여 담보물에 대한 재융자를 해줌으로써 담보물 회수 권리가 상실되는 일이 없도록 했다. 연방증권법은 월가의 활동을 감시하는 경찰 기능을 수행하게 될 것이었다. 1934년 루스벨트는 증권거래위원회(SEC)를 설치하여 당대의 이름 높은 투기꾼 조지프 케네디를 그 위원회 초대 회장으로 임명했다. 루스벨트가 케네디를 위원장으로 임명한 것은 사기꾼 브로커들이 쓸 계책을 그가 훤히 내다볼 수 있을 것이라는 발상에서 나온 것이었다. 1933년 5월에는 연방긴급구제국을 신설하여 연방 구제기금 5억 달러를 극빈곤층에게 배당했다. 그것이 연방 복지 제도의 시작이었다.

시민자원보존단(CCC) 포스터. 젊은이들에게 일과 놀이, 공부와 건강의 기회를 준다는 슬로건을 내건 시민자원보존단은 뉴딜 정책의 첫 번째 프로그램이었다.

100일 의회의 마지막 회기에서 가장 논란이 많았던 것 중의 하나가 전국산업부흥법(NIRA), 즉 뉴딜법의 통과였다. 기업 생산을 촉진하기 위해 마련된 이 법령은 생산, 노동, 원가에 엄청난 정부 통제를 수반하는 것이었다. 때문에 재계와 노동계의 승인을 얻기 위해 양쪽 모두를 만족시킬 만한 유화적인 내용을 담고 있었다. 제조업자들에게는 '기업 법규'를 만들어 가격을 법적으로 고정시킬 수 있는 권한을 부여해주었다. 이것은 반트러스트법 아래서라면 허용될 수 없는 권한이었다. 노동자들에게는 최저임금, 최대 노동 시간, 단체교섭권을 부여해주었다.

뉴딜 안을 만든 사람들에게 이것은 성스런 십자군의 장식물인 셈이었다. 그 법의 감독 기관으로 푸른 독수리를 상징으로 한 미국산업부흥국(NRA)이 신설되었기 때문이다. 기업인과 상인들은 푸른

독수리와 '우리는 우리 일을 한다We Do Our Work'라는 모토가 적힌
미국산업부흥국의 상징물 앞에서 서약을 했으며 소비자들은 미국산
업부흥국의 상징물이 부착된 곳에서 물건을 구입하도록 권유 받았
다. 미국 전역에서는 이 정책을 지지하는 거대한 행진이 벌어졌다.
뉴욕 시에서만도 수백만 시민들이 미국산업부흥국 행진을 벌였다.

　하지만 기업들의 횡포는 여전했다. 가격은 높게 책정되었고 대부
분의 경우 생산도 한정적으로 이루어져 일자리는 늘리고 물가는 내
리려던 당초 계획과는 상반된 결과가 초래되었다. 미국산업부흥국
에 자극 받아 노동조합에도 신규 회원이 많이 늘었다. 존 L. 루이스
(1880~1969)가 위원장을 맡고 있던 광산노조는 50만 회원을 가진
조직으로 성장했다. 이에 배짱 두둑한 루이스는 다른 노조와 함께

산업별조직위원회(CIO)를 결성하여 1938년 보수적인 미국노동총연맹(AFL)으로부터 독립해 나왔다. 그리고 얼마 지나지 않아 곧 회원수와 영향력 면에서 미국노동총연맹의 라이벌이 되었다.

* 1776년은 미국이 독립을 이룬 해이다.
** 1860년은 링컨이 대통령에 당선된 해이다.

100일 의회의 첫 회기는 전국산업부흥법(NIRA) 통과와 함께 막을 내렸다. 하지만 대공황의 앞날은 아직 까마득하기만 했다. 그렇더라도 루스벨트가 이처럼 단기간에 이루어낸 일을 일시적인 경제 부양책을 쓴 것으로 단순화시키는 것은 옳지 않다. 그가 시행한 뉴딜 정책은 1776년*과 1860년**에 비견될 만한 미국사의 일대 전환점이었다. 그것은 일부 국민에게 영향을 미치는 작은 연방 정부를 국민의 삶 곳곳에 영향을 미치는 거대한 정부로 변모시킨 일대 혁명이었다. 긍정적이든 부정적이든 루스벨트는 미국인들의 삶 속에 유례가 없을 만큼 깊숙이 연방 정부를 침투시켰다. 개인이나 민간 경제에 정부가 그토록 광범위한 영향력을 행사한다는 것은 예전이라면 꿈도 꿀 수 없는 일이었다. 개인이나 민간 경제는 정부에 기댈 생각도 없었고 또 그렇게 할 수도 없었다. 21세기 관점으로 보면, 미국에서 워싱턴의 결정에 좌우되지 않는 곳은 거의 없다 해도 과언이 아니다. 나라를 위기에서 구하기 위해 연방 기구를 조직하는 대통령에게 나라를 모스크바로 끌고 가는 공산주의자라는 낙인을 찍는 행위는 지금이라면 상상도 할 수 없는 일이다.

공공사업진흥국이 한 일은?

뉴딜 정책 시행자들이 밤낮 없이 기울인 노력에도 불구하고 대공황은 그칠 기미를 보이지 않았다. 생산과 소비는 증가하기는 했어도 공황 전의 수준에는 크게 못 미쳤다. 실업률은 10퍼센트 아래로 떨어져본 적이 없고, 일부 도시에서는 오히려 10퍼센트를 크게 상회하기도 했다. 1930년대 중반에는 가뭄과 바람 때문에 남부 평원의 주들이 황진 지대Dust Bowl로 변함에 따라 수천 명의 농부들이 담보 잡힌 농장에서 쫓겨나 길거리로 내몰렸다. 그것이 바로 존 스타인벡의 《분노의 포도The Grapes of Wrath》 속에 영원히 살아남은 처절한 엑소더스 행렬이었다.

　루스벨트는 '무엇이든 시도하고 본다'는 그의 방식대로 또 다시 새로운 계획들을 추진했다. 제기능을 발휘하지 못하거나 실패하는 경우에는 또 다른 계획을 수립했다. 대법원이 만장일치로 미국산업부흥국(NRA)을 위헌으로 판결하자 이번에는 공공사업진흥국(WPA)을 창설했다. 공공사업진흥국은 1935년 해리 홉킨스(1890~1939)를 국장으로 하여 연방 건축 사업을 위해 설립되었다. 비판자들은 즉시 공공사업진흥국을 "실업자 구체책에 불과한 헛일"이라고 매도했다. 이러한 비판에 자극 받아 우리가 흔히 알고 있는 삽에 기대고 있는 노동자 상이 만들어졌다. 하지만 홉킨스의 공공사업진흥국은 병원, 시청, 법원, 학교를 신축한 것은 물론, 미국 내에 신설된 도로의 10퍼센트를 건설했다. 텍사스 브라운스빌에 항구를 만들었고, 플로리다 키 제도와 본토를 연결하는 교량과 도로를 건설했으며, 일련의 지방 급수 시설도 완비했다. 공공사업진흥국이 진행한 대형 건설 프로젝트들은 다음과 같다. ① 허드슨 강 아래로 뉴욕과 뉴저지를 연결하는 링컨터널, ② 맨해튼과 롱아일랜드를 잇는 트리보로 교량, ③ 수도 워싱턴의 연방통상위원회 건물, ④ 맨해튼의 이스트리버드라이브(후일 FDR드라이브로 개칭된다), ⑤ 포트녹스의 연방금괴저장소, ⑥ 본느빌댐과 볼더댐(볼더댐은 공화당이 의회를 장악하고 있던 1946년에 후버댐으로 이름이 바뀌었다). 이 같은 건설 프로젝트 외에도 공공사업진흥국은 예술 사업도 벌여 수천 명의 음악가, 작가, 화가 들에게 일거리를 제공해주었다.

　하지만 루스벨트의 공헌은 아마 단순히 입법적인 것이라기보다

공공사업진흥국(WPA)이 벌인 건설 사업에 나가 일하는 노동자들과 그들을 스케치하는 화가. 공공사업진흥국은 노동자뿐 아니라 예술가에게도 일자리를 제공해주었다.

는 심리적인 것에 있을 것이다. 그에게는 잃어버린 확신을 되찾아주고 낙관주의를 회복하고 꺼져버린 듯한 희망을 되살리는 천부적인 재능이 있었다. 허버트 후버도 프랭클린 루스벨트가 착수한 것과 같은 복구책을 일부 시행했었다. 하지만 엄격하고 귀족적이었던 후버는 국민으로부터 철저하게 유리되어 그의 정책에서는 보통 사람의 감각을 전혀 찾아볼 수 없었다. 프랭클린 루스벨트는 부유한 특권층 가정에서 자라났음에도 그런 기질을 천부적으로 지니고 있었다. 국민들은 라디오에서 흘러나오는 그의 '노변 담화'를 듣고 루스벨트가 마치 자신들의 응접실이나 거실에 앉아 스스럼없이 말을 건네는 듯한 친밀감을 갖게 되었다. 보수적인 공화파 집안에서는 물론 루스벨트라는 이름을 입 밖에 내지 못하고 '그 사람'이라고 불렀지만 대부분의 미국인들은 실제로 그를 존경했다. 흑인들도 재건기 이래 자신들의 본거지였던 공화당을 버리고 루스벨트가 속한 민주당으로 옮겨 가기 시작했다.

프랭클린 루스벨트는 왜 대법원을 자기편으로 만들려 했을까?

공화당 일색이었던 보수적인 월가 사람들과 기업인들에게 뉴딜 정책과 특히 미국산업부흥국(NRA)은 쓰디쓴 약과 같았다. 그들은 두 정책에서 사회주의와 공산주의의 기미를 느꼈다. 상황이 점점 나아지고 있었음에도 소아마비로 다리가 불편한 루스벨트와 그의 아내 엘리너를 둘러싼 망측한 소문과 괴상한 농담이 사람들 입에 오르내렸다. 엘리너가 흑인으로부터 얻은 임질을 루스벨트에게 전염시켰다든가, 차마 입에 담을 수도 없는 섹스 행위를 배우기 위해 모스크바를 방문할 예정이라든가 하는 소문이었다. 소문 중에는 반유태주의와 관련된 것들도 있었다. 루스벨트는 이름을 바꾸어서 그렇지 원래는 네덜란드계 유태인 자손이었다는 것이다. 루스벨트는 그런 비판에도 전혀 위축되지 않았다. 그는 오직 결과에만 관심을 쏟았다. 국민 대부분도 그에 공감하는 듯했다.

그에 대한 첫 증거가 1934년에 치른 중간 선거 결과로 나타났다. 집권당은 앞으로 다가올 대통령 선거전 때문에 중간 선거에서는 보통 힘을 잃게 마련이었다. 하지만 민주당은 중간 선거에서 상하 양원에 대한 지배력을 더욱 확고히 했다. 1936년 대통령 선거에서도 루스벨트의 인기는 천정부지로 치솟았다. 그는 행정부 내의 '브레인 트러스트'를 이끌고 있던 컬럼비아대학 교수 레이먼드 몰리에게 1936년 선거에서 이슈는 오직 하나뿐이라고 하면서 이렇게 말했다. "그것은 바로 나요. 사람들은 친루스벨트냐 반루스벨트냐를 놓고 선택하게 될 것입니다." 프랭클린 루스벨트는 진보적 공화당원이었던 캔자스 주지사 앨프 랜던과 대결을 벌여 일반 투표에서 60퍼센트의 득표율과 선거인단 투표에서도 메인 주와 버몬트 주를 제외한 미국의 전 주를 석권하며 압승을 거두었다. 선거가 끝나자

누군가는 프랭클린 루스벨트에게 그 두 주를 캐나다에 팔아 나라의 적자를 메우는 게 어떻겠느냐는 제안을 하기도 했다.

재선과 더불어 루스벨트의 권력과 명예도 정점에 이르는 듯했다. 하지만 이제 곧 그는 자신의 정치 인생에서 가장 치명적인 패배를 맛보게 된다. 미국산업부흥국(NRA)은 창설 1년만에 문을 닫았다. 셰크터 대 미국(1935년 5월) 사건에서 공화당 일색의 노회한 대법원이 미국산업부흥국을 위헌으로 판결했기 때문이다. 뒤이어 농업조정부, 증권거래법, 석탄법, 파산법을 무효화시키는 법원의 판결이 계속 이어졌다. 보수적인 법관들에 의해 모두 11개의 뉴딜 법령이 폐지되었다. 근래에 거둔 승리로 사기가 부쩍 올라 있던 루스벨트는 이에 굴하지 않고 대법원과의 대결을 계속했다. 그는 일흔이 다된 판사를 대통령이 추가 임명할 수 있도록 옛 법안을 부활시켜 대법원을 뉴딜 정책에 우호적인 법관들로 '채우려' 했다.

대통령 취임식장으로 가는 루스벨트와 엘리너. 엘리너는 국민에게 친근함과 편안함을 주는 대통령의 부인이었다. 그녀는 평범한 대다수 미국인들과 백악관을 연결해주는 역할을 했다.

루스벨트의 정치 이력 중 이것이 아마 가장 치명적인 오판이었을 것이다. 루스벨트는 은퇴한 판사 자리에 친뉴딜파인 휴고 블랙을 앉힐 수 있었는데도 계속 물러서지 않고 옛 법안을 물고 늘어졌다. 하지만 그는 거의 혼자 싸우고 있었다. 상원은 루스벨트를 밀어주면 미국의 제도가 무너지고 헌법에 명시된 견제와 균형이 깨질까 두려워 법안의 승인을 거부했다. 그것은 루스벨트가 의회에서 5년 만에 당한 첫 패배였다. 이것을 시작으로 일련의 다른 소소한 패배들이 이어졌다. 1938년 의회에서 당한 패배를 설욕할 길을 찾던 루스벨트는 자신의 대법원 안에 반대표를 던진 일부 남부 주 상원의원을 중간 선거에서 떨어뜨릴 계획을 세웠다. 하지만 그 계책은 역효과를 가져와 루스벨트가 직접 고른 후보들이 값비싼 패배를 당하는 결과를 초래했다. 한때 무적을 자랑하던 루스벨트의 갑옷도 이제는 녹이 스는 듯했다.

대법원을 자기편으로 끌어들이려던 계획도 완전히 무산되고 1938년 선거에서도 패하긴 했지만 루스벨트는 여전히 미국에서 가장 막강한, 아니 어쩌면 세계에서 가장 막강한 인물이었다. 당시 루스벨트의 파워에 버금가는 힘을 지니고 있던 사람은 오직 한 사람뿐이었을 것이다. 재미있게도 그는 루스벨트의 첫 취임식이 있기 며칠 전인 1933년 3월에 국가 원수의 자리에 올랐다. 그리고 루스벨트처럼 그도 절망에 빠진 나라에 경제적 타개책을 제시하여 권력을 움켜잡았다. 그뿐만이 아니었다. 그도 곧 루스벨트의 시민자원보존단(CCC)과 같은 기구를 만들어 나라의 청년들에게 제복을 입혀 시골로 보낼 계획이었다. 그 청년들의 이름은 나치 돌격대가 된다. 1933년 2월 독일 제국의회 건물이 불에 타자 연로하고 허약한 힌덴부르크 대통령은 아돌프 히틀러(1889~1945)를 독일 수상으로 임명했다. 아돌프 히틀러의 국가사회당은 의회 건물 화재 책임을 공산주의자들에게 떠넘겼다. 공산주의자들을 국가사회당의 목

적과 총통의 진의를 숨기고 독일 국민을 단결시키는 데 필요한 희생양으로 삼은 것이다

루스벨트는 1937년 대법원의 '노인 아홉 명'과 벌인 싸움에서 패했을지도 모른다. 하지만 그는 이제 유럽 쪽으로, 그것과는 비교도 안 될 만큼 거대한 싸움 쪽으로 시선을 돌리고 있었다.

아멜리아 에어하트에게는 무슨 일이 생겼나?

찰스 린드버그 이후 미국에서 가장 유명한 비행사는 아멜리아 에어하트(1897~1937)였다. 캔자스 태생인 그녀는 1915년 시카고에서 고등학교를 마친 후 일종의 방랑 생활을 하다가 비행에 발을 들여놓았다. 1928년 그녀는 남자 두 명과 함께 대서양 횡단 비행에 성공하여 그야말로 하룻밤 사이에 미국의 영웅이 되면서 '당찬 페미니즘'의 모델이 되었다. 1931년 출판업자 조지 푸트남과 결혼할 때도 그녀는 자신의 일을 계속할 것임을 분명히 했다. 1932년에는 대서양 횡단 비행 기록을 수립했고, 이후에도 그녀의 놀라운 기록은 계속되었다.

그녀의 가장 대담한 모험은, 1937년 항법사인 프레드 누난과 세계 일주 비행을 시도한 것이었다. 그해 6월 플로리다 주 마이애미를 출발한 에어하트는 뉴기니에 도착 7월 1일에는 태평양에 있는 하우랜드 섬을 향해 출발했다. 그러고 나서는 교신이 끊겼고 비행기도 실종되었다. 해군 수색대는 비행기의 흔적을 찾지 못했다. 에어하트의 운명을 둘러싼 무성한 추측이 몇 달 동안 신문지상을 오르내렸다. 비행기의 잔해는 발견되지 않았다. 많은 사람들은 그녀를 불가능에 도전한 위대한 비행사——어떤 사람들은 형편없는 비행사——로 믿었다. 어쩌면 그녀는 태평양 상공에서 항로를 잃고

아멜리아 에어하트. 그녀는 대
서양 횡단 비행에 성공한 최초
의 여성이다. 세계일주 비행에
나섰던 그녀는 태평양 상공에서
행방불명되었으며, 비행기는 잔
해조차 발견되지 않았다.

연료가 떨어져 거대한 바다에 추락하여 그대로 수장되었는지도 모
른다.

하지만 이와는 다른 의견을 가진 사람들도 있었다. 특히 역사가
윌리엄 맨체스터는 실종 사고의 원인을 시대의 분위기에서 찾으려
했다. 1930년대는 대공황의 경제적 위기를 타개할 해법으로 각국
의 군비 증강이 치열한 시기였다. 제2차 세계대전에서 추축국을 형
성하게 될 이탈리아, 독일, 일본의 경우가 특히 심했다. 대동아 공
영권을 꿈꾸고 있던 일본은 강력한 무장을 하고 1919년 베르사이
유 조약에서 얻은 권리로 태평양 섬들에 굳건한 방어 진지를 구축
하고 있었다. 마리아나 군도의 일부인 사이판, 괌, 티니안은 당대
미국인들에게는 거의 알려지지 않았으나 오래지 않아 고통스런 전
쟁을 떠올릴 때마다 이야기되는 곳이 된다. 맨체스터는《영광과 꿈
The Glory and the Dream》에서 이런 주장을 했다. 에어하트는 마리아
나 군도를 지나다 일본이 그 섬들에 구축하고 있던 방어 진지를 보
게 되었다. 당시 조약에 따르면 방어 진지 구축은 위법이었고, 일본
의 의도를 드러내는 것이었다. 일본은 비행기를 강제 착륙시켰다.
맨체스터의 결론은 이렇다. "그녀는 거의 강제로 착륙당해서 살해
된 것이 분명하다."

재미있는 것은 설사 에어하트가 방어 진지를 목격하고도 계속 살
아남아 일본의 계획을 폭로했다 해도 고립주의 분위기가 팽배해
있던 당시의 미국 상황에서는 그녀의 경고가 무시되었으리라는 사
실이다. 1937년의 미국은 남의 전쟁에 끼여들 기분이 아니었다.

미국은 왜 무기를 대여했나?

"가령, 이웃집에 불이 났다고 가정해봅시다." 1940년 12월 17일

프랭클린 루스벨트가 기자회견장에서 한 말이다. "이웃집 주인이 우리집 정원의 호스를 가져가 자기 집 수도에 연결하여 불을 끌 수 있는 상황이라면 그렇게 하도록 도와줄 수도 있겠지요. 자, 이제 나는 어떻게 할까요? 나는 이렇게는 말하지 않겠습니다. '이봐요, 15달러 주고 산 호스요. 쓰려거든 15달러 내고 가져가시오.' 그 상황에 거래가 될 말입니까? 나는 15달러 필요 없어요. 불을 끄고 호스를 돌려주기만 하면 그만이요."

이것이 바로 프랭클린 루스벨트의 명석함을 보여주는 대목이다. 그에게는 복잡한 것을 단순화시키는 능력이 있었다. 위험한 것도 무해한 것으로 보이게 하는 것이다. 루스벨트는 이 같은 소박한 비유를 들어 미국이 10여 년 동안이나 회피해온 현실에 한발 가까이 다가설 준비를 하고 있었다. 이웃집은 불만 붙은 게 아니라 전소될 위기에 처해 있었다.

루스벨트가 말하고 있는 그 순간에도 독일 공군은 '배틀 오브 브리튼Battle of Britain'*에서 영국에 집중 포화를 퍼붓고 있었다. 16주나 계속된 이 공중전에서 런던과 영국의 산업 중심지는 폭격으로 쑥대밭이 되다시피 했다. 이 전투에서 영국은 900대 이상의 전투기를 잃었고 수천 명의 인명 손실을 당했으며, 독일은 1천700대의 전투기를 잃었다. 영국은 금 보유고가 20억 달러로 격감한 가운데 방어력 사수에 필요한 현금이 곧 바닥날 상황에 처해 있었다. 프랭클린 루스벨트는 공식적으로는 중립을 선언하면서도 영국을 살리기 위해 자신이 할 수 있는 모든 일—법적 권한을 넘어서면서까지—을 다했다. 하지만 그는 미국 내에 팽배해 있던 고립주의 분위기와 의회에 양손이 묶여, 히틀러의 행동을 바라보면서 그것을 중지시킬 방도만을 생각할 수 있을 뿐 아무런 행동도 취하지 못했다.

히틀러의 행동을 중지시킬 방도는 '정원의 호스' 기자회견이 끝난 지 몇 주 후, 루스벨트가 무기대여법안을 의회에 발의하면서 찾

* '영국 전투'라고도 하며, 1940년 7월부터 1941년 6월까지 벌어진 독일공군의 공격에 대한 영국군의 항전을 말한다. 〈공군 대전략〉이라는 제목의 영화로도 만들어졌다.

백악관 앞에서 무기대여법 반대 시위를 벌이는 여성들. 미국의 방위에 필요하다면 어느 나라든 무기를 원조할 수 있게 하는 무기대여법은 만장일치로 의회를 통과했다.

았다. 그 법안이 통과되면 루스벨트는 미국의 방위에 절대 필요한 것으로 간주되는 곳이면 어느 나라든 원조할 수 있는 막강한 힘을 갖게 되는 것이었다. 미국은 탱크, 전투기, 전함을 '대여'해주고 전쟁이 끝나면 현금이 아닌 '현물로' 돌려받을 수 있었다. 의회는 거의 만장일치로 루스벨트 안을 가결했다. 그 안에 반대한 의원들은 로버트 A. 태프트 상원의원 같은 강경한 고립주의자들뿐이었다. 태프트는 무기 대여를 정원의 호스가 아닌 씹고 나면 버려야 하는 껌에 비유했다.

무기 대여로 가는 길은 멀고도 험난했다. 루스벨트는 대공황 위기를 수습하느라 유럽 사태에는 거의 관심을 쏟지 못했다. 너무도 많은 미국인들이 1918년의 끔찍함을 아직도 생생히 기억하고 있었고 고립주의 분위기가 온나라를 휩쓸고 있었다. 의회 조사 결과 제1차 세계대전 때 무기 제조업자들이 굉장한 이익을 남겼다는 사실이 밝혀지자 유럽의 문제를 피해가려는 욕구는 더욱 강해졌다.

아시아에서 일어난 변화는 유럽의 사태보다 더 이목을 끌지 못했다. 허버트 후버가 아직 대통령으로 재임하고 있던 1931년, 일본은 중국을 침략하여 만주국이라는 괴뢰 정부를 수립했다. 미국을 비롯한 어느 나라도 그에 항의하는 말을 하거나 행동을 취하지 않았다. 몇 달 뒤 일본은 상하이에 폭격을 퍼붓고 중국 북부로까지 지배권을 넓혔다. 국제연맹이 비난하자 일본은 콧방귀를 뀌며 연맹을 탈퇴했다. 1933년에 독일 수상이 된 아돌프 히틀러는 루스벨트가 대통령 취임식을 갖기 며칠 전, 일본 제국주의 침략성이 아무런 처벌도 받지 않고 무사히 넘어가는 것을 흥미롭게 지켜보았다.

누가 파시스트인가?

오늘날 '파시스트'라는 말은 상당히 남용되는 경향이 있다. 1960년대에는 경찰을 '파시스트 돼지'로 불렀다. 지금은 맘에 들지 않는 정부가 있으면 아무라도 파시스트라 부른다. 일반적으로 파시즘은 상인 계층의 지원을 등에 업고 인종주의와 강한 민족주의를 바탕으로 수립된 강력한 군부 독재 체제(공산주의의 집산주의와 구별하는 의미로)를 말한다. 하지만 베니토 무솔리니는 파시스트라는 용어를 아주 자랑스럽게 사용했다.

현대 최초의 독재자였던 베니토 무솔리니(1883~1945)는 대장장이 아들로 태어나 1922년 권력을 잡고 이탈리아 수상이 되었다. 그는 '지도자'를 뜻하는 '일 두체Il Duce'라는 별칭으로도 불렸다. 거들먹거리는 깡패형의 무솔리니는 제1차 세계대전 퇴역병들을 모아 반공산주의와 광적인 민족주의를 표방하는 준군사조직인 '검은셔츠단blackshirts'을 결성했다. 이 조직은 갱들이 쓰는 수법을 이용하여 파업을 진압하고 좌파 노조를 공격했다. 무솔리니는 이탈리아에 불고 있던 반공산주의 열풍에 편승하여 '질서'에 목말라 있던 국민의 지지를 얻는 데 성공했다. 그의 권력 쟁취는, 반대파에 대한 구타와 사회당 지도급 인사의 살해가 수반된 것이었다.

1925년 무솔리니는 이른바 파시스모fascismo라 불리는 단일 정당 국가의 수반이 되었다. 파시스모라는 말은 안에 도끼가 든 몽둥이 다발을 뜻하는 라틴어 'fasces'에서 유래한 것으로 고대 로마에서 권력과 힘을 상징하는 말이었다. 무솔리니는 유럽 대부분의 국가가 군비 축소에 한창이던 1920년대에 이탈리아를 재무장했다. 그리고 지도력이 부족했던 그는 군사적 모험주의를 이탈리아인들의 마음을 계속 묶어둘 수 있는 수단으로 생각했다. 무솔리니는 아프리카 침공을 시작으로 전쟁에 뛰어들었고, 프란시스코 프랑코 장군이 이끄는 에스파냐 반란군의 지원을 받았다.

제2차 세계대전에서 추축국(프랑코 지배하의 파시스트 국가 에스파냐도 포함된다)을 형성하게 될 세 나라——독일, 일본, 이탈리아——즉, 군국주의 · 전체주의 국가들이 부상한 이유는 제1차 세계대전의 정치, 경제적 결과에서 찾을 수 있다. 독일과 이탈리아에서 그것이 특히 수월했던 것은 선동 정치가들이 전쟁의 피해와 세계적 불황으로 인한 경제적 재앙을 문제삼으며 그 책임을 다른 나라에 떠넘겼기 때문이다. 아니면 압도적인 전비의 부담 아래 사람들은 **믿지 않**을 의지를 상실했는지도 모른다.

무솔리니는 이탈리아의 문제를 다른 나라에 전가시키며 국민들에게 기차를 제 시간에 달릴 수 있게 해주겠다고 약속했다. (국민들은 이 말을 믿었지만 그는 약속을 지키지 못했다.) 그 다음에 할 일은 경찰 국가가 행할 수 있는 가장 무자비한 방법으로 반대자들을 억누르는 것이었다. 독일에서는 아돌프 히틀러(1889~1945)가 공산주의자와 다른 나라들뿐 아니라 유태인들까지 희생양으로 삼고 있었다. 전자는 베르사이유 조약으로 독일의 영토와 군사력을 빼앗았기 때문이고, 유태인은 세계 경제를 좌지우지하기 때문에 증오했다. 수세기 전으로 거슬러 올라가는 유럽의 기나긴 반유태주의 역사만으로도 히틀러의 주장은 간단히 먹혀들었다.

무솔리니가 검은셔츠단을 만든 것처럼 히틀러도 자신의 추종자들로 갈색셔츠의 돌격대를 만들었다. 이것이 나중에 친위대(SS)로 불리는 나치 엘리트 부대의 전신이다. 1930년 히틀러의 국가사회당(나치당)은 독일 경제 재앙의 책임을 유태인에게 전가시키는 정강을 만들어 실업자 계층의 관심을 끌며 독일 의회에서 다수 의석을 확보하기 시작했다. 이에 연로한 힌덴부르크 대통령은 히틀러를 수상에 임명했다. 히틀러는 의사당이 소실되고 그 책임이 공산주의자들에게 돌아간 것을 기화로 독재 권력을 부여잡고, 그 권력을 경찰 국가 아래 통합한 뒤 반대자들을 모조리 숙청했다. 민족주의를 부르짖는 연극에 능하고, 전투적 기업인들로부터 재정 지원을 받으며, 날이 갈수록 막강해지는 군대와 비밀경찰의 후원을 받고, 허장성세와 애국주의로 온나라를 사로잡는 능력을 보유했다는 점에서 히틀러는 파시스트 지도자의 전형이었다.

파시스트의 대명사 무솔리니와 히틀러. 파시스트는 무솔리니가 만든 당 파시스모에서 나온 말로 고대 로마에서 권력과 힘을 뜻했다. 히틀러는 무솔리니를 본떠 나치당을 만들었다.

히틀러는 자신의 계획을 공공연히 드러냈다. 1918년에 맺어진 베르사이유 조약으로 유럽의 지도가 재편되면서 여러 곳으로 분산된 독일어권 국민을 재결합시키겠다는 의지를 표명했는가 하면 베르사이유 조약과 같은 치욕을 두 번 다시 당하지 않기 위해 독일을 재무장하겠다는 결의도 다졌다. 1935년 독일은 군대의 현대화와 전체 남성들의 군복무를 골자로 하는 거대한 군국주의화 작업에 돌입했다. 같은 해 무솔리니는 이탈리아령 소말리아와 국경을 접하고 있던 아프리카의 에티오피아를 침공했다. 한편 미국은 '유럽' 문제에 휘말리지 않기 위해 1935년 중립법Neutrality Act을 제정하여 모든 교전국에 대한 무기 판매를 금지시켰다. 루스벨트는 헨리 포드, 찰스 린드버그, 신랄한 반유태주의자로 이른바 '라디오 사제'로

에스파냐의 파시스트 프란시스코 프랑코가 이끈 팔랑헤당은 독일과 이탈리아의 원조를 받아 내전을 일으켰다. 에스파냐 내전에는 작가 헤밍웨이를 비롯하여 여러 미국인들이 참전하여 반 프랑코 전선에서 싸웠다.

불리던 찰스 컬린 신부(1891~1979)의 강력한 고립주의 분위기에 부딪쳐 내키지는 않았지만 하는 수 없이 중립법을 받아들였다. 하지만 재미있게도 석유 제품만은 수출 금지 품목에서 제외되었다. 그에 따라 이탈리아로의 석유와 가솔린 수출은 세 배로 늘었다. 현대화된 이탈리아군이 원시 상태에 다름없던 에티오피아 저항군을 거의 초토화시키고 있었기 때문이다.

1936년에는 에스파냐에서 내전이 일어났다. 프란시스코 프랑코 장군(1892~1975)이 이끄는 파시스트(팔랑헤당Falangist) 반란군은 독일의 군사 원조와 이탈리아에서 5만 명의 병력을 지원 받아 좌파 성향의 에스파냐공화국을 전복시키려고 했다. 공화국도 소련의 원조를 받았다. 에스파냐 내전은 독일 병사와 무기 그리고 병법을 실전 테스트한 일종의 대리전이었다. 이번에도 미국의 공식 입장은 중립주의와 고립주의였다. 많은 미국인들이 에스파냐로 가서 가망 없는 공화파 혹은 왕당파의 대의를 위해 싸웠지만 상황은 달라지지 않았다.

사태는 보다 급박하게 돌아갔다. 1937년 7월 일본은 중국을 또다시 침략하여 이번에는 베이징을 점령했다. 10월에는 루스벨트의 고립주의에도 미묘한 변화가 일어나기 시작했다. 제1차 세계대전 전의 윌슨 대통령처럼 루스벨트도 영국에는 늘 동정적이었다. 윌슨 대통령처럼 루스벨트도 미국의 전쟁 개입을 바라지 않는다는 점을 분명히 했다. 그는 "미국은 평화를 위해 적극 노력하고 있다"고 말하며, 침략자가 누구인지는 밝히지 않으면서 그 침략자들을 "고립시킬 것"이라고 경고했다. 1938년 3월 히틀러는 오스트리아를 병합했다. 그리고 9월, 1918년부터 체코슬로바키아에 속해 있던 수데텐란트의 반환을 요구했다. 영국과 프랑스는 뮌헨 회담에서 히틀러의 요구를 받아들여, 그곳을 독일에 반환하도록 체코슬로바키아에 압력을 넣었다. 하지만 그것은 영토 확장을 원하는 히틀러의 전주

곡에 불과했다.

저항이 미미하다는 것을 알아챈 히틀러는 1939년 초 체코슬로바키아의 나머지 지역도 덥석 가로챘다. 그 다음에는 폴란드로 눈을 돌려 단치히Danzig(지금의 그단스크)를 요구했다. 그제서야 루스벨트는 히틀러를 주시하기 시작했다. 하지만 당시에 그는 중립법도 파기시키지 못할 만큼 의회에서 힘을 쓰지 못하는 형편이었기 때문에 전쟁이 임박했다는 것을 삼척동자도 다 아는 상황에서도 프랑스와 영국을 무장시키지 못하고 있었다.

1939년 8월, 독일과 소련은 상호 불가침 조약을 체결했다. 그것은 소련은 동쪽, 독일은 서쪽에서 폴란드를 협공하려는 준비 단계였다. 일이 그렇게 되자 프랑스와 영국도 더 이상 수수방관하며 히틀러를 달래고 있을 수만은 없었다. 9월 13일 프랑스와 영국은 독일에 선전포고를 했다.

제1차 세계대전 때 독일군이 계획했던 것처럼, 이번에도 독일은 신속하고 결정적인 승리로 프랑스를 제압하여 유럽을 수중에 넣으려 했다. 그리고 지난 전쟁과는 상황이 많이 달라져 있었다. 이번 나치 계획은 영국군과 프랑스군이 독일 공격을 막아냈던 1914년과는 비교도 안 될 만큼 성공적이었다. 나치의 전격전電擊戰(독일어의 'Blitzkrieg' 영어의 'lightning war')은 덴마크, 노르웨이, 네덜란드, 벨기에, 프랑스의 저항을 완전히 무력화시켰다. 1940년 여름이 되자 히틀러는 서유럽 대부분을 차지했고, 영국과 프랑스는 도버 해협에 면한 프랑스 케르크 항을 통해서나 병사들을 간신히 내보내는 형편이었다.

한편 미국의 루스벨트 대통령은 미봉책이나마 '현금 거래, 자국선 수송주의 안'을 의회에서 억지로 통과시켜 연합국들이 무기 구입을 할 수 있게 해주었다. 이탈리아가 독일의 프랑스 공격에 합세한 뒤에는 미국이 보유하고 있던 점령국들의 자산을 동결하여 독일의 접근 가능성을 사전에 차단했다. 루스벨트는 합법적 권한 없이 영국에 '잉여' 무기도 판매하기 시작했다. 프랑스가 점령된 후에는 영국의 군사 기지를 제공받는 조건으로 미국의 낡은 구축함들을 영국에 '넘기는' 방안도 고려하기 시작했다. 이것이 곧 무기 대여로 가는 서곡이었다.

일본의 진주 만 공격에 대해 루스벨트는 무엇을 알았고, 언제 알았을까?

1941년 12월 7일 일요일 하와이 시간 아침 7시, 이동 레이다망을 감시하고 있던 두 명의 미군 병사 눈에 뭔가 심상치 않은 물체가 감지되었다. 비행기 50대 이상이 북동쪽에서 날아오는 듯한 모습이 레이다망에 포착된 것이다. 조회를 해보니, 주문한 신형 B-17기 일부가 본토에서 날아오고 있는 모양이라며 안심하라는 회답이 왔다. 그 미군 병사들이 본 것은 183대로 짜여진 일본 전투기 편대의 제1진이었다. 그 전투기들이 하와이의 일본 항공모함에 착륙해 있다가 미 해군 기지를 기습 공격한 것이었다.

오전 7시 58분, 진주 만 군 사령부의 첫 번째 무선이 전세계에 타전되었다. **진주 만 공습. 이것은 실제 상황이다**AIR RAID PEARL HARBOR. THIS IS NOT A DRILL. 1시간 뒤, 167대로 짜여진 일본 전투기 편대 제2진의 공습이 이어졌다. 불과 몇 분 동안 이루어진 두 차례 공습으로 전함 8척이 격침되었고, 선박 19척이 전복되거나 파손되었으며, 항공기 292대가 엉망으로 파괴되었다. 그 중에는 폭격기 117대도 있었다. 그뿐만이 아니었다. 군인과 민간인을 합쳐 미국인 2천403명이 사망했으며 1천178명이 부상을 당했다. 같은날 오후 루스벨트는 의회의 승인을 받아 일본에 선전포고를 했다. 그러자

일본과 맺은 조약을 빌미로 독일이 미국에 선전포고를 했다. 미국은 곧 독일, 이탈리아와도 교전에 들어갔다.

　지금까지 태평양 전쟁사를 연구하는 역사가들을 가장 애먹인 질문은 바로 이것이다. 루스벨트 대통령은 일본의 진주 만 공습을 알고 있었는가, 알고 있으면서도 역사상 가장 극악하고 파괴적인 전쟁에 미국을 끌어들이기 위해 일본의 공격을 고의로 방관하여 미국인 2천 명의 생명을 앗아가게 한 것인가?

1941년 12월 7일 일요일 아침, 평온하던 하와이의 진주 만은 삽시간에 전쟁터로 변했다. 일본의 기습 공격으로 미국 전함 8척, 비행기 292대가 파괴되었으며 미국인 2천4000여 명이 사망했다. 진주 만 공습으로 제2차 세계대전의 무대는 태평양으로 확대되었다.

프랭클린 루스벨트와 미국의 전쟁 개입에 관해서는 기본적으로 두 개의 상반된 입장이 있다. 첫째, 루스벨트는 유럽 전쟁에 너무 몰입하여 일본과의 전쟁은 원치 않았다는 것이다. 미국은, 어쩌면 일본의 능력에 대한 앵글로색슨족의 인종차별주의를 반영하는 것일 수도 있는 그 시대의 전략적 사고 방식으로 일본의 군사적 위협을 얕잡아보았을 수도 있다. 독일을 물리치는 데에 집중해야 할 에너지를 일본과의 전쟁으로 자칫 소진시킬 우려가 있었기 때문이다. 이 견해는 일본과의 전쟁에 앞서 선수를 치려는 미국의 외교 노력을 보여주는 광범위한 증거로 지지되고 있다.

두 번째 입장은 루스벨트가 일본──독일, 이탈리아 추축국의 일원으로──을 유럽 전쟁으로 가기 위한 서막으로 보았다는 것이다. 다시 말해 루스벨트는 일련의 계산된 도발로 일본을 자극하여 일부러 전쟁을 일으키도록 만들었다는 것이다. 이 견해의 최종적 결론은 이런 것이다. 루스벨트는 일본의 진주 만 공습이 임박한 것을 알면서도 그것을 막지 않았을 뿐 아니라, 자신의 전쟁 계획에 걸림돌이 되는 고립주의를 끝낼 수 있는 전환점으로 공습을 반기기까지 했다는 것이다.

이 두 견해 모두 완전하지 않다. 어쩌면 진실은 인간의 나약함, 양국의 지나친 확신, 이미 전쟁에 휘말린 곳의 긴장감과 같은 여러 요소와 두 견해의 중간 어딘가에 있는지도 모른다. 아니, 전쟁은 어쩌면 역사적 필연성이었을 수도 있다. 극동과 태평양의 자원 및 경제적 지배권을 둘러싼 일본, 미국 그리고 다른 서방 국가들의 충돌은 어차피 일어날 일이었다. 자원은 한정돼 있는데 야망은 큰 조그만 섬나라 일본으로서는 운명의 지배권을 넓혀가지 않을 수 없었다. 그것이 고도의 군국주의와 산업주의를 이루고 있던 제국이 서방 여러 나라와의 충돌로 이끌려간 요인이었다. 일본으로서는 태평양과 아시아에 식민지를 건설해놓고 그곳을 착취할 만반의 태세를 갖추고 있던 서방 국가들과 맞붙을 수밖에 없었다.

이러한 점들을 고려한다 해도 수수께끼는 여전히 남는다. 1930년 대에 미국과 일본의 관계는 험악했다. 두 나라 관계는 1937년 말 일본이 양쯔 강을 항해 중이던 미국 전함 파나이호를 격침시키면 서 악화일로를 치닫게 되었다. 그 도발은 모든 조약에 대한 명백한 위반으로 공공연한 전쟁 행위나 다름없었다. 하지만 미국은 선박 한 척 때문에 전쟁을 벌일 생각은 없었다. 루스벨트는 중일 전쟁의 결과에 영향을 미치려는 의도로 중국 국민당에 자금을 지원하면서 일정 품목에 대한 일본 수출을 금지하기 시작했다. 시간이 가면서 금지 품목에는 가솔린, 고철, 석유가 포함되었다.

이것은 일본을 전쟁으로 끌어들이기 위한 자극이었을까, 아니면 중국을 비롯한 아시아 각지에서의 일본의 침략 행위를 막으려는 현명한 대응책이었을까? 일본은 아시아를 지배하느라 여념이 없었 고, 그 목적을 달성하는 방법에서도 상당히 무자비하다는 것을 이 미 보여준 바 있다. 중국 난징에서 저지른 일본의 잔학 행위는 인간 이 저지를 수 있는 최악의 행동으로 기록되었다. 한국인들도 강제 노역, 수많은 여성을 일본 병사들의 '위안부'로 만들어 강제 매춘 행위를 시킨 전시 지배의 잔인함을 기억하며 일본에 대한 역사적 분을 삭이지 못하고 있다.

이 부분에 대한 역사적 견해는 엇갈린다. 분명한 것은 미국과 일 본 모두 온건파가 우세했다는 사실이다. 하지만 미국의 국무장관은 정복한 모든 곳에서의 일본군 완전 철수를 요구하고 있었다. 일본 에서도 도조 히데키(1884~1948)가 이끄는 호전적인 군부가 득세하 고 있었다. 온건주의는 내팽개쳐지고 두 개의 엔진은 충돌을 향한 맹렬한 질주를 계속했다.

1941년 말, 누가 봐도 일본과의 전쟁이 임박했다는 것은 분명했 다. 일본 내 미국을 비롯한 각국 대사관들은 부산히 움직이며 일본

왼쪽. 도조 히데키. 진주 만 공습을 지휘한 일본 내무대신 겸 육군대신이다. 오른쪽. 진주 만 공습 다음날 전쟁 교서에 서명하는 루스벨트 대통령.

의 분위기를 자국에 수시로 타전했다. 진주 만 공습이 있기 약 1년 전 일본 주재 미국 대사 조지프 그루는 진주 만 공습에 대해 떠도는 소문을 본국에 특별 타전한 적이 있다. 그보다 더 중요한 것은 미국 첩보기관이 일본의 외교 암호를 해독했다는 사실이다. 워싱턴은 도쿄와 미국 주재 일본 대사관이 주고받는 교신 내용을 거의 모두 가로채 읽고 있었다.

일부 미국인들이 '영시Zero Hour'가 12월 7일로 잡혔다는 것을 알았다는 것은 이제 더 이상 의심의 여지가 없는 사실이다. '영시'는, 미국 주재 일본 대사가 공격 예정 시간으로 부른 암호였다. 심지어 미국인들은 그것이 진주 만 공격일 거라는 사실까지 알고 있었다. 진주 만 공격을 다룬 존 톨런드의 〈오명Infamy〉에 따르면, 일본의 암호를 해독한 것은 미국만이 아니었고 네덜란드도 암호 해독에 성공하여 워싱턴에 그 내용을 넘겨주었다고 한다. '세발자전거'라는 암호명을 가진 영국의 이중첩자도 미국에 분명 경고를 보내주었다.

이 대목에서 인간의 나약함과 과신 그리고 미국의 인종차별주의까지를 읽을 수 있다. 미국의 군사 전문가들은 대부분 일본이 태평양상의 미국 주요 군사 기지인 필리핀을 공격할 것으로 전망했다. 진주 만의 미 해군 기지는 난공불락의 요새인데다 거리상으로도 너무 멀리 떨어져 있다고 본 것이다. 진주 만의 군사령관들은 일본의 공격보다는 오히려 파괴 활동가saboteur의 공격에 더 대비를 하고 있었다. 따지고 보면 이런 이유들이 있었기 때문에 전함과 항공기들이 한곳에 밀집해 있다가 일본 폭격기들의 날벼락을 맞게 된 것이다. 파괴 활동가들을 피하려고 전함들은 작은 배들의 엄호를 받으며 항구에 다닥다닥 붙어 있었고, 항공기들은 히캄 기지 활주로 한복판에 질서정연하게 늘어서 있었던 것이다.

루스벨트를 비롯한 많은 미국인들은 일본인 조종사들이 모두 '근시'일 것으로 짐작하여 일본의 전투기 조종사들을 무시했다. 미국 군부는 그래서 그들의 우수한 시력과 비행 능력을 더욱 놀랍게 생각했다. 미국인들은 또, 진주 만 공격은 쉽게 격퇴할 수 있으리라고 생각했다. 자만에 빠진 진주 만의 해군 사령관들은 공격 가능성에 대한 경고를 받고도 아무런 대비책을 세우지 않고 있었다. 그들은 전반적으로, 심지어 워싱턴의 해군장관까지도 일본은 매운 맛을 한 번 보게 될 것이고 미국은 원하던 대로 유럽 전쟁에서 이길 수 있으리라고 생각했다.

크리스토퍼 앤드루는 스파이 활동과 대통령의 행동을 다룬 작품 《대통령만을 목표로For President's Eyes Only》에서 미국인들의 오판에 대해 이렇게 말하고 있다. "일본에 대한 루스벨트와 처칠의 '완전한 놀라움'은 상상력의 빈곤뿐만 아니라 지력智力의 빈곤까지를 드러내는 것이었다. 처칠도 가끔 그렇게 불렀고 루스벨트도 그렇게 생각한 '리틀 옐로우 맨little yellow man'*에게 그 같은 전투 능력이 있으리라고는 두 사람 누구도 생각지 못했다. 더글러스 맥아더 장군은 함재기**에 의한 진주 만 공격 소식을 전해 듣고, 조종사들은 필시 용병일 것이라고 말했다."

공격을 자청한 것이건 아니건, 특별 경고를 무시한 이유가 무엇이건 진주 만 미군 기지의 초토화는 전혀 예측하지 못한 결과였다. 그 공격의 피해는 지금 기준으로 보아도 대단하다. 선박 18척이 격침되거나 심하게 파손되었고, 그 중 8척은 전함이었다. 8척의 전함 중 6척은 나중에 인양되었다. 지상에서는 항공기 200여 대가 파괴되었고 2천403명이 목숨을 잃었다. 사망자의 절반은 전함 애리조나호에 타고 있다가 폭탄이 배의 굴뚝에 떨어져 배가 침몰하면서 순식간에 봉변을 당했다.

진주 만 공격이 있은 다음날 루스벨트는 의회에서 전쟁 교서를 발표했다. 고립주의와 개입주의의 기나긴 전쟁도 이제는 막을 내리게 되었다.

수정주의자와 음모론을 제기하는 사람들이 꾸준히 늘고 있지만 저명한 역사가들의 대부분은 루스벨트가 일본과의 전쟁을 회피하려 한 것에 줄곧 신빙성을 부여해왔다. 그 중의 한 명인 조지프 퍼시코는 이런 글을 썼다.

"수정주의 이론에는 논리가 결여돼 있다. 이 이론대로라면 프랭클린 루스벨트는 진주 만 공습이 있으리라는 사실을 사전에 알고 있었다는 말이 된다. 그의 국무장관, 전쟁장관, 해군장관도 그 사실을 몰랐거나 알았거나 둘 중의 하나이다. 알았다면 그들 모두가 2천400명의 미국인이 사망하고 태평양 함대가 거의 초토화되다시피 한 사건 음모를 꾸몄다는 말이 된다.…… 루스벨트가 알고 있었으면서도 공습에 대한 대비를 하지 못했다는 주장도 있는데, 이러한 주장은 스팀슨, 헐, 녹스, 마셜 정도의 역량을 가진 인물들이 반역 음모에 가담했다는 전제에서만 가능하다. 그렇지 않다면 루스벨트는 내각의 누구도 알지 못하는 특별한 정보력으로 일본 함대의 움직임을 혼자만 알고 있었다는 이야기가 된다."

영국의 저명한 군사 역사가 존 키건도 음모설을 일축하면서 이들과 같은 입장을 취하고 있다. 그는 《제2차 세계대전The Second World War》에서 이렇게 말했다. "이들 주장에는 논리가 부족하다. 처칠은 분명 일본과의 전쟁을 원하지 않았다. 영국은 전쟁 장비가 형편없이 부족하여 히틀러와의 전쟁도 미국의 원조로 간신히 치르는 형편이었다.…… 루스벨트의 예견은 지극히 제한적이었다고 말할 수 있다. 설사 미국의 암호 해독자

American Voice

프랭클린 루스벨트
1941년 12월 8일, 의회에서 발표한 전쟁 교서

1941년 12월 7일—영원한 오명의 날로 기억될 날짜—어제 미합중국은 일본제국의 해군, 공군의 기습적이고 의도적인 공격을 받았습니다.

미국은 그 나라와 평화롭게 지냈고 일본의 간청으로 그 나라 정부 및 천황과 태평양에서의 평화 유지를 바라는 회담을 지금껏 계속해오고 있었습니다.……

미국은 하와이 제도에 대한 어제의 공격으로 육군, 해군에 상당한 피해를 입었습니다. 유감이지만 인명 손실도 무척 컸습니다.……

어제, 일본 정부는 말레이시아 공격을 시작했습니다.

어젯밤, 일본군은 홍콩을 공격했습니다.

어젯밤, 일본군은 괌을 공격했습니다.

어젯밤, 일본군은 필리핀 섬들을 공격했습니다.

어젯밤, 일본군은 웨이크 섬을 공격했습니다.

그리고 오늘 아침 일본은 미드웨이 섬을 공격했습니다.……

이 계획적 침략을 무찌르는 데 얼마나 오랜 시간이 걸리든 미국 국민은 정당한 힘으로 끝까지 싸워 완전한 승리를 거둘 것입니다.

들이 일본의 외교 암호 '퍼플'*과 해군 암호를 둘 다 해독했다 해도…… 그런 지령에는 전쟁의 세부 계획이 포함되지 않는다."

모든 이들에게 오명의 날로 기억되는 2001년 9월 11일 사태 이후 미국인들이 알게 되었듯 거기에는 또 다른 문제가 개재돼 있었다. 정보를 아는 것과 그것을 제대로 이용하는 것은 전혀 별개의 문제라는 것이다. 오른손이 하는 일을 왼손이 늘 알 수는 없는 노릇이다. 그것은 FBI와 CIA가 9·11사태가 있기 전의 의문점들을 단편적으로 공개하는 과정에서도 여실히 드러났다. 하지만 의문점들이 완전히 풀리지 않았다고 하여 그것이 곧바로 미국이 이슬람과의 전쟁을 원했다는 음모론으로 연결되지는 않는다. 과거를 아는 것이 때로 현재를 이해하는 데 도움이 되는 것은 사실이지만 9·11사태는 어쩌면 현재를 아는 것이 과거의 수수께끼를 이해하는 데 도움이 될 수도 있다는 것을 보여주는 한 가지 경우일 수도 있다.

* 미국의 암호 해독자들이 일본의 외교 암호에 붙인 이름.

제2차 세계대전의 대가는?

제2차 세계대전의 사상자 수에 대해서는 '공식적인' 통계가 나와 있지 않다. 하지만 5천만 명 이상의 희생자를 낸 역사상 가장 참혹한 전쟁이었던 것만은 분명하다. 그 사상자 수를 나라별로 분류해 보면 다음과 같다. 소련 750만 명, 독일 350만 명, 일본 220만 명, 중국 220만 명. 영국과 프랑스도 각각 수십만 명의 전사자를 냈다. 민간인의 피해는 더욱 극심했다. 소련에서만 아마 2천200만 명이 전시에 목숨을 잃었을 것이다. 독일의 '궁극적 해답'이었던 유태인 학살로 죽어간 유태인 수도 최소한 600만 명에 이르렀는데 이들 대부분은 집단 수용소에서 사망했다. 이외에도 슬라브인, 동유럽인, 집시, 동성애자 수백만 명이 홀로코스트로 목숨을 잃었다. 미국은 30만 명 가까운 전사자와 70만 명에 이르는 부상자를 냈다.

이름 모를 병사의 무덤. 제2차 세계대전은 5천만 명이 넘는 희생자를 낸 역사상 가장 참혹한 전쟁이었다.

전시에 이루어진 소련과 서방의 협조, 국제연합(UN)의 탄생, 원자폭탄의 가공할 위력——이 모든 것들이 제2차 세계대전이 모든 전쟁을 종식시키는 마지막 전쟁이 되리라는 희망을 불러일으켰다. 하지만 상황은 그렇지 못했다. 신년으로 접어든 지 석 달 후 1945년 선거에서 낙방한 윈스턴 처칠 영국 수상은 미주리 주 풀턴에서 대학생들을 상대로 강연회를 가졌다. 이 자리에서 그는 청중과 세계를 향해 이렇게 말했다. "유럽 대륙에 철의 장막이 가로놓여 '경찰 국가들'이 동유럽을 지배하고 있습니다."

하나의 전쟁은 끝났다. 하지만 다음 전쟁—냉전—이 다가오고 있었다.

* 프랭클린 루스벨트는 미국 역사상 최초로 4선 대통령이 된 인물이다.

얄타회담은?

1945년 2월, 유럽의 전쟁도 이제는 종착역을 향해 달리고 있었다. 소련군은 이미 헝가리와 폴란드에 진주하여 베를린을 향해 접근 중이었다. 서부전선에서는 연합군이 히틀러가 은밀히 계획한 아르덴 삼림 지역의 독일군 대반격을 발지 대전투에서 격퇴했다. 미군과 소련군은 엘베 강을 향해 이동 중이었다. 하지만 태평양 전쟁은 여전히 치열하게 전개되고 있었다. 일본은 퇴각하고 있었지만 패배와는 아직 거리가 멀었다.

이러한 전황 속에 연합군의 빅쓰리—윈스턴 처칠, 프랭클린 루스벨트, 이오시프 스탈린—는 흑해 연안 얄타에 위치한 옛 러시아 황제의 황궁에서 만났다. 제2차 세계대전의 '총정리'를 하기 위해 모인 것이었다. 전시의 주요 결정은 카사블랑카에서 먼저 열린 루스벨트와 처칠의 회담, 테헤란의 빅쓰리 정상회담에서 이미 내려진 바 있었다.

최근 네 번째 대통령 취임식*을 가진 루스벨트는 건강이 좋지 못했다. 12년간 대공황과 전쟁을 치르며 부서진 나라를 일으켜 세우느라 바짝 늙어버린 탓이었다. 그는 세 가지 목적을 가지고 얄타에 왔다. 첫째, 국제연합의 창설. 둘째, 소련이 일본에 선전포고를 하도록 하여 그쪽 지역의 전쟁을 재빨리 종결짓는 것. 셋째, 독일과 소련의 협공이 있은 뒤부터 줄곧 그 전쟁의 핵심 과제가 되어온 큼직한 영토, 폴란드의 운명을 결정짓는 것.

이 셋 중에서 루스벨트가 가장 신경을 쓴 것은 일본의 전쟁에 개

얄타회담을 위해 모인 세계 정상들. 왼쪽부터 영국의 처칠 수상, 미국의 루스벨트 대통령, 소련의 스탈린 서기장. 이들은 서로 다른 전후 세계를 그리고 있었기 때문에 히틀러의 몰락과 함께 이들의 협력 관계는 끝나게 된다.

입하겠다는 소련의 약속이었다. 일본에 사용될 비밀 병기의 연구는 여전히 진행 중에 있었다. 하지만 맨해튼 프로젝트의 존재를 아는 극소수의 사람들조차 원자폭탄의 유용성에 대해서는 그다지 큰 기대를 걸지 않았다. 루스벨트로서는 군 지휘관들의 권고를 무시할 수가 없었던 것이다. 맥아더도 일본을 침략하는 경우 줄잡아 100만 명의 미군 사상자가 날 수 있다는 전망을 내놓고 있었다. 루스벨트와 처칠은 일본의 전쟁에 개입하겠다는 스탈린의 약속을 어떡하든 받아야 할 입장이었다.

스탈린도 그것을 알고 있었다.

제2차 세계대전의 운명을 거의 좌지우지하고 있던 루스벨트와 처칠은 자신들이 허약한 위치에서 소련 지배자와 거래를 하는 위태로운 상황에 빠져 있다는 사실을 발견했다. 하지만 스탈린도 마침내 대對 일본 동맹에 합류하기로 결정했다. 스탈린의 결정은 상당한 대가가 수반된 것이었다. 소련은 합류하는 대가로 다음과 같은 것들을 얻기로 되어 있었다. 첫째, 만주와 몽골의 지배권을 갖고 일본 북부에 위치한 사할린 섬과 쿠릴 열도의 절반을 할양받는다.

둘째, 한국에 소련 점령 지역을 둔다. 셋째, 국제연합의 거부권을 행사할 나라들(미국, 영국, 프랑스, 중국. 당시만 해도 중국은 아직 미국의 지원을 받는 장제스 국민당의 위태로운 지배하에 있었다)에 소련도 포함시킨다.

후일 얄타의 '병자sick man' 루스벨트는 폴란드(그리고 나머지 동유럽 국가들)를 거저 넘겨준 인물로 일컬어지게 된다. 하지만 그 지역은 자신의 것이 아니었기 때문에 루스벨트는 그곳을 거저 넘겨줄 입장이 아니었다. 그 지역은 동유럽의 적군赤軍과 공산당 파르티잔 군대가 거의 장악하고 있었다. 처칠은 은밀히 아이젠하워 장군에게 엘베 강 동쪽 끝까지 가능한 멀리 군대를 밀고 들어가도록 설득했다. 패튼 장군도 그에 동의했다. 하지만 아이젠하워는 그에 동의하지 않았다. 그 결과 패튼은 퇴각하고 소련은 체코슬로바키아, 동독, 베를린을 '해방시키게' 된 것이다.

얄타에서 폴란드 문제는 국경을 재조정하고 베르사이유 조약을 재확인하는 것으로 해결되었다. 그에 따라 이전 독일 지역은 폴란드에 추가되었다. 스탈린도 연합국의 단결 정신에 따라 동유럽의 모든 국가들이 자유 선거를 통해 그들 정부와 지도자를 스스로 선택할 수 있는 권리를 보장해주기로 합의했다. 루스벨트는 이번 국제연합의 창설에는 미국도 참여하므로(국제연맹에는 불참했다) 국제연합이 이들 문제와 관련된 사항을 해결해줄 것으로 기대했다. 그보다 더 비극이었던 것은 루스벨트가 자신의 개인적 역할을 평화의 열쇠를 쥐고 있는 사람, 즉 조정자로 보았다는 사실일 것이다.

역사가 제임스 맥그리거 번스는 《자유의 옆바람The Crosswinds of Freedom》에서 이런 말을 하고 있다. "루스벨트는 얄타라는 거대한 포커 게임에서 형편없는 패를 쥐고서도 미래 평화의 기초를 닦은 것으로 믿고 있었다. 얄타를 떠나 머나먼 고국을 향해 가는 그와 그의 일행의 가슴속에는 희망, 심지어 환희의 물결까지도 일렁이고 있었다. 무엇보다도 그는, 앞으로 무슨 문제가 닥치더라도 자신이 개입하면 해결 못할 일이 없다는 확신을 갖고 있었다."

프랭클린 루스벨트의 사인은?

자신의 인물됨으로 평화를 유지하고 싶어한 루스벨트의 모든 희망은 그의 죽음과 함께 묘지에 안장되었다. 1945년 4월 12일 루스벨트는 조지아 주 웜스프링스에 있는 자신의 별장에서 오랜 연인 루시 러더포드와 함께 휴식을 취하다 뇌일혈로 쓰러져 사망했다. 그의 죽음으로 미국은 물론 전세계 많은 나라들은 망연자실했다. 일본까지도 애도의 뜻을 표했다. 물론 그때까지도 프랭클린 루스벨트를 중상하는 사람은 많았다. 하지만 대다수 미국인들에게 그는 미국적 상황에서의 지브롤터gibraltar와 같은 존재, 즉 불변의 힘으로 남아 있었다. 그가 대통령이었기에 미국은 대공황과 나치를 물리칠 수 있었다. 그는 미국 청년들이 아는 유일한 대통령, 제복 입은 군인들이 아는 유일한 대통령이었다.

프랭클린 루스벨트는 당대의 미국인들에게 거의 성자로까지 추앙 받았다. 하지만 사후 50년 뒤에는——워싱턴, 링컨을 비롯한 미국사의 다른 '위대한 인물들'처럼——성자의 풍모보다는 오히려 결점 많았던 인간으로 조명되고 있다. 그는 무엇보다 정치인, 아마도 미국 역사상 가장 위대한 정치인이었다. 그리고 모든 정치인들이 다 그러하듯 그도 거래를 했다. 그가 남긴 유산에는 많은 의문점들이 남아 있다. 흑인 문제만 해도 비록 흑인들의 압도적인 지지와 존경을 받긴 했지만 흑인 문제에 대한 그의 접근법은 상당히 혼란스러웠다. 그의 부인 엘리너는 흑인을 비롯한 모든 소수 민족들이 더 많은 사회적 평등을 누려야 한다고 계속해서 그를 설득했다. 하지만 시민 생활에서나 군대 생활에서나 인종차별 현상은 여전했다. 물론 흑인들의 위치는 서서히 나아지고 있었고, 전쟁 참가자들도 인종차별을 받지 않았다.

그가 남긴 또 다른 문제는 홀로코스트에 대한 대응 방식이었다. 제2차 세계대전에 참전하기 전 미국은 나치의 유태인 처리에 대해 경미한 외교적 비난을 했을 뿐이다. 루스벨트는 독일을 비롯한 유럽 지역에서의 유태인에 대한 대우와 홀로코스트 기간 중에 조직적이고 체계적으로 자행된 유태인 절멸에 대해 분명히 알고 있었

다. 그렇게 본다면 미국 전쟁 입안자들은 히틀러에 의해 대량 학살되고 있던 유태인과 다른 민족들의 구제는 주요 사안으로 다루지 않았다는 이야기가 된다.

진주 만 공격에도 석연치 않은 점이 남아 있다. 어쩌면 살릴 수도 있었을 미국인 2천 명에게 사망 선고를 내린 루스벨트를 감히 비난하는 역사가는 찾아볼 수 없다. 하지만 그의 군 보좌관들을 비난하는 데는 모두의 의견이 일치하고 있다. 군 보좌관들은 하와이 공격 능력이 없다고 일본을 얕잡아보았고 설사 있다 해도 일본의 공격쯤은 너끈히 막아낼 수 있다고 미국의 방위력을 과대평가했다는 것이다. 전시에 일본계 미국인들을 억류한 것 또한 루스벨트와 미국의 영원한 오점으로 남아 있다.

사적인 면에서 보면 루스벨트는 오랜 시간 루시 러더포드와 연인 사이였던 것으로 나중에 드러났다. 이 비밀이 폭로되었다면 그는 아마 하야해야 했을지도 모른다. 하지만 근래의 정치인들이 당한 운명과는 달리 루스벨트와 러더포드에 대한 일은 한번도 들추어진 적이 없고, 영화나 사진들은 더더욱 그러했다. 그는 성생활에서 자신보다 훨씬 지각없고 위험하게 행동한 존 F. 케네디처럼 비밀경찰과 언론의 보호를 받고 있었다.

그럼에도 불구하고 프랭클린 루스벨트의 유산은 남아 있다. 워싱턴이 그 시대의 '필요불가결한 인물'이었던 것처럼 루스벨트도 대공황과 제2차 세계대전에 없어서는 안 될 인물이었다. 역사를 인격의 문제로까지 확대 적용한다면, 미국에 분명 루스벨트만한 역량을 지닌 인물은 없었다. 그는 여러 결점과 모순점을 지닌 인간이었지만 나라 경제와 정신적 건강을 회복하지 못하면 인종차별주의와 군국주의가 득세하리라는 것을 알고 있었다. 그 같은 인종차별주의와 군국주의는 다른 나라들에서는 색다른 지도자의 등장이라는 결과를 초래했다. 미국의 대통령치고 대공황기와 전시의 루스벨트처럼 독재에 가까울 정도의 권력을 행사한 인물도 드물었다──남북전쟁 시기의 링컨 이후로는 없었다. 권력의 정점에서 유사 독재자가 되기는 했어도 그는 전체적인 면에서 보면 분명 온화한 대통령이었다. 루스벨트에게 권력을 가져다준 똑같은 경제적 충격의 여파가 다른 곳에서는 무솔리니, 히틀러 같은 미치광이 선동 정치가들을 만들어내지 않았는가. 그리고 이들은 나라를 무자비하고 인종차별적인 경찰 국가로 통치하며 세계 정복을 꿈꾸지 않았는가. 루스벨트도 성자로 추앙 받는 다른 미국의 영웅들처럼 성인군자와는 거리가 멀었다. 하지만 그가 아닌 다른 사람이었을 경우를 한번 생각해 보라.

히로시마와 나가사키에 원자폭탄을 꼭 투하해야 했을까?

알겠습니다, 대통령 각하. 상황은 이런 것이지요. 각하는 지금 일본 본토를 침략하려 하고 계십니다. 각하의 최고 지휘관들은 이들 해안을 공격할 경우 50만 명의 미국인 희생자가 날 수 있다는 보고를 하고 있습니다. 100만 명을 말하는 사람들도 있고요. 맥아더 장군은 일본의 게릴라식 저항이 10년은 족히 갈 거라고 말하는군요. 과달카날로부터 오키나와에 이르기까지 그간의 끔찍했던 전투 경험에 비추어볼 때 일본은 분명 죽기살기로 싸우겠지요. 일본은 미국인들로서는 이해하기 힘들지만 천황에 헌신하는 사무라이 전통이라는 게 있습니다. 이러한 전통으로 조국을 위해 목숨이 다할 때까지 싸우겠다며 투지를 불태우는, 전쟁에 이골이 난 600만 군대를 보유하고 있습니다. 민간인들도

해리 트루먼
리처드 로즈의 《원자폭탄 만들기The Making of the Atomic Bomb》에 실린 트루먼의 일기

우리는 세계 역사상 가장 가공할 폭탄을 발견했다. 이것은 어쩌면 노아와 전설적인 그의 방주 이후 유프라테스 계곡 시대에 예언된 불의 재난일 수도 있다.

우리가 어떤 식으로 '생각하든' 여하튼 우리는 원자를 붕괴시킬 수 있는 방법을 찾아낸 것이다. 뉴멕시코 주 사막에서 있었던 실험은 참으로 굉장했다─아무리 줄여 말해도.

이 무기는 오늘부터 8월 10일 사이의 어느 날 일본과의 전쟁에 사용될 것이다. 나는 전쟁장관 스팀슨에게 군사 시설, 병사, 선원 들만을 목표로 하고 여자와 아이들에게는 해가 미치지 않도록 하라고 단단히 일러두었다. 아무리 일본인들이 야만적이고 무자비하고 잔인하고 광신적이라 한들 공공의 복리를 위하는 세계의 지도자인 우리가 어찌 옛 수도나 새로운 수도에 이 가공할 폭탄을 투하할 수 있겠는가.

그와 나는 의견이 일치했다. 우리는 순전히 군사적인 것에 목표를 한정할 것이고, 일본인들에게는 항복하여 재난을 피하라는 경고를 사전에 보낼 작정이다. 말을 듣지 않을 것은 분명하지만 여하튼 기회는 줄 것이다. 히틀러 도당이나 스탈린 도당이 이 원자폭탄을 발견하지 못한 것이 세계로서는 참으로 다행스런 일이다. 이것은 인류 역사상 가장 가공할 발견이다. 그리고 가장 유용하게 쓰일 수도 있다.

미군에게 잡히지 않으려고 절벽에서 뛰어내리고 있는 형편입니다. 그리고 들리는 바에 따르면 일본 본토의 민간인들은 날카로운 대나무 창으로 무장을 하고 있다지요. 그뿐입니까. 진주 만과 '바탄 죽음의 행진'* 그밖의 일본이 저지른 다른 끔찍한 만행들은 또 어떻고요. 그런 처참한 전쟁의 와중에서 행하는 복수인데 이해 못할 것도 없겠지요.

지금 각하의 손에는 TNT 2만 톤의 파괴력을 지닌 폭탄이 놓여 있습니다. 실험으로 입증이 되었지요. 하지만 비행기에서 떨어뜨리면 작동이 안 될 수도 있습니다. 왜, 실제 상황에 투하하여 위력을 한번 보여주지 그러십니까? 각하의 보좌관들은 시범케이스로 투하한 것이 불발될 경우 일본의 저항은 더욱 거세질 거라고 말하고 있

* 제2차 세계대전 초 7만 명의 미군과 필리핀 전쟁 포로들이 일본군의 강압으로 행한 행진을 말한다. 필리핀 바탄 반도의 남쪽 끝에서 시작하여 오도넬 수용소까지 행군하는 동안 굶주림과 구타에 시달리고, 낙오하면 총검에 찔려 죽었다.

습니다.

　현대사에는 이 두 가지 선택—대대적인 공격 대 원자폭탄—이 '투르먼의 선택'으로 소개되어 있다. 트루먼은 사실 이 선택을 이전 대통령으로부터 물려받은 것이다. 루스벨트 대통령은 1939년 앨버트 아인슈타인에게서 원자폭탄 제조 가능성에 대한 말—후일 아인슈타인은 자신의 이 경고를 후회했다—을 듣고, 연구 명령을 내리는 것으로 답변을 대신했다. 이것이 이른바 1942년의 맨해튼 프로젝트이다. 트루먼은 포함되지 않은 극소수 사람들에게만 알려진 이 프로젝트는 20억 달러(인플레 전 1940년대의 달러로)짜리 원자폭탄 제조 계획이었다. 로버트 오펜하이머(1904~1967) 박사 지휘로 뉴멕시코 주의 로스앨러모스에서 연구에 전념하고 있던 원자 과학자들은 대부분 히틀러의 유럽에서 도망쳐 나온 망명자들이었다. 이들은 자신들이 독일의 '나치 폭탄'과 선두 경쟁을 벌이고 있다고 생각했다. 나치 폭탄은 후일 성공과는 거리가 먼 것으로 드러났다. 최초의 원자폭탄 실험은 1945년 7월 16일, 뉴멕시코 주의 앨러머고도에서 실시되었다. 트루먼은 독일의 패전 도시 포츠담에서 열린 처칠, 스탈린과의 회담에서 원자폭탄 실험의 성공에 대한 경고를 받았다.

　핵실험이 있기 전에 이미 과학계와 군부는 원자폭탄의 파괴력으로 야기될 도덕성에 대해 깊은 우려를 나타냈다. 그것을 만든 과학자들은 대부분 원자폭탄이 사용되지 않기를 바랐고, 때문에 그것의 사용을 막기 위해 세계의 나머지 지역들과 원자폭탄의 비밀을 공유하기 위한 로비를 벌이기도 했다. 트루먼은 그 경고를 무시했다. 그리고는 처칠, 장제스와 함께 일본에 대한 경고성의 포츠담 선언을 발표했다. 그것은 무조건 항복을 하든지 '즉각적이고 철저한 파괴'를 당하든지 양단간에 결정을 내리라는 것이었다. 비록 원자폭

히로시마에 원자폭탄이 떨어진 직후 풍경. 부상자들이 구조를 받기 위해 모여 있다. 히로시마와 나가사키에 떨어진 원자폭탄으로 12만여 명이 죽었으며 수많은 사람들이 후유증으로 고통을 받았다.

탄의 성격에 대해 구체적으로 언급했다고는 해도 이 애매한 경고가 원자폭탄을 투하하기 전의 유일한 경고였다.

최후통첩을 받은 일본이 처음에는 침묵, 그 다음에는 거절을 하자 트루먼은 마침내 운명적인 명령을 내렸다. 그것은 자체의 생명력을 지닌 언제까지나 유효한 명령이었다. 히로시마 이후에는 누구도 '또 다시 투하하면 안 된다'는 말을 하지 않았다. 군인들은 그저 이전에 받은 명령을 묵묵히 수행하면 그뿐이었다.

히로시마에 최초의 원자폭탄이 투하된 그날 즈음부터 혹평가들은 트루먼의 결정과 동기에 대해 계속 비판을 가했다. 원자폭탄 투하에 대해 당대 역사가들은 옹호 아니면 비난하는 태도를 취했다. 원자폭탄 투하의 정당성을 옹호하는 측은 일본 본토에 전면적인 공격이 가해졌다면 미국이나 일본 모두 엄청난 인명 손실을 입었을 것이라고 주장했다.

많은 비판가들은 그러한 예측을 터무니없는 것으로 일축했다. 그들의 말은 원자폭탄이 투하됐을 때는 이미 일본의 마음이 항복 쪽

히로시마에 원자폭탄이 떨어진 순간 멈춰버린 시계. 오전 8시 16분을 가리키고 있다.

에 기울어져 있었다는 것이다. 제2차 세계대전 뒤에 행해진 미국정부조사단의 연구도 같은 결론에 도달했다. 하지만 이 결론은 전쟁이 끝난 지 1년 뒤에 나왔기 때문에 트루먼의 결정에는 아무런 영향도 끼치지 못했다.

히로시마 원자폭탄 투하를 지지하는 다른 역사가들은 그런 비판에 부정적인 입장을 취하고 있다. 그들은 일본 군부의 강경파가 항복 쪽으로 기우는 정부에 대해 쿠데타 음모를 꾸미고 있었다는 사실을 지적했다. 심지어 항복을 한 뒤에도 일본군 장교들은 항복조인식이 열릴 예정이던 전함에 가미가제식 공격을 퍼부을 계획까지 세우고 있었다는 것이다. '원자폭탄의 불가피성'을 받아들이는 견해는 일본 본토 쪽으로 사실상 옮겨 가고 있던 태평양 전쟁을 그 증거로 내세우고 있다. 그것은 신빙성 있는 말이기도 했다. 연달아 붙어 있는 섬들은 미군이 공격할 때마다 미친 듯이 반격을 가해 양측 모두 엄청난 손실을 입었던 것이다. 수세기 동안 사무라이 전통으로 단련된 일본 군인 정신은 항복을 절대 허용하지 않았다. 원자폭탄이 투하된 히로시마에서조차 천황이 항복한 것에 대해 분노를 감추지 못했다.

아무리 그렇다고 해도 원자폭탄과 본토 공격 이외의 다른 대안은 없었을까? 우리가 모르는 또 다른 진실이 있지는 않을까? 당대에 연구되어 1980년대 말에 폭로된 일급 비밀에 따르면 또 다른 진실은 분명히 있었다. 그리고 그것이 히로시마 원자폭탄 투하의 용인된 정당성의 많은 부분을 무효화시키고 있다. 이들 군사 보고서는 일본이 항복을 결정하게 된 주요 요인을 원자폭탄 투하가 아닌 소련의 태평양전쟁 개입에서 찾고 있다. 이들 기록과 최근에 드러난 다른 증거들에 따르면, 포츠담 회담에 참석 중이던 트루먼은 스탈린이 일본에 선전포고 할 것이라는 사실을 알고 있었다고 한다. 히로시마에 원자폭탄을 투하하기 두 달 전 육군 총사령관 조지 C. 마셜은 소련이 선전포고를 하면 일본도 항복을 할 것이고 그렇게 되면 미국의 일본 본토 침략도 불필요해질 것이라는 점을 대통령에게 건의했다. 그 점은 트루먼도 동의했던 것으로 보인다.

그러면, 본토 공격에 들어가는 비용과 전쟁의 신속한 종결이 유일한 고려 사항이 아니었다면 미국은 왜 이 가공할 무기를 사용했던 것일까?

역사는 원자폭탄을 만든 과학자들이 그것의 끔찍한 위력을 제대로 파악하지 못했다는 사실을 그 이유로 든다. 물론 그들은 원자폭탄의 파괴력을 알고 있었다. 단지 방사능의 위험을 제대로 인지하지 못했을 뿐이다. 피터 와이든은 원자폭탄 제조와 투하를 다룬 《데이 원Day One》을 쓴 작가이다. 그는 이 작품에서 원폭을 '간단한 기계 장치gadget'라 부르며 그것의 제조에 관여한 과학자들은 사람들이 방사능에 노출되어 죽기 전에 떨어지는 벽돌에 맞아 먼저 죽을 것이라는 믿음을 갖고 있었다고 썼다.

이런 과학적인 결함 외에 트루먼의 결정에 영향을 미친 또 다른 전략적 요소는 없었을까? 현대의 많은 역사가들은 주저 없이 있었다고 대답한다. 1945년 말에는 트루먼을 비롯한 미국의 다른 지도자들도 독일과 일본에 대한 승리가 곧 앞으로의 평화를 의미하는 것은 아니라는 것을 알고 있었다. 소련 주위에 적군赤軍의 통제를 받는, 일종의 사회주의 국가들의 완충 지대를 만들려는 스탈린의 의도는 이미 명백히 드러났다. 원자폭탄에 의한 힘의 과시는 어쩌면 트루먼이 결정을 내리는 데 최우선적인 고려 사항이었는지 모른다.

핵무기 소동의 시대는 히로시마 원자폭탄 투하로 시작된 것이 아니라 스탈린과 트루먼이 원자폭탄 문제를 둘러싸고 죽음의 춤을 추기 시작한 포츠담 회담에서 비롯된 것이다. 트루먼은 스탈린이 로스앨러모스에서 일하고 있던 스파이 과학자 클라우스 푹스를 통해 최소한 트루먼만큼은 맨해튼 프로젝트에 대해 소상히 알고 있었다는 사실을 모르고 있었다.

일부 과학자들은 나가사키에 대한 두 번째 원자폭탄 투하를 원자 '압력' 이론의 추가 증거로 지적했다. 트루먼은 히로시마에 13킬로톤의 원폭을 투하한 것으로도 모자라 나가사키에 또 다시 대형 폭탄을 터뜨림으로써 '우리는 그것을 가지고 있고 거리낌없이 사용할 수도 있다'는 분명한 메시지를 소련에 전달하려고 했다.

트루먼이 이들 원자폭탄을 소련에 대한 메시지로 보았다면, 그 메시지와 전후에 시작된 양국의 엄청난 핵 증강은 앞으로 다가올 수십 년 냉전 체제에서 미국과 소련의 정치를 결정지은 요인이었다.

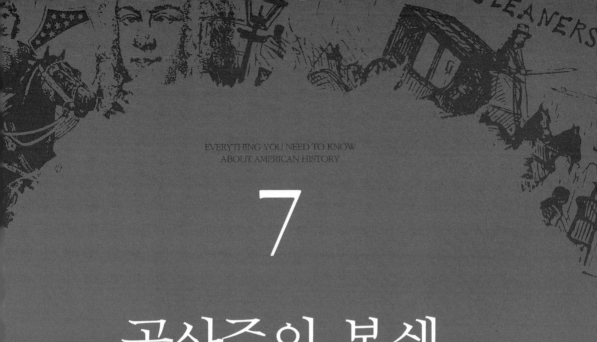

7

공산주의, 봉쇄
그리고 냉전
: 1950년대의 미국

1950년대는 1945년에 시작되었다. 전쟁도 그해에 끝났고 병사들도 그해에 귀환했다. 세계의 일등 국가가 된
미국의 사기는 하늘을 찔렀다. 그렇다고 모든 것이 다 장밋빛은 아니었다. 간혹 붉은 색이 눈에 띄었다.
빨갱이들은 사방에 널려 있었다. 동유럽에도 있었고 아시아에도 있었다. 국무부에도 있었고 군대에도 있었고
심지어는 할리우드에도 있었다! 한편에서는 아메리칸 드림과 아메리칸 드림을 어줍잖게 모방하는 자들에 대한
저항으로 소위 아메리칸 드림의 이면을 바라보는 젊은 작가군도 등장하기 시작했다.

우리가 생각하는 1950년대는 사실 1945년에 시작되었다. 전쟁도 그해에 끝났고 병사들도 그해에 귀환했다. 세계의 일등국가가 된 미국의 사기는 하늘을 찔렀다. 바야흐로 《타임》 발행인 헨리 루스가 일찍이 선언한 바 있는 "미국의 세기"가 전성기를 맞고 있는 듯했다.

엉클 밀티*와 루시의 텔레비전 쇼, 《포에버 엠버Forever Amber》, 《페이튼 플레이스Peyton Place》 같은 소설들이 시대를 풍미했다. 많은 사람들의 기억 속에 전후 시대는 나라가 번영을 이루고 사회가 평상을 되찾은 편안한 시기로 아로새겨져 있다. 그 편안했던 8년 동안 미국을 통치한 사람은 미국인들이 흔히 아이크라 부르는 인자한 모습의 골퍼 대통령 드와이트 D. 아이젠하워(1890~1969)였다. 그의 선거 유세 구호는 간단했다. "나는 아이크가 좋아I like Ike." 그것이 모든 것을 말해주었다. 백악관에서 지내는 아이크와 부인 마미의 다정한 모습은 모든 이들의 삼촌, 숙모 같은 친숙한 모습이었다.

미국인들은 텔레비전을 보기 시작했고 ─ 1950년에만 무려 400만 대의 텔레비전 수상기가 팔려나갔다 ─ 페리 코모의 감미로운 음악을 듣기 시작했다. 엉덩이춤을 추는 제일하우스 록jailhouse rock 가수는 아직 등장하지 않았다.** 아직은.

미국인들은 또 편안한 교외로 주거지를 옮기기 시작했다. 1948년부터 1958년 사이 미국 교외에는 1천300만 채의 주택이 신축되었고, 그 중 많은 수가 교외 주택 건설의 개척자 윌리엄 J. 레빗이 대량 생산 체제로 만든 주택 단지인 롱아일랜드의 레빗타운에 조성되었다. (레빗타운에도 남부 주들에서처럼 흑인용 식수대가 설치되지 않았다. 하지만 이 단지는 처음부터 백인 전용으로 조성되어 흑인들의 입주 신청을 받지 않았으니 어차피 설치할 필요도 없었다.) 제2차 세계대전과 이후 한국 전쟁에서 돌아온 병사들도 시간 낭비 없이 곧바로 작업에 들

* 밀튼 베를이 본명으로, 미국 텔레비전 사상 최초의 수퍼스타였다.
** 〈제일하우스 록jailhouse rock〉은 엘비스 프레슬리가 1957년에 발표한 노래 제목이다. 1950년대부터 미국을 휩쓸기 시작한 로큰롤 열풍을 말하고 있다.

어가 산부인과 병동에도 아이들이 넘쳐나기 시작했다. 1946년과 1964년 사이 미국에는 7천640만 명의 '베이비 붐' 아이들이 태어났다. 미국인들은 스팍 박사의 《아기와 아동 돌보기Baby and Child Care》와 노먼 빈센트 필의 《적극적 사고의 힘The Power of Positive Thinking》을 읽느라 정신이 없었다.

그렇다고 모든 것이 다 장밋빛은 아니었다──어딜 가나 붉은 색이 눈에 띄긴 했지만. 빨갱이들은 사방에 널려 있었다. 동유럽에도 있었고 아시아에도 있었다. 국무부에도 있었고 군대에도 있었다. 바위 밑도 온통 빨갱이투성이인 듯했다. 심지어는 할리우드에도 있었다!

한편에서는 아메리칸 드림과 아메리칸 드림을 어줍잖게 모방하는 자들에 대한 저항으로 소위 아메리칸 드림의 이면을 바라보는 젊은 작가군도 등장하기 시작했다. 노먼 메일러(1923~)는 그의 첫 소설 《벌거벗은 자와 죽은 자The Naked and the Dead》(1948)에서 이전과는 달리 불안정한 미군 병사들의 모습을 보여주었다. 단편 소설가 J. D. 샐린저(1919~)는 《호밀밭의 파수꾼The Catcher in the Rye》(1951)을 써서 젊음의 영원한 소외를 그려 보였다. 솔 벨로(1915~)는 《오기 마치의 모험The Adventures of Augie March》(1953)을 비롯한 여러 작품을 통해 시대의 고뇌를 이야기했다. 1955년이 되자 미국은 이제 잭 케루악(1922~1969)의 《길 위에서On the Road》와 더불어 '비트beats' 세대로 접어들기 시작했다. 이들 비트 세대는 당대의 사회적 제약을 무너뜨리며 안정과 '평상nomality'을 최고의 가치로 여기는 나라에서 스스로 추방자가 되었다. 데이비드 리스먼의 《고독한 군중The Lonely Crowd》(1950), 윌리엄 화이트의 《조직 인간The Organization Man》(1956)도 이 같은 미국인들의 독특한 순응적 욕구를 고찰한 작품이다. 미국인들의 이러한 특성은 100여 년 전에 토크빌도 이미 심도 있게 지적한 바 있다.

트루먼 독트린이란?

　전후에 새롭게 부상한 두 강대국 미국과 소련의 협조의 시대가 열리리라는 꿈은 신속히 사라졌다. 유럽의 지도는 다시 그려졌고, 스탈린 지배하의 소련은 주위에 사회주의 국가망을 둘러쳐 동유럽에는 철의 장막이 내려졌다. 처칠의 불길한 예언이 맞아떨어진 것이다. 이들 두 나라가 힘과 영향력을 과시하면서 세계는 또 다시 분쟁에 휘말리게 된다.

　1947년 그리스와 터키가 공산주의 혁명가들의 다음 목표가 될 것이 분명해지고, 영국이 두 나라 정부를 보호할 능력이 없다는 점을 밝히자 트루먼 대통령은 의회에 두 나라에 대한 원조 승인을 요청했다. 장차 트루먼 독트린으로 알려지게 될 법안을 발의하면서 그는 의원들에게 이렇게 말했다. "나는 무장한 소수파나 외부의 압력에 굴복하기를 거부하는 자유민들을 지원하는 것이 미국의 정책이 되어야 한다고 믿습니다."

　미국이 제공한 총 4억 달러 규모의 고문단과 군사 원조로 그리스와 터키 정부는 일단 위기를 모면했다. 하지만 터키나 그리스 두 나라 모두 소위 초기 민주주의 형태인 대의제 정부가 들어서지 않고 억압적인 우파 군사 정부가 들어섰다. 하지만 미국의 정치 지도자들에게는 군사 정부가 들어섰다는 사실보다 두 나라가 미국과 계속 제휴하고 있다는 사실이 더 중요했다.

　트루먼 독트린의 기본 철학은 미국 국무부 관리인 조지 F. 케넌의 머리에서 나온 것이다. 케넌은 영향력 있는 잡지 《외교Foreign Affairs》에 X라는 필명으로 '봉쇄containment'의 중추적 개념을 소개했다. 케넌이 말하는 봉쇄란 소련의 압력이 느껴지는 곳이면 어디든 미국의 힘을 이용하여 소련의 압력에 대항하는 것을 말한다. 공산주의 압력의 봉쇄는 앞으로 수십 년 동안 미국 외교 정책의 모든

트루먼은 자신이 패배했다고 오보한 신문 《시카고 트리뷴》을 치켜들고 있다. 루스벨트의 부통령이었다가 루스벨트의 사망으로 대통령직을 이어받은 트루먼은 1948년 선거에서 재선되었다.

결정에 영향을 미치게 된다. 그런 반면 그것은 또 1950년대에 미국 전역을 휩쓴 공산주의에 대한 미국 국민들의 공포감을 조성하는 원인이 되기도 한다. 봉쇄는 트루먼 독트린만을 만들어낸 것이 아니다. 북대서양조약기구(NATO)의 창설과 마셜 플랜 도입에도 일조를 했다. 북대서양조약기구는 1949년 소비에트 블록에 맞서 서유럽을 방어할 목적으로 창설된 국제 기구이고, 마셜 플랜은 제2차 세계대전 후 유럽이 처한 심각한 경제 위기를 타개하기 위해 미국이 세운 재건 계획이다.

흔히 유럽 부흥 계획으로 알려진 마셜 플랜은 이후 4년 동안 전쟁의 참화를 입은 유럽의 선별된 국가들에 120억 달러 이상의 돈을 쏟아 붓게 된다. 이 계획은 국무부 차관보 윌 클레이턴이 구상하여 국무장관 딘 애치슨(1893~1971)이 최초로 제안했다. (마셜 플랜에 참여한 국가는 오스트리아, 벨기에, 덴마크, 프랑스, 서독, 영국, 그리스, 아이슬란드, 이탈리아, 룩셈부르크, 네덜란드, 노르웨이, 스웨덴, 스위스, 터키이다.) 이것은 서유럽에 공산주의가 뿌리내리는 토양이 되었을지도 모를 경제 혼란을 제거해주었다는 점에서 경제적 측면에서의 트루먼 봉쇄 정책이었다. 그외에도 마셜 플랜은 국적 상실자 계획도 수립하여 30만여 명의 유럽인들에게 미국 시민권을 부여해 주었다. 마셜 플랜 수혜자의 태반은 홀로코스트에서 살아남은 유태인들이었다. 모든 면으로 볼 때 마셜 플랜은 전후에 미국이 시행한 가장 성공적인 정책이었다. 지금도 외국 원조의 정당성을 주장할 때면 강력한 논거로 인용된다.

조지 C. 마셜 국무장관

1947년 6월 5일, 하버드대학 졸업식 연설에서 마셜 플랜으로 알려진 유럽 부흥 계획을 정당화하며

진상은 이렇습니다. 앞으로 3, 4년 동안 유럽은 외국으로부터 식량과 기초 물품을 제공받아야 하는데—주로 미국에서—현재로서는 지불 능력이 거의 없습니다. 따라서 상당한 정도의 추가 원조가 이루어지지 않으면 경제, 사회, 정치적으로 매우 심각하게 퇴보할 수 있습니다.……

당사국 국민들이 절망에 빠져 초래될 혼란과 그로 인해 전세계가 겪게 될 사기저하의 영향은 별개로 치더라도 그것이 미국 경제에 미칠 결과는 불을 보듯 뻔합니다. 세계 경제를 평시처럼 건강하게 되돌려 놓는 일에 미국이 앞장서는 것은 지극히 당연한 일입니다. 그렇지 않으면 정치도 안정될 수 없고 평화도 보장될 수 없습니다. 우리의 정책 방향은 특정한 나라나 독트린에 맞춰져 있는 것이 아니라 굶주림, 빈곤, 절망, 혼란에 맞춰져 있습니다.

하지만 당대의 일부 좌파 비판가들은 마셜 플랜을 다르게 생각했다. 단순히 미국의 선의를 보여준 자상한 배려, 즉 미국의 이타주의만으로는 보지 않았다는 말이다. 그들은 마셜 플랜을 유럽의 자본주의 재건을 위한 계산된 냉전 계략, 그러니까 미국의 경제 지배를 위한 자본주의의 확대로 바라보았다. 간단히 말하면 미국의 산업 기계가 토해놓는 시장으로서의 유럽이 필요했다는 말이다.

그야 어찌됐든 마셜 플랜은 전쟁으로 황폐해진 유럽을 건강한 사회로 복구시켜 자유로운 시장 경제를 꽃피우게 해준 대단히 성공적인 정책이었다. 그에 반해 동유럽은 소련 통제를 받는 억압적인 정부 아래 바짝 움츠러들어 사회, 경제적으로 부진을 면치 못했다.

왜 '펌킨 페이퍼'인가?

전쟁과 전쟁에 뒤이은 몇 년 동안 미국인들은 전세계에서 공산주

지구를 두 팔로 껴안은 스탈린을 묘사한 만화. 1950년대 미국인들은 스탈린을 매우 두려워했다. 이 만화는 스탈린의 강력한 영향력을 풍자한 것이다.

의가 발호하고 있는 것을 느꼈다. 루스벨트와 그의 '동부 기득권층'은 얄타회담에서 스탈린에게 양보하여 동유럽을 '포기'했었다. 소련은 미국을 한번 떠보기 위해 베를린을 고립시켰다. 앞으로도 계속될 미국에 대한 소련의 첫 번째 시험이었다. 이에 미국은 1948년 대대적인 공중 수송 작전을 전개하여 베를린에 대한 소련 지배를 막아냈다. 중국에서는 1949년 마오쩌둥의 공산당이 장제스의 국민당을 분쇄했다. 그와 거의 동시에 소련도 원자폭탄을 보유하고 있다는 사실이 밝혀졌다. 세상은 이제 세계 지배를 꿈꾸는 공산주의의 음모에 말려든 듯했다. 그러자 미국 대통령은 의회의 초당적이고 전폭적인 지지를 받아 트루먼 독트린으로 맞섰다.

공산주의에 대해 미국인들이 느끼는 강박적 두려움은 새삼스러울 것이 없었다. 미국인들은 수년 동안 공산주의자들과 싸움을 벌였고 제1차 세계대전 뒤에는 처음으로 적색의 광란이 몰아치기도 했다(6장 참조). 그 두려움은 이제 핵폭발이 일으키는 버섯 구름의 공포로 고조되어 더욱 현실감 있게 다가왔다. 공산주의는 유권자들의 표를 좌우하는 중요한 이슈가 되었다. 공산주의에 '나약하게' 대처하는 것은 정치적 자살을 의미했다. 패기만만한 젊은 정치인들에게는 공산주의를 맹렬히 공격하는 것이 곧 성공으로 가는 티켓이었다. 캘리포니아 주 국회의원 리처드 M. 닉슨도 그 대표적인 인물이었다.

트루먼은 이러한 반공산주의 압력에 부응하여 1947년 연방 정부 내에 충성위원회를 신설하고 공산주의 동조자들에 대한 소문의 진상을 조사하기 시작했다. 그에 따라 수천 명이 조사를 받았으나 이렇다 할 흔적은 나오지 않았다. 조사 과정에서 많은 사람들이 증거 없는 혐의만으로 생계 수단을 빼앗겼다. 이것이 이른바 반공산주의

'마녀사냥'의 신호탄이었다. 이 마녀사냥에서 피의자들은 익명의 고발자들에게 대항할 수도 없었고 고발자가 누구인지 알지도 못하는 상황에서 증거에 대한 책임을 자신들이 고스란히 짊어져야 했다. 믿을 수 없는 증인들의 풍문에 의한 증언은 곧 성서가 되었다.

공산주의에 대한 공포는 급기야 신문의 머리기사까지 장식하게 되었다. 1949년 휘태커 챔버스(1901~1961)가 앨저 히스를 공산당원이고 고위층에까지 손이 닿는 소련 간첩단의 일원이라고 주장하여 파문이 생긴 것이다. 휘태커도 '전향한' 전직 공산당원이었는데 그는 후일 《타임》의 편집 책임자를 지냈다. 히스를 아는 사람들이 볼 때 이것은 반소련 편집증을 극단으로까지 몰고간 터무니없는 사건이었다. 루스벨트의 뉴딜 정책에도 참여했던 히스(1904~1996)

앨저 히스. 동부 기득권층 출신의 외교관인 그는 공산주의자요 소련의 간첩으로 지목되어 3년간 복역했다. 히스 사건은 뜨거운 논쟁거리였다.

는 동부 기득권층 가정 출신답게 대법원 판사 올리버 웬델 홈스의 법률 서기를 시작으로 오랫동안 진보적이고 탁월한 관리의 길을 걸어온 흠잡을 데 없는 인물이었다. 하지만 보수주의자들 눈에는 히스가 루스벨트와 함께 얄타회담에 참석했고 1945년부터 1946년까지 국제연합 사무총장을 지낸 결점 많은 인물로 보였다. 시간이 갈수록 얄타와 국제연합은 미국을 약화시켜 세계를 지배하려는 공산주의자들의 책략으로 생각된 것이다. 1947년 히스는 그 유명한 카네기국제평화기금 총재직을 맡고 있었다. 이 기금은 강철왕 카네기가 세계 평화에 기여할 목적으로 외교관 존 포스터 덜레스(후일 아이젠하워 내각의 국무장관)와 그의 동생 알렌 덜레스(CIA의 전설적인 창설자)의 찬사를 받으며 설립한 재단이다. 히스는 그런 사람들과 친분을 쌓고 있었기 때문에 정부 최고위층에서 그의 신분과 충절에 의혹을 갖지 않는 것은 당연했다.

체중 과다에 헝클어진 외모, 게다가 다소 본데없는 성격의 챔버스는 히스가 1930년대에 모스크바에 보내달라며 자신에게 기밀서류를 넘겨준 공산주의자라고 주장했다. 그러자 미국 의회는 공산주의자에 의한 이른바 정부 전복 기도를 조사한다는 명목으로 '국회 비미국적활동조사위원회(HUAC)'를 설치했다. 1948년에 열린 이 위원회 청문회에서 히스는 리처드 닉슨의 공격을 받았지만 자신에게 씌워진 혐의들을 전면 부인했다. 히스가 보여주는 행동과 처신으로 볼 때 챔버스의 주장은 터무니없는 것으로 보였다. 불안정한 정신 상태에 알코올중독자이며 동성애자라는 소문까지 떠도는 챔버스는 떳떳할 것 하나도 없는 인물이었다. 하지만 히스에게도 불리한 점은 있었다. 그것이 폭로되면서 성가신 의혹의 여지를 남겨놓았다. 그 중에서도 가장 물의를 일으킨 것은 도난 당한 국무부 서류의 마이크로필름 사본을 챔버스가 공개한 것이었다. 챔버스는 그것을 히스가 모스크바에 보내달라며 자신에게 준 것이라고 주장했다. 그러면서 그것을 자기 집 정원의 빈 호박통 안에 보관해두었다고 말했다. 하룻밤 사이에 그 서류는 펌킨 페이퍼pumkin paper가 되었다.

히스의 파멸은 곧 리처드 닉슨의 기회였다. 샘 타넨하우스는 챔버스 전기에서 히스 사건을 이렇게 썼다. "닉슨의 동기는 무엇보다 히스에 대한 혐오감에서 비롯되었다. 정치적인 동기도 물론 작용했다. 정치 문제에서 공산주의자에 대해서라면 일가견이 있었던 닉슨은 1946년 그것을 이용하여 인기 절정에 있던 현역 국회의원 제리 부어히스에게 예상외의 승리를 거두었으며, 워싱턴에 입성한 뒤로는 줄곧 촘촘히 짜놓은 공산주의자 사냥 그물에 부지런히 낚싯줄을 던졌다.…… 닉슨은 또한 그 명석한 두뇌로 챔버스—히스 미스

터리를 해결하는 사람은 커다란 정치적 이득을 얻을 수 있다는 것
도 간파했다. 그 같은 결론을 내리고 워싱턴 정가——또는 그 외 다
른 곳——의 누구도 따라오지 못할 체계적인 맹렬함으로 그 사건에
매달린 것이다.”

　히스의 명성은 챔버스가 자신의 주장을 뒷받침하기 위해 내놓은
증거로 타격을 받았다. 히스는 챔버스를 중상죄로 고소했다. 하지
만 미국의 진보적 자유주의의 전형이라 할 만한 인물의 혐의는 결
국 신빙성이 있는 것으로 드러났다. 챔버스는 법정에서 히스의 사
생활을 낱낱이 공개했다. 심지어 히스가 언젠가 자신에게 구식 자
동차 1대를 주었음을 나타내는 서류까지도 제시했다. 중상죄 고소
가 실패로 돌아가자 히스는 국회특별위원회에서의 위증죄로 기소
되었다. 그리고 제한 법률에 따라 간첩죄 적용은 모면했으나 1948
년 연방 대배심에 의해 기소되었다. 1950년 히스는 재판에서 유죄
가 인정되어 5년형을 선고받고, 그 중 3년을 복역한 뒤 1954년에
석방되었다. (히스의 개인 재산은 유죄가 인정된 후 다 날아갔고, 그는 법
조계에서도 추방되어 뉴욕 시에서 출판 영업사원으로 생계를 이어갔다. 1975
년 히스는 나이 일흔에 매사추세츠 법조계에 다시 복귀하여 1996년 사망할
때까지 변호사 업무를 계속했다.)

　이후 반세기 동안 히스 사건은 세간에 오르내리며 뜨거운 논쟁거
리가 되었다. 이 사건과 관련된 책이 20권 이상이나 나왔고, 이 사
건은 꽤 최근까지도 한 개인의 정치적 견해를 시험하는 리트머스
종이 구실을 했다. 진보주의자들은 히스의 무죄를 확신했으며 보수
주의자들은 그의 유죄를 주장했다. 하지만 냉전의 종식과 함께 새
로운 증거들이 속속 드러나면서 그동안 불확실했던 부분들도 많이
해결되었다.

　1991년 소련이 붕괴되자 모스크바는 옛 문서의 일부를 연구자들
에게 공개했다. 그에 따라 구소련의 KGB 파일도 들춰졌으나 히스

가 소련을 위해 간첩 행위를 했다는 단서는 포착되지 않았다. 히스 측은 새로운 힘을 얻었다. 하지만 뒤이어 나온 증거들은 히스에게 더욱 치명적이었다. 1993년 한 연구원은 국무부의 또 다른 관리였던 노엘 필드가 1949년 공산당에 실제로 가입한 사실을 보여주는 문서를 찾아냈다. 필드에 따르면, 그를 공산당 지하 조직에 가입시키려 한 사람은 히스였다. 1995년, 전세계의 모든 전문을 가로채 해독하는 일을 맡아보는 미국가안전보장국(NSA)이 일급 비밀인 이른바 '베노나venona 파일'을 전격 공개했다. 그 파일에는 미국에서 활동한 소련 간첩들이 모스크바 본부에 보낸 전문 수천 통이 보관돼 있었다. 이 전문들에도 히스가 연방 정부 내에서 광범위하게 활동한 간첩망의 일원이었음이 넌지시 암시돼 있었다.

로젠버그 부부가 간첩 행위로 처형된 이유는?

폭발적인 히스 사건이 신문의 머리기사를 장식하는 것과 거의 때를 같이하여, 독일 태생의 저명한 물리학자 클라우스 푹스 간첩 사건에 대한 전말도 미국인들에게 밝혀졌다. 클라우스 푹스는 컬럼비아대학에 재직하면서 맨해튼 프로젝트에도 가담했고, 전시에는 로스앨러모스 원자폭탄 개발에도 참여했던 인물이다. 그런 그가 미국의 원자폭탄 기밀을 소련에 넘겨주었다는 것이다. 데이비드와 루스 그린글래스라는 미국인 부부가 체포되면서 푹스의 미국인 파트너였던 화학자 해리 골드도 체포되었다. 역시 로스앨러모스에서 일한 경력이 있는 젊은 미국 군인 그린글래스는 미완의 원자폭탄 스케치를 그의 누이 부부인 줄리어스와 에델 로젠버그에게 넘겨주었다는 증언을 했다. 후일 공개된 FBI 문건에 따르면 에드거 후버는 줄리어스의 입을 열게 하려고 에델까지 무리하게 체포한 것으로 드러났다. 그들은 1950년, 또 다른 가담자 모든 소벨과 함께 체포되었다. 그리고 1951년 간첩 모의죄로 재판정에 섰다.

로젠버그 부부는 재판정에서 무죄를 주장했다. 공산주의자인가를 묻는 질문에는 수정헌법 5조*에 근거하여 답변했다. 그린글래스는 자신이 로젠버그 부부에게 정보를 준 사실과 에델이 남편을 위해 메모를 번역해준 사실을 상세히 증언했다. 이미 30년형을 선고받은 골드는 소련 관리 아나톨리 야코블레프가 소련 KGB 내의 줄리어스 로젠버그 연락책이었음을 증언했다. 그들에 대한 판결은 한국 전쟁이 한창이던 때에 판사 어빙 R. 코프먼 주재로 열린 재판에서 내려졌다. 코프먼 판사는 모든 면에서 검사측 인물임이 분명했다. 소벨은 30년형을 선고받았다. 로젠버그 부부는 코프먼으로부터 사형을 언도받았다. 그것은 에드거 후버가 두 아이의 어머니를 사형시키는 데 따른 여론의 악화를 우려하여 에델의 사형에는 반대했음에도 내려진 판결이었다. 푹스를 비롯한 그밖의 다른 공모자들에게는 구류형이 선고되었다. 그들 모두 검사측에 협조하기로 동의해준 결과였다. 로젠버그 부부는 검사측에 협조하기를 거부했고 그것이 결국 그들 부부를 1953년 6월 19일 전기의자로 보낸 이유가 되었다.

당시에는 모든 증거가 로젠버그 부부에게 불리하게만 작용했다. 그린글래스와 골드의 증언이 특히 그러했다. 하지만 그때 이후로 로젠버그 변호인들은 그들 부부는 반유태주의, 반공산주의라는 광란의 분위기 속에서 모함을 받고 유죄를 선고받아 처형된 것이라는 주장을 맹렬히 펼쳐왔다. 1990년대에, 특히 소련 문건의 공개 이후에 드러난 사실은 그때까지의 대체적인 중론을 확인해주는 내용이

로젠버그 부부. 이들은 소련에 원자폭탄 기밀을 넘겨준 혐의로 고발당했고 전기의자에서 처형당했다. 로젠버그 사건으로 미국 전역은 공산주의에 대한 공포에 휩싸였다.

었다. 줄리어스 로젠버그가 간첩이었던 것은 사실이다. 하지만 그가 소련측에 넘겨준 기밀 사항은 푹스가 넘긴 기밀 사항에 비하면 실로 보잘것없는 내용이었다. 1997년에는 로젠버그의 소련 '연락책'이었음을 자처하는 인물이 한 명 나타나 로젠버그가 소련에 넘겨준 군사 기밀은 원자폭탄에 대한 것이 아니었다는 증언을 했다. 에델에 대해서는, 남편 줄리어스가 하는 일에 대해서는 알고 있었으나 직접 관여하지는 않았다는 것이 전직 소련 간첩의 말이었다. 그것은 표면적으로 히스의 유죄를 확인시켜주는 듯했던 바로 그 베노나 파일에 의해 확인된 내용이기도 했다. 그린글래스도 2001년 마침내 저널리스트 샘 로버트가 쓴《형제The Brother》에서 자신의 목숨을 구하기 위해 누이를 팔았다는 점을 인정했다.

매카시즘이란?

이 같은 광란의 분위기 속에 등장하여 우파 언론에 의해 20세기의 폴 리비어가 된 인물이 바로 조지프 매카시(1909~1957) 상원의원이었다. 그는 전시 복무 기록을 위조하고 예비 선거와 총선거에서 정적들의 명예를 훼손하는 방법으로 1946년 국회에 등원한 위스콘신 주 초선 상원의원이었다. 상원의원이 된 지 얼마 되지도 않아 이 추잡하고 비열한 알코올중독자의 주머니는 로비스트들의 돈으로 가득 찼고 매카시는 워싱턴 최악의 상원의원으로 정평이 나 있었다. 1950년부터는 자꾸만 가라앉는 자신의 정치적 배를 구하기 위해 이슈를 찾아 이리저리 기웃거리고 있었다.

매카시는 그 이슈를, 정부 내 공산주의자들에 대한 옛 수사 기록인 폐기된 문건을 접하는 과정에서 찾아냈다. 1950년 2월 매카시는 웨스트버지니아 주 휠링에서 열린 한 여성 단체 모임에서 "지금 내

손에는" 공산당원으로 간첩단의 일원이었던 국무부 관리 205명의 명단이 있다고 말했다. 명단의 숫자는 날마다 바뀌었고 심지어 매카시도 명단의 출처를 알지 못했다. '증거'로 가득 차 있어야 할 그의 불룩한 서류가방에는 위스키병이 가득했다. 그리고 그것이 한 인간이 절망에서 빠져나오기 위해 증거와 주장을 필사적으로 조작해 만든 '새빨간 거짓말'의 시작이었다. 일이 제대로 되었더라면, 며칠 뒤 매카시 상원의원의 이력은 빈 껍데기뿐인 '증거' 때문에 끝장이 났어야 했다. 하지만 일은 그렇게 돌아가지 않았다. 1950년의 미국은 그 어느 때보다 매카시 상원의원의 말을 믿을 준비가 되어 있었다.

상원소위원회가 진상 조사에 나서 매카시가 주장하는 내용을 조목조목 반박했으나 위원회의 조사 결과는 무시되었다. 사실의 진위여부를 떠나 매카시의 무책임한 비난은 대중의 관심을 끌며 신문의 머리기사를 장식하였고 신문의 판매 부수도 올라갔다. 그의 주장을 기각시킨 상원소위원회 결정은 선박의 출항 통고와 함께 신문 뒷면에 묻혀버렸다.

시대가 매카시즘의 의미를 뒤집어놓았다. 1950년만 해도 매카시즘은 미디어와 대중의 광범위한 지지를 받으며 공산주의에 대항하

공산주의 동조자로 몰리지 않기 위해 할리우드의 영화 제작자들과 감독들은 반공 영화들을 쏟아냈다. 스스로를 지키기 위한 일이었다.

는 용감하고 애국적인 저항을 의미했다. 그러던 것이 이제는 피의자를 올가미로 덮어씌워 꼼짝달싹 못하게 만드는 근거 없는 고발의 비방전을 의미하게 되었다. 결백하다는 주장은 죄를 인정하는 것이 되었고, 죄의 자백만이 받아들여졌다. 매카시 앞이나 그 막강하다는 국회비미국적활동조사위원회(HUAC)에 나와 증언을 하는 경우, 사람들은 대개 자신들의 직업과 명예를 잃지 않으려고 다른 사람들을 쉽게 지목했다. 그것을 거부했다가는 매카시의 '공산주의 동조자'가 되는 위험을 감수해야 했다. 많은 사람들 특히, 라디오, 영화, 텔레비전에 종사하는 연예인들에게 그것은 경력에 치명적인 '요주의 인물이 되는 것'을 의미했다. 이러한 냉소적 분위기 속에 증거 위주의 법률과 헌법이 보장하는 사항들이 있다한들 '사악한 공산주의자들'에게는 적용될 리가 만무했다. 4년 동안이나 매카시는 워싱턴의 그 누구보다 막강한 권력을 휘둘렀다. 심지어는 대통령에게 압력을 가해 관리를 내쫓을 수도 있었고, 아이젠하워 대통령은 매카시 광풍에 떠밀려 자신도 공산주의에 대해서는 '터프'하다는 점을 보여주기 위해 새로운 '충절loyalty' 강령을 제정하기까지 했다.

하지만 1954년 매카시에게도 드디어 호적수가 나타났다. 그 싸움은 매카시가 공산주의로 추정되는 인물들을 국방부에서 내쫓으려고 미 육군에 도전하다 생긴 일이었다. 매카시는 수완 좋은 젊은 변호사 로이 콘을 등에 업고 육군의 특정 장교들을 공산주의자로 공격하기 시작했다. 매카시는 일찍이 로이 콘을 해외로 파견하여 미 국국제공보국 도서관들에서 '공산주의 서적'을 몽땅 파기하도록 지시한 바 있었다. 이번에도 역시 매카시 주장들은 대중의 상상력을 사로잡았다. 하지만 이번에는 술책을 너무 부리다 제 꾀에 넘어가고 말았다. 육군은 바로 아이크의 텃밭이었던 것이다. 아이젠하워와 육군은 데이비드 신에 대한 조사를 시작으로 매카시에 대한 반격에 들어갔다. 로이 콘과 함께 도서관 청소팀의 일원이었던 거부巨富 데이비드 신은, 육군에 징집된 후에 매카시의 영향력을 이용하여 수월한 임무를 맡았다.

언론도 매카시에게 등을 돌렸다. 당시 CBS에서는 전설적인 리포터 에드워드 R 머로(1908~1965)가, 현재 방영 중인 쇼 〈60분〉의 전신인 〈시 잇 나우See It Now〉의 진행을 맡고 있었다. 머로는 매카시를 〈시 잇 나우〉의 표적으로 삼았다. 머로는 제2차 세계대전 때 런던의 전격전을 라디오로 미국에 생방송한 인물이었다. 그는 논평 없이 매카시의 모습들만을 내보냈다. 혼자서 광분하여 날뛰는 상원의원은 자신의 얼굴에 먹칠을 하고 있는 협잡꾼의 모습으로 화면에 등장했다.

매카시는 36일간 계속된 의회의 육군-매카시 청문회에서 마침내 무차별적인 공격, 냉혹한 노골성, 야비하게 폭로한 근거 없는 비난을 한 자신의 행위를 취소하기에 이르렀다. 텔레비전으로 매일 방영된 의회 청문회는 육군측 변호사 조지프 웰치가 매카시에게 역공을 퍼부어 공개적으로 그를 패배시키는 것으로 막을 내렸다. 그리고 결론 없이 끝나긴 했지만 매카시가 곤경에 처한 상황을 상원의원들은 기회로 이용했다. 1954년 말이 되자 매카시는 동료 의원들로부터 힐난을 받는 처지에 몰렸고 매카시에 대한 대중의 지지도 역시 날이 갈수록 떨어졌다. 상원과 대중의 지

조지프 N. 웰치
1954년, 의회의 육군-매카시 청문회에서 육군측 젊은 변호사에게 매카시가 공격을 퍼붓자 육군측 특별 변호사 웰치가 한 말

의원님, 지금 이 순간까지도 저는 의원님이 얼마나 더 냉혹하고 무모해질 수 있는지 도저히 알 수가 없습니다.…… 이제는 좀 예의를 차릴 때도 되지 않았습니까? 당신에게는 인격도 없습니까?

지를 잃게 되자 매카시는 보기 흉한 알코올중독자의 모습으로 전락했다. 그는 알코올중독으로 인한 건강상의 문제로 1957년 5월 숨을 거뒀다.

루스벨트의 손자는 이란에서 무슨 일을 했나?

　　1952년 대통령 선거 때에 공화당은 세계의 일부를 공산주의자에게 빼앗긴 민주당을 비난하는 것에 유세의 초점을 일부 맞추었다. 아이젠하워는 1953년 정권을 잡자마자 자신의 행정부는 그러한 비난을 절대 받지 않으리라 다짐했다. 하지만 데이비드 핼버스탬이 《1950년대The Fifties》에서 썼듯이 "한국 전쟁은 제3세계에 대한 미국의 군사 개입에 국내의 제약이 어느 정도 따를 수 있음을 보여주었다. 아이젠하워 행정부는 CIA에서 재빨리 그 해답을 발견했다. CIA는 정보 수집이라는 고유 업무 외에도 은밀한 활동 영역을 개발해놓고 있었다. CIA를 준군사조직화하여 다른 비밀 활동에 이용하려는 의지는 트루먼 시대의 정책과는 상반되는 것이었다."

　　공화당 행정부의 첫 번째 기회는 대다수 미국인들에게는 현실의 장소라기보다는 소설책에나 등장할 법한 곳의 석유 지배를 놓고 소련과 일전을 벌이는 일로 찾아왔다. 과거엔 페르시아로 알려졌던 이란은 제1차 세계대전 때 소련과 오스만투르크제국(그때는 독일의 동맹국이었다)이 영토와 석유를 놓고 결전을 벌인 전쟁터였다. 전쟁이 끝나자 레자 칸이라는 이름의 기병대 장교가 반란을 일으켜 정부를 전복하고 샤Shah(왕)를 칭하며 레자 팔레비로 즉위했다. 제2차 세계대전 중에는 중립국으로 남아 있으려 했으나 영국군과 소련군이 팔레비를 강제로 폐위하고 그의 아들 모하마드 레자 팔레비를 이란의 새로운 왕으로 세웠다. 새로운 국왕 팔레비는 영국 및 소련과 조약을 맺고 그들이 이란 횡단 철도를 이용하여 석유를 수송할 수 있게 해준 것은 물론 전쟁 기간 동안 이란에 군대를 주둔시킬 수 있게 해주었다.

영국은 이란을 식민지처럼 취급하면서 이란의 석유를 자기 것인 양 사용했다. 그에 따라 영국에 돌아가는 이득은 수백만 파운드였던 반면 이란에 돌아가는 몫은 초라하기 그지없었다. 영국은 또한 이란인과 분리된 자국 노동자들을 위한 별도의 편의 시설을 만들어 이란인들의 원성을 샀고, 긴장하게 만들었다. 1951년 모하마드 모사데그가 이끄는 민족주의자들은 이란 석유 사업에 대한 영국 지배의 종식을 요구했다. 모사데그가 친소련파 수상이 되자 석유 사업은 국유화되었고 샤는 명목상의 국가 원수로 지위가 강등되었다.

일이 그렇게 되자 CIA는 영국의 요청으로 쿠데타 음모를 꾸며 샤—그의 CIA 암호명은 보이스카웃이었다—를 권좌에 복귀시켰다. 쿠데타 계획은, 국무장관 존 포스터 덜레스와 그의 동생이며 CIA 국장이던 알렌 덜레스의 동의를 얻어 커미트 루스벨트가 총지휘를 했다. 커미트는 시어도어 루스벨트 대통령의 손자로 프랭클린 루스벨트와는 사촌간이었다. CIA 중동과 과장이던 루스벨트는 차편을 이용하여 바그다드에서 테헤란으로 은밀히 잠입한 뒤 젊은 샤에게 정권을 잡게 되면 영국과 미국이 지원해주겠다는 약속을 했다. 그런 다음 테헤란에서 거대한 친샤 시위를 주동하고, 반대 시위가 일어나면 샤에 협조적인 테헤란 경찰이 즉각 진압하도록 했다. 루스벨트는 이 계획을 성공적으로 수행했으나 CIA의 개입에는 대체적으로 반대를 표했다. CIA 역사가 제임스 스로즈가 쓴 전설적인 간첩 전기《알렌 덜레스Allen Dulles》에 따르면, 루스벨트는 후일 이집트의 나세르 정부 전복 계획에 가담하라는 제의를 받고 수락할 수가 없어 CIA를 떠났다고 한다.

이제 권력은 샤에게 있었다. 모사데그는 수상직에서 쫓겨나 체포

1973년 닉슨 대통령(왼쪽)과 나란히 선 이란의 왕 팔레비(오른쪽). 미국의 지원을 받았던 팔레비는 권좌에서 물러난 뒤 이집트, 미국, 멕시코, 모로코 등을 떠돌다가 1980년 이집트의 카이로에서 암으로 세상을 떠났다.

되었다. 이란의 쿠데타로 미국은 당면한 모든 목표를 달성했다. 그리고 데이비드 헬버스탬도 지적했듯이 "그것은 신속하고 깨끗하고 값싸게 이루어졌다." 단기적으로 보면 CIA는 이 은밀한 성공으로 힘을 얻었다. 제3세계 국가들에 대한 CIA의 은밀한 개입은 CIA 계획자들이 주도했으며 미국 냉전 봉쇄 정책의 일부가 되어 더욱 힘을 얻었다. 심지어 이란 문제가 종결되기가 무섭게 어느새 과테말라의 좌파 정부를 전복시키기 위한 계획이 새로 꾸며지는 형편이었다. 과테말라를 거의 소유하다시피 한 미국 기업인 연합과일상사United Fruit의 위치가 좌파 정부로 인해 위태로운 상황에 빠졌기 때문이었다.

하지만 장기적으로는 어땠을까? 역사가 점들의 연결이라는 가정 하에 몇 년을 앞당겨 생각해보자. 1960년대 초 이란의 샤는 일련의 사회·경제적 개혁을 단행했는데 그 중에는 부유한 지주들의 토지를 소작농들에게 재분배하는 농지 개혁도 있었다. 또한 그는 교육을 진흥시켰고 사회 복지 제도를 개선했으며 여성에게도 선거권을 부여했다. 그와 동시에 사바크SAVAK라 불리는 비밀 경찰을 이용하여 정부에서 거의 절대적인 권력을 휘둘렀다. 그러자 이란에서는, 특히 학생과 보수적 무슬림들 사이에서 저항 세력이 생겨나기 시작했다.

그로부터 4반세기가 지나기 전에 CIA가 주도한 쿠데타의 예기치 않은 결과가 나타났다. 1979년 1월 이란에서는 대규모 시위, 파업, 폭동이 일어났다. 샤는 권좌에서 쫓겨나 이란을 떠났다. 이에 이슬람 근본주의 성직자 아야톨라 루홀라 호메이니는 이란을 이슬람 공화국으로 선포하고 이란의 최고 지도자가 되었다. 카터 대통령이 신병치료차 들어오려는 팔레비 왕의 미국 입국을 허용하고, 그에

아야톨라 호메이니. 이슬람 근본주의 운동 지도자인 호메이니는 팔레비가 실각한 1979년 2월, 15년에 걸친 망명 생활을 끝내고 이란으로 돌아와 이슬람 공화국을 세웠다.

대한 재판이 예정돼 있는 이란으로의 신병 인도를 거부하자 이란 혁명당원들은 테헤란의 미국 대사관을 점거하고 미국인들을 인질로 억류했다. 이것이 결국 기나긴 이슬람 근본주의 운동의 역사가 시작되는 출발점이 되어 2001년의 9·11사태로까지 이어진 것이다.

브라운 대 교육위원회 사건이란?

올해 여덟 살 난 린다 브라운에게는 궁금한 것이 하나 있었다. 집에서 네 블록밖에 떨어지지 않은 곳에 아담하기 그지없는 섬너초등학교가 있는데 왜 매일 스쿨버스를 타고 5마일 밖에 있는 학교에 다녀야 하는지 알 수 없었다. 린다 브라운의 아버지는 섬너초등학교 4학년에 린다를 편입시키려 했으나 캔자스 주의 토피카 교육위원회는 거절했다. 1951년, 린다는 섬너에는 어울리지 않는 피부색을 지니고 있었다.

1950년 7월, 그러니까 린다의 섬너초등학교 등록이 거부되기 1년 전, 24보병 연대 소속 흑인 부대는 예천을 탈환하여 한국 전쟁 최초로 미군에 승리를 안겨주었다. 그로부터 몇 달 뒤 윌리엄 톰슨 일병은 한국 전쟁에서 무공을 세운 공로로 훈장을 받았다. 미국 에스파냐 전쟁 이후 흑인이 훈장을 받기는 그것이 처음이었다. (매일 감자껍질 벗기는 일이나 구덩이 파는 일만 시키는 군대에서 훈장을 받기는 힘든 일이다.) 1950년 9월, 그웬돌린 브룩스(1917~)는 시집 《애니 앨런Annie Allen》으로 흑인 여성 최초로 시 부문의 퓰리처상을 수상하는 영예를 안았다. 같은 달, 미국의 외교관 랠프 J. 번치(1904~1971)도 팔레스타인 분쟁을 조정한 공로로 역시 흑인 최초의 노벨 평화상 수상자가 되었다.

하지만 1천500만 미국 흑인들에게──1950년에도 그들은 여전히 니그로라고 불렸다──이러한 일들은 별 의미가 없었다. 흑인들 태

반이 이들이 거둔 성과를 읽지도 못하
는 문맹이었기 때문이다. 미국 최대의
소수 민족(1950년 총인구의 약 10퍼센트)
인 흑인의 문맹률은 어제오늘 일이 아
니었다. 흑인 학교는 공교육 면에서 그
리 많은 것을 제공해주지 못했다. 미국
의 법은 여전히 1896년의 플래시 대 퍼
거슨 사건(323~324 페이지 참조)에서 대

법원이 정해준 '분리 평등' 원칙을 고수하고 있었다. 린다가 가까운
토피카의 섬너초등학교에 다닐 수 없었던 이유도 이 '분리 평등' 원
칙 때문이었다. 산부인과 병원에서 시체 공시소, 공공 식수대에서
수영장, 교도소에서 투표소에 이르기까지 모든 장소는 이 '분리 평
등' 원칙에 따라 흑백이 분리돼 있거나 백인 전용이었다. 이 같은
'분리' 시설이 어떻게 '평등'하다는 것인지 흑인들은 도저히 납득할
수 없었다. 모든 것이 그토록 평등하다면 백인들은 왜 자신들을 잘
대해주지 않는 것일까?

그 중에서도 흑백차별이 가장 심하고 노골적으로 이루어지고 있
던 곳이 공립학교, 특히 이전 남부연합 중심지의 공립학교들이었
다. 백인 학교들은 유지 관리도 잘 되고, 교원 자질도 우수하고, 예
산도 넉넉하여 그야말로 반짝반짝 윤이 날 정도였다. 그에 반해 흑
인 학교들은 세면 시설도 없는 오두막 교실에 선생 1명과 깨진 칠
판이 전부인 경우가 허다했다. 흑인 학교의 경우, 한겨울에 아이들
을 떨지 않게 하려면 부모가 호주머니 돈을 털어 석탄을 사다가 난
로를 피워주어야 했다. 하지만 용기 있는 사람은 어디에나 있게 마
련이었다. 소수의 남부 흑인들——대개는 교사나 목사 그리고 그들
가족과 같은 보통 사람들——이 투쟁을 시작하여 이러한 악법을 바
꾼 것이다.

이들의 중심에 선 인물이 볼티모어 출신의 퉁명스러운 독설가 서굿 마셜(1908~1993) 변호사였다. 캔자스, 사우스캐롤라이나, 버지니아, 델라웨어 주의 소도시 주민들은 전미유색인지위향상협회(NAACP) 산하 법률옹호및교육기금의 위원장직을 맡고 있던 마셜의 역설에 공감하여 '분리 평등' 교육 제도의 부당성을 지적하고 나섰다. 이 투쟁을 이끈 사람들은 직장을 잃는가 하면 은행 신용이 추락하고 그러다 나중에는 폭력과 살해 위협까지 받는 등 온갖 협박에 시달렸다. 1951년, 백인 전용의 섬너초등학교에 딸을 편입시키려다 좌절당한 린다 브라운의 아버지 올리버 브라운 목사도 이 투쟁에 합류했다. 이들은 미국의 4개 주 교육위원회를 상대로 소송을 제기했다. 그리고 알파벳 순서로 나열된 의뢰인의 이름 중 브라운의 이름이 제일 먼저 올라갔기 때문에 브라운 사건으로 명명되었다. 1953년 서굿 마셜은 대법원에서 변론을 시작했다.

대세는 마셜 쪽으로 기울어지는 듯했다. 1950년에 대법원은 이미 다음과 같이 플래시 판결에 타격을 주는 판결을 세 번이나 내린 적이 있었다. ① 스위트 사건에서는, 평등에는 물리적 시설 이상의 것이 포함돼 있다는 판결을 내렸고, ② 맥로린 사건에서는, 주립대학의 경우 일단 입학을 허가했으면 흑인 학생들을 차별해서는 안 된다는 판결을 내렸으며, ③ 핸더슨 사건에서는 열차 식당칸에서의 흑백 분리를 금지하는 판결을 내렸다. 하지만 이것들은 흑백 문제에 대한 보다 광범위한 해석이 결여된 제한적이고 편협한 판결이었다.

법관의 구성에도 변화가 있었다. 브라운 대 교육위원회 사건의 첫 심리가 열린 직후 재판장 프레드 M. 빈슨이 심장마비로 사망했기 때문이다. 빈슨 재판장은 트루먼이 지명한 법관으로 로젠버그 부부가 일정에 따라 차질 없이 처형될 수 있도록 다른 법관들을 워싱턴으로 돌려보낸 인물이었다. 1953년, 그 사건에 대한 재론이 임박해오자 아이젠하워 대통령은 얼 워런(1891~1974)을 연방 대법원장에 임명했다. 워런은 훌륭한 공화당 투사였으나 분명 법조계의 거물은 아니었다. 과거에는 온건한 축에 드는 캘리포니아 주지사를 지냈으며, 1948년 대통령 선거에서는 듀이의 러닝메이트로 부통령 후보를 지내기도 했다. 그의 이력에서 군이 오점을 하나 찾자면, 제2차 세계대전 때 캘리포니아 주 검찰총장 자격으로 일본계 미국인들의 억류를 강행한 것뿐이었다. 캘리포니아 주지사를 맡고 있던 그로서는 그렇게 하는 것이 첫 임기를 수행하는 데 도움이 되었던 것이다. 하지만 1953년에는 그의 행동이 오늘날과 같이 중대한 오류라기보다는 오히려 분별 있는 행동으로 보였다.

얼 워런 대법원장. 어느 한 인종을 열등한 것으로 규정하는 행위는 불법이라는 그의 판결은 미국의 백인들에게 경종을 울렸다.

당시 모든 사람들은 분명 워런이 16년 격동의 시기를 겪고 있던 법정을 변함 없이 그 방향대로 이끌어갈 것이라고 믿었다. 그 16년 동안 사법부는 주도권을 쥐고 인종적 평등, 법적 정의, 표현의 자유에 대한 미국인들의 태도를 바꾸고 있었던 것이다. 유능한 장군이었고 민권 문제에서는 확고한 의지를 지니고 있던 민주주의의 영웅 아이젠하워 대통령은 후일 워런의 대법원장 임명에 대해 "내가 저지른 가장 치명적인 실수였다"고 회고했다.

워런은——그때는 아직 상원의 인준을 받지 못한 상태였다——브라운 사건에 대한 법관들의 심리가 열리기 시작한 그 순간부터 자신은 플래시 판결을 뒤집는 쪽에 찬성표를 던지겠다는 점을 분명히 했다. 법률로는 이제 더 이상 '분리 평등' 판결의 확실한 결과, 즉 어느 한 인종을 열등한 것으로 구분짓는 행위를 할 수 없다는 것이 그의 생각이었다. 하지만 워런은 법률가이기도 했지만 기민한 정치가이기도 했다. 워런은 너무 중대하고 정치적 부담도 큰 사건이어서 만장일치의 동의가 필요하다고 생각했다. 만장일치의 동의를 얻는 일은 스스로 판결을 내리는 것만큼이나 간단한 일이 아니었다. 하지만 워런은 차분하게 설득하여 그도 원하고 그 사건을 위

1954년 5월 17일, 브라운 대 토피카 교육위원회 사건에 대한 법관 전원 일치 의견

자, 이제 제안된 의제로 들어가봅시다. 공립학교에서 학생들을 흑백으로 분리하는 것은 물리적 시설이나 그 밖의 다른 '실체적' 요소가 평등하다 해도 오직 인종을 이유로 소수 민족 아이들에게서 평등한 교육 기회를 빼앗는 것일까요? 우리는 그렇다고 믿습니다.……
비슷한 나이와 자질을 갖춘 아이들을 단지 인종 때문에 다른 학생들과 분리시킨다면 그들은 지역 사회에서 열등감을 느끼게 될 것이고 그로 인해 치유될 수 없는 상처를 마음과 정신에 입게 될 것입니다.……
고로, 공교육 분야에서 '분리 평등' 원칙은 사라져야 한다는 것이 우리의 결론입니다. 교육 시설의 분리는 본래부터 불평등한 것입니다.

해서도 필요한 의견의 일치를 끌어낼 수 있었다. 9명의 법관들은 전원 플래시 판결을 뒤집는 것에 표를 던졌고, 워런에게 자신들을 대표하여 일치된 의견을 밝힐 수 있는 권한까지 부여했다. 워런이 간단하고 짤막한 그 판결문을 읽자 그것은 곧 전 세계에 울려 퍼진 총성과 사법적 동의어가 되었다.

리처드 클루거는 이 사건과 인종적 증오의 역사 그리고 이전 시대의 인종차별에 대한 기념비적인 연구서라 할 수 있는 《단순한 재판Simple Justice》에서, 이 판결의 영향을 이렇게 웅변적으로 이야기하고 있다.

"법원의 판결은 합중국에는 물질적 풍요 이상의 어떤 뜻이 내포되어 있고, 공포와 시기심 그리고 어리석은 증오심에 아무리 깊게 물들어 있다 해도 내적 영혼으로의 이끌림은 계속되리라는 것을 보여준 것이었다.…… 법원은 세계 정상으로 오르는 과정에서 고갈된 미국인들의 인간성을 어느 정도 회복시켜주었다. 또한 그 말을 직접 하지는 않았지만 흑인을 밟으면 밟은 사람도 상처를 입는다는 말을 하고 있었다. 이제 그것을 멈출 때가 온 것이다."

물론 브라운 사건의 판결로 백인지상주의자들의 잣대를 하루아침에 끌어내릴 수는 없었다. 남부의 격분은 신속하고도 확실했다. 남부, 북부를 막론하고 미국 전역의 교육 제도는 비난과 욕설 속에 법정으로 끌려 나와 인종차별 제도 폐지 쪽으로 나아가야 했다. 주들은 끝없는 항소와 지연 작전 그리고 군대 파견 요청으로 법원의 판결에 맞섰다. 그리고 마침내 그것은 학생들을 표적으로 한 폭력

과 독기 어린 인종적 증오감으로 폭발했다. 그저 배움을 원했던 학생들을 향해.

로자 파크스의 체포는 미국인의 삶을 어떻게 바꿨나?

대법원의 역사적 판결로 흑인 민권 운동은 십계명을 부여받았다. 그 운동에 필요한 것은 이제 지도자 모세뿐이었다. 로자 파크스는 모세는 아닐지 몰라도 애굽의 노예 신분에서 벗어나기 위해 절규하는 목소리인 것만은 분명했다. 1955년의 애굽은 앨라배마 주의 몽고메리였다.

1955년 12월 어느 날, 몽고메리 시내의 한 백화점 재봉사로 일하고 있던 마흔세 살의 로자 파크스는 하루 일을 마치고 퇴근하는 길이었다. 그녀는 크리스마스 선물 가방을 한아름 안고 시내버스에 올라타 니그로 구역인 버스 뒤쪽—합법적이고, 관습적이고 아마도 영원히 계속될 것 같은—으로 걸음을 옮겼다. 하지만 뒤쪽에 빈자리가 없는 것을 보고 버스 중간 쪽의 자리에 가서 앉았다. 버스에 백인 승객들이 더 올라타자 운전기사는 "니그로는 뒤쪽으로 옮겨 가"라고 소리쳤다. 서서 가는 한이 있어도 백인 승객을 위해 자리를 비워두라는 명령이었다. 파크스 부인은 명령을 거부했다. 전미유색인지위향상협회(NAACP) 몽고메리 지부 회원이던 그녀는 자리를 포기하라는 요구를 받을 경우 저항하기로 이미 마음을 굳히고 있었다.

로자 파크스는 자리를 내주지 않아 결국 몽고메리 시 교통법규위반죄로 체포되었다. 그리고 다음 월요일에 법원에 출두하라는 명령을 받았다. 하지만 월요일이 오기 전 주말, 몽고메리 시 흑인들은

'흑인 전용For Colored Only'
식수대. 당시 흑백차별은 '분리
평등'이라는 원칙 아래 이루어
지는 합법 행위였다.

자신들의 지도자 모세를 찾아냈다. 몽고메리 시에 거주하는 흑인
들은 파크스 부인의 체포와 체포 이유에 항거하기 위해 모임을 갖
고 파크스 부인이 다니던 덱스터애비뉴 침례교회의 스물일곱 살 난
젊은 목사를 지도자로 선출했다. 목사는 평화롭게 저항할 것을 촉
구하면서 몽고메리 시 버스들에 대한 전면적인 보이콧을 역설했다.
그 목사의 이름은 마틴 루터 킹 주니어(1929~1968)였다. 그 후 얼
마 되지 않아 그는 버스 보이콧과 그것에 자극 받아 몽고메리 시민
들이 일으킨 운동으로 세계적 명성을 얻게 된다. 또한 미국 최고의
숭배의 대상이면서 매도의 대상이 된다.

　마틴 루터 킹 주니어는 조지아 주 애틀랜타 시에서 활동하던 저
명한 흑인 목사의 아들로 태어났다. 그의 할아버지는 조직적인 항
변으로 애틀랜타 최초의 흑인 고등학교, 부커 T. 워싱턴 고등학교
를 탄생시킨 사람이었다. 킹도 그 고등학교를 나왔다. 이후 그는
애틀랜타의 모어헤드대학을 졸업하고 크로처신학교와 펜실베이
니아대학에서 신학과 철학을 공부한 뒤 1955년 보스턴대학에서
조직신학연구로 박사학위를 취득했다. 덱스터애비뉴 침례교회의
목사직을 요청 받은 것이 바로 그 무렵이었다. 킹은 헨리 데이비

버스 앞자리에 당당하게 앉은
로자 파크스. 그녀의 싸움으로
앨라배마 주 몽고메리 시 버스
의 흑백 분리 지정석 제도가 폐
지되었다.

드 소로와 인도의 마하트마 간디의 비폭력 불복종 운동을 버팀목으
로 삼고, 기독교 근본원리 ──사랑, 용서, 겸양, 믿음, 희망, 공동
체──를 근간으로 한 흑인 민권 운동 조직에 착수했다. 1955년 12
월 5일에 시작된 몽고메리 시 버스 보이콧 운동은 그가 자신의 이
념을 시험할 수 있는 첫 번째 기회였다.

이 보이콧 운동은 1년 이상 크게 효력을 발휘했다. 니그로들을
버스에 태우지 못하는 것에 분개한 몽고메리 시 백인들은, 다른 방
식으로 흑인들에게 복수할 방법을 찾았다. 파크스 부인은 벌금을
물지 않았다는 이유로 또 다시 체포되었다. 킹은 처음에는 음주 운
전 혐의로, 그 다음에는 불법 보이콧 운동을 공모한 혐의로 체포되
었다. 보험회사들은 버스를 이용하지 않는, 즉 회피 목적에 사용되
는 자동차의 보험을 취소시켰다. 평화로운 방법이 먹혀들지 않자
이번에는 흑인들의 집을 방화하기 시작했다. 킹의 집에도 산탄총을
쏘아 유리창을 부숴놓았다. 그리고 물론 KKK단이 빠질 리 없었다.
그들은 몽고메리 시내에서 시가행진을 벌였다.

이 사건은 돌고 돌아 마침내 워싱턴까지 다다랐다. 워싱턴에서는
브라운 사건의 선례를 남긴 대법원이 삶의 모든 분야에서 '분리 평

등' 법규를 바로잡는 일을 진행하고 있었다. 연방 대법원은 1956년
11월, 버스의 흑백 분리 지정석 제도를 폐지할 것을 몽고메리 시에
명령했다. 몽고메리 시 흑인들은 1956년 12월 21일부터 버스 이용
을 재개했다. 평화로운 보이콧 운동은 탄력을 받아 남부 전역으로
확산되었다. 앞으로 10년 이 평화로운 시위는 흑인 민권 운동을 주
도하게 된다. 그렇게 서서히 끓어오르다 마침내 1960년대 중반 도
시 인종 폭동으로 폭발하게 된다.

데이비드 개로우의 《십자가를 지고Bearing the Cross》에 따르면,
흑인 사회의 항거는 성공적이었지만 마틴 루터 킹이 획득한 국제
적 명성을 둘러싸고 약간의 불협화음이 생겨났다고 한다. 파크스
부인은 재봉사 일자리를 잃은 뒤 버지니아 주 햄튼인스티튜트에
취직했고, 이후 민권 운동의 살아 있는 상징이 되었다.

1957년 킹은 애틀랜타로 본거지를 옮겨 남부기독교지도자회의
(SCLC)를 조직했다. 그해 말 킹은 기도 순례 형식으로 워싱턴까지
최초의 민권 운동 행진을 벌였다. 이 행진에만 5만 명의 흑인이 참
가했다. 두 번째 행진에는 흑인 수십 만 명이 그를 따르게 된다.

한편, 1955년 5월 연방 대법원은 브라운 사건2로 알려진 흑백 분
리 문제의 두 번째 판결을 내렸다. 그것은 흑백 분리 제도 폐지 명
령을 실행에 옮기기 위한 판결이었다. 대법원은 안전망 없는 위험
한 줄타기를 하는 심정으로 소송 당한 주들에게 1954년 판결에 승
복하여 즉각적이고 합리적인 조치를 취할 것을 재차 강조했다. 워
런은 단호한 입장을 취하면서도 이러한 일은 "최대한 신중한 속도
로" 진척돼야 한다는 결론을 내렸다. 이제는 모르는 사람이 없을
정도로 유명해진 이 말의 의미는 '빨리 천천히 가라는go fast
slowly' 것이었다. 인종차별 폐지론자들이 볼 때 이것은 신속함을
의미했고, 인종차별주의자들에게 '신중'은 벅 로저스* 시대의 어느
한때를 의미했다.

아이젠하워는 왜 흑인을 위해 군대를 파견했을까?

* 남부 민주당 국회의원들. 딕시에는 남부를 뜻하는 여러 지리적·문화적 뉘앙스가 내포돼 있다.
** 흑인에 대한 인종차별.

대법원 판결, 몽고메리 시 버스 보이콧, 그에 뒤이은 각종 평화 시위——이 모든 일들이 진행되는 내내 흑인 민권 문제에 관한 아이젠하워의 도덕적 리더십은 공백 상태에 있었다. 이 냉전 시대의 장군은 '민주주의를 위해' 세계는 안전한 곳으로 만들면서도 자유로운 사회를 꿈꾸는 자신의 비전 속에 정작 흑인들을 위한 자리는 만들어놓지 않은 모양이었다.

아이젠하워의 공식적인 발언은 무척 애매했다. 남부 민주당 의원들의 표가 필요했던 그로서는 아마 강력한 연합을 구성하고 있던 '딕시크래트Dixiecrats'*의 심기를 건드리지 않는 것이 중요했을 것이다. 그는 말로는 국법을 준수하겠다고 하면서도 대법원 판결은 추인하지 않으려 했다. 그 당시 이 인기 절정의 대통령 입에서 짐크로**의 상황에 대해 격노하거나 인종차별에 대한 지도력을 보여주는 단 한마디의 말만 나왔어도 민권 운동은 아마 한결 탄력을 받았을 것이다. 하지만 아이젠하워는 결국 (남부의) 압력에 밀려, 아주 못마땅한 투로 흑인 학생들의 권리보다는 대통령의 권력에 더 무게를 두는 최후의 결단을 내렸다.

1957년 9월 아칸소 주지사 오빌 파우부스는 아칸소 주방위군에서 차출한 완전무장 군인 270명을 리틀록 센트럴 고등학교에 배치했다. 백인 전용 학교였던 그곳에 흑인 학생 아홉 명이 등교하지 못하게 막으려는 것이었다. 미국인과 전세계인들은 텔레비전을 통해 학교에 들어가려던 학생들이 성난 군중들로부터 야유와 저주의 침 세례를 받으며 경비병의 저지를 받고 발길을 되돌리는 모습을 혐오스럽게 지

군인들의 호위를 받으며 학교에서 발길을 돌리는 흑인 학생들. 리틀록 사건은 미국 정부가 흑인들을 보호하기 위해 군대를 파견한 최초의 사건이었다.

백인 전용 학교인 리틀록 센트럴고등학교에 다닌 아홉 명의 흑인 학생들.

* 앞에는 아홉 명으로 되어 있는데, 한 명이 왜 빠졌는지에 대한 설명은 이 책에 나와 있지 않다.

렐만 모린
1957년 9월 23일, 연합통신 기자 모린이 아칸소 주 리틀록에서

그들은 책을 들고 있었다. 고등학교 교복의 일부인 짧은 양말이 여학생들의 발목 위에서 새하얗게 빛났다. 모두들 단정하게 차려입었다. 남학생들은 앞이 터진 셔츠, 여학생들은 보통 원피스를 입고 있었다.

그들은 서두르지 않았다. 보도에서 150야드 정도를 산책하듯이 가볍게 가로질러서 학교 계단으로 올라갔다. 시민들과 경찰이 길가에 서 있는데도 자신들과는 아무 상관없다는 듯 흘깃 쳐다보기만 했다.

그것은 진정 잊지 못할 장면이었다.

그리고 두 번 다시 반복되지 않을 광경이었다.

마치 파도처럼 네 명의 니그로들을 향해 우르르 몰려갔던 사람들이 이제는 경찰과 바리케이드 쪽으로 다시 떠밀려 왔다.

"오, 신이시여, 그들이 학교에 들어왔습니다." 한 남자가 소리쳤다.

모린은 아칸소 주 리틀록의 한 공립학교에 흑인 학생 아홉 명이 등교 첫날 학교에 도착하는 광경을 담은 이 기사로 퓰리처상을 수상했다.

켜보았다. 이 모든 일이 군인들의 감시하에 이루어졌다. 연방 지방 법원은 파우부스에게 아이들의 등교를 허락할 것을 명령했다. 그러자 주지사는 아칸소 주방위군을 철수시키고, 골이 잔뜩 나 있는 소규모 지방 경찰대에 흑인 학생들의 보호 임무를 맡겼다. 경찰들 중에는 명령 수행을 거부하는 사람도 있었다.

일이 그렇게 되자 아이젠하워도 하는 수 없이 연방 법원의 권리를 보호하기 위해 101 공수부대 소속 낙하산병 1천100명을 리틀록에 파견하고 국가방위군을 자신의 직접 명령하에 두었다. 재건 이래 최초로 미국 군대는 흑인의 권리 보호를 위해 남부에 파견되었다. 아이젠하워는 학생들의 권리나 안전을 염려해서 그런 조치를 취한 것이 아니었다. 그는 단지 연방법의 권위가 무시당하는 것을 두고볼 수 없었던 것이다.

국가방위군은 그해 내내 리틀록 센트럴고등학교에 주둔해 있었고, 흑인 학생 여덟 명*도 저주와 괴롭힘과 학대를 받으면서도 꿋꿋이 1년을 버텼다. 리틀록 사건으로 분명해진 것은 앞

으로 민권 운동을 하려면 대법원의 판결을 집행해줄 연방 정부의
전폭적인 지원이 필요하리라는 것이었다.

소련의 인공위성 스푸트니크는?

브라운 사건을 교육적 리히터 척도로 따져보면 샌프란시스코 대
지진과 맞먹는 규모였다. 그것은 모든 것을 무너뜨렸다. 브라운 지
진의 충격파가 온나라에 미쳤다면, 나라의 기반까지도 뒤흔드는 또
하나의 거대한 충격이 미국을 휩쓸었다. 1957년 10월 4일, 소련이
인류 최초의 인공위성 스푸트니크1호(스푸트니크는 소련어로 '어린 동
반자'라는 뜻)를 발사한 것이다.

약 185파운드의 무게를 지닌 스푸트니크는 농구공보다 약간 컸
는데 시속 1만 8천 마일의 속도로 지표면 위를 560마일 가량 회전
하며 일정한 간격으로 삐―삐―삐 하는 무선 신호를 보내왔다. 소
련의 인공위성 발사는 예상 밖의 기술적 성과였을 뿐 아니라 선전
의 귀재가 만들어낸 작품이기도 했다. 소련은 스푸트니크에 지구에
서 인구가 가장 조밀한 지역 위로 낮게 발사될 수 있도록 궤도와
궤적을 주어, 성능 좋은 망원경만 있으면 지구에서도 때로 그 모습
을 볼 수 있었다. 아마추어 무선사도 스푸트니크가 지구로 보내오
는 메시지를 탐지할 수 있었다.

스푸트니크 충격은 그해 11월 소련이 스푸트니크2호로 명명한
두 번째 인공위성을 쏘아 올리면서 더욱 배가되었다. 이번에는 무
게가 1천100파운드로 이전 것보다 크기도 컸고 게다가 승무원까지
탑승했다. 작은 개 1마리를 인공위성의 모니터 기기에 붙들어 매
어, 우주 여행이 신체에 미치는 영향에 대한 정보를 보내오도록 한
것이다. 라이카(소련어로 '짓는 개'라는 뜻)라는 이름의 그 테리어 우

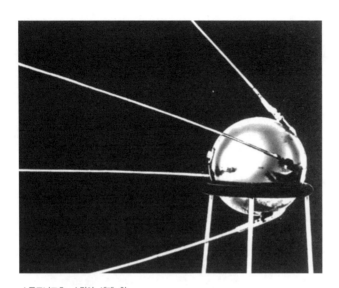

스푸트니크호. 소련이 세계 최초로 쏘아 올린 우주선이다. 스푸트니크호의 성공은 미국에 엄청난 충격을 안겨주었고 미국은 소련에 뒤진 이유를 교육 제도와 교육 정책에서 찾았다.

주견은 또 우주 여행의 첫 희생자이기도 했다. 우주로 빨리 보내려는 생각만 했지 대기권으로의 재돌입 계획을 세우지 않았던 것이다. 그 개는 결국 무선조종에 의한 인젝션으로 우주에서 생을 마감했다.

이 두 사건이 미국을 충격과 공포와 공황 상태로 몰아넣었다. 소련이 미국에 앞서 우주를 정복하는 생각도 할 수 없는 일이 벌어진 것이다. 스푸트니크1호와 2호 발사로 야기된 미국의 편집증은 상상을 초월할 정도였다. 그것은 두 가지 양상으로 나타났다. 서릿발 같던 냉전 초기에 소련이 거둔 성과는 선전의 효과 이상이었다. 스푸트니크의 존재는 소련은 미국 본토까지 닿을 수 있는 강력한 미사일을 소유하고 있을지도 모른다는 무서운 증거이기도 했다. 좀더 현실감 있게 말하면, 소련은 대륙간탄도미사일 개발에서 주도권을 잡고 두 강대국의 힘의 균형을 무너뜨릴 수도 있다는 말이었다. 스푸트니크는 핵개발에서 우위를 점하고 있다는 미국의 생각을 말끔히 씻어내도록 했다. 그리고 그것은 뒷마당에 핵 대피용 방공호를 파야 하는 이유이기도 했다.

핵폭탄의 공포는 인간의 우주 진출이라는 현실과 지속적으로 불어오는 편집증적인 반공산주의 열풍과 합쳐져 이른바 과대망상적 대중 문화를 만들어내며, 1950년대의 공상과학(SF) 소설과 영화로 활짝 꽃을 피웠다. 제2차 세계대전 전만 해도 공상과학 소설은 점잖은 축에 드는 일종의 판타지 소설이었다. 대표적인 작가는 H. G.

웰스와 상쾌한 느낌의 유토피아 소설 《과거를 돌아보다Looking Backward》를 쓴 에드워드 벨러미(1850~1898)였다. 라디오 시리즈로 방영된 벅 로저스도 우주 여행과 미래의 살인광선 개념에 새 생명을 불어넣었다. 하지만 벅 로저스 같은 프로그램은 주로 아이들 용이었다. 1950년대의 공상과학 소설은 핵폭탄 공포로 고조된 독일과 소련의 전체주의 경찰 국가의 망령으로 인해 날이 갈수록 내용이 음산해졌다. 그 같은 경향은 조지 오웰의 《1984》, 올더스 헉슬리의 《위대한 신세계Brave New World》와 같은 고전 작품에서 시작되어, 나중에는 레이 브래드버리의 《화씨451Fahrenheit 451》 같은 작품들에도 반영되었다. 미래 사회를 그린 브래드버리의 이 고전은 매카시 상원의원의 마녀사냥과 미국 도서관들의 '파괴적' 작품 색출 운동이 한창일 때 쓰여진 책들이 몽땅 불타버린다는 내용이었다. 영화계에서는 이 같은 과대망상적 열풍이 〈외계의 침입자Invasion of the Body Snatchers〉 같은 영화 제작으로 이어졌다.

그보다 더욱 심각하면서, 심각한 것 못지않게 히스테리적이기도 했던 공포가 인종차별 제도 폐지 압력 속에 미국 교육 제도를 강타했다. 미국은 무기 경쟁을 벌이고 있는 상황에서 소련과 '우주 경쟁'에도 돌입해야 하는 상황에 빠져들었다. 그보다 더욱 상황이 안 좋았던 것은 미국은 경기에 신고 나갈 운동화조차 아직 준비가 되어 있지 않았다는 사실이다. 분별 있는 사람들이 볼 때, 우주로 도약하고 있는 소련의 기술에 비해 미국의 기술이 이처럼 지리멸렬을 면치 못하고 있는 이유는 간단했다. 미국의 잘못된 교육 제도 때문이었다. 그들이 볼 때 소련의 교육 제도는 어릴 적부터 수학과 과학을 맹렬히 훈련시켜 미국 학생들의 학력을 급속히 앞지르며 뛰어난 수학자와 과학자를 양성해내고 있었다.

미국 교육의 수준 저하에 대한 비난은 피해자들이 즐겨 말하는 이른바 '진보주의 교육'에 쏟아졌다. 1950년대 말에는 '기본으로 돌

최초의 우주비행사 소련의 가가린. 1961년 보스토크1호를 타고 1시간 29분만에 지구를 한바퀴 도는 데 성공함으로써 우주 개발 경쟁에서 소련이 우위를 점하게 했다. 우주에서 지구를 처음 본 그의 소감은 "지구는 푸른 빛이다"였다.

아가라'가 곧 전투 명령이었다. 그것은 미국 학교들이 '자꾸만 늘어나는 둔재들'의 피해자가 돼가고 있는 것으로 결론이 난 1980년대 중반에도 되풀이된 이야기였다. 1980년대에는 또, 교육 면에서 미국 아이들을 앞지르는 새로운 강적까지 하나 등장했다. 이번에는 그 강적이 소련이 아닌 일본이었다. 미디어는 우수한 일본 교육 제도를 다룬 기사로 봇물을 이루었다. 1950년대 말의 현상이 또 다시 재연된 것이다. 이번에도 역시 초라한 교육 제도의 문제점에 대한 명쾌한 해답은 '기본으로 돌아가라'였다.

미국은 스푸트니크 충격에 대한 실질적인 조치로 교육 제도에 대한 전면적인 재검토에 착수했다. 공립학교에 대한 연방 정부 차원의 새로운 지원 약속이 있었고, 로켓 분야의 연구와 개발에 대한 정밀 조사도 이루어졌다. 미사일 발사 시스템 분야에서 소련을 추월해야 한다는 강박증이 낳은 결과였다. 스푸트니크는 소련이 만든 우주의 원자폭탄인 셈이었다. 향후 몇 년 동안 미국은 새로운 우주 경쟁에서 승리를 거두기 위해 엄청난 규모의 재원을 쏟아붓게 된다.

미국은 스푸트니크 충격에 맞서 뒷마당의 핵 대비용 방공호와 핵무기에 대비한 '엎드리고 가리기'식 훈련으로 대응했다. 그런 한편 미국은 또 연방 정부 돈을 무제한으로 풀어 과학과 수학 교육을 진흥하면서, 소련의 기술을 능가하기 위한 총력전에 돌입했다. 미적분학을 배우는 것은 이제 애국적인 행위가 되었다. 우주 경쟁의 서막이 오른 것이다.

성공은 실패의 경험으로 이루어진다. 하지만 미국이 경험한 첫 실패는 거의 재앙에 가까웠다. 1957년 12월 6일 —진주 만 공습을 당한 날과 비슷해서 많은 사람들을 불안하게 했다──밴가드 Vanguard 로켓이 미국 최초의 인공위성이 되려는 찰나에 발사대에서 폭발했다. 그것은 미국의 달 탐사 우주 경쟁의 불길한 출발이었다. (케네디 대통령의 아폴로 탐사 계획이 담긴 최근 공개된 백악관 테이프에 따르면 우주 경쟁에서의 그의 일차적 관심은 소련에 대한 미국의 우위를 입증하는 것이었다. 초기 우주 계획 세대에 속하는 군인들의 대다수는 이후 미국의 우주 계획이 늘 군사 목적에 지배당하게 되듯 달이 소련을 겨냥한 미사일 기지가 될 수 있을 것으로 기대했다.)

드와이트 아이젠하워
1961년 1월 17일, 고별사

거대 군사 조직과 대규모 무기 산업의 결합은 미국이 일찍이 경험해 보지 못한 것입니다. 도시, 주의회 의사당, 연방 정부 사무실 어디에서든 그 총체적 영향──경제, 정치 심지어 정신적 영향력까지도──을 느낄 수 있습니다. 발전에 대한 긴박한 요구는 물론 알고 있습니다. 하지만 발전이 내포하고 있는 중대한 의미 또한 잊으면 안 되겠지요. 그 안에는 우리의 노고, 자원, 생계의 모든 것이 포함돼 있습니다. 우리 사회의 구조도 포함돼 있습니다.

우리는 각 의회들에서, 군수산업체가 원하든 원하지 않든 그들이 부당한 힘을 얻지 못하도록 막아야만 합니다. 잘못 주어진 권력이 자칫 발호할 수도 있는 파멸적 가능성은 지금도 존재하고 있고 앞으로도 늘 존재할 것입니다.

냉전 봉쇄의 선도자 아이젠하워는 봉쇄 정책 실행에 필요한 군사적 힘을 갖기 위해 군수산업체를 만들었다. 이 때문에 군수산업체는 막강한 힘을 휘두를 수 있었다. 이 봉쇄는 앞으로 수십 년 동안 백악관과 의회의 정책을 좌우하는 요체가 된다.

미래의 언젠가──500년 후쯤으로 해두자──10월 4일은 스푸트니크데이가 되어 현대의 콜럼버스데이와 같은 위치를 점하게 될지도 모른다. 좋은 싫든 그날은 역사의 새 장이 열린 극적인 날이었다. 달에 대한 고대인의 탐색 정신은 늘 알 수 없는 것에 대한 호기심, 외부에 대한 호기심, 창조에 대한 인간의 호기심과 연관돼 있었다. 그리고 스푸트니크와 우주 경쟁 시대가 전해주는 메시지가 있다면 그것은 마법과 같은 기술에 불굴의 용기와 결단력만 더해진다면 인간 정신의 극점에 도달할 수도 있다는 점일 것이다.

스푸트니크가 발사될 때만 해도, 미국과 구소련의 우주비행사가 언젠가 우주 정거장에서 동고동락하리라는 것은 상상도 할 수 없는 일이었다. 하지만 그것은 현실이 되었다. 한때의 적이 지금은 동료이자 친구가 된 것이다. 그보다 더 중요한 것은 1957년 10월 4일

의 충격은 1941년 12월 7일*이나 1963년 11월 22일**의 충격과
다를 바 없이 결국은 지나간 과거사라는 것이다. 미국은 그 처절한
싸움들에서 살아났고 일어섰고 더욱 굳건해졌다.

바비인형과 시카고 출판업자가 미국을 바꾼 이야기

1959년, 얼룩말 무늬 수영복 차림에 굽 높은 뽀족구두를 신은 바
비인형이 뉴욕의 미국장난감박람회에서 첫선을 보였다. 폴란드 이
민자 가정의 10형제 중 막내로 태어난 루스 핸들러가 만든 바비인
형은 나오기가 무섭게 대중 문화의 우상으로 떠오르며 세계 최대
베스트셀러 장난감의 하나가 되었다. 루스 핸들러는 1945년 플라
스틱 전문 디자이너인 남편 오스카와 함께 마텔사를 설립했다. 두
사람은 어린 딸이 종이인형을 가지고 노는 것에서 착안하여 실물
과 같은 십대 소녀 모습을 한 인형을 만들려고 했다. 루스 핸들러가
만든 인형은 사실 핸들러가 유럽 여행에서 보았던 릴리라는 이름의
독일 섹스 장난감을 본뜬 것이었다. 바비는 핸들러 딸의 이름이었고,
후일 등장하는 바비의 남자친구 켄은 그녀의 아들 이름이었다.

두말할 필요 없이 바비처럼 생긴 십대 소녀는 그리 많지 않았다.
그리고 나중에 밝혀진 바에 따르면, 키가 170센티미터이면 몸은
39-21-33이 맞는 치수였다. 하지만 그것은 아무래도 좋았다. 핸들
러는 마텔사의 내숭 떠는 남자 중역들과 한바탕 설전을 벌인 뒤 바
비인형의 역사 만들기 작업에 들어갔다. 당시만 해도 사람들 의식
이 순박하여 인형 산업은 아기 인형이 주류를 이루고 있었다. 바비
는 전후 베이비 붐 시대에 날개 돋친 듯이 팔려나갔다. 1977년《뉴
욕 타임스》와 가진 한 인터뷰에서 핸들러는 이렇게 말했다. "어린

소녀들은 누구나 미래의 꿈을 펼쳐볼 수 있는 인형을 갖고 싶어합니다. 그런데 열여섯이나 열일곱이 되었을 때의 모습을 연출하고 싶은 아이들에게 절벽 가슴의 인형을 주면 좋아하겠어요? 바비의 가슴은 그래서 예쁘게 만들었어요."

물론 나중에 바비는 여러 곳에서 비난을 받았다. 페미니스트들은 바비가 어린 소녀들에게 비현실적인 몸의 이미지를 심어주었다고 공격했으며, 그렇지 않은 사람들은 바비의 모습이 지나치게 성적이라고 비난했다. 하지만 그것도 바비가 하나의 문화적 현상이 되는 것을 막지는 못했다. 바비인형은 후일 5억 개가 팔려나갔고──바비의 짝패 인형은 10억 개 이상이 팔려나갔다──은발머리와 푸른 눈을 가진 뚜렷한 윤곽의 소녀 인형은 2002년까지도 강세를 이어 갔다.

바비의 화려한 등장이 있기 불과 몇 년 전, 또 다른 우상 한 명이 미국을 강타했다. 1953년 광고업에 종사하던 시카고 출신의 스물일곱 살 된 청년 한 명이 식탁에 앉아 잡지에 풀칠을 하고 있었다. 그는 1부에 50센트씩, 최소한 3만 부는 팔 수 있으리라는 계산으로 7만 부를 찍었다. 그 잡지에는 매릴린 먼로라는 예명을 쓰고 있던 미국 최고의 섹스 심볼 여배우의 나체 사진도 한 컷 들어 있었다. 그 청년이 노마 진 모텐슨이라는 본명을 지닌 매릴린 먼로를 발탁한 인물이다. 그는 전시에 《양크Yank》 잡지의 사진기자로 일했다. 사진기자로 일하며 군수품 공장에서 일하는 여성들 모습을 카메라에 담다가 우연히 그녀를 발견한 것이다. 그와의 모델 작업을 발판으로 먼로는 할리우드에 진출하여 범죄 영화 〈아스팔트 정글The Asphalt Jungle〉에 출연하는 행운을 얻었다. 먼로가 영화배우의 길로막 들어서려는 찰나 어떤 남자가 그녀가 소속돼 있는 20세기폭스사로 찾아와 1만 달러를 내놓지 않으면 그녀의 누드 사진을 공개하겠다고 나섰다. 영화사는 물론 그 돈을 주지 않았고, 먼로 자신도 사진이 공개되도록 그냥 내버려 두었다. 휴 헤프너가 그 사진 이야기를 듣고 500달러에 판권을 사들였다. 하룻밤 사이에 《플레이보이》는 미국의 사건이 되었다.

헤프너는 원래 그 남성 잡지 이름을 《스태그 파티Stag Party》로 하려고 했다. 하지만 《스태그》라는 사냥 잡지 발행인의 압력에 못 이겨 《플레이보이》로 이름을 바꾼 것이다.

창간호가 나온 지 채 1년 반도 지나지 않아 《플레이보이》의 판매 부수는 10만 부를 육박하게 되었다. 돈을 두둑하게 번 휴 헤프너는 잡지를 매각하라는 대형 출판사들의 제의를 거절하기에 바빴다. 그는 새로운 아메리칸 드림을 창조했다. 헤프너의 그 같은 생활은 계속 이어졌다.

미시시피 출신의 한 남자 가수가 여성 팬들을 흥분의 도가니로 몰아가기 시작한 것도 바로 그 즈음이었다. 이 젊은 여성들의 부모 세대는 엘비스 프레슬리의 엉덩이 돌아가는 모습에 고개를 절레절레 내저었다. 하지만 엘비스와 새로운 종류의 음악은 분명히 도래하고 있었다.

《플레이보이》, 바비, 엘비스.

아이크가 백악관을 떠날 즈음에 미국은 전혀 다른 모습을 하고 있었다.

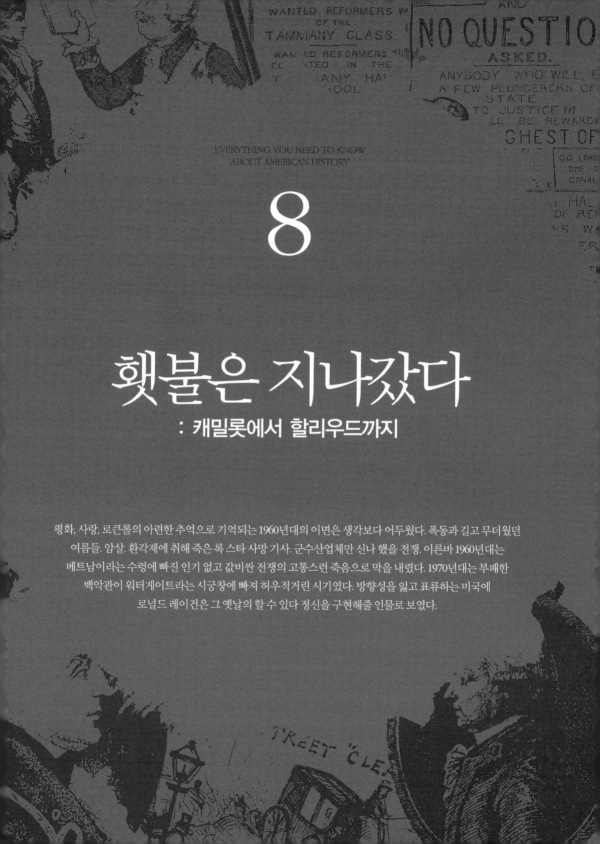

8

횃불은 지나갔다

: 캐밀롯에서 할리우드까지

평화, 사랑, 로큰롤의 아련한 추억으로 기억되는 1960년대의 이면은 생각보다 어두웠다. 폭동과 길고 무더웠던
여름들. 암살. 환각제에 취해 죽은 록 스타 사망 기사. 군수산업체만 신나 했을 전쟁. 이른바 1960년대는
베트남이라는 수렁에 빠진 인기 없고 값비싼 전쟁의 고통스런 죽음으로 막을 내렸다. 1970년대는 부패한
백악관이 워터게이트라는 시궁창에 빠져 허우적거린 시기였다. 방향성을 잃고 표류하는 미국에
로널드 레이건은 그 옛날의 할 수 있다 정신을 구현해줄 인물로 보였다.

캐밀롯. 물병자리의 시대. 〈올 유 니드 이즈 러브All You Need Is Love〉.* 히피와 헤이트애쉬베리Haight-Ashbury.** "머리에 꼭 꽃을 꽂으세요."*** "장단에 맞춰 마약에 취하고 될 대로 되자."**** 자유 연애. 인간의 달 착륙. 우드스톡.

이 모든 것이 3코드 록 비트에 맞춰진 로맨틱 판타지인 '60년대 현상'이었다. 하지만 평화, 사랑, 로큰롤의 아련한 추억으로 기억되는 그 시대도 알고 보면 평화와 사랑의 출발점인 것만은 아니었다. 최초의 경구피임약 에노비드가 1960년에 미국식품의약국(FDA)의 승인을 받은 사실을 크게 부각시키지만 않는다면 말이다.

1960년대의 이면은 생각보다 훨씬 어두웠다. 폭동과 길고 무더웠던 여름들. 암살. 환각제에 취해 죽은 록 스타의 사망 기사. '군수산업체'만이 신났을 전쟁. 〈악마에의 동정Sympathy for the Devil〉.***** 알타몬트 스피드웨이. ******

JFK 시대의 '밝고 찬란한 순간'—캐밀롯 신화는 케네디 사망 이후 미디어가 날조한 것이다—역시 이전 시대의 분위기를 결정지었던 그 냉전의 편집증에서 시작되었다. '진보주의자' 케네디는 1960년 대통령 선거에서 강경한 반공산주의자가 되어 미국과 소련 사이의 조작된 '미사일 격차'를 선거 이슈로 부각시키며 공화당 대통령 후보 리처드 닉슨에게 맹공을 퍼부었다. 이른바 1960년대는 베트남이라는 수렁에 빠진 인기 없고 값비싼 전쟁의 고통스런 죽음과 함께 막을 내렸다.

하지만 1960년대는 또 정부, 교회, 사회에 의해 용인되어왔던 과거의 모든 정칙orthodox에 이의를 제기한 놀라운 시기이기도 했다. 그리고 권위에 도전한 1960년대 인물들에게선 음울하고 이질적이었던 1950년대 인물들과는 달리 밝은 분위기가 느껴졌다. 조지프 헬러(1923~)는 처녀작 《캐치22Catch—22》에서 신랄한 유머라는 1960년대의 새로운 분위기를 최초로 포착해냈다. 이 소설은 헬러

* 비틀즈의 노래 제목이다.
** 1960년대 미국 히피 운동의 본산지. 샌프란시스코에 있다.
*** 스콧 메켄지의 1967년도 히트곡 〈샌프란시스코〉의 가사 앞부분이다.
**** 1960년대 히피들 사이에 유행했던 구호로, 하버드 대학 교수였다가 LSD환각제 예찬으로 투옥된 티모시 리어리 박사의 말이다.
***** 미국 극좌파 단체 흑표범단을 중심으로 한 서구 반문화counterculture에 대한 장 뤽 고다르의 음악 다큐멘터리(1968). 롤링 스톤즈의 리허설 장면과 그의 〈악마에의 동정〉 레코딩 장면이 포함돼 있다.
****** 1969년 12월 6일, 샌프란시스코 동쪽에 위치한 이곳에서 롤링 스톤즈의 록 페스티벌이 열렸으나 폭력이 난무하여 네 명이 죽는 사고가 일어났다. 이보다 넉 달 전에 열려 사랑의 세대로까지 불린 우드스톡 페스티벌과 흔히 비교되어 등장하는 곳이다.

가 장차 베트남 전쟁에 대한 반대로 이어지게 될 반군사 분위기를 예측하고 쓴 작품이었다. 하지만 새로운 세대의 시인들은 타자기보다는 전기기타로 현실에 대한 불만을 표출하고 싶어했다. '반문화 counterculture'는 피터, 폴 앤 메리와 밥 딜런의 포크 뮤직으로, 그 다음에는 로큰롤 혁명으로, 라디오와 텔레비전 시청자 수백만 명을 사로잡았다. 레코드 산업이야 물론 반문화를 아주 수지맞는 돈벌이로 생각했다. 그리고 스머더스 브라더스 같은 연예인들이 골든 아워에서 불손한 행동을 보이자——그로 인해 그들은 즉각 떨려났다——반문화는 주류 속으로까지 파고들어갔다.

1970년대는 부패한 백악관이 워터게이트라는 시궁창에 빠져 허우적거린 시기였다. 베트남과 워터게이트는 미국의 정치 판도에 일대 변혁을 예고하는 듯했다. 이후 수년간 미국은 방향성을 잃고 표류했다. 불명예 퇴진한 닉슨 후임으로 대통령이 된 제럴드 포드(1913~2006)와 지미 카터(1924~) 시절에는 강대국의 체면을 구기는 듯한 수모를 겪어야 했다. 하지만 그 추락은 강적 소련과 초강대국 자리를 놓고 벌인 대결의 결과가 아니었다. 오히려 일련의 소소한 충격파가 나라의 기반을 뒤흔든 결과였다. 주요 산유국들이 석유수출국기구(OPEC)를 창설하여 전세계 석유 공급을 좌우하게 된 일, 국제 테러리스트들이 겉으로는 아무 일 없이 미국 및 다른 서방 국가들을 곤경에 빠뜨리고 절대 권력을 휘두르던 이란의 샤 정권을 무너뜨린 일, 테헤란 미국 대사관에서 일어난 인질 억류 사건 등이 그 같은 경우였다.

하지만 무엇보다 심각했던 것은 경제 침체로 드러난 미국의 쇠퇴 징조였다. 그리고 그것이 대다수 미국인들에게 흰 모자를 쓴 카우보이의 상징으로 비춰진 대통령을 등장시키는 결과를 가져왔다. 그 카우보이는 언제라도 말을 타고 읍내로 들어서리라는 것을 그들은 믿어 의심치 않았다. 회의와 혼란의 1970년대 이후 로널드 레이건

(1911~)*이야 말로 그 옛날 미국의 할 수 있다 정신을 구현해줄 인물로 보였던 것이다. 레이건의 많은 혹평가들이 볼 때 문제는 누가 누구에게 무엇을 할 것이냐에 있었다. 레이건은 시어도어 루스벨트와 그의 '방망이'로 후퇴한 것으로도 모자라 백악관을 아예 깡패설교단bully pulpit**으로 만들어놓았다. 레이건의 설교는 '좋았던 옛시절'로 돌아가자는 것이었는데, 지나고 보면 옛날은 다 좋아 보이는 법이다.

물론 그가 한 일의 장기적인 영향을 평가하기는 아직 시기상조이다. 하지만 로널드 레이건에 대한 역사의 평가는 이미 시작되었다. 그의 숭배자들이 볼 때 레이건은 미국의 명예와 경제를 회복시키고 거대한 방위력 구축을 통해 소련에 구조적 변화를 초래한 인물이었다. 반면 그의 비판자들은 하급자들이 나라를 경영하는 8년 동안 집무실에서 꾸벅꾸벅 졸기나 한 대통령으로 그를 평가했다. 몇몇 하급자들은 단순히 부패하거나 냉소하는 수준에 그쳤다. 하지만 하급자가 나라를 경영한 것 중 가장 위험했던 것은 백악관에서 일하는 일개 육군 중령***이 나라의 외교 정책을 좌지우지할 수 있는 힘을 지녔다는 사실이다.

닉슨의 5시 수염이 1960년 대통령 선거를 망친 이유는?

"일주일만 말미를 주시오. 그러면 내 하나 생각해내리다." 이것은 리처드 닉슨(1913~1994)이 아이젠하워 행정부에서 8년간 부통령을 지내며 주요 정책 결정에 어느 정도나 참여했느냐는 기자의 질문을 받고, 아이젠하워 대통령이 대답한 말이었다. 나중에는 우스갯소리였다고 해명을 했으나 아이젠하워는 분명 그 질문에 대답

* 레이건은 2004년에 사망했다.
** 역시 시어도어 루스벨트가 한 말이다.
*** 이란 콘트라 사건의 주역 노스 중령을 말한다.

* '직접 토론'으로 번역해야겠
으나 이어지는 문장과의 상호
관계를 고려하여 그대로 옮겼
다.
** '5시 수염five o'clock
shadow'은 아침에 깎은 수
염이 저녁에 거뭇거뭇 자라
있는 모습을 나타내는 영어
표현이다. 미국인들의 일상이
대개 저녁 5시면 끝나기 때
문에 이 말이 생겼다. 리처드
닉슨은 특히 하루 종일 이런
모습으로 있었던 것으로 유명
하다. 텔레비전 첫 토론회에
나갈 때도 분장을 하라는 참
모들의 제의를 묵살하고 피곤
하고 텁수룩한 모습으로 그냥
나간 것이 그의 별명으로 굳
었다.

하지 않았고, 그로 인해 닉슨은 얼굴에 달걀 세례를 맞은 꼴이 되었
다. 민주당으로서는 현기증을 일으킬 만한 일이었다.

　이 일은, 1960년 8월 닉슨과 존 F. 케네디(1917~1963)가 대선에
서 한창 접전을 벌이고 있을 때 일어났다. 아이젠하워의 이 하찮은
농담으로 닉슨은 과연 몇 표나 잃었을까? 총 6천883만 2천818명의
유권자 중 약 10만 명만 표심을 바꾸어도 대세가 바뀌고 당대 사건
들의 추이가 뒤바뀔 상황이었다.

　대통령 선거를 연구하는 역사가들은 대부분 아이크의 이 예리한
코멘트가 닉슨에게 상처를 입힌 잽이었다고 말한다. 하지만 녹아웃
펀치는 아니었다. 후세 사람들은 그보다는 오히려 두 후보간의 대
결 ──미국 대통령 선거사상 최초로 열린 텔레비전 토론── 이 대
통령 선거의 당락을 결정지은 요인이었다고 말한다. 닉슨이 케네디
의 언어적 · 시각적 소나기 펀치를 얻어맞고, 거기서 결코 회복하지
못했다는 것이다. 역사가들은 네 번의 토론 중 특히 첫 번째 토론이
부통령을 캔버스에 쓰러뜨린 결정타였다고 보고 있다. 무려 7천만
명에 달하는 시청자가 이 얼굴 대 얼굴face-to-face* 토론 ──아니 그
보다는 오히려 '얼굴 대 5시 수염five o'clock shadow'** 토론이라는
표현이 더 정확할지도 모르겠다── 을 시청했다.

　전염병으로 두 주 동안이나 병원에 입원해 있다 퇴원하여 토론회
장에 나온 닉슨은 체중이 줄어 핼쑥한 모습이었다. 분장사들이 레
이지셰이브라는 물건으로 그의 트레이드마크인 5시 수염을 감춰보
려 했으나 그래봐야 얼굴만 더 창백하고 사악하게 변했을 뿐이었
다. 그에 반해 케네디는 패기만만한 젊은이의 모습이었다. 라디오
청취자들은 토론이 막상막하였다고 생각했다. 하지만 텔레비전 시
청자들은 케네디의 매력에 흠뻑 빠져들었다. 프랭클린 루스벨트가
라디오의 대가였다면 케네디는 즉각적인 이미지 메이킹을 특징으
로 하는 텔레비전 시대에 걸맞는 깔끔한 정장 차림의 '텔레비전 세

대' 후보였다.

9월 26일 시카고에서 방영된 첫 텔레비전 토론은 국내 문제에 초점이 맞추어져 국제 문제에 더 정통한 것으로 알려진 닉슨보다는 케네디에게 유리한 토론이 되었다. 하지만 1959년의 이른바 그 '부엌 토론'*에서, 소련 수상 니키타 흐루시초프에게

텔레비전 토론에 나선 대통령 후보 닉슨과 케네디. 두 사람 모두 텔레비전의 막강한 영향력을 충분히 알았지만 그것을 십분 활용한 것은 케네디였다. 역대 대통령 후보 중 가장 젊었던 케네디는 지성과 패기, 깔끔한 용모로 시청자들을 사로잡았다.

분노의 손가락질을 하며 맞섰던 인물은 어찌됐건 닉슨이었다. 그러나 첫 텔레비전 토론에서 케네디는 아이젠하워 행정부의 실책을 조목조목 들추며 닉슨을 수세로 몰아넣었다. 그렇게 사실과 숫자를 자유자재로 구사하는 능력을 보여줌으로써 젊고 경험이 부족할 거라는 생각으로 자신에 대해 확신하지 못하고 있던 유권자들에게 깊은 인상을 심어주었다. 케네디의 유세 전략은, 공화당이 미국을 '후퇴'시켰고 후퇴한 나라를 자신이 다시 전진시키겠다는 것이었다.

뒤이어 계속된 세 번의 토론을 지켜본 시청자 수는 5천만 명 정도로 줄었다. 가장 인상이 깊었던 것은 역시 첫 번째 토론인 것 같았다. 케네디는 여론조사에서도 높은 지지를 받으며 주도권을 잡아가는 듯했다. 하지만 결과를 속단하기는 일렀다. 아이젠하워는 유세 내내 거의 모습을 보이지 않다가 막판에 닉슨을 조금 도와주었다. 하지만 시기도 너무 늦었고 내용도 보잘것없었다.

10월에 일어난 두 가지 사건도 선거에 약간 영향을 미쳤다. 첫 번째 사건은 닉슨의 러닝메이트 헨리 캐벗 로지가 닉슨이 당선되면 각료에 흑인을 포함시킬 것이라는 약속을 한 것이다. 닉슨은 그 약속을 부인했다. 그에 따라 백인 표를 얻은 만큼 흑인 표를 잃을 각오를 해야 했다. 두 번째 사건은 마지막 텔레비전 토론이 있기 전

* 부통령 시절 닉슨이 소련을 방문했을 때, 모스크바의 소콜니키파르크에서 열린 미국 통상문화박람회의 견본 부엌 전시장에서 흐루시초프와 설전을 벌였다 하여 이 같은 이름이 붙었다.

마틴 루터 킹 주니어가 체포되어 흑인 민심이 케네디로 쏠리게 된 것이다. 케네디는 킹의 부인 코레타에게 전화를 걸어 킹에 대한 관심을 표명했고, 로버트 케네디는 킹이 보석으로 풀려날 수 있도록 도와주었다. 닉슨은 그 사건에서 물러나 있기로 작정했다. 가톨릭 신자에게는 표를 찍지 않겠다고 선언한 바 있는 킹의 아버지도 케네디 지지로 방향을 선회했다. "내게는 표가 가득 들어 있는 가방이 하나 있다. 나는 그것을 케네디에게로 가져가 그의 무릎에 와르르 쏟아버릴 작정이다"라고 마틴 루터 킹의 아버지는 말했다. 그리고 그는 그 말대로 했다. 케네디는 이전에 킹의 아버지가 반가톨릭적 발언을 하는 것을 듣고 이런 유머러스한 말로 그 상황을 모면하여 점수를 딴 적이 있다. "마틴 루터 킹에게 고집불통 아버지가 있다는 걸 상상할 수 있겠소? 뭐 그럴 수도 있겠지요. 우리도 다 아버지는 있으니까, 안 그렇습니까?"

케네디에게도 분명 아버지가 있었다. 프랭클린 루스벨트가 창설한 증권거래위원회 초대 회장을 지냈고 후일 그의 밑에서 영국 대사를 지내기도 한 조지프 P. 케네디가 그의 아버지였다. 그는 반유태주의, 고립주의적 견해 때문에 점수를 얻지 못해 선거전에서는 한발 물러서 있었다. 하지만 자금력과 배후 조종을 통해 언론, 마피아, 가톨릭 등에 심어놓은 광범위한 교분망을 이용하여 처음부터 아들의 정치 인생을 진두지휘했다. 몇 가지 예를 들어보자. 지금은 가치가 퇴색했지만, 제2차 세계대전 때 케네디가 PT-109 소형 어뢰정을 타고 전공을 세웠다는 내용이 담긴 존 허시의 글 〈생존 Survival〉에는 일본 구축함이 배를 들이받고 있는데도 케네디와 그의 부하들은 쿨쿨 잠을 자고 있었다는 사실이 빠져 있다. 케네디가 국회의원에 출마하자 조지프는 허시의 글을 《리더스 다이제스트》에 싣도록 하여 케네디 지역구의 모든 유권자들에게 한 부씩 나눠주도록 했다. 케네디의 하버드대학 학위논문인 〈영국이 잠든 이유

Why England Slept)가 책으로 발간될 수 있었던 것도 당시《뉴욕 타임스》북리뷰 담당자였던 케네디의 저널리스트 친구 아서 크록이 주선하여 이루어진 일이었다. 케네디의 두 번째 저서로 베스트셀러에 퓰리처상까지 수상한《용기의 얼굴Profiles in Courage》역시, 그가 쓴 것이라기보다는 일단의 학자와 케네디의 연설문 작성자였던 시어도어 소렌셴의 작품이었다.

헨리 루스라든가 윌리엄 랜돌프 허스트 같은 조지프 케네디의 다른 친구들도 케네디 이미지 구축에 일익을 담당했다. 조지프 케네디의 또 다른 친구였던 프랭크 시나트라는 출처 불명의 기금이 케네디 선거 운동 자금으로 흘러드는 창구 역할을 했다. 케네디가 만난 주디스 캠벨이라는 젊은 여성은 오래지 않아 케네디의 주기적인 섹스 파트너가 되었다. 하지만 당시 케네디는, 주디스 캠벨이 마피아 보스 샘 지안카나와 마피아 저격수 존 로셀리와도 자고 있었다는 사실을 모르고 있었다. 그 몇 달 뒤 세 사람은, 지안카나와 로셀리가 CIA 주도의 피델 카스트로 암살 수행 '계약'을 따낸 것을 계기로 한자리에 모이게 되었다.

텔레비전 토론, 아버지의 선거 운동 자금 지원, 여성에 어필하는 그의 매력(비밀로 보호되는 사적인 매력이 아닌 공적인 매력), 새로 얻게 된 흑인층의 지지, 텍사스를 비롯한 남부 주들의 표를 모아준 러닝메이트 린든 B. 존슨의 역할——이 모든 것들이 미국 현대사에서 가장 치열했던(2000년의 부시-고어 선거 때까지는) 대통령 선거전에서 일익을 담당했다. 사실 획득한 주로만 보면 닉슨이 케네디보다 앞섰다. 하지

대통령에 당선된 케네디. 그는 "여러분이 나라를 위해 무엇을 할 수 있는가를 물어주십시오"라며 국민의 헌신과 협력을 호소했다.

존 F. 케네디
1961년 1월 20일, 대통령 취임 연설

횃불은 이제 미국의 새로운 세대에게로 넘어갔다는 말을, 지금 이 순간 이 장소에서 친구와 적 모두에게 퍼져나가도록 합시다. 금세기에 태어났고, 전쟁으로 단련되었으며, 힘들게 얻은 평화로 훈련되었고, 우리의 옛 유산을 자랑스레 여기는 이 세대는 이 나라가 늘 안고 있었고, 현재 국내외에 부과돼 있기도 한 인권의 문제가 더디게 해결되는 모습을 보고 싶어하지 않습니다.……
지금 또 다시 트럼펫이 우리를 부르고 있습니다. 하지만 그 소리는 설사 무기가 필요할지라도 무기를 들라는 소리가 아닙니다. 해가 갈수록 '희망으로 가득 차고 시련으로 강인해지는' 기나긴 여명의 투쟁, 독재, 가난, 질병, 전쟁이라는 인간 공통의 적에 대항하는 투쟁의 의무를 지라는 소리입니다.……
친애하는 국민 여러분, 여러분의 나라가 여러분에게 무엇을 해줄 것인가를 묻지 말고 여러분이 나라를 위해 무엇을 할 수 있는가를 물어주십시오.

만 그것은 희생이 너무 큰 승리였다. 선거인단 수가 가장 많은 주들을 케네디가 휩쓸었기 때문이다. 양측의 일반 투표 득표율 차이는 불과 1퍼센트의 3분의 2에도 미치지 못했다.

그것은 '거의 이길 뻔한 게임이었다.' 일부 공화당 의원들은 일리노이 주의 투표 부정을 문제삼기도 했다. 하지만 닉슨은 깨끗이 포기하고 캘리포니아로 돌아가 1962년 주지사 선거에 출마했으나 팻 브라운에게 패했다. 선거에 패한 뒤 닉슨은 이제 드디어 국가라는 무대를 떠나기라도 하는 것처럼 기자들에게 이렇게 말했다. "이제는 더 이상 걷어찰 닉슨도 없을 겁니다."

미국은 역사상 최연소 대통령, 아름다운 대통령의 부인, 로버트 F. 케네디라는 미 역사상 최연소 법무장관 그리고 새로운 왕족을 갖게 되었다. 그리고 그 왕족의 음모는 눈부신 햇살 아래 케네디의 가족 경기인 터치풋볼을 즐기는 사진 속에 감추어졌다.

피그스 만에서는 무슨 일이?

대통령 집무를 시작한 지 100일째에 접어들고 있던 1961년 3월, 케네디는 취임식 연설에서 "여러분이 나라를 위해 무엇을 할 수 있는가를 물어주십시오"라고 한 호소의 말을 완벽하게 상징하는 하나의 계획을 발표했다. 평화봉사단Peace Corps을 창설하여 미국 젊은이들의 에너지와 노하우로 개발도상국을 지원하려는 것이었다. 케네디의 누이동생 유니스의 남편인 케네디가의 또 다른 가신 사전트 슈라이버를 단장으로 한 평화봉사단은, 공산주의에 대한 새로운 세대의 응답으로 1950년대의 봉쇄 정책 대신 교육, 기술, 이상주의에 의한 민주주의의 발전을 취지로 하고 있었다. 평화봉사단은 라틴아메리카를 겨냥한 케네디의 마셜 플랜, 즉 진보 동맹과 연계하여 미국의 낡은 제도에 새바람을 불어넣으려는 명백한 힘의 상징이었다.

하지만 평화봉사단이 표방하는 이상주의의 이면에는 집요한 반공산주의 정책이 숨어 있었고, 그것이 결국 미국 외교 정책사상 대실수로 기록될 것 중의 하나로 이끌어가는 요인이 되었다. 이 실패로 인해 미국은 한국 전쟁 이래 가장 위험한 순간을 맞게 되었다. 역사가들 중에는 이것을 미국이 베트남의 수렁에 빠지게 된 심리 상태의 원인으로 파악하는 사람들도 있다. 이 실패는, 바이아 데 치노스라는 쿠바 해안의 후미진 지역으로부터 믿기지는 않지만 역사적으로는 더할 수 없이 적절한 이름을 얻게 되었다. 이름하여 피그스 만Bay of Pigs.

피그스 만의 대실책은 작전에 그토록 값비싼 대가를 치르지만 않았어도, 그리고 실패한 결과가 향후 미국의 정책에 위험천만한 영향을 미치지만 않았어도 CIA 침입이라는 가상 시나리오를 생각해낸 풍자 작가의 우스꽝스런 픽션으로 보일 수도 있었다.

피그스 만 이면에 숨은 계획은 알렌 덜레스(1893~1961)가 신임 대통령에게 그 계획을 제의할 때만 해도 간단한 것으로 생각되었다. 전설적인 CIA 국장 알렌 덜레스는 아이젠하워 대통령 밑에서 국무장관으로 막강한 힘을 휘두른 존 포스터 덜레스(1888~1959)의 동생으로 아이젠하워 행정부 시대의 유물이었다. 아이젠하워 행정부가 끝나가던 시절, 쿠바 정부를 전복시키고 필요하면 피델 카스트로를 암살하려는 목적으로 CIA가 계획한 보다 커다란 계획, 이른바 쿠바 작전을 꿈꾼 주역들은 다름 아닌 알렌 덜레스의 CIA 공작원들이었다. CIA는 이 작전에 쿠바 프로젝트의 일환으로 조직된 고도로 훈련되고 장비 상태도 좋은 반카스트로 쿠바 망명군 부대인 라브리가다La Brigada를 포함시킬 계획이었다. 제임스 스로즈는 CIA 국장 전기 《알렌 덜레스》에서 이렇게 말하고 있다. "아이젠하워 대통령과(나중에는 케네디 대통령과도) 상의한 CIA 계책의 일부는 거의 정신병자 수준이었다. 카스트로에게 환각제를 뿌리자는 제안을 했는가 하면, 담배에 보툴리누스 독소를 바르자는 제안, 신발에 탈륨 가루를 뿌려 턱수염을 빠지게 하자는 의견까지 나왔다."

쿠바 망명군 부대는 CIA가 다리 폭파와 라디오 방송국 파괴를 목적으로 쿠바에 미리 심어놓은 반도들의 지원을 받아 쿠바 해안에 상륙한 다음 피델 카스트로에 대한 민중 봉기를 일으켜 미국이라는 사자의 발톱에 가장 극심한 고통을 안겨준 인물을 제거할 예정이었다. 미상원조사위원회가 나중에 밝힌 바에 따르면, CIA 계획 중에서 가장 극비였던 부분은 마피아 저격수 샘 지안카나와 존 로셀리를 이용하여 카스트로를 암살하려 한 것이었다. 이 두 사람은 케네디의 섹스 파트너였던 주디스 캠벨과도 자고 있었다. 마피아가 쿠바의 카스트로를 제거하려 한 데에는 나름의 이유가 있었다. (지안카나와 로셀리는 1976년에 마피아식으로 살해되었다. 지안카나는 상원정보위원회 증언을 앞두고 암살되었으며, 로셀리는 증언은 했으나 나중에 플로리다 해안의 기름 드럼통에서 부패된 시체로 발견되었다.)

시어도어 루스벨트와 그 동조자들이 미국 에스파냐 전쟁 이후 쿠바를 카리브 해의 미국 봉토로 만들어놓은 이후, 20세기 내내 그 섬의 경제는 미국이 거의 지배하다시피 했다. 설탕, 광산, 소, 석유 사업과 같은 쿠바의 부의 원천은 대부분 미국인들이 차지했다. 미국 에스파냐 전쟁으로 미국은 또 거대한 관타나모 해군 기지를 얻게 되었다. 미국의 갱스터들도 쿠바의 부에 한몫 끼여들었다. 미국 기업인들이 쿠바 경제를 주무르는 동안 뉴올리언스와 라스베가스 마피아들은 카리브 해의 환락가인 아바나의 카지노와 호텔들을 장악했다.

하지만 이 모든 일들은 피델 카스트로와 체 게바라가 변변찮은 병력을 이끌고 산속에서 나와 독재자 풀헨시오 바티스타를 축출한 1958년에 끝이 났다. 처음에는 카스트로도 미국 언론의 호평 속에 워싱턴을 친선 방문하여 자신은 공산주의자가 아니라는 점을 공표했다. 하지만 그것은 오래가지 못했다.

1960년 쿠바 공산주의는, 닉슨과 케네디가 카스트로 문제를 놓고 상대방을 서로 압도하려 하면서 선거 쟁점으로 부상했다. 선거전이 진행되는 동안 CIA는 리처드 닉슨 부통령의 열렬한 성원과 아이젠하워 대통령의 명목적 승인을 받아 라브리가다의 침공 계획을 꾸미고 있었다. 케네디가 대통령이 되었을 때는 대통령의 승인만 기다리는 상황이었다. 대통령 취임식이 있기 전 덜레스에게 직접 브리핑을 받은 케네디는 쿠바 프로젝트를 계속 진행시키는 것에 동의했다. 그리고 취임식 후 그 계획은 탄력을 받기 시작했다.

침공 계획을 입안한 CIA 공작원들은, 쿠데타를 일으켜 친미 정권을 세우는 데 성공한 과테말라를 자신들의 능력을 보여준 증거라고 우쭐댔다. 그보다 앞서 1953년 CIA는 이란의 쿠데타를 조종하여 샤 정권을 수립함으로써 단기적으로는 성공했으나 장기적으로는 치명적인 결과를 낳은 전력도 가지고 있었다. 하지만 쿠바는, 그들도 이제 곧 뼈저리게 느끼겠지만 과테말라가 아니었다. 침공 책임을 맡은 첩보 요원들(에드워드 헌트라는 이름의 광신적인 CIA 공작원도 그 중의 하나였다. 그는 삼류 스파이 소설을 썼고 후일 워터게이트 사건에도 연루되었다)은 계획 시초부터 엉성한 일솜씨를 보이며 이리저리

흐루시초프 소련 서기장과 만난 쿠바의 카스트로(왼쪽). 카스트로는 1958년에 바티스타 정권을 무너뜨리고 집권했다.

날뛰기만 했다. 계획의 모든 단계마다 차질이 빚어졌다. CIA는 자신들의 능력을 과신했고, 대중의 지지를 얻고 있던 카스트로를 얕잡아보았으며, 피상적이거나 있지도 않은 정보에 의존했고, 잘못된 가설을 세웠으며, 백악관에도 그 내용을 부정확하게 전달했다.

쿠바 극비 침공은 미국에서 가장 허술하게 관리된 극비 사항의 하나였음이 입증되었다. 다수의 저널리스트들에 의해 그 계획은 전모가 거의 밝혀지다시피 하여 《뉴욕 타임스》를 비롯한 편집인들도 백악관의 설득을 받고서야 그에 대한 보도를 중지할 정도였다. 커튼이 내려졌을 때는 이미 비극이 진행 중이었다.

1961년 4월 17일, 훈련도 제대로 받지 못하고 장비도 허술하고 자신들의 운명에 대해서는 아무것도 모르고 있던 1천400여 명의 쿠바인들이 피그스 만 해안에 상륙했다. 피그스 만 해안을 찍은 항공 사진은 CIA 전문가들에 의해 잘못 판독되었고, 위험한 산호초가 있어 배의 육지 상륙이 불가능할 것이라고 말해준 쿠바인들의 경고는 쿠바인들의 체험에서 우러난 지식보다 미국의 기술을 우위에 둔 침공 계획 입안자들에 의해 묵살되었다. 우연인지는 몰라도 피그스 만은 카스트로가 가장 좋아하는 낚시터였기 때문에 카스트로는 그곳에 자신을 위한 해변 통나무집을 비롯한 리조트를 짓고 있었다.

쿠바 비행장 폭격을 시작으로 예정보다 이틀 일찍 시작된 쿠바 침공은 카스트로의 공군력 파괴에 그 목적이 있었다. 하지만 계획은 빗나갔고 카스트로의 경계심만 잔뜩 부풀려놓았다. 뿐만 아니라 반카스트로파 혐의를 받고 있던 수많은 쿠바인들의 탄압만 부추긴 꼴이 되었다. 그런 일만 없었다면 그들은 장차 CIA가 기대하고 있던 민중 봉기에 가담했을지도 모를 사람들이었다. 확인하는 수고조차도 하지 않고 공습이 성공한 것으로 판단한 CIA는 카스트로에게 아직 몇 대의 비행기가 남아 있다는 사실을 모르고 있었다. 더군다나 그 안에는 피그스 만 침공자들에게 CIA가 제공해준 육중한 구

498

식 폭격기를 파괴할 능력까지 가진 제트 비행기도 두 대 들어 있었다. 하지만 이들 제트 비행기도 CIA가 라브리가다에게 약속한 대로 공중 '엄호'만 해주었다면 별 게 아니었을 것이다. 하지만 미국인은 단 한 사람도 침공에 투입하지 못하게 한 케네디의 결정이 공중 엄호를 가로막았다. 카스트로의 비행기들은 침공 '함대'에 기총소사를 비롯한 맹공을 퍼부어 큰 성공을 거두었다. 침공 병력과 물자 수송용으로 CIA가 임대한 '해군'이라는 것은 나중에 알고 보니, 물이 새어 동체가 기울어 가는 배 다섯 척이 전부였고 그 중 두 척은 카스트로의 하찮은 공습에도 금세 가라앉았다. CIA 침공 병력의 물자는 가라앉은 두 배에 거의 다 실려 있었다. 쿠바 공군력의 우수함이 침공군이 당한 재난의 결정적인 요인은 아니었다. 그것은 일부에 불과했다. 카스트로는 수천 명의 병력을 피그스 만에 쏟아부었다. 그 병력의 상당수는 실력을 검증 받지 못했거나 훈련이 안 된 민병대원들이긴 했어도 탱크와 중장비로 무장하고 사기가 충천한 훌륭한 군대였다. 그런 상황에서도 침공군은 카스트로군에 많은 사상자를 내며 용감히 싸워주었다. 하지만 그들은 탄약이 부족했고 그보다 더 결정적으로 CIA가 약속한 공중 '엄호'를 받지 못했다. 결국 그들은 해변에 꼼짝없이 갇혀버렸다. 그동안 미 해군 조종사들은 쿠바인들이 궤멸 당하는 것을 멀거니 바라보고만 있어야 하는 상황을 이해하지 못해 어리둥절해 하며 번호가 지워진 비행기에 죽치고 앉아 있었다. 역시 번호가 지워진 채 해변 가까이 정박해 있던 미국 선박들 역시 발이 묶여 있기는 마찬가지였다. 불만에 찬 미 해군 사령관들은 발포하지 말라고 명령을 내려야 하는 자신들의 처지에 분개했다. 워싱턴에서는 케네디가 행여 미국의 직접적인 전투 개입으로 소련이 서베를린에 군대를 파견하여 제3차 세계대전으로 치닫지나 않을까 노심초사하고 있었다.

그 전투로 쿠바 침공 대원 114명이 죽고, 그보다 많은 수의 방어군이 인명 손실을 입었다. 라브리가다 대원 1천189명은 생포되어 포로로 억류돼 있다가 후일 로버트 케네디가 쿠바측에 식량과 의료품을 주는 조건으로 풀려났다. 앨라배마 공군 방위대 소속으로 CIA에 고용돼 있던 네 명의 미군 조종사도 전투 중에 사망했으나 미국 정부는 그들의 존재도, 그들이 침공 작전에 연관됐다는 사실도 인정하지 않았다.

쿠바 미사일 위기란?

쿠바 침공으로 인한 이 같은 피해는 모두 당장의 손실에 불과했다. 장기적인 피해는 더욱 막심했다. 케네디가 전세계에 심어놓은 미국의 명예와 긍지는 하룻밤 사이에 바닥으로 추락했다. 민주당 대통령 후보를 지낸 인물로 당시 미국의 국제연합 대표를 지내고 있던 아들라이 스티븐슨도 백악관의 잘못된 정책으로 인해 창피함을 무릅쓰고 총회에서 쿠바 침공에 대한 거짓말을 해야 했다. 소련은 케네디를 나약한 인물로 생각했다. 소련 지도자 니키타 흐루시초프(1894~1971)는 피그스 만에서 당한 미국의 패배를 즉각 쿠바에 대한 중무장의 신호탄으로 보고 1962년 10월, 미사일 위기를 촉발시켰다.

미국 정찰기가 쿠바에서 소련 미사일 기지를 포착해내자 미국과 소련은 일촉즉발의 전쟁 상태로 빠져들었다. 그 긴장의 13일 동안 (같은 제목으로 최근에 만들어진 영화*는 100퍼센트 사실은 아니지만 당시의 상황을 꽤 정확히 묘사하고 있다) 미국과 소련은 한치의 양보도 없이 정면으로 대립했다. 이 위기는 피그스 만 이후 어떻게든 자신을 입증해 보여야만 했던 케네디가 소련에 쿠바의 미사일 기지를 해체하여 이동시키라는 요구를 하여 시작된 일이었다. 케네디는 자신

의 최후통첩에 힘을 실어주기 위해 쿠바 '고립
책'의 일환으로 해상 봉쇄 명령을 내리고 그 섬
에 대한 총공격 태세에 돌입했다. 소련 서기장
흐루시초프도 자국 선박들이 쿠바를 향해 빠르
게 움직이는 것과 때를 같이하여 소련은 그 고
립책을 받아들이지 않을 것임을 경고했다. 전
세계인들은 초조한 마음으로 양국의 격돌을 기
다렸다. 하지만 이면에서는, 쿠바를 침공하지
않는다는 약속을 해주면 소련도 미사일 기지를
해체하겠다는 내용의 물밑 접촉이 진행되고 있

쿠바 미사일 위기를 풍자한 만
화. 1962년 10월의 쿠바 미사일
위기는 케네디 대통령이 소련에
게 쿠바에 설치한 미사일 기지
를 철수하라고 요구하면서 시작
되었다.

었다. 10월 28일 라디오 모스크바는 미사일은 회수되어 소련으로
보내질 것이라는 내용의 발표를 했다. 핵재앙은 이렇게 해서 일시
적으로 피할 수 있었다.

　피그스 만의 대실수로 추락된 미국의 위신은 표면적으로는 회복
이 된 듯했다. 하지만, 반공산주의에 미국의 군사 원조를 약속하는
어리석은 전통은 아직 완전히 끝나지 않았다. 케네디는 여전히 전
세계에서 공산주의에 저항할 각오가 되어 있었다. 쿠바 다음 지역
은 쿠바가 미국에 가까웠던 만큼이나 미국에서 멀찌감치 떨어진 아
시아 귀퉁이의 작은 나라 베트남이었다.

　(최근에 공개된 기록으로 그동안 케네디에 대해 몰랐던 사실들
이 많이 드러나고 있다. 케네디는 쿠바 미사일 위기가 있었던 시기
를 비롯한 대통령 재임 내내 알려진 것보다 더 많은 질병으로 고생
을 했고, 더욱 극심한 고통에 시달렸으며, 언론이나 대중, 가족이나
측근들이 알고 있는 것보다 훨씬 많은 약을 복용하고 있었다. 등에
문제가 있었다는 잘 알려진 사실 외에도 케네디는 부신피질호르몬
부족으로 발병하며 생명이 위험할 수도 있는 에디슨병을 앓고 있
었고, 그밖에도 소화불량 같은 자잘한 병들을 달고 살다시피 했다.

하루에 많게는 8알까지 약을 복용하면서 코데인, 데메롤, 메타돈 류의 진통제, 리브리엄과 같은 항우울제, 리탈린을 비롯한 각성제 와 수면제 외에도 활력을 주기 위한 호르몬 요법을 이용했다. 하지 만 이 모든 극심한 고통에도 불구하고 케네디가 이들 질병이나 약 물로 인해 대통령으로서의 직무를 수행하지 못했다는 징후는 어디 에서도 찾아볼 수 없다. 반면, 건강상의 문제가 이같이 줄줄이 드러 나는 후보치고 대통령으로 선출될 사람 또한 없을 것이다.)

《여성의 신비》는 어떤 책인가?

이따금씩 미국에서는 온나라를 들썩이게 하는 책이 한 권씩 나온 다. 1850년에는 《톰 아저씨의 오두막》이 그랬고 1906년에는 업튼 싱클레어의 《정글》이 그랬다. 1940년대와 1950년대에는 존 허시의 《히로시마》와 킨제이 보고서 《인간 남성의 성적 행동Sexual Behavior in the Human Male》, 《인간 여성의 성적 행동Sexual Behavior in the Human Female》이 나왔다. 1962년에는 《침묵의 봄》이 미국을 뒤흔 들었다. 이들 모두 현실을 바라보는 미국의 인식에 강편치를 먹인 책들이었다.

1963년 미국에는, 작가가 이른바 '명명되지 않은 문제'라고 부른 것에 미국의 관심을 집중시킨 책이 한 권 출간되었다. 스미스대학 을 최우등으로 졸업한 작가로 집, 남편, 가정, 교외라는 1950년대 꿈을 만끽하며 살고 있던 베티 프리던(1921~)은 명명되지 않은 문 제에 '여성의 신비feminine mystique'라는 이름을 붙였다.

이 책은 수백만 권이 팔려나갔다. 가든 클럽, 커피숍, 대학의 여 학생 동아리에서 여성들은 갑자기 남자 사로잡기, 마스카라, 머핀 굽는 법 등에 대한 대화를 멈추고 사회 제도와 관련된 것들을 논하기 시작했다. 여성들은 정부, 언론, 광고, 의학, 정신의학, 교육, 조직화된 종교 등의 사회 제도가 주부나 어머니의 역할 이외의 다른 것은 할 수 없도록 여성의 사회 진출을 체계적으로 가로막고 있다고 성토했다.

프리던의 책은 정체돼 있던 여권 운동의 시발점이 되었다. 제1차 세계대전 이후 수정헌법 19조가 제정된 이래, 미국의 조직화된 여권 운동은 동기 부여를 해주는 구심점과 적극적인 리더십의 부재로 유명무실한 상태에 있었다. 수백만 명의 여성을 일터로 내보낸 힘——이를테면 리벳공 로지*를 미국의 영웅으로 만든 전시의 공장 노동 같은——이 있었음에도 여성들은 여전히 남성들이 민주주의 수호를 위해 싸우다 귀가하면 부엌으로 돌아가야 할 존재로 인식되었다. 물론 개중에는 엘리너 루스벨트, 아멜리아 에어하트, 마거릿 생어, 프랜시스 퍼킨스——최초의 여성 각료를 지냈거나, 프랭클린 루스벨트의 뉴딜 정책에서 주요 역할을 담당했던 인물들——와 같이 능력을 입증 받은 여성들도 있었다. 하지만 대부분의 여성들은 여전히 가사일을 돌보는 것에 만족하거나 교직이나 비서직, 혹은 그보다 빈곤한 계층일 경우 공장 노동과 같은 '여성적 직업'을 가질 것이 기대되었다. 이 모든 일들에서 여성의 존재는 눈에 띄지 않았다. '이상적인 여성'은 물론 결혼과 함께 직장을 그만두었다. 직업을 성취로 여기는 개념은 어리석은 것으로 치부되었고 소수의 선구적 '커리어 우먼'은 사실상 사회 이탈자로 간주되었다. 하룻밤 사이에 프리던은 이 모든 가설들을 여성의 문제로 만들어 놓았다.

《여성의 신비》에도 물론 단점은 있었다. 기본적으로 이것은 백인 중산층 여성들에게 일어나는 현상을 다룬 책이었다. 그러다 보니 개인적인 불만보다 훨씬 심각한 고민을 안고 있던 노동자 계층, 빈곤층, 소수 민족 여성들의 문제는 등한시하는 결과를 초래했다. 또

* 로지는 로즈의 애칭이고 리벳은 못의 일종이다. 제2차 세계대전 중 남성들이 군대에 징집되어 공장에 일손이 부족해지자 여성들이 생산 현장에 대거 투입되면서 생산직 여성 노동자를 지칭하는 표현으로 굳어졌다.

전미여성협회(NOW) 회의에 참석한 베티 프리던(오른쪽). 집, 남편, 교외라는 미국 여성의 꿈을 깨뜨린 책 《여성의 신비》는 여권 운동의 문을 활짝 열었다.

한 이 책에는 상당수의 미국 여성이 프리던이 고발한 역할에 만족하고 있었다는 사실 역시 간과돼 있다.

하지만 이 책은 충격 요법과 같았다. 점차 가열되고 있던 민권 운동이 미국인들 의식의 전면으로 부상하고 있는 것과 때를 같이하여 여성들도 이 책에 자극 받아 행동에 나선 것이다. 게다가 이 같은 행동은, 정부가 성의 불평등 문제를 제기하는 쪽으로 부자연스런 첫걸음을 막 내딛으려는 찰나에 터져나왔다. 그에 대한 첫 조치의 하나로 케네디 대통령은 여성지위위원회를 신설하여 초대 위원장으로 당시 칠십대의 고령이던 걸출한 여성 엘리너 루스벨트 여사를 임명했다. 1964년에는 성마른 한 보수주의자 국회의원이 꾸민 계책이 도리어 역풍을 받아 여성들이 사실상 연방 정부의 보호를 받게 됨에 따라 여성 운동은 더욱 실질적인 탄력을 받게 되었다.

여든한 살 난 옛 남부의 산 증인 하워드 W. 스미스는 1964년의 민권법을 '킬러 수정헌법'으로 뒤엎을 방도를 찾고 있었다. 동료 의원들의 코웃음에도 아랑곳없이 스미스는 그 법령이 보호되어야 할 것으로 명시한 "인종, 피부색, 종교, 국적"의 범주에 "성"을 첨가시켰다. 하지만 성의 평등이 보호되어야 한다는 내용에는 누구도 찬성하지 않으리라 생각했던 스미스는 한 번도 아니고 두 번의 날벼락을 맞았다. 그 법안은 가결되었을 뿐 아니라 흑인은 물론 여성의 보호까지 명시한 것이다. 그로부터 오래지 않아 여성들은 남녀평등 고용위원회에 항소를 제기했다. 하지만 위원장은 그 법이 "적법하게 만들어진 것이 아니기" 때문에 성차별 방지를 의미하는 것은 아니라고 진술했다. 하지만 때가 너무 늦었다. 여성들은 위원회를 상대로 단일 단체로는 가장 많은 건수의 성차별 고소를 했다. 그것은 시작에 불과했고, 여성 운동가의 새로운 세대가 바야흐로 문을 박차고 나설 준비를 하고 있었다.

1966년 약 300명을 발기인으로 한 전미여성협회(NOW)가 창설되어 프리던이 그 초대 회장으로 선출되었다. 이후 수십 년 동안 전미여성협회는 여성 운동의 선봉에 서게 된다. 하지만 젊은 세대의 분노와 도전이 갈수록 격해지고 민권 운동과 반전 운동의 성격까지도 바꿔놓은 세력에 의해 성격이 급진적으로 변하면서 전미여성협회는 조직이 분열되고 변질되는 변화를 겪게 된다. 그럼에도 불구하고 지난 30년간 여권 운동이 이룬 것만큼 미국의 사회 구조를 근본적으로 개조시킨 것은 없었다. 노동 현장, 결혼과 가정 생활, 아이를 갖는 방식, 아이를 갖지 않을 선택의 문제 등이 다 그런 예에 속한다. 미국인의 생활 곳곳에는 그야말로 여권 운동이 변화시킨 기본적 태도의 영향이 미치지 않는 곳이 없었다.

물론 그것은 아직 완벽과는

레이첼 카슨
《침묵의 봄Silent Spring》(1962)에서

돌아온 새들로 봄을 맞는 미국의 지역은 갈수록 줄어들고 있다. 한때 새들의 지저귐으로 요란했던 이른 아침도 이상할 정도로 고요하기만 하다.
원시인의 몽둥이만큼이나 거친 화학적 탄막이 삶의 구조를 세차게 무너뜨리고 있다.

레이첼 루이스 카슨은 《침묵의 봄》을 통해, DDT 같은 살충제의 무차별적이고 지속적인 사용에서 오는 위험을 경고한 생물학자 겸 작가이다. 《침묵의 봄》은 미국에서 환경 보호 운동이 시작되는 전기를 마련해주었다.

거리가 멀다. 백악관으로부터 의회 그리고 사법부에 이르기까지 연방 정부 구성원의 대부분은 여전히 부유층에 속한 백인 중년 남성들이 차지하고 있다. 미국 기업의 상층부 역시 남자가 거의 지배하고 있다. 남녀간의 임금 격차도 상당히 벌어져 있다. 인디라 간디, 골다 메이어, 마거릿 대처, 코라손 아키노 같은 강력한 여성 지도자들이 여느 남자에 못지않게 효율적이고 심지어 냉혹할 수도 있다는 것을 입증해 보였음에도 이 나라는 아직 여성 대통령의 선출을 불가능한 일로 생각하거나 최소한 가능성이 희박한 것으로 여기고 있다.

프리던이 여성 문제에 자신의 이름을 내건 지 40년이 지난 지금, 미국이 맞고 있는 가장 커다란 아이러니는 아마 커리어가 우선이고 가정은 그 다음이라고 배우고 자란 신세대 여성들 사이에 생겨난 새로운 열망일 것이다. 일부 학자들은 프리던 세대가 직면했던 문제를 기묘하게 뒤트는 방식으로 새로운 세기의 시작과 함께 30대, 40대의 성공한 여성들이 느끼는 속 깊은 불만족을 고찰한 여러 권의 책을 저술했다. 그 책들에 따르면, 아이 없는 미혼 여성들이나 커리어에 목숨 건 엄마들이나 할 것 없이 이들 여성은 세련된 비즈니스 정장, 법인 특혜, 막강한 직책과 같은 것들을 꿈이 이루어진 것으로 보지 않는다는 것이다. 이제 '그런 것이 과연 전부일까?'라고 되물을 때가 온 것이다.

맬컴 X의 암살자는?

마틴 루터 킹이 에드거 후버의 골칫거리였다면 맬컴 X(1925~1965)는 그의 악몽이었다. 네브래스카 주 오마하에서 맬컴 리틀로 태어난 맬컴 X는 네 살 때 백인들이 놓은 불을 피해 도망친 기억이 있었다. 그의 아버지는 아프리카와의 정치, 경제적 유대를 확립하기 위해 노력한 흑인 분리주의 지도자 마커스 가비Marcus Garvey의 추종자였다. 1931년 맬컴의 아버지가 전차에 치여 죽은 시체로 발견되었다. 맬컴은 그것을 백인 인종차별주의자의 소행으로 생각했다. 열두 살 때에는 어머니마저 정신병원에 수용되어 그는 나머지 어린 시절을 수양부모와 함께 자랐다.

1941년 맬컴은 보스턴으로 가서 거리의 부랑아가 되었다. 1946년에는 강도 혐의로 체포되어 교도소에 수감되었다. 수감 생활을 하는 동안 그는 흔히 '블랙 무슬림 운동'으로 불리고 있던 '네이션 오브 이슬람Nation of Islam'에 가입한 뒤 자신의 '노예 이름'을 버리고 맬컴 X로 이름을 바꾸었다. 이후 맬컴은 강력한 카리스마를 지닌 무슬림 운동의 강력한 대변자로 급속히 성장하여 네이션 오브 이슬람의 가장 유능한 활동가가 되었다. 그러한 급속한 성장에도 불구하

마틴 루터 킹
1963년 8월, 워싱턴 행진에서 한 연설 "나에게는 꿈이 있습니다"

친구들이여, 오늘 나는 그대들에게 지금 이 순간의 고난과 좌절에도 불구하고 나에게는 여전히 꿈이 있다고 말하겠습니다. 그것은 아메리칸 드림에 깊이 뿌리박고 있는 꿈입니다.
나에게는, 언젠가 이 나라가 불끈 일어나 다음 신조의 진정한 의미를 실행하게 될 날이 오리라는 꿈이 있습니다. '우리는, 모든 인간은 평등하게 태어났다는 이 진리를 자명한 것으로 여긴다.'
나에게는, 언젠가 조지아의 붉은 언덕에서 옛 노예의 아들들과 노예주의 아들들이 형제의 정으로 식탁에 마주앉게 될 날이 오리라는 꿈이 있습니다.
나에게는, 불공정과 압제의 열기로 찌는 듯이 더운 사막의 주 미시시피 주조차 언젠가는 자유와 정의가 흘러넘치는 오아시스로 변하리라는 꿈이 있습니다.
나에게는, 네 명의 내 자식들이 언젠가는 피부색이 아닌 인성으로 판단될 수 있는 나라에 살게 되리라는 꿈이 있습니다.

킹의 이 연설은 흑인과 백인을 합쳐 25만 명이 함께한 워싱턴 행진의 정점이었다. 데이비드 J. 개로우는 킹의 전기 《십자가를 지고》에서 이렇게 말했다. "민권 운동의 도덕적 힘을 수백만 미국 시청자들에게 전달해준 날카로운 호소였다. 이제…… 백인의 미국은 명백한 정의를 원하는 흑인들의 요구에 직면하게 되었다." 이 행진 후에 민권법은 국회를 통과했고 1964년 6월 존슨의 서명으로 발효되었다. 1964년 10월에 킹은 노벨 평화상을 수상했다.

맬컴 X
워싱턴 행진이 끝난 후에

그리 멀지 않은 과거에 미국의 흑인은 굴복, 위로, 현혹이라는 효험을 지닌 소위 '통합'이라는 약을 주입받았습니다.
'워싱턴의 (그) 희극'을 말하는 것이지요. 그것을 나는 희극이라 부르겠습니다.……
그렇습니다, 나도 그 자리에 있었습니다. 그 서커스를 구경했습니다. 분노하여 궐기해 마땅할 바로 그 사람들과 어깨동무를 하고 몸을 흔들며 "위 쉘 오버 컴…… 섬 데이……"를 함께 부른 성난 혁명가들의 노래 소리는 대체 누가 들었을까요? 수련잎 떠다니는 공원 연못에서 압제자와 함께 맨발로 춤을 추고 기타 반주에 맞춰 찬송가를 부르며 "나에게는 꿈이 있습니다" 연설을 복창한 성난 혁명가들에 대한 말은 대체 누가 들었을까요?

고 1964년 맬컴 X는 네이션 오브 이슬람과의 관계를 청산했다. 그리고 오래지 않아 이슬람의 성지 메카로 순례 여행을 다녀와 급진적인 변화를 겪게 되었다. 맬컴 X는 메카에서 발견한 이슬람의 형태로 인종적 화합을 이룬다는 새로운 비전을 갖고 있었고, 이러한 생각을 자신의 추종자들에게 편지를 통해 분명히 밝혔다. 그 내용은 알렉스 헤일리와 함께 쓴 《맬컴 X 자서전》에 소상히 나와 있다. 그는 이렇게 썼다. "내 입에서 이런 말들이 나오는 것을 보고 충격을 받을지도 모르겠다. 하지만 메카 순례 여행에서 보고 체험한 것이 나를 변하게 했다. 이전에 갖고 있던 사고 방식의 많은 부분을 재정립하고, 전에 내린 어떤 결론은 포기하게 만든 것이다."

맬컴은 메카에서 엘 하지 말리크 엘 샤바즈라는 무슬림식 이름을 갖고 미국으로 돌아와 아프리카—아메리카 통합 기구를 결성했다. 그러고는 인종 화해의 메시지를 보내는 쪽을 향해 명백한 비난의 화살을 겨누었다. 1965년 2월 21일, 맬컴 X는 하렘의 오두본 무도장에서 연설을 하던 도중 저격당했다. 네이션 오브 이슬람의 회원세 명이 맬컴의 암살 혐의자로 기소되었다. 하지만 그 시대의 암살사건이 으레 그렇듯 맬컴의 죽음을 둘러싼 진실도 묻혔다.

누구 말이 옳은가? 워런위원회? 올리버 스톤?

미국인들은 이 문제를 마치 빠진 이빨을 찾는 것처럼 조사하고 있다. 빈자리를 계속 혀로 핥고 있는 것이다.

이 문제는 음모론자들의 일거리가 되어 말 그대로 수천 권의 책자로 만들어졌다. 하지만 대다수 미국인들은 이들 책의 어느 것도 그 문제에 대한 완벽하고 입증 가능한 해답을 제시하지 못했다고 본다. 미국 만들기에 광분한 일부 과대망상적 인간들은 케네디의 죽음을 권모술수에 의한 복잡한 음모의 결과로 믿기를 더 한층 좋아한다. 그들이 만든 혐의자 명단은 고대 중국 식단의 메뉴를 방불케 한다. 1번 메뉴에서 하나, 2번 메뉴에서 하나, 기분 내키는 대로 그냥 하나 골라잡은 것이다. 그 메뉴에는 케네디를 죽일 만한 동기와 능력을 지닌 맛대가리 없는 인물들로 뒤섞인 잡탕 요리도 끼여 있다. 팀스터teamsters와 갱스터, 친카스트로 쿠바인, 반카스트로 쿠바인, 백인우월주의자, CIA 변절자, KGB 스파이 그리고 물론 고독한 암살자가 빠질 리 없다. 그러고 나자 이번에는 올리버 스톤의 〈JFK〉(1991)가 나타나 전과는 전혀 다른 새로운 불신 세대를 양산했다. 이 세대는 반정부 음모의 과대망상증을 텔레비전 예술로 승화시킨 〈X파일〉과 함께 자라난 세대이기도 하다. '공식 해명'이라면 무조건 불신부터 하고 보는 이 젊은 세대는 스톤의 영화를 자신들 학기말 리포트의 자료로 이용하기 시작했다.

음모론이 좀처럼 사라지지 않는 이유는 암살과 관련된 기본 사실들이 여전히 논란과 신화의 베일에 가려 있기 때문이다. 분명한 것은 케네디가 1964년의 대통령 선거를 앞두고 남부에서의 지지 기반을 다지기 위해 1963년 가을 텍사스를 방문했다는 사실이다. 케네디의 텍사스 방문은 샌안토니오와 휴스턴에서 대통령과 대통령의 부인에게 보여준 군중들의 열렬한 환영으로 순조롭게 시작되었다. 달라스가 정치적으로 완고한 지역이라는 데에는 모두의 의견이 일치했기 때문에 몇몇 보좌관들이 케네디에게 텍사스 방문을 만류한 것 역시 사실이다. 그 몇 달 전에는 국제연합 주재 미국 대사 아들라이 스티븐슨이 토박이 달라스인들로부터 침 세례를 받은 일이 있었다. 하지만 그런 달라스에서조차 11월 22일에는 기대했던 것보다는 일이 잘 풀렸고, 대통령의 자동차 행렬에 군중들은 환호했다. 그 운명의 리무진 속에서 텍사스 주지사 존 코널리의 부인은 대통령에게 몸을 숙이며 이렇게 말했다. "자, 이 정도면 달라스가 각

케네디 대통령 피살 순간. 1963
년 11월 22일 오후 12시 30분,
리무진 뒷좌석에서 피격당한 케
네디는 그 길로 병원으로 옮겨
졌으나 사망했다. 그의 죽음을
둘러싼 여러 가지 의혹은 아직
도 풀리지 않고 있다.

하를 사랑하지 않는다고는 말씀하지 못하시겠죠?"

　그리고 자동차가 텍사스 교과서 창고 건물 앞에서 방향을 막 돌
리려는 순간, 세 발의 총성이 울렸다. 케네디와 주지사 코널리가 총
격을 당했다. 그들을 태운 리무진은 쏜살같이 병원으로 달렸다. 케
네디는 병원에서 사망했다. 그리고 대통령 전용기 안, 피묻은 옷차
림 그대로 충격에 싸여 있던 재키 앞에서 린든 B. 존슨(1908~1973)
이 대통령 선서를 했다. 그로부터 몇 시간 뒤 달라스 경관 한 명이
살해되었고, 리 하비 오스왈드가 구금되어 조사를 받기 시작했다.
이틀 뒤, 좀더 안전한 교도소로 오스왈드를 이송하던 도중 달라스
의 한 스트립쇼 업소 주인 잭 루비가 경찰 포위망을 뚫고 나와 전
국의 시청자들이 멍하니 지켜보는 가운데 오스왈드를 권총으로 쏴
그 자리에서 죽였다.

　논란은 바로 여기서부터 시작된다. 비탄과 충격에 휩싸인 나라는
어찌해야 될 바를 모르고 우왕좌왕했다. 전직 해병대원으로 소련에
망명한 뒤 그곳 여인과 결혼하여 함께 미국으로 돌아왔다는 것, 마

르크스주의자에 카스트로 숭배자였다는 것, 최근 멕시코시티의 쿠바 대사관에 다녀왔다는 것 등 오스왈드의 기이한 행적이 알려지면서 온갖 추측과 소문이 난무하기 시작했다.

존슨 대통령은 시간이 갈수록 자신조차도 음모의 일부인 것처럼 소문에 휩싸이기 시작하자 조사위원회를 구성하여 암살 사건의 조사와 음모의 존재 여부를 규명하기로 했다. 그런 생각을 하며 대통령으로 첫 주를 보낸 뒤 대법원장 얼 워런에게 조사위원장을 맡아줄 것을 요청했다. 워런은 암살의 배후에 쿠바나 소련이 개입돼 있는 것으로 밝혀지면 장차 핵전쟁으로 비화될 수도 있다는 존슨의 우려를 듣고서야 마지못해 위원장직을 수락했다.

워런위원회는 1963년 11월 29일 출범했다. 대법원장 워런을 중심으로 위원회 위원으로는 다음과 같은 인물이 포함되었다. 리처드 B. 러셀 조지아 주 민주당 의원, 존 S. 쿠퍼 켄터키 주 공화당 의원, T. 헤일 보그스 루이지애나 주 민주당 의원, 제럴드 R. 포드 미시간 주 공화당 의원, 전 CIA 국장 알렌 덜레스, 케네디 대통령 보좌관을 지낸 존 J. 매클로이. 10개월에 걸친 활동 기간 동안 워런위원회는 552명의 목격자로부터 증언을 청취했다.

워런위원회는 1964년 9월 케네디 암살 사건 보고서를 발표했다. 보고서는 리 하비 오스왈드가 텍사스 교과서 창고 건물 6층 창문에서 케네디를 단독으로 저격했다는 결론을 내렸다. 1963년 11월 24일에 일어난 오스왈드 살해 사건도 잭 루비 단독 범행으로 결론을 내렸다. 오스왈드와 루비의 연루 의혹은 증거를 찾지 못했다. 보고서는 또 국가 비밀 경호실과 FBI를 비난하면서 차후에는 대통령 경호에 좀더 만전을 기해줄 것을 요청했다.

워런보고서가 발표되기가 무섭게 다른 수사 기관들은 일제히 위원회의 조사 결과를 비난하고 나섰다. 워런위원회가 변덕스러운 나라를 잠재우려 노력한 지 수십 년이 지난 지금까지도 미국인의 대다수는 여전히 그 조사 결과를 믿지 않고 있다. 실제로 위원회의 조사 결과에는 미진한 점이 많았고 이후에도 새로운 사실들이 속속 밝혀졌다. 1970년대 말에는 하원특별위원회가 그 사건에 대한 재심을 하여 "케네디는 어쩌면 음모의 결과 암살되었는지도 모른다"는 결론을 내렸다. 1970년대의 CIA와 FBI 활동에 대한 조사에서는 특히 충격적인 사실이 밝혀졌다. 대통령위원회와 의회조사단이 파헤친 놀라운 내용을 몇 가지 간추려보면 다음과 같다.

① CIA가 피델 카스트로와 다른 외국 지도자들의 암살 계획을 세우고 있었다는 것, ② CIA가 고용한 두 명의 갱스터와 함께 케네디의 정부 주디스 캠벨도 카스트로 암살 계획에 연루돼 있었다는 것, ③ FBI의 성실성과 대중적 이미지에 타격을 입을 것을 우려하여 FBI 국장 에드거 후버가 오스왈드 수사의 실패를 은폐하도록 지시했다는 것.

텍사스 교과서 창고 건물에서는 세 발의 총알만이 발사되었을까? 세 발을 발사한 저격수는 정말 오스왈드였을까? 자동차 행렬이 벌어지는 도로 위 수풀 우거진 둔덕에서는 발사된 것이 없었을까? 달라스 암흑가에 연루돼 있었고 달라스 경관들의 친구이기도 했던 잭 루비는 그의 말대로 암살 재판에서 증언하기 위해 고통스런 달라스로 돌아와야 했을 케네디 여사의 입장을 생각하여 오스왈드를 죽였던 것일까? 뉴올리언스의 어떤 매춘부가 암살 사건이 일어나기 며칠 전 잭 루비와 함께 달라스로 돌아오는 도중 마주쳤다는 두 명의 '라틴아메리카인'은 누구일까? 그 사건과 연루돼 조사를 받았던 '수백 명의 목격자들'은 과연 일부 음모론자들이 주장하는 것처럼 불가사의하게 죽었을까?

케네디 암살 사건 이후 무려 2천 권 이상의 책이 쏟아져 나왔다.

그 중 몇 권을 소개하면 다음과 같다. 변호사 마크 레인의 《성급한 판단Rush to Judgment》, 에드워드 제이 엡스타인의 《검시Inquest》, 데이비드 리프튼의 《최고의 증거Best Evidence》, 데이비드 쉐임의 《미국과 맺은 살인청부: 마피아의 존 F. 케네디 대통령 암살 Contract on America: The Mafia Murder of President John F. Kennedy》. 이 책들 모두 워런위원회 보고서가 범한 중대한 오류 그리고 여러 있음직한 음모들의 증거물로 워런위원회가 결코 채택해본 적이 없는 자료에 의존하여 쓰여졌다. 그리고 모두 대중의 열렬한 호응을 받았다.

케네디 장례식장의 가족들. 두 아이의 손을 잡은 재클린 케네디의 뒤를 동생 에드워드 케네디가 따르고 있다.

　센세이셔널한 반응을 불러일으켰던 이들 책에 비하면 대중의 반응이 훨씬 미약했던 한 권의 책이 1989년에 발간되었다. 워런위원회 법률 고문이었고 CIA의 폐해를 조사한 록펠러위원회의 집행이사였던 데이비드 W. 벌린은 《마지막 폭로Final Disclosure》에서 위의 책들이 제기한 모든 이론을 반박했다. 아마도 벌린은 워런위원회의 핵심 멤버로서 자신을 방어하지 않으면 안 될 개인적 이해 관계가 얽혀 있었던 모양이다. 그럼에도 불구하고 이 책은 충분히 설득력이 있고, 탄탄한 증거를 제시하고 있다.

　벌린은 우선, 워런위원회가 가지고 있던 모든 증거, 워런 보고서 이후에 터져 나온 CIA와 FBI의 폭로, 네 번째 총알의 존재를 입증하는 듯한 논란 많은 오디오 테이프 등 모든 것을 철저히 검토했다.

그리고 나서는 앞의 책들에 인용된 증거와 증언은 매우 선택적이었음을 제시하면서 음모론자들이 제기한 핵심 주장들을 일축했다.

벌린의 책보다 몇 배나 더 철저히 파헤치고 포괄적이며 논쟁적인 책이 제럴드 포스너의 작품 《사건 종결Case Closed》이다. 포스너는 첨단 기술과 복잡한 컴퓨터 기술을 이용하여 반박의 여지없는 확실한 결론을 내리고 있다. 그는 리 하비 오스왈드와 잭 루비는 단독 범행을 한 것이 분명하다고 결론지으며 이렇게 쓰고 있다. "그 기록에는 케네디 암살 사건의 결론을 도출해낼 수 있는 것 이상으로 많은 증거가 수록돼 있다. 하지만 대다수 미국인들은 확실한 증거가 있는데도 우발적인 폭력 행위가 역사의 과정을 변화시킬 수도 있다는 것과, 우리의 통제 범위를 넘어서는 방식으로 리 하비 오스왈드가 우리 삶에 영향을 줄 수도 있다는 사실을 받아들이고 싶어하지 않는 것 같다. 미국인들이 보기에는, 스물네 살 난 반사회적 인생 낙오자가 자신의 뒤틀린 동기 때문에 12달러 소총으로 케네디를 암살했다고 생각하기에는 어딘가 좀 찜찜한 구석이 있는 것이다. 하지만 열린 마음으로 이 문제를 바라보고자 하는 사람들에게는 이외의 다른 합리적인 판단은 없다."

설사 그게 사실이라 해도, 미국인들은 여전히 이빨이 빠져 허전한 느낌에서 벗어나지 못하고 있는 듯하다. 오스왈드와 루비가 단독 범행을 했다는 주장은 충분히 설득력이 있는데도 그것을 결론으로 받아들이려는 사람은 극소수에 불과한 것이다. 이러한 회의적인 생각은 미국인들이 정부와 정치 지도자들에게 품어왔던 뿌리깊은 불신을 드러내는 또 하나의 징표이다.

〈미시시피 버닝〉은 실화인가?

　만일 할리우드에 그럴 능력이 있다면 민권 운동은 진 해크만과 윌렘 데포가 마치 웨스턴 영화에 나오는 두 명의 총잡이 보안관처럼 마을로 들어오는 순간 지켜졌을 것이다. 수정주의 역사관을 담고 있는 이 영화에서 두 명의 FBI 요원은 한무리의 당황한 니그로가 어떻게든 사고를 피하려고 굽실거리며 우왕좌왕하고 있는 동안 자경단의 정의와 진실로 그 몹쓸 KKK단을 처단해준다.

　1989년에 나온 영화 〈미시시피 버닝〉은 감정의 롤러코스터 같은 작품이다. 가슴 저리고 식은땀이 흐르다 결국엔 박수를 치지 않을 수 없는 영화인 것이다. 정의의 수사관들이 백인우월주의자 집단 KKK단을 겁주어 민권 운동가 세 명의 시체가 묻힌 곳을 실토하게 만드는 장면이 특히 클라이맥스였다. 이 영화는 관객들에게 폭로된 역사를 보는 듯한 느낌을 주었다. 하지만 미국 영화 제작의 거대한 전통으로 볼 때 이 사건에 대한 영화적 해석은 D. W. 그리피스(1875~1948)가 만든 인종차별 영화의 '고전' 〈국가의 탄생Birth of a Nation〉만큼이나 현실성이 없었다.

　이 영화는 1964년 여름 세 명의 젊은 민권 운동가가 시골길에서 살해되는 장면으로 시작된다. 여기까지는 사실이다. 흑인 투표권자들을 선거인 명부에 올리는 일을 하던 북부의 두 백인 앤드루 굿맨과 마이클 슈웨너, 남부의 흑인 제임스 체니가 미시시피 주 필라델피아에서 경찰서 구치소를 떠난 이후 실종되었던 것이다. 영화 속에서 두 FBI 요원은 수사를 위해 그곳에 도착하지만, 현지 백인들의 방해와 겁먹은 흑인들의 협조 거부로 수사는 난항에 부딪치게 된다. 살인자들은 남부 보안관 출신으로 FBI에 몸담게 된 앤더슨(진 해크만 분) 요원이 불법 행위까지 하면서 현지인들을 겁주어 시체가 묻힌 곳과 범인들을 실토하게 만든 뒤에야 비로소 밝혀진다.

린든 B. 존슨
1964년 5월, 연설 "위대한 사회"

위대한 사회는 모두를 위한 풍요와 자유에 기반을 두고 있습니다. 그것은 빈곤의 종식과 인종적 부당함에 대한 종식을 전제로 합니다. 이 시대의 우리는 위대한 사회를 위해 전적으로 매진하고 있습니다. 하지만 이것은 아직 시작에 불과합니다.

위대한 사회는 모든 아이들이 지식으로 마음을 풍요롭게 할 수 있고 재능을 발전시킬 수 있는 사회를 말합니다. 여가가 지루함과 불안함만을 안겨주는 근심 덩어리가 아닌, 도야와 숙고를 할 수 있는 고마운 기회가 되는 사회를 말합니다. 위대한 사회는 도시인들이 신체적 욕구와 상업적 요구만을 충족시키는 사회가 아닙니다. 미에 대한 욕구와 지역 사회에 대한 열망도 함께 느끼는 사회를 말합니다.

위대한 사회는 인간이 자연과 새롭게 접촉할 수 있는 곳입니다. 창조 그 자체에 감사하고, 그 감사함에 보답하기 위해 인종에 대한 이해를 배가시키는 사회입니다. 소유한 물건의 수보다 인간이 추구하는 목적의 질에 더 관심을 갖는 사회입니다.

존슨은 공화당 대통령 후보 배리 골드워터와의 선거 유세전에서 행한 이 연설을 통해 야심찬 사회 계획안을 제시했다. 그리고 보수적인 애리조나 주 상원의원에게 압승을 거둔 뒤 이 계획을 실행에 옮겼다. 존슨은 경제와 교육 개혁을 통해 인종적 부당함을 바로잡을 것을 제안했고, 그에 따라 정부 시책도 빈곤의 악순환을 종식시키는 것에 맞췄다. 사회사를 연구하는 역사가들은 존슨이 제안한 개혁의 궁극적 효과에 대해 여전히 왈가왈부하고 있지만 당시 그가 의회에 상정한 안건들은 사뭇 놀라운 것이었다. 고용기회국이 창설되었고, 케네디가 발의한 민권법이 가결되었으며, 계속해서 투표권법,* 두뇌계발프로젝트, 직업공단, 국민의료보장제도 Medicaid,** 노인의료보험제도 Medicare***가 연이어 제정되었다. 존슨은 프랭클린 루스벨트의 뉴딜 이래 가장 의욕적으로 사회 개혁을 이끌어간 대통령이었다. 그런 반면 또, 미국을 베트남 속으로 더욱 깊숙이 끌고 간 장본인이기도 했다. 그 무의미한 재앙의 길이 결국 존슨이 주도한 모든 국내 정책에 앞서 그의 역사적 위치를 결정짓는 요인이 되었다.

* 이 법이 제정된 후에야 비로소 미국인들에게 성별, 인종별에 관계없이 완전한 선거권이 부여되었다.
** 65세 미만의 저소득자, 신체 장애자를 위한 제도.
*** 65세 이상 노인을 위한 제도.

〈미시시피 버닝〉은 훌륭하게 잘 만들어진 사기성 농후한 작품이었고 감정의 정곡을 제대로 찌른 작품이었다. 백인 진보주의자들은 이 영화를 보면서 흑인들을 대하는 태도에는 죄책감을 느꼈고, 현지인들의 쓰레기 같은 백인우월주의에는 혐오감을 느꼈으며, 진 해크만의 람보식 작전에는 스릴을 느꼈고, 살인자들에 대한 유죄 판결에는 지지를 보냈다.

하지만 문제는 살인자들은 물론이고 영화에 나오는 대부분의 사건들이 사실과 다르다는 데 있다. FBI 국장 에드거 후버는 법무장관 로버트 케네디의 압력을 받아 미시시피 주에 FBI 요원을 대거 파견했다. 하지만 요원들은 아무것도 밝혀내지 못했다. 그나마 사건이 알려지게 된 것도 KKK단의 밀고자가 뇌물 3만 달러에 넘어가고 세 명의 사체가 댐 부지 근처에서 발견되었기 때문이다. 기소장에는 현지 경찰서장과 부서장을 비롯하여 스물한 명의 이름이 올라 있었다. 하지만 관할 지방법원은 후일 KKK단원 두 명이 자백한 내용을 풍문이었다면서 기각했다. 법무부도 지지 않고 열여덟 명의 기소자에게 음모죄를 제기하는 등 끈덕지게 물고 늘어졌다. 이후 열린 재판에서 피고인들 중 일곱 명은 3년에서 10년까지의 징역형을 선고받았다. 이 판결은 한때 흑인을 침팬지에 비유하기도 했던 판사가 내린 것이어서 더욱 놀라웠다.

이 사건에서 에드거 후버는 FBI의 반KKK 쇼를 훌륭하게 연출해 보였다. 하지만 당시 그의 관심은 다른 곳에 있었다. 이 사건은 그의 망상을 은폐시켜준 것에 불과했다. 후버가 볼 때 민권 운동가들을 지켜주는 것은 FBI의 시간 낭비였다. 영화에는 FBI 요원으로 흑인이 한 명 등장하지만 후버 시절의 FBI에서 흑인이 실제로 고용된 예는 운전기사뿐이었다. FBI는 KKK단 진압 따위는 안중에도 없었다. 그보다는 마틴 루터 킹이 공산주의자이고, 민권 운동은 조직화된 공산주의 전선이라는 것을 입증하는 것이 더욱 중요했다. 그 노력의 일환으로 킹의 사생활을 염탐하는 고위층의 시도가 이루어져 민권 운동 지도자를 숭배하는 백인 여성들은 돈 이상의 다른 것도 기부할 의사가 있다는 사실을 밝혀냈다. 킹에 대한 후버의 증오심은 날로 깊어져 한때 그는 킹을 미국 '최고의 이름난 거짓말쟁이'로 부르기까지 했다. 그외에도 후버는 킹에게 자살을 은근히 부추기는 내용의 협박장을 보내기도 했다.

통킹 만 사건이란?

전쟁이 전쟁이 아닐 때는 언제일까? 대통령이 전쟁이 아니라고 할 때와 의회가 그것에 맞장구를 칠 때이다.

린든 존슨과 케네디 행정부로부터 넘어온 가장 명석한 관료들이

"Only Thing We're Sure Of—There Is a Tonkin Gulf!"

통킹 만 사건 풍자화. 풀브라이트 상원의원이 지도를 가리키며 로버트 맥나마라 국방장관에게 대통령의 정책을 비판하고 있다.

진주 만 신판新版을 만들어내려고 작정했을 때는 이미 미국이 10년도 넘게 베트남에 발목이 잡혀 있는 상태였다. 그들은 조금이라도 정당성 있는 전쟁에 미국의 병력을 넣기 위해 사건이 하나 필요했다. 그리고 그것은 1964년, 베트남 북부 해안의 통킹 만에서 벌어진 짧은 교전으로 찾아왔다.

베트남은 프랑스군이 인도차이나에서 철수하고 1954년 나라가 남북으로 분단된 이래 줄곧 내전에 시달려왔다. 미국은 그러한 베트남에 돈, 물자, 고문단을 계속 지원해주었고 1963년 말에는 반공 사이공 정부에 자그만치 1만 5천여 명의 군사 고문단을 파견하기에 이르렀다. 그 같은 원조 외에도 CIA는 사이공 정부의 내정에도 깊숙이 개입하여 1963년에는 쿠데타 세력을 도와 고 딘 디엠 수상을 실각시켜놓고, 군 장성들이 그를 처형하자 짐짓 놀라는 시늉까지 했다.

그밖에도 미국은 남베트남 동맹군에게 특공대 병법을 '조언'해주었다. 1964년 CIA에서 훈련 받은 남베트남 게릴라군이 사보타주로 위장하여 북베트남을 공격하기 시작했다. 암호명 34-A안이라 명명된 이 특공대 작전은 그러나 북베트남의 군사 시설에 타격을 주지 못했고, 그에 따라 공격 방식은 작은 어뢰

린든 B. 존슨

로버트 S. 맥나마라 국방장관에게 한 말. 《영광에 이르는 길: 린든 존슨의 백악관 비밀 테이프, 1964~1965Reaching for Glory: Lyndon Johnson's Secret White House Tapes, 1964-1965)에서

본국에서 너무 멀리 떨어진 곳에서 치러지는 전쟁을 지금 우리가 가진 부서들, 특히 앞으로 주어질 부서들만으로 아주 장기간 효과적으로 치르기는 어려울 걸세. 그 생각을 하니 매우 울적해지는군. 국방부나 국무부의 어느 부서도 희망적인 어떤 것을 위한 계획을 내놓지 않고 있어. 우리로서는 그저 우기에 기도나 하고 숨을 몰아쉬며, 그들이 끝내주기만을 바랄 수밖에. 하지만 아무리 봐도 그들은 영원히 전쟁을 끝낼 것 같지 않군. 군사적으로나 외교적으로나…… 승리할 복안이 없기는…… 우리도 마찬가지이고.

정을 이용하는 치고 빠지기식 전법으로 바뀌었다. 이 공격을 지원하기 위해 미 해군은 전파 탐지기가 장착된 전함들을 통킹 만에 정박시켜 놓고 북베트남 군사 작전을 탐지해 그 정보를 남베트남 특공대원들에게 알려주려고 했다.

린든 존슨은 1964년 매파 공화당 후보 배리 골드워터와의 대통령 선거전이 한창일 때 이 일이 터지자, 이 작전에 좀더 심혈을 기울여야 한다고 판단했다. 그래서 해군에 지시를 내려 매독스호와 제2구축함 터너조이호를 통킹 만에 다시 보내도록 했다. 터너조이호의 레이더망에 무슨 물체가 잡히는가 싶더니 바로 사격이 시작되었다. 매독스호도 어뢰정이 접근 중이라는 보고를 받고 사격을 개시했다. 두 배가 실제로 공격당했는지의 여부는 결코 확인되지 않았다. 후일 레이더망에 잡힌 물체는 기상 조건과 해병들의 신경 과민으로 인한 착각이라는 결론이 내려졌다.

스탠리 카노의 《베트남의 역사Vietnam: A History》에 따르면 "심지어 존슨까지도 가상의 두 번째 공격이 일어난 지 며칠 뒤에는 개인적으로 의구심을 떨치지 못하며 보좌관에게 은밀히 이런 말을 했다고 한다. '맙소사, 저 멍텅구리 해병들은 날아가는 물고기에게 총질을 하고 있었던 거야.'"

하지만 그것도 존슨을 가로막지는 못했다. 그는 상황 검토도 하지 않고 미국 전함을 공격한 것에 대한 '복수'로 북베트남에 대한 공습을 명령했다. 미국 제트기들은 북베트남의 목표물을 향해 무려 60번 이상 출격했다. 이 공습으로 비행기가 추락하면서 에버렛 알바레즈 주니어가 생포되어 베트남 전쟁 최초의 미국인 전쟁 포로가 되는 안타까운 결과가 초래되었다. 그는 하노이 교도소에서 8년 동안 복역했다.

존슨 대통령은 공습에 뒤이어 '통킹 만 결의안Tonkin Resolution'을 의회에 제출했다. 이 법안이 가결된다는 것은 미군에 대한 공격을 격퇴하고 '더 이상의 공격을 방지하기' 위한 '모든 필요한 조치를 취할 수 있는' 권한을 대통령에게 부여하는 것을 의미했다. 통킹 만 결의안 가결로 존슨은 필요한 권한을 갖게 되어 베트남 전쟁에 더욱 진력할 수 있게 되었다. 뿐만 아니라 '공산주의자들을 두려워한다'고 자신을 비난한 골드워터에게도 한방 먹일 수 있게 되었다. 통킹 만 결의안은 불과 40분만에 하원에서 만장일치로 가결되었다. 상원에서도 반대표는 두 표뿐이었다. 하지만 의회는 중요한 사실을 모르고 있었다. 그 결의안은 통킹 만 사건이 일어나기 수개월 전에 이미 초안이 잡혀 있었다는 사실이다.

미국에서 선전포고를 할 수 있는 헌법상의 권한은 오직 의회에 있다. 그런데 의회는 한치의 망설임도 없이 선전포고 권한을 사용할 수 있는 인간에게 그 힘을 넘겨준 것이다. 통킹 만 결의안에 반대표를 던진 두 상원의원 중의 한 명인 오리건 주의 웨인 모스 의원은 후일 이렇게 말했다. "역사는 우리를 헌법을 파괴하고 그것을 교묘하게 이용하는 커다란 실수를 저지른 사람으로 기록할 것입니다." 투표가 끝난 뒤 린든 존슨의 보좌관 월트 로스토는 이렇게 말했다. "무슨 일이 있었는지는 모르겠지만 여하튼 원하던 결과는 얻었습니다."

베트남 전쟁의 이정표

1950년 ___ 미국이 한국에서 전쟁을 하는 동안 트루먼 대통령은 인도차이나에서 공산주의 반란 세력과 싸우는 프랑스에게 군사 원조를 한다. 미국은 결국 호치민이 이끄는 베트남 세력과 싸우는 프랑스의 전쟁 비용 대부분—75퍼센트에서 80퍼센트—을 부담하게 된다.

1954년 4월 ___ 아이젠하워 대통령은 인도차이나에서 싸우는 프랑스에 대한 계속 지원을 약속하면서 기자들에게 이렇게 말한다. "도미노를 한 줄로 세워놓고 첫 번째 것을 건드리면 마지막 것이 쓰러지는 것은 순간입니다. 이것은 분명한 사실입니다."

1954년 5월 ___ 프랑스의 요새 디엔비엔푸가 베트남군에게 함락된다. 프랑스는 인도차이나에서 철수하고, 제네바 회의에서 베트남의 분단이 결정된다. 미국은 고 딘 디엠 수상의 반공 사이공 정부에 1억 달러를 원조하면서 베트남에 대한 직접 개입을 계속한다.

1955년 10월 ___ 미국의 계획으로 부정 선거가 실시되고 디엠 수상이 베트남공화국(남베트남)을 선포한다.

1962년 2월 6일 ___ 베트남 주둔 미군사원조사령부MACV가 사이공에 설치된다.

1963년 5월~8월 ___ 남베트남의 불교 승려들이 반정부 시위를 벌이고 정부가 승려들에게 보복한다. 이에 항의하는 승려들이 분신 자살을 감행한다.

1963년 11월 ___ 남베트남 장교들이 미국의 양해와 CIA의 지원 아래 쿠데타를 일으켜 디엠 정권을 무너뜨린다. 디엠은 살해되고, 3주일 후 케네디 대통령이 암살된다.

1964년 8월 2일 ___ 베트남 북부 통킹 만 해안 10마일 밖에서 탐지 활동을 벌이던 미 구축함 매독스호가 북베트남 어뢰정 3척의 추적을 받자 발포한다. 매독스호의 요청에 따라 근처에 있던 미 항공모함 티컨데로가호에서 전투기 3대가 출격, 경비정 한 척을 격침시키고 두 척을 대파한 다음 철수한다. 이틀 후, 매독스호와 제2구축함 터너조이호는 다시 통킹 만으로 들어간다.

1964년 8월 4일 ___ 존슨 대통령은 의회 지도자들에게 매독스호가 두 번째 공격을 받았다고 보고한다. 그러나 이는 사실무근이었다.

1964년 8월 5일 ___ 미군 폭격기들이 북베트남에 대한 공습을 감행한다. 60회 이상 출격하여 석유 저장 시설과 경비정들을 파괴한다.

1964년 8월 7일 ___ 통킹 만 결의안이 하원의 만장일치, 상원의 반대 두 표로 통과된다. 대통령에게 '미군에 대한 무장 공격을 응징하고 침략 재 발을 방지하는 데 필요한 모든 조치'를 취할 수 있는 권한을 부여한다.

1965년 4월 15일 ___ 민주사회를위한학생(SDS)의 주도로 워싱턴에서 대대적인 반전 시위가 벌어진다.

1966년 9월 23일 ___ 베트남 주둔 미군 사령부는 공산주의 포장을 깨기 위해 화학적 고엽제를 사용하고 있다고 발표한다.

1968년 1월 31일 ___ 구정 공세. 베트콩이 베트남 전역에 대대적인 공세 를 취한다. 미국인에게 구정 공세는 미국의 패배를 의미하는 것과 동시 에 마음만 먹으면 베트남 어디든 공격할 수 있는 베트콩의 능력을 입증 하는 상징이 된다. 베트남 전쟁에 대한 미국인들의 낙관이 큰 타격을 입 는다.

1968년 2월 29일 ___ 국방장관 로버트 맥나마라는 미국의 베트남 전쟁 승리는 불가능하다는 판단 아래 장관직을 사임한다. 후임으로 클라크 클리포드가 임명된다.

1968년 5월 10일 ___ 파리에서 미국과 북베트남이 평화회담을 시작한다.

1969년 9월 3일 ___ 북베트남의 지도자 호치민이 일흔일곱 살의 나이로 사망한다.

1969년 11월 16일 ___ 1968년 미라이 촌에서 일어난 양민 학살 사건이 세상에 알려진다. 부당한 전쟁에 대한 불신이 더욱 확산되고 평화 운동 에 새로운 전기가 마련된다.

1973년 3월 29일 ___ 미군의 마지막 지상 병력이 베트남을 떠난다.

1975년 ___ 6달 동안 계속된 공세에서 베트콩과 북베트남 합동군은 베 트남과 캄보디아 전역을 휩쓴다.

1975년 4월 23일 ___ 포드 대통령, 전쟁 종식을 선언한다.

1975년 4월 29일 ___ 미국인들이 사이공을 떠나고, 같은 날 베트콩이 사 이공에 입성한다.

1976년 1월 21일 ___ 카터 대통령, 1만 명에 이르는 징집 거부자 거의 전원을 사면한다.

1982년 11월 11일 ___ 베트남전쟁참전용사기념비 제막식이 워싱턴에서 열린다. 1959년에서 1975년 사이에 베트남에서 전사한 5만 8천 명의 미국인들을 기린 것이다.

와츠에서 생긴 일은?

로자 파크스가 버스에서 자리 양보를 거부한 뒤에 이어진 격동의 10년 동안 흑인 민권 운동은 마틴 루터 킹 주니어의 지도력 아래 결집되어 사법부와 입법부를 통해 어느 정도 성과를 얻어냈다. 그리고 이제 미국인 삶의 최우선 과제는 인종적 평등의 문제로 옮겨 갔다. 흑인들은 그 10여 년의 세월 동안 인종차별주의와 흑인에 대한 차별 대우 장벽을 킹의 비폭력주의로 극복할 용의가 있는 것처럼 보였다. 하지만 때로는 버너가 심하게 과열되는 일도 있었고, 오래지 않아 냄비는 끓어 넘쳤다.

1965년에 이르러서는 나라가 변해서인지 민권 운동의 어휘와 행동에도 변화가 일어났다. 베트남 전쟁도 극을 향해 치닫고 있었다. 1963년에는 케네디 대통령 암살 사건과 더불어 미시시피 전미유색인지위향상협회(NAACP) 회장 매드거 에버스(1925~1963)가 잭슨의 자택 앞에서 저격당하는 사건이 일어났다. 비폭력 통합 운동은 바야흐로 폭력과 죽음에 직면해 있었다. 버밍햄의 한 교회는 폭탄 세례를 받아 어린 소녀 네 명이 목숨을 잃었다. 굿맨, 슈웨너, 체니도 1964년 여름 미시시피에서 살해되었다. 1965년 2월, 이번에는 맬컴 X가 쓰러졌다. 그 한 달 뒤, 비올라 리우쪼라는 백인 민권 운동가가 살해당하는 일이 벌어졌다. 마틴 루터 킹 목사가 이끄는 군중 수천

1965년 8월 로스엔젤레스의 와츠. 주민 대부분이 흑인이었던 와츠는 엿새 동안의 폭동으로 폐허가 되었다. 와츠 사건 후 미국 전역에서 인종 폭동이 잇달았다.

명이 미군의 보호를 받으며 셀마에서 몽고메리까지 행진을 벌인 뒤에 생겨난 일이었다. 차 안에는 그녀를 저격한 KKK단원과 함께 FBI 밀고자가 타고 있었다.

  평화적인 방법과 법원 명령에 의한 개선을 강조하며 한때 킹의 남부기독교지도자협의회와 전미유색인지위향상협회에 의해 견고히 결집돼 있던 흑인 민권 운동은 이제 거센 공격에 직면해 있었다. 이 같은 폭력적 분위기 속에 킹의 참을성이 결여된 신세대 운동가들이 태어났다. 인종평등회의(CORE)의 플로이드 매키식, 학생비폭력조정위원회(SNCC)의 스토클리 카마이클 같은 인물은 킹 목사의 온건주의 방식에 더 이상 보조를 맞출 의사가 없었다. 이들은 요란하게 떠드는 맬컴 X의 호전적인 방식이 더 마음에 들었다. 좌절과 분노 위에 구축된 전술상의 이러한 균열로 민권 운동은 분열되기 시작했다. 1965년 여름, 흑인 선거권자의 권익을 강화시키기 위한 투표권법이 제정된 지 불과 며칠 후, 분노는 이제 부글거리고 있지만은 않았다. 끓어 넘쳤다. 분노가 끓어 넘친 장소는 로스앤젤레스의 와츠Watts였다.

그곳은 할리우드나 말리부 그리고 벨에어의 로스앤젤레스가 아니었다. 와츠는 로스앤젤레스 국제공항에 인접한 고속도로 가까운 곳의 허름한 집들이 늘어선 황폐한 구역이었다. 주민의 98퍼센트가 흑인인 와츠는 캘리포니아의 열기 속에 뭉근히 달아오르고 있었다. 그 냄비 속에는 빈곤, 인구 과잉, 높은 실업률, 범죄의 만연이라는 흑인 분노의 온갖 재료가 뒤섞여 있었다. 마약도 광범위하게 퍼져 있었다. 백인 일색인 경찰은 그들 눈에 점령군으로 비쳤다.

8월 11일, 경관 한 명이 음주 운전 여부를 조사하기 위해 흑인 청년이 탄 차를 길가에 세웠다. 백인들에게는 드문 일이었지만 흑인들에게는 예사로 일어나는 일이었다. 청년이 체포되는 것을 보고 군중이 모여들었다. 그들은 처음에는 농담과 비아냥을 퍼붓더니 갈수록 반항적으로 변해갔다. 경관의 무자비한 행위에 대한 말이 여름의 무더운 공기를 타고 떠돌아다녔다. 군중의 수가 점점 불어나면서 분위기도 험악해졌다. 이윽고 경관의 지원 요청을 받고 경찰이 출동했다. 성난 군중들은 경찰을 향해 돌, 병, 콘크리트 조각 들을 마구 던지기 시작했다. 몇 시간 내에 군중은 폭도로 돌변했고 절망도 더 이상 8월의 무더위 속에서 부글부글 끓고 있지만은 않았다. 절망은 폭발했다.

와츠가 봉쇄되자 한동안 모든 것이 잠잠했다. 하지만 이튿날 분노는 되돌아왔다. 땅거미가 질 무렵이 되자 소규모 유랑배 무리는 수천 명의 성난 폭도로 불어나 상황은 통제 불능 상태에 빠져들었다. 소요가 전면적인 거리 폭동으로 발전하면서 돌덩이와 병은 화염병으로 대체되었다. 흑인 상점주들은 '이것은 우리 가게이다'라고 쓰인 팻말을 문 밖에 내걸었다. 그런 것을 걸어놓는 것이 늘 보탬이 되는 것은 아니었다. 약탈품 중에서 가장 인기를 끈 것은 무기였고 폭도들은 폭력과 방화에 맞서 싸우는 경찰과 소방수 들을 향해 총알과 가솔린 폭탄을 퍼부었다. 고여 있던 울분과 무력감이 일거에 맹렬한 광포함으로 끓어 넘쳤다. 이성은 사라졌다. 유명한 스탠드업 코미디언이자 운동가이기도 했던 딕 그레고리는 군중을 진정시키려다 다리에 총상을 입었다. 폭도들의 광분이 모든 것을 집어삼켰다. 와츠는 불타올랐다.

전투——결국엔 그렇게 발전했다——는 질서 회복을 위한 방위군 수천 명이 와츠에 투입되면서 며칠 동안 격렬하게 진행되었다. 방위군이 기관총 발사대까지 설치하자 전투는 시가전으로 발전했다. 그것은 마치 베트남이 로스앤젤레스로 옮겨 온 양상이었다. 폭동 엿새째 와츠는 완전한 폐허로 변했다. 유럽의 한 저널리스트는 그 모습을 보고 이렇게 말했다. "마치 제2차 세계대전 막바지 몇 달 동안의 독일을 보는 듯했다."

엿새 동안의 폭동으로 입은 피해 규모는 다음과 같다. 폭도와 방위군을 합쳐 사망자 34명, 부상자 1천 명 이상, 체포된 인원 4천 명, 재산 피해 3천500만 달러.

하지만 와츠 사건의 결과는 단순히 사망자수, 경찰의 사건 기록, 보험금 지불 예상액으로만 측정될 수는 없었다. 근본적인 무엇인가가 일어났다. 미국에서 인종 폭동이 일어난 것은 이번이 처음은 아니었다. 제2차 세계대전 중에는 디트로이트에서 폭동이 일어나 와츠 못지않은 사망자를 냈다. 그전에도 북부 도시들에서 자잘한 폭동이 여러 번 일어났다. 하지만 이번 와츠 사건으로 흑인 민권 운동에는 거대한 변혁의 조짐이 일어나는 듯했다. 마틴 루터 킹은 와츠를 방문했다가 주민들의 야유를 받았다. 죽음과 파괴의 현장을 보고 마음이 울적해진 그는 현지의 어떤 주민을 타이르려다 도리어 면박을 당했다. "우리는 전세계인의 관심을 우리에게 돌릴 수 있었기 때문에 이긴 거라구요." 킹의 '소울 파워soul power'의 시대는 지나가고 있었다. '블랙 파워black power'가 새롭게 요구되었다.

1965년 와츠의 여름은 앞으로 계속될 일련의 길고 무더운 여름의 시초에 불과했다. 뒤이어 북부와 중서부 도시들도 인종적 소요의 열기로 숨이 턱턱 막힐 지경이었다. 1966년 여름에도 여러 도시에서 폭동이 일어났다. 하지만 최악의 폭동은 1967년에 찾아왔다. 그 중에서도 뉴어크와 디트로이트의 상황이 특히 심했다. 그해의 도시 폭동으로 80명 이상이 사망했다.

이 같은 폭동의 여파로 대통령위원회가 설치되고 연구가 이루어졌으며 연구 결과가 발표되었다. 이들 모두 경제적인 것이 문제의 원인이라는 데에 의견이 일치했다. 마틴 루터 킹은 그 상황을 이렇게 묘사했다. "지금까지 나는 흑인들에게 햄버거를 사먹을 수 있는 권리를 찾아주기 위해 일했다. 이제부터는 이들이 돈을 벌어 햄버거를 사먹을 수 있도록 무언가를 해주어야겠다." 시민적 혼란에 대한 국가자문위원회의 보고서 중 하나는 미국이 "두 개의 사회, 즉 흑인 사회와 백인 사회—분리와 불평등 사회—로 나아가고 있다"는 다소 예언적인 경고를 하기도 했다.

그 보고서가 나온 것이 1968년 2월 29일이었다. 그로부터 한 달 뒤, 마틴 루터 킹은 테네시 주 멤피스에서 살해되었다. 그가 죽자 폭동의 물결이 또 다시 일렁이면서 도시들을 질식시켰다. 범행을 자백한 제임스 얼 레이가 킹의 암살범으로 투옥되었다. 하지만 케네디 암살과 마찬가지로 레이의—그는 1998년에 죽었다—유죄도 의혹투성이어서 음모설만 더욱 증폭되었다.

소비자 운동을 시작한 네이더는 누구인가?

20세기 정치인들 중에서 코네티컷 주 윈스테드에서 레바논 이민자의 아들로 태어나 변호사가 된 이 인물보다 미국인의 삶을 근본적으로 뒤바꿔놓은 사람도 아마 없을 것이다. 랠프 네이더는 프린스턴대학과 하버드 법과 대학원을 마치고 노동부에 들어가 '소비자 보호'를 위한 개혁, 즉 안전한 제품과 기업 윤리에 대한 소비자 권익을 위해 일했다. 그는 《어떤 속도로 달려도 안전하지 않다Unsafe at Any Speed》에서 미국의 자동차 업체들은 안전보다 이익과 디자인을 더 중시한다고 주장했다. 새로 제조되는 차량의 안전 기준을 규정한 1966년의 국가교통및차량안전법도 거의가 그의 노력이 빚어낸 결과였다.

이후에도 그의 연구는 계속되어 육류와 가금류, 광산, 천연가스 파이프라인 산업에 대한 기준도 대폭 강화되었다. 그는 구충제, 식품 첨가물, 컬러 텔레비전 수상기에서 나오는 방사선, X선의 과다한 노출 등 자신이 위험하다고 느끼는 것들에 대해서도 홍보를 했다. 1971년에는 에너지 문제, 보건 활동, 세제 개혁, 그밖의 다른 소비자 문제 등으로 직능이 세분화된 공공시민회를 조직했다. 네이더와 그의 동료들은 또 1972년 의회에 대한 연구에 착수하여 그 결과를 《의회를 경영하는 것은 누구인가?Who Runs Congress?》라는 책으로 펴냈다. 1982년에는 또 다른 네이더 단체가 레이건 행정부를 연구하여 《레이건의 지배 계층: 대통령의 최고위 관리 100인의 초상 Reagan's Ruling Class: Portraits of the President's Top One Hundred Officials》을 펴냈다. 그 밖에도 네이더는, 미국 실업계의 구조와 지배를 고찰한 《거물들: 미국 기업의 힘과 지위The Big Boys: Power and Position in American Business》(1986)를 다른 사람과 함께 집필하기도 했다. 1989년에는 제너럴모터스사와 투쟁을 벌여, 1990년 모델에도 에어백을 기본 품목으로 포함시키겠다는 발표를 하게 함으로써 또 다시 승리를 거두었다. 네이더는 10년 이상 안전 용품 사용을 홍보했다.

《어떤 속도로 달려도 안전하지 않다》가 출간된 해에 미국에서는 또 다른 획기적인 사건이 일어났다. 의회가 흡연과건강을위한정보센터를 설치하여 모든 담배갑에 다음과 같은 문구를 포함시키도록 의무화한 것이다. '경고: 흡연은 당신의 건강을 해칠 수 있습니다.' 이것을 시작으로 기나긴 흡연 반대 운동이 일어나 미국 사회는 다른 사회 운동이 일찍이 경험하지 못한 근본적인 변화를 겪게 되었다. 공중위생국장이 흡연과 폐암의 관련성을 보고한 1964년 이전만 해도 흡연은 미국식 생활 방식의 일부였다. 그러던 것이 20세기 말에는 흡연 금지 입법화로 식당에서의 식습관 및 작업 환경이 바뀌었고, 그에 따라 흡연자들은 거의 천덕꾸러기 신세가 되어 휴식시간에 건물 밖에 나가서나 겨우 담배를 피울 수 있게 되었다.

미란다 원칙의 미란다는?

조 프라이데이의 텔레비전 다이어트, 〈드래그넷Dragnet〉, 〈비정의 샌프란시스코Streets of San Francisco〉를 비롯한 100여 편에 이르는 경찰 드라마와 함께 자라난 세대라면 "그의 권리를 알려주게"라는 대사가 그리 낯설지 않을 것이다. 중요한 것은 1966년 이후에 나온 경찰 영화치고 이 대사가 나오지 않는 작품이 없다는 것이다. 미국 경찰들에게 1966년은 세상이 허물어지기 시작한 해였다.

에르네스토 미란다Ernesto Miranda는 누가 봐도 법률의 역사를 바꿔놓을 인물로는 생각되지 않을 사람이었다. 하지만 그는 그 나름의 무지한 방법으로 법률의 역사를 바꿔놓았다. 고등학교를 중퇴하고 십대부터 전과자가 된 그는, 1963년 피닉스의 한 영화관 매점에서 십대 소녀를 납치하여 자동차에 태운 뒤 사막으로 끌고 가 겁탈을 했다. 이미 전과가 있던 미란다는 곧 용의자로 체포되어, 경찰 라인업에서 피해자에 의해 범인으로 지목되었다. 미란다는 자신의 권리를 전해들었다는 내용이 포함된 자술서를 작성한 뒤 유죄가 인정되어, 법정에서 40년~45년형을 선고받았다. 하지만 재판정에서 미란다의 국선 변호사는 자신의 의뢰인이 변호사와 상담할 수 있는 권리가 있다는 말을 듣지 못했다고 논박했다.

미국시민자유연합은 미란다 대 애리조나 사건을 대법원까지 끌고 갔다. 그리고 1966년, 워런 대법원장이 이끄는 연방 대법원에서 사건의 심리가 시작되었다. 재판의 쟁점은 수정헌법 5조의 자기 부죄負罪 금지*의 권리에 모아졌다. 1966년 6월 13일, 대법원은 5대 4로 미란다의 손을 들어주면서 다음과 같은 준칙을 마련했다. 경찰은 범죄 용의자에게 말하지 않을 권리가 있다는 것, 본인의 진술이 해롭게 작용할 수도 있다는 것, 심문 중에 변호사와 상의할 권리가 있다는 것을 알려주어야 한다.

이것은 보는 사람의 입장에 따라 시민적 자유에 관한 이정표이자 무고한 사람이나 범죄인 모두에게 보호권을 주었다는 점에서 지극히 중대한 사건일 수도 있고, 문명의 끝을 알리는 시발점으로도 볼 수 있다.

그러면 그 몹쓸 인간 미란다는 어떻게 되었을까? 증거가 새로 나타나 전과 똑같은 유괴 및 강간죄로 유죄를 선고받고 교도소에 수감되었다. 그리고 나서 결국 가석방이 되었으나 미국 법률사에 자신의 이름을 남긴 지 10년 후 술집에서 난동이 일어나 몸에 칼을 맞고 숨졌다.

알리가 징집을 거부한 이유는?

무하마드 알리는 운동 선수로는 아주 드물게 역사를 반영한, 아니 바꿔놓은 인물이다. 켄터키 주 루이스빌에서 태어난 무하마드 알리(1942~)는 캐시어스 마르셀루스 클레이가 본명이다. 1960년 하계 올림픽에서 라이트헤비급 금메달을 딴 뒤 프로복서로 전향했다. 1964년에는 소니 리스톤을 KO로 꺾고 세계 헤비급 챔피언이 되었다. 그것이 논란의 시작이었다. 이어 그 논란은 복싱 링과 스포츠의 영역을 훌쩍 넘어서게 된다.

캐시어스 클레이는 맬컴 X에게서 깊은 영향을 받고, 1967년 블랙 무슬림 운동인 네이션 오브 이슬람에 가입한 뒤 자신의

American Voice

무하마드 알리

벌같이 날아서 나비처럼 쏜다.
무하마드 알리는 그렇게 해서 붙여진 이름이다.

본명을 '노예 이름'이라 부르며 무하마드 알리로 개명했다. (실제로 미국 노예 주에서는 데리고 있는 노예들에게 로마 귀족 이름을 붙여주는 것이 상례였다.) 그는 심지어 올림픽 금메달조차 오하이오 강에 던져버렸다고 말했다.

이후 수년간 알리는 미국 복싱 역사에서 가장 화려하고 논쟁적인 챔피언이 되었고 세계에서 가장 인지도가 높은 인물로도 알려졌다. 그의 특별한 매력, 스피드, 복싱 기술은 많은 사람들의 찬사를 얻어내기에 충분했다. 하지만 그는 시를 지어 상대 선수를 모욕하거나 KO시킬 라운드를 예측하는 등, 허풍이 지나쳐 찬사에 못지않은 비난을 받기도 했다.

1967년 이전 이 같은 행위로 미국인들의 미움을 산 알리는, 이슬람으로의 개종과 개명으로 백인의 미국을 더욱 화나게 했다. 1960년대의 미국은 운동 선수들이 운동에만 충실하기를 바랐지 그들의 말까지 듣고 싶지는 않았던 것이다. '소란스럽고 건방진' 선수로 널

무하마드 알리. '어느 베트콩도 나를 검둥이라 부르지 않았다' 면서 베트남 징집을 거부한 알리는 징집거부죄로 기소되어 법정에 섰다.

리 알려진 알리의 경우는 특히 그러했다. 하지만 시대는 변했다. 때는 '검은 것이 아름답다Black is beautiful'가 흑인 젊은이들의 새로운 모토가 되고, 소울 가수 제임스 브라운이 "나는 흑인이고, 그것이 자랑스럽다고 크게 말하세요"라고 노래하는 시대였다. 이러한 세태 속에 무하마드 알리는 이 두 가지를 모두 구현한 살아 있는 인물이었다. 맬컴 X나 마틴 루터 킹 같은 흑인 지도자들처럼 무하마드 알리도 현재의 상태에 더 이상 만족하지 않는 젊은 세대에 의해 명사로 추대되었다.

이 같은 상황은 1967년 말 알리가 다음과 같은 색다른 시를 발표하면서 만들어졌다.

아무리 오래 걸려도 계속 물어봐주오—
베트남 전쟁에 부쳐 나는 이 노래를 부른다네—
베트콩과 나는 싸워본 적이 없다네.

알리는 "어느 베트콩도 나를 검둥이라고 부르지 않았다"고 말하며 종교적 신념에 근거하여 결정을 내리고 육군 징집을 거부했다. 그러고 나서 징집거부죄로 기소되어 징역형을 선고받았으나 그에 불복하고 항소하여 감옥에서 풀려났다. 하지만 대부분의 복싱 단체들은 그의 챔피언 타이틀을 박탈했으며, 법원의 유죄 판결이 내려지자 3년 반 동안 그의 출전을 금지시켰다. 알리는 링을 떠나 있는 동안에도 세계인의 주목을 받았고, 전쟁과 인종차별적인 미국에 대한 그의 견해는 젊은 세대에게 많은 영향을 끼쳐 그의 영향을 받은 젊은이들은 전쟁과 인종차별 모두를 거부하게 되었다. 1968년 멕시코시티에서 하계 올림픽이 열렸다. 시상식에서 미국 육상 선수들은 고개를 숙이고 움켜쥔 주먹을 높이 치켜들며 '블랙 파워'를 과시했다.* 그것은 참으로 무례한 행위였고 그로 인해 육상 선수들은

* 시상식에서 흑인 선수가 고개를 숙인 행위는 운동 선수로서의 흑인 역량은 높이 평가하지만 그 밖의 다른 면으로는 기여하는 것이 없다고 보는 나라의 국민임을 수치스럽게 생각한다는 의미였으며, 주먹을 움켜쥔 것은 미국 흑인들의 단결을 상징하는 것이었다.

메달을 잃었다. 그것은 미국이 얼마나 분열돼 있는가를 보여준 징표이기도 했다.

1971년, 연방 대법원은 알리의 유죄를 기각했다. 그리고 알리는 멋지게 재기에 성공하여 조 프레이저와 전설적인 일련의 경기를 치르며 제2의 복싱 인생을 이어갔다. 1974년 알리는 아프리카에서 조지 포먼으로부터 세계챔피언 타이틀을 탈환했다. 그리고 1978년, 복싱 역사상 유례 없는 역전패를 당하며 레온 스핑크스에게 타이틀을 빼앗겼다. 이후 스핑크스와 리턴매치를 벌여 통산 네 번째로 타이틀을 되찾았다. 1979년 알리는 타이틀을 포기하고 은퇴를 선언했다. 하지만 1980년 은퇴를 번복하고 다시 나와 WBC 타이틀전에 도전, 래리 홈스와 싸웠으나 테크니컬 KO패 당했다.

몇 년 뒤 알리는 파킨슨병 진단을 받았다. 많은 의사들은 그가 복싱을 하는 동안 수없이 얻어맞은 것에 병의 원인을 돌리고 있다.

미라이 촌에서는 무슨 일이 있었나?

1968년 3월 16일, 베트남의 한 작은 부락에서 "은밀하고 처참한 무엇인가"가 일어났다. 이 말을 근거로 고독한 퇴역병 한 사람이 미 육군에 압력을 가하자 미 육군도 마지못해 비밀 아닌 비밀에 대한 조사에 착수했다. 미국은 한때 전범죄를 저지른 적군을 대하는 방식으로 자신을 바라봐야 할 처지에 놓였다. 미국은 이 말을 가지고 미라이 촌에서 미군 병사들에 의해 자행된 민간인 학살의 진상을 밝혀냈다.

찰리 부대의 미군 병사들은 미라이를 핑크빌이라 불렀다. 그들이 가지고 있던 지도의 베트남 꽝나이 성의 그 부분을 베트콩 본거지로 생각하여 핑크 색으로 칠해놓아 붙여진 이름이었다. 윌리엄 L.

* 포인트 블랭크는 정조준이
다. 따라서 바로 앞에서 쏘아
죽인 것을 말한다.

캘리 중위 지휘하에 있던 미 육군 11보병 부대인 찰리 부대는 대대
장 어니스트 메디나 대령으로부터 "그 부락을 일소하라"는 애매한
명령을 받았다. 그 이전에도 찰리 부대는 세 달간이나 전투는 구경
도 못한 상태에서 100여 명의 사상자를 낸 적이 있었다. 저격병에
의한 공격과 부비트랩이 원인이었다. '선한 동양인'과 '악한 동양인'
을 구별지어주는 군복도 없는 전쟁을 치르는 것에 좌절하고 분노
한 찰리 부대 병사들은 야외 전투에서는 도무지 마주칠 재간이 없
는 유령 적군을 쑥대밭으로 만들어놓으라는 지시를 받은 것이다.

찰리 부대 병사들이 헬리콥터로 미라이 촌에 당도해 보니, 눈에
띄는 것은 노인과 부녀자뿐이었다. 베트콩은 없었고 있을 것 같은
징후도 없었다. 은닉해둔 무기도 곡물 저장소도 그외에 미라이가
게릴라 공격 기지임을 말해주는 증거도 없었다. 하지만 캘리 중위
의 명령에 따라 병사들은 부락민들을 촌락 한가운데로 집합시켰고
모인 사람들을 향해 발포 명령을 내렸다. 무방비 상태의 부락민들
은 기관총 세례를 받고 힘없이 쓰러졌다. 다음에는 움막들이 수류

미군의 공격을 받아 불타는 학
교에서 빠져나온 남베트남 트랑
반의 어린이들. 미라이 촌에서
학살당한 사람들도 어린이와 여
자, 노인 들이었다.

탄 공격을 받고 쑥대밭이 되었다. 아직 사람이
있는 움막도 있었다. 마지막으로 생존자 몇
명—그 중 일부는 미군에게 강간당한 여자
와 소녀들이었다—이 병사들에게 끌려 와
시궁창 속에 던져진 뒤 역시 무자비한 기관총
세례를 받았다. 일부 병사들은 명령에 따르기
를 거부했다. 명령을 거부한 병사 한 명은 후
일 그것을 '포인트 블랭크 살해'* 라 불렀다.

학살이 자행되는 동안 스물다섯 살의 헬리
콥터 조종사 휴 C. 톰슨은 구덩이 속의 시체들
을 보고 진상을 알아보기 위해 헬리콥터를 착
륙시켰다. 병사들과 아이들 사이에 헬리콥터

를 착륙시킨 그는 부하들에게 자신의 행위를 가로막는 미국인이 있으면 사살하라는 명령을 내렸다. 그렇게 하여 아이들 몇 명을 용케 구해냈다. 하지만 그것은 그날 행해진 몇 안 되는 영웅적 행위의 하나일 뿐이었다. 그 학살을 목격한 또 다른 목격자는 미군 전속 사진사였다. 그

American Voice

바나도 심슨
찰리 부대 병사였던 심슨이 1968년 3월 16일 미라이에서 일어난 일에 대하여. 마이클 비런 · 케빈 심 지음, 《미라이에서의 네 시간 Four Hours in My Lai》에서

그날 미라이에서 나 혼자 죽인 사람은 스물다섯 명 정도였다. 나 혼자. 여자건 남자건 가릴 것 없이 총으로도 죽였고, 목도 잘랐고, 머리가죽도 벗겼고, 손도 잘랐고, 혀도 잘랐다. 나는 그것을 했다. 나는 그저 갔을 뿐이다. 내 마음도 그저 갔을 뿐이다. 나만 그 일을 한 것은 아니다. 다른 많은 사람들도 그 일을 했다. 나는 그냥 죽였을 뿐이다.…… 내 안에 그런 면이 있다는 것을 나는 알지 못했다.

는 공식 카메라를 빼앗긴 상태였으나 비밀 카메라를 하나 숨기고 있었다. 그 카메라로 560명 이상의 베트남 사람들이 학살된, 그것도 거의가 부녀자들이 학살된 현장을 카메라에 담을 수 있었다. 이후 공개된 그 사진들로 미라이에서 자행된 학살의 규모가 만천하에 드러났다. 하지만 즉시 드러나지는 않았다. 그날 지휘 계통에 있던 다수의 미군 관계자들은 "은밀하고 처참한" 무엇인가가 일어났다는 것을 알고 있었다. 그런데도 조사는 이루어지지 않았다. 그 임무는 성공리에 수행된 것으로 사령부에 보고되었다.

그러던 차에 미라이에는 한번도 가본 적이 없는 찰리 부대의 퇴역병 로널드 리덴하워가 동료 병사들에게서 소문을 듣기 시작했다. 리덴하워는 여러 소문을 취합하여 상세히 정리한 뒤 닉슨 대통령, 의회 주요 인사들, 국무부 및 국방부 관리들 앞으로 서신을 띄웠다. 미라이의 추한 비밀이 드디어 공개된 것이다. 세이무어 허시 기자도 그것을 눈치채고 1968년 11월 반신반의하는 미국에 진상을 폭로했다. 그로부터 몇 주 후 미 육군은 진상을 조사하기 시작했다. 하지만 그것은 여전히 비밀로 부쳐졌다. 미라이가 킬링필드가 된지 1년이 지나고 그로부터 2년이 더 지나서야 사건 연루자들은 비로소 재판정에 섰다.

베트남의 한 마을에서 미군이
휴대용 지포라이터로 불을 지르
고 있다.

　조사가 시작된 바로 직후, 그때까지도 아직 현역에 있던 장교들
이 학살을 은폐한 것에 대한 직무유기로 군법회의에 회부되었다.
국방부는 학살이라는 말을 결코 사용하지 않았다. 군법회의에 회부
된 자들은 지위가 강등되거나 견책을 받는 정도에 그쳤다. 군사재
판을 받은 장교는 캘리, 메디나, 유진 코툭 대령, 토머스 윌링햄 중
위 그렇게 네 명이었다. 이중 메디나는 무죄 방면되었다. 하지만 후
일 그는 재판정에서 선서를 하고 군 수사관들에게 증언한 내용은
거짓이었음을 고백했다. 다른 두 명의 장교도 무죄로 풀려났다. 네
명 중 오직 캘리 중위만이 1971년 3월 29일에 일어난 미라이 촌 부
락민 스물다섯 명의 살해를 사전 모의한 혐의로 유죄 판결을 받았
다. 유죄 판결 이틀 뒤 그는 종신형을 선고받았다. 하지만 닉슨 대
통령은, 캘리를 희생양이라고 생각하여 항의하는 여론에 떠밀려 그
를 가택연금으로 감해주었다. 후일 그는 가석방되었다. 1989년에 방
영된 미라이 관련 다큐멘터리에서 캘리는 비싼 외제차를 타고 사
라지는 성공한 비즈니스맨의 모습으로 등장했다.
　우파에 속하는 전쟁 지지자들이 볼 때 미라이 학살은 단순한 과
오에 불과했고, 캘리는 '좌파' 반전 운동의 희생양일 뿐이었다. 전

쟁 반대론자들에게 캘리와 미라이는 부도덕하고 부당한 전쟁의 상징이었다. 어찌 보면 미라이는 미국 청년들을 이길 수 없는 전쟁으로 몰아넣은 것에서 나온 결과물이었다. 이제는 베트남 전쟁에 대한 기록도 잘 정리되어, 미라이만이 미군이 민간인들에게 저지른 범죄의 전부가 아니라는 사실도 드러났다. 병사들이 휴대용 지포라이터로 불을 놓아 마을 전체를 불사르는 장면도 어렵지 않게 볼 수 있다. 전쟁 초기 베트남의 한 촌락에 불을 지른 뒤 미군 장교 한 명은 이렇게 말했다. "촌락을 구하기 위해서는 그럴 수밖에 없었다." 그 이상한 나라의 앨리스 논리만큼 불가사의한 미국의 입장을 완벽하게 대변해준 것도 없었다.

미국은 매사추세츠만한 땅 덩어리에 700만 톤의 포탄—— 제2차 세계대전 때 유럽과 아시아에 퍼부은 양의 두 배—— 을 퍼붓고, 오렌지제agent orange*를 비롯하여 각종 화학 고엽제를 살포하고서도 전쟁에서는 패했다. 미국의 정치, 군사 지도자들이 베트남의 특성이나 전통, 문화, 역사를 제대로 인지하지 못한 결과였다. 그 같은 무지가 결국 미국에 비싸고 참담한 패배를 안겨준 것이다. A. J. 랭거스는 베트남 전쟁을 다룬 책《우리의 베트남Our Vietnam》에서 이렇게 쓰고 있다. "북베트남의 지도자들은 이길 만한 전쟁을 이긴 것이다. 남베트남 지도자들의 패배는 당연했다. 미국 지도자들도 30년간이나 북베트남 사람들에게는 졌고, 남베트남 사람들의 기대는 저버렸으며, 미 국민들에게는 실망만 안겨주었다."

닉슨과 키신저가 《뉴욕 타임스》의 펜타곤 페이퍼 보도를 막은 이유는?

1971년 여름, 닉슨은 모르는 것 때문에도 피해를 당할 수 있다는

* 베트남 전쟁에서 미군이 사용한 고엽제로 용기의 줄무늬가 오렌지색이어서 붙여진 이름이다. 미국은 오렌지제 투하를 '오렌지 작전'이라고 불렀다.

사실을 깨달았다.

1971년 6월 《뉴욕 타임스》에는 세인의 관심을 전혀 끌 만한 내용이 아닌 다음과 같은 머리기사가 실렸다. "베트남 전쟁 기록: 국방부 조사, 지난 30년 동안 규모가 계속 커진 미국의 베트남 전쟁 참전에 대한 실상 추적." 하지만 이 기사에는 빠진 것이 있었다. 국방부는 지난 30년 동안 미 행정부가 저지른 기만과 부적절함도 함께 추적하고 있었던 것이다.

머리를 띵하게 만드는 복잡한 내용의 기사가 끝나자 수천 건의 서류, 전문, 의견서, 메모 등의 기사가 빽빽하게 이어졌다. 죄다 베트남에서의 미국의 행적과 관련된 것들이었다. 공식적으로 〈베트남 전쟁의 미국 정책 수립 과정사The History of the U.S. Decision Making Process in Vietnam〉로 명명된 이 보고서는 신속히 '펜타곤 페이퍼'로 알려지게 되었다. 리처드 닉슨은 이 페이퍼의 존재를 모르고 있었다. 하지만 이것이 장차 그의 행정부와 군부를 송두리째 뒤흔들어놓는다.

케네디가 자랑하는 '가장 뛰어난' 각료 중의 한 사람인 로버트 맥나마라가 1968년 국방장관직을 사임하기 전에 지시를 내려 만들어진 이 거대한 보고서는 학자와 분석가 들이 대거 참여하여 만들어낸 성과물이었다. 여기에 실린 단어는 200여만 자에 이르렀다. 이 조사에 참여한 인물 중 랜드연구소의 분석관이자 한때는 주전파였던 다니엘 엘스버그가 있었다. 그 역시 맥나마라처럼 베트남 전쟁에 대해 환멸을 느끼고 있었다. 이 엘스버그가 펜타곤 페이퍼 정보 수집과 분석에 관여하고 있던 랜드연구소를 퇴직한 이후 매사추세츠공과대학(MIT)에 재직하고 있을 때 정보를 공개하기로 마음먹은 것이었다. 그는 페이퍼 사본을 《뉴욕 타임스》의 닐 시한 기자에게 넘겨주었다.

이 페이퍼가 공개되자 미국인들은 그동안 자신들이 정부에 의해 얼마나 기만당해왔는지를 알게 되었다. 이 페이퍼에는 트루먼 행정부 시절부터 시작된 기만, 백악관 참모진들의 의견 차이, 노골적인 거짓말의 역사가 죄다 폭로돼 있었다. 그 중에서 특히 치명적이었던 폭로는 CIA 사주로 디엠 수상이 실각, 처형되기 몇 주 전에 사이공의 미국 대사관에서 본국으로 보낸 전문이었다. 이 폭로에 따르면 통킹 만 결의는, 통킹 만 사건이 일어나기 몇 달 전에 이미 초안이 잡혀 있었다. 그 외에도 이 페이퍼에는, 린든 존슨이 국민들에게는 베트남 전쟁 전략에 대한 장기 계획을 수립해놓은 것이 없다고 말하면서 뒤에서는 베트남에 보병을 그대로 묶어두려 한 것을 보여주는 메모도 있었다.

닉슨 대통령의 재임 시절은 이 페이퍼에 포함돼 있지 않았다. 그래서 백악관은 처음에는 무대응으로 일관하면서 페이퍼 공개로 곤혹스러워 할 민주당을 상상하며 희희낙락하기까지 했다. 하지만 얼마 되지 않아 닉슨과 그의 안보 담당 특별 보좌관 헨리 키신저(1923~)는, 이 같은 극비 문서가 새나갈 수 있다면 다른 비밀도 새나가지 못하리라는 법이 없다는 것을 깨달았다. 두 사람은 행정부 내의 다른 기밀 누설로 이미 곤경에 처해 있었다. 펜타곤 페이퍼 같이 민감한 서류가 복사되어 마치 보도자료처럼 신문사에 건네진다면 국가 안보와 같은 중대사를 어떻게 수행할 수 있을 것인가? 문제는 또 있었다. 펜타곤 페이퍼의 공개로 반전 무드에 불이 붙어 불길이 캠퍼스로 옮겨 붙더니 급기야 의회에까지 그 불똥이 튄 것

닉슨 대통령(왼쪽)과 안보 담당 특별 보좌관 헨리 키신저(오른쪽)가 이야기를 나누고 있다.

이다.

닉슨 행정부는 처음에는 페이퍼를 공개하지 못하도록 《뉴욕 타임스》에 압력을 가했다. 법무 장관 존 미첼은 스파이죄를 묻겠다며 신문사를 협박했지만 통하지 않았다. 그러자 닉슨은 법원까지 동원하여 더 이상 공개를 하지 못하도록 잠정적인 금지 명령을 받아냈다. 하지만 《뉴욕 타임스》가 시작한 국지전은 곧 전면전으로 확대되었다. 《워싱턴 포스트》와 《보스턴 글로브》도 펜타곤 페이퍼를 싣기 시작한 것이다. 그러자 연방 법원이 《워싱턴 포스트》에 페이퍼의 보도 중지를 명령했고 이 문제는 다시 대법원으로 올라갔다. 6월 30일 연방 대법원은 수정헌법 1조에 근거하여 6대 3의 표결로 신문사에 승소 판결을 내렸다.

키신저와 닉슨은 노발대발했다. 닉슨은 이렇게 말했다. "이 일의 배후에 누가 있는지 알아야겠어.…… 어떠한 희생을 치르더라도 알아내고야 말겠어."

엘스버그가 공범으로 밝혀지자 그를 조사하기 위한 백악관팀이 새로이 구성되었다. 기밀 누설을 막는 임무에 걸맞게 그들에게는 우스갯소리로 '배관공plumber'*이라는 호칭이 붙여졌다. 백악관 보좌관 에길 크로그, 닉슨의 특별 보좌관 찰스 콜슨 그리고 백악관의 다른 보좌관들은 전직 CIA 요원 E. 하워드 헌트와 전직 FBI 요원 G. 고든 리디를 이 작전에 투입하여 그들이 가진 비장의 무기로 이 문제를 해결해주기를 바랐다. 그들이 부여받은 첫 번째 임무는 다니엘 엘스버그의 정신과병원 주치의 진료실에 침투해 들어가는 것이었다. 무단 침입이라는 면에서 이들은 자신들의 다음 목표물이

* 'plumber'에는 비밀 정보 누설을 방지하는 사람이라는 뜻도 있다.

될 워터게이트 오피스 빌딩의 무단 침입에 비해 조금 나은 실력을 보여주었을 뿐이다.

후일 워터게이트 사건으로 비화될 것의 일부를 건드렸다는 사실 외에도 펜타곤 페이퍼의 발간에는 또 다른 중요성이 있었다. 정부 입장에서 보면 미국의 안보 신뢰성은 땅에 떨어져 긍정적이든 부정적이든 전세계 첩보 업무에 막대한 타격을 입게 되었다. 반면, 반전 운동은 페이퍼의 발간으로 새로운 탄력과 관심을 얻게 되어 미국의 베트남 전쟁 개입을 끝내도록 닉슨 행정부를 더욱 압박할 수 있게 되었다. 발간 중지 명령을 기각하고 신문사 손을 들어준 대법원의 판결 또한 수정헌법 1조의 원칙을 확립, 강화한 결정이었다.

그외에도 펜타곤 페이퍼는 백악관의 '측근'들에게 이미 존재하고 있던 '벙커 심리'를 더욱 강화했다. 백악관 집무실에는 '그들과 반대되는 우리'라는 일종의 방어적 분위기가 팽배해 있었다. 펜타곤 페이퍼의 발간으로 닉슨의 백악관은 '국가 안보'를 더 한층 공격적으로 방어하게 되었다. 이러한 분위기가 확산되어 어떤 수단과 대가를 치르더라도 닉슨을 보호, 재선시켜야 한다는 선까지 이르게 된 것이다.

'제인 로'는 왜 웨이드를 고발했나?

"죽느냐 사느냐." 셰익스피어나 대법원에게는 그것이 문제였고, 그 문제는 여전히 끝나지 않았다. 낙태법의 미래만큼 정서적, 정치적, 법적으로 현대 미국의 국론을 분열시킨 것도 없었다.

많은 미국인들은 그 문제가 1973년 1월 22일에 이미 해결된 것으로 생각했다. 그날 대법원은 7대 2의 표결로 임신 3개월 이전의 자발적 낙태를 금하는 것은 위헌이라는 판결을 미국의 각 주에 내렸던 것이다. 더불어 임신 6개월 동안의 낙태 금지에도 제한을 가했다.

그 판결은 텍사스의 어떤 여성과 관련된 사건에서 비롯되었다. 그리고 사생활을 보호받고 싶다는 그녀의 소망에 따라 법원 기록에는 그녀의 이름이 제인 로Jane Roe라고 적혔다. 본명이 노마 맥코비였던 '로'는 텍사스에서 독신으로 살다가 아이를 갖게 되었다. 그녀는 낙태를 원했다. 하지만 그녀가 살고 있던 텍사스 주에서는 낙태가 법으로 금지돼 있었기 때문에 로는 하는 수 없이 아이를 낳아 입양을 시켰다. 그리고 아이를 낳은 뒤 달라스 지방 검사 헨리 웨이드를 상대로 소송을 제기했다. 텍사스의 낙태금지법을 뒤엎을 심산이었던 것이다. 그 사건은 결국 연방 대법원까지 올라갔다. 그리고 이른바 로 대 웨이드 사건의 판결이 나오게 되었다.

해리 A. 블랙먼 연방 대법관
1973년 1월 22일, 로 대 웨이드 사건 판결문

헌법에는 사생활 권리에 대한 말이 분명히 언급되어 있지 않다. 하지만 대법원은 판결문을 통해…… 사생활에 대한 권리 혹은 사생활의 특정 영역이나 범위가 헌법 아래 보장된다는 점을 인정해왔다.…… 사생활의 권리를 결혼과 관계된 행위에도 일부 적용시킬 수 있다는 점 또한 분명히 밝히고 있다. 출산, 피임, 가족 관계, 자녀 양육, 자녀 교육이 그런 것들이다.

사생활 권리는…… 여성이 자신의 임신을 끝낼 것인가 말 것인가의 판단까지가 포함되는 광범위한 권리이다.…… 우리는 생명의 시작을 언제로 볼 것이냐의 어려운 문제를 판단할 필요는 없다. 의학, 철학, 신학의 각 분야에서 훈련 받은 학자들이 아직 의견 일치를 보지 못했다면, 인간 지식의 발전 국면에 있는 이 시점에서 사법부는 그 답변을 추론해야 할 입장에 있지 않은 것이다.

이후 16년 동안 미국에서는 로 판결의 영향으로 낙태 허용 판결이 연이어 내려졌다. 많은 미국인들은 낙태권을 개인적인 선택의 문제, 즉 여성이 결정해야 될 문제로 생각했다. 하지만 수백만 미국인들은 로 사건을 정부가 눈감아준 살인 행위로 간주했다.

보수주의자가 대부분이었던 합법적 낙태 반대론자들——이들은 자신들의 운동을 '친생명 pro-life' 운동이라 불렀다——은 로널드 레이건을 중심으로 힘을 모아 그의 대통령 당선에도 기여하는 등 1980년대부터 힘을 얻기 시작했다. 그리고 낙태에 대한 그 같은 보수성이 결국 레이건의 유산이 되었다. 로 대 웨이드 사건의 장래를 결정짓게 될 대법원 판사들을 레이건이 지명한 것이다. 1989년 여름, 연방 대법원은 웹스터 대 생식건강서비스 사건에서 5대 4의 표결로 미국 각 주에 낙태권에 제한을 가할 수 있는 권한을 부여했다. 그와 더불어 대법원은 일련의 사건들도 심리할 계획임을 밝혀, 궁극적으로 로 사건을 완전히 뒤엎을 기회도 제공해주었다. (1998년 맥코비는 기독교로 개종하면서 낙태 지지 운동과의 완전 결별을 선언했다. 그녀의 피고소자였으며 리하비 오스왈드를 죽인 잭 루비의 기소자이기도 했던 달라스 지방 검사 헨리 웨이드는 2001년 사망했다.)

어설픈 도둑질에서 시작된 워터게이트가 막강한 대통령을 물러나게 한 이유는?

무단 침입과 도청. 배관공들과 위증. 비밀 테이프와 결정적 증거 그리고 불법 선거 자금.

이제 우리는 워터게이트가, 닉슨의 대변인 론 지글러가 말하는 이른바 '삼류 강도 사건'이 아니라는 것쯤은 알고 있다. 미국 전역에 텔레비전으로 방영된 이 부패, 음모, 범죄의 드라마는 단지 워터게이트 빌딩에서 일어난 어설픈 강도 사건의 시작일 뿐이었다. 그 어이없는 절도 행위는, '워터게이트'라는 흑막 속에서 드러난 스파이, 범죄 행위, 불법 선거 자금, 정적들의 명단, 사법 방해의 복잡한 거미집 속에서 나온 한가닥 거미줄에 불과했다. 하지만 그 드라마는 닉슨의 불명예 퇴진으로 끝을 맺었고, 불명예 퇴진조차 법의 힘으로 쫓겨나기 불과 몇 발짝 앞서 행해진 조치였다.

* 헌트는 닉슨 행정부의 '배
관공'이었다.
** 애그뉴는 제럴드 포드 이
전 닉슨 행정부에서 부통령을
지낸 인물이다.
*** 텔레비전 드라마나 영화
로 만들어졌다.

미국 역사상 남북전쟁과 베트남 전쟁 이후 워터게이트 사건만큼
책이 많이 쓰여진 예도 드물다. 이 특별한 사건에 관련된 사람치고
자신의 관점을 담은 책 한 권 내지 않은 사람이 없었다. 역사가, 저
널리스트, 기존 작가들도 한몫 거들었다. 중범重犯 하워드 헌트*는
워터게이트의 유명세를 이용하여 저급한 스파이 소설 작가로 회생
하는 데 성공했다. 닉슨의 보좌관 존 에일리크먼과 심지어 리처드
닉슨의 2기 행정부와 함께 침몰한 스피로 애그뉴**도 각각 책을
썼다. 전직 FBI 요원으로 맹렬한 우파였던 고든 리디까지 "활활 타
오르는 촛불 위에 손을 갖다 대는" 광신적인 자신의 마초적 이미지
를 수지맞는 돈벌이 사업에 이용했다. 돈벌이 사업을 위해 그는
1980년대의 텔레비전 시리즈 〈마이애미 바이스〉에 게스트로 출연
했는가 하면 '생존주의자' 캠프를 설치하여 주말 병사들에게 특공
대 기술을 가르쳤고 강연 여행을 다니며 광신적 보수주의자가 되어
1960년대의 유물인 LSD의 대부 티모시 리어리와 한판 대결을 벌이
기도 했다.

워터게이트 사건 이후에 벌어진 이 한심한 작태는, 하워드 헌트
가 도청 실패와 워터게이트 사건의 이미지를 희석시키기 위해 CIA
식 위장술을 어설프게 자문해준 일부 상업물***과도 결합되었다.

워터게이트 사건에 휘말린 닉슨
을 풍자한 그림.

그것은 가볍게 보는
풍자극, 거의 희가
극 수준이었다. 하
지만 그 같은 관점
은, 국가 안보와 리
처드 닉슨 재선—
요직에 있던 광신자
들의 많은 수가 이
두 목적과 자신들을

동일시했다──의 이름으로 자행된 범죄의 심각성을 간과하는 행위이다.

워터게이트 사건 일지

1972년

6월 17일 ___ 워싱턴 D.C.의 워터게이트 빌딩에 들어 있는 민주당 전국위원회 사무실에 침입했던 괴한 다섯 명이 체포된다. 이들은 대통령 재선위원회 직원이었고 침입 목적은 민주당 지도급 인사들의 전화에 도청 장치를 달고 민주당 선거 전략이 담긴 문서를 빼내는 것임을 알려주는 서류를 지니고 있었다. 체포된 이들 중 한 명은 전직 FBI 요원이고 네 명은 카스트로에 반대하는 쿠바인이었다. 쿠바인 네 명은 카스트로와 미국 민주당의 연관을 입증하는 자료를 빼내는 것이 임무라는 말을 듣고 따라온 것이다. 고든 리디, 하워드 헌트 등 전직 백악관 보좌관으로서 대통령 재선위원회에서 일하는 두 사람도 체포된다.

11월 7일 ___ 갤럽 여론 조사에서 미국 인구 절반 이상이 워터게이트 사건에 대해 들은 바 없다는 응답이 나온 후, 닉슨 대통령은 민주당의 조지 맥거번 후보를 누르고 압도적 승리를 거둔다.

1973년

2월 7일 ___ 닉슨재선위원회의 불법 행위와 부정 자금, 정치적 속임수에 대한 소문이 도는 가운데 샘 어빈 상원의원을 위원장으로 하는 닉슨 선거 운동에 관한 특별조사위원회가 설치된다.

4월 30일 ___ 닉슨 대통령, 텔레비전 연설에서 워터게이트 사건에 백악관이 관련되었다는 사실을 은폐한 것을 자기는 전혀 몰랐다고 강조한다.

6월 25일 ___ 전 대통령 법률고문 존 딘, 어빈위원회에서 닉슨 대통령이 워터게이트 사건 은폐에 관련되어 있다고 증언한다.

7월 16일 ___ 백악관 보좌관 알렉산더 버터필드도 어빈위원회에서 닉슨 대통령이 자신의 집무실 안에서 이루어지는 모든 대화를 비밀리에 녹음했다고 폭로한다. 이 폭로로 닉슨 대통령이 워터게이트 사건에 관련되어 있다는 심증이 굳어졌으며, 대통령이 녹음 테이프를 비밀에 붙여둘 수 있는가 하는 문제가 위헌 논쟁을 불러일으킨다.

10월 20일 ___ '토요일 저녁의 대학살.' 닉슨 대통령은 문제의 녹음 테이프를 요약해서 제출하자는 타협안을 거부한 워터게이트 특별 검사 아치볼드 콕스를 파면한다. 이에 하원은 대통령에 대한 탄핵을 검토하기 시작한다.

1974년

1월 4일 ___ 상원 워터게이트위원회에서 500건의 테이프와 문서 등을 제출하라는 소환장을 받은 닉슨은 '행정부의 특권'을 내세워 거부한다.

7월 24일 ___ 대법원은 전원 일치로 대통령은 특별 검사가 요구하는 테이프를 제출해야 한다고 판결한다. 판결 8시간 만에 백악관은 판결에 승복한다고 발표한다.

7월 27일 ___ 하원 법사위원회는 닉슨에 대한 2개 조항의 탄핵안을 승인한다. 첫째 조항은 사법권 행사 방해, 둘째는 대통령 취임 선서를 반복하여 위반했다는 내용이다. 사흘 뒤, 셋째 조항이 추가되었는데, 그것은 위원회의 소환장을 무시한 위헌 행위였다.

8월 5일 ___ 닉슨, 텔레비전 연설에서 수석 보좌관과의 대화가 담긴 테이프 복사본을 공개한다. 테이프에는 워터게이트 침입 사건 엿새 뒤에 닉슨이 FBI의 사건 조사를 중지시키라고 명령하는 내용이 녹음되어 있었다. 닉슨은 지난 번 연설에서 이 정보를 빠뜨리는 '중대한 실수'를 했다고 시인한다.

8월 8일 ___ 닉슨, 사임을 발표한다. 이는 텔레비전 연설 후 공화당 의원들이 탄핵과 유죄 판결 가능성에 대해 닉슨에게 경고한 뒤 내려진 것이다.

8월 9일 ___ 닉슨, 사임하고 부통령 제럴드 포드가 대통령에 취임한다.

9월 8일 ___ 포드 대통령, 닉슨에게 '대통령 재임 시에 범했거나 혹은 범했을지 모를, 또는 연루되었거나 연루되었을지 모를 미합중국에 대한 그의 모든 범죄를 완전히 사면'한다.

석유수출국기구는 1970년대 미국을 어떻게 골탕먹였나?

1950년대와 1960년대에는 냉전의 몸살을 앓고 있던 동유럽, 아프리카, 아시아가 세계의 분쟁 지역이었다. 하지만 1960년대와 1970년대 초에 들어 상황은 바뀌었다. 중동이 세계에서 가장 위험한 정치, 군사적 전쟁터로 떠오른 것이다. 이 전쟁에서 중요한 것은 강대국간의 경쟁이 아니라 성서만큼이나 해묵은 원한이었다. 아랍인과 유태인들이 이스라엘의 존재와 팔레스타인 아랍인들의 미래를 놓고 투쟁을 벌이자 미국은 곤경에 빠졌다.

1948년 독립 전쟁의 결과 건국한 그 순간부터 이스라엘은 미국 외교 정책에서 함부로 손댈 수 없는 특별한 위치를 차지해왔다. 그 같은 특별한 위치는 철학, 종교, 사회, 정치, 전략적 상황으로 엮어진 견고한 조직에 근거하고 있었다. 미국은 홀로코스트의 참극 이후 유태인들의 조국을 승인해주었다. 문화적으로도 이스라엘과 동질감을 느꼈고 그들이 사막에 이룩한 농업, 산업, 경제의 놀라운 성과도 감탄의 눈으로 바라보았다. 미국인들이 볼 때 국가 건설에 대한 이스라엘인들의 의지는 미국인들이 늘 자신들의 것으로 낭만화시키곤 하는 개척자 정신으로 비쳐졌다. 이스라엘인들——그 중 많은 이들이 미국계 유태인들과 더불어 유럽에서 이주한 사람들이다——은 미국인처럼 생겼고 말했으며 행동했다.

반면 아랍인들은 낙타를 타고 다녔고 우스꽝스런 옷을 입었으며 시도 때도 없이 올리는 기도 때문에 늘 양탄자를 소지하고 다녔다. 아랍인들을 후진적으로 생각하는 미국인들의 일반적 시각은, 대규모 아랍 연합군을 상대로 한 전쟁에서 이스라엘이 손쉬운 승리를 거두고 영토를 확장해가면서 확인되는 듯했다. 이스라엘의 견해가 폭넓게 받아들여진 것에 반해 영토를 빼앗긴 팔레스타인의 입장은 무시되었다.

선과 악이라는 단순한 미국식 구도로 보면 이스라엘은 민주주의를 구현하는 친서방 국가였다. 전략적으로도 불안정한 아랍 국가들 한가운데 놓인 믿을 만한 종속국이었다. 이들 아랍 국가가 서방 정유사들의 통제를 받고 있던 몇 년 동안 미국의 입장은 편안했다.

하지만 시간이 가면서 이 같은 입장에도 변화가 생겼다. 이스라엘과의 확고한 동맹 관계가 석유 외교로 인해 불안정해진 것이다. 1960년대부터 아랍 국가들은 자국의 귀중한 자원에 대한 통제권을 늘리기 시작했고, 그에 따라 힘의 균형도 차츰 변했다. 이스라엘 쪽으로 기울고 있던 시소는 1973년 10월에 일어난 욤 키푸르 전쟁* 이후 심하게 곤두박질쳤다. 이 전쟁에서도 이스라엘은 우위를 지켰다. 하지만 무적의 망토는 찢겨졌다. 이스라엘이 아랍 연합군을 격퇴하고 있는 동안 이집트군이 수에즈 운하를 건너 1967년 6일 전쟁 이후 이스라엘이 점령하고 있던 시나이 반도를 탈취한 것이다.

하지만 이것도 변화하는 중동 권력 정치의 극히 일부분에 불과했다. 아랍 국가들은 1967년 이스라엘에 빼앗겼던 영토를 다시 찾으려고 미국, 일본, 서유럽으로의 석유 수출을 중지하는 보이콧을 실시했고 그것은 곧장 1970년대의 제1차 '에너지 위기'로 이어졌다. 석유 보이콧은 석유수출국기구(OPEC)의 회원국들, 특히 산유량 결정권을 쥐고 있던 사우디아라비아를 비롯한 중동 국가들의 막대한 석유 보유고로 가능했다. 석유수출국기구는 1960년 사우디 아라비아, 쿠웨이트, 이란, 이라크, 베네수엘라를 포함한 세계의 주요 석유 수출국이 주축이 되어 결성되었다. 하지만 이 기구는 1973년 아랍 국가들이 석유 및 석유 관련 제품 의존도가 높은 나라에 수출 중지 보이콧을 실시하여 자신들의 힘을 과시해 보이기 전까지는 경제적 영향력이 그리 크지 않았다. (가솔린과 가정용 난방유 외에도 플라스틱, 화학 비료, 페인트, 잉크를 비롯한 수백 가지 제품이 석유에서 나오는 부산물이다.)

석유 보이콧으로 미국은 대혼란에 빠졌다. 주유소의 일요일 폐점으로부터 자동차 번호판에 의한 배급제(홀수 번호판 차량과 짝수 번호판 차량이 하루 걸러 번갈아 기름을 사도록 한 제도)에 이르기까지 일련의 에너지 절약 정책이 시행되었다. 자동차 제한 속도도 낮아졌고 환경 기준도 완화되었다. 정부는 자동차 생산업체에 출고하는 차마다 연료 마일리지 목표량을 정하도록 하는 새로운 방침을 부과했다. 한때는 유럽과 일본의 자동차 회사들이 개발한 저렴하고 연료 효율이 뛰어난 자동차 시장을 무시하던 미국의 자동차 회사들도 난공불락으로 보이던 자신들의 제국이 비싸고 연료 소비가 많은 폼 나는 차들 주위로 와르르 무너지는 광경을 보게 되었다. 하룻밤 사이에 미국의 새로운 세대는 몇 안 되는 소수의 아랍인들이, 자동차를 소유하거나 몰고 다니는 미국의 위대한 자유를 속박할 수 있다는 사실에 분노를 감추지 못했다. 대공황과 제2차 세계대전의 어려운 시절, 허리끈을 졸라매야 했던 상황을 이들 새로운 세대는 이해하지 못했다. 기름을 사려는 사람들의 줄이 이어지면서 좌절은 주먹싸움으로 발전했고 그러다 나중에는 주유기 살인까지 발생했다. 미국의 근간이 조금씩 허물어지고 있었다.

1974년 3월 아랍 국가들은 석유 수출을 재개했다. 그와 더불어 미래도 바뀌었다. 석유 보이콧을 통해 새삼 산유국의 위력을 실감한 석유수출국기구 회원국들은 자신들이 휘두를 수 있는 힘을 의식하기 시작했다. 보이콧 이전에 배럴 당 3달러이던 유가는 1974년

미국이란 자동차를 한 입에 삼키고 있는 석유수출국기구. 단 라이트Dan Wright의 풍자화.

에 12달러까지 치솟았다. 보이콧의 끝이 곧 옛 유가 정책으로의 환원은 아니었던 것이다. 세계 유가는, 석유 공급을 마음대로 조절하는 산유국들의 손안에서 계속 높은 수준을 유지했다. 베네수엘라나 나이지리아 같은 석유수출국기구 비회원국들은 아랍 국가들이 제멋대로 올리는 유가를 아주 만족스럽게 지켜보았다. 미국의 정유사들도 이 같은 현실을 재빨리 포착하여 새로 생겨난 원가 상승 요인만큼 유가를 올려 미국 경제의 희생으로 얻어진 이익금을 열심히 챙겼다.

석유수출국기구가 지배한 몇 년 동안 미국은 석유 부족과 변화된 경제 현실로 대공황 이래 최대의 실업률과 기록적인 인플레——저성장과 물가 상승을 합쳐 '스태그플레이션'이라 한다——에 시달리며 나라의 명예와 신용에 심각한 타격을 입었다. 한때 미국 경제의 토대가 되었던 값싼 노동력과 값싼 유가는 이제 옛말이 되었다.

두 자리 숫자의 인플레 주기가 자리잡기 시작하면서 미국인들은 향후 10여 년 동안 어려운 상황에 처하게 된다. 그것은 국가 지도층도 어찌할 수 없는 문제로 보였다. 닉슨의 재임 막바지에 시작된 이 위기는 제럴드 포드의 두통거리가 되었다. 1976년 선거에서 전 조지아 주지사 지미 카터가 대통령으로 당선된 데에는 워터게이트 사건의 환멸감과 WIN——이른바 '지금 바로 인플레를 타파해야 한다Whip Inflation Now'는 포드 행정부의 공허하고 부적절한 경제 슬로건——을 제대로 수행하지 못한 포드의 무능함이 한몫을 차지했다. 지미 카터는 이 선거에 이겨 우드로 윌슨 이래 최초로 남부 출신 대통령이 되었다.

미국은 고통스럽게 효율적인 에너지 사용국으로 변모해갔다. 새로운 경제 현실에 적응해가면서 대체 에너지 개발에도 시동을 걸었다. 카터 행정부 시절 의회는 바람, 태양, 합성 연료 개발 기금을 조성했다. 원자력 산업도 새롭게 부상했다. 하지만 충격은 아직 끝나지 않았다. 1978년 무하마드 레자 샤 팔레비(1919~1980) 이란 국왕 정부가 아야톨라 루홀라 호메이니(1900~1989)가 이끄는 이슬람 근본주의 혁명주의자들에 의해 전복된 것이다. 팔레비는 1954년 CIA가 지원하여 일으킨 쿠데타로 정권을 잡은 군사 독재자였다. 팔레비의 실권으로 이란이 석유 수출을 중단하자 미국에는 또 다시 미약하나마 석유 부족 현상이 나타나기 시작했다. 그 1년 뒤, 펜실베이니아의 스리마일 섬 원자력 발전소에서 사고가 발생하여 미국의 에너지 장래는 더욱 어두워졌다. 이 사고로 예정된 미국의 원자력 개발이 심각한 타격을 입었기 때문이다. 상황은 더욱 꼬여, 그해에 석유수출국기구는 또 다시 대대적인 유가 인상을 발표했다.

하지만 정작 1978년 '이집트 이스라엘 평화 조약'을 이끌어낸 카터의 역사적 중재 성과에 먹구름을 드리우며 미국인들 삶의 중심을 뒤흔든 것은 이란 사태였다. 1979년 11월 4일, 500여 명의 이란인들이 테헤란의 미국 대사관에 난입하여 90명의 외교관을 붙잡고 인질극을 벌였다. 그것이 효율적인 통치로 재선을 기대하고 있던 카터의 희망을 꺾어놓았다. 이란 사막에서 미국인 여덟 명이 죽는 것으로 엉성하게 끝이 난 구조 계획을 세워 인질 석방에 실패한 카터의 무능력은 미국의 무기력함을 그대로 입증하는 듯했다.

1980년 미국은 미국의 옛 이상과 힘을 대변하는 듯한 인물에게 나라의 운명을 맡겼다. 전직 영화배우이고 캘리포니아 주지사를 지낸 로널드 레이건(1911~ 2004)은 1980년 대선에서 미국의 명예, 힘, 건강한 경제 회복을 공약으로 내걸어 지미 카터를 가볍게 물리쳤다. 지미 카터에게는 마지막 모욕을 안겨주고 레이건에게는 장차 누리게 될 행운의 전조를 보여주려고 그랬는지, 레이건의 취임식날 이란의 미국인 인질들까지 석방되었다.

'주술 경제학'이란?

미국이 대통령에게 바라지 않는 한 가지가 있다면 그것은 설교이다. 미국은 격려의 말을 듣고 싶어한다. 미국은 두려워해야 할 것은 다만 '두려움 그 자체'라고 말해줄 수 있는 코치를 원한다. 미국은 환희의 트럼펫 소리를 듣기를 원한다. 미국인들은 자신들이 최고라는 말을 듣고 싶어한다. 지미 카터는 미국이 자신의 "신뢰성의 위기" 연설에 코웃음을 치자 뒤늦게 이러한 사실을 깨달았다. 하지만 로널드 레이건은 본능적으로 그것을 알고 있었다. 레이건은 미국의 기본적인 정치 계율도 파악하고 있었다. 이 나라는 독립 혁명 전 보스턴의 제임스 오티스 시절부터 세금이라면 질색을 했다.

American Voice

지미 카터
1979년 7월 15일, 연설 "신뢰성의 위기"

이 세상 모든 법률로도 미국의 잘못은 바로잡을 수 없습니다. 그런 이유로 오늘밤 저는 에너지나 인플레보다 한층 심각한 문제를 먼저 말씀드리려고 합니다. 지금 이 자리에서 저는 미국의 민주주의가 근본적인 위험에 처해 있다는 것을 말씀드리고 싶습니다.……
이 위협은 정상적인 상황에서는 거의 눈에 띄지 않습니다. 신뢰성의 위기가 그것입니다. 이것이 우리 국가 의지의 심장, 영혼, 정신을 공격하고 있습니다. 이 위기는 삶의 의미에 대한 회의가 깊어지고 국가를 위해 일치 단결하려는 목적을 상실할 때 나타납니다.
미국의 사회, 정치 조직은 지금 미래에 대한 확신 부족으로 파괴될 위험에 처해 있습니다.

1980년 대통령 선거 유세전에서 레이건은 세금 인하, 정부의 적자 해소, 인플레 감소, 국가 방어력 재건을 공약으로 내걸었다. 공화당의 대통령 후보 경선자 중의 한 사람은 레이건의 공약에 대해 오직 '마술로만' 이루어낼 수 있는 일이라고 말했다. 또 다른 공화당 의원은 레이건의 생각을 '주술 경제학'이라 불렀다. 이 말을 한 사람은, 후일 레이건의 충실한 부통령이 되고 그 다음에는 스스로 대통령이 되는 조지 부시였다. 1980년 부시는 주술 경제학이란 말을 하여 형세를 역전시켰다.

하지만 선거에서 대승을 거두고 최후의 승자가 된 사람은 로널드 레이건이었다. 그에 따라 미국이 당면한 문제의 전환을 약속한 신보수연합에도 힘이 실렸다. 신보수연합은 당시 미국이 안고 있던 문제를 수십 년에 걸친 진보주의 민주당의 잘못된 경제, 사회 정책이 야기한 폐해로 규정했다. 레이건 연합을 이루고 있던 파벌은 다음과 같았다. ① 과거의 반공산주의 노선을 새롭게 덧칠한 '신보수주의' 정치 이론가들, ② 공립학교에서의 기도식 복귀, 낙태 금지, 사회 정책에서의 정부 역할 축소 등으로 미국의 문제를 풀 수 있다고 본 제리 폴웰 목사의 종교적 우파, 즉 도덕적 다수파, ③ 레이건이 부르짖은 미국의 국방력 강화, 세금 인하안에 부응한 남부 보수파, ④ 아마 가장 중요하면서도 겉으로는 드러나지 않았을 대다수의 육체 노동자들. 이들은 세금과 끝없는 인플레가 자신들의 월급을 다 깎아먹는다고 생각했다.

레이건 정책의 이론적 토대는 '공급 중시의 경제'에 있었다. 이것은, 세금을 줄이면 사람들은 더 많은 상품을 만들어내고 더 많은 돈을 소비하게 되므로 보다 많은 일자리가 창출되고 폭넓은 번영을 이루게 되어 결과적으로 정부의 세수稅收도 늘어난다는 것을 기본 전제로 하고 있었다. 행정부 내의 '쓸데없는' 지출을 대폭 줄이고, 세수가 늘어나면 수지 균형도 자연스럽게 맞출 수 있다는 얘기였다. 레이건 지지자들은 여기에 한 술 더 떠 존 케네디까지 들고 나왔다. 1963년 민주당의 영웅이었던 케네디가 "밀물은 모든 배를 끌어올린다"고 말하며 세금 감면을 홍보할 때도 이와 똑같은 생각을 가지고 있었다고 말한 것이다.

이것은 전혀 새로울 것이 없는 견해였다. 카터 대통령도 감세, 작은 정부, 인플레를 낮추기 위한 긴축 재정을 제안한 적이 있다. 미국사 초기의 또 다른 공화당 행정부도 비슷한 전략을 사용한 적이 있다. 허버트 후버도 대공황 시절에 같은 처방을 썼다. 후버 시절에는 공급 중시의 경제 정책이 '낙수落水 경제론'으로 알려져 있었다.

레이건의 경제 정책은, 대중의 강력한 지지와 '면화씨 바구미boll weevils'* 로 알려진 일단의 남부 민주당 의원들의 지지를 등에 업

* 면화는 미국 남부에서 생산된다. 보수적인 남부의 민주당 의원을 일컫는 말이다.

고, 1981년 의회를 무난히 통과했다. 하지만 그 효과가 즉시 나타난 것은 아니어서 미국 경제는 곧 전반적인 불황의 늪에 빠져들었다.

실업률은 높았고, 인플레도 계속되었으며, 파산과 기업 도산율도 급증했고, 가족 농장은 연일 경매 시장으로 넘어갔다. 일이 이렇게 되자 폴 볼커(카터와 레이건 행정부 내내 줄곧 연방준비제도이사회 의장을 맡았다) 연방준비제도이사회 의장은 금리 인상으로 경제에 제동을 걸어 세계 경제의 인플레를 불식시키려 했다. 그렇게 되면 돈을 빌리기가 힘들어져 주택 건

취임식 파티로 향하는 레이건 대통령과 낸시. 레이건의 취임식은 카터 대통령 때보다 다섯 배나 많은 비용을 들인 미국 역사상 가장 화려한 취임식이었다.

축율도 둔화될 것이고, 기업과 공장도 긴축 재정을 하리라는 생각이었다.

하지만 알고 보면 인플레 압력의 주범은 석유였다. 따라서 유가가 급락하자 인플레 압력도 수그러들었다. 유가 급락은 세계적인 경기 침체가 이어지자 석유 부족 현상이 도리어 석유 과잉 상태가 되면서 빚어진 일이었다. 멕시코, 노르웨이, 영국과 같은 석유수출국기구 회원국이 아닌 산유국들이 이 기구의 새로운 경쟁 상대로 떠오르면서 서방 경제의 숨통을 조이고 있던 석유수출국기구의 지배력도 줄어들기 시작했다. 졸지에 재고가 남아돌게 된 석유수출국기구 회원국들은, 자신들의 영향력이 줄어든 것을 알고는 생산 할당량을 통해 인위적으로 고유가 행진을 이어가려 했다. 하지만 생산 할당량을 지키는 회원국은 많지 않았다.

이 형세 역전의 혜택을 본 것이 바로 로널드 레이건이었다. 유가 하락은 경기 회복의 신호탄이었다. 유가 하락과 함께 인플레 요인이던 드래곤은 제거되었고 로널드 레이건은 성 조지가 되었다.* 기업에 대한 규제 철폐, 반독점법 무시를 비롯한 레이건이 시행한 친

* 고든 딕슨의 코믹 판타지 《드래곤과 조지》를 패러디한 것으로, 이 제목은 서양 민담에 등장하는 성 게오르게와 드래곤에서 따온 것이라 한다. 김라현님의 글 인용.

기업 정책도 경기 회복을 가속화시켰다. 고용률은 증가하기 시작했고, 13퍼센트에 달하던 인플레율도 5퍼센트 미만으로 뚝 떨어졌다. 3년 동안 단계적으로 시행할 세금 인하안도 1981년 국회에서 가결되어 금융 시장 부활에 불을 당겼다. 그 결과 미국의 갑부들은 노다지 희망에 꿈이 부풀었으나 빈곤층과 중산층은 그 혜택을 거의 느끼지 못했다.

조세 정책의 변화와 함께 예산 집행에 대한 인식도 새롭게 바뀌었다. 레이건 행정부는 계속해서 빈곤층(린든 존슨의 "위대한 사회"로부터 내려온 유물)이 가장 심각한 타격을 받게 될 분야의 지출을 대폭 삭감하는 예산안을 수립했다. 복지, 주택, 직업 훈련, 마약 치료, 대중교통과 같은 것들이 쓸데없는 정부 지출 항목으로 분류되었다. 하지만 세수 증가에 목적을 둔 이 같은 경비 삭감과 조세 정책의 변화에도 불구하고 연방 정부의 적자는 늘어만 갔다. 그리고 적자의 주요 원인은 세금 인하로 인한 세수 감소가 있었다고는 해도 다른 데에 있었다. 국방비 예산의 증액이 그것이었다. 레이건은 예산 삭감 약속을 공개적으로 해놓고도 언제 그랬느냐는 듯이 가정 분야 예산이 국방부로 대거 이관되는 것을 그저 두루 살피고만 있었다. 보수주의자들은 지난 수년간 진보주의자들의 사회 정책을 줄곧 비난해왔다. 진보주의자들은 문제가 생기기만 하면 '돈을 쏟아 붓는' 식으로 문제를 해결하려 했다는 것이다. 그 보수주의자들이 이제 와서 '허약한' 미국의 방위력을 진보주의자들과 똑같은 방식으로 풀려 하고 있었다.

챌린저호에는 무슨 일이 있었을까?

원자폭탄 개발의 주역 맨해튼 프로젝트는 20세기 최대의 과학적

성과였다. 미국인을 달에 보내준 우주 개발도 그에 버금갈 만한 위대한 업적이었다. 아폴로 계획은 인간 성취의 정점이었고 미항공우주국(NASA) 역사상 가장 위대한 순간이었다.

그런 반면, 1986년 1월 28일 추운 아침에 발생한 비극적 사건은 NASA의 가장 치욕적인 순간이었다. 챌린저호의 열 번째 발진은 NASA의 스물다섯 번째 우주 탐사가 될 예정이었다. 챌린저호의 선장은 프랜시스 R. 스코비였고, 그레고리 B. 자비스, 로널드 E. 맥나이어, 엘리슨 S. 오니즈카, 주디스 A. 레스닉, 마이클 J. 스미스가 승무원으로 탑승했다. 이번 비행은 다른 때와는 좀 다른 점이 있었다. 뉴햄프셔 주 콩코드 시의 고등학교 교사 크리스타 매콜리프가 승무원으로 탑승한 것이다. 두 아이의 어머니인 그녀는 NASA가 선택한 최초의 '민간인 탑승객'이었다. 매콜리프는 완벽에 가까운 홍보 감각을 지니고 있다는 NASA의 일면을 보여주는 선택이었다. 날씨, 공학, 물리학에 대한 이해도 그처럼 완벽했더라면 얼마나 좋았을까.

우주 탐사에 시들해 있던 미국의 열정을 또 한번 사로잡은 챌린저호 계획은 대중들의 눈에 다소 지루하게 비쳐졌다. 우주선을 쏘아 올리는 것은 이제 항공기 여행만큼이나 평범한 일이 되어버린 것이다. 그리고 민간 항공사와 다를 바 없이 NASA도 스케줄에 쫓겼다. 스케줄만 늦은 것이 아니라 1986년에는 예산까지 초과 집행된 상태였다. 의회의 예산 강경파들은 공격

대상을 찾고 있다가 기다렸다는 듯 비대한 관료 체제의 전형인 NASA와 우주 계획을 자신들의 봉으로 삼은 것이다. 로널드 레이건의 예산국장 데이비드 스톡만은 이보다 앞서, 승무원을 탑승시키는 NASA의 모든 우주 계획은 포기되어야 한다고 주장했다. 하지만 레이건은 우주 계획은 여전히 대중의 상상력을 사로잡고 있다고 믿고 그것에 반대했다.

챌린저호 폭발 순간. 발사 장면을 지켜보기 위해 텔레비전 앞에 모여 앉은 사람들의 눈앞에서 챌린저호는 순식간에 사라졌다.

우주 비행에는 짜증이 날 만큼 매번 벌어지는 일이지만, 이번 챌린저 계획도 발진 연기로 인한 숱한 좌절을 겪어야 했다. 우주선 제작사 대표들이 경고를 했음에도 NASA 관리들은 기술진의 우려를 일축하고 화씨 36도를 보인 플로리다 날씨 속에 오전 11시 38분 우주선 발사를 지시했다. 역사상 최초로 전국민이 '엄마와 애플파이' 비행사를 지켜보는 가운데 이륙한 지 75초 후, 챌린저호는 고도 4만 6천 피트 상공에서 불길에 휩싸이며 산산조각이 났다. 그 장면을 경악하며 바라본 시청자 중에는 매콜리프의 부모, 자매도 있었다. 텔레비전 카메라는, 뭔가 크게 잘못돼가고 있음이 분명해지자 흥분에서 당황 그리고 아연함으로 바뀌는, 불과 수십 초 사이에 일어난 그들 얼굴 표정의 변화를 흥미롭게 담고 있었다. 미국의 수백만 학생들도 우주 비행에 나선 선생님의 모습을 보기 위해 텔레비전 앞에 앉아 있었다.

'민간인 우주 비행사'에 대한 생각은, 우주 계획이 초기 실험 단계를 벗어났을 때부터 제기되었다. 우주선 최초의 궤도 비행은 1981년 4월 12일에 시작되었다. 그날 컬럼비아호는 존 W. 영, 로버트 L. 크리펜을 태우고 발진했다. 컬럼비아호의 54시간 비행은 완벽하게 이루어졌다. 그 7달 뒤, 컬럼비아호는 2차 궤도 비행을 실시

* 그대로 번역하면 우주선 탑승 과학자이지만, 실제로는 각 분야의 전문가군으로 보는 것이 타당하다. 보통 영어 약자 MS로 불린다.
** 비행사와는 별도로 우주선 내의 특별 임무를 부여받고 탑승하는 각 분야의 전문가. 의사, 엔지니어, 외국인 등 구성원은 그때그때 비행 목적에 따라 달라진다. 보통 영어 약자 PS로 불린다.
*** 컬럼비아호에 탑승한 존 글렌.

하여 우주선도 재활용될 수 있음을 보여주었다.

최초의 4개 우주선에는 승무원이 두 명씩 탑승했다. 그러던 것이 곧 네 명으로 불어났고 다시 일곱 명 혹은 여덟 명으로 늘어났다. 시간이 가면서 우주선 승무원에는 두 명의 비행사 외에 '우주선 전문가들mission specialist'*과 '선 내 전문가들payload specialists'**이 포함되기 시작했다. 이 선 내 전문가들만 해도, 처음에는 우주선 내의 특정 전문가군을 뜻하는 용어였으나 시간이 가면서 점점 그 뜻이 모호해졌다. 그리고 얼마 지나지 않아 탑승객에는 상원의원***이라든가, 과학적 목적보다는 전시용 효과가 더 컸던 사우디 왕자 등 다양한 인물들이 포함되기 시작했다. 이들은 전문가가 아닌 최초의 우주 비행사들이었다. 그러다 NASA는 마침내 저널리스트와 예술가까지 이들 비전문가 그룹에 포함시키려 했다. 뉴햄프셔 주 고등학교 교사 크리스타 매콜리프는 진정한 의미에서의 최초의 '민간인 탑승객'이었다. 그리고 그녀는 NASA의 치밀하게 계산된 홍보 전략에 따라 우주에서 학교 수업까지 진행할 예정이었다.

폭발의 대참사가 일어난 뒤 레이건 대통령은 사고 원인을 규명하기 위한 특별조사위원회를 설치했다. 의장에는 전 국무장관 윌리엄 P. 로저스가 임명되었고, 그 밑에 14명의 조사위원을 두었다. 로저스는 처음부터, 최소한 공개적으로는 NASA를 다치지 않게 할 것임을 분명히 하면서 아폴로 영웅 닐 암스트롱과 미국 최초의 여성 우주 비행사 샐리 라이드를 조사위원에 포함시켰다. 1986년 위원회는 사고 원인이 우주선의 오른쪽 고체 로켓 부스터(SRB)에 끼워 넣은 오링O-ring에 있었다는 최종 결론을 내렸다.

오링이라고? 잼 병마개에 끼워져 있는 고무링을 한번 생각해보자. 이보다는 훨씬 정교하게 만들어진 고무링을, 로켓 부스터 하부 두 개의 이음새에 끼운 것이었다. 청문회의 가장 극적인 순간은, 전직 맨해튼 프로젝트 연구원이었으며 미국에서 가장 명망 있는 물리학자이기도 한 리처드 P. 파인만 조사위원이 오링을 얼음물이 든 컵에 담아놓고 동네 철물점에서 파는 죔쇠를 이용하여 차가워지면 고무가 유연성을 잃는다는 것을 직접 입증해 보인 것이었다. 이음새의 설계 결함과 으레 그렇듯 발진 순간의 저온이 오링의 고장을 초래한 것이다. 그것은 NASA와 우주선 제조 계약을 한 회사가 실시한 실험에서도 이미 명백히 드러난 사항이었다.

조사위원회는 폭발의 재앙 원인을 물리적인 것에서 찾았으나 궁극적 원인은, 일정도 늦어지는 데다 비용도 예상보다 훨씬 초과되자 우주 계획의 당위성을 입증하기 위해 발사를 서둘러 결정한 데에 있었다. 또한 NASA가 크리스타 매콜리프의 학교 수업 계획을 차질 없이 진행시키려 한 것 역시 레이건 대통령의 스케줄과 함께 재앙의 또 다른 요인이 되었다. 레이건은 그날 밤 연두교서 연설을 할 예정이었고, 그 자리에서 챌린저호와 매콜리프에 대해서도 언급할 예정이었다. 위원회 청문회에서는 물론 발사 결정에 정치권이 개입돼 있다는 직접적 증거를 찾아내지는 못했다. 하지만 많은 비판가들은, NASA가 예정대로 시행할 것을 촉구하는 백악관의 압력에 못 이겨 무리하게 발사한 것으로 믿고 있다.

로널드 레이건이 '테플론 대통령'으로 불리는 이유는?

로널드 레이건은 술수에 아주 능했다. 기자들이 구획선 밖 먼곳에서 소리쳐 질문을 하면 귀에다 손을 갖다대고 짐짓 안 들리는 척 못 들었다며 딴청을 피웠다. 사실 그에게는 청각의 문제가 좀 있기는 했다. 하지만 국가의 여러 이슈에 직면하면 정치적인 절대 음감이 되살아났다. 재치 있는 말로 군중을 휘어잡거나 일화를 곁들인 연설로 점수를 따거나 챌린저호 이후에 그랬던 것처럼 온나라를 애도의 물결로 넘쳐흐르게 하거나 여하튼 레이건은 대중의 기분을 맞추는 데는 귀재였다. 대중들은 그를 진심으로 좋아했고, 그 점은 칭찬에 가장 인색하다는 레이건의 혹평가들조차 인정을 했다. 하지만 재임 8년 동안 그를 겪어본 사람들과 그가 백악관을 떠난 뒤의 여러 사람들 의견을 종합해보면 대통령 레이건에 대한 평가는 사뭇 다르다는 것을 알 수 있다. 그들에 따르면, 레이건은 질문도 하지 않고, 세부 사항은 무시하고, 부하들이 제멋대로 구는 것을 수수방관하는 산만하고 무관심한 대통령이었다. 심지어, 그의 부인 낸시가 심각하게 받아들이는 점성술가 조안 퀴글리의 새로운 점괘조차도 레이건의 마음을 붙들지 못했던 모양이다. 후일 밥 우드워드는 이렇게 썼다. "점성술에 의존하여 일정을 비밀스럽게 짜는 행위는 분별 없고 짜증나는 일이었다. (백악관 비서실장 도널드) 리건도 점성술을 이용하는 것을 레이건의 백악관에서 가장 철저히 지켜지고 있던 집안 비밀로 알고 있었다." 이전 행정부 관리들의 자서전—데이비드 스톡만과 도널드 리건의 자서전이 특히 주목할 만하다—도 거의 한결같이 기억력도 형편없고 세부 사항에도 무관심하며 정보에 어둡고 산만한 인물로 레이건을 묘사했다. 해드릭 스미스의 《파워 게임The Power Game》, 밥 쉬퍼와 게리 폴 게이츠의 《허울뿐인 대통령The Acting President》과 같은 저널리스트들의 작품도 레이건을 그런 식으로 묘사했다.

하지만 그런 가운데서도 여론 조사를 믿을 수만 있다면 레이건에 대한 대중의 지지도는 파격적으로 높은 수준을 유지하고 있었다. 레이건은 재임 8년 동안 그 숱한 논란과 문제들을 자신으로부터 떼어놓는 참으로 놀라운 능력을 발휘했다. '테플론 대통령teflon president'은 레이건의 그 같은 능력을 점잖게 비꼰 별명이었다. 하지만 알고 보면 '테플론'이라는 별명은 이상할 정도로 운이 많이 따

왼쪽. 결혼 전 레이건과 낸시가 함께 출연한 영화 〈해군의 악녀 Hellcats of the Navy〉의 포스터. 오른쪽. 1980년 대통령 선거 포스터.

랐던 레이건과 연관이 있었다. 레이건은 사실 아무것도 한 일이 없는데 테헤란에 억류돼 있던 미국인 인질들이 그의 취임식날 풀려났다는 사실은 그의 앞날이 순조로우리라는 첫 조짐을 보여주는 것 같았다. 그러한 이미지는 1981년 3월 30일 레이건이 암살을 모면하면서 더욱 굳어졌다. 병원 응급실 직원과 농담을 주고받는 대통령의 모습이 언론에 공개되자 국민들은 기뻐 어쩔 줄을 몰랐다. 하지만 조시 부시가 대통령이 되고 난 후에 비로소 털어놓은 일이지만, 레이건의 예전 주치의는 그에 대해 다소 다른 의견을 내놓았다. 당시 레이건은 전신마취 상태에서 응급수술을 받았기 때문에 수술에서 깨어날 때까지는 수정헌법 25조를 발동시켜 대통령 권한을 부통령에게 잠시 이양하는 것이 옳은 처사였다는 것이다. (1985년 레이건이 암 수술을 받을 때 부시는 수정헌법 25조에 따라 최초의 '대통령 권한 대행'이 되었다.)

어쨌든 레이건은 저격에서 꿋꿋이 살아나 미국인들의 더할 수 없는 존경을 받았다. 그리고 저격 후 자신에게 쏟아지는 여론의 지지를 바탕으로 의회에서 세금 인하안과 국방부 지출안을 일사천리로 통과시켰다. 한동안 실패와 불명예로 점철된 대통령 구경만 하던 위싱턴의 관측통들은 레이건이 지닌 막강한 힘을 놀라운 눈으로 바라보았다. 레이건은 이러한 힘과 사교성 있는 성격으로 행정부 최고위 관리들과 연관된 스캔들을 이겨낼 수 있었다. 이 모든 문제를 그는 싱그레 웃는 미소, 손 흔들기, 어깨 으쓱하기로 다 해결했다. 심지어 그에게 대사까지 일러주며 기자들에게 소리치도록 만드는 아내 낸시의 모습에 대중이 느낀 당혹감도 그의 철갑 매력을 부수지는 못했다. 레이건 행정부의 적잖은 관리들이 저지른 엄청난 부정──재임 8년 동안 속에서 계속 부글거리고 있던 이른바 그 정치적 추문──은 그가 백악관을 떠난 뒤에도 끊임없이 폭로되었다. 1989년 여름에도, 새뮤얼 피어스가 장관으로 있던 주택도시개발부의 권한 남용이 폭로되면서 새로운 스캔들이 터져 나왔다. 레이건은 언젠가 백악관 로즈가든에서 열린 한 파티에서 새뮤얼을 알아보지도 못했다.

그뿐만이 아니었다. 레이건은 정책상의 중대한 오류를 범했을 때조차 비난을 받지 않았다. 베이루트 미 해병대 기지에 대한 테러리스트 폭파로 239명의 해병대원이 사망했을 때도 레이건은 대통령으로서 '책임'은 졌으나 그의 이미지와 인기는 아무런 손상도 입지 않았다. 그 해병대원들은 현지에서 미국의 이익을 대변하는 것 외에는 그곳에 주둔해 있을 하등의 이유가 없었다. 그런 무의미한 일을 하고 있다가 변을 당한 것이었다. 리비아 국가 원수 무아마르 카다피의 고향에 미군이 공습을 퍼부었을 때도 사망자는 고작 미국인 조종사 두 명과 카다피의 자녀 한 명이 포함된 민간인 몇 명이 전부였는데도, 레이건의 인기는 암살 미수 사건 때와 다를 바 없는 수준으로 높이 치솟았다.

하지만 레이건의 철갑 인기는 이른바 이란 콘트라 사건으로 중대한 시련을 맞게 된다. 이 사건의 전모는 아마 영원히 밝혀지지 않을지도 모른다. 레이건은 임기 말 그의 행정부에 약간의 타격을 받은 것을 제외하면 개인적으로는 다친 것 없이 온전하게 그 논란에서 벗어났다.

이란 콘트라 사건의 '진상'은, CIA 국장 윌리엄 케이시를 비롯한 사건의 주역들이 계속 입을 다물고 증언을 거부하고 있기 때문에 여전히 미궁에 빠져 있다. 케이시 국장은 이란 콘트라 사건에 자신이 관련된 범위가 언론과 대중에 완전히 공개되기 전에 사망했다. 이번에도 문제는 레이건의 대통령 취임식날까지 질질 끌며 지미 카터를 골탕먹였던 중동의 미국인 인질 사태였다. 하지만 레이건이 직면한 인질 사태는 카터가 당한 딜레마와는 성격이 달랐다. 카터 시절의 미국 외교관 인질들은 이란 정부의 대리자들에게 억류되어 있었고 소재도 알려져 있었다. 하지만 레이건 시절에는 여러 명의 개인이 이란 지도부와 연결돼 있다고 추측만 될 뿐 실체가 확인되지 않은 사람들에 의해 내전으로 아수라장인 레바논에 억류돼 있었다. 게다가 인질 중의 한 명은 CIA 베이루트 지국장이던 윌리엄 버클리였다. 아마 테러리스트들도 그 사실을 알았을 것이다. 레이건은 개인적으로는 인질과 그 가족들이 처한 곤경에 안타까움을 금치 못했다. 하지만 공개적으로는 테러리스트들의 요구에 굴복하지 않을 것임을 분명히 했다. 그런 식의 흥정은 인질 사태를 앞으로도 계속 부추기기만 할 것이라는 게 레이건의 생각이었다.

1985년 여름 일군의 이스라엘인들이 인질 석방 계획을 들고 국가 안보 보좌관 로버트 맥팔레인에게 접근해왔다. 그들이 제시한 계획에는 다소 구린내가 나는 이란 무기상이 개입돼 있었다. 무기상의 제안은, 인접국 이라크와 장기전을 치르는 데 필요한 대전차 미사일 수백 기를 이란에 제공해주면 그 대가로 테헤란 정부가 영향력을 발휘하여 인질 석방을 주선해주겠다는 것이었다. 맥팔레인이 볼 때 그 거래는 인질 구출뿐 아니라 이란 정부의 온건파와도 관계를 틀 수 있는 좋은 기회일 것 같았다. 레이건은 종양 제거 수술을 받은 뒤 주요 보좌관들과 만나 '인질 무기 거래' 논의에 들어 갔다. 국무장관 조지 슐츠와 국방장관 캐스퍼 와인버거는 그 계획을 강력히 반대했다. (두 사람은 후일 조지 부시도 그 자리에 있었다고 말했다. 하지만 부시는 슐츠와 와인버거가 반대한 회합에는 절대 배석한 적이 없고, 자신은 늘 이란 콘트라 사건의 '중심 밖에out of the loop' 있었다고 공언했다.) 결국 그 자리에서는 아무런 결론도 나지 않았다. 때문에 슐츠와 와인버거는 그 계획이 폐기된 것으로 믿었다.

하지만 맥팔레인에 따르면, 레이건은 그에게 전화를 걸어 계획을 진행시키도록 지시했다고 한다. 레이건은 그런 전화를 한 기억이 없다고 말했다. 이 결정에 대한 공식 기록은 만들어지지 않았다. 무기 1차분이 선적되자 인질 한 명이 풀려났다. 이란 무기상은 맥팔레인이 석방을 가장 고대하고 있던 CIA 지국장 버클리는 고문당한 뒤 이미 처형되었다는 사실을 숨기고 있었다. 두 번째 무기 선적은 실패로 돌아갔고 인질도 더 이상 석방되지 않았다. 두 번째 선적부터는 맥팔레인의 안보회의 보좌관인 올리버 노스 해병대 중령이 담당하고 있었다.

레이건 행정부가 골머리를 앓고 있던 것은 이란과의 '협상합시다 Let's Make a Deal' 외교가 전부는 아니었다. 니카라과와도 복잡한 외교 현안이 걸려 있었다. 그곳 산디니스타 공산 정권의 전복을 다짐하는 콘트라 반군을 레이건 행정부가 계속 지원해오고 있었던 것이다. 민주당이 장악하고 있던 의회는, 콘트라 반군에 대한 미국 지원금을 중단하는 내용의 수정안을 가결시킴으로서 콘트라 원조를 둘러싼 백악관과의 권력 투쟁에서 승리했다. 하지만 백악관 내에서는, 외국 돈을 끌어들여 콘트라 반군을 원조하는 방법으로 의회를 교묘히 피해 갈 궁리를 하고 있었고, 그것은 생각대로 이루어졌다. 돈 많은 보수적 공화당 의원들과 나중에는 사우디 갑부들까지 개인적으로 많은 돈을 기부해주었던 것이다. 필요한 돈을 확보했지만 지출하는 방법이 문제였다. 레이건은 그 정도 돈의 송금은 탄핵의 빌미가 될 수도 있는 위법 행위라는 보고를 받았다. 하지만 일은 그대로 추진되었다. 이번에도 그 일의 실무 책임은 이란 문제를 담당하는 올리버 노스 중령이 맡았다.

레이건이 직접 해고를 하고도 나중에는 '국가의 영웅'이라고 불렀던 그 인물은 일부 백악관 관리들의 눈에 자신의 야망을 위해서라면 대통령과의 연계나 친밀성에 대해서도 얼마든지 거짓말을 할 수 있는, 과대망상적이고 권력욕에 사로잡힌 인물로 비쳐졌다. 베트남 전쟁에서 전투병으로 싸운 열혈 반공주의자 노스 중령은 카리브 해의 그레나다 섬 공격 계획에도 가담한 전력이 있었다. 그레나다 공격은 미국 의대생들을 구한다는 구실로 마르크스주의 정부를 전복시키려 한 군사 작전이었다.

노스는 니카라과에서 비밀전을 수행하기 위해 과거 CIA 및 미군과 연관을 맺고 있던 인물들을 새로이 영입했는데 그 중의 대표적 인물이 공군 장성 리처드 세커드였다. 대략 이 무렵에 누군가—이 명예를 차지하려는 사람은 아무도 없다—이란에 무기를 팔아 생기는 수익금을 콘트라 반군 지원금으로 사용하자는 의견을 내놓았다. 바야흐로 이란 콘트라 사건이 시작될 찰나였다. CIA 국장 케이시는 이 생각을 적극적으로 지지하며 백악관에서 노스의 든든한 버팀목이 돼주었다. 그 계획은 곧 이른바 영원히 '가능한' 비밀 공작으로 확대되었다. CIA 비밀 공작은 그런 방법으로 의회의 눈을 속였던 것이다.

이 수세미같이 복잡한 사건이 지닌 수많은 아이러니 중 하나는, 이 이야기가 이름도 없는 중동의 한 잡지에 의해 폭로되었다는 사실이다. 이 잡지 기사에 따르면, 맥팔레인과 노스는 테헤란에 왔고 그때 맥팔레인은 우호의 표시로 성서와 생일 케이크를 아야톨라 호메이니에게 전달하려 했다. 이 기사가 나간 지 며칠도 되지 않아 백악관은 해명을 시작했고, 로널드 레이건은 짐짓 어리둥절한 표정으로 일련의 성명을 발표하고 기자회견을 가졌다. 하지만 그 모순적인 내용들은 나오자마자 반박에 부딪쳤다. 1986년 11월 13일 레이건은 대국민 연설을 통해 이렇게 말했다. 미국은 이란에 "소량의 방어용 무기"를 제공해주었고, "우리는 인질 구출을 위해 무기나 그밖의 다른 어떤 것도 거래하지 않았다." 레이건의 이 두 주장은 모두 터무니없는 거짓말이었다.

이 이야기가 나오자 즉각 대통령조사위원회가 구성되었다. 조사위원으로는 보수적인 존 타워 공화당 상원의원(후일 상원은 타워 의원의 여자 문제와 음주 문제를 이유로 조시 부시 대통령이 요청한 그의 국방장관직 인준을 거부했다), 전직 상원의원이며 지미 카터 대통령의 국무장관을 지낸 에드먼드 머스키, 퇴역 장성으로 헨리 키신저의 측근이었던 브렌트 스코크로프트가 위촉되었다. 1987년 초 타워위원회는 레이건을 통렬히 비난하는 내용의 조사 결과를 발표했다.

이 사건을 다룬 책의 서문에서 《뉴욕 타임스》 워싱턴 지국의 R. W. 애플 주니어 기자는 위원회의 조사 결과에 대해 이렇게 말했다. "위원회가 묘사한 로널드 레이건은 지난 6년간 우리가 알고 있던 로널드 레이건이 아니었다. 과거 위기 때마다 그를 구해주었던 빙

영화배우로서의 경험은 레이건에게 유창한 연설 능력과 화려한 이미지를 선물했다.

그레 웃는 미소, 편안한 손짓, 확신에 찬 태도는 찾아볼 수 없었다. 그는 혼란스럽고 산만하고, 너무도 무관심한 모습이어서, 자신이 주도권을 쥐고 미국의 현재와 미래에 전략적으로 더없이 중요한 이란에서 인질을 구출하여 미국의 영향력을 회복시키려던 당초의 실행 능력을 완전히 상실한 것처럼 보였다. 때로는 대통령이 상상의 정책을 편 동화의 나라 주민과도 같은 모습으로 묘사되기도 했다."

타워위원회에 이어 의회조사단도 진상 조사에 착수했다. 이번에는 의회와 대중에게 한 거짓말과 각종 검은 손들을

통해 불법으로 전달된 거액의 실체가 드러났다. 워터게이트만큼 심각하게 받아들여지지는 않았지만 이란 콘트라 사건에서의 권력 남용은 다음과 같은 이유로 무척 위험한 것이었다. ① 표면적으로 대통령은 이 일에서 손을 뗀 체, 하급 관리들이 아무런 감시도 받지 않고 국가의 주요 외교 정책을 좌지우지하도록 허용했다는 것, ② 의회의 눈을 교묘히 속이고 CIA 비밀 공작 계획을 세웠다는 것, ③ 탄핵당할 수도 있는 위법이라는 말이 대통령의 최측근 보좌관들 입에서 나올 정도의 계략, 다시 말해 전문적 수법을 사용하여 법을 무시하려 했다는 점. 하지만 리처드 닉슨의 불명예 퇴진에 대한 기억이 아직도 생생한 상황에서 또 다른 탄핵 절차에 들어갈 가능성은 현실적으로 희박했다.

이란 콘트라 사건의 여파 속에 해군 제독 포인덱스터, 공군 장성 리처드 세커드, 앨버트 하킴(이란 출신의 미국 시민으로 무기상) 그리고 올리버 노스는 미국 이란 무기 거래에서 얻은 수익금을 니카라과의 콘트라 반군에게 불법 전용하기 위해 모의를 꾸민 혐의로 연방 대배심에 의해 기소되었다. 1989년 연방 법원은 증거 변조 및 훼손을 포함하여 이란 콘트라 사건과 관련된 세 가지 죄목으로 노스 중령에게 유죄를 선고했다. 그리고 사건 담당 판사로부터 '봉'이라는 말까지 들으며 마약 관련 시설에서의 사회 봉사 1천200시간, 15만 달러의 벌금과 함께 집행유예를 선고받았다. 이 벌금은 아마 상당히 높았던 강연료로 충당되었을 것이다. 포인덱스터는 다섯 가지 죄목으로 유죄 판결을 받고 6개월 실형을 선고받았다. 노스는 국가 안보 보좌관 로버트 맥팔레인과 존 포인덱스터 밑에서 일했다. 1989년 맥팔레인은 의회의 조사가 진행되는 동안 정보를 숨긴 사실에 대해 유죄를 인정했다. 포인덱스터도 1990년 음모죄, 의회에서의 거짓 진술과 의회 활동 방해죄로 유죄를 선고받았다.

하지만 이들 판결의 어느 것도 충실히 이행되지 않았다. 1987년 노스와 포인덱스터는 의회청문회에서 이란 콘트라 사건에 대해 증언하고 증언 내용에 대해서는 사면 혹은 기소 면제를 받았다. 법원도 두 사람의 1987년 증언이 나중에 받은 그들 재판 결과에 영향을 미쳤을 수도 있다고 판단하고 노스와 포인덱스터에 대한 판결을 번복했다. 이란 콘트라 사건으로 교도소에 간 인물은 전 CIA 요원 토머스 클라인스밖에 없었다. 그는 이란 콘트라 공작 수익금에 대한 탈세 혐의로 16개월형을 선고받았다.

1992년 레이건의 국방장관 캐스퍼 W. 와인버거가 이란 콘트라 사건과 관련하여 의회와 정부 조사단에 거짓을 말한 혐의로 기소되었다. 하지만 특별 검사 로렌스 월시에 의해 기소된 와인버거는 1992년 조지 부시 대통령에 의해 사면되었다. 그외에도 부시는 엘리엇 애덤스와 앨런 파이어스 주니어, 듀안 클라리지, 클레어 조지 등 사건 관련자들 대부분을 사면했다. 애덤스와 파이어스 주니어는 의회에 정보를 말하지 않은 사실에 대해 유죄를 인정했고, 클라리지는 일곱 번의 위증으로 기소되어 판결을 기다리고 있었다. 조지도 두 번의 중대한 위증과 거짓 진술죄로 판결을 기다리던 중 사면되었다.

이란 콘트라 사건에서 조지 부시가 어떤 역할을 했는지는 여전히 흑막에 가려져 있다. 조사 기간 동안 그는, 자신은 '중심 밖out of the loop'에 있었다고 말한 것으로 유명하다. 1992년 부시가 대통령 재선에 실패한 뒤 특별 검사 월시에게 뒤늦게 전달된 일지 내용으로, 부시는 1986년 인질 구출 무기 거래의 진척상황을 통보받았던 것으로 드러났다. 밥 우드워드는 후일 《셰도우Shadow》에서 부시가 이렇게 말한 것으로 기록했다. "이것은 결국 ― 내 생각에는 ― 인질 구출과 온건파와의 접촉과 같은 유익한 일들로 상쇄될 것이다." 책의 말미에서 우드워드는 이렇게 썼다. "일지에는 부시가 이란 무기 판매와 관련된 모임에 여러 번 참석한 것으로 되어 있으나 그 시점에는 부시의 역할이 중요하지 않았던 것으로 특별 검사 월시는 판단했다.…… 레이건의 주요 안보 보좌관들의 일부, 심지어 국무장관 조지 슐츠까지도 월시의 견해를 지지했다. 그들은 부시를 대통령직과는 약간 거리가 있고 중대한 정책 결정과는 거리가 한참 먼, 장식적인 예스맨으로 얕잡아본 것이다."

1994년 1월 18일 특별 검사 로렌스 E. 월시는 이란 콘트라 사건에 대한 최종 보고서를 발표했다. 이 보고서에서 그는, 이란 콘트라 계획을 "미국의 정책과 법을 위반한" 것으로 규정하고 은폐에 관여한 레이건과 부시 행정부를 비난했다. 하지만 그는 또, 콘트라 반군을 지원하기 위해 이란에 무기를 판매하여 남긴 수익금을 전용한다는 사실을 대통령이 정식으로 허락했거나 알고 있었다는 믿을 만한 증거 또한 없다는 점도 인정했다.

이란 콘트라 사건은 미 정부의 핵심부를 뒤집어엎는 내용을 담고 있는 소설가의 가상 시나리오처럼 보일 수도 있다는 점에서 상당한 위험이 잠재된 장난이었다. 이 가상 시나리오에서 픽션이 아닌 것은 올리버 노스뿐이었다. 정부 조직의 매 단계마다 견제와 균형의 제도가 잘 작동되어야 하는 이유도 바로 그와 같은 광신자가 있기 때문이다.

(이란 콘트라 사건의 두 주역 엘리엇 애덤스와 존 포인덱스터는 2002년 아들 부시 행정부에서 다시 수면 위로 떠올랐다. 아버지 부시에 의해 사면된 애덤스는 아들 부시 행정부에서 백악관 중동과 과장으로 임명되었다. 레이건 대통령의 국가 안보 보좌관을 지냈으며 후일 다섯 가지 죄목에 대한 선고가 기각되었던 존 포인덱스터는 논란 많은 국방부 프로젝트의 책임자로 임명되었다. 9·11 사건의 용의 선상에 있는 테러리스트들의 정보를 취합하는 것이 그 프로젝트의 임무였다.)

'동성애 역병'이란?

세균과 침대 속에서 벌어지는 일은 지금까지의 역사책에서 늘 연도, 전투, 연설보다 못한 보잘것없는 위치를 차지하는 것이 보통이었다. 하지만 이런 것들이 때로는 정치가, 국왕, 장군, 법원 판결보다 역사와 관련이 더 많을 때가 있다. 교사, 학생, 출판업자들은 미국의 그 힘있는 청교도 윤리와 도덕적 결벽증으로 섹스, 질병, 사망은 교과서에서조차 취급하지 않는 나쁜 것, 요컨대 입에 담아서는 안 될 역사의 일부라고 오랫동안 간주해왔다. 하지만 1980년대와 1990년대에 들어 섹스와 질병은 미국 역사에서 그 어느 것보다 커다란 부분을 차지하게 되었다. 그때까지 알려지지 않았던 새롭고 무서운 질병이 섹스에 대한 사람들의 행동과 생각을 통째로 바꿔놓은 결과였다.

"41명의 동성애자들에게서 희귀 암 발생." 1981년 7월 3일자 《뉴욕 타임스》에 실린 기사의 제목이었다. 약 900단어 분량의 이 기사를 쓴 사람은 《뉴욕 타임스》의 의학전문 기자 로렌스 K. 알트만 박사였다. 알트만의 기사에는 소수이긴 하지만 무시할 수 없는 숫자의 환자들이 희귀하고 특히 치명적인 종류의 암으로 불가사의하게 죽어가고 있다는 내용의 의사들의 진료 사례가 실려 있었다. 알트만은 이렇게 썼다. "이것의 발병 원인은 알려져 있지 않다. 접촉으로 전염된다는 증거도 아직은 없다."

1981년에는 알트만은 물론 누구도 이 희귀 암의 출현이 인류 역사상 가장 치명적인 전염병의 명백한 초기 단계라는 것을 알아채지 못했다. 하지만 이것은 장차 수백만 명의 인명을 앗아가는 것은 물론 사회적 행위, 성적 태도와 성적 관계까지도 송두리째 바꿔놓게 될 질병이었다. 알트만이 묘사한 의학적 불가사의는 결국 에이즈라는 세계적 역병으로 활짝 피어났다. 알트만의 첫 기사(그 후에도 그는 900편 이상의 기사를 썼다)가 나온 지 20여 년 후, 전세계적으로 6천만 명의 사람들이 AIDS/HIV에 감염되었고, 그 중 2천만 명 이상이 사망한 것으로 국제연합 산하 세계보건기구(WHO)는 보고하고 있다. (국제아동보호기금과 세계보건기구의 최근 통계에 따르면, 에이즈 환자의 70퍼센트가 사하라 사막 이남의 아프리카에 살고 있는 것으로 나타났다. 이들 감염자 대부분은 아프리카의 열악한 의학 조건 때문에 자신들의 상황조차 깨닫고 있지 못하다고 한다. 에이즈는 또한 1천300만 명의 고아를 양산했고, 이들 대부분도 사하라 사막 이남의 아프리카에 살고 있다.)

의학계는 알트만 기사가 나오기 몇 년 전, 천연두 박멸로 의학사에 큰 성과를 올렸다. 자연적으로 발병하는 천연두는 1977년 소말리아에서 보고된 것이 마지막이었고, 마지막 천연두 환자도 1978년 영국에서 실험실 사고로 발생했다. (미국과 러시아는 아직도 비축한 천연두균 두 병을 연구용으로 실험실에 가지고 있다.) 소아마비, 황열, 그 외의 다른 치명적인 질병 분야에서 거둔 발전과 더불어 현대 과학이 올린 이 같은 개가로 의학계는 상당한 자부심을 느끼고 있었다.

그러던 차에 이 알 수 없는 질병이 나타난 것이다. 1981년 이 병의 증상이 처음 보고되었을 때만 해도 미국인들은 미래의 에이즈가 될 이 질병을 무시했다. 전체 인구의 소수에 불과한 '예외적 경우,' 즉 남자 동성애자 및 정맥으로 투약되는 마약 사용자들에게 한정된 병이라고 보았기 때문이다. 이 병은 1980년과 1981년 로스앤젤레스와 뉴욕 시 의사들에 의해 처음 '새로운' 질병으로 확인되었다. 의사들은 모든 환자들이 이 병을 얻기 전까지는 암이나 폐렴의 희귀종을 앓아본 적이 없는 건강하고 젊은 남자 동성애자라는 사실을 알아냈다. 그러자 동성애자 사회에서 '동성애 역병gay plague'이라는 단어가 퍼져나가기 시작했다. 그 중에서도 가장 무서운 소문은 누군가가 동성애자들을 표적으로 삼아 이 새로운 질병을 퍼뜨리고 있다는 것이었다. 일부 의사들은 처음에 이 병을 (동성

에이즈 환자들의 시위. "모든 인간에게는 같은 권리가 있다"고 외치고 있다.

애 관련 면역 결핍증gay-related immune deficiency의 약자인) GRID로 불렀다. 그러던 것을 질병통제센터가 후일 AIDS(acquired immune deficiency syndrome후천성 면역 결핍증)로 바꾼 것이다.

여러 요인들——연방 의학 연구비 축소, 최초의 공표자가 되고 싶어하는 의사들 간의 경쟁, 대중에 대한 기본적 사실 전달의 미흡 등——이 확산 추세에 있던 이 질병의 초기 대응을 더디게 했다. 에이즈는 이제 젊은 혈우병 환자 및 감염된 남자의 여성 섹스 파트너들 사이에서도 나타나기 시작했다. 그러자 에이즈에 대한 경각심이 부쩍 높아지기 시작했다. 문제의 심각성이 보다 분명해지고 국가가 비축한 혈액도 감염됐을지 모른다는 사실이 알려지자 나라 전체가 일종의 공황 상태에 빠져들었다. 감염 원인과 경로가 알려졌는데도 공포는 가라앉지 않았다.

에이즈는 HIV바이러스(인체면역 결핍 바이러스)를 가진, 생명을 위협하는 질병의 마지막 단계라는 것이 알려지기까지는 꽤 오랜 시간이 걸렸다. 에이즈라는 병명은 HIV바이러스가 인체의 가장 중요한 질병 면역 체계를 심각하게 손상시킨다는 사실에서 붙여졌다. 1983년 파리의 파스퇴르연구소에서 에이즈 바이러스가 발견된 후, 메릴랜 드 베데스다의 국립암연구소 로 버트 갈로 박사팀은 1985년 에 이즈바이러스를 찾아내는 혈액 검사 방법을 개발했다. 그때부 터 미국에서는 이 방법으로 헌 혈 받은 모든 혈액에 대한 에이 즈바이러스 추적 검사를 해오고 있 다. 또한 1950년대 말에 사망한 몇 몇 사람들의 생체 조직 분석에도 이 검사 방법을 사용하여 이들 중 일부가 에이즈로 사망했다는 결론을 얻었다.

라이언 화이트
1988년, 혈우병 치료를 위해 균이 들어간 혈액 응고약을 투약 받고 에이즈에 감염된 화이트가 대통령위원회에서 한 말

저는 열세 살에 죽음과 대면하게 되었습니다. 죽음의 병인 에이즈로 진단 받았기 때문이죠. 의사들 말로는 전염성은 없다고 합니다. 여섯 달의 시한부 인생을 선고받고 저는 투사가 되어 저를 위한 고귀한 목표를 세웠습니다. 학교에도 가고 친구들과도 함께 지내고 일상적으로 활동을 하는 정상인의 삶을 살자는 목표였습니다.
제가 가려고 하는 학교는 에이즈 감염자에 대한 규정이 없다고 했습니다.…… 그래서 저는 아홉 달에 걸친 법정 싸움에 들어갔습니다. 그동안은 전화로 수업을 받았습니다. 결국 저는 학교에 다닐 수 있는 권리를 찾았습니다. 하지만 편견은 여전했습니다.…… 에이즈에 대한 교육의 결핍, 차별 대우, 두려움, 공포, 저를 둘러싼 거짓말이 난무했습니다. 사람들은 라이언 화이트라는 조크까지 만들어 저를 마구 놀려댔습니다.

라이언 화이트는 1990년 열여덟 살의 나이로 사망했다.

에이즈 발생 초기, 이 질병이 사회적으로 주목을 받지 못한 이유는 에이즈가 동성애자와 마약 사용자들 사이에 만연됐다는 사실과, 병에 걸린 사람들에게 비난의 화살을 돌린 것에 원인이 있었다. 지역 사회 수준에서는 에이즈 걸린 학생을 학교에 등교시켜야 하느냐 마느냐에 대한 문제로 주민들 사이에 의견이 분분했다. 그것은 라이언 화이트 소년의 애절한 이야기로 활발히 제기된 문제이기도 했다. 학교 당국도 에이즈 예방 교육을 위해 자신들이 맡아야 될 역할에 대한 토의를 시작했다. 콘돔 배급과 '청결한 주사바늘' 사용이 돌연 토론의 쟁점으로 부상했다. 청결한 주사바늘은 정맥으로 투약받는 마약 사용자들이 피하 주사기를 사용하지 못하도록 하려는 것이었다.

종교 단체들은 에이즈에 대해 양분된 입장을 보였다. 한쪽에서는 에이즈 희생자들을 '비도덕적'이라고 매도했고, 다른 쪽에서는 동

정적인 태도를 보였다. 하지만 많은 미국인들은 음산한 현실로 다가온 이 새로운 질병을 두려워는 하면서도, 에이즈와 자신은 무관하다고 느꼈다. 그러다 1985년 영화배우 록 허드슨을 비롯한 몇몇 유명인들이 에이즈로 희생되기 시작하면서 사태는 급변했다. 미국의 남성미와 '건강한' 연예인의 상징이었던 록 허드슨은 엘리자베스 테일러, 제니퍼 존스 등 할리우드 미녀 스타들과도 공연했고, 도리스 데이와 공연한 일련의 난센스 로맨틱 코미디물로 1960년대의 우상이었던 인물이다. 그는 또, 여섯 시즌을 롱런한 형사 시리즈 〈맥밀런과 아내〉로 텔레비전에서도 성공적인 이력을 쌓은 배우이다. 록 허드슨이 죽기 전만 해도, 미국인들에게 에이즈는 낯선 병이었다. 하지만 피골이 상접해진 미남 배우의 모습에 미국인들은 충격을 받았다. 그의 죽음으로 미국에서는 에이즈에 대한 논의가 새롭게 제기되었다. 그리고 마침내 할리우드, 예술계, 스포츠계의 다른 인사들도 죽거나 감염된 사실이 속속 발표되기 시작했다. 수술 중 받은 수혈로 에이즈 바이러스에 감염되어 1993년에 사망한 테니스 스타 아더 애쉬도 그 중의 한 사람이었다. 로스앤젤레스 레이커스의 농구 스타 매직 존슨 역시 1991년 에이즈바이러스에 감염된 사실을 발표하고 현역에서 은퇴했으나 놀랍게도 잠시 재기에 성공하여 그 병의 치료는 물론 에이즈에 대한 태도의 변화에도 상당한 진전이 이루어졌음을 보여주었다.

20세기의 마지막 20년 동안 에이즈는 미국인들의 공적, 사적 생활 곳곳에 영향을 미쳤다. 경제적인 타격도 막심했다. 에이즈 환자와 감염자들에게 엄청난 돈이 들어갔기 때문이다. 병원, 의료보험사, 국립 의료 연구 시설, 공사립 건강 복지 단체들은 어디나 할 것 없이 예산 부족에 시달렸다.

에이즈는 미국의 지형을 근본적으로 바꿔놓았다. 1992년이 되자 미국의 양대 정당이 대통령 후보 지명 전당대회를 치르며, 에이즈 관련자들을 텔레비전의 골든타임 연설자로 출연시키기에 이르렀다. 콘돔, 안전한 섹스, 항문 섹스——점잖은 사람들은 결코 입 밖에 내지 않았던 말들이다——는 이제 미국 일상어의 일부가 되었다. 에이즈 위기는 동성애 문제를 미국의 벽장 밖으로 끌어내기도 했다. 한때는 금기시되거나 조롱의 대상이었던 동성애 문제가 공개적으로 토의되기 시작했고, 그와 더불어 동성애자들 사이에서도 활발한 정치 운동이 일어났다. '게이'는 이제 미국인들이 사용하

에드먼드 화이트(1940~)
《욕망의 주들: 동성애 미국으로의 여행States of Desire: Travels in gay America》, 1986년판 후기에서

에이즈는 어느 날 갑자기 우리 존재의 주요 문제들—섹스, 죽음, 권력, 돈, 사랑, 증오, 질병, 공포—과 연관을 맺기 시작하더니 썩어가는 커다란 통나무를 연신 굴리며 그 밑에서 꿈틀거리는 생명의 모든 것을 드러내 보여주었다. 베트남 전쟁 이래 미국의 관심을 이토록 끈 현상은 없었다.

앤서니 퍼킨스(1932~1992)
〈사이코〉의 노만 베이츠 역으로 유명한 배우 퍼킨스가 에이즈로 사망한 후 《인디펜던트 온 선데이》 1992년 9월 20일자에 실린 퍼킨스의 글

나는 사랑, 이기심, 인간의 이해에 대해 내가 살아온 그 어느 치열한 경쟁 사회에서보다 에이즈라는 이 거대한 세계의 모험에서 더 많은 것을 알게 되었다.

는 새로운 어휘의 하나가 되었다. 진지하다는 《뉴욕 타임스》도 결국은 이 단어를 받아들였다. 건강 의료 제도와 과학적 연구도 정치적, 급진적으로 바뀌었다. 동성애자들은 단순히 에이즈 연구 기금 증액에 만족하지 않고, 동성애자에 대한 제도적 차별을 불식시키는 새로운 법령 제정을 위해 '동성애자 권리 운동'을 더욱 거세게 전개했다. 물론 이들 요구가 모두 받아들여진 것은 아니다. 에이즈 운동가들이 의학 연구 기금을 따내는 것을 보자 여성 운동가들도 들고 일어나 유방암 연구 기금의 불균형을 시정해줄 것을 요구했다. 오랫동안 백인 남성들의 전유물이다시피 한 의학 연구 체계의 벽이 와르르 무너지고 있었다.

에이즈로 인한 손실을 단순히 숫자만으로 말하기는 힘들다. 남북전쟁이 미국 젊은이의 한 세대를 완전히 쓸어버렸듯, 에이즈도 전

세계 수백만 명의 목숨을 앗아갔다. 그들의 죽음은 단순한 비극으로 끝나지 않았다. 그들이 발휘했을 노력, 창의력, 발명의 기술 그리고 가능성의 상실이야말로 에이즈가 초래한 진정한 손실인 것이다. 에이즈가 출현한 지 20년이 지났는데도 과학자들은 여전히 에이즈바이러스가 언제, 어디서, 어떻게 생겨나 인간을 최초로 감염시켰는지 밝혀내지 못했다. 광범위하게 받아들여지고 있는 한 가지 추측은 HIV바이러스가 원래 아프리카 원숭이들을 감염시킨 바이러스에서 진화되어 인간에게 전염되었으리라는 것이었다.

악의 제국에서 벌어지는 일은?

레이건 행정부에 대해 역사적 평가를 내리기는 아직 너무 이르다. 하지만 정권에서 물러난 지 10여 년이 지났지만 그의 '테플론' 광택은 여전히 빛을 발하고 있다. 1994년 알츠하이머병을 진단 받고 투병 중인 로널드 레이건은 20세기 말까지도 국민의 지대한 사랑을 받는 대통령으로 남아 있다. (1999년에 실시한 갤럽 여론 조사에 따르면, 미국인의 대부분은 현대의 대통령들 중 레이건이 가장 높은 점수를 받을 것으로 예상했다.)* 하지만 역사가들의 평가는 대중들보다는 좀 더 엄격했다. 레이건 시대 이후 역사학계와 정치학계를 상대로 한 여론 조사에서 레이건은 당시까지의 대통령 40명 중 22위를 차지했다.

물론 평가란 당파에 의해 좌우되기 마련이다. 레이건 숭배자들은 나라의 분위기 쇄신, 최고 70퍼센트에 달하던 한계 세율의 인하, 미국의 정치 지형을 성공적으로 바꿔놓은 그가 위대한 대통령의 반열에 마땅히 올라야 한다고 생각했다. 하지만 레이건 혹평가들은 레이건의 실패한 정책들을 꼬집었다. 특히 엄청난 국가 부채의 발

* 로널드 레이건은 2004년 사망했다.

생, 이란 콘트라 사건에서 드러난 외교 정책의 과실, 소련과 싸우는 아프가니스탄 반군을 지원한 근시안적인 정책을 그의 대표적인 실책으로 꼽았다. 이슬람 무자헤딘 반군에 대한 미국의 지원으로 아프가니스탄에서의 소련 세력은 사실상 소멸되었다. 하지만 이후 아프가니스탄에서 미국이 손을 뗌으로써 아프가니스탄은 결국 혼란과 권력 공백 사태가 초래되어 탈리반과 그의 우군 알 카에다가 날뛰는 일이 벌어진 것이다. 레이건이 정권에서 물러난 지 몇 년 후, 재임 8년의 정책 과실로 생겨난 엄청난 빚더미는 미국 경제에 하나의 오점으로 남겨졌다. 그 최악의 오점은 일시적이기는 했지만 여하튼 재정 흑자를 내기 시작한 1990년대의 경제 붐으로 씻겨졌다.

하지만 레이건은 궁극적으로 역사에서 좋은 평가를 받게 될지도 모른다. 소련과의 관계를 변화시켰고, 유럽에서의 소비에트 블록

1985년 11월 스위스 제네바에서 만난 레이건 대통령(왼쪽)과 고르바초프 소련 공산당 서기장(오른쪽). 두 사람은 미국과 소련의 협력이라는 새로운 시대를 열었다.

공산주의를 끝내는 데 앞장섰기 때문이다. 비록 그의 후임 부시가 재임할 때인 1991년이 되어서야 종말을 맞지만 레이건의 두 번째 임기 말에 소련의 재앙 조짐은 이미 나타나고 있었다. 소련은 오랫동안 내리막길을 걷고 있었다. 지독하게 비능률적인 산업 구조, 공직자의 부정, 정치 사회 깊숙이 내재된 문제들, 미국뿐 아니라 중국, 일본, 그외의 떠오르는 아시아 국가들과의 경쟁에서 오는 압박감, 소비에트 공화국 내의 독립 운동(그 중의 일부는 이슬람 운동이다), 지루하고 값비싸고 진을 빼는 아프가니스탄 전쟁——이 모든 요소들이 동구권 제국에 대한 크렘린의 지배력을 약화시켰다. 소비에트 경제는 소련 붕괴의 1차적 요인으로 검토되어야 할 만큼 속속들이 망가져 있었다. 소련은 오랫동안, 많게는 국가 총생산의 25퍼센트를 비생산적인 국방비에 쏟아부었다. (미국은 소련보다 경제 규모가 훨씬 큰 국내 총생산의 4퍼센트 내지 6퍼센트 범위 안에서 국방비를 책정했다.) 다른 나라들이 급변하는 기술과 늘어나는 교역량으로 21세기를 향해 숨가쁘게 나아가는 동안 소련은 1950년대의 제3세계 경제와 19세기 경제와 다름없는 농업 체계에 발목이 잡혀 있었다.

내부에 이 같이 깊숙한 구조적 문제점을 안고 있었음에도 소련은 막강한 군사력과 나라의 크기 그리고 동구권에 대한 독재적 지배력으로 40년 이상이나 미국과의 관계를 주도해갔던 것이다. 제2차 세계대전 이후 미국의 모든 삶이나 역사는 어떤 식으로든 냉전으로 알려진 소련과의 경쟁에서 오는 영향을 받지 않을 수 없었다.

레이건의 두 번째 임기는 우연히 미하일 고르바초프 소련 공산당 서기장의 등장과 일치했다. 이 두 지도자가 열어간 놀라운 실용적 관계로 미소 협력이라는 새로운 시대가 도래했다. 1987년 아이슬란드에서 열린 미소정상회담에서 두 사람은 역사상 처음으로 두 나라의 핵무기 감축 협정에 동의했다. 1989년 1월 레이건이 백악관을 떠날 때만 해도 독일과 유럽 전체의 분단의 상징이던 베를린 장벽은 그대로 서 있었다. 하지만 그로부터 채 1년도 되지 않아 그 장벽은 붕괴했다. 독일은 1990년에 통일되었고 소비에트 제국은 와해되었다. 1991년 크리스마스에 고르바초프는 소련 공산당 서기장직에서 물러났다. 지극히 간결하고 조용한 혁명 속에 냉전은 끝났고 수십 년 동안 소련 압제에 시달리던 유럽 공산주의도 막을 내렸다. 1990년 노벨 평화상을 수상한 고르바초프는 역사를 진정 자기 것

콜린 파월
국가 안보 담당 보좌관인 파월이 대통령 재임 마지막날 로널드 레이건에게

세계가 오늘은 조용합니다, 각하.

콜린 루터 파월(1937~)은 뉴욕 시에서 자메이카 이민자 가정의 아들로 태어났다. 그리고 소수 민족의 대학 진학을 촉진하기 위해 마련된 '적극 행동 프로그램'의 도움을 받아 뉴욕시립대학을 졸업하고 조지워싱턴대학에서 MBA 학위를 취득했다. 1958년 그는 육군 소위로 임관한 뒤 제23사단 소속으로 1968년에서 1969년까지 베트남에서 복무했다. 이후에는 한국, 서독, 미국에서 지휘관 생활을 했다. 1986년 파월은 독일 프랑크푸르트에서 제5군단 사령관이 되었고, 1987년에는 흑인 최초로 로널드 레이건 대통령에 의해 국가 안보 담당 보좌관에 임명되었다. 이후 10년 동안 그는 이전보다 더 많은 일을 하게 된다.

으로 만든 인물이었다. 영국의 마거릿 대처, 조지 부시, 독일의 헬무트 콜, 폴란드 노조 지도자 레흐 바웬사, 교황 요한 바오로 2세도 소비에트 체제 붕괴와 냉전 종식에 일조를 한 인물들이었다. 바오로 2세는 공산 국가에서 배출된 최초의 교황으로, 그의 동유럽 방문은 그쪽 지역에서 반소련 무드가 피어나는 기폭제 역할을 했다.

루 캐논은 이렇게 썼다. "그가 외교 정책에 남긴 유산은…… 지나간 세월의 덕으로 더욱 환히 빛나고 있다. 레이건은 무기 경쟁을 하기에는 소련의 경제력이 너무 약하여 서구의 압력이 있으면 협상 테이블로 나올 수밖에 없으리라는 것을 알고 군사력 강화를 시작했다. 그가 믿은 자유의 메시지는 동유럽인들에게 활력을 불어넣어 소련 내까지 침투해 들어갔다. 기존 정치인들은 이 같은 견해를 매우 순진한 것으로 받아들였다. 그들은 또, 공산주의에 대한 레이건의 도발적 발언, 특히 소련을 '악의 제국'이라고 말한 것에도 겁을 먹고 있었다. 하지만 시대는 변했다."

2002년 봄, 러시아는 북대서양조약기구(NATO) 회원국으로 초빙되었다. 나토는 당초 소련 군사력 팽창을 억제하기 위해 창설된 기구였다. 비록 의결권 없는 회원국이긴 했으나 러시아의 나토 가입은 유럽, 미국, 세계 역사에 일어난 놀라운 변화였다.

9

악의 제국에서
악의 축으로

금융 위기로 납세자들은 수십억 달러의 부담을 안게 되었다. 도시에는 크랙코카인의 만연으로 범죄가
급증했다. 그리고 부시 대통령은 사막의 폭풍 작전을 전개했고 클린턴 대통령은 적절치 못한 온갖 추문에
시달렸다. 2001년 9월 11일 미국은 역사상 최초로 공격을 당했고, 2002년 1월
또 다른 부시는 북한과 이란을 '악의 축'으로 규정했다.
아직도 흑인과 백인의 주거 지역이 분리되어 있는 나라, 원주민인 인디언들에게
보상을 하지 않은 나라 미국의 2002년까지의 풍경이 펼쳐진다.

미국의 많은 사람들은 레이건 시대를 베트남과 워터게이트에 오랫동안 찌들려 있던 나라의 분위기를 일신시킨 시절로 기억한다. 재정 적자로 나라의 코피가 터지든 말든 그것은 사실이었다. 월가는 주기적으로 터지는 추문으로 또 다시 비틀거렸다. 이번에는 '정크 본드junk bonds' 조작이 문제였다. 금융 위기로 납세자들은 수십억 달러의 부담을 안게 되었다. 도시에는 크랙코카인의 만연으로 범죄가 급증했다. 미국의 지형을 송두리째 바꿔놓은 에이즈의 유령 또한 빼놓을 수 없는 요소이다. 그래도 최소한 표면적으로 레이건 시절은 미국의 자신감을 회복시켜준 기간으로 보였다. 그 자신감의 일등 수혜자는 레이건의 부통령 조시 부시였다.

사막의 폭풍 작전이란?

조지 부시 대통령의 재선은 일찌감치 따놓은 당상으로 보였다.

대통령 집무를 시작한 첫 2년 동안 부시는 유럽의 공산주의가 붕괴하는 놀라운 광경을 목격했다. 공산주의는 미국이 그냥 내버려두면 베트남 같은 나라들에서 연달아 승리를 거둘 것이라는 도미노 이론과는 반대로 베를린 장벽은 붕괴되었고, 동서독은 통일되었으며, 과거의 소련 위성국들은 민주주의를 수용했다. 무엇보다 놀라운 것은 레이건이 악의 제국으로 부른 숙적 소련마저 피 한방울 흘리지 않고 간단히 무너져내렸다는 사실이다. 단 한발의 총성도 울리지 않고, 단 한마디의 불평도 없이.

소련 지도자 미하일 고르바초프(1931~)는 소비에트 경제 재건(페레스트로이카)과 정치 제약의 완화(글라스노스트)를 위해 노력했다. 하지만 그도 병 속에서 마술사가 튀어나오는 것은 막지 못했다. 냉전은 끝났다. 고르바초프가 볼 때 조지 부시는 새로운 세계 질서

1991년 걸프전에서 미군을 중심으로 한 다국적군의 공격은 이라크를 폐허로 만들었다. 사진은 전사한 이라크 병사의 시체 옆을 지나는 미군.

를 열어갈 준비된 대통령으로 보였다.

　하지만 악의 제국이 붕괴되고 반세기에 걸친 냉전과 갈등이 해소되었어도 대통령 부시의 중대 국면은 찾아오지 않았다. 그 국면은 트루먼 이래 줄곧 미국 대통령들을 골탕먹여온 중동 지역에서 오게 될 것이었다. 부시의 위기는 이라크 독재자 사담 후세인이 이웃나라 쿠웨이트를 공격한 1990년에 찾아왔다. 부시는 먼저, 거대한 사우디 유전을 보호하기 위해 국제연합을 동원하여 사막의 방패 작전을 실시했다. 하지만 자유의 수호와 해방이라는 거창한 수사를 갖다 붙이기는 했어도, 정당 활동이 금지돼 있고 여성이 소유물로 간주되는 쿠웨이트나 사우디아라비아 같은 왕국들에서 민주주의 수호를 명분으로 전쟁을 벌이는 일은 말처럼 쉽지 않았다. 아차 하는 순간 이라크군이 사우디 왕국으로 넘어가는 날에는 세계 석유 보유고의 40퍼센트 이상이 이라크 손으로 넘어갈 수도 있었다. 더군다나 사담 후세인이 자신의 영웅 이오시프 스탈린의 위치에 도달하려는 의지를 공공연히 표명하고 있었기 때문에 상황은 더욱 불안했다.

　미국은 국제연합의 승인하에 39개 나라가 참가한 연합군을 이끌고 사막의 폭풍 작전을 개시했다. 그것은 대규모 공습에 뒤이어

100시간의 지상군 공격이 포함된 작전이었다. 바야
흐로 조지 부시의 빛나는 순간이 도래할 찰나였다.

전직 부통령으로 대통령이 된 열네 번째 인물 부
시는, 1836년 마틴 밴뷰런 이후 처음으로 자신의 힘
으로 대통령이 된 인물이었다. 만일 대통령 취임식
날 누군가가 부시에게 밴뷰런의 사례를 말해주었다
면 그는 아마 밴뷰런이 단임 대통령이었던 사실만은
점잖게 감추었을 것이다. 밴뷰런은 당시 미국 경제
를 망쳐놓은 이유로 자리에서 쫓겨났던 것이다! 그
런데도 역사가 되풀이되지 않는다고?

걸프전은 42일 동안 계속되었다. 집중 공습에 38일, 지상군 공격
에 4일이 소요되었다. 미국 주도의 연합군은 사담 후세인 군대를
궤멸시키고 쿠웨이트와 이라크 남부로 들어가 쿠웨이트를 해방시
켰다. 부시 대통령과 그의 보좌관들은 어쩌면 사담 후세인 전복까
지도 포함된 바그다드에 대한 공격을 포기하고 국제연합 교전 원칙
을 준수하여 그쯤에서 이라크 공격을 멈추었다. (그 10년 뒤, 걸프전
에 참여한 많은 사람들이 이 결정의 영향을 받게 된다. 9·11공격과 그 여파
로 일어난 아프가니스탄 전쟁 뒤에도 걸프전에서 활약한 인물들은 여전히 국
가의 요직을 차지하고 있다. 걸프전 당시 합참의장을 지낸 콜린 파월은 41대
대통령 아들로 43대 대통령이 된 조지 부시의 국무장관이 되었고, 걸프전 때
국방장관을 지낸 딕 체니는 부시의 부통령이 되었다.)

이라크는 걸프전으로 초토화되었다. 병사 10만 명이 전사했으며,
민간인 사망자도 많았다. 도로, 교량, 공장, 유전 시설도 파괴되었
다. 전력 부족으로 식수 정화 시설과 하수 처리 시설도 가동시키지
못했다. 계속되는 경제 제재로 경제 상황도 말이 아니었다. 1991년
3월, 쿠르드족과 시아파 무슬림들이 지키지도 않을 부시 대통령의
지원 약속을 믿고 봉기를 일으켰다. 그들 대부분은 4월에 이라크군

에 의해 무자비하게 진압되었다.

　1991년 4월 이라크가 정전 협정 조건을 받아들임에 따라 국제연합 안전보장이사회는 공식적으로 이라크 전쟁 종전을 선언했다. 이라크는 정전 협정에서 생화학 무기와 그것의 제조 시설 그리고 핵무기 제조와 관련된 여하한 시설이나 원료도 다 파괴하겠다는 내용에 동의했다. 공식적인 종전 뒤에도 국제연합은 이라크에 대한 통상 제재를 계속하며 정전 협정을 준수하도록 압력을 가했다.

대통령의 크기를 어떻게 '축소시킨다'는 것인가?

　비교적 경미한 피해를 입고도 신속한 승리를 거두자 부시의 지지도는 패트리어트 미사일만큼이나 높이 치솟았다. 패트리어트는 이라크 스커드 미사일 요격용으로 걸프전에서 사용된 방어용 무기였다. 걸프전 이전에 부시는 이미 파나마에서 승리를 한 번 거둔 적이 있었다. 미군이 파나마로 쳐들어가 마약죄로 미국 법원에 기소돼 있던 독재자 마누엘 노리에가를 생포한 것이다. 미국의 명예는 쿠웨이트에서의 승리와 더불어 부시가 만든 새로운 세계 질서 속에 하늘을 찌를 듯했다.

　하지만 미사일은 솟아오르면 떨어지게 마련이다. 걸프전 이후 패트리어트 미사일의 신뢰성, 정확도, 성능에 대한 의문이 생겨났듯이 레이건—부시 외교 정책의 눈부신 성공도, 전후 도취감으로부터 어지럽게 곤두박질치며 자취를 감추었다. 인플레를 잡기 위해 연방준비이사회가 이자율을 인상하자 경기 위축으로 실업률이 높아졌다. 기업들이 '회사규모를 줄이는(다운사이징downsizing)'── 옛날 말로 하면 '해고'──기업 방침을 새롭게 정하자 실업률은 더욱 높아졌다. 다운사이징에는 이제, 해고와 재고용에 보다 익숙한 육체

파나마의 실권자 마누엘 노리에가. 마약 밀매 혐의로 미국 법원에 기소되었던 그는 미국의 전격적인 파나마 침공으로 바티칸 대사관에 망명했다가 미국에 투항했다. 사진은 체포당하기 세 달 전의 모습.

노동자뿐만 아니라 스스로를 회
사의 주주로 여기고 있던 사무
직 노동자들까지 포함되었다.
부시는 일반인들과 동떨어진 존
재로 인식되었고, 동네 쇼핑몰
에서 양말을 사는 등의 전시용
행동은 그를 더욱 단절된 인간
으로 보이게 했다.

조지 부시
1988년, 공화당 대통령 후보 수락 연설

의회가 나를 몰아붙여 세금을 인상하려 한다면 내 대답은 노no입니
다. 그러면 의회는 다시 나를 밀어붙이겠지만 그래도 내 대답은 역
시 노일 것이며, 그러면 그들은 또 다시 나를 밀어붙일 것입니다. 그
런 그들에게 내가 해줄 말은 오직 하나입니다. "내 말 잘 들으시오,
세금 신설은 없을 것이오."

　미국인들은 변덕이 심해서 부시만 표적으로 삼은 게 아니었다.
의회도 일련의 추문에 흔들리며 철저한 조사를 받게 되었다. 국회
의장 짐 라이트와 민주당 원내총무 토니 코엘호는 윤리위원회 조
사를 받은 뒤 사임했고, 수표 발행을 쉽게 할 수 있는 특권이 포함
된 의회의 우체국 추문 역시 대다수 미국인들 눈에는 사기로 보였
다. 의회가 대중을 화나게 한 것은 분명했다. 보통 사람들은 나라가
불길에 휩싸였는데도 의회는 빈둥대며 놀고 있다고 생각했다.

　부시는 그의 재임 초기, 1930년대의 대공황 이래 미국이 맞은 최
대의 금융 위기에 대처해야 했다. 1980년과 1990년 사이, 1천 개 이
상의 은행과 대부업체가 문을 닫았고 수백 개 업소가 파산 직전에
이르렀다. 이 모두 대부금 상환 불이행, 불완전한 법규, 업계의 사
기 및 관리 미숙이 불러온 위기였다. 대통령에 취임하자마자 부시
는 곧 금융업계를 소생, 재건하기 위한 법규 제정에 들어갔다. 그리
고 파산하는 은행들을 회생시키기 위해 구제 금융을 실시한 결과 4
천억 달러 이상의 부담을 납세자들이 고스란히 떠안게 되었다. 파
산하는 은행들 속에는 부시의 셋째아들 닐이 이사로 있던 콜로라
도 소재의 실버라도저축은행도 있었다.

　예산 부족 심화와 보건 의료에 대한 우려가 이 같은 문제들을 더
욱 증폭시켰다. 그렇지 않아도 침체돼 있던 나라 분위기는 합법적

낙태권을 둘러싼 논쟁으로 더욱 침울해졌다. 부시 대통령은 이전 입장과는 달리 낙태를 반대했다. 아니타 힐 교수가 민권 운동의 전설적 인물 서굿 마셜 후임으로 부시가 지명한 클레란스 토머스 대법관이 자신의 상관으로 있을 때 성희롱을 했다고 주장하자 '성별 간gender gap'의 긴장도 더욱 고조되었다. 1991년 10월의 이틀 동안 미국인들의 시선은 또 한번 상원 청문회장의 두 사람 증언에 모아졌다. 토머스는 힐의 주장을 부정하면서 '린치몹'*이 자신을 공격하려 한다고 반박했다. 토머스의 대법관 임명은 52대 48의 표결로 상원을 통과했다. 하지만 인신 공격으로 발전한 토머스와 힐의 추문으로 당파, 성별, 인종 모든 면에서 미국의 분위기는 더욱 어두워졌다.

그러던 차에 1991년 로드니 킹 구타 사건이 일어났다. 1992년 4월 구타의 주인공들인 백인 경찰 네 명이 무죄 방면되자 인종적 증오감은 드디어 로스앤젤레스를 휩쓴 흑인 폭동으로 폭발했다. 당대 미국 최대의 폭동은 발생한 지 이틀만에 부시 대통령이 해병대와 육군을 로스앤젤레스 시에 투입하고서야 질서가 회복되었다. 그 폭동으로 52명이 사망했고 건물 600동 이상이 불탔으며 불탄 건물 중의 많은 수가 잿더미로 변했다.

하지만 미국 유권자들에게 조지 부시의 가장 무거운 죄는 세금에 대한 약속을 저버린 것이었다. 1990년 부시가 재정 적자를 해소하려고 세금 신설안에 동의하자 사막의 폭풍 작전은 사막의 모래만큼이나 가치가 추락했다. 식민지 시대 이래 미국인들은 세금이라면 질색을 했다. 때문에 세금을 올리는 정치인들, 특히 올리지 않겠다는 약속을 해놓고도 올리는 정치인들에게는 지옥의 특별석까지 예약을 해놓았다. 경기 후퇴가 그의 목을 조여오고 1992년 선거가 임박해오는 가운데 90퍼센트까지 육박했던 조지 부시의 지지율은 급격히 하락했다.

'부바'라 불리는 사람도 대통령이 될 수 있을까?

"한번 해보려고는 했으나 실제로 들이마시지는 않았다." "국가가 여러분에게 무엇을 해줄 것인가를 묻지 말고, 여러분이 국가를 위해 무엇을 할 것인가를 물어주십시오"와 같은 위대한 연설에는 끼지 못하겠지만 대통령 후보 빌 클린턴이 한 이 말은 분명 잊을 수 없는 명언이었다.

예비 선거가 한창이던 1998년 빌 클린턴은 대학 시절 마리화나를 피운 적이 있느냐는 기자들의 질문에 이렇게 대답하여 많은 미국인들을 포복절도하게 만들었다. 옥스퍼드대학이 주는 로즈장학생에 뽑혀 베트남 징집도 피해간 아칸소 주지사 빌 클린턴(1946~)은 1992년의 대통령 선거 유세 기간에 자신에게 던져진 불편한 질문들을 교묘하게 잘 피해나갔다. 그리고 미국인들은 마리화나 흡입이라든가, 징집 회피, 외도 같은 문제보다는 미국의 문제들을 해결하는 것에 더 관심이 많았다. '변화의 동인'으로 개혁을 약속한 부바Bubba 클린턴과 그의 러닝메이트 알 고어 테네시 주 상원의원은 제3당 후보 로스 페로의 출마로 특히 시끄러웠던 선거에서 승리를 거두고 백악관에 입성한 최초의 '베이비 붐' 세대였다.

EDS(Electronic Data Systems) 설립자이며 장차 '거대 정부'와 정부의 예산 과다 지출을 공격하여 정치적 명성을 얻게 될 로스 페로(1930~)는 수익성 좋은 대형 정부 계약을 따내 EDS사를 억만 달러 회사로 탈바꿈시킨 인물이다. 풍부한 자금력을 바탕으로 대통령 선거에 출마한 그는 정부에 대한 철저한 조사를 자신의 유세 전략으로 이용했다. 그렇지 않아도 뚜렷한 정책 차이 없이 기금 모금과 정권 유지가 최대의 관심사인 듯한 두 정당에 식상해 있

1992년 대통령 선거에서 텔레비전 토론을 마친 뒤 웃고 있는 후보들. 왼쪽부터 민주당의 클린턴, 개혁당의 로스 페로, 공화당의 부시. 선거 결과는 클린턴의 승리였다.

던 수백만 유권자들은 페로의 서민적 풍모와 할 수 있다can-do식 태도에 상당한 호감을 느꼈다. 하지만 그가 별난 유세를 갑자기 중도하차하자 사람들은 그를 미치광이 부자로 취급했다. 그런 그가 선거일을 불과 몇 주일 남기고 다시 선거전에 뛰어들어 정가를 혼비백산하게 만들었다.

3자 토론 방식으로 진행된 텔레비전 토론에서 가장 잊을 수 없는 장면은 버지니아 주 리치먼드 토론에서 보여준 조지 부시 대통령의 모습이었다. 이 토론에서 부시 대통령은 그의 리무진이 엔진과 미터기가 돌아가는 상태에서 이중 주차가 돼 있기라도 한 듯 연신 손목시계만 들여다보았다. 그의 참모진이 토론에 좀더 적극적으로 임하라고 권고하자 부시는 클린턴과 고어를 '촌뜨기들'이라고 부르며 조롱했다. 환경주의자이며 지구 온난화의 위험성을 경고하는 책을 쓰기도 한 고어는 '오존맨'으로 깎아내렸다. 그러던 차에 선거 일주일 전, 이란 콘트라 사건의 특별 검사가 캐스퍼 와인버거에 대한 대배심의 기소 결정을 발표했다. 신문들은 그 사건에서 맡은 부시의 역할을 다시 머리기사로 게재했다.

페로는 부시를 탐탁치 않게 생각하는 사람들의 표를 끌어 모으며 일반 투표자들로부터 거의 2천만 표(19퍼센트)를 획득하여, 클린턴-고어팀이 부시팀에 44퍼센트 대 37퍼센트로 이기는 데, 어쩌면 대세에 결정적인 영향을 미쳤다. 후일 부시는 와인버거 기소와 앨런 그린스펀 연방준비제도이사회 의장의 금리 인하 실패가 자신의 패배를 가속화시켰다고 주장했다. 하지만 아마 패배의 주된 요인은 로스 페로와 개혁당이 불만과 의견 차이가 아주 근소한 미국의 저울추를 기울어지게 만든 데에 있을 것이다. 미국 역사에서 제3당 후보가 성공을 거둔 예는 그 전에도 여러 번 있었다.

클린턴은 왜 '미국과의 계약'을 지켰나?

그것도 하나의 '허니문'으로 볼 수 있을까. 여하튼 빌 클린턴은 그 참깨가 언제 쏟아질지 궁금하게 여겼던 것만은 틀림없다. 클린턴의 '허니문' 기간은 백악관에서 이삿짐을 풀기도 전에 끝나버렸다. 군대에서의 동성애 금지를 폐지하겠다고 공언한 클린턴은 국방부의 전기톱 살해 사건 속으로 걸어 들어가는 자신을 발견했다. 클린턴은 '묻지도 말고 말하지도 말라'는 정책을 받아들여 자신의 공약에서 후퇴했다. 그렇게 함으로써 그의 재임 시작 2년을 괴롭힐 정책과 개인적 불운을 은연중에 드러냈다.

법무장관 후보 두 명은 불법 외국인을 보모로 채용하고 그들에 대한 세금을 미납한 이른바 내니 게이트로 탈락했다. 법무부의 다른 부서 후보자 라니 기니어는 학계 출신의 흑인 여성으로 폭넓은 존경을 받고 있었으나 '쿼터 퀸quota queen'으로 공격을 당했다. 클린턴은 공화당의 불화살을 피해 그녀의 민권국 국장 지명을 취소했다. 기니어에 가해진 비난이 정당했는지 여부는 결코 가려지지 않았다. 대신 '초토화'라는 새로운 형식의 공격이 의회의 권고라는 가면을 쓰고 마구 자행되었다. 대통령의 공직자 임명에 대한 복잡한 흥정과 공격은, 대중의 눈이 미치지 않는 곳에서 벌어지는 워싱턴 정가의 오랜 관행이었다. 하지만 공직자 임명은 오랫동안 대통령의 특권으로 인정되었기 때문에 의회가 지명자들을 거부한 사례가 간혹 있기는 했어도 대통령은 대개 자기가 원하는 사람을 얻게 마련이었다. 하지만 의회의 승인 과정은 새로운 법규 때문에 그리고 흠집 잡기에 여념이 없는 24시간 뉴스 매체들의 방조 속에 점차 악의적으로 변해갔다. 공격자들은 로버트 보크와 클레란스 토머스가 지명된 후에 더욱 큰소리를 내기 시작했다. 공화당 의원들은 대가를 원했다.

클린턴 안건이 당한 이런 초기 실패 하나하나가 서서히 회복 중이던 경제에 먹구름을 드리웠다. 그리고 의외로 줄고 있던 재정 적자에 적신호가 켜졌다. 그러자 클린턴은 미국인들은 이제 그만 과도한 재정 적자와 결별하고 싶어한다는 사실을 무시하면서, 재정 적자 감축의 강력한 억제책이 포함된 조세안을 가결시키는 모험을 감행했다. 멕시코, 캐나다와의 자유무역협정(나프타NAFTA), 총기 규제를 새로 포함시킨 범죄방지법——로널드 레이건 암살 사건 때 중상을 입고 영원히 불구가 된 백악관 전 대변인 제임스 브레디를 기려 브레디 법으로 알려져 있다——의 제정 또한 클린턴 행정부가 거둔 승리였다.

하지만 이러한 성공도 클린턴이 저지른 과오 때문에 빛을 발하지 못했다. 그 중에는 1회 이발비 200달러를 둘러싼 구설수처럼 사소한 것도 있었고, 텍사스 주 웨이코의 데이비드 코레쉬 사교邪敎 집

학생 대표로 백악관을 방문한 열여섯 살의 클린턴. 당시 대통령은 케네디였다. 케네디(오른쪽)와 악수하는 클린턴(왼쪽)의 얼굴이 다소 상기되어 있다.

단을 진압한 방법처럼 상당히 심각한 과오도 있었다. 경찰과 대치를 벌이고 있던 그들 본거지에 FBI가 공격을 가한 것이 치명적인 화재로 이어지면서 재앙을 초래한 것이다. 그외에도 클린턴은 여자 문제에 대한 끊임없는 보도 때문에 예비 선거전 중에는 '칠칠치 못한 행동'을 한 인물로 치부되었다. 또한 아칸소 주지사로 있을 때 클린턴이 자신을 성추행했다고 어떤 여성이 고소를 하여 그것 때문에도 계속 시달림을 받았다. 그 사건은, 처음 표면화되었을 때만 해도 '칠칠치 못한 행동'의 하나로 치부되어 잠깐 스쳐지나가는 뉴스에 불과했다. 하지만 클린턴이 아칸소 주지사로 있을 때 발생한 이른바 화이트워터 부동산 개발회사 사건과 연관되면서 결과적으로 큰 문제로 확대되었다. 아칸소 시절부터 클린턴의 오랜 친구였고 그의 백악관 보좌관을 지내기도 한 빈센트 포스터가 자살한 사건 역시 화이트워터 사건과 관련이 있었다. 그러자 워싱턴 정가는 그 사건에 대한 전면적인 조사에 들어갔다.

클린턴의 정책 과실, 사생활과 관련된 허물 그리고 중대한 실책은 1993년 그의 의제의 중심이라 할 보건 의료 체계에 대한 총체적 점검이 실패로 돌아가면서 최고조에 달했다. 보건 의료 체계를 조사하기 위해 위원회를 설립하며 클린턴이 저지른 첫 번째 과오는 아마도 그의 아내 힐러리 로댐 클린턴을 위원회장으로 임명한 점일 것이다. 대통령의 부인이 아니더라도 충분히 논쟁적 인물인 힐러리는 미 국민 전체를 포함하는 원대한 계획을 수립하는 과정에서 국회의 심기를 건드렸다. 하지만 클린턴 부부는 자신들의 그 웅대한 계획이 의회의 방해와 의료보험업계의 강력한 로비에 막혀 좌절된 것으로 믿었다. 클린턴의 핵심 정책에 가해진 이 같은 날카로운 칼날은 1994년의 중간 선거를 예견케 해주는 일종의 전조이기도 했다.

공화당은 40년만에 처음으로 정치적인 대격변을 일으키며 중간

힐러리 로댐 클린턴

1998년 1월 27일, NBC의 〈투데이쇼〉에 출연하여 한 말

그것은 실패한 부동산 거래에 대한 조사에서 시작되었어요. 1992년에 나는 모든 사람들에게 "손해를 봤다"고 말했죠……. 아닌 게 아니라 사실이 그랬어요. 그러기까지 몇 년이 걸리긴 했지만 사실은 사실이었죠. 우리에겐 정치적 동기가 강한 검사 한 분이 있어요. 내 남편 우파 적수들의 동지인 사람이죠……. 나는 이것을 분명히 전투라고 믿어요. 내 말은, 이 일에 직접 관련된 사람들의 면모를 한번 보라는 거죠. 전혀 상관없는 배경 속에서 갑자기 툭 튀어나오잖아요……. (이것은) 내 남편이 대통령 출마를 선언한 그날부터 그를 음해해온 우파의 거대한 음모입니다.

선거에서 하원의 다수당이 되는 압승을 거두었다. 이들의 지도자는 일련의 보수적 약속들을 '미국과의 계약'이라 부르며 큰소리를 친 뉴트 깅리치였다. 여기서 '계약'이란 균형 잡힌 예산, 국방비 증액, 국회의원에 대한 임기(연임) 제한, 합법적 낙태를 금하는 수정헌법 제정, 복지 제도의 개혁을 포함하는 것이었는데 이른바 공화당 우파의 입장을 대변하는 포괄적인 의안이었다. 상원을 장악하고 있던 공화당도 미국이 20세기 마지막 대선 고지를 향해 나아감에 따라 이들과 합세하여 백악관과 의회 사이에 벌어질 투쟁 준비에 들어갔다.

'토크쇼' 정치라는 신개념 정치판에 맞게 자신을 조율할 줄 알았던 뛰어난 능력의 정치가 클린턴은 정치의 중심을 향해 능란하게 발을 옮기며 자신의 보좌관들보다는 주로 영향력 있는 상담역이자 여론 조사원이기도 한 딕 모리스의 충고를 받아 미국과의 계약 일부를 수용하는 능력을 보여주었다. 1995년 11월, 클린턴은 사실상 미국 정부를 일시 휴업 사태로까지 몰고 간 골칫덩어리 예산을 둘러싸고 깅리치 및 의회 다수파인 공화당과 싸움을 벌여 다시 우위를 차지했다. 아주 긴급한 경우가 아니면 연방 정부 직원들은 급여가 마련될 때까지 집에서 며칠 쉬도록 조치했다. 대부분의 미국인들은 정부가 휴업 상태였다는 것조차 거의 눈치채지 못했다. 그외에도 클린턴은 전통적인 민주당 동료들의 반대에도 불구하고 복지 제도에 대한 전면적인 재검토를 지지하여 미국과의 계약의 또 다른 핵심 사안 하나를 처리했다.

대통령 클린턴이 모니카 르윈스키라는 백악관 인턴을 눈여겨보기 시작한 것도 바로 뉴트 깅리치 및 하원의 공화당과 예산 싸움을 하고 있던 1995년 11월 중반이었다.

* 포토 옵은 'photo opportunity'의 줄임 말로 대통령이나 고관들이 실무 접촉 후 기자들에게 밝은 표정을 지으며 사진 찍을 기회를 주는 것을 말한다.

클린턴의 'IS'는?

언론이 주도하는 세계는 오늘날 미국 정치가 가고 있는 방향이다. 그런 방향 속에서 '포토 옵'*이 의사 전달 체계의 주요 수단이 되자, 대통령과 보좌관들도 '이미지'에 점점 민감한 반응을 보이게 되었다. 대중들이 역사를 통해 보는 모습도 바로 그 같은 이미지들이다――그렇다고 늘 대통령이 원한 이미지인 것만은 아니었다. 오늘날 우리가 보는 리처드 닉슨의 이미지는 그의 대통령 시절을 빛내준 역사적 중국 방문에서 중국 지도부와 건배를 하고 있는 모습이거나 불명예 퇴진으로 백악관을 떠날 때 V자 사인을 그려 보이며 헬리콥터에 오르는 모습이거나 둘 중의 하나이다. 로널드 레이건은 거의 언제나 캘리포니아에 있는 자신의 목장에서 환한 미소를 지으며 말을 타거나, 노르망디 전승 기념일에 전사자들을 기리는 모습으로 남아 있다. 지미 카터는 스웨터 차림으로 에너지 위기를 겪고 있는 미국인들에게 자동 온도 조절 장치를 켜놓으라고 말하는 모습으로 고착돼 있다.

그 다음에는 물론 빌 클린턴의 잊을 수 없는 모습이 있다. 1998년 1월 26일 미국인들을 향해 분개한 표정으로 손가락질을 하며 그는 이렇게 말했다. "저 여인 미스 르윈스키와 나는 결코 성관계를 가진 적이 없습니다. 나는 누구에게도, 단 한번도, 결코 거짓말을 한 적이 없습니다. 이 주장은 거짓입니다."

그 말 자체는 틀린 것이 아니다. 최소한 일부는. 그리고 1998년

중국 시안에 있는 진시황릉을 찾은 클린턴 대통령과 부인 힐러리, 딸 첼시.

12월 19일 빌 클린턴은 미국 역사상 두 번째로 하원에서 탄핵을 당한 대통령이 되었다. (첫 번째는 링컨 대통령의 후임 앤드루 존슨이었다. 283쪽 참조.) 탄핵에 관한 4개 조항이 공화당이 다수를 점하고 있는 상원법사위원회로 넘어갔다. 이 중 2개 조항만이 채택되어 클린턴은 결국 탄핵을 면했다.

클린턴 탄핵 소추에 얽힌 길고도 천박한 역사의 전말은 클린턴이 아칸소 주 검찰총장과 주지사로 있을 때, 그리고 나중에는 대통령 재임 때에 있었던 스캔들로까지 거슬러 올라간다. 또한 이 사건은 워싱턴의 문화, 역사와도 관계가 있다. 미국 정치에서 점잖은 방식은 사라진 지 오래였다. 특히 1970년대의 워터게이트 사건 이후 그러했다. 닫혀진 문 뒤에서 진행되던 밀실 언쟁은 1980년대와 1990년대의 24시간 방영 뉴스 채널의 전폭적인 지원을 받으며 죽기살기로 물어뜯는 방식으로 대체되었다. 인터넷 뉴스와 케이블 뉴스가 실시간 제공되는 새로운 시대에 옛 워싱턴 언론의 '보수적' 규칙은 이제 더 이상 언론에 먹혀들지 않았다. 그 규칙 아래 옛 기자들은 프랭클린 루스벨트를 찍을 때도 그의 휠체어 탄 모습은 사진에 담아본 적이 없고, 케네디의 수많은 애정 행각도 못 본 채 그냥 눈감아 주었다. 로버트 보크와 클레란스 토머스 청문회에서 드러난 부도덕성은 이기는 것만이 능사라는 새로운 파워 게임의 모든 것을 보여준 사건이었다.

클린턴은 아내 힐러리의 방조 속에 1992년 선거전에서는 외도와 관련된 소문들을 교묘히 피해갈 수 있었다. 힐러리는 부부간의 문제가 있었음을 시인한 CBS 방송의 그 유명한 프로그램 〈60분〉의 인터뷰가 진행되는 내내 클린턴의 옆에 앉아 있었다. 하지만 1994년 또 다른 소문이 불거져 나왔다. 폴라 코빈 존스라는 이름의 아칸소 여인이 1991년 클린턴이 아칸소 주지사로 있을 때 자신을 성추행했다는 혐의로 그를 고소한 것이다. 이 사건은, 클린턴 부부가 특별 검사 케네스 스타로부터 화이트워터 사건으로 알려진 아칸소 부동산 개발 거래와, 백악관의 FBI파일 오용, 힐러리 클린턴이 운영하던 리틀록 법률회사의 증발된 경리 기록과 관련된 다른 두 사건에 대해 강도 높은 조사를 받고 있을 때 터져 나왔다. 케네스 스타의 조사는 기본적으로 제자리걸음을 면치 못하고 있었다. 클린턴의 변호팀은 폴라 존스 사건도 1996년의 대선 이후로 안전하게 연기시키는 데 성공을 거두었다. 이 대선에서 클린턴은 개혁당 후보 로스 페로가 상당한 표를 잠식한 가운데 공화당 후보 밥 돌 상원의원을 가볍게 물리쳤다.

대중의 관심이 집중되는 조사를 받고 있음에도 그리고 재선 유세전이 한창인 와중에 클린턴은 또 다시 모니카 S. 르윈스키 스캔들에 연루되었다. 1995년 당시 스물한 살이던 그녀는 백악관 인턴으로 근무하고 있었다. 그들의 첫 만남과 그녀의 인턴 기간이 끝난 1997년 3월 사이, 르윈스키와 클린턴은 대부분의 사람들이 '섹스'라고 부르는 것을 백악관 집무실에서 수시로 반복했다. 나중에 밝혀지듯이 빌 클린턴은 그 행위를 다른 용어로 정의했다.

케네스 스타 조사와 폴라 존스 사건은 존스 변호사들이 린다 트립으로부터 클린턴과 르윈스키 관계를 전해 들으면서 재개되었다. 린다 트립은 전직 백악관 직원으로 당시에는 국방부에 근무하고 있었고, 르윈스키가 백악관에서 전출돼 간 곳이 그 국방부였다. 트립은 르윈스키와 대화하면서 그 내용을 몰래 녹음해두었다. 그후 클린턴은 존스의 변호사들로부터 르윈스키와의 관계에 대한 질문을 받았고, 그는 서약을 한 상태에서 그것을 부정했다. 스타는 클린턴의 말을 듣고 클린턴의 위증 가능성과 사법방해죄에 대한 조사에 착수했다. 비디오로 녹음되는 가운데 진행된 증언에서 클린턴은 검사들로부터 "그 말 사실입니까Is that correct?"라는 질문을 받았다. 그러자 말장난 실력에는 이미 정평이 나 있던 클린턴은 이렇게 대꾸했다. "그야 'is'의 의미가 무엇이냐에 달려 있겠죠It depends on what the meaning of the word 'is' is."

1998년 9월 국회의원 중간 선거가 있기 바로 직전 특별 검사 케네스 스타가 조사 결과를 의회에 공개했다. (그는 FBI 파일과 법률 회사 경리 기록에 대한 조사에서 클린턴 부부가 무죄로 입증된 사실은 발표에서 제외하기로 했다.) 의회의 공식 소환 중에 이루어진 오랄섹스에 대한 스타 보고서와 정액 묻은 르윈스키 드레스에 대한 언론 보도에 넌더리를 느낀 미국인들의 태도는 세 부류로 나뉘어지는 듯했다. 클린턴을 증오하는 사람들, 그를 옹호하는 사람들, 그 문제는 잊고 정부는 정치에나 전념했으면 좋겠다는 태도를 보인 중도파. 공화당 의원들은 클린턴을 사면초가로 몰아붙이며 물 속에서 피 냄새가 나는 것을 느꼈다. 하지만 그들은 미국인의 분위기를 잘못 읽고 있었다.

미국 선거 전통과는 완전히 다르게 민주당은 하원에서 5석을 더 확보했다. (집권당은 대통령 재임 6년째에는 보통 의석을 잃는 것이 상례였다.) 선거 결과 분석에 따르면, 유권자들은 스캔들만 물고늘어지는 공화당에 식상했던 것으로 밝혀졌다. 공화당의 보수파 '개혁'의 리더인 하원의장 뉴트 깅리치는 클린턴을 공격하는 막바지 광고에 1천만 달러를 쓰는 도박을 감행하여 공화당을 음침한 당으로 만든 책임을 거의 혼자 뒤집어썼다. 선거가 끝난 지 채 일주일도 지나지 않아 깅리치는 정계 은퇴를 발표했다.

스타 검사에 의해 제기된 대통령 탄핵 사건의 본질은, 대통령이 서약한 상태에서 거짓 증언을 했는지의 여부와 다른 사람들에게도 거짓 증언을 해줄 것을 요청했을 가능성에 대한 문제로 좁혀졌다. 하원은 1998년 12월 19일 이 주장에 근거하여 위증 및 사법방해죄로 대통령을 탄핵했다.

당시의 나날들을 사로잡은 거의 희극과도 같은 사건에서 클린턴에 대한 탄핵 표결은 탄핵이 표결에 붙여지던 날 뉴트 깅리치 후임으로 하원의장에 내정된 루이지애나 주 로버트 리빙스턴 의원이 의원직 사퇴를 발표하면서 거의 빛을 잃고 말았다. 리빙스턴은《허슬러》발행인 래리 플린트에 의해 최소한 4번의 혼외 정사를 가진 것으로 폭로된 다음 드라마틱한 방식으로 의원직을 사퇴했다. 개혁은 스스로를 갉아먹고 있었다.

사임하지 않았더라면 탄핵 당했을 게 분명한 리처드 닉슨 사건을 제외하고, 1799년 탄핵의 첫 사례가 나온 이래 의회는 지금까지 15번의 탄핵 사건을 처리했다. 그 중 12건이 재판관, 1건이 각료, 1건은 상원의원, 나머지 1건이 대통령 앤드루 존슨에 관계된 것이었다. 15건의 탄핵 사건에서 7명(모두 연방 판사이다)이 직위를 박탈당했으며, 2명은 면직되었고, 6명이 무죄 방면되었다. 이들 탄핵 사건들이 물론 충분한 선례는 아니었다. 하지만 탄핵과 관련된 문제가 무엇이었는지는 분명했다. 워터게이트 청문회 때도 상원법사위원회는 탄핵의 선례에 대해 보고를 받았다. 그 작업을 한 젊은 변호사 중의 한 명이 당시 예일대 법과대학원을 갓 졸업한 힐러리 로댐이었다.

1787년 헌법의 기본 틀을 잡고 있을 당시 탄핵과 관련된 법규들은 공직을 박탈하는 문제, 특히 선출직 공무원의 자격을 박탈하는 문제의 중대함을 깨달은 사람들에 의해 심도 있게 논의되었다. 그때 작성된 헌법의 시안에는 수뢰나 반역의 죄를 지었을 경우에만 대통령직을 박탈하도록 명시해 놓고 있었다. 하지만 그러한 박탈이 얼마나 손쉽게 이루어질 수도 있는가에 대해 한바탕 설전이 오고 간 뒤 버지니아의 조지 메이슨은 옛 영국 법에서 따온 문구, 즉 '중대한 범죄와 부당 행위High Crimes and Misdemeanors'를 절충안으로 제시했다. 탄핵과 관련된 법규에서 가장 논란이 되었던 요소가 바로 그 문구였다. 대부분의 사람들은 '부당 행위'의 현대적 의미를 사소한 범죄 행위로 해석했다. 하지만 많은 역사가들은 헌법이 만들어질 당시의 '중대한 부당 행위'는 사람이나 재산에 대한 범죄에 대립하는 것으로 특히 국가나 사회에 대한 범죄를 의미했던 것으로 받아들이고 있다.

성적 부정 행위로 인해 곧 공개적 스캔들에 휘말리게 될 알렉산더 해밀턴 역시 그러한 견해를 《연방주의자 신문Federalist Papers》에 게재한 바 있다. 해밀턴이 볼 때 탄핵을 받을 만한 범죄는 "그것이 사회에 직접적으로 피해를 주는 것과 관련돼 있기 때문에 더욱 더 온당하게 정치적이라 부를 수 있는 성격"이어야 했다. 1974년 의회 법사위원회가 소득세 탈루 혐의를 받고 있던 리처드 닉슨에 대한 탄핵 조항을 기각한 것도 그러한 이유에서였다. 그렇기는 했지만 대개의 탄핵 심의, 특히 앤드루 존슨에 대한 탄핵소추에는 분명 정치적 동기가 깔려 있었다. 1970년 제럴드 포드도 국회의원의 입장에서 이렇게 말한 적이 있다. "역사의 일정한 시기에 국회 다수파가 그렇다고 여기면 그것이 곧 탄핵 받을 범죄이다."

1999년 1월 7일 상원의 탄핵 재판이 윌리엄 H. 렌퀴스트 대법원장에 의해 정식으로 개회되었다. 상원의 다수를 공화당이 점하고 있다는 사실은 곧, 마음만 먹으면 공화당은 일사분란하게 표를 몰아 클린턴을 탄핵시킬 수도 있다는 의미였다. 개회 닷새 뒤 상원은 탄핵 규정 2개 조항에 관해 클린턴 대통령의 무죄 여부를 표결에 부쳤다. 첫 번째 조항인 위증죄 부문에서는 공화당 의원 10명이 민주당에 가세하여 55대 45의 표결로 무죄 판결이 났다. 두 번째 조항인 사법방해죄 부문에서는 5명의 공화당 의원이 민주당 편을 들어 50대 50의 결과가 나왔다. 이로써 클린턴은 대통령직을 유지할 수 있게 되었다. 그의 잔여 임기에 대해서는 클린턴 법률팀이 협상을 벌여 형사죄를 면하게 해주었다. 클린턴은 서약을 한 상태에서 위증했음을 인정하고 변호사 자격증을 포기했다. 폴라 존스에게 변상하는 것에도 동의했다. 조금만 일찍 합의했더라도 르윈스키와 관련된 그 모든 스캔들은 사전에 차단할 수도 있었을 것이다.

클린턴이 백악관을 떠난 뒤 케네스 스타 후임으로 들어온 특별 검사 로버트 레이는 2002년 3월 최종 보고서를 내고, 대통령과 힐러리 로댐 클린턴의 어느 누구도 범죄 행위를 했다는 충분한 증거가 없는 것으로 사건을 결론지었다. 하지만 보고서에는 이런 말이 언급돼 있었다. "클린턴 대통령의 위반 사항은 우리 법률 제도의 완전성에 대한 일반 국민의 견해에 상당한 영향을 주면서 사회에 심각한 역효과를 초래했다." 클린턴 옹호자들은, 클린턴에게 제기된 죄의 대부분을 무시한 것과 마찬가지로 그 보고서도 인정하지 않았다. 그들은 보고서를 대통령에게 혐오감을 가진 보수적 공화당 의원들의 파당적 공격의 결과로 생각했다. 최종 보고서는 한 시대의 종말을 의미하는 것이기도 했다. 특별 검사의 역할을 만들어낸 법률, 즉 워터게이트 시대의 유물은 의회에서 폐지되었다.

이 같은 장편 연속극도 역사에 영향을 미쳤을까? 아니 좀더 정확히 말하면, 이것도 나라 정책에 영향을 미쳤을까? 클린턴을 혹평하는 사람들은 후자의 경우 분명히 그렇다고 주장한다. 르윈스키 스캔들이 진행되는 동안 클린턴은 한 번은 이라크, 또 한 번은 수단과 아프가니스탄의 테러리스트 기지로 의심되는 곳에 공습을 가했다. 그곳을 테러 활동의 자금원으로 생각되던 사우디의 거부 오사마 빈 라덴의 본거지로 본 것이다. 당시만 해도 오사마 빈 라덴은 그다지 많이 알려진 인물이 아니었다. 공화당 의원들은 클린턴의 군사 행

PERJURY
FALSEHOOD
WHITE LIES
BENT FACTS
HALF TRUTH
FUDGE
EXAGGERATION
KIDDING

누구 코가 더 긴가? 거짓말을
할수록 코가 길어진다는 옛이야
기에 빗대어 클린턴 대통령과
모니카 르윈스키의 스캔들을 꼬
집는 풍자화.

동에 대해 공개적으로 〈왝더독Wag the Dog〉의 시나리오가 아닌가
의문을 제기했다. 〈왝더독〉은 대통령의 약화된 입지를 강화하기
위해 없는 전쟁을 일부러 만들어낸다는 내용의 매우 통찰력 있는
미국 영화였다. 미국 대사관 두 곳에 가해진 폭파에 대한 대응으로
발사된 두 번째 미사일 공격 후, 상원의 공화당 원내총무 트랜트 로
트 의원은 공개적으로 이렇게 말했다. "공격의 타이밍이나 공격 방
침 모두 밝혀져야 될 문제이다." 제럴드 솔로몬 공화당 의원은 로
트 의원보다 더 비판적이었다. 그는 보도자료를 통해 이렇게 말했
다. "자포자기에 빠진 대통령을 과소평가해서는 안 된다. 탄핵을 신
문 머리기사에서 지우려 하거나 지연시키기까지 하려는 사람에게
남은 선택의 여지는 과연 무엇이겠는가." (그리고 보니, 클린턴은 후일
오사마 빈 라덴을 좀더 적극적으로 공격하지 않은 것에 대해 비판을 받았다.)

클린턴 군사 행동 동기에 대해 불거진 이 같은 의혹은 그의 두 임
기 중에 수행된 최대의 군사 공격으로까지 이어졌다. 1999년 3월
코소보 알바니아인들에 대한 '인종 청소' 정책을 중단시키기 위해

유고슬라비아에 가해진 나토 지도부의 공격을 말하는 것이다. 소련이 붕괴되자 유고슬라비아를 비롯한 동유럽 공산 국가들도 줄줄이 무너졌다. 그 중에는 폴란드나 체코슬로바키아처럼 와해의 과정이 순조로운 곳도 있었으나 그렇지 않은 나라도 있었다. 유고슬라비아가 바로 그 같은 경우였다. 유고슬라비아가 나누어지자 인종과 종교에 따른 각 나라의 적대감이 되살아났다. 크로아티아, 슬로베니아, 마케도니아는 1991년 독립을 선언했고, 1992년에는 보스니아—헤르체고비나도 독립을 선언했다. 세르비아와 몬테니그로는 유고슬라비아공화국에 그대로 남아 있었다.

뒤이어 처참한 전투가 이어졌다. 보스니아에서는 특히 무슬림들에 대한 세르비아인들의 '인종 청소'가 자행되었다고 한다. 1995년 12월 보스니아, 세르비아, 크로아티아는 미국의 중재로 데이턴 평화 협정Dayton Accord을 체결했다. 나토군이 평화 이행 준수의 감시자 역할을 했다. 그러던 차에 1999년 봄 미국이 주도하는 나토군이 느닷없이 유고슬라비아에 폭격을 가했다. 유고가 코소보에서 알바니아인들을 몰아내려는 것을 막기 위함이었다. 저널리스트 밥 우드워드는 그 같은 외교 정책에 대해 다음과 같은 글을 남겼다. "클린턴 대통령은 코소보 인종 청소를 막기 위해 나토 동맹군을 이끌고 유고를 공격하며 그럴 듯한 인도주의적 동기를 내세웠다. 하지만 그의 정책 결정에는 경솔하고 임기응변적인 면이 있었다. 베트남전과 걸프전이 남겨준 분명한 교훈은 간과된 것이 분명했다. 국가 지도자는 전쟁에 임할 때 정치적 목적을 뚜렷이 하고 승리를 보장할 수 있는 충분한 병력을 확보해야 한다. 하지만…… 클린턴 행동의 이면에는 개인적 속죄와 거창하고 대담한 어떤 것을 이루어 역사가들이 자신의 탄핵에 큰 관심을 쏟지 않게 하려는 정치적 욕망이 깔려 있다는 인상을 지울 수 없었다."

코소보 전투는 미군의 공군력이 유고의 전투력을 거의 마비시키면서 큰 성공을 거두는 결과를 가져왔다. 1999년 6월 양측은 평화 협정을 체결했고, 코소보에는 나토평화유지군이 진주했다. 세르비아 대통령 슬로보단 밀로셰비치는 패배 후 추방되었다가 나중에 체포되어 2001년 네덜란드 헤이그로 이송된 뒤 그곳에서 인류에 저지른 범죄 행위로 국제연합 전범재판소의 재판을 받고 있다. 국제연합 전범재판소는 그외에도 1995년 5천 명 이상의 무슬림을 대량 학살한 혐의로 2001년 8월 보스니아의 라디슬라브 크르스티치 장군에게 학살죄를 선고하는 획기적인 평결을 내렸다.

탄핵을 포함하여 클린턴이 남긴 유산이 무엇인가에 대한 문제는 아마 시간과 앞으로 나올 회고록이 좀더 분명히 밝혀줄 것이다. 그때까지는 저널리스트 제프리 투빈이 《거대한 음모A Vast Conspiracy》에서 말한 다음과 같은 평가가 적절할 것 같다. "물론 클린턴은 어리석고 불공정한 탄핵 소송의 표적으로 기억될 것이다. 그리고 역사는 또 클린턴에게 정치적 혼란을 초래한 책임을 물을 것이다. 그에 대한 책임은 재임 시절에 거둔 업적과는 관계없이 전적으로 대통령 자신이 져야 한다."

그린스펀의 '적절치 못한 풍부함'은?

그는 적어도 서너 번은 세계를 구해주었다. 1992년 대선에서 아버지 조지 부시의 재선을 가로막은 것도 그였다. 그는 또, 주가를 폭등하게 하여 모든 미국인들을 부자로 만들어주었다. 1996년 심상찮은 상승 국면을 보이는 주식시장을 일컬어 그가 '적절치 못한 풍부함'이란 말을 쓰자 세계 경제는 순식간에 요동을 쳤다. 2001년 경기 후퇴와 주식시장의 붕괴를 일으키게 한 요인도 그가 제공했다. 그는 단 한 번의 도약으로 마천루들을 뛰어넘을 수도 있는 인간이다. 그는 새도 아니고 비행기도 아니다. 그는 연방준비제도이사회 의장이다.

'연방준비제도이사회 의장' 앨런 그린스펀은 누구일까? 그리고 그가 세계 경제를 좌우하는 그토록 막강한 인물이 된 비결은 무엇일까?

꽤 최근까지도 미국에서 연방준비제도이사회라는 말을 들어본 사람과 의장이 누구인지 관심을 가진 사람은 극히 드물었다. 하지만 앨런 그린스펀이라는 인물이 등장하면서 연방준비제도이사회 의장은 세계 최고 권력자 중의 한 사람이 되었다. 1990년대 중반에 이르자 사람들은 그의 말 한마디와 텔레비전에 비치는 그의 일거수 일투족을 마치 고대 그리스 델피신전에 모셔진 신들을 바라보는 경외감으로 지켜보게 되었다. 심지어 어떤 경제 뉴스 채널은 그린스펀 의장의 서류가방 두께로 주가지수를 예측한다고 너스레를 떨며 '서류가방 지수'라는 말까지 만들어냈다. 요컨대 서류가방 두께로 앞으로 그가 취할 행보를 읽을 수도 있다는 말이었다. 그 말은 사실이었다. 그의 행보에 따라 재산을 불릴 수도 날릴 수도 있었고, 나라 전체 경제가 그의 말 한마디에 달려 있었다. '그린스펀 보기'는 1990년대 미국인들의 취미 생활이 되었다. 그런 반면 한편에서는 이 사람은 대체 누구이고 무슨 일을 하는 거지라는 아주 기본적인 질문을 하는 사람들도 많았다.

연방준비제도이사회(Fed라고 부른다)는 1913년 연방준비법에 근거하여 미국 중앙 은행으로 설립되었다. 연방준비제도이사회는 독립적인 관리 기관으로 유연하고 안정성 있게 경제를 유지, 보호하는 것을 취지로 하고 있다. 그것을 위해 통화권을 갖고 국가 통화 정책을 운용(경제의 정해진 기간에 이론상으로 통화량 공급을 조정)한다. 은행들에 대한 규제권도 가지고 있다. 연방준비법은 1913년부터 계속 수정이 가해졌다. 1978년 완전고용과 균형성장법이 제정되자

앨런 그린스펀.

연방준비제도이사회도 그에 맞춰 물가 안정——인플레 억제——과 최대한도로 지속성 있는 경제 성장 그리고 고용 극대화 정책에 역점을 두게 되었다.

그리고 흔히 말해지는 대로 그것이 문제였다. 경제학(좋은 의미에서 '음울한 학문'이라고도 불리는)은 전통적으로 성장은 좋지만 지나치면 좋지 않다는 입장을 고수하고 있다. 급성장은 결국 인플레로 나아가게 된다는 이론이다——다시 말해, 쓸 곳에 비해 돈이 너무 넘쳐흐르거나 수요가 공급을 앞지르는 현상을 말한다. 고용의 경우도 마찬가지다. 성장은 좋지만 지나치면 해롭다. 노동인력이 많아지면 인건비가 올라가고 그에 따라 인플레가 유발된다는 이론이다. 경제학의 고전적 관점으로는, 일정한 정도의 실업률은 필요하고 심지어 바람직한 것으로까지 여겨지고 있다. 인건비 상승에 제동을 걸어주고, 소비자의 수요를 억제시켜 가격을 통제할 수 있기 때문이다. 1990년대 중반에 경제 붐이 일어날 때까지만 해도 보수적 경제학자들은 위험할 정도의 인플레를 야기시키지 않고서는 실업률을 6퍼센트 아래로 떨어뜨릴 수 없을 것이라고 말했다.

그렇다면 '지속 가능한' 성장이란 어떤 것일까? '고용의 극대화'는 또 무엇인가? 연방준비제도이사회가 정책을 결정하는 과정에서 씨름해야 될 문제들이 바로 이것이다. 이사회의 정책으로, 결국 주택대부금과 자동차 융자금, 기업 생존과 주식시장의 안정을 가져다줄 수익률이 결정되며, 심지어 대통령 당선에까지 영향을 미칠 가능성이 있는 것이다.

공식적으로 연방준비제도이사회는 수도 워싱턴의 이사회, 12개의 연방준비은행, 그외의 지사들로 구성돼 있다. 연방준비제도이사회의 이사 7명은 대통령의 지명과 상원 인준으로 임명되며 임기는 14년이다. 이처럼 거의 평생 직업에 가깝다 보니 연방준비제도이사회의 심의와 정책 결정 과정에는 단기적인 정치적 고려가 개입될 여지가 전혀 없다. 하지만 대법원과 마찬가지로 연방준비제도이사회도 정치적 분위기의 변화에 아주 민감하다. 연방준비제도이사회 의장과 부의장은 대통령의 지명과 상원 인준으로 임명된다. 1회 임기는 4년이며 무제한으로 중임이 가능하다. (그린스펀은 2000년에 네번째 임기를 시작하여 2004년 6월이면 임기가 끝난다.)*

연방준비제도이사회는 애틀랜타, 보스턴, 시카고, 클리블랜드, 달라스, 미니애폴리스, 캔자스시티, 뉴욕, 필라델피아, 리치먼드, 세인트루이스, 샌프란시스코에 12개 연방준비은행을 두고 있다. 이들 은행은 금융업계 감독과 유통 중인 주화와 지폐에 대한 규제, 모든 은행이 발행하는 대부분의 수표 결제 그리고 은행 송금을 용이하게 하는 일을 하고 있다.

* 2004년 6월 부시 대통령에 의해 다섯 번째로 재임명되었다. 2006년 2월 벤 버냉키가 그 뒤를 이었다.

그 차드는 움푹 들어갔나, 튀어나왔나, 그 중간인가?

"투표를 하는 사람은 결정권이 없다. 모든 것은 개표자가 결정한다."

이 말을 했다는 이오시프 스탈린은 만약 그런 일이 있다면 사회주의 천국에서 미소를 짓고 있을 것이다. 이 소비에트 독재자는 2000년 미국 대선과 플로리다 주에서 벌어진 기묘한 현상을 아주 높이 평가했을 게 분명하다. 스탈린의 그 미소는 19세기 뉴욕 시를 주름잡은 정치 해결사 윌리엄 '보스' 트위드의 얼굴에도 번졌을 것이다. 1871년의 선거 당일 트위드는 이렇게 말했다. "내가 개표를 하는 것에 대해 껄끄러운 사람 있으면 나와 보라 그래."

사안이 그토록 중대하지만 않았어도 개표 해프닝은 한바탕 희극으로 끝났을 수도 있었다. 세계에서 가장 부유하고, 가장 힘있고, 가장 기술이 앞선 나라—지구 위 300마일 궤도에 국제 우주 정거장을 세울 찰나에 있는 나라—국민들이 투표 용지를 불빛에 비춰 보며 천공기 구멍이 종이를 제대로 관통했는지 안 했는지를 살펴보는 처지로 전락한 것이다. 세계인들이 플로리다 주의 개표 혼란을 지켜보고 있는 동안 미국인들은 '차드chads'라는 아주 생소한 용어를 익히기에 여념이 없었다. 차드는 펀치 카드에 구멍을 낼 때 떨어져나가는 종이조각을 말한다. 혹시 그 말 많던 서기 2000년 밀레니엄버그(Y2K)의 영향을 받아 전세계의 모든 정보와 컴퓨터 시스템이 다운되는 것은 아닐까 하고 미국인들은 우려를 했지만 그것은 한 장의 종이에 뾰족한 막대를 찔러보는 행위에 불과했고, 그것이 실제로 대혼란을 야기한 주범이었다.

미국이 대선에서 그토록 박빙의 접전을 보인 것도 실로 오랜만이었다. 정확히 말하면 1960년도의 닉슨-케네디 선거 이후 처음이었다. 미국인들이 일반득표율에서 1위를 기록한 후보가 낙방한 것을 보기는 그보다 더 오랜만이었다. 1888년의 그 논란 많은 선거에서도 그로버 클리블랜드는 일반득표율에서 앞서고도 선거인단 투표에서 벤저민 해리슨에게 밀려 결국 대통령 자리를 빼앗겼던 것이다. 하지만 그것이 바로 이상하고도 엉뚱한 미국 대통령 정치의 일면이다.

2000년 미국 대선에서는 현직 부통령과 8년 전인 1992년 대선에서 낙방한 인물의 아들이 한판 대결을 벌였다. 언뜻 보기에는 미국 역사상 경제적으로 가장 길고 성공적이었던 기간의 성과를 만끽하

고 있는 현직 부통령이 유리한 고지를 점하고 있는 듯했다. 경제는 쇠퇴의 기미가 나타나고는 있었으나 높은 고용률과 낮은 인플레를 보이며 아직은 강건했다. 번영은 보통 현직에 있는 사람에게 유리하게 작용하기 마련이다. 세계 정세도 비교적 평온했다. 미국의 보스니아 침공은 미국인의 별다른 희생 없이 성공을 거두었다. 물론 문제는 있었다. 하지만 알 고어가 생각하기에 자신의 최대 문제점은 클린턴 시절의 장점은 다 취하려 하면서 클린턴의 대통령직까지 위태롭게 했던 스캔들로부터는 멀찌감치 거리를 두려 하는 점이었다.

알 고어의 상대자는 텍사스 주지사를 연임하고 있던 조지 W. 부시였다. 전혀 지적知的이지 않다고 무시당하던 그는 클린턴의 무분별한 행동으로 실추된 백악관에 명예와 품위를 복구시키겠다는 '온정적 보수주의'를 선거 슬로건으로 내세웠다. 두 사람 다 치열한 예비 선거전에서 살아남은 후보들이었다. 고어의 강적은 전 뉴저지주 상원의원 빌 브래들리였다. 로즈장학생이었으며 뉴욕 닉스 팀의 프로농구 선수이기도 했던 빌 브래들리는 민주당의 진보파에 호소하며 고어에 공세를 폈으나 결국은 고배를 마셨다. 부시는 존 매케인 애리조나 주 상원의원의 강력한 대중 유세로 애를 먹었다. 그는 베트남 전쟁에 참전하여 하노이 감옥에서 몇 년간 포로 생활을 하다 살아남은 존경 받는 전쟁 영웅에 보수주의자였다. 두 후보는 예비 선거전에서 워낙 난타를 당해, 정작 대선전에서는 이렇다 할 두각을 나타내지 못했다. 흥미롭게도 미국 대선 사상 가장 역사적인 사실의 하나——코네티컷 주 상원의원 조지프 리버만이 유태인 최초로 부통령 후보에 지명되었다는 사실——는 거의 주목조차 받지 못했다.

이들 두 후보 외에도 두 명의 무소속 후보가 나와 대선 레이스에 흥미를 더해주었다. 진보적 환경주의 단체인 녹색당Green Party 후보로 출마한 소비자의 대변자 랠프 네이더가 그 중 한 명이었다. 이전에도 공화당 후보로 출마한 적이 있는 골수 보수주의자 패트릭 뷰캐넌은 한때 대선에서 결정적 역할을 한 페로의 개혁당을 장악하여 후보로 출마했다. 하지만 이들 누구도 미국의 대표적인 두 정당 후보자들이 하는 토론에는 참여하지 못했기 때문에 투표에는 별 영향을 끼치지 못할 것으로 보였다. 그러나 선거란 알 수 없는 것이다. 매사추세츠 주 출신의 유명한 국회의원 팁 오닐도 언젠가 말한 적이 있듯, 미국의 "정치는 모두 지역적이고" 그런 점에서 네이더와 뷰캐넌도 작기는 하겠지만 지역민들에게 중요한 영향을 미치게 될 터였다.

선거 전날 실시한 여론 조사에 따르면 결과는 예측불허였다. 미국은 두 파로 양분되는 듯했다. 그리고 이번에는 여론 조사가 적중했다. 선거 당일 저녁 투표가 끝났을 때 고어가 약간 우위를 점하고 있는 것으로 나타났을 뿐 양측의 접전은 분명해 보였다. 선거 당일 늦은 밤, 네트워크 방송사들은 대통령 당선에 필요한 선거인단을 확보했다며 플로리다 주에서의 알 고어의 승리를 선언했다. 승리의 고무풍선들이 하늘 높이 떠오를 참나였다. 하지만 그 풍선들은 곧 터지게 된다. 방송사들이 돌연 태도를 바꾸어 조금 전의 발표를 철회했기 때문이다. 플로리다는 아직 예측불허였다.

2000년 대통령 선거는 신문과 방송이 일찌감치 부시의 승리를 발표했다가 번복하는 해프닝을 낳았다. 미국 역사상 처음으로 대통령 선거를 둘러싼 법적 공방이 연방 대법원까지 올라간 결과 부시가 박빙의 승리를 거두었다.

선거 당일 플로리다 주 민주당사에는 이미 몇몇 선거구에서 유권자들이 혼선을 빚어 투표를 잘못 한 것 같다는 내용의 보고가 접수되고 있었다. 투표를 잘못 한 사람들의 대부분은 전통적으로 민주당을 지지하는 유태계 노인들이었다. 그들이 개혁당의 패트릭 뷰캐넌에게 표를 잘못 찍은 것 같다는 우려를 표시한 것이다. 뷰캐넌은 한때 히틀러에 대한 말을 잘못하여 유태인들로부터 반유태주의자로 낙인찍힌 인물이었다. 펀치 카드에 구멍을 두 개 뚫은 것 같다는 사람들도 있었다. 그들의 투표 용지도 계산되었을까? 녹색당의 랠프 네이더 후보 역시, 플로리다에서 10만 표 가량의 표를 끌어 모으고 있었다. 10만 표 자체는 대단한 숫자가 아니었다. 하지만 그 표들은 진보적이고 개혁적인 유권자의 표로 생각되었기 때문에, 그가 출마하지 않았다면 고어에게 갔을 가능성이 높았다는 점에서 중요했다.

이튿날 아침 일찍 방송사들은 전세 역전을 확인하며 부시를 플로리다 주의 선거인단을 차지한 대통령 당선자로 발표했다. 고어는 부시에게 전화를 걸어 패배를 인정했다. 하지만 플로리다 주의 상황이 아직 혼전이라는 말을 듣자 그 결정을 번복했다. 방송사들도 부시의 승리 발표를 취소했다. 부시 후보의 친동생 젭 부시가 주지사로 있는 플로리다 주는 선거의 열쇠를 쥐고 있는 가장 중요한 주로 인식되었다. 그 열쇠의 방향이 어디로 갈런지는 아무도 몰랐다.

선거일 이후의 집계에 따르면 고어는 전국 득표율에서 앞섰고,

선거인단 수에서도 255대 246으로 부시에 앞서고 있었다. 대통령 당선에 필요한 선거인단 수는 270명이었다. 2개 주의 개표 결과가 아직 나오지 않은 상태에서 선거 결과는 선거인단 25명이 걸려 있는 플로리다에 달려 있었다.

그날 해가 지기 전, 플로리다 주의 몇몇 군에서는 마치 전투에서 산발적인 첫 교전을 벌이듯, 득표수를 가리기 위한 양측의 첫 소송이 제기되었다. 채 끝나지 않은 개표 결과 부시가 플로리다 주에서 1천784표 앞서는 것으로 나타났다. 그러자 기계에 의한 주 전체의 재개표 명령을 내렸고 민주당 텃밭인 팜비치 군 유권자들은 그곳 투표 결과에 승복하기를 거부하며 소송을 제기했다. 특히 문제가 된 것이 반으로 접게 되어 있는 투표 용지의 양쪽에 후보자 명단이 적혀 있는 '나비형 투표 용지'였다. 유권자들은 후보자 명단 사이에 있는 투표란에서 자신의 후보를 찾아 펀치로 구멍을 뚫어야 했다. 하지만 많은 유권자들이 그 투표 용지에 혼선을 일으켰고, 그 같은 현상은 플로리다에서도 정치성이 강하다는 대단위 은퇴자 거주 지역의 '아침에 일찍 나오는 특정' 투표자들에게 특히 심했다. 투표자들 중에는 자신들이 실수로 뷰캐넌을 찍은 것 같다고 걱정하는 사람들이 많았다. 실수한 사실을 깨닫고도 투표 용지를 새로 요청하지 않고 구멍을 두 번 뚫은 사람도 있었다. 기표가 두 번 된 투표용지는 '중복 투표'로 무효 처리되었다.

그 다음달 내내 플로리다는 법정과 여론을 장악하려는 변호사와 '정당 대변인'들의 군대 막사촌이 되다시피 했다. 양측은 동, 군, 주, 연방 법원을 오가며, 유·무효 투표 용지를 가리는 방법, 개표 주관자의 자격 유무, 플로리다 주 법에 따르면 개표 시한이 이미 지난 것이 아닌가에 대해 서로 공방을 벌였다. 12월 1일 연방 대법원은 마침내 조지 부시 공화당 후보가 제기한 항소의 변론에 대한 심리에 들어갔다. 12월 4일 연방 대법원은 개표 확인 마감 시한을 연장한 플로리다 주 대법원의 판결을 무효로 선언하고, 그에 대한 해명을 하라며 사건을 다시 플로리다 주 법원으로 돌려보냈다. 이에 플로리다 대법원은 모든 투표 용지를 수작업으로 재개표할 것을 지시했다. 플로리다의 2개 군에서 일부 재검표를 실시한 결과 기계가 읽지 못한 투표 용지가 나와 383표의 유효표가 발생하자 부시 변호사팀은 연방 대법원에 다시 항소를 제기했다.

12월 9일, 연방 대법원은 5대 4의 표결로 수작업 재개표 중지를 명령했다. 부시의 항소심은 아직 계류 중이었다. 그리고 12월 11일 양측의 구두 변론을 들었다. 12월 12일 오전 10시 마침내 연방 대법원은 흥미진진한 드라마를 연출하며 재검표를 명령한 플로리다 주 대법원의 판결을 취소하는 두 건의 서명되지 않은 판결문을 발표했다. 더 정확히 말하면, 연방 대법원은 사건을 플로리다 대법원으로 돌려보내 다시 재심을 하도록 하는 한편 헌법에 명시된 마감 시한 때문에 시간이 없다는 점도 언급하고 있었다.

12월 13일, 텔레비전으로 생중계된 연설에서 알 고어는 부시에게 또 한번 패배를 인정했다. 조지 W. 부시는 대통령 당선자의 자격으로 국민들에게 연설했다. 존 퀸시 애덤스 당선 이래 미국에는 또 한번 부자父子 대통령이 탄생했다. 그보다 더 중요한 것은, 미국 역사상 처음으로 연방 대법원이 대선 결과에 결정적인 역할을 했다는 점이다.

최종적인 공식 투표 결과는 고어가 5천1백만 3천894표(48.4퍼센트), 부시가 5천49만 5천211표(47.89퍼센트)를 득표하여 양측의 표차는 불과 50만 8천683표, 비율로는 약 0.5퍼센트의 차이를 보인 것으로 나타났다. 녹

1972년 부시 가족이 친지들에게 보낸 크리스마스 카드. 부시 부자는 2대 대통령 존 애덤스와 6대 대통령 존 퀸시 애덤스에 이어 두 번째로 아버지와 아들이 대통령을 지냈다.

* 플로리다 주의 별칭. 미국 주들은 주마다 독특한 별칭이 있다.

색당 후보 랠프 네이더는 전국 투표율의 3퍼센트에도 못 미치는 283만 4천410표를 얻었다. 하지만 그는 플로리다에서만 9만 7천 488표를 획득했다. 이에 대해 많은 정치 분석가들은 네이더가 플로리다 주에서 고어의 표를 잠식한 방해자 역할을 했다는 데 의견을 같이하고 있다. 접전을 벌인 다른 일부 주들도 마찬가지였다.

논란 많은 개혁당 후보로 변신한 골수 보수주의자 패트릭 뷰캐넌은 전국 득표율의 0.42퍼센트에 불과한 고작 44만 6천743표를 얻는 데 그쳤다. 1992년 로스 페로는 개혁당 후보로 출마하여 19퍼센트의 전국 득표율을 기록했었다. 4년 뒤에 출마했을 때도 개혁 운동에 힘입어 800만 표를 얻는 기염을 토했다. 하지만 리처드 닉슨의 연설문 작성자였던 논쟁적인 인물 뷰캐넌이 들어와 당을 갈라놓는 바람에 개혁당은 별 볼일 없는 당으로 전락하게 되었다. 하지만 플로리다에서 1만 7천484표를 차지했고 투표 용지 때문에 혼란이 일어났던 점을 감안하면 그도 알 고어에게 상처를 입히기는 마찬가지였다.

플로리다의 혼란이 36일 동안 세계인들의 이목을 집중시키기는 했지만, 그렇다고 이번 대선이 반드시 선샤인 스테이트*에만 관계되는 것은 아니었다. 선거후 드라마의 스포트라이트는 플로리다와 결전을 벌인 변호사들과 기자회견장에 쏟아졌다. 선거후 분석도 대개는 네이더─뷰캐넌 변수와 상당한 수의 무효표가 발생하지 않았더라도 고어는 과연 플로리다에서 승리했을 것인가에 초점이 맞춰졌다. 하지만 공식적인 선거인단 수는 부시가 271명, 고어가 266명을 획득한 것으로 나타났다. (고어의 선거인단 수는 원래 267명이 되어야 하는데 수도 워싱턴의 선거인단 1명이 기권하여 266명이 된 것이다.)

이 대선에서 간과된 중요한 사실의 하나는, 현대 미국 역사상 최대의 경제 붐을 이루며 비교적 평화와 번영을 누린 기간의 수혜자인 현직 부통령이 4년 전 클린턴─고어팀에 표를 준 몇몇 주를 하

나도 확보하지 못했다는 사실이다. 플로리다 주 말고 그 중의 하나
라도 차지할 수 있었다면 알 고어는 백악관에 입성할 수 있었을 것
이다. 그 주들은 아래와 같다.

테네시 부자父子 상원의원을 지낸 고어의 출신 주이다. 11명의 선거
인단을 두고 있고 1992년과 1996년 대선에서 빌 클린턴을 지지했다.
아칸소 빌 클린턴의 출신 주로 6명의 선거인단을 두고 있고 1992년
과 1996년 대선에서 민주당을 지지했다. 하지만 2000년 대선에서
는 부시가 고어보다 5만 표를 더 획득했다.
웨스트버지니아 이곳 역시 1992년과 1996년 클린턴이 손쉽게 승리
를 거두었으나, 2000년 대선에서는 부시가 4만 표 차이로 선거인단
5명을 차지했다. (아버지) 부시가 취한 환경 정책의 주요 수혜자의
하나인 탄광업계가 선거 자금을 물쓰듯 한 것이 부시 승리의 주 요
인이었다. 환경 정책 중에는 산꼭대기 전체를 깎아 석탄 채굴을 하
는 이른바 '산꼭대기 제거' 규정의 금지를 푸는 새로운 법규도 있었
다. 이 석탄 채굴로 엄청난 양의 흙과 바위가 강과 시내로 쏟아져
내렸다. 이것은 이전의 환경청 법규 아래서라면 할 수 없는 행동이
었다.
오하이오 1992년과 1996년 대선에서는 클린턴이 승리했으나 2000
년 대선에서는 고어가 고배를 마신 주들 중에서 선거인단 수가 가
장 많은(25명) 주이다. 강력한 단합을 과시하며 한때는 민주당의
텃밭으로까지 여겨지던 이곳이 2000년 대선에서는 부시에게로 표
심을 돌렸다. (네이더가 1만 표 이상을 얻었다고는 해도 다른 곳에 비해서
는 그다지 결정적 요인이 아니었다.)
뉴햄프셔 고작 4명의 선거인단을 가졌을 뿐인 이 작은 뉴잉글랜드
지방의 주가 2000년 대선에서 가장 접전을 벌인 주가 되었다. 고어
가 이 주를 차지하기만 했어도 그는 대선에서 승리를 거둘 수 있었

다. 뉴잉글랜드(와 북동부) 유일의 이 주에서 클린턴은 1992년과 1996년 두 번 다 승리를 거두었다. 하지만 2000년 대선에서 부시는 6만여 표 중에서 7천211표 차이로 '자유 아니면 죽음'의 주*를 차지했다. 아마도 녹색당의 랠프 네이더가 가장 결정적인 방해꾼 역할을 한 주가 독립심 강하고 때로는 변덕스럽기도 한 이 주였을 것이다. 네이더가 얻은 2만 2천 표는 진보적이고 개혁적인 유권자들에게서 나왔을 것이므로 그가 출마하지 않았다면 그 표들은 죄다 민주당 캠프로 갔을 것이기 때문이다.

그외에도 이 별난 선거에는 전에 볼 수 없었던 대법원의 역할에 대해서도 많은 말들이 오고갔다. 보통 5명의 보수적 판사(윌리엄 렌퀴스트, 산드라 데이 오코너, 안토닌 스칼리아, 클라렌스 토머스, 앤서니 케네디)와 4명의 진보적 판사(스티븐 브레이어, 데이비드 수터, 루스 베이더 긴즈버그, 존 폴 스티븐스)로 나뉘지곤 했던 렌퀴스트 대법원은 이번에 과연 올바른 판결을 내렸을까? 기본적으로 당선자를 결정짓는 문제에서 사법부가 도를 지나친 면은 없었을까? 그에 대한 답변은 당연히, 답변을 하는 사람의 정치적 성향에 따라 달라질 것이다. 대법원의 판결을 완벽하다고 본 사람들은 대개 공화당의 부시 지지자들이었다. 그들의 일관된 관점의 하나는 가령 이런 것이다. 연방 대법원으로서는 민주당이 다수파를 형성하고 있는 플로리다 주 대법원이 내린 정치적으로 편향되고 잘못된 판결을 당연히 취소했어야 했다. 설사 그것이 주의 권한에 강하게 집착하고 있던 당시 공화당의 전통에 위배되는 것이었다고 해도 말이다. 이것은 공화당의 한 법률학자 입에서 나온 말이었다. 그는 이 판결이 논증의 과정이 불충분했고 문안도 어설프게 작성되었으나 기본적으로는 정확했다고 주장했다.

판결 이후의 지극히 파당적인 분위기 속에 연방 대법원에 반대하는 보수의 목소리를 내기란 쉬운 일이 아니다. 존 J. 딜룰리오 주니어는 반대의 목소리를 낸 드문 사람 중의 하나였다. 《위클리 스탠더드Weekly Standard》(2000년 12월 25일자)에서 그는 이렇게 썼다. "연방주의를 진정 존중하는 보수주의자라면 누구라도 그 과반수 판결을 받아들이기가 쉽지 않다.…… 그 투쟁에 종지부를 찍고 부시에게 대통령직을 '안겨준' 논거들은 단지 헌법적인 불성실함에 그쳤을 뿐이다. 문제는 그것들이 되돌아와 보수주의를 괴롭힐 수 있고 제한된 정부, 입법부의 우위, 적법하고 온당하게 세워진 국가와 지방 정부 기관들에 대한 시민의 보편적 존중을 지지하는 원칙적 보수주의를 훼손하거나 혼란시킬 우려가 있다는 데 있다." 그는 이렇게 끝을 맺었다. "한때 보수주의자들은 뜨거운 접전을 벌인 대선에서 사법적 제국주의를 신장시키거나, 연방주의의 권위를 떨어뜨리거나, 적법하게 선출된 입법부 관리들에 대한 대중적 오해와 불신에 영합하느니 차라리 지는 쪽을 택하려 한 적도 있었다. 상대 후보가 많은 사람들로부터 최악으로 평가 받는 당 출신이거나 인물이라 해도 그것은 마찬가지였다.…… 바람직한 결과인가 아닌가에 앞서 그것은 나쁜 헌법인 것이다."

사법부의 결정에 대해 또 다른 의견을 가진 사람들—대개 민주당과 고어 지지자들—은 대법원의 판결을 어이없는 것으로 받아들였다. 하버드대학의 법과 대학 교수 앨런 더쇼위츠는 그 판결을 일컬어 "미국 대법원 역사상 가장 부패한 판결"이었다고 말했다. 고어 후보 지지자 중에서 대법원 판결을 정당하다고 보는 사람은 찾아보기 힘들었다. 그 중에서도 가장 격분했던 사람이 유명한 빈센트 부골리오시 변호사였다. 그는 자신의 베스트셀러 작품 《미국의 배신The Betrayal of America》에서 대법원의 다수결 판결은 잘못되었을 뿐 아니라 범죄 행위와 다를 바 없었다고 설파했다. 그는 이렇게 썼다. "그 판결의 이면에 숨은 범죄적 의도를 고려해 볼 때,

당선이 확정된 뒤 손을 흔들고 있는 부시 대통령 부부와 딕 체니 부통령 부부.

법학자와 역사가들은 대법원이 저지른 악명 높은 죄악들 중에서도 드래드 스콧 사건(스콧 대 샌포드 사건)과 플래시 대 퍼거슨 사건 위에 그 판결을 올려놓는 것이 마땅하다. 대법원의 다수파는 자신들의 정치적 이념을 신장시키기 위해 투표된 모든 표는 유효 표로 인정받아야 할 국민들(선거로 뽑히지 않은 5명의 판사들이 아닌)의 권리와 나라의 대통령을 뽑을 권리를 아무렇지도 않게 그리고 감히 말하건대 범죄적으로 내동댕이쳤다."

하지만 부골리오시의 격분은 대다수 미국인들의 공감을 얻지 못했던 것 같다—또한, 유권자의 약 반수가 고어를 찍지 않았다는 사실도 알아둘 필요가 있다. 미국인들은 대법원이 선거인단의 악몽으로부터 나라를 구해준 것에 안도하는 분위기였다. 국민들의 일반적인 태도는 결정은 내지 않고 변호사들끼리 싸움만 계속하는 것보다는 어찌됐든 판결을 내리는 편이 낫다는 생각인 듯했다.

선거가 끝난 뒤에도 박빙의 승부, 두 후보의 정치적 술수, 대법원의 행위를 둘러싼 논쟁과 심의는 몇 주, 몇 달간 끊이지 않고 이어졌다. 하지만 선거를 둘러싼 진짜 공방은 투표 기계 문제를 비롯한 그밖의 다른 투표일 사고로 무효표 처리되는 숫자가 과연 얼마나 되는가를 밝혀내는 것에 모아졌다. 대부분의 선거에서 이들 무효표는 당락에 거의 영향을 미치지 않는 것으로 나타났다. 때문에 언론도 공식 집계에서는 제외된 무효표나 '이중 개표' 혹은 '중복 투표'에 그다지 큰 신경을 쓰지 않았다. 하지만 2000년 대선은 그와 상황이 달랐다. 유권자들은 당락에 직접적인 영향을 미칠 수도 있는 자신들의 소중한 한 표가 마음대로 폐기처분될 수도 있다는 것을 알게 되었다. 그리고 무효표의 대부분이 소수 민족이 주민의 대다수를 차지하고 있는 극빈층 지역에서 나왔다는 사실도 그리 놀라운 일은 아니었다. 그런 극빈층 지역이야말로 전통적으로 선거 기계의 현대화에 가장 인색하고, 미국인의 가장 값진 생득권이랄 수 있는 투표권의 정확한 계산에 투자를 안 하는 지역인 것이다.

선거인단 득표가 일반 득표를 앞질렀다는 사실——과도한 민주주의에 대한 우려를 보여주는 19세기의 흔적——과 수백만 표가 증발해버린 현상 때문에 잠시 동안이기는 했지만 미국에서는 또 다시 선거인단 제도의 완전 폐지를 요구하는 목소리가 나왔다. 설사 선거인단 제도가 일부 큰 주만이 아닌 지리적 다양성을 지닌 주들의 표심을 대변하는 장치로서 유용성을 발휘한 적이 있다고 해도 이제 그 같은 합리성은 더 이상 존재하지 않았다.

박빙의 2000년 대선에서 보여준 유권자들의 열렬한 관심, 대통령 정치에 끼여든 대법원의 놀라운 행보를 둘러싼 논쟁, 선거인단 제도 폐지를 비롯한 선거 개혁 요구 등으로 아주 잠시 동안이기는 했지만 미국 대륙은 뜨거운 열기로 휩싸였다. 나라가 '일상을 되찾기 위해' 분주히 움직이면서 자신이 지지한 후보가 '진정한' 대통령이라고 믿는 민주당의 일부 신도들을 제외하고는 선거에 대한 만족도도 서서히 자리를 잡아가는 듯했다.

하지만 좀더 넓은 역사적 관점으로 보면, 이상하기만 했던 2000년 선거는 2001년 9월 11일에 일어난 사건에 가려져 1년 뒤에는 사람들의 기억 속에서 거의 잊혀졌다.

통계로 보는 2000년 미국의 모습

미국 헌법에는 의회의 적절한 의석수 배분을 위해 10년에 한 번씩 인구 조사를 하도록 명시돼 있다. 미국 최초의 인구 조사는 조지 워싱턴이 대통령에 취임한 바로 직후인 1790년에 이루어졌다. 18

개월이 소요된 조사 결과 당시 미국의 인구는 390만 명으로 집계되었다.

나라의 규모가 커지면서 인구 조사 범위도 넓어졌다. 그에 따라 수십 년 뒤에는 경제 — 공업, 농업, 광산업, 어업 — 에 관한 항목이 인구 조사에 새로 추가되었다. 1850년에는 사회 문제 항목이 인구 조사에 최초로 포함되었다. 1940년 미연방 인구조사국은 통계적 표본조사법을 사용하기 시작했다. 1950년에는 인구 조사에 컴퓨터가 사용되었다.

2000년 인구 통계에 따르면 2000년 4월 1일 당시 미국에 거주하는 인구수는 2억 8천142만 1천906명으로, 1990년보다 13.2퍼센트 증가한 것으로 나타났다. 남녀 비율에서는 여성 인구가 남성 인구를 약간 앞질렀다. (여성이 1억 4천336만 8천 명, 남성이 1억 3천805만 4천명이었다.) 3천 270만 명 증가는 미국 역사상 최고의 증가율이었다. 그것은 2천 800만 명이 늘어난 1950년에서 1960년 사이의 폭발적인 '베이비 붐' 시대 증가율을 능가하는 것이었다. 미국에서 인구가 가장 급속히 늘어난 지역은 서부, 가장 급속히 늘어난 주는 네바다, 애리조나, 콜로라도, 아이다호였다. 미국 최대의 주 캘리포니아는 410만 명이 늘어나 가장 높은 인구 증가율을 보여주었다. 미국 인구의 핵심 지역인 서남부로의 이동을 반영이라도 하듯 통계상으로 측정된 나라의 '중심'은 미주리 주의 애드가 스프링스 인근 지점까지, 남부로 12.1마일 서부로 32.5마일 이동한 것으로 나타났다.

인구조사국은 유동 인구 조사도 계속해오고 있다. 2000년 인구 조사 결과 출생은 8초에 1명, 사망은 14초에 1명, 미국에 들어오는 외국 이민자는 34초에 1명, 미국으로 재입국하는 시민권자는 3,202초에 1명인 것으로 집계되었다. 그것을 종합해보면 미국 인구는 11초에 1명씩 늘어난다는 계산이 나온다.

정치적인 면에서 2000년 인구 조사는 435명의 국회의원 중 12명의 지역구가 바뀜으로써 인구 변화가 있었음을 보여주었다. 변화의 대부분은 다음과 같이 북부와 중서부에서 남서부로의 이동이었다.

국회의원이 늘어난 주(주 이름과 늘어난 의석수): 애리조나 2, 캘리포니아 1, 콜로라도 1, 플로리다 2, 조지아 2, 네바다 1, 노스캐롤라이나 1, 텍사스 2.

국회의원이 줄어든 주: 일리노이 1, 인디애나 1, 미시간 1, 미시시피 1, 뉴욕 2, 오하이오 1, 오클라호마 1, 펜실베이니아 2, 위스콘신 1.

국회의원 의석수에 따라 선거인단 배분이 달라진다는 점에서 이러한 변화는 2004년 대선에도 영향을 미칠 수 있다.

아메리칸 드림에도 변화가 있었다. 아이 2명, 강아지, 자동차 2대용의 차고 딸린 주택이라는 마케팅 전략이 빚어낸 모양새 좋은 1950년대식 아메리칸 드림은 이제 옛 추억이 되어 낭만적인 개념으로나 남게 되었다. 새로 생겨나는 미국의 가정은 갈수록 줄어, 전체 가구 중 기혼 부부 가정이 차지하는 비율은 반수를 조금 웃돌 정도가 되었다. 미국 제2의 일반화된 삶의 형식인 독신자 가정은 전체 가구의 4분의 1이상으로 부쩍 늘었다.

편모(혹은 미혼모) 가구수도 전체 가구의 12퍼센트를 차지했고, 미혼 남성 비율도 4퍼센트로 증가했다. 결혼은 안 하고 동거만 하는 커플 가구도 전체 가구의 5퍼센트에 이르렀다. 〈비버는 해결사Leave It to Beaver〉가 바야흐로 멸종 위기에 처한 동물의 종이 되려는 찰나에 있었다.

인구 변화의 또 다른 특징은 미국이 점차

자유의 여신상. 멀리 솟아 있는 빌딩이 9.11사건으로 무너진 세계무역센터. 여신상이 자유의 상징이라면 세계무역센터는 미국의 경제적 패권의 상징이었다.

노령화로 가고 있다는 사실이다. 2000년 미국인의 평균 연령은 35.3세로 역대 최고치를 보여주었다. 이 같은 노령화 현상은 1946년에서 1964년 사이에 태어난 베이비 붐 세대의 노령화를 반영하는 것이다.

1990년대는 보통 경제 번영의 시대로 말해진다. 하지만 미국의 11개 주는 오히려 이 기간에 빈곤이 더욱 심화되었다. 인구 조사 통계를 주급週給의 면에서 보면, 많이 버는 사람은 더 많이 벌고 조금 버는 사람은 수입이 더욱 줄어드는 현상을 보이고 있다. 다시 말해, 밀물은 모든 배를 끌어올리지만 그 중의 일부는 더 높이 끌어올린다는 말이다. 아니면 조지 오웰의《동물 농장Animal Farm》에서 어떤 돼지가 한 말을 인용해 볼 수도 있다. "모든 동물은 평등하지만 일부 동물은 다른 동물보다 더 평등하다."

하지만 모든 변화 중에서 가장 충격적인 것은 아동 빈곤이 여전히 미국의 가장 실패한 정책의 하나로 남아 있다는 사실이다. 전체적으로 볼 때 공식적인 미국 아동빈곤율은 16퍼센트로 떨어졌지만 그래도 여전히 최저 수준을 보인 1960년대 말과 1970년대의 14퍼센트 정도에는 미치지 못하고 있다. 아동빈곤율이 감소했을 때조차 미국은 대부분의 다른 부유한 나라들보다 뒤진 상태였다. 미국 극빈층 아동들의 생활 수준은 영국을 제외한 다른 모든 국가들의 최하 10퍼센트에 속하는 사람들의 생활 수준보다 낮았다.

그뿐이 아니다. 정치 지도자들이 "어떤 아이도 낙오되어서는 안 된다"는 말을 입에 달고 살다시피 하는 나라의 유아사망률이 쿠바보다 조금 높은 세계 33위를 차지하고 있다. 미국 여성의 18퍼센트는 태아기 의료 보조를 받지 못하고 있다. 아이들도 14퍼센트가 보건 의료 혜택을 받지 못하고 있다. '생활 보호에서 일터로'의 이동을 표방하며 거창하게 제정된 1996년의 복지개혁법은 사람들에게 일자리는 주되 그들 대부분을 공식적인 빈곤층 혹은 빈곤에 가까운 층으로 만드는 데만 주로 성공을 거두었을 뿐이다. 1999년 정부가 빈곤의 정도를 설정한 방법을 살펴보는 것도 그런 면에서 재미있다. 4인 가족 기준으로 한계 생활비가 1만 6천954달러, 그러니까 주당 40시간을 일하는 월마트 종업원의 평균 연봉과 엇비슷한 수준이었다.

2000년 인구 조사는 미국이 더욱 다양한 인종 국가가 되었음을 보여준다. 인구 조사사상 처음으로 응답자들은 1개 이상의 인종 항목을 고를 수 있게 되었고 700만 명에 달하는 사람들(2.4퍼센트)이 그 기회를 이용했다. 그밖에 2억 7천 500만 명은 단일 인종으로 조사되었다. 그 중 75.1퍼센트가 백인, 12.3퍼센트가 흑인인 아프리카계 미국인, 0.9퍼센트가 아메리칸 인디언 혹은 알래스카인, 3.6퍼센트가 아시아인으로 나타났다. 히스패닉계, 즉 라틴아메리카계 미국인들에 대한 정보는 별도로 취합되었다. 어떤 인종군에도 속할 수 있는 라틴아메리카계는 3천 500만 명으로 미국 총인구의 13퍼센트를 차지했다.

소수 민족에 대한 소득과 교육의 개선에도 불구하고 미국 내 백인과 소수 민족 사이의 격차는 계속 크게 벌어지고 있다. 보통 아메리칸 드림으로 가는 황금 티켓으로 여겨지는 내집 마련도 소수 민족에게는 여전히 먼 나라의 꿈일 뿐이다. 이들은 아주 열악한 환경에 놓여 있다.

미국에 좀더 희망적인 소식은 없을까? 굳이 하나 찾자면 못 찾을 것도 없다. 2000년 인구 조사에 따르면, 옥외 변소와 부엌 싱크대를 목욕통으로 사용하는 사람 수가 미국 역사상 처음으로 100만 명 이하로 떨어졌다.

그보다 더 중요한 것은 4명의 백인 경찰이 로드니 킹이라는 흑인을 무자비하게 구타하고도 무죄로 풀려나 결과적으로 미국 역사상 최악의 인종 폭동 사건을 유발시켰던 그 로스앤젤레스 폭동 사건

오프라 윈프리. 그녀는 불우한 어린 시절을 이기고 브라운관의 수퍼스타가 된 방송인이다. 그녀는 흑인에 대한 미국인들의 편견을 바꿔놓았지만, 아직도 미국에는 흑인과 백인 거주 지역이 분리되어 있는 곳이 많고, 흑인들이 겪는 빈곤과 실업은 백인보다 훨씬 심하다.

이 있은 지 10년 후, 인종차별적인 면에서 상당한 진보가 이루어졌다는 사실이다. 조지 W. 부시 행정부에서도 2명의 흑인이 미국 외교정책팀의 최고위 관리로 재직하고 있다. 그보다 더욱 놀라운 것은 흑인인 그들이 공화당원이라는 사실이다. 그 중의 한 명인 국가 안보 담당 보좌관 콘돌리자 라이스는 흑인 여성이고, 또 다른 한 명 콜린 파월은 자메이카 이민자의 후손이다. 파월도 강조를 하듯, 그는 '소수민족우대정책'의 혜택을 받아 공부를 했으며 군부의 요직을 두루 거쳤고, 조지 부시 대통령 아래 최고위급 장교가 되었으며, 이후에는 흑인 최초의 국무장관이 되었다. 콜린 파월은 만일 자신이 원하기만 했다면 대통령 후보도 될 수 있었을 것이다. 누가 알겠는가, 장차 나서게 될지. 콜린 파월을 양성한 제도, 즉 미국의 군대는 미국 사회에서 흑백의 융합이 가장 성공적으로 이루어지고 있는 곳으로 평가 받고 있다.

실업계에서도 흑인 총수들의 수가 늘고 있다. 아메리칸익스프레스사와 세계 최대의 미디어 제국인 아메리칸온라인(AOL) 타임워너사 총수도 흑인이다. 흑인 물납 소작인의 딸은 교육계 최고의 명예직의 하나인 브라운대학 총장에 임명되었다. 미국 미디어계 — 어쩌면 미국 전체 — 에서 가장 막강하고 영향력 있고 폭넓은 찬사를 받고 있는 여성도 다름 아닌 오프라 윈프리이다. 2002년 아카데미상 시상식장에서는 두 명의 흑인 배우 덴젤 워싱턴과 할리 베리가 아카데미상을 수상하여 영화의 역사를 새롭게 썼다. 미국인의 사랑을 한몸에 받고 있는 운동 선수 중 흑인 두 명은 타이거(우즈)와 마이클(조든)이라고 부르는 것으로 충분할 것이다. 다시 말해 미국은 매우 명시적이고 의미 있는 방식으로 이름뿐이던 인종차별 철폐를 극복해낸 것이다.

물론 사회적 이동, 실업계의 유력 인사, 스포츠와 연예계의 스타, 정치 지도자 등의 활약은 미국에서 벌어지는 일들의 극히 일부에 불과할 뿐이다. 미국의 많은 주거 지역은 아직도 흑인과 백인 지역으로 확연히 구분돼 있다. 빈곤과 실업도 백인보다는 소수 민족들에게 훨씬 타격이 심하다. 이러한 불균형을 어떻게 처리해야 하는가가 현재 미국이 안고 있는 고민이다. 과거의 불공정을 시정하고자 도입한 적극 행동 프로그램은 불공평한 '쿼터' 배정으로 점점 거센 비난을 받고 있다. 쿼터 배정은 대학 입학이나 회사 실습 때 백인 자격자를 역차별하여 과거의 인종차별을 해소하려는 취지에서 만들어진 것이다. 흑백 문제를 또 다른 측면으로 바라보는 사람들, 이를테면 흑인 학자들은 아직도 미국이 노예 후손들에게 '배상'할 책임이 남아 있다고 믿는다. 그들은 제2차 세계대전 중에 투옥되었던 일본계 미국인들도 배상을 받았고, 홀로코스트 희생자 가족들도 배상금을 받았다는 사실을 그 근거로 제시하고 있다.

아메리칸 원주민들 또한 지난 수세기 동안 자신들을 부당하게 대우해온 미국 정부에 보상을 요구하고 있다.

이것들은 역사의 어지러운 파편들이다.

조지 W. 부시
2002년 1월, 의회에서 발표한 연두교서

우리의······ 목표는 테러 지원국들이 대량 살상 무기로 미국이나 우리의 친구 그리고 동맹국들을 위협하지 못하도록 방지하는 데 있습니다. 일부 테러 지원국들은 9·11사태 이후 꽤 평온한 상태를 유지하고 있습니다. 하지만 우리는 그들의 본성이 무엇인지 알고 있습니다. 북한 정권은 국민들은 굶주리게 하면서, 미사일과 대량 살상 무기로 무장하고 있습니다. 이란도 선거로 뽑히지 않은 소수가 자유에 대한 이란인들의 갈망을 억누르며 적극적으로 무기를 만들고 테러를 수출하고 있습니다. 이라크 또한 미국에 대한 적대감을 보란듯이 과시하며 테러 지원을 계속하고 있습니다.

9·11사태와 아프가니스탄에 대한 공격 이후에 나온 이 연설은 아마 부시의 기념비적인 연설로 남을지도 모른다. 독일, 일본, 이탈리아가 주축이 된 제2차 세계대전의 추축국 이미지를 연상시키는 '악의 축' 발언은, 이들 나라가 실제로 동맹을 맺고 있다기보다는 오히려 상징적인 의미가 더 많았다. 이란과 이라크는 10여 년 전에 서로 처참하게 전쟁을 벌인 불안한 이웃이었다. 북한은 경제적인 파탄에 직면해 있었다. 하지만 부시 행정부는 이들 세 나라를 테러리스트들에게 자금과 훈련을 제공하는 테러 원인국으로 간주했다.

에드워드 기번은 한때 역사를 "인류의 범죄, 어리석음, 불행 들의 기록과 다를 바 없"다고 말했다. 볼테르는 역사를 "산 자가 죽은 자에 대해 부리는 술책"이라고 말했다. 토머스 칼라일은 역사를 "소문의 증류물"이라고 말했고, 헨리 포드는 역사를 "다소 터무니없는 것"이라고 했다.

이 책《미국에 대해 알아야 할 모든 것, 미국사》는 이런 면도 있고 저런 면도 있다. 하지만 분명한 한 가지는 이 책에서 역사는 지루하지 않다는 것이다. 역사는 살아 있고 인간적이며 늘 변한다. 우리는 역사를 다시 써야 한다. 그리고 그것으로부터 배워야 한다.

미국은 많은 것들을 극복하고 살아남았다. 독립혁명, 남북전쟁, 두 번의 세계 대전. 대공황과 불경기. 대통령과 정치인들. 악함과 선함. 세계를 여러 번 대량 파괴의 순간까지 몰아간 냉전. 그리고 미국의 안전과 신뢰감의 근본을 통째로 뒤흔든 테러 공격까지.

새로운 세기로 불확실한 첫걸음을 내딛고 있는 지금 미국의 역사를 기억하는 것은 무엇보다 중요한 일이다. 지나간 역사는 결국 서막인 것이다.

두 비행기가 세계무역센터를 향해 돌진하고 있다는 조종사의 아리송한 말을 들으며 나는 달라스─포트워스 공항 활주로에 몸이 묶여 있었다. 그동안은 맨해튼 남단에 사는 내 가족들과도 연락이 되지 않았다. 활주로에 갇혀 있는 3시간 동안 내 마음속에는 오직 '집에 가고 싶다'는 일념밖에 없었다.

얼마나 길고도 이상한 여행이었던지.

그 여정은 우연히 텍사스 교과서 창고 건물에서 시작되었다. '그날 이후' 나는 아득히 먼 도시에서 홀로 헌혈을 한 다음 뉴욕행 열차표를 사기 위해 앰트랙 역사로 갔다. 하지만 며칠간의 표가 모두 매진된 것을 알고는 어디로 갈지 방향도 정하지 못하고 역사를 그냥 빠져 나왔다. 그러고 나서 문득 정신을 차려보니 딜레이 프라자를 지나 '수풀 우거진 둔덕'을 향해 걷고 있었다. 나는 케네디기념관에서 잠시 걸음을 멈추고 죽은 대통령의 기념물에 손을 갖다 대며 나머지 미국과 뭔가 구체적인 연대감을 느껴보려고 했다.

달라스의 이곳은 내 생애 최초로 커다란 충격을 받은 그라운드 제로였다. 다시 말해 한 시대의 시금석이 된 장소였다는 말이다. '그 사건이 터졌을 때 나는 어디 있었더라?' 그때 나는 미국의 새로운 그라운드 제로와 내 가족에게로 돌아가야 한다는 일념으로, 지금은 또 다른 시대의 미국의 불안과 불확실성을 보여주는 기념관이 된 텍사스 교과서 창고 건물의 6층을 지나고 있었다.

비행기, 기차, 버스의 어느 교통편도 가능한 것이 없었기에 나는 자동차를 빌리기로 했다. 집으로 가는 도로망을 살펴보기 위해 도로안내책을 보고 있으려니 텍사스와 뉴욕 사이에 놓인 많은 지명들이 그리 낯설게 느껴지지 않았다. 그때까지는 아직 내가 앞으로 가게 될 길이 피로 얼룩진 미국사의 1천600마일이라는 것을 깨닫지 못했다.

처음에는 직직거리는 라디오 방송으로 광란적인 상황을 계속 들으면서, 텍사스의 평평한 도로를 가로질러 가는 것이 무척이나 평이하게 느껴졌다. 주간州間 고속도로의 통행도 빠르게 이어졌다. 한때는 그리도 정답던 하늘이 침묵에 빠져들 때마다 생겨나는 공백은 페덱스와 UPS 트럭이 메워주었다. 몇몇 트럭에는 손으로 간단히 만들어 붙인 '뉴욕행 물품' 표시가 붙어 있었다.

나는 잠을 자기 위해 리틀록의 한 모텔에 처음으로 차를 세웠다. 굳이 마음속에 그려보려고 애쓰지 않아도 그 이미지는 선명하게 되살아났다. 연방군이 지켜보는 앞에서 고함을 치고 침을 뱉는 성난 백인들 사이를 지나 학교로 향하는 어린 흑인 학생들의 모습. 미국의 테러.

이튿날 아침, 나는 다시 기나긴 여정길에 올랐다. 미시시피 강을 건너고 멤피스를 가로질렀다. 또 다시 살아나는 마틴 루터 킹의 암살. 미국의 테러.

테네시를 지나치는 내 앞에 미국 도로 역사의 더 많은 부분을 알려주는 표지판, 네이선 베드포드 포레스트 주립공원Nathan Bedford Forrest이 나타났다. 연방군 흑인 병사들에 대한 학살이 자행될 때 남부연합군을 지휘했던 포레스트는 후일 KKK단의 창설에도 일조를 했다. 미국의 테러.

몇 마일을 더 가자 샤일로 격전지라는 또 다른 표지판이 나타났다. 이곳은 1862년 4월 이틀간 벌어진 전투에서 남부연합군 1만 3천 명과 연방군 1만 1천 명이 목숨을 잃은, 피로 얼룩진 곳이었다.

한걸음 옮길 때마다 발 밑에 시체가 밟히는 유혈낭자한 전투였다. 당시 연방군과 남부연합군 전사자는 독립전쟁, 1812년의 미영 전쟁, 멕시코 전쟁의 전사자를 다 합친 숫자보다도 많았다. 그 학살의 목격자 중 한 명은 세계무역센터가 붕괴된 뒤 사랑하는 이들을 찾기 위해 몸부림쳤던 수많은 뉴요커들처럼 군인 남편을 찾아 나선 젊은 여인이었다. 전선의 간호사로 일할 것을 강요받은 이 여인은 의료 텐트에 산더미처럼 쌓여가던 절단된 팔다리들의 끔찍한 모습을 후일 우리에게 전해주었다. 미국의 테러.

내슈빌과 역사책에 나오는 올드 히코리, 즉 앤드루 잭슨 대통령의 고향인 인근의 허미티지. 하지만 인디언들은 그를 예리한 칼이라 불렀고, 그는 수천 명의 인디언들을 그들 조상이 살던 고향에서 내쫓아 처절한 눈물의 행렬로 내몬 인디언 제거 정책의 장본인이었다. 미국의 테러.

녹스빌이 가까워오자 오크리지라는 표지판이 눈에 들어왔다. 맨해튼 프로젝트에 참가한 과학자들의 숙소로 만들어진 마을치고는 무척이나 목가적인 이름이었다. 그것을 보자 검게 그을린 히로시마와 세계무역센터의 어지럽게 뒤엉킨 모습이 눈앞에 어른거렸다. 미국의 테러.

평지에서 컴버랜드의 언덕으로 힘겹게 올라가 다시 버지니아로 들어서니, 셰난도어 계곡과 남북전쟁의 흔적을 보여주는 더 많은 유적지가 나타났다. 윈체스터로 나아가는 출구가 이곳에 있었다. 길고도 치열했던 남북전쟁 기간 동안 미국인끼리 싸우며 70번 이상이나 주인을 갈아치운 곳이 바로 이 도시였다. 그러고 나서 이제 형제들의 싸움으로 생겨난 웨스트버지니아로 들어서니 하퍼스 페리라는 표지판이 나타났다. 이곳은 광적인 노예제 폐지론자 존 브라운이 자살 공격을 감행하여 화약통에 불을 질렀던 곳이다. 그런 그를 누구는 테러리스트라 불렀고, 누구는 순교자라 불렀다.

* 펜실베이니아의 영주 펜과
메릴랜드의 영주 볼티모어와
의 식민지 경계 다툼을 해결
하기 위해 영국인 측량사 C.
제이슨과 J. 딕슨이 1763~
1767년에 설정한 선.

메이슨-딕슨 라인*을 넘어 메릴랜드의 헤거스타운과 샤프스버그로 들어서면, 하루 동안에 치른 것으로는 미국 역사상 가장 치열했던 앤티탐 격전지를 볼 수 있다. 미국의 테러.

이제 지형은 펜실베이니아로 바뀌었다. 이곳, 한때 굶주린 로버트 E. 리의 남부연합군 병사들을 잡아끌었던 그 풍요로운 들판이 9월의 태양 아래 빛을 발하고 있었다. 옥수수밭은 샛노란 호박색이라고는 할 수 없어도 풍요로운 수확을 약속해주는 황금 물결로 일렁거렸다. 게티스버그를 지나려니 1865년 7월의 사흘 동안 일어난 유혈 참극이 머리에 떠올랐다. 미국의 테러.

한때 겁에 질린 미국인들이 로버트 E. 리 장군의 접근을 피해 도망친 해리스버그를 지나 동쪽으로 방향을 트니 뉴욕이 점점 가까워졌다. 우애의 도시로 불리는 미국의 본향 필라델피아 시의 표지판이 나타났다. 이곳에서 사람들은 한때 정부에 반기를 들었다. 그들은 미국의 애국자였을까? 하지만 의회파들에게 그들은 반역적인 테러리스트였다.

도로 위에서 40시간 이상을 보낸 뒤 마침내 조지 워싱턴 다리에 이르자 대통령이 교회에 있었다. 보아하니 그곳에서는 속죄보다는 복수와 테러 종식에 대한 이야기가 더 많이 오가는 듯했다. 그 순간 미국은 어둠을 조금밖에 밝히지 못하는 손전등을 들고 아주 길고도 어두운 터널의 입구에 서 있는 듯했다.

진주 만 공습, 프랭클린 루스벨트의 죽음, 존 F. 케네디의 암살, 인류 최초의 달 착륙이 미국인들의 가슴을 얼어붙게 했듯 민간 여객기 4대의 공중납치와 그에 뒤이은 죽음과 파괴 역시 미국인들 삶을 바꿔놓았다. 누구도 그 소식을 처음 접했을 때의 장소를 잊지 못할 것이다.

미국을 테러와의 전쟁으로 몰아간 그 공격은 효율의 극대화를 이룬 것에 비하면 방법은 너무도 간단했다. 19명의 납치범들——아메리칸에어라인 11기와 77기, 유나이티드에어라인 175기에 각각 5명, 유나이티드 에어라인 93기에 4명——은 승객 하중은 작지만 대륙간 횡단 비행을 할 만큼 연료 용량이 큰 여객기들을 고른 것이다.

미국에 대한 테러리스트 공격과 아프가니스탄 및 그 외 다른 지역의 테러리즘에 대한 미국의 공격을 역사적으로 평가하기에는 아직 너무 이르다. 그 공격에 대한 사실의 많은 부분이 아직 밝혀지지 않았거나 폭로되지 않았다. 시간이 가면서 그 사실에 대한 인식 또한 바뀔 것이다. 9 · 11 사태가 일어난 지 채 1년도 지나지 않았는데 벌써 이만큼 밝혀지지 않았는가. 테러 공격의 사망자 수가 6천 명이 넘는다는 첫 보도에도 불구하고 사고가 일어난 지 몇 달 후 최종 집계된 통계에 따르면 사망자 수는 3천47명이었다. 이 비극은 1812년 미영 전쟁 이래 최초로 해외의 적이 미국 본토를 공격한 사건이었다. 테러 공격 직후 미국 정부는 곧 아프가니스탄에 본거지를 두고 있는 것으로 알려진 오사마 빈 라덴 휘하의 알 카에다 테러 집단에 사건의 초점을 맞추었다. 2001년 10월 7일 미국, 영국을 비롯한 여러 나라 연합군이 알 카에다와 빈 라덴에게 은신처를 제공해주고 있던 아프가니스탄의 탈리반 정권에 대한 보복 공격을 시작했다.

그 공격이 있은 지 몇 달 후 FBI는 요원 몇 명이 미국비행교습학교에 아랍 학생들이 입학할 가능성과 미국 내 테러리스트 공격 가능성을 언급한 메모를 테러 공격이 있기 전에 작성한 사실을 인정했다. 미국 정보 기관이 무엇을 알고 있었고, 알았다면 그것이 언제였는지는 결코 완전히 밝혀지지 않을지도 모른다.

9 · 11은 모든 것을 바꿔놓았다. 사건이 일어난 처음 몇 주 몇 달 동안, 미국 전역에는 지원과 애국의 물결이 넘쳐흘렀다. 공격으로 죽어간 사람들, 특히 다른 사람들을 구하려다 죽어간 사람들의 영

웅적 행위는 미국 정신의 진수를 보여준 장면이었다. 그것은 모든 시대에는 필요한 만큼의 영웅이 태어난다는 것을 보여주는 것 같았다.

그래도 의문은 남는다. 과연 얼마나 진정으로 바뀌었을까? 의회는 여전히 알 수 없는 의안을 놓고 싸우고 있다. 아이들의 실종도 여전하다. 주식시장의 곤두박질 또한 나라를 얼어붙게 만들고 있다. 하지만 뭔가 근본적인 변화가 일어난 것도 같다. 역사가들은 어쩌면 2002년 말의 미국을 신뢰감에 금이 간 시대로 돌아보게 될지도 모른다. 아주 짧은 기간에 미국은 FBI와 CIA를 비롯한 정부 기관에 대한 신뢰감을 상실했다. 교회, 특히 가톨릭 교회는 일부 사제들이 저지른 성추행이 폭로되어 권위가 땅에 떨어졌다. 몇 개만 꼽아도 엔론, 타이코, 글로벌 크로싱, 월드콤 같은 굵직한 기업들의 도산과 부정이 드러나면서 국가 재정 안전도에 대한 미국의 신뢰감은 산산이 부서졌다.

역사는 종종 장차 일어날 일을 몇 발짝 앞서 보여줄 때가 있다. 하지만 그것이 끝나는 것은 어디일까? 9·11은 단지 미국사라는 피로 얼룩진 도로 안내 표지판 속의 또 하나의 도로 표식으로 남을 것인가?

내가 지금까지 배운 바로는, 때론 대답보다는 질문이 훨씬 쉽다.

2002년 12월
뉴욕에서
케네스 데이비스

감사의 말

이 책이 처음 발간된 이후 여러 훌륭한 분들이 내게 의견을 제시해주고 영감을 불어넣어주었다. Don't Know Much About® 시리즈가 이처럼 성장하게 된 것도 다 그런 훌륭한 분들의 지지, 우정, 헌신, 노고가 있었기 때문이다. 그 모든 분들께 감사의 마음을 전하고 싶다. 먼저, 티콘데로가 요새, 게티스버그, 프리덤랜드를 비롯한 여러 유적지로 나를 데리고 다니며 역사의 인간적인 면을 느끼게 해주신 우리 부모님께 감사드리고 싶다. 아주 어린 시절부터 나는 역사가 책에서 그냥 생겨나는 일이 아니라는 것을 알고 있었다. 역사란 모름지기 사실적인 장소에서 사실적인 사람들이 사실적인 일을 행하는 것과 관련된 것이다. 그러한 인식을 교실의 학생들에게까지 전할 수만 있다면 역사가 '지루한 것'이라는 통념도 사라질 것이다.

데이비드 블랙 출판 대리점의 모든 직원들께도 감사의 말씀을 전하고 싶다. 데이비드 블랙, 리 앤 엘리세오, 게리 모리스, 수잔 라이호퍼, 로렌 로랜드, 조이 투텔라, 제이슨 사처, 도론 탈레포로스의 아낌없는 조언, 노고, 우정으로 이 책이 발간될 수 있었다.

이 개정증보판은 새로운 출판사에서 새로 사귀게 된 여러 친구들의 지원과 열정 없이는 만들어질 수 없었다. 이 책이 세상에 나오도록 도와주신 하퍼콜린스HarperCollins의 다음과 같은 모든 분들께 고마운 마음을 전한다. 캐시 해밍, 수잔 와인버그, 캐리 프레이머스, 크리스틴 카루소, 로리 리폰, 로베르토 데 비크 데 쿰티치, 데이비드 코랄, 엘리엇 비어드, 카밀로 로기다잇, 레슬리 코헨, 가일 윈스턴, 크리스틴 월시를 비롯한 편집진의 노고 또한 간과할 수 없다.

이 책의 초판 발간을 도와주신 분들 중에서는 특히 나의 첫 편집자인 마크 콤퍼츠에게 고맙다는 말을 전하고 싶다. 그는 내게 처음으로 이 책을 쓰도록 격려해주었고, 그의 우정은 여전히 내게 값진 것으로 남아 있다. 내 원고를 처음으로 보고 깊이 있는 의견을 피력해주신 마크 레빈과 스티브 볼트 또한 잊을 수 없는 분들이다. 아메리칸 인디언에 대해 남다른 식견을 갖고 계셨던 고故 마이클 도리스에게도 깊은 감사를 드린다. 마가 에노크는 나의 집필 생활 내내 늘 우정과 지원과 격려를 보내주는 분이다.

지난 몇 년 동안 많은 독자와 교사와 학생들이 서신을 통해 역사에 대한 열정을 나와 공감해주었다. 그 분들께 이 자리를 빌어 감사의 말씀을 전하고 싶다. 그들의 반응과 격려가 내게는 무척 값진 것이었다.

지난 13년 동안의 내 삶에서 가장 커다란 즐거움 중의 하나는, 미국을 일주하면서 서적상들과 만난 일이다. 그들이 있었기에 이 책과 'Don't Know Much About®' 시리즈는 성공을 거둘 수 있었다. 전직 서적상으로서 나는, 포장 상자를 뜯어 책을 진열하고 문자의 중요성에 대해 진심으로 감사하면서 책을 파는 모든 분들께 만세 삼창을 불러드리고 싶다.

끝으로 누구보다 고마움을 표하고 싶은 것이 내 가족이다. 내 두 자식 제니와 콜린은 참을성, 유머, 지원, 사랑으로 나를 도와주었고 아내 조앤은 오래전부터 내가 좋아하는 것들을 쓰도록 충고해주는 현명함을 갖추고 있었다. 그녀에게 감사한다.

참고문헌

참고문헌 앞부분에는 미국사의 전반적인 주제와 항목을 포괄하는 교양서와 연구서를 수록했고, 뒷부분에는 장별로 참고한 사료를 수록했다.

사료의 양이 너무 많고 내용도 매우 복잡하여 흔히 쓰는 방식대로 주석을 달지 않고, 대신 읽기 편하도록 본문에 직접 인용하는 방식을 썼다. 본문에 소개된 사료 외의 사료를 참고문헌 목록에 소개했다.

나는 이 책을 쓰면서 지금도 계속 발간되고 있고 도서관에서도 구해볼 수 있는 권위 있는 작품과 최근의 연구 성과를 담고 있는 작품을 중심으로 참고했다.

Andrew, Christopher. *For the President's Eyes Only: Secret Intelligence and the American Presidency from Washington to Bush*. New York: Harper-Collins, 1995.

Bennett, Lerone, Jr. *Before the Mayflower: A History of Black America* (5th ed.). Chicago: Johnson Publishing, 1982.

Bettmann, Otto L. *The Good Old Days They Were Terrible!* New York: Random House, 1974

Boller, Paul F., Jr. *Presidential Campaigns*. London: Oxford University Press, 1984.

_____. *Presidential Wives: An Anecdotal History*. New York: Oxford University Press, 1988.

Brandon, *William. The American Heritage Book of Indians*. New York: American Heritage, 1963.

Buckley, Gail. *American Patriots: The Story of Blacks in the Military from the Revolution to Desert Storm*. New York: Random House, 2001.

Burns, James McGregor. *The American Experiment: The Vineyard of Liberty*. New York: Knopf, 1982.

_____. *The American Experiment: The Workshop of Democracy*. New York: Knopf, 1985.

_____. *The American Experiment: The Crosswinds of Freedom*. New York: Knopf, 1989.

Carroll, Andrew, ed. *Letters from a Nation*. New York: Kodansha Press, 1997.

Colbert, David, ed. *Eyewitness to America: 500 Years of American History in the Words of Those Who Saw It Happen*. New York: Pantheon, 1997.

Cook, Chris, with Whitney Walker. *The Facts on File World Political Almanac: From 1945 to Present (4th Ed)*. New York: Checkmark Books, 2001.

Cowan, Tom, and Jack Maguire. *Timelines of African-American History: 500 Years of Black Achievement*. New York: Roundtable Press/perigee, 1994.

Cunliffe, Marcus. *The Presidency*. New York: American Heritage, 1968.

Eskin, Blake, and the Editors of George Magazine. *The Book of Political Lists*. New York: Villard, 1998.

Evans, Sara M. Born for Liberty: *A History of Women in America*. New York: Free Press, 1989.

_____.《자유를 위한 탄생》, 조지형 옮김, 이화여대출판부, 1998.

Fitzgerald, Frances. *America Revised: History Schoolbooks in the twentieth Century*. Boston: Little, Brown, 1979.

Friedman, Lawrence M. *Crime and Punishment in American History*. New York: Basic Books, 1993.

Greenberg, Ellen. *The House and Senate Explained: The People's Guide to Congress*. New York: Norton, 1996.

_____. *The Supreme Court Explained*. New York: Norton, 1997.

Grun, Bernard. *The Timetables of History: A Horizontal Linkage of People and Events*. New York: Simon & Schuster, 1975.

Heffiner, Richard D. *A Documentary History of the United States*. New York: New American Library, 1985.

Hirsch, E. D., Jr. *Cultural Literacy: What Every American Needs to Know*. Boston: Houghton Mifflin, 1987.

Hirsch, E. D., Jr., Joseph F. Kett, and James Trefil. *The Dictionary of Cultural Literacy*. Boston: Hounghton Mifflin, 1988.

Hofstadter, Richard, and Clarence L. Ver Steeg. *Great Issues in American History: From Settlement to Revolution, 1584-1776*. New York: Vintage, 1958.

_____. *Great Issues in American History: From the Revolution to the Civil War, 1765-1865*. New York: Vintage, 1958.

_____. *Great Issues in American History: From Reconstruction to the Present Day, 1864-1981*. New York: Vintage, 1982.

Hoxie, Frederick E., ed. *Encyclopedia of North American Indians*. Boston: Houghton Mifflin, 1996.

Hoyt, Edwin P. *America's Wars and Military Excursions*. New York: McGrawHill, 1987.

Hymowitz, Carol, and Michele Weissman. *A History of Women in America*. New York: Bantam, 1978.

Irons, Peter. *A People's History of the Supreme Court*. New York: Viking Penguin,

1999.

Josephy, Alvin M., Jr. 500 Nations: *An Illustrated History of North American Indians*. New York: Knopf, 1994.

Kennedy, Randall. Nigger: *The Strange Career of a Troublesome Word*. New York: Pantheon, 2002.

Kohn, George Childs, ed. *The New Encyclopedia of American Scadal*. New York: Facts on File, 2001.

Lavender, David. *The American Heritage History of the West*. New York: American Heritage, 1965

McEvedy, Colin. *The Penguin Atlas of North American History to 1870*. New York: Penguin, 1988.

McPherson, James M., general ed. *"To the Best of My Ability": The American Presidents*. New York: Dorling Kindersley, 2000.

Miller, Nathan. Star-Spangled Men: *America's Ten Worst Presidents*. New York: Scribner's, 1998.

Morison, Samuel Eliot. *The Oxford History of the American People*. London: Oxford University Press, 1965.

Ravitch, Diane, and Chester Finn. *What Do Our Seventeen-Year-Olds Know?* New York: Harper & Row, 1987.

Schlesinger, Arthur M., general ed. *The Almanac of American History (revised and undated ed.)*. New York: Barnes & Noble, 1993.

Shenkman, Richard. *Presidential Ambition: How the Presidents Gained Power, Kept Power, and Got Things Done*. New York: HarperCollins, 1999.

Spitzer, Robert J., ed. *The Politics of Gun Control (2nd ed.)*. New York: Seven Bridges Press, 1998.

Wade, Wyn Craig. *The Fiery Cross: The Ku Klux Klan in America*. New York: Simon & Schuster, 1987.

Waldman, Carl. *Atlas of the North American Indian (rev. ed.)*. New York: Facts on File, 2000.

Williams, T. Harry. *The History of American Wars: From 1745 to 1918*. New York: Knopf, 1985.

Whitney, David C. *The American Presidents*. Garden City, N.Y.: Doubleday, 1985.

World Almanac. *The Little Red, White and Blue Book*. New York: Pharos Books, 1987.

Zinn, Howard. *A People's History of the United States*. New York: Harper & Row, 1980.

———. 《미국민중저항사》 상 · 하, 조선해 옮김, 일월서각, 1986.

1. 위대한 신세계

Bailyn, Bernard. *The Peopling of British North America*. Knopf, 1986.

_____. *Voyagers to the West: A Passage in the Peopling of America on the Eve of the Revolution*. New York: Knopf, 1986.

Boorstin, Daniel J. *The Americans: The Colonial Experience*. New York: Random House, 1958.

Desowitz, Robert S. *Who Gave Pinta to the Santa Maria? Torrid Diseases in a Temperate World*. New York: Norton, 1997.

Diamond, Jared. *Guns, Germs and Steel: The Fates of Human Societies*. New York: Norton, 1998.

Granzotto, Gianni. *Christopher Columbus*. Garden City, N.Y.: Doubleday, 1985.

Jennings, Francis. *The Invasion of America: Indians, Colonialism and the Cant of Conquest*. Chapel Hill: University of North Carolina Press, 1975.

Klein, Herbert S. *The Middle Passage: Comparative Studies in the Atlantic Slave Trade*. Princeton, N.J.: Princeton University Press, 1978.

Kurlansky, Mark. *Cod: A Biography of the Fish That Changed the World*. New York: Walker, 1997.

_____. 《세계를 바꾼 어느 물고기의 역사》, 박광순 옮김, 미래 M&B, 1998.

Lauber, Patricia. *Who Discovered America*. New York: Random House, 1970.

Magnusson, Magnus, and Hermann Palsson. *The Vinland Sagas: The Norse Discovery of America*. New York: Penguin, 1965.

McNeill, William H. *Plagues and Peoples*. New York: Anchor Books, 1977.

Morison, Samuel Eliot. *Christopher Columbus, Mariner*. New York: New American Library, 1985.

_____. *The European Discovery of America: The Northern Voyages*. London: Oxford University Press, 1971.

_____. *The European Discovery of America: The Northern Voyages*. London: Oxford University Press, 1974.

Nach, Gary. *Red, White and Black: The Peopling of Early America*. New York: Prentice-Hall, 1974.

Parkman, Frncis. *France and England in America (2 vols.)*. New York: Libary of America, 1983.

Quinn, David Beers. *England and the Discovery of America: 1481-1620*. New York: Knopf, 1974.

_____. *Set Fair for Roanoke: Voyages and Colonies, 1584-1606*. Chapel Hill: University of North Carolina Press, 1985.

Smith, John. *Captain John Smith's History of Virginia*. New York: Bobbs-Merrill, 1970.

Snell, Tee Loftin. *The Wild Shores: America's Beginnings*. Washington, D.C.: National Geographic Society, 1974.

Stannard, David E. *American Holocaust: The Conquest of the New World*. New York: Oxford University Press, 1992.

2. 독립혁명을 원한다고 말하라

Alden, John R. *George Washington: A Biography*. Baton Rouge: Louisiana State University Press, 1970.

Boatner, Mark M., III. *Encyclopedia of the American Revolution*. New York: Mckay, 1996.

Brands, H. W. *The First American: The Life and Times of Benjamin Franklin*. New York: Doubleday, 2000.

Brookhiser, Richard. *Founding Father: Rediscovering George Washington*. New York: Free Press, 1996.

Butterfield, L. H., Marc Friedlander, and Mary-Jo Kline, eds. *The Book of Abigail and John: Selected Letters of the Adams Family*. Boston: Harvard University Press, 1975.

Cohen, I. Bernard. *Science and the Founding Fathers: Science in the Political Thought of Thomas Jefferson, Benjamin Franklin, John Adams & James Madison*. New York: Norton, 1995.

Commager, Henry Steele. *The Empire of Reason: How Europe Imagined and America Realized the Enlightenment*. Doubleday/Anchor, 1977.

Cunliffe, Marcus. *George Washington: Man and Monument (rev. ed.)* Boston: Little, Brown, 1984.

Demos, John. *Entertaining Satan: Witchcraft and the Culture of Early New England*. London: Oxford University Press, 1982.

_____. *The Unredeemed Captive: A Family Story from Early America*. New York: Knopf, 1994.

Draper, Theodore. *A Struggle for Power: The American Revolution*. New York: Times Books, 1996.

Edgar, Walter. *Partisans and Redcoats: The Southern Conflict That Turned the Tide of the American Revolution*. New York: Morrow, 2001.

Elles, Joseph J. *Founding Brothers: The Revolutionary Generation*. New York: Knopf, 2001.

Fenn, Elizabeth A. *Pox Americana: The Great Smallpox Epidemic of 1775-82*. New York: Farrar, Straus and Giroux, 2001.

Ferling, John. *Setting the World Ablaze: Washington, Adams, Jefferson, and the American Revolution*. New York: Oxford University Press, 2000.

Fleming Thomas. *Liberty! The American Revolution.* New York: Viking, 1997.

Flexner, James Thomas. *Washington: The Indispensable Man.* Boston: Little, Brown, 1969.

_____. 《조지 워싱턴: 미국 역사를 창조한 대통령》, 정형근 옮김, 고려원, 1992.

Franklin, Benjamin. *The Autobiography and Other Writings.* New York: Signet, 1961.

Freeman, Douglas S. *George Washington: A Biography.* New York: Scribner's, 1985.

Hawke, David Freeman. *Everyday Life in Early America.* New York: Harper & Row, 1988.

Hill, Frances. *A Delusion of Satan: The Full Story of the Salem Witch Trials.* New York: Doubleday. 1995.

Hofstadter, Richard. *America at 1750: A Social History.* New York: Knopf, 1971.

Jennings, Francis. *The Creation of America: Through Revolution to Empire.* New York: Cambridge University Press, 2000.

Kerber, Linda K. *Women of the Republic: Intellect and Ideology in Revolutionary America.* Chapel Hill: University of North Carolina Press, 1980.

Ketchum, Richard M. *Saratoga: Turning Point of America's Revolutionary War.*

_____. *The Winter Soldiers.* Garden City, N.Y.: Doubleday, 1973.

Kitman, Marvin. *George Washington's Expense Account.* New York: Simon and Schuster, 1970.

Langguth, A.J. *Patrots: The Men Who Started the American Revolution.* New York: Simon & Schuster.

Levin, Phyllis. *Abigail Adams: A Biography.* New York: St. Martin's, 1987.

McCullough, David. *John Adams.* New York: Simon & Schuster, 2001.

Maier, Pauline. *American Scripture: Making the Declaration of Independence.* New York: Knopf, 1997.

Nash, Gary B. *The Urban Crucible: Northern Seaports and the Origins of the American Revolution.* Boston: Harvard University Press, 1986.

Norton, Mary Beth. *Liberty's Daughters: The Revolutionary Experience of American Women.* Boston: Little, Brown, 1980.

Paine, Thomas. *Common Sense, The Rights of Man and Other Essential Writings.* New York: Meridian, 1984.

_____. 《페인 정치논집》, 길현모 옮김, 사상계출판부, 1963.

Peterson, Marshall D., ed. *The Portable Thomas Jefferson. New York: Viking, 1975.*

Quarles, Benjamin. *The Negro in the American Revolution.* Chapel Hill: University of North Carolina Press, 1961.

Rossiter, Clinton. *The First American Revolution.* New York: Harcourt Brace &

World, 1956.

_____, ed. *The Federalist Papers: Hamilton, Madison and Jay*. New York: Mentor, 1961.

Tuchaman, Barbara W. *The First Salute: A View of the American Revolution*. New York: Knopf, 1988.

Wilkins, Roger, Jefferson's Pillow: *The Founding Fathers and the Dilemma of Black Patriotism*. Boston: Beacon Press, 2001.

Wills, Garry. *Inventing America: Jefferson's Declaration of Independence*. Garden City, N.Y.: Doubleday, 1978.

Zall, Paul M., ed. *The Wit and Wisdom of the Founding Fathe*rs. Hopewell, N.J.: Ecco Press, 1996.

3. 국가의 성장: 헌법 제정에서 '명백한 운명'까지

Adams, Henry. *History of the U.S.A. During the Administration of Thomas Jefferson, 1801-1805*. New York: Library of America, 1986.

_____. *History of the U.S.A. During the Administration of Thomas Jefferson, 1809-1817*. New York: Library of America. 1986.

Adler, Mortimer J. *We Hold These Truths: Understanding the Ideas and Ideals of the Constitution*. New York: Macmillan, 1987.

Alderman, Ellen. *In Our Defense: The Bill of Rights in Action*. New York: Morrow, 1991.

Ambrose, Stephen. *Undaunted Courage: Meriwether Lewis, Thomas Jefferson, and the Opening of the American West*. New York: Simon & Schuster, 1996.

Bergon, Frank, ed. *The Journals of Lewis and Clark*. New York: Viking Penguin, 1989.

Boorstin, Daniel J. *The Americans. The National Experience*. New York: Random House, 1965.

Brodie, Fawn. *Thomas Jefferson: An Intimate History*. New York: Norton, 1974.

Daniels, Jonathan. *Ordeal of Ambition: Jefferson, Hamilton and Burr*. Garden City, N.Y.: Doubleday, 1970.

Davis, William C. *Three Roads to the Alamo: The Lives and Fortunes of David Crockett, James Bowie, and William Barret Travis*. New York: Harper-Collins, 1998.

Ehle, John. *Trail of Tears: The Rise and Fall of the Cherokee Nation*. Garden City. N.Y.: Doubleday, 1988.

Fleming, Thomas. *Duel: Alexander Hamilton, Aaron Burr, and the Future of America*. New York: Basic Books, 1999.

Gordon-Reed, Annette. *Thomas Jefferson and Sally Hemmings: An American*

Controversy. Charlottesville, Va.: University Press of Virginia, 1997.

Gutman, Herbert G. *The Black Family in Slavery and Freedom*. New York: Random House, 1976.

Hendrickson, Robert A. *The Rise and Fall of Alexander Hamilton*. Van Nostrand Reinhold, 1981.

Jahoda, Gloria. *The Trail of Tears: The Story of the American Indian Removal 1813-1855*. New York: Holt, Rinehart and Winston, 1975.

Ketcham, Ralph, ed. *The Anti-Federalist Paper and the Constitutional Convention Debates*. New York: Mentor, 1986.

Kitman, Marvin. *The Marking of the President, 1789*. New York: Harper & Row, 1989.

Larkin, Jack. *The Reshaping of Everyday Life: 1790-1840*. New York: Harper-Collins, 1988.

Lavender, David. *The Way to the Western Sea: Lewis and Clark Across the Continent*. New York: Harper & Row, 1989.

Lester, Julius. *To Be Slave*. New York: Dial, 1968.

Levy, Leonard W. *Original Intent and the Framers' Constitution*. New York: Macmillan, 1988.

Malone, Dumas. *Jefferson and His Times (6 vols.)*. Boston: Little, Brown, 1948-81.

Morris, Richard. *The Forging of the Union: 1781-1789*. New York: Harper & Row, 1987.

_____. *Witnesses at the Creation: Hamilton, Madison, Jay and the Constitution*. New York: Holt, Rinehart & Winston, 1985.

Padover, Saul K. *Jefferson*. New York: Harcourt Brace & World, 1942.

Rogin, Michael P. *Fathers and Chidren: Andrew Jackson and the Destruction of the American Indian*. New York: Knopf, 1975.

Rossiter, Clinton, ed. *The Federalist Papers*. New York: Mentor, 1999.

4. 그리고 격변: 남북전쟁과 재건

Bernstein, Iver. *The New York City Draft Riots*. New York: Onford University Press, 1990.

Catton, Bruce. *The American Heritage Picture History of the Civil War*. New York: American Heritage, 1960.

_____. *The Coming Fury*. Garden City, N.Y.:Doubleday, 1961.

_____. *Gettysburg, the Final Fury*. Garden City, N.Y.:Doubleday, 1968.

_____. *Never Call Retreat*. Garden City, N.Y.:Doubleday, 1965.

_____. *A Stillness at Appomattox*. Garden City, N.Y.:Doubleday, 1953.

_____. *Terrible Swift Sword*. Garden City, N.Y.:Doubleday, 1963.

_____. *This Hallowed Ground.* Garden City, N.Y.:Doubleday, 1956.

Davis, Burke. *The Long Surrender.* New York: Random House, 1985.

_____. *Sherman's March.* New York: Random House, 1980.

Douglass, Frederick. *Narrative of the Life of Frederick Douglass.* New York: Signet, 1968. (Other editions are available.)

Eisenhower, John S. D. *So Far from God: The U.S. War with Mexico. 1846-1848.* New York: Random House, 1989.

Foner, Eric. *Reconstruction: America's Unfinished Revolution.* New York: Harper & Row, 1988.

Foote, Shelby. *The Civil War: A Narrative (3 vols.).* New York: Random House, 1958-74.

Kaplan, Justin. *Walt Whitman: A Life.* New York: Simon & Schuster, 1980.

Kolchin, Peter. *American Slavery: 1619-1877.* New York: Hill & Wang, 1993.

Kungardt, Philip B., Jr., Philip B. *Kunhardt III, and Peter W. Kunhardt. Lincoln: An Illustrated Biography.* New York: Knopf, 1992.

Litwack, Leon F. *Been in the Storm So Long: The Aftermath of Slavery.* New York: Knopf. 1979.

Lowery, Thomas P. *The Story the Soldiers Wouldn't Tell: Sex in the Civil War.* Mechanicsburg, Pa.: Stackpole Books, 1994.

McFeely, William S. *Frederick Douglas*s. New York: Norton, 1991.

_____. *Grant: A Biography.* New York: Norton, 1981.

McPherson, James M. *Battle Cry of Freedom: The Civil War Era.* London: Oxford University Press, 1988.

Mellon, James. *Bullwhip Days: The Slaves Remember.* New York: Weidenfeld & Nicolson, 1988.

Mitchell, Lt. Col. Joseph B. *Decisive Battles of the Civil War.* New York: Putnam's, 1955.

Oates, Stephen B. *Fires of Jubilee: Nat Turner's Fierce Rebellion.* New York: Harper & Row, 1975.

_____. *To Purge This Land with Blood: A Biography of John Brown.* New York: Harper & Row, 1970.

_____. *With Malice Toward None: The Life of Abraham Lincoln.* New York: Harper & Row, 1977.

Rosengarten, Theodore. *Tombee: Portrait of a Cotton Planter.* New York: Morrow, 1986.

Sears, Stephen W. *The Landscape Turned Red: The Battle of Antietam.* New York: Ticknor & Fields, 1983.

Stampp, Kenneth M. *The Peculiar Institution: Slavery in the Ante-Bellum South.*

New York: Knopf, 1956.

_____, ed. *The Causes of the Civil War*. New York: Spectrum/Prentice-Hall, 1974.

Ward, Geoffery C., with Ric Burns and Ken Burns. *The Civil War*. New York: Knopf, 1990.

Winik, Jay. *April 1865: The Month That Saved America*. New York: Harper-Collins, 2001.

5. 팽창하는 제국: 서부 개척 시대에서 제1차 세계대전까지

Adams, Hennry. *The Education of Henry Adams: An Autobiography*. Boston: Houghton Mifflin, 1988.

Addams, Jane. *Twenty Years at Hull-House*. New York: Macmillan, 1910.

Anbinder, Tyler. *Five Points: The Nineteenth-Century New York City Neighborhood That Invented Tap Dance, Stole Elections, and Became the World's Most Notorious Slum*. New York: Free Press, 2001.

Brady, Kathleen. *Ida Tarbell: Portrait of a Muckraker*. New York: Putnam, 1984.

Brown, Dee. *Bury My Heart at Wounded Knee: An American Indian History of the American West*. New York: Holt, Rinehart and Winston, 1970.

_____. 《나를 운디드니에 묻어주오》, 최준석 옮김, 나무심는사람, 2002.

Chernow, Ron. *The House of Morgan: An American Banking Dynasty and the Rise of Modern American Finance*. New York: Groce Press, 1990.

_____. *Titan: The Life of John D. Rockefeller*. New York: Random House, 1998.

Collier, Peter, and David Horowitz. *The Rockefellers: An American Dynasty*. New York: New American Library, 1977.

Connell, Evan S. *Son of the Morning Star: Custer and the Little Bighorn*. Berkeley, Calif.: North Point Press, 1984.

Dray, Philip. *At the Hands of Persons Unknown: The Lynching of Black America*. New York: Random House, 2002.

Ferguson, Niall. *The Pity of War*. New York: Basic Books, 1999.

Fussell, Paul. *The Great War and Modern Memory*. London: Oxford University Press, 1975.

Hofstadter, Richard. *The Age of Reform: From Bryan to F.D.R., 1890-1940*. New York: Knopf, 1955.

Josephson, Mattew. *The Politicos*. New York: Harcourt Brace, 1963.

_____. *The Robber Barons*. New York: Harcourt Brace, 1934.

Kaplan, Justin. *Lincoln Steffens: A Biography*. New York: Simon & Schuster, 1974.

_____. *Mr. Clemens and Mark Twain*. New York: Simon & Schuster, 1966.

Karnow, Stanley. *In Our Image: America's Experience in the Philippines*. New York: Random House, 1989.

Keegan, John. *The First World War*. New York: Knopf, 1999.

Lewis, David Levering. *W. E. B. Du Bois: A Biography of a Race, 1868-1919*. New York: Henty Holt, 1993.

Manchester, William. *The Arms of Krupp: 1587-1968*. Boston: Little, Brown, 1964.

Marshall, S. L. A. *World War I*. New York: American Heritage, 1964.

McCullough, David. *The Great Bridge*. New York: Simon & Schuster, 1972.

_____. *Mornings of Horseback*. New York: Simon & Schuster, 1981.

_____. *The Path Between the Seas: The Creation of the Panama Canal, 1870-1914*. New York: Simon & Schuster, 1977.

Menand, Louis. *The Metaphysical Club: A Story of Ideas in America*. New York: Farrar, Straus and Giroux, 2001.

Morris, Edmund. *The Rise of Theodore Roosevelt*. New York: Coward, McCann & Geohegan, 1979.

_____. *Theodore Rex*. New York: Random House, 2001.

Painter, Nell Irvin. *Standing at Armageddon: The United States, 1877-1919*. New York: Noeron, 1987.

Tuchman, Barbara. *The Guns of August*. New York: Macillan, 1962.

_____. *The Zimmerman Telegram*. New York: Macmillan, 1966.

Williams, John Hoyt. *A Great and Shining Road: The Epic Story of the Transcontinental Railroad*. New York: Times Books, 1988.

Woodward, C. Vann. *The Strange Career of Jim Crow (3d rev. ed.)*. London: Oxford University Press, 1974.

6. 붐에서 파산으로, 파산에서 다시 붐으로: 재즈에이지와 대공황에서 히로시마까지

Allen, Frederick Lewis. *The Big Change: America Transforms Itself: 1900-1950*. New York: Harper & Row, 1952.

_____. *Only Yesterday: An Informal History of the 1920s*. New York: Harper & Row, 1931.

_____. 《1929, 미국대공황》, 신범수 옮김, 고려원, 1992.

_____. *Since Yesterday: The 1930s in America*. New York: Harper & Row, 1939

Armor, John, and Peter Wright. *Manzanar: Photographs by Ansel Adams: Commentary by John Hersey*. New York: Times Books, 1988.

Berg, A. Scott. *Lindbergh*. New York: Putnam's, 1998.

Blum, John Morton. *V Was for Victory: Politics and American Culture During World War II*. New York: Harcourt Brace Jovanovich, 1976.

Books, John. *Once in Golconda: A True Drama of Wall Street, 1920-1938*. New York: Norton, 1969.

Chang, Iris. *The Rape of Nanking: The Forgotten Holocaust of World War II*. New York: Masic Books, 1997.

Collier, Peter, and David Horowitz. *The Fords: An American Epic.* New York: Summit, 1987.

Davis, Kenneth S. *FDR: The New York Years, 1928-1933.* New York: Random House, 1985.

_____. *FDR: The New Deal Years, 1933-1937.* New York: Ramdom House, 1986.

Flood, Charles Bracelen. *Hitler: The Path to Power.* Boston: Houghton Mifflin, 1989.

Fussell, Paul. *Wartime: Understanding and Behavior in the Second World War.* London: Oxford University Press, 1989.

Gentry, Curt. J. *Edgar Hoover: The Man and the Secrets.* New York: Norton, 1991.

Galbraith, John Kenneth. *The Great Crash.* Boston: Houghton Mifflin, 1955.

_____. *A Life in Our Times: Memoirs.* Boston: Houghton Mifflin, 1981.

_____.《우리 시대의 생: 존 케네스 갈브레이드 회고록》, 다락원, 1981.

Goodwin, Doris Kearns. *No Ordinary Time: Franklin and Eleanor Roosevelt: The Home Front in World War II.* New York: Simon & Schuster. 1994.

Hersey, John. Hiroshima. *New York:* Knopf, 1946.

Kazin, Alfred. *On Native Grounds.* New York: Harcourt Brace & World, 1942.

Keegan, John. *The Second World War.* New York: Viking, 1989.

Ketchum, Richard M. *The Borrowed Years: 1938-1941.* America on the Way to War. New York: Random House, 1989.

Kurzman, Dan. *Fatal Voyage: The Sinking of the USS Indianapolis.* New York: Atherneum, 1990.

Lash, Joseph P. *Eleanor and Franklin.* New York: Norton, 1971.

Leckie, Robert. *Delivered from Evil: The Saga of World War II.* New York: Harper & Row. 1987.

Madigan, Tim. *The Burning: Massacre, Destruction, and the Tulsa Race Riot of 1921.* New York: St. Martin's, 2001.

Manchester, William. *American Caesar: Douglas MacArthur, 1880-1964.* Boston: Little, Brown, 1978.

_____. *The Glory and the Dream: A Narrative History of America, 1932-1972.* Boston: Little, Brown. 1974.

_____. *Goodbye, Darkness: A Memoir of the Pacific.* Boston: Little, Brown, 1979.

McCullough, David. *Truman.* New York: Simon & Schuster, 1992.

McElvaine, Robert S. *The Great Depression: America, 1929-1941.* New York: Times Books, 1993.

Menchen, H. L. *A Choice of Days.* New York: Vintage, 1980.

Morgan, Ted. *FDR: A Biography.* New York: Simon & Schuster. 1985.

Persico, Joseph E. *Roosevelt's Secret War: FDR and World War II Espionage.* New

York: Random House, 2001.

Powers, Richard Gid. *Secrecy and Power: The Life of J. Edgar Hoover*. New York: Free Press, 1987.

Rhodes, Richard. *The Making of the Atomic Bomb*. New York: Simon & Schuster, 1986.

Stinnet, Robert. *Day of Deceit: The Truth About FDR and Pearl Harbor*. New York: Simon & Schuster, 2000.

Taylor, A. J. *The War Lords*. New York: Penguin, 1976.

Terkel, Studs. *"The Good War": An Oral History of World War II*. New York: Pantheon, 1984.

_____. *Hard Times: An Oral History of the Great Depression*. New York: Pantheon, 1970.

Toland, John. *Adolf Hitler*. Garden City, N.Y.: Doubleday, 1976.

_____. *Infamy: Pearl Harbor and Its Afrermath*. Garden City, N.Y.: Doubleday. 1982.

_____. *Rising Sun: The Decline and Fall of the Japanese Empire*. New York: Random House, 1970.

Watt, Donald Cameron. *How War Came: The Immediate Origins of the Second World War*. New York: Pantheon, 1989.

Wyden, Peter. *Day One: Before Hiroshima and After*. New York: Simon & Schuster, 1984.

7. 공산주의, 봉쇄 그리고 냉전: 1950년대의 미국

Blair, Clay. *The Forgotten War: America in Korea, 1950-1953*. New York: Times Books, 1987.

Brady, James. *The Coldest War: A Memoir of Korea*. New York: Crown, 1990.

Caute, David. *The Great Fear: The Anti-Communist Purge Under Truman and Eisenhower*. New York: Simon & Schuster, 1978.

Garrow, David J. *Bearing the Cross: Martin Luther King, Jr., and the Southern Christian Leadership Conference*. New York: Morrow, 1986.

Halberstam, David. *The Fifties*. New York: Villard, 1993.

_____. *The Children*. New York: Random House. 1998.

Kluger, Richard. *Simple Justice: The History of Brown v. Board of Education and Black America's Struggle for Equality*. New York: Knopf, 1976.

Miller, Merle. *Plain Speaking*. New York: Putnams, 1974.

Newhouse, John. *War and Peace in the Nuclear Age*. New York: Knopf, 1988.

Oakley, J. Ronald. *God's Gountry: America in the Fifties*. New York: Dembner Books, 1986.

Tanenhaus, Sam. *Whittaker Chambers*. New York: Random House, 1997.

Weinstein, Allen. *Perjury: The Hiss-Chambers Case*. New York: Random House, 1997.

8. 횃불은 지나갔다: 캐밀롯에서 할리우드까지

Barrett, Lawrence I. *Gambling with History: Reagan in the White House*. Garden City, N.Y.: Doubleday, 1983.

Belin, David. *Final Disclosure: The Full Truth About the Assassination of President Kennedy*. New York: Scribner's, 1988.

Bernstein, Carl, and Bob Woodward. *All the President's Men*. New York: Simon & Schuster, 1974.

Beschloss, Michael R., ed. *Reaching for Glory: Lyndon Johnson's Secret Tapes, 1964-1965*. New York: Simon & Schuster, 2001.

Bilton, Michael, and Kevin Sim. *Four Hours in My Lai*. New York: Viking, 1992.

Cannon, Lou. *President Reagan: The Role of a Lifetime*. New York: Public Affairs, 2000.

Caro, Robert. *The Years of Lyndon Johnson: Master of the Senate*. New York: Knopf, 2002.

Carroll, Peter N. *It Seemed Like Nothing Happened: The Tragedy and Promise of America in the 1970s*. New York: Rinehart and Winston, 1982.

Caute, David. *The Year of the Barricades: A Journey Through 1968*. New York: Harper & Row, 1988.

Collier, Peter, and David Horowitz. *The Kennedys: An American Drama*. New York: Summit, 1984.

Davis, John H. *The Kennedys: Dynasty and Disaster*. New York: McGraw-Hill, 1984.

Dickstein, Morris. *Gates of Eden: American Culture in the Sixties*. New York: Basic Books, 1977.

Eichenwald, Kurt. *The Informant*. New York: Broadway Books, 2000.

Epstein, Edward Jay. *Inquest: The Warren Commission and the Establishment of Truth*. New York: Viking, 1966.

FitzGerald, Frances. *Fire in the Lake: The Vietnamese and the Americans in Vietnam*. Boston: Atlantic-Little, Brown, 1972.

Friedan, Betty. *The Feminine Mystique*. New York: Norton, 1963.

───. 《여성의 신비》, 김행자 옮김, 평민사, 1978(1996).

Gitlin, Todd. *The Sixties: Years of Hope, Days of Rage*. New York: Bantam, 1987.

Hackworth, Col. *David H., and Julie Sherman. About Face: The Odyssey of an American Warrior*. New York: Simon & Schuster, 1989.

Haing Ngor. *A Cambodian Odyssey*. New York: Macmillan, 1987.

Halberstam, David. *The Best and the Brightest*. New York: Random House, 1972.

Hersh, Seymour M. *My Lai 4: A Report on the Massacre and Its Aftermath*. New York: Ramdom House, 1970.

_____. *The Price of Power: Kissinger in the Nixon White House*. New York: Summit, 1983.

Karnow, Stanley. *Vietnam: A History*. New York: Viking Penguin, 1983.

Langguth, A. J. *Our Vietnam: The War, 1954-1975*. New York: Simon & Schuster, 2000.

Lukas, J. Anthony. *Nightmare: The Underside of the Nixon Years*. New York: Viking, 1976.

Miller, Merle. *Lyndon: An Oral Biography*. New York: Putnam's, 1980.

Peers, William R. *The My Lai Inquiry*. New York: Norton/Presidio Press, 1979.

Posner, Gerald. *Case Closed: Lee Harvey Oswald and the Assassination of JFK*. New York: Random House, 1993.

Safire, William. *Before the Fall: An Inside View of the Pre-Watergate White House. Garden City*. N.Y.: Doubleday, 1975.

Scheer, Robert. *With Enough Shovels: Regan, Bush and Nuclear War*. New York: Random House, 1982.

Schieffer, Bob, and Gary Paul Gates. *The Acting President*. New York: Dutton, 1989.

Schlesinger, Arthur M. A *Thousand Days: JFK in the White House*. Boston: Houghton Mifflin, 1965.

Shilts, Randy. *And the Band Played On: Politics, People, and the AIDS Epidemic*. New York: St. Martin's Press, 1999.

Smith, Hedrick. *The Power Game: How Washington Works*. New York: Random House, 1988.

Srodes, James. *Allen Dulles: Master of Spies*. Washington, D.C.: Regnery, 1999.

Sumners, Harry G. *Vietnam War Almanac*. New York: Facts on File, 1985.

The Tower Commission Report: The Full Text of the President's Special Review Board: Introduction by R. W. apple, Jr. New York: Bantam, 1987.

White, Theodore. *America in Search of Itself: The Making of the President, 1956-1980*. New York: Harper & Row, 1982.

Wyden, Peter. *Bay of Pigs: The Untold Story*. New York: Simon & Schuster, 1979.

X, Malcolm, with Alex Haley. *The Autobiography of Malcolm X*. New York: Grove Press, 1964.

_____.《말콤 엑스》, 김종철 외 옮김, 창작과비평사, 1978.

9. 악의 제국에서 악의 축으로

Bennett, William J. *Why We Fight: Moral Clarity and Terrorism*. New York: Doubleday, 2002.

Beschloss, Michael R., and Strobe Talbott. *At the Highest Levels: The Inside Story of the End of the Cold War*. Boston: Little, Brown, 1993.

Bovard, James. Lost Rights: *The Destruction of American Liberty*. New York: St. Martin's/Palgrave, 2000.

Bugliosi, Vincent. *The Betrayal of America: How the Supreme Court Undermined the Constitution and Chose the President*. New York: Thunder's Mouth Press/Nation Books, 2001.

Dionne, E. J., Jr. and William Kristol, eds. *Bush v. Gore: The Court Cases and the Commentary*. Washington, D.C.: Brookings Institution Press, 2001.

Dres, Elizabeth. *The Corruption of American Politics: What Went Wrong and Why*. Woodstock, N.Y.: Overlook Press, 2000.

Ehrenreich, Barbara. *Nickel and Dimed: On (Not) Getting By in America*. New York: Henry Holt, 2001.

Frazier, Ian. *On the Rez*. New York: Farrar, Straus and Giroux, 2000.

Friedman, Thomas L. *From Beirut to Jerusalem*. New York: Farrar, Straus, & Giroux, 1989 (updated 1995).

Gitlin, Todd. Media *Unlimited: How the Torrent of Images and Sounds Overwhelms Our Lives*. New York: Metropolitan Books, 2001.

Halberstam, David. *War in a Time of Peace: Bush, Clinton, and the Generals*. New York: Scribner's, 2001.

Kessler, Ronald. The Bureau: *The Secret History of the FBI*. New York: St. Martin's, 2002.

Maraniss, David. *First in His Class: The Biography of Bill Clinton*. New York: Simon & Schuster, 1995.

O'Rourke, P. J. *Parliament of Whores: A Lone Humorist Tries to Explain the Entire U.S. Goverment*. New York: Atlantic Monthly Press, 1991.

Palast, Greg. *The Best Democracy Money Can Buy: An Investigative Reporter Exposes the Truth About Globalization, Corporate Cons, and High Finance Fraudsters*. London: Pluto Press, 2002.

Phillips, Kevin. *Wealth and Democracy: A Political History of the American Rich*. New York: Broadway Books, 2002.

Spence, Gerry. *From Freedom to Slavery: The Rebirth of Tyranny in America*. New York: St. Martin's, 1995.

Stephanopoulos. *George. All Too Human: A Political Education*. Boston: Little, Brown, 1999.

Toobin, Jeffrey. *Too Close to Call: The Thirty-six Day Battle to Decide the 2000 Election*. New York: Random House, 2001.

_____. *A Vast Conspiracy: The Real Story of the Sex Scandal That Nearly Brought Down a President*. New York: Simon & Schuster, 1999.

Wills, Garry. *A Necessary Evil: A History of American Distrust of Government*. Simon & Schuster, 1999.

_____. *Under God: Religion and American Politics*. New York: Simon & Schuster, 1990.

Woodward, Bob. *The Commanders*. New York: Simon & Schuster, 1991.

_____. *Maestro: Greenspan's Fed and the American Boom*. New York: Simon & Schuster, 2000.

_____. *Shadow: Five Presidencies and the Legacy of Watergate*. New York: Simon & Schuster, 1999.

찾아보기

옮긴이의 말

미국은 우리에게 무엇인가? 진정한 우방인가. 자국의 가치를 일방적으로 강요하는 오만한 강국인가. 개인의 자유와 인권이 최대한 보장되는 건강한 나라인가. 마약, 섹스, 무분별한 총기 사용으로 내부가 썩어들어가는 병든 나라인가.……

미국은 우리에게 상충적이고 복합적인 이미지로 다가서는 나라이다. 풍요와 기회의 나라로 끝없이 선망하다가도 배타적 피해 의식에 사로잡혀 경계심을 늦추지 않게 되는 나라, 그것이 우리의 심층에 있는 미국이다. 이 같은 피해 의식은 강대국에 대해 느끼는 약소국의 감정일 수도 있고 개항 이래 우리가 처해온 역사적 과정의 산물일 수도 있다. 우리에게 개항은 곧 외세의 침략이었다. 그것은 먼저 한일합방이라는 결과로 나타났고, 해방과 한국전쟁을 거치며 미군이 점령군의 자격으로 남한에 주둔하기 시작했다. 우리가 미국에 대해 느끼는 감정에는 이 같은 불안감, 요컨대 동맹국이면서 외세일 수도 있다는 역사적 불안감이 혼재돼 있다. 학습된 두려움이 은연중에 우리 내부에 도사리고 있는 것이다. 한쪽에서는 미국 시민권을 얻기 위해 원정 출산을 떠나고 또 한쪽에서는 미군 장갑차에 치인 여중생 추모 촛불시위를 1년 넘게 벌이는 것도 어쩌면 그런 이중성의 결과일 수 있다.

이렇게 애증으로 뒤얽힌 미국에 대해 오늘의 우리는 무엇을 알고 있을까? 거리에는 노란 머리가 범람하고 영어로 말하는 것이 한국인들의 지상과제가 되어있는 지금, 세계화(미국화)의 대열에서 낙오되지 않으려고 안간힘을 쓰면서도 그 영향력에 함몰되지 않으려고 반미 구호를 외쳐대는 배타적 대상으로서의 미국은 과연 우리에게 어떤 존재일까? 여담이지만 1990년대 후반 미국에 처음 갔을 때 나는 여러 가지로 무척 혼란스러웠다. 그때까지만 해도 나는 미국 본토인들이 우리보다 생활 수준이 훨씬 높은 것은 물론 복장이나 외양도 무척 세련되었을 것으로 생각했다. 물론, 전체적인 삶의 질이나 생활 수준은 우리보다 월등히 높았다. 하지만 겉으로 드러나는 그들의 모습은 전혀 딴판이었다. 적어도 내가 만나본 사람들은 그랬다. 학교에서 만난 여교수들은 거의 하나같이 월남치마에 운동화를 신은 영락없는 1960년대 한국 아줌마들의 모습이었다. 고무신 대신 운동화를 신은 것이 그나마 다르다면 다른 점이었다. 패션이라든가 유행 같은 것은 어디에서도 찾아볼 수 없었다. (이것은 일반적인 이야기이고 그 중에는 물론 멋쟁이도 있다.) 파우스트 박사 연구실에서 금방 튀어나온 듯한 교수들 중에는 세계적으로 이름난 학자도 있었고 노벨상 수상자도 있었다. 나와 같은 과목을 수강한 어떤 학생은 6인실 기숙사에서 교수와 (감히!) 한 방을 쓰기도 했다. 여름방학 때는 인근 초등학교 선생님들이 (교사 체면에) 슈퍼마켓 계산원으로 부수입을 올리고 있었다. 이것은 미국 사회의 한 단면에 불과하고 그밖에도 우리가 모르고 있거나 잘못 알고 있는 미국의 모습은 많다.

그럼 나는 이런 말들을 지금 여기서 왜 하고 있는 것일까. 우리도 어서 빨리 몸뻬바지와 월남치마로 갈아입자는 어줍잖은 훈계를 하려고? 한국을 폄하하고 미국을 찬양하려고? 그렇지 않다. 나는 지금 옳다 그르다의 판단을 하려는 게 아니다. 미국이 어떤 나라인지 제대로 알자는 것이다. 웬만한 사람은 다 알겠지만 미국에는 맥도널드와 코카콜라만 있는 것이 아니다. 청교도 정신과 독립혁명의 정신도 살아 있다. 총기 사고와 마약만 판치는 나라가 아니다. 단돈 100달러를 횡령한 주정부 공무원 부정 사건이 지방 방송국의 뉴스로 등장하는 나라이기도 하다. 케네디우주센터와 실리콘밸리만 있는 나라가 아니다. 평생 뉴욕 구경을 한번도 못해보았다는 할머니가 살고 있는, 시간이 정지된 듯한 고요한 시골 마을도 있다. 무엇보다도 미국은 다민족 다문화의 복잡한 나라이고 복잡한 만큼이나 거대하고 정교한 시스템으로 오차 없이 움직이는 나라이다. 해서 말인데, 이왕 머리를 물들일 바에는 노란 머리의 성분을 좀더 잘 파악하여 세련된 색깔을 만들어내는 것이 좋지 않을까. 영어에 목숨 걸더라도 자국어를 세계공용어로 만드는 나라의 정체쯤은 알고 목숨을 거는 것이 그나마 면목이 좀 서는 일이 아닐까. 반미를 외쳐야 할지 말아야 할지 헷갈릴 때도 혼란의 원인을 제대로 규명할 수는 있어야 하지 않을까.

케네스 데이비스의 이 책은 미국인의 기준으로 보면 약간 진보적인, 말하자면 좀 삐딱한 역사책이다. 미국에 대해 거침없이 비판을 쏟아놓는 점도 그렇고 서술하는 방식도 그렇다. 그렇다고 비판을 위한 비판을 한다든지 독자의 관심을 끌기 위한 선동적 비판을 한다는 말이 아니라 균형 잡힌 시각으로 할 말은 하는 비판이다. 때문에 가끔은 표현이 좀 거칠고 냉소적일 때도 있지만 그것이 이 책의 매력이기도 하다. 사실 역사란 잘못 쓰면 한없이 지루해질 수 있는 것이고 저자가 경계한 것도 바로 그 점이었다. 역사를 재미있게 만들자는 것. 그래서인지 은유와 비유를 많이 사용하여 번역할 때 진의를 파악하느라 적잖이 애를 먹었다. 그것이 이 책의 미덕이다. 고답적이지 않고 시대 감각에 맞게 쓰인 신선한 역사책. 장담하건대 이 책을 읽으면서 조는 독자는 아마 없을 것이다. 그뿐이 아니다. 이 책은 서술 방식도 남다른 데가 있다. 콜럼버스의 신대륙 발견으로부터 최근의 클린턴 탄핵 사건, 9 · 11사태에 이르기까지 미국의 전 역사가 기존의 연대기적 서술 방식이 아니라 특정 주제에 따른 문답식 방법으로 구성돼 있어 의미의 명확한 전달은 물론 시대별 특징을 두드러지게 하는 효과를 거두고 있다. 그 에피소드들 하나하나가 곧 미국의 형성 과정이다. 읽어보면 알겠지만 미국의 형성 과정에는 독립혁명, 노예 해방과 같은 긍정적 측면만 있는 것이 아니다. 인디언 학살과 같은 어둡고 부정적인 측면도 있다. 9·11사태가 왜 일어나게 되었는지에 대한 원인도 어렴풋이나마 이 책에서 찾아볼 수 있다. 그것이 이 책의 장점이다. 변명이나 미화 없이 반성할 것은 반성하고 인정할 것은 인정하자는 것. 미국인들이 이 책에 열광한 것도 아마 재미있다는 사실만큼이나 저자의 그 같은 솔직한 태도 때문일 것이다. 그렇기 때문에 우리가 읽어도 거부감이나 부담감이 전혀 느껴지지 않는다. 미국을 알고 싶어하는 사람, 하지만 기존 역사책이 너무 지루하게 느껴지는 사람이라면 꼭 읽어봐야 할 미국사이다. 세계화가 모든 이들의 화두가 되어 있는 지금, 껍데기와 허울뿐인 세계화가 아닌 내용이 꽉 찬 세계화를 이루기 위해서라도 우리는 미국을 알아야 하고 그 점에서 이 책은 최고의 안내서가 될 것이다.

2004년 초가을
이순호

미국에 대해 알아야 할 모든 것, 미국사

1판 1쇄 2004년 10월 15일
1판 14쇄 2015년 3월 16일

지은이 | 케네스 데이비스
옮긴이 | 이순호

편집 | 천현주, 박진경
마케팅 | 김연일, 이혜지, 노효선

본문 디자인 | 글빛
표지 디자인 | 석운디자인

펴낸곳 | (주)도서출판 **책과함께**
　　　　주소 (121-896) 서울시 마포구 서교동 444-17 덕화빌딩 5층
　　　　전화 (02) 335-1982~3
　　　　팩스 (02) 335-1316
　　　　전자우편 prpub@hanmail.net
　　　　블로그 blog.naver.com/prpub
　　　　등록 2003년 4월 3일 제25100-2003-392호

ISBN 978-89-91221-02-4 03940